Der Ordre Public-Vorbehalt als Versagungsgrund der Anerkennung und Vollstreckbarerklärung internationaler Schiedssprüche

Internationalrechtliche Studien

Beiträge zum Internationalen Privatrecht, zum Einheitsrecht und zur Rechtsvergleichung

Herausgegeben von Ulrich Magnus und Peter Mankowski

Band 53

PETER LANG

Frankfurt am Main · Berlin · Bern · Bruxelles · New York · Oxford · Wien

María Elena Alvarez de Pfeifle

Der Ordre Public-Vorbehalt als Versagungsgrund der Anerkennung und Vollstreckbarerklärung internationaler Schiedssprüche

Unter Berücksichtigung des deutschen, schweizerischen, französischen und englischen Rechts sowie des UNCITRAL-Modellgesetzes

PETER LANG
Internationaler Verlag der Wissenschaften

Bibliografische Information der Deutschen Nationalbibliothek
Die Deutsche Nationalbibliothek verzeichnet diese Publikation in der Deutschen Nationalbibliografie; detaillierte bibliografische Daten sind im Internet über <http://www.d-nb.de> abrufbar.

Zugl.: Hamburg, Univ., Diss., 2008

Gedruckt mit Unterstützung der
Konrad-Adenauer-Stiftung.

D 18
ISSN 0947-0395
ISBN 978-3-631-58582-5

www.peterlang.de

Vorwort

Diese Arbeit wurde im Sommersemester 2008 von der Juristischen Fakultät der Universität Hamburg als Dissertation angenommen.
Allen, die mich während der Entstehung der Arbeit begleitet und ihre Fertigstellung und Veröffentlichung unterstützt haben, möchte ich an dieser Stelle herzlich danken.

Meinem Doktorvater, Herrn Prof. Dr. Ulrich Magnus danke ich für seine freundliche Betreuung, die gründliche Korrektur der Arbeit und für die Einladung, in dieser wissenschaftlichen Schriftenreihe zu publizieren.

Herrn Prof. Dr. Dr. Dr. h.c. mult. Klaus J. Hopt möchte ich für die zügige Zweitbegutachtung der Arbeit ebenfalls verbindlich danken.

Besonderer Dank gilt der Konrad-Adenauer-Stiftung, die durch ihre finanzielle Unterstützung die Fertigstellung und die Veröffentlichung dieser Arbeit möglich gemacht hat.

Dem Max-Planck-Institut für ausländisches und internationales Privatrecht danke ich ganz besonders dafür, dass mir für meine Recherchen Zugang zur einzigartigen Bibliothek des Instituts gewährt wurde.

Meinem Ehemann Dr. Georg Pfeifle möchte ich für die geduldige Begleitung und moralische Unterstützung ganz herzlich danken.

Este libro está dedicado a mi señora madre Dra. María Melvy Aguilera Melgar por su amor y apoyo incondicional en la realización de este proyecto y en todas y cada una de las etapas de mi vida.

A Dios las gracias!

Hamburg, im November 2008

María Elena Alvarez de Pfeifle

Inhaltsverzeichnis

Abkürzungsverzeichnis

a.F.	alte Fassung
AA	Arbitration Act 1996
AAA	American Arbitration Association
ADRLJ	The Arbitration and Dispute Resolution Law Journal
All ER	All England Law Reports
Amt. Bull.	Amtliches Bulletin der Bundesversammlung (Schweiz)
Arb. Int	Arbitration International
AS	Sammlung der Eidgenössischen Gesetze
ASA	Association Suisse de l'Arbitrage (Schweizerische Vereinigung für Schiedsgerichtsbarkeit)
AVAG	Anerkennungs- und Vollstreckungsausführungsgesetz v. 19.02.2001
AWD	Außenwirtschaftsdienst des Betriebsberaters (Jahr, Seite)
BayObLGZ	Bayerisches Oberstes Landesgericht, Entscheidungssammlung in Zivilsachen (Jahr, Seite)
BB	Betriebsberater (Zeitschrift)
BGE	Entscheidungen des Schweizerischen Bundesgerichts (Schweiz)
BGer	Bundesgericht
BGHZ	Bundesgerichtshof, Entscheidungen in Zivilsachen (Band, Seite)
BT-Drucks.	Bundestagsdrucksache
C.M.L.R.	Common Market Law Reports (Zeitschrift)
CA	Court of Appeal
Cass Civ.	Cour de Cassation, Zivilkammer
CC	Code Civil
CCI	Chambre de Commerce Internationale, vgl. ICC

CMLR	Common Market Law Review
CNUDCI	Commission des Nations Unies pour le droit commercial international
Cour de Cass.	Cour de Cassation
CRTPA	Contracts (Right of Third Parties) Act
DAC	Departmental Advisory Committee
DIP	Droit International Privé
DIS	Deutsche Institution für Schiedsgerichtsbarkeit
E.C.R.	Report of Cases Before the Court of Justice of the European Communities
EUGRZ	Europäische Grundrechte-Zeitschrift
EuGVÜ	Europäisches Übereinkommen vom 27. September 1968 über die gerichtliche Zuständigkeit und die Vollstreckung gerichtlicher Entscheidungen in Zivil- und Handelssachen
EuGVVO	Verordnung (EG) Nr. 44/2001 des Rates vom 22. Dezember 2000 über die gerichtliche Zuständigkeit und die Anerkennung und Vollstreckung von Entscheidungen in Zivil- und Handelssachen.
EuÜ	Europäisches Übereinkommen über die internationales Handelsschiedsgerichtsbarkeit vom 21. April 1961
EuZPR	Europäisches Zivilprozeßrecht
EuZW	Europäische Zeitschrift für Wirtschaftsrecht
EVÜ	Römische EWG-Übereinkommen über das auf vertragliche Schuldverhältnisse anzuwendende Recht vom 19. Juni 1980
EWG	Europäische Wirtschaftsgemeinschaft
EWiR	Entscheidungen zum Wirtschaftsrecht
FamRZ	Zeitschrift für das gesamte Familienrecht
FPR	Familie Partnerschaft Recht (vereinigt mit NJWE-FER), (Jahr, Seite)
GRUR	Gewerblicher Rechtsschutz und Urheberrecht
GWB	Gesetz gegen Wettbewerbsbeschränkungen

HKC	Hong Kong Cases
IBR	Immobilien- und Baurecht
ICC	International Chamber of Commerce
ICCA	International Council of Commercial Arbitration
ICLR	Incorporated Council of Law Reporting
ICSID	International Center for Settlement of Investiment Disputes
IHR	Internationales Handelsrecht – Zeitschrift für das Recht des internationalen Warenkaufs und –vertriebs
ILA	International Law Association
IPRax	Praxis des internationalen Privat- und Verfahrensrecht
IPRG	Bundesgesetz über das Internationale Privatrecht (Schweiz)
IPRspr.	Die deutsche Rechtsprechung auf dem Gebiet des internationalen Privatrechts (Deutschland)
IZPR	Internationales Zivilprozessrecht
J.D.I.	Journal du Droit International (Clunet)
JCP	Jurisclasseur périodique. La semaine juridique.
JdT	Journal des Tribunaux (CH)
JIntArb	Journal of International Arbitration
JPS	Jahrbuch für die Praxis der Schiedsgerichtsbarkeit
JR	Juristische Rundschau
JurBüro	Das Juristische Büro
KB	King's Bench (1901-1950)
KTS	Zeitschrift für Konkurs-, Treuhand- und Schiedsgerichtswesen
LCIA	London Court of International Arbitration
Lloyd's Rep.	Lloyd's Law Reports
LM	Lindenmeier / Möhring, Nachschlagewerk des BGB
LMCLQ	Lloyd's Maritime and Commercial Law Quarterly
MDR	Monatsschrift für deutsches Recht

Mealy's Intl. Arb. Rep.	Mealy's International Arbitration Report (USA)
n.F	neue Fassung
NCPC	Nouveau Code de Procédure Civile
Neth ILR	Netherlands International Law Review
NJOZ	Neue juristische Online-Zeitschrift
NJW	Neue Juristische Wochenschrift
NJW-RR	NJW-Rechtsprechungsreport Zivilrecht
NR	Nationalrat
NZI	Neue Zeitschrift für das Recht der Insolvenz und Sanierung
OGH	Oberster Gerichtshof (Österreich)
OLGR	OLG Report
OR	Schweizerisches Obligationenrecht
ProzRB	Der Prozess-Rechts-Berater
Q.B.D.	Queen's Bench Division
RabelsZ	Rabels Zeitschrift für ausländisches und internationales Privatrecht
RCADI	Recueil des cours de l'Académie de droit international de la Haye
Rev. Crit. DIP	Revue critique de droit international privé
Rev. Int. Dr. Eco.	Revue internationale de droit économique
Rev.arb	Revue de l'arbitrage
RIW	Recht der internationalen Wirtschaft
RSDIE	Revue suisse de droit international et européen ; = SZIER
SCC	Arbitration Institute of the Stockholm Chamber of Commerce
SchiedsVfG	Gesetz zur Neuregelung des Schiedsvefahrensrechts, 1997
SchiedsVZ	Die neue Zeitschrift für Schiedsverfahren - SchiedsVZ (German Arbitration Journal)

SchKonk	Interkantonales Konkordat vom 27. März 1969 über die Schiedsgerichtsbarkeit
Sem. Jud.	Semaine Judiciaire
SJZ	Schweizerische Juristen-Zeitung
SR	Systematische Sammlung des Bundesrechts (Bern)
SZIER	Schweizerische Zeitschrift für internationales und europäisches Recht, = RSDIE
Texas Int.L.J.	Texas international law journal
UMG	UNCITRAL-Modellgesetz
UN. G.A.	United Nations General Assembly
UNCITRAL	United Nations Commission on International Trade Law
W.W.R.	Western Weekly Reports
WIPO	World Intellectual Property Organisation
WLR	Weekly Law Reports
WM	Wertpapier-Mitteilungen (Zeitschrift) (Band, Seite)
YBCA	Yearbook of Commercial Arbitration
ZfRV	Zeitschrift für Rechtsvergleichung
ZGB	Schweizerisches Zivilgesetzbuch vom 10. Dezember 1907
ZIP	Zeitschrift für Wirtschaftsrecht
ZR	ZR-Report. Rechtsprechungsdatenbank in Zivilsachen
ZZP	Zeitschrift für Zivilprozeß
ZZP(Int.)	Zeitschrift für Zivilprozeß International

Einleitung

Internationale Handelsschiedsgerichte entscheiden über Streitigkeiten aus internationalen Handels- und Wirtschaftsgeschäften jeder Art.
Da 90% aller internationalen Verträge Schiedsklauseln enthalten[1], bilden sie in der Praxis das wichtigste Instrument der Streitbeilegung im grenzüberschreitenden Wirtschaftsverkehr.
Damit ein Konfliktlösungsmechanismus in den Augen der beteiligten Parteien glaubwürdig ist, muss er funktionieren. Ein Schiedsspruch in Händen des Klägers nützt allein wenig. Denn die Schiedsgerichtsbarkeit ist zur Erreichung eines effizienten Rechtsschutzes auf die Mitwirkung der staatlichen Vollstreckungsgewalt angewiesen. Um den zugesprochenen Anspruch durchzusetzen, falls der Schiedsspruch nicht freiwillig von den Parteien erfüllt wurde, muss der Schiedsspruch vollstreckbar und anerkennungsfähig sein. Denn das Vollstreckungsverfahren sowie die Anwendung von Zwangsgewalt zur Vollstreckung eines Schiedsspruches sind dem Staat vorbehalten, auf dessen Gebiet die Vollstreckungshandlung vorzunehmen ist.
Im internationalen Verhältnis benötigt man völkerrechtliche Abkommen, die durch die Kooperation beider Staaten für die Anerkennung und Vollstreckung besonders wichtig sind. Im Rahmen dieser Kooperation ist das New Yorker Übereinkommen über die Anerkennung und Vollstreckung ausländischer Schiedssprüche vom 10.6.1958[2] (UNÜ) die weltweit wichtigste Rechtsgrundlage für die Anerkennung und Vollstreckung ausländischer Schiedssprüche. Eine weitere, wesentliche Erweiterung auf internationaler Ebene brachte das UNCITRAL-Modellgesetz (UMG) über die internationale Handelsschiedsgerichtsbarkeit vom 11.12.1985. Dieses Modellgesetz, das allen Staaten zur Berücksichtigung bei der Neuregelung der nationalen Schiedsverfahren von den Vereinten Nationen empfohlen wurde[3], stellt eine Kodifizierung anerkannter Standards der internationalen Schiedsgerichtsbarkeit dar.
Bei vielen Reformen der letzten Jahre im Bereich der Schiedsgerichtsbarkeit wurde nicht nur versucht, technische Regeln zu erneuern oder aufzustellen, sondern eine staatliche Rahmenordnung zu schaffen, von der eine „schiedsgerichtsbarkeitsfreundliche" Atmosphäre ausgeht, in der staatliche Gerichte die privaten Schiedsgerichte nicht als feindliche Konkurrenten, sondern als sinnvolle Partner ansehen, denen soweit nötig Hilfe zu gewähren ist, und die nicht primär zu kontrollieren sind bzw. in deren Tätigkeit sich nicht einzumischen gilt.

---

1 So Van den Berg/Van Delden/Snijders, Netherlands Arbitration Law, 1993, S. 122, in Gottwald, Internationale Schiedsgerichtsbarkeit, 1997, S. 3.

2 BGBl. 1961 II, S. 122: Convention on the Recognition and Enforcement of Foreign Arbitral Awards, New York, 1958.

3 UN-Doc. A/40/53.

Der Moment der Vollstreckung eines Schiedsspruches ist, wie ein Autor[4] sagt, der Moment der Wahrheit nicht nur für den bestimmten Fall, sondern auch für die Schiedsgerichtsbarkeit im Ganzen. Sollte ein Schiedsspruch für vollstreckbar erklärt werden, dann wurden die Anstrengungen des Schiedsrichters belohnt und die Schiedsgerichtsbarkeit als solche gestärkt. Sollte die Vollstreckbarkeit des Schiedsspruchs aber stattdessen abgelehnt werden, dann schwächt man das Schiedsverfahren als solches.
Zu bejahen ist dementsprechend, dass der Erlass eines vollstreckbaren Schiedsspruchs eine der nobelsten Pflichten des Schiedsgerichts darstellt. Diese Verpflichtung spiegelt sich in unterschiedlichen Schiedsquellen wieder, wie z. B. nationalen Gesetzen, Regelungen von Schiedsinstitutionen, u.a.
Ein wesentliches Kriterium für die Anerkennung und Vollstreckung ausländischer Schiedssprüche ist sowohl in Art. 36 Abs. 2 lit. b UMG als auch in Art. V Abs. 2 lit. b UNÜ sowie in den hier berücksichtigten, weiteren Rechtsordnungen, dass Schiedssprüche nicht den Ordre Public verletzen dürfen.
Was unter dem Begriff Ordre Public verstanden werden soll, wird von Staat zu Staat unterschiedlich interpretiert. Der Maßstab der Prüfung, ob im Schiedsverfahren gegen wesentliche Prinzipien verstoßen wurde, ist dem Ordre Public des Vollstreckungsstaates, also der *lex fori* vorbehalten. Anhand welcher Kriterien wird der Ordre Public in einem internationalen Schiedsverfahren zur Anwendung kommen? Der Ordre Public wurde sogar als der Feind[5] der Schiedsgerichtsbarkeit bezeichnet. Stellt der Ordre Public etwa tatsächlich ein Problem für die Schiedsgerichtsbarkeit dar?
Der Begriff des *Ordre Public* ist eines der kompliziertesten Rechtsinstitute des internationalen Privatrechts. Seine Schwierigkeit fängt bereits damit an, dass es nicht möglich ist, seinen Inhalt a priori zu bestimmen. Daher kann vielfach nur der Rechtsprechungsvergleich im Rahmen der internationalen Schiedsgerichtsbarkeit als Indiz dafür herangezogen werden, ob der Ordre Public in einem bestimmten Fall eingreift oder nicht. Dies hätte für die Parteien - und Schiedsrichter - den Vorteil einer größeren Rechtssicherheit bezüglich der späteren Anerkennung und Vollstreckung ihrer Schiedssprüche auch im Ausland. Denn sie könnten bereits beim Abschluss der Schiedsvereinbarung auf diese Indizien zurückgreifen, die ihnen bei der besten Wahl des anwendbaren Rechts sowie des Schiedsortes helfen würden.
Die Vorsehbarkeit und Bestimmbarkeit der auf ihre Beziehung anwendbaren Rechtsregeln ist für die Parteien jedes Vertrages eine wesentliche Voraussetzung für eine sinnvolle wirtschaftliche Betätigung. Nur bei Gewissheit über Inhalt und Schranken ihrer vertraglichen Gestaltungsfreiheit können die Parteien vor-

---

4 Lalive, Enforcing Awards, in: International Arbitration: 60 Years of ICC Arbitration, 1984, S. 317, 321.

5 García de la Enterría, in: Racine, L'arbitrage commercial international et l'Ordre Public, S. 23: *«L'Ordre Public est, en quelque sorte, «l'ennemi» de l'arbitrage.»*

hersehen und gezielt vertraglich bestimmen, welchen Regelungen ihr Vertragsverhältnis unterliegen soll, und können sich dann dementsprechend verhalten.[6]

Die vorliegende Arbeit ist eine vergleichende Arbeit, die in fünf Kapitel aufgeteilt ist.
Das erste Kapitel befasst sich mit den Rechtsgrundlagen der Anerkennung und Vollstreckung in der internationalen Schiedsgerichtsbarkeit, wie das New Yorker Übereinkommen und das UNCITRAL-Modellgesetz. Hierbei werden nicht nur die entsprechenden Artikel analysiert, die den Ordre Public als Versagungsgrund enthalten, sondern es werden auch die wesentlichen Merkmale beider Rechtsinstrumente berücksichtigt. Denn ein Grundverständnis für ihre Ziele, ihren Aufbau und ihre Normierung ist für die Strukturierung dieser Arbeit unentbehrlich. Ebenso werden in diesem Kapitel vier Rechtsordnungen berücksichtigt, die jeweils die Schiedsgerichtsbarkeit regeln, nämlich das zehnte Buch der deutschen Zivilprozessordnung, das schweizerische Bundesgesetz über das internationale Privatrecht (IPRG), die französische Zivilprozessordnung (NCPC) und der englische Arbitration Act Zu diesen wird eine inhaltliche Übersicht gegeben und ein Vergleich mit den Bestimmungen des UNCITRAL-Modellgesetzes angestellt. Dieses Modellgesetz wird im Laufe der Arbeit immer wieder berücksichtigt. Eine inhaltliche Übersicht der oben genannten Rechtsordnungen erweist sich als notwendig, weil der Ordre Public materielle, sowie verfahrensrechtliche Aspekte erfasst, die in diesen Gesetzen zerstreut sind.
Die deutsche Rechtsordnung ist dabei der Schwerpunkt; die anderen Rechtsordnungen wurden gewählt, weil die Schweiz, Frankreich und England im Bereich der Schiedsgerichtsbarkeit entwickelte Regelungen anbieten. Zürich, Paris und London sind auch weltweit die drei meist gewählten Schiedsorte[7]; und ihre zuständigen nationalen Gerichte bieten eine beachtliche einschlägige Rechtsprechung.

Das zweite Kapitel befasst sich mit der Anerkennung und Vollstreckbarerklärung der Schiedssprüche. Hierbei wird versucht, beide Begriffe aufzuklären. Ebenfalls werden Themen wie die Abgrenzung der nationalen von den internationalen Schiedssprüchen sowie die sog. anationalen Schiedssprüche aufgegriffen. Darüber hinaus wird auch die Verbindlichkeit des Schiedsspruchs als Voraussetzung der Vollstreckbarkeit sowie die Aufhebung des Schiedsspruchs als potentielles Hindernis der Vollstreckbarerklärung untersucht.

---

6 Freitag, in Reithman / Martiny, Internationales Vertragsrecht, 2004, S. 381, Rn. 410.

7 Die Statistik des Schiedsgerichtshofes der Internationalen Handelskammer in Paris weist für 2003 auf, dass Frankreich, die Schweiz, die USA und Großbritannien die Länder waren, die von den Parteien am häufigsten als Sitz der Schiedsgerichtsverfahren gewählt wurden, so: ICC-Bulletin, Vol. 15, N°1, Spring 2004, S. 7, 12.

Ferner werden die im Art. V UNÜ enthaltenen Versagungsgründe einzeln analysiert.
Das dritte Kapitel ist dem Ordre Public gewidmet. Hierbei werden alle Aspekte der Vorbehaltsklausel behandelt, wie Begriff, Funktion, Typisierung. Da der Ordre Public nicht eine Schöpfung der Schiedsgerichtsbarkeit ist, sondern im Gegenteil ein Instrument in der Hand des Vollstreckungsrichters ist, wird er zunächst im Rahmen des internationalen Rechts und dann erst im Rahmen der internationalen Schiedsgerichtsbarkeit dargestellt.
Danach wird untersucht, ob bei der Anerkennung und Vollstreckung auf einen nationalen, internationalen, oder sogar transnationalen Ordre Public abgestellt wird. Der europäische Ordre Public wird auch in die Untersuchung einbezogen.
In der vorliegenden Arbeit wird vorgeschlagen, die Ordre Public-Kontrolle in drei Phasen durchzuführen. Die erste Phase ist die sog. ex ante Kontrolle. Diese Kontrolle soll vom Schiedsrichter und möglicherweise von den Parteien ausgeführt werden. Dabei soll der Schiedsrichter Aspekte wie die Parteiautonomie als wesentlichen Grundsatz der Schiedsgerichtsbarkeit berücksichtigen, aber auch die Schranken, die dieser Parteiautonomie entgegenstehen - wie die Schiedsfähigkeit und die formelle Wirksamkeit der Schiedsvereinbarung -, um so feststellen zu können, ob sie auch unter den Inhalt des Ordre Public fallen.
Die zweite Phase ist diejenige des Schiedsverfahrens an sich und soll dementsprechend auch vom Schiedsrichter durchgeführt werden. Hierbei wird das in der Sache anwendbare Recht, die sog. *lex causae* berücksichtigt, um feststellen zu können, ob die *lex causae* zwingende Vorschriften enthält, die vom Schiedsrichter beachtet oder sogar angewendet werden müssen, weil sie zum Ordre Public gehören bzw., ob überhaupt die Verpflichtung besteht, dass Schiedsrichter solchen zwingenden Normen Beachtung schenken.

Ebenso wird auch die Bedeutung der *lex fori* oder *lex loci arbitri* im Sinne der zwingenden Vorschriften und des Ordre Public geprüft. Hierbei werden die Erkenntnisse des ersten und zweiten Kapitels herangezogen, z. B. aus der Inhaltsübersicht zu den verschiedenen Rechtsordnungen oder über die sog. anationalen Schiedssprüche. Das europäische Gemeinschaftsrecht wird auch in Bezug auf die zwingenden Vorschriften untersucht.
Da der Begriff der zwingenden Normen genau wie derjenige des Ordre Public sehr konfus sein kann, wird in diesem Kapitel eine Begriffserklärung gemacht und versucht, das Verhältnis zwischen Ordre Public und zwingendem Recht im internationalen Privatrecht und in der internationalen Schiedsgerichtsbarkeit abzugrenzen.
Die erste Phase sowie die zweite Phase bezwecken, dass die Schiedsrichter frühzeitig potentielle Hindernisse der Vollstreckbarerklärung erkennen und vermeiden können, um so einen letztlich auch vollstreckbaren Schiedsspruch erlassen zu können.

Die dritte Phase ist die sog. ex post Kontrolle. Sie muss vom nationalen Richter im Rahmen des Anerkennungs- und Vollstreckbarerklärungsverfahrens durchgeführt werden. Da der Vollstreckungsrichter die Befugnis hat, den Schiedsspruch auf die Vereinbarkeit mit dem Ordre Public ex officio zu überprüfen, werden hier der Umfang dieser Prüfung sowie das Verbot der *révision au fond* behandelt.

Alle in dieser Arbeit durchgeführten Untersuchungen werden anhand der gesetzlichen Bestimmungen, Lehrmeinungen und Rechtsprechung zu den oben genannten Ländern vorgenommen.

Im vierten Kapitel werden Urteile der zuständigen, nationalen Gerichte behandelt, die im Rahmen der Anerkennung und der Vollstreckbarerklärung detaillierter mit der Ordre Public - Kontrolle konfrontiert waren.

Hierbei wird versucht, auf die neue Rechtsprechung zurückzugreifen, um die neueren Tendenzen in diesem Bereich darzustellen.

Im fünften und letzten Kapitel werden die Ergebnisse dargestellt und beurteilt.

Kapitel I - Rechtsgrundlagen

1. Das New Yorker Übereinkommen von 1958

Im internationalen Verhältnis benötigt man völkerrechtliche Abkommen, die durch die Kooperation der beteiligen Staaten für die Anerkennung und Vollstreckung besonders wichtig sind. Im Rahmen dieser Kooperation ist das „New Yorker Übereinkommen über die Anerkennung und Vollstreckung ausländischer Schiedssprüche" vom 10.6.1958[8] (UNÜ) nach der Ratifikation durch 142 Staaten[9] die weltweit wichtigste Rechtsgrundlage für die Anerkennung und Vollstreckung ausländischer Schiedssprüche in der internationalen Schiedsgerichtsbarkeit.[10] Das UNÜ sollte das „Genfer Protokoll über die Schiedsklausel" vom 24.9.1923 und das „Genfer Abkommen zur Vollstreckung ausländischer Schiedssprüche" vom 26.9.1927 ablösen.[11] Seit ihrem Erlass hatte sich der internationale Handel und damit die Schiedsgerichtsbarkeit ausgebreitet. Eine Reform wurde zunächst für das wichtigste Gebiet des Schiedsgerichtswesens, die Anerkennung und Vollstreckung des Schiedsspruches, angestrebt. Dadurch sollten die neuen internationalen Regelungen einen breiteren Anwendungsbereich als die Genfer Abkommen haben.

Ein Vorentwurf wurde auf Antrag der internationalen Handelskammer in Paris an den Wirtschafts- und Sozialrat der Vereinten Nationen bearbeitet. Auf der Grundlage dieses Vorentwurfs arbeitete ein vom Wirtschafts- und Sozialrat eingesetzter Ausschuss im März 1955 einen neuen Entwurf, der allen UN-Staaten zur Stellungnahme zugeleitet wurde. Nach der positiven Äußerung der Staaten über den Entwurf wurde in einer Staatenkonferenz in dem Zeitraum vom 20. Mai bis zum 10. Juni 1958 mit der Teilnahme von 45 Staaten das New Yorker Abkommen verabschiedet.[12]

---

8 BGBl. 1961 II, S. 122: Convention on the Recognition and Enforcement of Foreign Arbitral Awards (New York, 1958); http://www.uncitral.org/pdf/english/texts/arbitration/NY-conv/VVII_1_e.pdf

9 http://www.uncitral.org/uncitral/en/uncitral_texts/arbitration/NYConvention_status.html Daten bis 03.11.2008 geprüft.

10 So auch Schwab/Walter, Schiedsgerichtsbarkeit, S. 367 ff.; Schlosser, Anh. §1061 in Stein/Jonas ZPO- Komm., Rn. 2; Gottwald, ZPO Münch. Komm., UNÜ Art. 1 Rn. 1.; Van den Berg, Arbitrator, S. 39.

11 Deutsche Denkschrift zu dem UN-Übereinkommen, in Wieczorek/Schütze ZPO Komm. IntZPR, BI2b, S. 552.

12 So Deutsche Denkschrift zu dem UN-Übereinkommen, in Wieczorek/Schütze, ZPO IntZPR, BI2b, S. 552.

Die Verbesserungen, die das UNÜ mit sich mitgebracht hat, können wie folgt zusammengefasst werden:[13]

1. die formellen Voraussetzungen, die bei einem Antrag auf Anerkennung und Vollstreckung eines Schiedsspruches erfüllt sein müssen, sind einfacher und klarer gestaltet worden (Art. IV);
2. der Katalog der Versagungsgründe ist stark eingeschränkt worden (Art. V);
3. bei den Versagungsgründen wird zwischen denen, die von Amts wegen zu berücksichtigen sind, und denen, die nur auf Einrede des Schuldners zu prüfen sind, scharf unterschieden (Art. V);
4. die Entscheidung über einen Antrag auf Anerkennung und Vollstreckung eines Schiedsspruches kann nur noch in einem begrenzten Rahmen ausgesetzt werden (Art. VI).

In der Praxis hat das UNÜ seine Zielsetzung erfüllt. Es ist ein effizienter Staatsvertrag, dessen multilaterale Verbreitung und konsequente Anwendung dazu führte, dass ausländische Schiedssprüche in den immer zahlreicher werdenden Mitgliedstaaten leichter anerkannt werden als Urteile ausländischer ordentlicher Gerichte. Das UNÜ garantiert heute infolge seiner Verbreitung ein universell anerkanntes Mindestmass an Verfahrensfairness.[14]

1.1. Inhaltliche Übersicht

Die Erleichterung der Vollstreckung ausländischer Schiedssprüche ist das Hauptziel des UNÜ. Damit dieses Ziel erreicht werden kann, bestehen im UNÜ zwei Voraussetzungen, die von den Vertragsstaaten zu erfüllen sind: Erstens die Anerkennung der Schiedsvereinbarungen, sofern der Gegenstand des Streites auf schiedsgerichtlichem Weg geregelt werden kann (Art. II Abs. 1) und ihre Durchsetzung, indem die staatlichen Gerichte die Parteien einer wirksamen Schiedsvereinbarung auf das schiedsgerichtliche Verfahren verweisen müssen (Art. II Abs. 3). Zweitens verpflichten sich die Vertragsstaaten dazu, ausländische Schiedssprüche als wirksam anzuerkennen und sie nach den Verfahrensvorschriften des Vollstreckungsstaates zu vollstrecken, sofern die im Art. IV vorgesehenen Voraussetzungen des UNÜ oder die im günstigeren nationalen Recht (Meistbegünstigungsprinzip) erfüllt sind (Art. III S. 1).

---

13 Siehe dazu Deutsche Denkschrift zu dem UN-Übereinkommen, in Wieczorek/Schütze, ZPO IntZPR, BI2b, S. 552.

14 Satmer, Verweigerung der Anerkennung ausländischer Schiedssprüche wegen Verfahrensmängeln, Zürich, 1994, S. 17, 18.

Das UNÜ ist anwendbar auf ausländische Schiedssprüche[15] (Art. I Abs.1 und Abs.2). Die Nationalität der Schiedssprüche wird gemäß Art. I UNÜ nach dem Territorialitätsprinzip bestimmt, wonach ein Schiedsspruch ausländischen Charakter aufweist, wenn er in einem anderen Land ergangen ist als demjenigen, in dem seine Anerkennung und Vollstreckung beantragt wird[16] (Art. I Abs. 1 S. 1 UNÜ). Es regelt und vereinheitlicht primär die Anforderungen an Schiedssprüche im Exequaturverfahren. Das Exequaturverfahren selbst wird vom jeweiligen nationalen Recht geregelt.

Ferner wird der Anwendungsbereich des Übereinkommens auch auf solche Schiedssprüche ausgedehnt, die zwar auf dem Gebiet des Vollstreckungsstaates ergangen sind, von diesem aber dennoch nicht als inländisch[17] angesehen werden (Art. I Abs. 1 S. 2 UNÜ). Dies ist z. B. der Fall der Länder, in denen das auf den Schiedsspruch angewendete Verfahrensrecht für die Unterscheidung zwischen in- und ausländischen Schiedssprüchen maßgebend ist (die sog. Verfahrenstheorie[18]).

Die Einbeziehung dieser Regelung erklärt sich dadurch, dass zum Zeitpunkt der Ausarbeitung des Übereinkommens z. B. Länder wie Deutschland[19] und Frank-

---

15 Dies gilt aber nicht ausnahmslos. In der Schweiz z. B. stellt Art. 192 Abs. 2 IPRG fest, dass, wenn die Parteien eine Anfechtung eines in der Schweiz erlassenen Schiedsspruchs auf Grund des Art. 192 Abs. 1 IPRG (keine der Parteien hat ihren Wohnsitz oder ihre Niederlassung in der Schweiz) ausgeschlossen haben und dieser Schiedsspruch in der Schweiz vollstreckt werden soll, dann das UNÜ anzuwenden ist. In dieser Art und Weise sind Schiedssprüche, die als Schweizer Schiedssprüche qualifiziert sind, den ausländischen Schiedssprüchen wegen ihres internationalen Charakters durch den Wohnsitz der Parteien, im Sinne des UNÜ, gleichgestellt. Siehe Patocchi/Jermini, IPRG Art. 192, Rn. 32. Französische Gerichte haben auch das UNÜ auf die Aufhebung nationaler Schiedssprüche angewendet. Siehe *Cour de Cass.* vom 11.10.1989; JDI (Clunet) 1990, S. 633 ff.; Rev. Arb. 1991, S. 291, 295 ff.

16 BGH vom 14.4.1988, NJW 1988, 3090, 3091.

17 In den USA z. B. werden Schiedssprüche nicht als inländisch angesehen, wenn sie zwar auf dem eigenen Hoheitsgebiet und nach dem eigenen Recht ergangen sind, aber einen internationalen Bezug aufweisen. Ein internationaler Bezug liegt nach Sec. 202 FAA schon vor, wenn eine der Parteien nicht Bürger der USA ist, oder wenn der Streitgegenstand außerhalb der USA. liegt, seine Erfüllung oder Vollstreckung im Ausland vorgesehen ist oder wenn der Vertrag eine andere Verbindung zum Ausland hat. United States Court of Appeals, Second Circuit, vom 17. Juni 1983, Bergersen v. Müller, US N°. 54, in Yearbook Commercial Arbitration, Vol. IX, 1984, S. 487-494.

18 Nach der Verfahrenstheorie ist für die Bestimmung der Nationalität des Schiedsspruches das Verfahren entscheidend, nach dem der Schiedsspruch ergangen ist.

19 Vgl. dazu BGHZ 21, 365; BGH NJW 1986, 1436, BGH NJW 1988, 1090, OLG Frankfurt, NJW 1984, 2768, Mit der Schiedsrechtsreform vom 1.1.1998 hat der deutsche Gesetzgeber die Verfahrenstheorie aufgegeben und unterscheidet wie fast alle Staaten nach dem Sitz des Schiedsverfahrens zwischen in- und ausländischen Schiedssprüchen (Art. 1025 ZPO n F.). Siehe Gottwald, Münch. Komm. ZPO, UNÜ Art. 1 Rn. 12.

reich[20] die Nationalität der Schiedssprüche nach dem Verfahrensrecht bestimmten. Ferner soll damit vermieden werden, dass ein Schiedsspruch, der in einem Vertragsstaat unter Anwendung von ausländischem Recht ergangen ist, weder nach dem UNÜ noch nach dem nationalen Recht für vollstreckbar erklärt werden kann.[21]

Für die Anwendung des UNÜ sind das Schiedsverfahrensrecht und die Staatsangehörigkeit[22] der Parteien unbeachtlich.[23] Es ist auch nicht nötig, dass der Staat, in dem der Schiedsspruch ergangen ist, selbst dem UNÜ beigetreten ist, sofern der Vollstreckungsstaat keinen Gegenseitigkeitsvorbehalt[24] nach Art. I Abs. 3 S. 1 UNÜ eingelegt hat. Damit soll gewährleistet sein, dass kein Staat gezwungen wird, mit dem Beitritt zum UNÜ zu riskieren, Schiedssprüche anerkennen zu müssen, ohne dass im fraglichen anderen Staat ähnliche eigene Schiedssprüche auch anerkennungspflichtig sind.[25]

Außerdem gibt das UNÜ gemäß Art. I Abs. 3 S. 2 den Vertragstaaten die Möglichkeit zu erklären, dass sie das Übereinkommen nur auf Streitigkeiten anwenden werden, die nach ihrem innerstaatlichen Recht als Handelssachen angesehen werden.[26] Einerseits sollte mit der Einbeziehung dieses Vorbehalts verhindert werden, dass die Länder, in denen zwischen Handels- und Nicht-Handelssachen abgegrenzt wird[27], nicht dem UNÜ beitreten können.[28]

---

20 Siehe auch Report der Arbeitsgruppe Nr. 1 hinsichtlich Art. 1 Abs. 1 UN-Doc E/CONF.26/L.42 und UN DOC E/CONF.26/SR.16

21 Schütze/Wieczorek, Internat. ZPR, S. 553; Van den Berg, The New York Arbitration Convention of 1958, 1981, S.24.

22 Solche Voraussetzungen waren im Genfer Abkommen von 1927 vorgesehen. Dazu siehe Greminger, Die Genfer Abkommen von 1923 und 1927 über die internationale private Schiedsgerichtsbarkeit, 1957, S. 13.

23 So Van den Berg, The New York Arbitration Convention of 1958, 1981, S.15-19, Schwab/Walter, Schiedsgerichtsbarkeit, 1995, S. 383, Gottwald, Münch. Komm., UNÜ Art. 1 Rn. 9.

24 Ein Gericht in den USA hat die Vollstreckung eines im Vereinigten Königreich erlassenen Schiedsspruchs versagt, weil das Vereinigte Königreich das UNÜ noch nicht ratifiziert hatte und die USA den Gegenseitigkeitsvorbehalt eingelegt hatte. Siehe US District Court, Southern District von New York vom 27.9.1074, Splodna Plovba of Piran v. Agrelak Teamship Corp. in YB Comm. Arb., 1976, S. 204.
Zwei Drittel aller Vertragsstaaten haben von diesem Vorbehalt Gebrauch gemacht. Darunter hatte Deutschland ihn ursprünglich ebenfalls erklärt (Bekanntmachung vom 23.3.1962 BGB1 II 102), aber aus Anlass der Regelung des § 1061 Abs. 1 S. 1 ZPO nF wurde diesen Vorbehalt wieder zurückgenommen (BGB1 1998 II S. 7).

25 Schlosser, Stein/Jonas Kommentar, Anhang § 1061, Rn 26.

26 Tunesien, Cour de Cassation, Urteil vom 10.11.1993, Taie Haddad und Hans Barrett v. Societé d'Investissement Kal, in YB Comm. Arb. XXIII, 1998, S. 770-773.

27 z. B. Frankreich hat von diesem Vorbehalt Gebrauch gemacht.

28 Van den Berg, The New York Arbitration Convention of 1958, 1981, S. 51. Siehe auch Haas in: Practitioner's handbook on International Arbitration, S. 415, Rn.32ff.

Anderseits bestimmt sich, ob eine Sache eine Handelssache ist, nach dem Recht des Staates, der den Vorbehalt erklärt hat. Im UNÜ selbst ist keine ausdrückliche Bestimmung darüber zu finden.
Manche Autoren sind der Meinung, dass die Erklärung des Handelssachenvorbehalts ein schwieriges Qualifikationsproblem mit sich bringt, wenn auf die Schiedsvereinbarung oder auf das Schiedsverfahren eine andere Rechtsordnung anwendbar ist als diejenige des Exequaturstaates, der den Vorbehalt gemacht hat.[29] Dies habe viel Unsicherheit über den Anwendungsbereich des Übereinkommens zur Folge, weil die Abgrenzung von Handelssachen zu anderen Zivilsachen in vielen Rechtsordnungen sehr künstlich und veraltet ist.[30] Jedoch haben sich in der Praxis aus dieser Beschränkung keine Schwierigkeiten ergeben und sie sind auch aus diesem Übereinkommen nicht zu erwarten[31], weil viele Länder den Vorbehalt nicht erklärt haben, z. B. Deutschland.
Da Deutschland den Handelssachenvorbehalt nicht gemacht hat und den Gegenseitigkeitsvorbehalt zurückgenommen hat[32], unterliegen für deutsche Gerichte gemäß §1061 Abs. 1 S.1 ZPO alle im Ausland gefällten Schiedssprüche dem UNÜ.
Die Anwendung des Übereinkommens darf kein Völkerrecht verletzen. Aus diesem Grund enthält das UNÜ die Klausel, dass früher abgeschlossene Abkommen oder Verträge unberührt bleiben (Art. VII Abs. 1 lit. 1). Das Verhältnis des UNÜ zu den anderen Abkommen bestimmt sich nach dem Grundsatz „*lex posterior derogat legi priori*“; das später in Kraft getretene Abkommen genießt demnach Vorrang.[33]

1.2. Die Anerkennungs- und Vollstreckungsversagungsgründe in Art. V UNÜ

Art. V UNÜ geht davon aus, dass in fremden Staaten ergangene Schiedssprüche im allgemeinen anzuerkennen sind, ihnen in gewissen Ausnahmefällen aber die Anerkennung versagt werden darf. Diese Ausnahmefälle sind in den abschließenden[34] Anerkennungs- und Vollstreckungsversagungsgründen des Art. V

---

29 Schlosser, in Stein/Jonas ZPO Kommentar, Anhang § 1061, Rn 24.

30 So Schlosser, in Stein/Jonas ZPO Kommentar, Anhang § 1061, Rn 24.

31 Schütze, in Wieczorek/Schütze, ZPO IntZPR Kommentar, BI2b, S. 554; Van den Berg, ICC Bulletin, Nr. 3, 1998, S. 91, Rn. 61.

32 BGB1. 1999 II S.7.

33 So BGH 1970, 417, 418 = IPRspr. 1970, Nr. 133, S. 455, 456 in Gottwald, Münch. Komm., IZPR, UNÜ Art. VII, Rn. 8.

34 Nach dem Wortlaut des Art. V Abs.1 ergibt sich der abschließenden Charakter der in diesem Artikel genannten Versagungsgründe, indem er besagt:“ Die Anerkennung und Vollstreckung des Schiedsspruches darf....**nur** versagt werden, wenn....
Australien hat zwar das UNÜ ratifiziert, hat jedoch in seinem „*International Commercial Arbitration Act*“, welcher das UNÜ ausführt, das Wort „*only*“ weggelassen

UNÜ zu finden. Hierbei gilt das Verbot der *„révision au fond"*, es sei denn, der Schiedsspruch ist mit dem Ordre Public unvereinbar.[35]
Die im Art. V UNÜ vorgesehenen Versagungsgründe sind in zwei Gruppen zu teilen: zur ersten Gruppe gehören diejenigen, die auf Antrag der Partei geltend gemacht werden und deren Vorliegen von ihr bewiesen werden muss, wie etwa mangelnde Vertretung, Versagung rechtlichen Gehörs[36], fehlende Begründung, Überschreitung des Schiedsauftrags, Verfahrensmängel, unverbindlicher Schiedsspruch, u.a. (Art. V Abs. 1 UNÜ). Zur zweiten Gruppe gehören diejenigen, die auch *ex officio* (von Amts wegen) von dem zuständigen Gericht des Vollstreckungslandes berücksichtigt werden können. Zu den letzten werden die Schiedssprüche zugeordnet, deren Streitgegenstand nach dem Recht des Vollstreckungsstaates nicht schiedsfähig ist, und der Verstoß gegen den Ordre Public des Vollstreckungsstaates (Art. V Abs. 2). Manche Versagungsgründe der ersten Gruppe können auch von Amts wegen unter dem Deckmantel des Ordre Public berücksichtigt werden.[37]
Es wird teilweise behauptet, dass die englische Fassung *„may be"* des Art. V Abs. 1 und 2 UNÜ den Gerichten eine Ermessensbefugnis einräumt, nach der die Gerichte Schiedssprüche trotz Vorliegens von Anerkennungsversagungsgründen im Sinne von Art. V anerkennen können. Dies wäre z. B. der Fall, wenn ein Gericht entscheidet, einen Schiedsspruch anzuerkennen und zu vollstrecken, obwohl er gegen den Ordre Public seines Landes verstoßen würde. Nach dieser Auffassung findet dies seine Begründung darin, dass der Verstoß gegen den internen Ordre Public[38] in Ausnahmefällen keinen Grund darstellt, um die Vollstreckung von Schiedssprüchen im Rahmen von internationalen Beziehungen zu verhindern.[39] Eine solche Befugnis haben US-Gerichte in Anspruch ge-

---

(section 8 (5)). Daher ist *das Supreme Court of Queensland"* der Meinung, dass die im Art. V aufgelisteten Versagungsgründen nicht abschließend seien. Dementsprechend besteht nach diesem Gericht die Möglichkeit, die Anerkennung und Vollstreckung auf Grund anderer Versagungsgründe zu versagen. Siehe *Supreme Court of Queensland* vom 29.10.1993, Resort Condominiums International Pty Ltd., in YB Comm. Arb. XX, 1995, S. 628-650. Siehe auch *Corte di Cassazione* vom 26.5.1981, N° 3456, Viceré livio v. Prodexport in YB Comm. Arb. VII, 1982, S. 345-346.

35 Gottwald in ZPO Münch. Komm. UNÜ Art. V, Rn. 5; Patocchi/Jermini, IPRG, Art. 194 Rn. 194; Heine, in FS fürWalther J. Habscheid, 1989, S. 153; Geimer, IZPR, 2005, Rn 3764, 3909 ff.

36 United States Court of Appeals, Second Circuit vom 23. Dezember 1974, Parsons & Whittemore v. RAKTA, in Yearbook Commercial Arbitration, Vol. I 1976, S. 205.

37 Siehe Kapitel 2.

38 Van den Berg erklärt, dass ein Gericht die Unterscheidung zwischen internen und internationalen Schiedssprüchen anwenden muss, um von dieser Ermessensbefugnis Gebrauch machen zu können. Vgl. Van den Berg, The New York Arbitration Convention of 1958, 1981, S.268.

39 Van den Berg, The New York Arbitration Convention of 1958, 1981, S. 265.

nommen, indem sie sich auf das Wort *„may"* im ersten Satz der Vorschrift bezogen haben.[40]

Diese Befugnis hängt mit der in Art. VII UNÜ vorgesehenen Meistbegünstigungsklausel[41] zusammen, wonach jeder Staat andere multi- oder bilaterale Abkommen bzw. nationales Recht anwenden darf, sofern diese Vorschriften für die Vollstreckung des Schiedsspruchs günstiger als das UNÜ sind.

Das französische Recht ist hierfür ein Beispiel, da Art. 1502 NCPC den im Art. V Abs. 1 lit. e UNÜ vorgesehenen Versagungsgrund der Aufhebung nicht beinhaltet. Es stellt insoweit gegebenenfalls eine günstigere Vorschrift für die Vollstreckung des Schiedsspruchs dar.

In diesem Zusammenhang gilt zugleich nach Art. III S. 2 UNÜ das Verbot, ausländische Schiedssprüche gegenüber inländischen „wesentlich zu diskriminieren, nicht aber zu privilegieren". Dadurch sollte vor allem verhindert werden, dass für ausländische Schiedssprüche als Vollstreckungsmöglichkeit nur eine auf sie gestützte Klage in Betracht kommt, während es für inländische Schiedssprüche erleichterte Möglichkeiten zur Erreichung einer Vollstreckbarerklärung gibt.[42]

Es wird teilweise behauptet, dass sich die Gerichte auch in Deutschland an den authentischen englischen Wortlaut halten können und nach ihrem Ermessen ausländische Schiedssprüche in Ausnahmefällen - welche werden aber nicht genannt - trotz Vorliegens eines Anerkennungsversagungsgrundes anerkennen und vollstrecken können.[43]

Anderseits wird diese Ermessensbefugnis teilweise in der Lehre abgelehnt und im Gegenteil bejaht, dass wenn einer der Versagungsgründe vorliegt, die Anerkennung und Vollstreckung versagt werden muss.[44] Dies stützt sich auf das Argument, dass es das Ziel des Art. V UNÜ sei, die Anerkennungs- und Versagungsgründe zu vereinheitlichen und nicht den Gerichten eine beliebige Ermessensbefugnis einzuräumen.[45]

---

40 Chromalloy Aero- Services gegen die Arabische Republik von Ägypten. Siehe Mealy's International Arbitration Report, 1996, S. 145 ff.; Van den Berg, The New York Arbitration Convention, S. 265.

41 BGH, vom 21.9.2005, NJW, 48/2005, S. 3499.

42 Im Art. III UNÜ gilt das Verbot, weder strengeren Verfahrensvorschriften *„conditions"* noch wesentlich höheren Kosten der Anerkennung und Vollstreckung ausländischer Schiedssprüche zu unterliegen als die Anerkennung oder Vollstreckung inländischer Schiedssprüche. Vgl. Schlosser, P.,Stein/Jonas Kommentar, Anh. § 1061, Rn. 64.

43 Schlosser, Stein/Jonas ZPO Kommentar, 22. Auf., Anhang § 1061, Rn. 73.

44 Münch, Münch. Komm., 2. Auflage, § 1061 Rn. 6; Gottwald, Münch. Komm. Art. V UNÜ Rn 4.

45 Haas, Practitioner's Handbook on International Arbitration, S. 486, Rn. 3.

Der unmittelbar für die Praxis wichtigste Fortschritt ist die Abschaffung des Doppelexequatur.[46] Dies wurde auf zwei Arten erreicht: Erstens ist nach Art. V Abs. 1 lit. e UNÜ für die Anerkennung und Vollstreckung eines ausländischen Schiedsspruchs nur notwendig, dass er in dem Staat, in dem oder nach dessen Recht er ergangen ist, verbindlich[47] geworden ist. Der Versagungsgrund liegt nicht mehr darin, dass der Schiedsspruch nicht „endgültig"[48] bzw. „*final*"[49], geworden ist, sondern darin, dass er nicht verbindlich ist. Denn es soll die abstrakte Vollstreckungsfähigkeit genügen, d. h. es müssen in dem Land, in dem der Schiedsspruch ergangen ist, alle Voraussetzungen erfüllt sein, die für eine Vollstreckbarerklärung in diesem Staat erforderlich sind.[50] Das heißt, der Schiedsspruch muss dem Exequaturverfahren am Schiedsort nicht mehr unterworfen werden.

Zweitens wird die Beweislast der Verbindlichkeit des Schiedsspruchs vom Antragsgegner und nicht mehr vom Antragsteller getragen[51]. Das heißt, es wird die Vollstreckungsfähigkeit vermutet, sofern nicht der Antragsgegner das Gegenteil beweist.

Die Ablehnung des Doppelexequaturs im UNÜ stimmt mit seinem Hauptziel überein, nämlich die oben genannte Erleichterung der Vollstreckung ausländischer Schiedssprüche. Es soll die abstrakte Vollstreckungsfähigkeit genügen, d.h. es müssen bloß alle Voraussetzungen erfüllt sein, die für eine Vollstreckbarerklärung in dem „Heimatland" des Schiedsspruches erforderlich sind.[52] Dies entspricht dem Grundsatz „*praesumptio juris tantum.*"

Es wurde behauptet, dass das New Yorker Übereinkommen sein Ziel der Vereinheitlichung nur zum Teil erreicht hat, da es wurde in vielen Punkten von der

46 Van den Berg, The New York Arbitration Convention of 1958, 1981, S. 266-267; Sanders, The New York Convention, 1960, S. 319.

47 Siehe Kapitel 2, 10.4. der vorliegenden Arbeit. Vgl. *Cour d'Appel* de Paris v. 23. 10. 1997 Rev. arb. 98, 149 ff.: Es kam nicht darauf an, dass der in Amman, Jordanien, erlassene Schiedsspruch nach dortigem Recht noch nicht endgültig war, er wurde auch so für vollstreckbar erklärt.

48 Im Genfer Abkommen vom 26.9.1927 war erforderlich, dass der Schiedsspruch nach dem Recht des Landes, in dem er ergangen ist, eine endgültige Entscheidung sein musste (Art. 1 Abs. 2 lit. d GA)

49 Englische Fassung. Siehe dazu: Van den Berg, a.a.O., S. 267.

50 Schütze in Wieczorek/Schütze, Kommentar des IntZPR, B I 2 b S. 558. Siehe mehr dazu unten Kapitel 2, 6.

51 Van den Berg, a.a.O., S. 267; BGHZ 104, 178 = NJW 1988, 3090, 3091; OLG Hamburg KTS 1983, 504; Gottwald, Münch. Komm. UNÜ Art. V Rn. 3

52 So Schütze in Wieczorek/Schütze, Kommentar des IntZPR, B I 2 b S. 558.

Rechtssprechung der jeweiligen Staaten nicht übereinstimmend interpretiert wird.[53]

2. Das UNCITRAL-Modellgesetz

2.1. Entstehung

Die *United Nations Commission on International Trade Law*[54] (UNCITRAL) wurde im Jahre 1966 mit dem Ziel geschaffen, die Vereinheitlichung und Harmonisierung des internationalen Rechts zu fördern.
Die Schiedsgerichtsbarkeit hat immer im Rahmen der UNCITRAL Priorität genossen[55] und ist wie kaum ein anderes Rechtsgebiet bereits Gegenstand intensiver Versuche der Rechtsvereinheitlichung gewesen[56]. Dies spiegelt sich in Abkommen wieder, wie die Genfer Abkommen von 1923 und 1927, das New Yorker Abkommen 1958, das Washingtoner Abkommen von 1965, das Moskauer Abkommen von 1972, das Panama Abkommen von 1975 und in Schiedsordnungen wie die UNCITRAL *Arbitration Rules* von 1976 und das UNCITRAL-Modellgesetz von 1985 u.a.
Im Jahre 1978 entschied sich die UNCITRAL bei einer Versammlung in Paris, ein Modellgesetz für die internationale Schiedsgerichtsbarkeit[57] in Zusammenarbeit mit dem ICC-*International Chamber of Commerce*- in Paris und dem ICCA - *Council for Commercial Arbitration*- zu entwickeln.[58] Daraufhin wurde eine Arbeitsgruppe („*working group*") eingesetzt. Diese Arbeitsgruppe bediente sich des Rates und der Erfahrung zahlreicher Experten auf dem Gebiet der Internationalen Schiedsgerichtsbarkeit und bedeutender Schiedsgerichtsinstitutionen, wie insbesondere der International *Chamber of Commerce* in Paris (ICC), des *International Council for Commercial Arbitration* (ICCA), des *Asian-African Legal*

53 Study on the application and interpretation of the Convention on the Recognition and Enforcement of Foreign Arbitral Awards. UN-Doc. A/CN.9/207, para. 15.

54 Die Kommission der Vereinten Nationen für Internationales Handelsrecht, Res. Nr. 2205/XXI der U.N. G.A. vom 17.Dezember 1966.

55 Granzow, Das UNCITRAL-Modellgesetz über die internationale Handelsschiedsgerichtsbarkeit von 1985, S. 46.

56 Einen ausführlichen Überblick gibt die von UNCITRAL in Auftrag gegebene Studie von Nestor, Problems concerning the application and interpretation of existing multilateral conventions on international commercial arbitration and related matters, UN-Doc. A/CN.9/64.

57 Auf der Basis der „Study on the application and interpretation of the Convention on the Recognition and Enforcement of Foreign Arbitral Awards" (UN-Doc. A/CN.9/168) und der "Note by the Secretariat on further work on in respect of international commercial arbitration" (UN-Doc A/CN.9/169)

58 Böckstiegel, RIW 1984, S. 671.

Consultative Committee (AALCC) und des *Chartered Institute of Arbitrators* in London (CIArb).[59] Eine endgültige Fassung des UNCITRAL-Modellgesetzes (UMG) wurde am 21.6.1985 von der UNCITRAL beschlossen.[60] Die Vollversammlung der Vereinten Nationen hat in einer Resolution vom 11. Dezember 1985 den Staaten den Entwurf eines Modellgesetzes über die internationale Handelsschiedsgerichtsbarkeit zur Berücksichtigung bei ihrer Schiedsgesetzgebung empfohlen.[61] 52 Staaten und 6 Bundesstaaten der Vereinigten Staaten[62] haben, darunter auch Deutschland[63], haben inzwischen das UMG mit zum Teil nur wenigen Änderungen in das nationale Recht übernommen.

2.2. Zweck der internationalen Harmonisierung

Die Ausweitung des internationalen Handels hat überall dazu geführt, dass auch die wirtschaftliche Bedeutung der Schiedsgerichtsbarkeit angestiegen ist. Jedoch entsprachen die nationalen Schiedsprozessrechte der Entwicklung der Schiedsgerichtsbarkeit in vielen Fällen nicht. Sie stammten aus einer Zeit, als die Schiedsgerichtsbarkeit noch nicht so entwickelt war.[64] Dementsprechend waren sie veraltet, lückenhaft oder auf ein rein inländisches Verfahren zugeschnitten

---

59 Hußlein-Stich, Das UNCITRAL-Modellgesetz über die internationale Handelsschiedsgerichtsbarkeit, 1990, S. 2; Blessing, in Berti (Hrsg.), International Arbitration in Switzerland, Rn. 285-286.

60 UN-Doc. A/40/17.

61 UN-Doc. A./RES/40/72 vom 6. Februar 1986

62 Sie sind u. a. Ägypten, Australien, Aserbaidschan, Bahrein, Bangladesch, Belarus, Bulgarien, China: Hong Kong und Makao, Chile, Dänemark, Deutschland, Griechenland, Guatemala, Indien, Iran, Irland, Japan, Jordanien, Kanada, Kenia, Kroatien, Korea, Litauen, Madagaskar, Malta, Mexiko, Nicaragua, Nigeria, Neuseeland, Norwegen, Österreich, Oman, Paraguay, Peru, Phillipinen, Polen, Russische Föderation, Singapur, Spanien, Siri Lanka, Thailand, Tunesien, Türkei, Ukraine, Ungarn, das Vereinigte Königreich und Nord Irland: Schottland und die Bermudas, innerhalb der USA die Bundesstaaten Illinois, Louisiana, Connecticut, Kalifornien, Oregon und Texas, Sambia, Simbabwe und Zypern. Daten bis 24.09.2005 nachgeprüft. Siehe dazu http://www.uncitral.org/
Siehe auch Blessing, Introduction to Arbitration – Swiss and International Perspectives in International Arbitration in Switzerland, 2000, S. 124-126.

63 Das neue Schiedsverfahrensrecht Deutschlands ist im 10. Buch der ZPO (§§1025 – 1066 ZPO) vom 22. Dezember 1997 enthalten, in Kraft seit dem 1.1.1998. Siehe Calavros, Das UNCITRAL-Modellgesetz über die internationale Handelsschiedsgerichtsbarkeit, 1988; Granzow, Das UNCITRAL-Modellgesetz über die internationale Handelsschiedsgerichtsbarkeit von 1985, 1988; Hußlein-Stich, Das UNCITRAL-Modellgesetz über die internationale Handelsschiedsgerichtsbarkeit, 1990; Zerbe, Die Reform des deutschen Schiedsverfahrensrechts, 1995.

64 Deutsches Institut für Schiedsgerichtswesen, Übernahme des UNCITRAL-Modellgesetzes über die internationale Handelsschiedsgerichtsbarkeit in das deutsche Recht, 1990, S.12.

und daher nicht in der Lage, den Erfordernissen an eine effiziente internationale Handelsschiedsgerichtsbarkeit gerecht zu werden[65]

Solche Lücken bzw. Unterschiede bereiteten oft Unsicherheit und Schwierigkeiten beim Ablauf des Schiedsverfahrens[66] und haben früh dazu geführt, dass vielen Staaten das Bedürfnis nach einer Vereinheitlichung des Schiedsverfahrensrechts bewusst wurde.[67] Selbst z.B. das englische[68] und das vielverwendete schweizerische[69] Recht wurden wegen seiner Unübersichtlichkeit und Überalterung für reformbedürftig gehalten.[70]

Die Entscheidung der UNCITRAL, statt noch eines weiteren Übereinkommens ein Modellgesetz zu erarbeiten[71], findet ihre Begründung darin, dass sich auch, wenn in einem bestimmten Umfang Rechtsangleichung mittels eines multilateralen Abkommens erreicht worden ist, abweichende oder sogar verschiedene Auslegungen seiner Bestimmungen ergeben können.[72] Das New Yorker Abkommen von 1958 wird als Beispiel solch divergierender Anwendungen eines multilateralen Übereinkommens genannt, das in vielen Punkten von der Rechtssprechung der jeweiligen Staaten nicht übereinstimmend interpretiert wird.[73] Außerdem wollte man damit die üblicherweise verbundenen Schwierigkeiten der nationalen Ratifikationsprozesse vermeiden, insbesondere im Hinblick auf die

65 Herrmann, Arb. Int. 1985, S. 8-10.

66 *"...where parties have not agreed on a certain procedural point, yet another concern may arise from the fact that the applicable law does not contain a provision settling this point. The lack of such 'supplementary' rule may create uncertainty and controversy detrimental to the smooth functioning of the arbitration proceedings."* UN-Doc. A/CN.9/207, para. 13.

67 Calavros, Das UNCITRAL-Modellgesetz über die Internationale Handelsschiedsgerichtsbarkeit, 1987, S.5; Blessing, in Berti (Hrsg.), International Arbitration in Switzerland, 2000, Rn. 288.

68 Der Arbitration Act vom 31.01. 1996 setzt den Arbitration Act vom 4.4.1979 außer Kraft.

69 Das Konkordat vom 28.11. 1969 wurde von dem Bundesgesetz über das internationale Privatrecht vom 18.12. 1987 außer Kraft gesetzt und zwar soweit es sich im Anwendungsbereich mit dem IPRG überschneidet. Dieses Gesetz ist zwar nach der Verabschiedung des UMG erlassen, der Gesetzentwurf aber vorher erarbeitet worden, so dass das Bundesgesetz, welches das Modelgesetz nicht berücksichtigt, noch als Gesetzesvorhaben vor dem Modellgesetz anzusehen ist.

70 Siehe Kapitel 1, 2.8; 2.9 der vorliegenden Arbeit.

71 Dazu Redfern/Hunter, Law and Practice of International Commercial Arbitration, 1999, S. 69, Rn 1-123; dazu auch Granzow, Das UNCITRAL-Modellgesetz über die internationale Handelsschiedsgerichtsbarkeit, S. 18-19.

72 UN-Doc. A/CN.9/207, para. 15

73 Study on the application and interpretation of the Convention on the Recognition and Enforcement of Foreign Arbitral Awards, UN-Doc. A/CN.9/207, para. 15

Dauer derartiger Verfahren und die damit häufig verbundenen nationalen Vorbehalte[74], die wiederum die Rechtsvereinheitlichung verhindern.
Das Ziel des UNCITRAL-Modellgesetzes wurde von der Vollversammlung der Vereinten Nationen in diesem Rahmen festgelegt und ist zweifacher Natur: Einmal die nationalen Schiedsprozessrechte für die internationale Schiedsgerichtsbarkeit zu harmonisieren, und weiterhin eine Regelung zu schaffen, die den heutigen Bedürfnissen der internationalen Schiedsgerichtsbarkeit entspricht.[75]
In dieser Regelung sollen universelle Standards der schiedsverfahrensrechtlichen Fairness und Gerechtigkeit aufgestellt werden.[76] Ferner sollen damit auch unerwartete und wenig schiedsfreundliche Besonderheiten der *lex fori* vermieden werden.[77]

2.3. Definition und Überblick über die Regelung im UNCITRAL-Modellgesetz

Das UNCITRAL-Modellgesetz soll ein geschlossenes, vollständiges Regelwerk für die internationale Handelsschiedsgerichtsbarkeit darstellen. Es soll zugleich die Rechtssicherheit in der Schiedsgerichtsbarkeit durch die Einheitlichkeit der Regelungen gewährleisten[78], die ohne weiteres in das nationale Recht übernommen werden können.[79]
Mit 36 Artikeln hat die UNCITRAL-Arbeitsgruppe eine mittlere Position zwischen dem neuen schweizerischen Schiedsgesetz von 1989 mit neunzehn Artikeln und dem niederländischen Schiedsrecht von 1986 mit 56 ausführlichen Artikeln gefunden.[80]
Als erster und fundamentaler Grundsatz des UMG gilt die Parteifreiheit[81] bzw. Parteiautonomie. Die Parteifreiheit bedeutet freie Wahl der Schiedsrichter (Art.

---

74 Berger (Hrsg.), RWS-Dokumentation 21, Das neue Recht der Schiedsgerichtsbarkeit, Köln, 1998, S. 7.

75 Nach der englischen Fassung: „...*recommends that all States give due consideration to the Model Law on International Commercial Arbitration, in view of the desirability of uniformity of the law of arbitral procedures and the specific needs of international commercial arbitration practice. Resolution adopted by the General Assembly of the United Nations,* Dokumentation A/RES/40/72 vom 6. Februar 1986; Deutsches Institut für Schiedsgerichtswesen, Übernahme des UNCITRAL-Modellgesetzes über die internationale Handelsschiedsgerichtsbarkeit in das deutsche Recht, 1990, S.11.

76 Vgl. UN-Doc. A/CN.9/169, para. 9.

77 UN-Doc. A/CN.9/207, para. 10.

78 Calavros., a.a.O., S. 9.

79 Berger (Hrsg.), a.a.O., S. 7.

80 UN-Doc. A/CN.9/207, para. 17; Berger (Hrsg.), a.a.O., S. 8.

81 So Calavros, a.a.O., S. 8; Siehe auch Gottwald, Internationale Schiedsgerichtsbarkeit, Bielefeld, 1997, S. 120, Blessing, International Arbitration in Switzerland, S. 290.

10, 11 UMG), freie Verfahrenswahl (Art. 20 UMG) innerhalb der Grenzen von *due process* (rechtliches Gehör und Gleichheit (Art. 18 UMG)), Gestaltungsfreiheit auch gegenüber institutionellen Schiedsgerichten und freie Wahl des in der Sache anwendbaren Rechts (Art. 19 Abs. 1 UMG), hilfsweise Bestimmung des Rechts durch das Schiedsgericht (Art. 19 Abs. 2 UMG).[82] In diesem Sinne soll das UMG ein „*constitutional framework*"[83] darstellen, welches die Parteifreiheit sowie die Gültigkeit und die Wirkungen der Parteivereinbarungen anerkennt.
Als zweiter Grundsatz gilt, dass das UMG zwingende Vorschriften[84] (z.B. Art. 18 UMG) enthält, die die oben genannte Parteiautonomie zum Schutz der im Ordre Public-Begriff einbezogenen wesentlichen Grundsätze limitieren.[85] Dadurch sollen im Schiedsverfahren Mängel, Rechtsverweigerungen, Verletzungen des „*due process of law*"[86] und Überraschungen der Parteien („*trial by ambush*") vermieden werden[87].
Die Geltung des UMG als *lex specialis*[88] ist der letzte Grundsatz, eng mit den vorherigen verbunden. Nach diesem Grundsatz genießt das UMG Priorität gegenüber den anderen allgemeinen Regelungen des nationalen Rechts über die Schiedsgerichtsbarkeit.[89] Die Verträge, die in Kraft sind, bleiben dennoch unberührt (Art. 1 Abs. 1 UMG).

---

82 Gottwald, a.a.O, S.120.

83 UN-Doc. A/CN.9/207, para. 11.

84 UN-Doc. A/CN.9/207, para. 11.

85 *To give parties the greatest possible freedom does not mean, however, to leave everything to them by not regulating it in the model law. Apart from the desirability of providing "supplementary" rules, what is needed is a positive confirmation or guarantee of their freedom. Thus, the model law should provide a effect of their agreements based thereon...In order to facilitate the smooth operation of international commercial arbitration, a further drafting principle could be to strive for a set of rules that would be as comprehensive and complete as possible. This would meet the above concern that lack of a provision on a certain point may create uncertainty and controversy ... What has to be done first is to work towards a clear and complete set of rules establishing fair and modern standards of international arbitration which would be acceptable to the different legal and economic systems of the world.* UN-Doc. A/CN.9/207, para. 18.

86 UN-Doc. A/CN.9/207, para. 12.

87 Vgl. dazu Redfern/Hunter, Law and Practice of International Commercial Arbitration, 2.Aufl. 1991, S. 321; Berger (Hrsg.), a.a.O., S. 9; Roth in Practitioner's Handbook on International Arbitration, S. 1162, Rn. 9.

88 UN-Doc. A/CN.9/207, para. 25. Dieser Charakter als Spezialgesetz lässt sich aus Art. 1 I UMG entnehmen, wonach dieses Gesetz auf die internationale Handelsschiedsgerichtsbarkeit anwendbar ist.

89 *Once the model law is enacted in State X, "This law applies as lex specialis, i.e. to the exclusion of all other pertinent provisions of non-treaty law, whether contained for example, in a code of civil procedure or in a separate law on arbitration. This priority, while not expressly stated in the model law, follows from the legislative intent to establish a special regime for international commercial arbitration.* UN-Doc. A/CN. 9/ 264, para. 7.

Das UMG regelt jedoch nicht sämtliche Rechtsbereiche in der Schiedsgerichtsbarkeit. Auf Fragen wie etwa die objektive Schiedsfähigkeit des Streitsgegenstandes, die Vollstreckbarkeit einstweiliger Verfügungen, die vom Schiedsgericht angeordnet sind, die Zuständigkeit des Schiedsgerichts im Bereich des Schiedsgutachtensrechts, die Verbindung mehrerer Schiedsverfahren usw., ist nach Art. 1 Abs. 5 das in dem jeweiligen Land geltende Recht über die Schiedsgerichtsbarkeit weiterhin anwendbar.[90]

2.3.1. Der sachliche Anwendungsbereich

Das Modellgesetz ist ausschließlich auf die internationale Handelsschiedsgerichtsbarkeit beschränkt (Art. 1 Abs. 1 UMG). Auf eine Begriffsbestimmung im Gesetzestext wurde auf Grund der verschiedenen Entwicklungen[91] und der daraus folgenden divergenten Auffassungen des Begriffs der Handelssachen verzichtet.[92] Jedoch wollte man nicht die völlig freie Auslegung dieses Begriffes zulassen, denn es könnte zu abweichenden Interpretationen führen. Stattdessen ist der Begriff „Handel“[93] in einer offiziellen Fußnote[94] zu Art. 1 definiert. Diese Gesetzestechnik ist keine ideale Lösung[95]; sie hat zwar einerseits den Vorteil, eine Einführungsregelung[96] darzustellen, anderseits jedoch den Nachteil, dass

---

90 *Art. 1 Abs. 5 „Dieses Gesetz berührt nicht andere Gesetze dieses Staates, wonach bestimmte Streitigkeiten einem schiedsrichterlichen Verfahren nicht oder nur nach anderen Bestimmungen als denen dieses Gesetzes“ unterworfen werden dürfen.* Siehe UN-Doc. A/CN.9/WG.II/WP.50, p. 5 und A/CN.9/264, Art. 1, p. 8.

91 Die Definition bereitete Mühe, zur Problematik der Definition A/CN.9/WG.II/W.P. 49, para. 6-27.

92 UN-C. A/CN.9/264, zu Art. 1 para. 16, A/CN.9/233 para. 53, AC/.9/246 para. 161.

93 Derselbe Begriff ist in Art. 1 des Genfer Protokolls von 1924 und ein ähnlicher in Art. 1 Abs. 1 Buchst. a des Europäischen Übereinkommens von 1961 zu finden. Über den Art. im allgemeinen AC/.9/246 para. 159.

94 Der Begriff "Handel" soll weit ausgelegt werden, so dass er Angelegenheiten umfasst, die sich aus Handelsbeziehungen jeder Art ergeben, gleichviel, ob sie auf Vertrag beruhen oder nicht. Handelsbeziehungen schließen die folgenden Rechtsgeschäfte ein, ohne darauf beschränkt zu sein: Handelsgeschäfte über die Lieferung oder den Austausch von Waren oder Dienstleistungen; Vertriebsvereinbarungen; Handels-vertretungen oder Agenturen; Factoring; Leasing; Errichtung von Anlagen; Consulting; Engineering; Lizenzverträge; Investitionen; Finanzierungen; Bankgeschäfte; Versicherungen; Rohstoffgewinnung oder Konzessionen; Konsortialverträge (Joint ventures) oder andere Formen industrieller oder wirtschaftlicher Zusammenarbeit; Personen- oder Güterbeförderung auf dem Luft-, Wasser-, Schienen- oder Straßenweg. Gegen die Einhaltung der Erläuterung in einer Fußnote haben sich die Repräsentanten Australiens, Zyperns, Ägyptens, Schwedens, Großbritanniens, der Vereinigten Staaten, Finnlands, Chiles, der Bundesrepublik Deutschland und Ungarns ausgesprochen.
So UN-Doc. A/CN.9/SR.305-333, S. 7 ff.

95 UN-Doc. A/CN.9/246 para. 159.

96 So in UN-Doc. A/CN.9/264, para.16, 17 zu Art. 1.

sie nicht bindend für die Rechtsanwendung ist[97] und sie daher unbeachtet bleiben könnte.[98] Außerdem stößt ihre Umsetzung in nationales Recht auf gesetzgebungstechnische Schwierigkeiten. Jedoch haben die Redakteure bei der Erarbeitung dieser Fußnote weniger an ihre formelle Gesetzeskraft als vielmehr an ihre Bedeutung für die Auslegung gedacht.[99] Es ist keine abschließende Liste[100] und soll deswegen weit ausgelegt werden.[101]

Was die internationale Natur des Schiedsverfahrens betrifft, sind Art. 1 Abs. 3 und 4 UMG anzuwenden. Danach ist ein Schiedsverfahren international, wenn die Parteien der Schiedsvereinbarung ihre Niederlassung in verschiedenen Staaten haben[102], oder wenn der Schiedsort oder der Vertragsschwerpunkt für die Parteien sich außerhalb des Staates befinden, in dem die Parteien ihre Niederlassung haben oder wenn die Parteien eine entsprechende Vereinbarung getroffen haben. Dementsprechend hat sich das UMG zur Bestimmung der Internationalität der Schiedsgerichtsbarkeit für das altgewohnte, territoriale Modell[103] entschieden: Ort der Niederlassung der Parteien (Art. 1 Abs. 3 lit. a), Ort des Schiedsverfahrens (Art. 1 Abs. 3 lit. b1), Erfüllungsort oder Ort der engsten Beziehung des Streitgegenstandes (Art. 1 Abs. 3 lit. b2) und schließlich die ausdrückliche Vereinbarung der Parteien (Art. 1 Abs. 3 lit. c).
Diese Bestimmung weicht von derjenigen des Art. 1 Abs. 1 des UNÜ ab, welche an den Ort des Erlasses des Schiedsspruchs anknüpft, weil die Anwendbarkeit des UMG bereits vor Erlass eines Schiedsspruchs bestimmt werden können muss.[104]

---

97 UN-Doc A/40/17, para. 19. So Calavros, Das UNCITRAL-Modellgesetz über die Internationale Handelsschiedsgerichtsbarkeit, 1988, S.11.

98 UN-Doc. A/CN.9/264, zu Art. 1 para. 17; Granzow, Das UNCITRAL-Modellgesetz über die internationale Handelsschiedsgerichtsbarkeit von 1985, 1988, S. 62.

99 Calavros, a.a.O., S.12.

100 A/CN.9/246, para. 159; A/CN.9/SR.306, para. 1-43; Kritisch die Bundesrepublik, Polen, Schweden und die USA, A/CN.9/263, para. 17 zu Art. 1.

101 So UN-Doc. A/CN.9/264, zu Art. 1 para. 18, A/CN.9/233 zu Art. 1 para 52; auch Calavros, a.a.O., S. 13.

102 Dieses Kriterium wurde von der Wiener Konvention über Verträge für internationalen Warenverkauf von 1980 übernommen.

103 Anders ist es z.B. im französischen Recht: Nach Art. 1492 NCPC ist die Schiedsgerichtsbarkeit international, wenn Interessen des internationalen Handels involviert sind. Für diese an sich revolutionäre Vorschrift ist es nicht mehr wichtig, die üblichen und im UMG erwähnten Prinzipien zur Internationalität der Schiedsgerichtsbarkeit, sondern vielmehr das aus dem Vertrag folgende, wirtschaftliche Geschäft zu beachten.

104 Granzow, Das UNCITRAL-Modellgesetz über die internationale Handelsschiedsgerichtsbarkeit von 1985, 1988, S. 63.

2.3.2. Der territoriale Anwendungsbereich

Regelmäßig ist in den nationalen Gesetzen über Schiedsgerichtsbarkeit keine ausdrückliche Regelung zur Bestimmung ihres territorialen Anwendungsbereichs zu finden[105]. Die Gesetzgeber setzen voraus, dass für die materiellrechtlichen Fragen und für die verfahrensrechtlichen Fragen zur Anwendung der entsprechenden Vorschrift außerhalb des Schiedsortes die jeweiligen *lex causae* und die *lex fori* anzuwenden sind.[106]
Im Gegensatz zu dieser allgemeinen Tendenz beinhaltet das UMG im Art. 1 Abs. 2 UMG eine ausdrückliche Regelung zum territorialen Anwendungsbereich[107]. Danach ist das UMG mit Ausnahme der Art. 8, 9, 35 und 36 UMG nur anwendbar, wenn der Ort des Schiedsverfahrens[108] im Hoheitsgebiet eines Staates liegt, welcher das Modellgesetz in das nationale Recht eingeführt hat und dann sowohl auf die materiellrechtlichen als auch auf die verfahrensrechtlichen Vorschriften[109]. Die für Art. 8, 9, 35 und 36 UMG gemachten Ausnahmen widersprechen der grundsätzlichen Anwendung des territorialen Prinzips nicht, denn sie regeln nicht das Schiedsverfahren, sondern gewährleisten die Anerkennung von Schiedsverträgen und Schiedssprüchen unabhängig vom Ort des Verfahrens.[110] Diese Regelung folgt dem strikten Territorialitätsprinzip.[111]
Nach dem strikten Territorialitätsprinzip wird das anwendbare Recht nicht mehr nach der Vereinbarung der Parteien, sondern nach dem Ort des Schiedsverfahrens „*locus arbitri*“[112] bestimmt.[113] Jedoch sind im UMG Regelungen zu finden, die diese Bewertung erheblich mildern. Den Parteien steht die Möglichkeit

---

105 So Schlosser, Das Recht des Internationalen privaten Schiedsgerichtsbarkeit, Rn. 658., auch Calavros, a.a.O. S. 27.

106 So Calavros, a.a.O., S. 27

107 Siehe UN-Doc. A/CN.9/246, para. 165 ff.; A/CN.9/264, para. 4 zu Art. 1, A/40/17, para. 72 ff.

108 Der English Arbitration Act bezeichnet den Ort des Schiedsverfahrens als "der rechtliche Sitz" des Schiedsverfahrens, d.h. nicht, dass die Parteien und das Schiedsgericht sich auf diesen Ort beschränkt haben. So Court of Appeal in Naviera Amazonía Peruana S.A. v. Compañía Internacional de Seguros del Perú, 1998, 1 Lloyd's Rep. 116-121. Der Ort des Schiedsverfahrens bleibt der gleiche während des ganzen Verfahrens, gleichgültig ob z. B. die Beweisaufnahme an einem anderen Ort stattgefunden hat. So Sanders, The work of UNCITRAL on Arbitration and Conciliation, Netherlands, 2004, S. 82-84.

109 So Calavros, a.a.O. S. 27.

110 A/CN.9/SR.330, para. 15

111 UN-Doc. A/40/17, para. 73, 80.

112 So Redfern /Hunter, Law and Practice of International Commercial Arbitration, 1999, S. 81, Rn. 2-08.

113 Calavros, a.a.O., S. 27.

offen, sowohl die Verfahrensregel (Art. 19 Abs. 1 UMG)[114] als auch die Rechtsvorschriften (*rules of law*)[115] als anwendbares materielles Recht (Art. 28 Abs. 1 UMG)[116] frei zu vereinbaren, so dass die Parteien sogar ein ausländisches Verfahrensrecht oder verschiedene Rechtsvorschriften auswählen können, solange es nicht gegen zwingende Vorschriften des UMG verstößt[117] (Art.19 Abs. 2 UMG).

Ferner lässt Art. 20 Abs. 1 UMG den Parteien die Möglichkeit offen, den Ort des Schiedsverfahrens frei zu vereinbaren und ermöglicht dem Schiedsgericht, an jedem ihm geeignet erscheinenden Ort zusammenzutreten[118]. Der Ort des Schiedsgerichts ist also weniger eine geografische, als eine rechtliche Lokalisierung des Verfahrens innerhalb einer Rechtsordnung[119], denn die Bestimmung des Art. 1 Abs. 2 dient nur der territorialen Anbindung an ein nationales Schiedsgesetz[120], ohne dass die Parteien oder der Streitgegenstand einen sachlichen Bezug zu diesem Recht aufweisen müssen.[121]

In Art 28 Abs. 1 UMG ist absichtlich nicht von „Recht", sondern von „Rechtsvorschriften" die Rede.

Damit wollte das UMG den Parteien freien Raum lassen, nicht nur ein bestimmtes nationales Recht bzw. Gesamtrechtsordnung zu wählen, sondern auch „Rechtsvorschriften" aus verschiedenen Rechten (*dépeçage*[122]) oder solche, die

---

114 *Art. 19 Abs. 1 Die Parteien können vorbehaltlich der Bestimmungen dieses Gesetzes die Verfahrensregel frei vereinbaren, an die sich das Schiedsgericht bei der Durchführung des Verfahrens zu halten hat.*

115 wie z. B. die Lex Mercatoria. So Calavros, Das UNCITRAL-Modellgesetz über die internationale Handelsschiedsgerichtsbarkeit, Bielefeld, 1988, S. 123, Zerbe, Die Reform des deutschen Schiedsverfahrensrechts, Baden-Baden, 1995, S. 224-231. So auch Lörcher, Das internationale Handelsschiedsverfahren in Frankreich, München, 1997, S. 75. Siehe Berger, IPRax 1993, 281, 283.
„... *This provides the parties with a wider range of options and allows them, for example, to designate as applicable to their case rules of more than one legal system, including rules of law which have been elaborated on the international level...*" So UN-Doc. A/CN.9/264, para. 4 zu Art. 28, A/40/17, para. 232.

116 *Art. 28 Abs. 1 Das Schiedsgericht hat die Streitigkeit in Übereinstimmung mit den Rechtsvorschriften zu entscheiden, die von den Parteien als auf den Inhalt des Rechtsstreites für anwendbar bezeichnet worden sind. Die Bezeichnung des Rechts oder der Rechtsordnung eines bestimmten Staates ist, sofern nicht ausdrücklich etwas anderes vereinbart wurde, als unmittelbare Verweisung auf das materielle Recht dieses Staates und nicht auf sein Kollisionsrecht zu verstehen.*

117 UN-Doc. A/40/17, para. 73.

118 So auch § 1043 II ZPO.

119 Siehr, Internationales Privatrecht, Heidelberg, 2001, S. 550.

120 Berger, RIW 1993, 8 ff., 10.

121 Bucher. in Böckstiegel (Hrsg.), Bd. 1/II, S. 119 ff., 122.

122 *Dépecage*: Unterschiedliche Anknüpfung zusammenhängender Fragen durch verschiedene Verweisungsnormen (z.B. Form und Inhalt). Siehe Siehr, Internationales Privat-

auf der internationalen Ebene ausgearbeitet worden sind, z. B. die allgemeinen Rechtsprinzipien oder die *lex mercatoria.*[123] Bei Fehlen einer Rechtswahl hat das Schiedsgericht jedoch immer eine Gesamtrechtsordnung mit Hilfe des Konfliktsrechts zu ermitteln (Art. 28 Abs. 2 UMG).

2.4. Anerkennung und Vollstreckung

Hinsichtlich der Rechtsbehelfe gegen den Schiedsspruch und seine Vollstreckung gibt es nach dem UNCITRAL-Modellgesetz zwei verschiedene Verfahren: eines zur Aufhebung inländischer Schiedssprüche nach Art. 34 und ein anderes für die Vollstreckung inländischer und ausländischer Schiedssprüche nach Art. 35-36. Dabei behandelt Art. 35 UMG die formellen Voraussetzungen für die Vollstreckbarerklärung und Art. 36 UMG die Gründe für die Versagung der Anerkennung und Vollstreckung. (Dieser Artikel entspricht den im Art. V UNÜ vorgesehenen Versagungsgründen).

Im UNCITRAL-Modellgesetz ist keine ausdrückliche Bestimmung über die Nationalität des Schiedsspruchs zu finden. Nach Art. 1 Abs. 1 UMG müsste der Vollstreckungsrichter diese Qualifikation vornehmen, um festzustellen, ob er ein internationales Vollstreckungsabkommen anzuwenden hat. Häufig kommt daher das New Yorker Abkommen zur Anwendung.[124] Wenn man aber feststellt, dass sich das Anerkennungs- und Vollstreckungsverfahren autonom nach dem UMG richtet, wird die Bestimmung der Nationalität des Schiedsspruchs überflüssig[125], denn nach Art. 35 ist diese Unterscheidung gleichgültig. Dieser Artikel besagt, dass ein Schiedsspruch unabhängig davon, in welchem Land er erlassen worden ist, als bindend anzuerkennen und auf schriftlichen Antrag an das zuständige Gericht zu vollstrecken ist[126], vorbehaltlich des Artikels 35 und des Artikels 36. In dieser Art und Weise stellt das UMG sowohl in- als auch ausländische Schiedssprüche hinsichtlich der Anerkennung und Vollstreckung gleich.[127] Diese Regelung weicht von derjenigen im UNÜ ab.

---

recht, Heidelberg, 2001, Anhang I S. 566. Siehe auch v.Bar/Mankowski, IPR, 2003, § 1, Rn. 28. Jayme, FS Kegel, 1987, S. 253.

123 ICC Verfahren Nr. 5953, Primary Coal v. Compañía Valenciana, veröffentlicht in: Rev. arb., 1990, S. 701. Berger, Lex Mercatoria in der internationalen Wirtschafts-schiedsgerichtsbarkeit: Der Fall „Compañía Valenciana", IPRax 1993, S. 281.

124 Zerbe, Die Reform des deutschen Schiedsverfahrensrechts, Baden-Baden, 1995, S. 272.

125 Zerbe, Die Reform des deutschen Schiedsverfahrensrechts, Baden-Baden, 1995, S. 272.

126 Auf diese Weise wurde das Territorialitätsprinzip durchbrochen.

127 UN-Doc. A/CN.9/264, para. 1 zu Art. 35.

Hierbei ist zu bemerken, dass die Anerkennung inländischer Schiedssprüche vielen Rechtsordnungen fremd ist. In manchen Staaten ist bloß eine Vollstreckbarerklärung[128] erforderlich, teilweise auch nicht einmal diese.[129]

Die Lösung des Art. 35 Abs. 1 wurde wegen seiner Anwendung auf ausländische und inländische Schiedssprüche als ein Rückschritt bezeichnet[130].

Nach den *travaux préparatoires* ist der Grund, warum die Unterscheidung zwischen nationalen und internationalen oder ausländischen Schiedssprüchen im Rahmen der Anerkennung und Vollstreckung nicht gemacht wurde, die Gleichbehandlung der beiden.[131]

Bei der Berücksichtigung der Bestimmungen der Artt. 34, 35 sowie 36, taucht die Frage auf, ob es sich nicht um eine doppelte gerichtliche Kontrolle der Schiedssprüche handelt.[132] Die Frage ist im positiven Sinne zu beantworten, da die Gerichtskontrolle einmal durch die Aufhebungsklage nach Art. 34 und zum anderen durch die Anerkennung oder Vollstreckbarerklärung nach Art. 35, 36 stattfindet. Hierbei ist zu bedenken, dass die Aufhebung des Schiedsspruchs in dem Staat erfolgt, in dem oder nach dessen Recht der Schiedsspruch ergangen ist, während die Verteidigung gegen die Anerkennung und Vollstreckung im Exequaturstaat stattfindet. Daher können die Aufhebungsgründe andere oder

---

128 So Australien (siehe dazu Goldring/Skapinker, International Handbook on Commercial Arbitration, Australia-11), Belgien (siehe dazu Matray, International Handbook on Commercial Arbitration, 19f)), die Tschechoslowakische Republik (siehe Hank, International Handbook on Commercial Arbitration, Czechoslovakia, 34f.), Deutschland (siehe dazu Glossner, International Handbook on Commercial Arbitration, Fed. Rep. of Germany, 17), Frankreich, (siehe dazu Derains, International Handbook on Commercial Arbitration, France, 23), Italien (siehe dazu Bernini, International Handbook on Commercial Arbitration, Italy, 43f), Japan (siehe dazu Doi, International Handbook on Commercial Arbitration, Japan, 25f), die Schweiz (siehe dazu Briner, International Handbook on Commercial Arbitration, Switzerland, 22f; Habscheid, Zivilprozessrecht, Rn. 1261ff), Spanien, (siehe dazu Cremades, International Handbook on Commercial Arbitration, Spain, 13), U.S.A. (siehe dazu Holtzmann, International Handbook on Commercial Arbitration, USA, 26f) u.a.

129 So Argentinien (siehe dazu Grigera Naon, International Handbook on Commercial Arbitration, Argentina-20ff), Österreich (siehe Melis, International Handbook on Commercial Arbitration, Austria, 13), Bulgarien (siehe Stalev, International Handbook on Commercial Arbitration, Bulgarien, 10f.), Dänemark (siehe Philip, International Handbook on Commercial Arbitration, Denmark, 21ff), England (siehe Steyn, International Handbook on Commercial Arbitration, England, 25), Griechenland (siehe Foustoucos, International Handbook on Commercial Arbitration, Greece, 22), Norwegen (siehe Eckoff, International Handbook on Commercial Arbitration, Norway, 159) und Schweden (siehe Holmback/Mangard, International Handbook on Commercial Arbitration, Sweden, 12f).

130 Calavros, a.a.O., S. 167; Berger (Hrsg), RWS-Dokumentation 21, Das neue Recht der Schiedsgerichtsbarkeit, Köln, 1998. Krit. Geimer in Zöller ZPO Komm. § 1061 Rn 1.

131 UN-Doc. A/CN.9/207, paras. 97 und 98.

132 UN-Doc. A/CN.9/263, Chap. VIII, para. 14.

weniger strenge sein als die in Art. 36 UMG vorgesehenen Versagungsgründe.[133] Ferner ist das Ziel der Aufhebung unterschiedlich gegenüber dem der Anerkennung und Vollstreckbarerklärung.[134]

Das Anerkennungs- und Vollstreckbarerklärungsverfahren ist im UMG nicht geregelt worden. Insoweit ist das einschlägige Recht des jeweils betreffenden Staates diesbezüglich anwendbar.

2.5. Stand der Rezeption des UNCITRAL-Modellgesetzes

Ein Ziel des UMG war es, Anreiz und Modell für die Modernisierung des nationalen Schiedsrechts zu sein, es zugleich aber auch zu vereinheitlichen.[135] In der Lehre wird das UMG unterschiedlich bewertet. Einerseits wird behauptet, das Ziel des UMG hätte man bisher nur partiell erreicht, weil Länder wie England, Frankreich und die Schweiz, in denen das Gros internationaler Schiedsverfahren abgewickelt wird[136] und die bereits seit langem über eine festgefügte und erfolgreiche (Gesetzgebungs-) Tradition auf dem Gebiet der Schiedsgerichtsbarkeit verfügen[137], teilweise einen anderen Weg eingeschlagen hätten.[138]

Anderseits weist die Vielzahl der Länder, die das UMG übernommen haben, darauf hin, dass das UMG ein erfolgreiches Regelungswerk ist.[139] Dies nicht nur in Hinsicht auf die 52 Länder und 6 Bundesstaaten der Vereinigten Staaten weltweit, die das Modellgesetz übernommen haben, sondern auch auf die Länder, die zwar es nicht übernommen haben, es aber dennoch im Laufe der Reformierung ihrer nationalen Schiedsgesetze berücksichtigt haben, wie etwa England, die Schweiz und Frankreich.

Ferner sind unter diesen Ländern einige zu finden, denen das UMG nicht nur als Modell der internationalen, sondern auch der nationalen Schiedsgerichtsbarkeit gedient hat.[140]

---

133 Calavros, a.a.O., S. 173.

134 Siehe Kapitel 2, 1 der vorliegenden Arbeit.

135 Gottwald (Hrsg.), Internationale Schiedsgerichtsbarkeit, Bielefeld, 1997, S. 121.

136 Von 478 neuen ICC-Schiedsverfahren, wurden in 114 Schiedsverfahren Frankreich, in 74 die Schweiz, in 53 die USA, in 49 in Großbritannien als Schiedsort ausgewählt. ICC-Bulletin, Vol. 15, N° 1, Spring 2004, S. 7, 12.

137 Berger (Hrsg.), RWS-Dokumentation 21, Das neue Recht der Schiedsgerichtsbarkeit, Köln, 1998, S. 11.

138 Gottwald, a.a.O., S. 121. Mehr dazu unter Kap. 2, 2.7, 2.8, 2.9.

139 So Redfern/Hunte, Law and Practice of International Commercial Arbitration, London, 1999, S. 69, Rn. 1-123.

140 So Kanada (1986), Mexiko (1993), Ägypten und Hong Kong (1994), Kenia, Guatemala und Sri Lanka (1995), Neu Zehland und Oman (1997), Deutschland (1998), Korea (1999), Sambia (2000), Kroatien und Jordanien (2001).
Siehe http://www.uncitral.org/en-index.htm

Der Harmonisierungsprozess ist dementsprechend insoweit als erfolgreich zu bezeichnen.[141]

Anderseits ist die Universalität des Schiedsrechts ein Traumziel. Zu diesem Ziel kann man nur Schritt für Schritt durch Einzelharmonisierungen gelangen. [142]

Unter den neuesten Gesetzen, die das UNCITRAL-Modellgesetz übernommen haben, findet man diejenigen aus Japan, Spanien und Chile. Japan hat seit dem 25.07.2003 ein neues Schiedsgesetz, das am 01.03.2004 in Kraft getreten ist. Dieses Gesetz folgt überwiegend dem Vorbild des UMG. Die im Art. 45 und 46 des japanischen Schiedsgesetzes enthaltenen Versagungsgründe entsprechend denjenigen des Art. 35 und 36 des UMG. Anders wäre es nicht zu erwarten gewesen, denn Japan hat das UNÜ ratifiziert, das als Vorbild wiederum dem UMG gedient hat.[143]

Spanien hat seinerseits fast zur gleichen Zeit ein neues Schiedsgesetz am 23.12.2003 verabschiedet; es ist am 26.03.2004 in Kraft getreten. Mit der Neuregelung des Schiedsgesetzes 60/2003 wurde ebenso das UMG übernommen und ist sowohl auf nationale als auch auf internationale Schiedsgerichtsbarkeit anwendbar.[144]

Ebenso hat Chile am 28.09.2004 ein neues Gesetz über die internationale Handelsschiedsgerichtsbarkeit[145] verabschiedet. Früher war dieses Gebiet der Handelsschiedsgerichtsbarkeit in Chile nicht geregelt und deswegen musste man auf Normen der nationalen Schiedsgerichtsbarkeit zurückgreifen.

Mit der Verabschiedung dieses Gesetzes hat man zur Entwicklung der internationalen Schiedsgerichtsbarkeit in Chile und zur Rechtsharmonisierung enorm beigetragen. Denn Chile hat das UNCITRAL-Modellgesetz praktisch unverändert übernommen.

Gegenwärtig beschäftigt sich die UNCITRAL mit einer Reform des UMG. Am 6. April 1999 hat das UNCITRAL-Sekretariat eine Liste mit 13 unterschiedlichen Themen zur zukünftigen Reformierung des UMG vorgelegt. Drei von diesen Themen wurden vom Sekretariat als Priorität eingestuft. Eines davon, nämlich die *Conciliation* ist in den Erlass eines Modellgesetzes in diesem Bereich aufgenommen.[146]

---

141 Sanders, The Work of UNCITRAL on Arbitration and Conciliation, Netherlands, 2nd Edition, 2004, S. 54.

142 Gottwald, a.a.O., S. 141

143 Zum Gesetz im Allgemeinen siehe Rev. Arb. 2004 N° 4 La Nouvelle Loi Japonaise sur L'arbitrage, S. 833.

144 Mehr dazu Rev. Arb. 2004, S. 225.

145 Ley N° 19.971.

146 Der Text ist in Teil IV von Sanders abgedruckt. Siehe Sanders, The Work of UNCITRAL on Arbitration and Conciliation, Netherlands, 2nd Edition, 2004, S. 199 ff. Dazu auch Jacquet, La loi-Type de la CNUDCI du 24 juin 2002 sur la conciliation commerciale internationale, Rev. Arb. N° 1, 2004.

Die anderen zwei, Art. 7 (die Schriftform der Schiedsvereinbarung) und Art. 17 (die Vollstreckung vorläufiger Maßnahmen) sind immer noch Gegenstand der Diskussion.[147]

2.6. Rezeption des Modellgesetzes durch das deutsche Recht

2.6.1. Die Entwicklung bis zum Inkrafttreten der Novelle

Die Regelung des deutschen Schiedsverfahrensrechts war veraltet und entsprach nicht mehr der Entwicklung der internationalen Schiedsgerichtsbarkeit. Dementsprechend war es notwendig, es zu reformieren. Seit dem ersten Januar 1998 ist das zehnte Buch der ZPO bzw. die neue Schiedsordnung[148] in der Bundesrepublik Deutschland in Kraft. Dies war eine Folge der Bemühungen verschiedener Gruppierungen bzw. Kommissionen[149]: Am 15.11.1989 legte das damalige Deutsche Institut für Schiedsgerichtswesen einen „*Institutsentwurf*" für ein eigenständiges „Gesetz über die Internationale Handelsschiedsgerichtsbarkeit für die Bundesrepublik Deutschland" vor[150].
Infolgedessen erteilte das Justizministerium am 30.10.1991 einer Expertenkommission den Auftrag, Vorschläge zur Neugestaltung sowohl des internationalen wie auch des rein nationalen Schiedsverfahrens unter besonderer Berücksichtigung des UNCITRAL-Modellgesetzes auszuarbeiten. Die Kommission legte einen Entwurf zur Neuordnung des Schiedsverfahrensrechts im Februar 1994 vor. Dazu wurden noch zwei andere Entwürfe vorgelegt, nämlich ein *Referentenentwurf* und ein *Regierungsentwurf*, die gegenüber dem Kommissionsentwurf bloß unwesentliche Änderungen gemacht haben.[151] Unter Berücksichtigung dieser Stellungnahmen legte dann die Bundesregierung am 12. Juli 1996 den „Entwurf eines Gesetzes zur Neuregelung des Schiedsverfahrensrechts" dem Bundestag vor.[152] Das Gesetzgebungsverfahren[153] für das Gesetz zur Neuregelung des Schiedsverfahrensrechts (SchiedsVfG)[154] dauerte vom 22.3.1996

---

147 Sanders, The Work of UNCITRAL on Arbitration and Conciliation, Netherlands, 2nd Edition, 2004, S. 53-54, 137.

148 BGBl. I 1997 Nr. 88 S. 3224 ff.

149 Darüber ausführlich Berger (Hrsg.), RWS-Dokumentation, Das neue Recht der Schiedsgerichtsbarkeit, Köln, 1998, S. 12-15.

150 Text abgedruckt in: DIS (Hrsg.), Übernahme des UNCITRAL Modellgesetzes über die internationale Handelsschiedsgerichtsbarkeit in das deutsche Recht, 1989, S. 47 ff.

151 BT-Drucks. 211/96 vom 22.3.1996 und BT-Drucks. 13/5274 vom 11.7.1996.

152 Neues deutsches Schiedsverfahrensrecht, DIS-Materialien, DIS-MAT IV, 1998, S.4-5.

153 Ausführlich dazu Geimer, ZPO Münch. Komm. vor § 1025, Rn. 54.

154 Die jetzt geltenden §§ 1025 ff. sind am 30.12.1997 als Art. 1 Nr. 7 des Gesetzes zur Neuregelung des Schiedsverfahrensrechts (Schiedsverfahrens-Neuregelungsgesetz - SchiedsVfG) verkündet worden (BGBl. I S. 3224) und zum 1.1.1998 in Kraft getreten (Art. 5 Abs. 1 SchiedsVfG).

(Regierungsvorlage) bis zum 13.12.1997 (Gesetzesverkündung). Dadurch wurde am 22. 12.1997[155] das zehnte Buch der ZPO verabschiedet und trat am 1. Januar 1998 in Kraft.

2.6.2. Wichtige Merkmale des neuen Rechts

Das neue Schiedsrecht umfasst 42 Paragraphen (§§ 1025-1066), die sich zwar im Grunde genommen auf das UMG stützen, jedoch manche deutsche Besonderheiten enthalten.[156]
Die Einbeziehung des in § 1025 verankerten Territorialitätsprinzips, dem internationalen Trend entsprechend, ist eine wesentliche Änderung gegenüber dem früheren Rechtszustand, d.h., dass das zehnte Buch der ZPO anzuwenden ist, wenn der Ort des Schiedsverfahrens in Deutschland liegt (§ 1025 Abs. 1).
Eine nicht aus dem Gesetz selbst erkenntliche Abweichung gegenüber dem UNCITRAL-Modellgesetz ist, dass das neue zehnte Buch sowohl für die nationale wie die internationale Schiedsgerichtsbarkeit gilt, weil es diesbezüglich keinerlei Beschränkung vorsieht. Dadurch sollten viele Abgrenzungsprobleme vermieden werden.[157]
Der deutsche Gesetzgeber ist mit dieser Ausdehnung des Anwendungsbereichs auf nationale Verfahren dem Beispiel anderer rezipierenden Staaten wie Mexiko (1993), Ägypten (1994), Kenia (1995), Korea (1999), Guatemala (1995), Neuseeland (1997), Kanada (1986) (Bundesebene und Quebec), Japan (2004), Spanien (2004) u.a. gefolgt.[158]
Ferner dehnt das deutsche Recht in §1030 ZPO den möglichen Gegenstand einer Schiedsvereinbarung in Anlehnung an das schweizerische IPRG[159] auf alle vermögensrechtlichen Ansprüche aus.[160] Damit folgt Deutschland der Beschränkung des UMG auf „*commercial*" Streitigkeiten nicht, um nicht zu einem ge-

---

155 BGBl. 1997 I 3224.

156 Berger (Hrsg.), RWS-Dokumentation 21, Das neue Recht der Schiedsgerichtsbarkeit, 1998, S. 1, Rn 23-31; ZPO Münch. Komm. vor § 1025, Rn. 56; Stein/Jonas ZPO Kommentar, vor § 1025, Rn. 1; Zöller ZPO Kommentar, vor § 1025 Rn. 9.

157 Zöller ZPO Kommentar, vor § 1025 Rn. 10.

158 Sanders, Unity and Diversity in the Adoption of the Model Law, Arbitration International, 1995, S. 1, 5 in: Berger (Hrsg.), RWS-Dokumentation, Das neue Recht der Schiedsgerichtsbarkeit, 1998, S. 19; Sanders, The work of UNCITRAL on Arbitration and Conciliation, Netherlands, 2004, Annex III.

159 Art. 177 Abs. 1 IPRG.

160 *Art. 1030 ZPO nF: Schiedsfähigkeit 1) Jeder vermögensrechtliche Anspruch kann Gegenstand einer Schiedsvereinbarung sein. Eine Schiedsvereinbarung über nichtvermögensrechtliche Ansprüche hat insoweit rechtliche Wirkung, als die Parteien berechtigt sind, über den Gegenstand des Streites einen Vergleich zu schließen.*

spaltenen und de *lege ferenda* ohnehin umstrittenen Handelsbegriff zu gelangen.[161]

Was das anwendbare Recht angeht, schlägt das deutsche Recht teilweise einen abweichenden Weg ein. Zum einen stellt § 1051 Abs. 1 ZPO im Einklang mit Art. 28 Abs. 1 UMG fest, dass die Schiedsrichter zunächst auf die Parteivereinbarung über die Rechtsvorschriften (*rules of law*)[162] achten müssen. Dies hat die Begründung zum Entwurf des neuen Gesetzes vom 12.07.1996[163] wie folgt klargestellt: „*Der Vorrang der Parteiautonomie ist kollisionsrechtlich unumstritten. Ihr wird in besonderem Maße dadurch Rechnung getragen, dass die Parteien die maßgeblichen ‚Rechtsvorschriften' wählen können; sie sind also nicht auf die Wahl der Gesamtrechtsordnung eines bestimmten Staates beschränkt, sondern können Rechtsvorschriften aus verschiedenen nationalen Rechten oder aus solchen, die auf internationaler Ebene erarbeitet worden sind, wählen*".

Zum anderen, falls eine solche Vereinbarung fehlt, sieht § 1051 Abs. 2 ZPO abweichend vom UMG und aus allgemeinen kollisionsrechtlichen Grundsätzen[164] vor, dass das Schiedsgericht das Recht des Staates anzuwenden hat, mit dem der Gegenstand des Verfahrens die engsten Verbindungen aufweist.

Das Schiedsgericht soll daher auch zur Ausfüllung des Begriffs der engsten Verbindung zwingend auf die in Art. 28 Abs. 2-5 UMG enthaltenen Kriterien zurückgreifen müssen.

Diese Regelung weicht von derjenigen des Modellgesetzes ab[165], demzufolge die Schiedsrichter dasjenige Recht anzuwenden haben, welches das von ihnen für anwendbar erachtete Kollisionsrecht bestimmt (Art. 28 Abs. 2 UMG). Ferner hat das Schiedsgericht, selbst wenn die Parteien ein nationales Recht als an-

---

161 Berger, (Hrsg.), RWS-Dokumentation 21, Das neue Recht der Schiedsgerichtsbarkeit, 1998, S. 20. Neues Deutsches Recht, DIS-Materialien, 1998, S.6.

162 Die Rede ist hierbei insbesondere von den Rechtsgrundsätzen der Lex Mercatoria. UN-Doc. A/CN.9/264, para 1, 2 zu Art. 28. Kritisch Sandrock, RIW, 2000/5, S. 321 – 328 (322): „*...Und man wird bezweifeln dürfen, ob dasjenige, was sich unter dem Deckmantel der sog. lex mercatoria verbirgt, als „Rechtsvorschrift" qualifiziert werden kann*".

163 Drucksache des Deutschen Bundestages 13/5274, S. 52.

164 Die Bestimmung des § 1051 bezieht sich auf Art. 27 ff EGBGB wegen der Bindung Deutschlands an das EG-Übereinkommen vom 19.6.80 über das auf vertragliche Schuldverhältnisse anzuwendende Recht, das in das nationale Recht umgesetzt worden ist. Geimer in Zöller ZPO Kommentar, § 1051, Rn. 2.

165 Siehe hierbei kritisch Berger, *"Unfortunately, the deviation from the wording of the Model Law ("conflict of laws rules which it considers applicable") is based on the ignorance of the German Ministry of Justice of the long standing principle that an international arbitrator has no lex fori"* Berger, the German Arbitration Law of 1998, First Experiences in: Berger (Hrsg.) Recht der Internationalen Wirtschaft und Streiterledigung im 21. Jahrhundert, Köln, 2001, S. 41. Eine solche Regelung enthält auch Art. 187 Abs. 1 IPRG.

wendbares Recht vereinbart haben, die Bestimmungen des Vertrages und die relevanten Handelsbräuchen zu berücksichtigen (Art. 28 Abs. 4 UMG).
Dieser Abweichung findet ihre Begründung darin, dass die Bundesregierung glaubte, dass die Bundesrepublik Deutschland an Art. 4 Abs. 1 EVÜ vom 19.6.1980 gebunden sei, der eine solche Bestimmung enthält. Außerdem wurde in der Begründung des Regierungsentwurfs erklärt, dass die im § 1051 Abs. 2 ZPO vorgesehene Anknüpfung mittels der „engsten Verbindung" zum selben Ergebnis wie die im Art. 28 Abs. 2 UMG führen würde: *„denn dieses Ermessen nicht bedeuten könne, dass die Schiedsrichter in der Wahl des Kollisionsrechts völlig frei wären und hierüber zur Anwendung eines materiellen Rechts kommen könnten, das mit dem Hauptvertrag keinerlei oder deutlich geringere Verbindung aufweist als ein anderes Sachrecht. Das Merkmal der engsten Verbindung mit dem Hauptvertrag stellt vielmehr letztlich nur eine Konkretisierung des schiedsrichterlichen Ermessens in der Richtung dar, dass dessen Ergebnis nicht willkürlich sein darf."*[166]
Folglich gestattet es § 1051 Abs. 2 ZPO einem Schiedsgericht nicht, die sog. *voie directe* anzuwenden. Das Schiedsgericht hat vielmehr jeden Vertrag in klassischer Weise kollisionsrechtlich anzuknüpfen.
Eine solche, auf der *lex mercatoria*[167] basierende Entscheidung bedarf in Deutschland, wie eine Billigkeitsentscheidung *„ex aequo et bono"* (Art. 28. Abs. 3 UMG, § 1051 Abs. 2 ZPO nF)[168], einer ausdrücklichen Ermächtigung der Parteien.[169] Ein Schiedsspruch, der ohne ausdrückliche Ermächtigung im Rahmen der *lex mercatoria* erlassen wurde, verstößt nach einigen Autoren[170] gegen den Ordre Public und kann gem. § 1059 Abs. 2 Nr. 2 lit. b ZPO aufgehoben werden, oder es kann ihm auch gem. Art. V Abs. 1 lit. d und Abs. 2 lit. b UNÜ die Vollstreckbarkeit verweigert werden.
Diese vom Modellgesetz übernommene Art der Bestimmung des materiellen Rechts durch die Schiedsrichter hat sich verbreitet. Sie basiert darauf, dass das

---

166 Drucksache des Deutschen Bundestages, Begründung des Gesetzentwurfs durch die Bundesregierung 13/5274, S. 53.

167 Hierbei ist von internationalen Klauselwerke, bestimmte völkerrechtliche Konventionen und Handelsbräuchen die Rede wie z.B. die *UNIDROIT Principles of International Commercial Contracts* oder die sog. *Lando Priciples of European Contract Law*

168 OLG München v. 22.6.2005 – 34 Sch 10/05, SchiedsVZ 2005, 308. Im Gegenteil zu Frankreich, vgl. Primary Coal v. Compañía Valenciana, Rev. arb. 1992, ,S. 457; Société Norsolor v. Société Pabalk Ticaret Sirketi, Rev.arb. 1983, S. 465.

169 Im Gegensatz zu ICC-Schiedsverfahren, bei denen das Schiedsgericht mangels einer Parteivereinbarung die Handelsbräuche oder die Lex Mercatoria (*negative choice of law*) anwendet. Dazu siehe Schäfer/Verbist/Imhoos, ICC Arbitration in Practice, 2005, S. 84.

170 v. Bar/Mankowski, Internationales Privatrecht, 2003, S. 87, Rn. 85: *„Die deutsche öffentliche Ordnung kann es nicht hinnehmen, dass auf ihrem Territorium Privatleute objektives Recht „setzen"*.

Schiedsgericht keine *lex fori* hat und auch seine Verbindung zum Sitzland allein durch die Wahl der Parteien als ein neutraler Schiedsort bestimmt wird, zu dem dieses ansonsten in keinerlei Beziehung steht.[171]

Neue Schiedsgerichtsordnungen enthalten die gleiche Regelung, wie z. B.: Art. 17 Abs. 1 Satz 2 ICC *Rules* (1998), Art. 22.3 der LCIA *Rules* (1998), Art. 28 Ziffer 1 AAA International Arbitration *Rules* (2000), Art. 24 Abs. 1 SCC *Rules* (1999) und Art. 59 lit. (a) der WIPO *Rules* (1994). Art. 17 Abs. 1 ICC sogar besagt, dass bei Fehlen einer Parteivereinbarung das Schiedsgericht die *rules of law* anzuwenden hat.[172]

In der Praxis kann jedoch der Unterschied zwischen der engsten Verbindung und dem Ermessen des Schiedsgerichts für die Wahl des anwendbaren Rechts nicht mehr auffallen, wenn internationale Schiedsgerichte in Ausfüllung des ihnen eingeräumten Ermessens auf die klassischen kollisionsrechtlichen Anknüpfungskriterien nationaler Kollisionsrechte zurückgreifen, die mit der Bestimmung des Art. 28 EGBGB im Einklang stehen.[173]

Was die Anerkennung und Vollstreckung angeht, dehnt sich der Anwendungsbereich des zehnten Buchs der ZPO sowohl auf inländische als auch auf ausländische Schiedssprüche aus und unterscheidet zwischen der Vollstreckbarerklärung inländischer Schiedssprüche und der Anerkennung und Vollstreckung ausländischer Schiedssprüche.

Die Anerkennung und Vollstreckung ausländischer Schiedssprüche richtet sich im deutschen Schiedsrecht, dem Vorbild des schweizerischen IPRG (Art. 192 Abs. 2) folgend, nach den Bestimmungen des UNÜ (§ 1061 Abs. 1 ZPO), unabhängig davon, ob der Schiedsort in einem Vertragsstaat liegt.[174] Hierbei ist zu bedenken, dass zwar der Ort des Erlasses des Schiedsspruchs nach Art. 36 UMG gleichgültig ist, er jedoch nach § 1025 ZPO, wegen der Verweisung auf das UNÜ, entscheidend ist. Insofern weicht die deutsche Schiedsordnung vom UMG ab.

Der Verfahrensort (§ 1043 im Einklang mit § 1025), der von Bedeutung für die Frage nach dem zwingenden Verfahrensrecht[175] und zugleich der Erlassort des

---

171 Berger, Das neue Recht der Schiedsgerichtsbarkeit, S. 22; Vgl. Sandrock, RIW 1992, 785, 789 ff.

172 In 80, 4% der ICC-Schiedsverfahren 1993 haben die Parteien eine nationale Rechtsordnung vereinbart, jedoch haben die Parteien in mehreren Fällen unterschiedliche Regelungen vereinbart, wie etwa Europarecht, internationales Handelsrecht, internationale Konventionen, u.s.w. Mehr dazu: siehe Schäfer/Verbist/ Imhoos, ICC Arbitration in Practice, 2005, S. 83.

173 Berger, Das neue Recht der Schiedsgerichtsbarkeit, S. 22.

174 Deutschland hat den Gegenseitigkeitsvorbehalt zurückgenommen: BGB1. 1999 II S.7; Geimer in Zöller ZPO Kommentar, § 1061, Rn. 1.

175 *§ 1042 Abs. 3. Im Übrigen können die Parteien vorbehaltlich der zwingenden Vorschriften dieses Buches das Verfahren selbst oder durch Bezugnahme auf eine schiedsrichterliche Verfahrensordnung regeln.*

Schiedsspruchs ist, ist für die Qualifikation der Nationalität des Schiedsspruchs maßgebend.[176]
Was die Versagungsgründe der Anerkennung und Vollstreckung betrifft, besteht Einheitlichkeit mit den im UMG vorgesehenen Versagungsgründen, die wiederum dem Vorbild des Art. V UNÜ folgen. Ferner besteht Homogenität zwischen den Aufhebungs- und den Versagungsgründen für die Vollstreckbarerklärung in der ZPO. Dies hat die Zweispurigkeit der im § 1044 a.F. vorgesehenen Vollstreckbarerklärungsvoraussetzungen beseitigt.[177]
Das Oberlandesgericht ist sowohl für die Aufhebung als auch für das Anerkennungs- und Vollstreckungsverfahren zuständig (§ 1062 Abs. 4 ZPO nF). Diese Zuständigkeitskonzentration stellt eine zügige, kostensparende und die staatliche Justiz deutlich entlastende Durchführung des Verfahrens dar.[178]

2.7. Das französische Schiedsrecht und das UNCITRAL-Modellgesetz

Das Dekret N° 81-500 vom 12. Mai 1981 führte in das neue Zivilprozessgesetzbuch (*Nouveau Code de Procédure Civile* NCPC) Art. 1442-1491 NCPC über die nationale Schiedsgerichtsbarkeit, Art. 1492-1497 NCPC über die internationale Schiedsgerichtsbarkeit (Titel V) und Art. 1498-1507 NCPC über die Anerkennung, Zwangsvollstreckung und die Rechtsmittel hinsichtlich der im Ausland oder im internationalen Schiedsverfahren erlassenen Schiedssprüche (Titel VI) ein. Der Titel VI ist seinerseits in zwei Kapitel unterteilt, das erste davon überschrieben „Die Anerkennung und die Zwangvollstreckung der im Ausland oder in internationalen Schiedsverfahren erlassenen Schiedssprüche", das zweite „Die Rechtsmittel gegen die im Ausland oder im internationalen Schiedsverfahren erlassenen Schiedssprüche".
Bei diesen Vorschriften fällt sofort auf, dass das Dekret den Ausdruck „ausländische Schiedssprüche" vermeidet. Dies erfolgte aufgrund der Gleichbehandlung zwischen den im Ausland ergangenen Schiedssprüchen und den im Inland und nach inländischem Recht, aber auf dem Gebiet der internationalen Schiedsgerichtsbarkeit ergangenen Schiedssprüchen.[179]
Was die Wahl des anwendbaren Rechts angeht, räumt Art. 1496[180] NCPC den Parteien eine praktisch grenzenlose Rechtswahlfreiheit ein.[181] Nach dieser Be-

176 Geimer in Zöller ZPO Kommentar, § 1025, Rn. 1 und § 1043 Rn. 1.
177 Hausmann in FS Stoll, S. 593, 617.
178 Hausmann in FS Stoll, S. 617.
179 Mezger, in Böckstiegel (Hrsg.), Schiedsgerichtsbarkeit in Frankreich, Köln/Berlin/Bonn/München, 1983, S. 47.
180 *Art. 1496 lautet. «L'arbitre tranche le litige conformément aux règles de droit que les parties ont choisies; à défaut d'un tel choix, conformément à celles qu'il estime appropriées. Il tient compte dans tous le cas des usages du commerce international.«*
181 de Boisséson, Le droit français de l'arbitrage interne et international, Paris 1990, S. 600.

stimmung entscheidet der Schiedsrichter die Streitigkeit entsprechend den Vorschriften, welche die Parteien gewählt haben; bei Fehlen einer solchen Wahl entsprechend denen, die er für angemessen erachtet. Die einzige Grenze hierbei ist der Ordre Public international.[182]

Die Rede ist bei dieser Regelung absichtlich von „*règles de droit*" und nicht von „*le droit*", damit wird zugelassen, dass auch ein „anationales" Recht des internationalen Wirtschaftsverkehrs, also die mehrfach erwähnte *lex mercatoria* als anwendbares Recht ausgewählt werden kann.[183]

Frankreich hat auf die *lex mercatoria* auch in seiner Rechtsprechung[184] Bezug genommen.[185] Dies hat in diesem Land der Diskussion über die Anwendung der *lex mercatoria* ein Ende bereitet. Denn sie wurde als autonome Rechtsordnung anerkannt.[186]

Wenn die Parteien das anwendbare Recht nicht vereinbart haben, dann überlässt die Bestimmung des Art. 1496 NCPC dem Schiedsgericht die Wahl. Diese Art Wahl ist als „*voie directe*"[187] bzw. direkte Wahl bekannt, die die Bestimmung des anwendbaren Rechts in das Ermessen des Schiedsrichters stellt.[188] Danach sind die Schiedsrichter nicht nur von der Anwendung des Kollisionsrechts befreit, wie es im UNCITRAL-Modellgesetz der Fall ist, sondern auch von der Anwendung eines Rechts im Sinne einer Rechtsordnung.[189]

---

182 Vgl. Art. 1484 Nr. 5, 1498 und 1502 Nr. 5 NCPC. Siehe Bellet/Mezger in Rev. crit. DIP 1981, 614, 631; de Boisséson, Le droit français de l'arbitrage interne et international, Paris 1990, S. 600; Derains, Rev. Arb. 1986, 375, 390.

183 Siehe v. Breitenstein, Die internationale Arbitrage im französischen Recht in: DIS-Schriftenreihe Band 3 1983, S. 40; Lionnet, Handbuch der internationalen und nationalen Schiedsgerichtsbarkeit, 2005, S. 374.

184 Cour de Cass., 22.10.1991, Société Compañía Valenciana de Cementos Portland c/ Société Primary Coal Inc, Rev.arb. 1992, 457, Anm. Lagarde. Ausführlich dazu Lörcher, K., Das internationale Handelsschiedsverfahren in Frankreich, München, 1997, S.18, 75.

185 de Boisséson, Matthieu, Le droit français de l'arbitrage interne et international, Paris, 1990, S. 589.

186 Société Compañía Valenciana de Cementos Portland c/ Société Primary Coal Inc., Rev.arb. 1992, 457 ; Dazu Berger in IPRax, 1993/5, S. 281-288 (283).

187 So Art. 1496 NCPC, dazu siehe Fouchard, International Arbitration in France, in Gottwald, Internationale Schiedsgerichtsbarkeit, Bielefeld, 1997; de Boisséson, Le Droit Francais de l'arbitrage, 1990, S. 600; vgl. auch Art. 1054 der niederländischen ZPO. Über "voie directe" ausführlich Frick, Arbitration and Complex International Contracts, Zürich, 2001, S. 79-87.

188 So Art. 13 der ICC Rules. Hierzu auch von Schlabrendorff, Auswirkung des neuen Rechts auf die Praxis des Schiedsverfahrens, in Neues Deutsches Recht, DIS-Materialien, 1998, S.40. Vergl. auch Cour de Cass., 22.10.1991, Société Compañía Valenciana de Cementos Portland C/ Société Primary Coal Inc., Rev. Arb. 1992, 457, Anm. Lagarde.

189 De Boisséson, Le Droit français de l'arbitrage, Paris, 1990, S. 584.

Wie bereits erwähnt, geht das NCPC von dem Grundprinzip aus, dass die im Ausland erlassenen Schiedssprüche anerkannt und vollstreckt werden[190], solange sie nicht offensichtlich gegen den Ordre Public international verstoßen (Art. 1498 NCPC)[191]. Das Gesetz sieht die folgenden Rechtsmittel vor: Nach Art. 1504 NCPC kann gegen Schiedssprüche, die in internationalen Schiedsverfahren in Frankreich erlassen worden sind, Nichtigkeitsbeschwerde erhoben werden. Art. 1502 NCPC regelt die Berufung gegen die Anerkennung und Vollstreckbarerklärung, mit der ein in Frankreich ergangener Schiedsspruch in einem internationalen Schiedsverfahren oder ein im Ausland ergangener Schiedsspruch in Frankreich anerkannt oder für vollstreckbar erklärt wird. Die Berufung gegen die Entscheidung über die Anerkennung oder Vollstreckbarkeit kann auf fünf Gründe gestützt werden; Art. 1502,5 regelt den Verstoß gegen den Ordre Public international. Nach Art. 1505 ist die *Cour d'appel* dafür zuständig.

Im Gegenteil zu den meisten internationalen Übereinkommen[192] und Schiedsgesetzen stellt in Art. 1502 NCPC die Aufhebung eines im Ausland erlassenen Schiedsspruchs keinen Versagungsgrund für die Anerkennung und Vollstreckung dar.[193] Das französische Recht verlangt also nicht, dass der ausländische Schiedsspruch den Wirksamkeitsvoraussetzungen des für ihn maßgeblichen Rechts entspricht.[194] Anders ausgedrückt: die Aufhebung des Schiedsspruchs in seinem Ursprungsland vernichtet nicht dessen Wirksamkeit in Frankreich.

Ferner darf gemäß Art. 1504 NCPC ein in Frankreich im Rahmen eines internationalen Schiedsverfahrens erlassener Schiedsspruch aufgehoben werden, wenn irgendeiner der in Art. 1502 NCPC vorgesehenen Anfechtungsgründe gegen die Exequaturentscheidung vorliegt. Frankreich mit seiner außerordentlich liberalen Konzeption im internationalen Schiedsverfahren hat das UNCITRAL-Modellgesetz nicht übernommen. Jedoch werden Bestimmungen dieses Gesetzes von den

---

190 Frankreich hat das UNÜ am 26. Juni 1958 ratifiziert und es ist seit dem 24. September 1959 in Kraft, insofern gilt das UNÜ für die Anerkennung und Vollstreckung ausländischer Schiedssprüche. Da Frankreich den Gegenseitigkeitsvorbehalt eingelegt hat, werden Schiedssprüche bloß anerkannt und als vollstreckbar erklärt, wenn sie in einem Vertragsstaat erlassen wurden.

191 *Art. 1498.- Les sentences arbitrales sont reconnues en France si leur existence est établie par celui qui s'en prévaut et si cette reconnaissance n'est pas manifestement contraire à l'Ordre Public international....*

192 Art. V Abs. 1 e UNÜ.

193 Dies stützt sich auf die in Frankreich herrschende Theorie der anationalen Schiedssprüche.

194 Cour de Cass., v. 23.3.1994, Société Hilmarton c/ Société OTV, Rev.arb. 1994, S. 327, mit Anm. v. Jarroson. Der Grund hierfür ist, dass der Schiedsspruch ähnlich wie ein im Ausland geschlossener Vertrag behandelt wird. Das heißt, der Schiedsvertrag muss wie ein inländischer geprüft werden. Auf das Schicksal des Schiedsvertrages und –spruchs im Ausland kommt es hingegen nicht an. Siehe Lörcher, Das internationale Handelschiedsverfahren, S. 25.

Gerichten berücksichtigt: nicht als Rechtsquelle, sondern vielmehr als allgemein geltende Prinzipien der internationalen Schiedsgerichtsbarkeit.[195] Die Artikel dieses Gesetzes wurden wesentlich auf dem zuvor von der Rechtssprechung geschaffenen Rechtssystem aufgebaut.

2.8. Das englische Recht und das UNCITRAL-Modellgesetz

Das englische Recht[196] war zum einen aus verschiedenen *„Arbitration Acts"* von 1950, 1975 und 1979 und zum anderen aus dem *„case law"* zusammengesetzt. Die Mitwirkung beider Rechtsinstrumente in der englischen Schiedsgerichtsbarkeit hatte ein unübersichtliches, an sich kompliziertes Regelwerk und deswegen ein unattraktives Schiedsforum zur Folge.[197] Aus diesen Gründen wurde das Schiedsrecht in England für reformbedürftige gehalten.
Bei den Vorarbeiten hatte man sich die Möglichkeit überlegt, das UNCITRAL-Modellgesetz zu übernehmen. Jedoch lehnte 1989 *The Departamental Advisory Committee (DAC)* in England die uneingeschränkte Übernahme des UMG in das englische Recht ab.[198] Denn die Unterschiede zwischen dem UNCITRAL-Modellgesetz und dem durch verschiedene Gesetze und durch das Fallrecht entwickelten englischen Schiedsverfahrensrecht wären durch eine komplette Übernahme des UNCITRAL-Modellgesetzes nicht zu überwinden.[199] Jedoch anerkannte das DAC die Vorteile des UNCITRAL-Modellgesetzes wie z. B. die verständliche Struktur und Sprache und empfahl die Berücksichtigung dieser Aspekte u.a. bei der Erarbeitung des neuen *Arbitration Act.*[200]
Infolgedessen wurde am 31.01.1996, also nach sieben Jahren, ein neues und umfangreiches Gesetz, nämlich *The Arbitration Act* (AA) *1996* verabschiedet, der zwar unter großem Einfluss des UMG steht, aber in einigen Punkten am „*common law*" festgehalten hat.[201]

---

195 Devolvé/ Rouche/Pointon, French Arbitration Law and Practice, 2003, Rn. 22.

196 Mit englischem Recht ist das Recht in England, Wales und Nordirland gemeint. Im Schottland gilt schottisches Recht. Dort wurde im Rahmen der Schiedsgerichtsbarkeit das UNCITRAL-Modellgesetz übernommen.

197 Weigand, Das neue englische Schiedsverfahrensrecht RIW 1997, S. 904; Weigand (Hrg.), Practitioner's Handbook on International Arbitration, 2002, S. 593.

198 Siehe "Mustill Report" A new arbitration Act for the United Kingdom? The Response of the Departamental Advisory Committee to the UNCITRAL Model Law, abgedruckt in: Arb. Int. 1990, S. 3 ff.

199 Siehe Mustill Report para. 87.

200 Mustill Report, para. 108.

201 Vgl. United Kingdom Departament of Trade and Industry, Consultation Document on Proposed Clauses and Schedules for an Arbitration Bill (of February 1994), reprinted in Arbitration International 10 (N. 2) (1994), 189; der Arbitration Bill (18 Dec. 1995) "reflects as far as possible the format and provisions of the UML"; Steyn, J.; England's Response to the UML of Arbitration, Arb.Int. 10 (n. 1) 1994.

Dieses Gesetz ist am 31. Januar 1997 in Kraft getreten.[202]
Dieser Einfluss des UMG spiegelt sich bereits in sec. 2 AA wieder, mit dem in Anlehnung an das UNCITRAL-Modellgesetz das Territorialitätsprinzip in den Arbitration Act eingeführt wird. Dies hat zur Folge, dass die zwingenden Bestimmungen dieses Gesetzes anzuwenden sind, wenn ein Schiedsverfahren in England und Wales stattfindet.[203]
Ferner ist dieser Einfluss in sec. 46 AA[204] zu finden, der sich zum Teil auf die in Art. 28 Abs. 1 UMG vorgesehene Regelung -bezüglich des anwendbaren Rechts - stützt.[205]
Hierbei spricht das Gesetz in sec. 46 Abs. 1 über das Recht, das als anwendbares Recht für das Schiedsverfahren gemäß der Parteivereinbarung gilt. Dies ist in Anlehnung an das UNCITRAL-Modellgesetz nur als eine Wahl der Sachnormen zu verstehen und nicht als eine IPR-Verweisung. Die Parteien können jedoch nach sec. 46 Abs. 1, b AA die Anwendung „anderer Erwägungen"[206] vereinbaren. Damit wird gemeint, dass das Schiedsgericht die Rechtsstreitigkeit *ex aequo et bono* entscheiden kann.[207] Dies stellt eine bemerkenswert Änderung gegenüber dem früheren Rechtszustand dar, wo das Schiedsverfahren nach Billigkeit „*equity clauses*" unzulässig waren.[208] Ob diese Regelung auch die Anwendung

202 Über das Gesetz siehe: Maxwell, „International Arbitration in England" in Gottwald (Hrsg.) Internationale Schiedsgerichtsbarkeit, Bielefeld, 1997, S. 315; dieselbe in Weigand (Hrgs), Practitioner's Handbook on International Arbitration, 2002, S. 593ff; Merkin, Arbitration Act 1996, London, 2005, S. 2.

203 Siehe zur Bestimmung des Ortes des Schiedsverfahrens: Dubai Islamic Bank PJSC v. Paymentech Merchant Services Inc., 2000, 1 Lloyd's Rep 65, QBD = Cato, Arbitration Practice and Procedure, London, 2004, S. 1456.

204 46. *(1) The arbitral tribunal shall decide the dispute-*
a) in accordance with the law chosen by the parties as applicable to the substance of the dispute, or
(b) if the parties so agree, in accordance with such other considerations as are agreed by them or determined by the tribunal
(2) For this purpose the choice of the laws of a country shall be understood to refer to the substantive laws of that country and not its conflict of laws rules.
(3) If or to the extent that there is no such choice or agreement, the tribunal shall apply the law determined by the conflict of laws rules which it considers applicable. (Parallel zu Art. 1496 NCPC.)

205 Bei dieser Regelung geht es um das Recht oder Rechtsvorschriften, die von den Parteien ausgewählt wurden. Sie ist als unmittelbare Verweisung auf das materielle Recht dieses Staates und nicht auf sein Kollisionsrecht zu verstehen.

206 S. 46, Abs. 1, b) *if the parties so agree, in accordance with such "other considerations" as are agreed by them or determined by the tribunal.*

207 Das DAC hat bewusst diese lateinische Bezeichnung vermieden. DAC on Arbitration Law, Report on the Arbitration Bill, Februar 1996, Rn. 223.

208 Cato, Arbitration Practice and Procedure, 2002, S. 1301.

der *lex mercatoria* erlaubt, ist nach manchen Autoren strittig.[209] Einigen sind der Meinung, dass mangels einer Vereinbarung des anwendbaren Rechts das Schiedsgericht nicht im Rahmen der *lex mercatoria* entscheiden darf.[210]
Dies basiert auf sec. 46 Abs. 1, b) AA.
Haben die Partien hinsichtlich des anwendbaren Rechts keine Vereinbarung getroffen, so hat das Schiedsgericht nach sec. 46 (3) in Anlehnung an Art. 18 UMG das Recht anzuwenden, auf welches das von ihm für anwendbar erachtete Kollisionsrecht verweist.
Die Parteien können durch Vereinbarung auch jegliche Nachprüfung des Schiedsspruchs gem. sec. 69 (1) AA ausschließen. Ermächtigen sie das Schiedsgericht, einen Schiedsspruch ohne Begründung zu erlassen, schließen sie damit gleichzeitig eine *„appeal on a point of law„* aus.[211]
Ferner sind Aspekte wie der Vergleich während des schiedsrichterlichen Verfahrens (Art. 30 UMG, sec. 51 AA) oder die Berichtigung des Schiedsspruchs (Art. 33 UMG, s. 57 AA) nach dem Vorbild des Modellgesetzes geregelt.
Der *Arbitration Act* ist gemäß sec. 2 Abs. 1, 2 AA[212] sowohl auf die nationale als auch auf die internationale Schiedsgerichtsbarkeit anwendbar.
Sec. 68 AA regelt die Aufhebung der Schiedssprüche. Mit einer abschließenden Liste der Aufhebungsgründe entspricht sec. 68 Abs. 2 AA dem Trend des UNCITRAL-Modellgesetzes und anderer moderner Gesetze, Aufhebungsgründe streng zu begrenzen und präzise zu definieren. Jedoch werden in sec. 68 Abs. 2 AA Begriffe wie *substantial injustice, uncertainty* oder *ambiguity* eingeführt, die dem Art. 34 des UNCITRAL-Modellgesetzes völlig fremd sind.
Sec. 69 des Arbitration Act erlaubt, dass die Parteien durch ein schriftliches *„Exclusion Agreement"*, jegliche Rechtsmittel gegen die Schiedssprüche auszuschließen.[213]
Die Vollstreckung nationaler Schiedssprüche[214] ist in sec. 66 AA geregelt, während Bestimmungen zur Anerkennung und Vollstreckung ausländischer Schiedssprüche im Teil III sec. 99-104 des AA zu finden sind. Auf ausländische

209 Garnett/Waincymer, A Practical Guide to International Commercial Arbitration, USA, 2000, S. 25.
210 Vgl. Shackleton in: Arb. Int, 1997, S. 375.
211 Haas, ZZPInt, 1997/2, S. 409 (431).
212 § 2. - *(1) The provisions of this Part apply where the seat of the arbitration is in England and Wales or Northern Irland*
(2) The following sections apply even if the seat of the arbitration is outside England and Wales or Northern Ireland or no seat has been designated or determined
213 Siehe auch s. 45 (1)
214 Siehe Tweeddale, A Practical Approach to Arbitration Law, Grossbritannien, 1998, S. 177 ff.

Schiedssprüche sind die Genfer Konvention und das New Yorker Abkommen[215] anwendbar. Hierbei findet die Genfer Konvention gemäß sec. 99 AA nur noch Anwendung auf Schiedssprüche derjenigen Vertragstaaten, die nicht später dem New Yorker Abkommen beigetreten sind.[216] Für die anderen, die Vertragsstaaten des New Yorker Abkommens sind, gilt gemäß sec.101 Abs. 1 weiter dieses Abkommen.[217] Das Territorialitätsprinzip ist für die Bestimmung der Nationalität des Schiedsspruchs gem. sec. 100 (1) in Verbindung mit s. 53 maßgebend.[218] Die Anerkennung und Vollstreckbarerklärung ausländischer Schiedssprüche ist auch im UNCITRAL-Modellgesetz (Art. 35 und 36) gesondert geregelt.
Der *Arbitration Act* weist einen Unterschied hierbei auf. Denn er sieht zwei unterschiedliche Verfahren vor, um einen Schiedsspruch für vollstreckbar zu erklären, nämlich die „*action on the award*" und ein nach sec. 66 AA[219] summarisches Verfahren. Beide Verfahren sind sowohl auf inländische als auch auf ausländische Schiedssprüche anzuwenden und verlangen die „*Umwandlung*" vom Schiedsspruch in ein englisches gerichtliches Urteil.[220]
Das summarische Verfahren kann nicht auf ausländische Schiedssprüche angewendet werden, wenn es Zweifeln daran bestehen, dass der Schiedsvereinbarung

215 Das New Yorker Abkommen wurde am 24.September 1975 ratifiziert und ist seit dem 23. Dezember 1975 in Kraft. Groß Britannien hat den Gegenseitigkeitsvorbehalt eingelegt.

216 99. *Part II of the Arbitration Act 1950 (enforcement of certain foreign awards) continues to apply in relation to foreign awards within the meaning of that Part which are not also New York Convention awards.* Für Schiedssprüche, die unter das Genfer Abkommen fallen aber nicht zugleich unter das New Yorker Abkommen, werden nach s. 99 AA 1996 nicht die Vorschriften des AA 1996, sondern bestimmte Vorschriften des AA 1950 angewendet. Also praktisch nur im Falle Maltas.

217 101. - (1) *A New York Convention award shall be recognised as binding on the persons as between whom it was made, and may accordingly be relied on by those persons by way of defence, set-off or otherwise in any legal proceedings in England and Wales or Northern Ireland.*
(2) A New York Convention award may, by leave of the court, be enforced in the same manner as a judgment or order of the court to the same effect...

218 Vgl. die Entscheidung des *House of the Lords; Hiscox vs. Outhwaite (1992, 1 AC 562),* In diesem Fall sind die Lordrichter davon ausgegangen, dass ein Schiedsspruch allein deshalb als in Paris erlassen und damit als international anzusehen sei, weil er dort unterzeichnet worden war, obwohl das in London durchgeführte Schiedsverfahren im übrigen keinerlei Beziehung zu Frankreich aufwies.

219 S. 66 (1) *An Award made by the tribunal pursuant to an arbitral agreement may, by leave of the court, be enforced in the same manner as a judgment or order of the court to the same effect. 2) Where leave is so given, judgment may be entered in terms of the award.*

220 Maxwell in Weigand (Hrsg.), Practitioner's Handbook on International Arbitration, 2002, S. 633, Rn. 221, 222; so auch Dicey & Morris, Conflict of Laws, S. 624, Rn. 16-74.

wirksam sei, die Kompetenz des Schiedsrichters gerechtfertigt sei oder im Falle eine Verletzung des Ordre Public.[221]
In diesen Fällen muss der „*action on the award*" in Anspruch genommen werden.
Die „*action on the award*" ist ein langes und mühsames Verfahren, denn sie impliziert ein ganz normales gerichtliches Verfahren. Sie ist nicht im *Arbitration Act* 1996 vorgesehen, sondern beruht auf *common law* Grundsätzen. Daher wird sie kaum zur Anwendung gebracht.[222]
Die Vollstreckbarerklärung des Schiedsspruchs erfolgt nach sec. 66 (1) AA durch „*leave of the court*". Der „*leave of the court*" ist für beide Vollstreckbarerklärungsarten erforderlich. Mit der Vollstreckbarerklärung ist der Schiedsspruch gem. sec. 101 (2) AA[223] wie ein Gerichtsurteil zu vollstrecken.
Was die Anerkennungs- und Vollstreckungsversagungsgründe anbelangt, sind sie in Anlehnung an das UNÜ Art. V und dementsprechend auch an das UNCITRAL-Modellgesetz Artt. 35 und 36 in sec. 103 AA geregelt. In sec. 100 - 103 bedient sich das englische Recht nicht der Verweisung auf das UNÜ, sondern es wurden dessen Vorschriften unmittelbar übernommen. Der Vergleich der gesetzlichen Regelungen in sec. 100 - 103 und in § 1061 ZPO ergibt deshalb keine wesentlichen Unterschiede.
Der Ordre Public stellt auch für das englische Recht einen Versagungsgrund für die Vollstreckbarerklärung dar.[224]
Gegen die Vollstreckbarerklärung bzw. seine Ablehnung können die Parteien vor dem *Court of Appeal* in Berufung gehen. Dafür ist jedoch gem. sec. 69 AA ein *leave to appeal* des *Court of Appeal* erforderlich. Die Entscheidung des *Court of Appeal* kann wiederum vom *House of Lords* aufgehoben werden. Hierbei wird auch der *leave to appeal* verlangt.[225]

---

221 Merkin, Arbitration Law, S. 811, Rn. 19.35; *Middlemiss & Gould v. Hartlepool Corporation* (1972) 1 W.L.R. 1643, 1647 (C.A.) Oder auch, wenn im Schiedsspruch die Zahlung ins Ausland entschieden wurde. So *Dalmia Cement Ltd. v. National Bank of Pakistan* (1975) Q.B. 9, 23-27; *Bank Mellat v. G.A.A. Development und Construction Co.* (1988) 2 Lloyd's Rep. 44.

222 Maxwell in Weigand (Hrsg.), Practitioner's Handbook on International Arbitration, 2002, S. 633, Rn. 221, 223

223 101 (2) *A New York Convention award may, by leave of the court, be enforced in the same manner as a jugment or order of the court to the same effect.*

224 Maxwell in Weigand (Hrsg.), Practitioner's Handbook on International Arbitration, 2002, S. 633, Rn. 226.

225 Der *leave to appeal* erlaubt den Parteien, in Berufung oder in Revision zu gehen. Er wird von den entsprechenden Gerichten ausgestellt, solange es gute Aussichten auf Erfolg gibt, oder es wird als Anliegen von Gemeininteressen behandelt. So Maxwell in Weigand (Hrsg.), Practitioner's Handbook on International Arbitration, 2002, S. 639, Rn. 258.

Ein besonderes Merkmal des englischen Schiedsverfahrens ist es nach sec. 70 AA, dass die Parteien, bevor sie die Rechtsbehelfe gegen den Schiedsspruch vor einem nationalen Gericht in Anspruch nehmen können, alle verfügbaren schiedsgerichtliche Rechtsbehelfs- oder Überprüfungsverfahren ausgeschöpft haben müssen.[226] Das erste Verfahren bezieht sich auf die Möglichkeit, den Schiedsspruch vor einem Schiedsgericht höheren Ranges innerhalb der institutionellen Schiedsgerichtsbarkeit aufzuheben. Das letzte bezieht sich auf sec. 57 AA, wonach die Parteien vereinbaren können, dass das Schiedsgericht den Schiedsspruch gegebenenfalls korrigieren oder einen zusätzlichen erlassen kann.
Hinsichtlich der Reichweite der Überprüfung des Schiedsspruchs in inhaltlicher Hinsicht besteht ein großer Unterscheid zwischen dem UNCITRAL-Modellgesetz und dem *Arbitration Act*. Das englische Recht lässt nach sec. 69 AA die Überprüfung der Sachrechtsanwendung in einem summarischen Verfahren zu, die sog. *„appeal on a point of law"*. Hierbei muss es sich jedoch um englisches Recht (*question of English law*) handeln. Dagegen stellt im UNCITRAL-Modellgesetz die „falsche" Rechtsanwendung keinen Versagungs-grund dar.
Dieser grundlegende Unterschied, der *„appeal on a point of law"*, kann jedoch in Anwendung der Parteiautonomie ausgeschlossen werden. Wenn er aber nicht ausgeschlossen wurde (*„exclusion agreement"*), benötigt der konkrete Antrag die Zustimmung aller Parteien oder die Genehmigung des Gerichts um zulässig zu sein. Damit kommt der *„appeal"* nur in Ausnahmefällen vor, so dass dem im sec. 1 enthaltenen Rechtsgrundsatz gefolgt wird, nämlich:
c) die Intervention staatlicher Gerichte auf wenige im Gesetz ausdrücklich vorgesehenen Fälle und die Liste der zwingenden Bestimmungen des Teils 1 im Anhang 1 dieses Gesetzes zu beschränken.
Darüber hinaus ist die von englischen Gerichten ausgeübte Kontrolle eingeschränkt. Eine Ausnahme bildet hier der Ordre Public.[227]

2.9. Das Modellgesetz und das schweizerische Recht

Die Schweiz war und ist insbesondere wegen ihrer Neutralität und der Modernität ihrer Regelungen immer noch einer der am meisten gewählten Schiedsorte. Jedoch zeigte das interkantonales Konkordat[228] über die Schiedsgerichtsbarkeit bald einige Schwächen, welche besonders die internationale Schiedsgerichtsbarkeit beeinträchtigten, vor allem auf Grund der vielen in dieser Regelung enthal-

226 Maxwell in Weigand (Hrsg.), Practitioner's Handbook on International Arbitration, 2002, S. 635, Rn. 234.

227 Maxwell in Weigand (Hrsg.), Practitioner's Handbook on International Arbitration, 2002, S. 640, Rn. 266.

228 Interkantonales Konkordat vom 27. März 1969 über die Schiedsgerichtsbarkeit, AS 1969 1093.

tenen zwingenden Bestimmungen und der zu weit gefassten Beschwerdemöglichkeiten.[229]

Aus diesen Gründen wurde es für nötig gehalten, das oben genannte Konkordat im Bereich der internationalen Schiedsgerichtsbarkeit zu reformieren. Das Bundesgesetz über das internationale Privatrecht (IPRG) wurde am 18.12.1987 verabschiedet und ist seit dem 01.01.1989 in Kraft[230]. Das 12. Kapitel des IPRG enthält 19 Artikel (Art. 176 - 194), regelt ausschließlich die internationale Schiedsgerichtsbarkeit[231] und ist nach dem Vorbild des UMG strukturiert.

Die Schweiz hat das UNCITRAL-Modellgesetz im engen Sinne nicht übernommen. Dies wurde damit begründet, dass die Vorarbeiten zum IPRG bereits zu einer Zeit angefangen hatten, in der die Idee zur Schaffung des UMG noch gar nicht geboren war. Ferner wäre eine spätere Änderung im Sinne des UMG weder politisch noch zeitlich möglich gewesen.[232]

Die 19 Artikel, die im 12. Kapitel des IPRG enthalten sind, weisen darauf hin, dass das Gesetz im Allgemeinen der Parteivereinbarung einen großen Spielraum gewährt. Es wird sogar gestattet, dass Parteien, die weder ihren Wohnsitz oder gewöhnlichen Aufenthalt noch eine Niederlassung in der Schweiz haben, auf Rechtsmittel verzichten können (Art. 192 IPRG). Nach Ansicht mancher Autoren ist für einen Verzicht auf Rechtsmittel erforderlich, dass beide Parteien ausländische Herkunft haben.[233] Für andere Autoren ist hingegen die Staatsangehörigkeit diesbezüglich unerheblich. Es gehe hierbei vielmehr um die territoriale Inlandsbindung.[234] Trotz des Rechtsmittelsverzichts muss der Schiedsspruch jedoch im Wege des Verfahrens auf Vollstreckbarerklärung den Verweigerungsgründen von Art. V UNÜ sowohl in der Schweiz als auch im Ausland unterworfen werden.[235]

Hinsichtlich des anwendbaren Rechts weicht Art. 187 Abs. 1 IPRG von der im Art. 28 Abs. 2 UMG vorgesehenen Regelung ab. Art. 187 IPRG schreibt vor, dass bei Fehlen einer Rechtswahl das Schiedsgericht dasjenige Recht anzuwenden hat, mit dem die Streitsache am engsten zusammenhängt. Hierbei spricht

229 Blessing, Die internationale Schiedsgerichtsbarkeit in der Schweiz, DIS, Köln, 1989, S.13, 17.

230 BG (07.04.1989) SJZ 1989, 216, 217.

231 Es gilt jedoch unter besonderen Bedingungen für Schiedsverfahren mit Sitz in der Schweiz, vgl. Art. 176 IPRG. Im Übrigen gilt ansonsten für die nationale Schiedsgerichtsbarkeit weiter das Konkordat.

232 Haas, Die Anerkennung und Vollstreckung ausländischer und internationaler Schiedssprüche, Berlin, 1991, S.35-36.

233 So Bucher, Die neue internationale Schiedsgerichtsbarkeit in der Schweiz, 1989, S. 144, so auch in Bucher, Zur Delokalisierung internationaler Schiedsgerichte in der Schweiz, in FS für Max Keller, 1989, S. 570.

234 So Siehr in Zürcher Komm. zu Art. 192 Rn 3.

235 Bucher, Die neue internationale Schiedsgerichtsbarkeit in der Schweiz, Basel/Frankfurt a.M., 1989, Rn 333.

man weder von *„règles de droit"* noch vom *„voie directe"*. Es wird jedoch die These vertreten, dass der Begriff des anwendbaren „Rechts" vielschichtig sei und auch die Anwendung der *lex mercatoria* erlaube.[236] Andere vertreten hingegen, dass die Parteien die *„règles de droit"* wählen können und damit ihren Vertrag nicht nur einer einzigen staatlichen Rechtsordnung unterstellen müssen[237]; dass aber diese Rechtswahl keineswegs eine Berufung auf eine unspezifizierte *„lex mercatoria"* bedeute.[238] Sie könne also nur dann ausgewählt werden, wenn bei ihrer Wahl auf spezifische Regeln wie die UNIDROIT-Principles hingewiesen werde.[239]

Die Frage, ob das Schiedsgericht auf direktem Weg - *„voie directe"* - das anwendbare Recht bestimmen kann, ist Anlass zur Unstimmigkeit.

Die einen meinen, dass das Schiedsgericht frei sei, das anwendbare Recht direkt zu bestimmen, denn der Wortlaut des Gesetzes mache deutlich, dass der engste Zusammenhang autonom, d.h. ohne Vorschaltung spezifischer Kollisionsnormen ermittelt werden solle.[240] Die anderen hingegen behaupten, dass der direkte Weg für die Wahl des anwendbaren Rechts in der Schweiz nur dann akzeptiert werden könne, wenn er implizierte, dass das Schiedsgericht bei dieser Wahl kolisionsrechtliche Begründungen heranziehen müsste.[241]

Für die Anerkennung und Vollstreckung ausländischer Schiedsspruche[242] verweist Art. 194 IPRG auf das UNÜ[243].

Zusammenfassend ist hervorheben, dass die Neuregelung der internationalen Schiedsgerichtsbarkeit in der Schweiz bezweckt, die Möglichkeit einer Anfechtung des Schiedsentscheids einzuschränken, insbesondere im Vergleich zum System des Konkordats.

Dies wurde dadurch erreicht, dass

1) die Zahl der Anfechtungsgründe auf fünf beschränkt wurde (Art. 190 Abs. 2),

2) es nur einen Beschwerdeweg, nämlich die Anfechtung des Schiedsspruchs (Art. 190 Abs. 2) und eine einzige Beschwerdeinstanz, nämlich das schweizerische Bundesgericht (Art. 191 Abs. 1) gibt und

---

236 Siehe Blessing, Das neue internationale Schiedsgerichtsrecht der Schweiz – ein Fortschritt oder Rückschritt? in. DIS-Schriftenreihe Band 1/II 1989, S. 69; auch Blessing in International Arbitration in Switzerland, Berti (Hrsg.), Netherlands, 2001, S. 191, Rn. 551.

237 Bucher in FS für Max Keller, 1989, S. 569.

238 Heini in Zürcher Komm. zu Art. 187 Rn 16a.

239 Heini in Zürcher Komm. zu Art. 187 Rn 16a. So auch in Deutschland. Siehe dazu Staudinger/Magnus, Art. 27 EGBGB Rn 46-48.

240 Siehe Frick, Arbitration and Complex International Contracts, Zürich, 2001, S. 80.

241 Heini in Zürcher Komm. zu Art. 187 Rn 14

242 Das UNÜ ist in der Schweiz auch auf Schiedssprüche von Nicht-Vertragsstaaten anwendbar. Am 23. April 1993 hat die Schweiz den Gegenseitigkeitsvorbehalt zurückgenommen.

243 In Kraft seit dem 30. August 1965.

3) dass die Parteien in gewissen Fällen[244] auf jedes Rechtsmittel verzichten können (Art. 192 IPRG).
Im Schweizer Vollstreckungsverfahren werden ausländische[245] und nationale Schiedssprüche mit Rechtsmittelverzicht auf das UNÜ verwiesen und insoweit im Sinne der Anerkennung und Vollstreckung gleich behandelt.[246]

3. Die Genfer Abkommen

Der erste Versuch einer Rechtsvereinheitlichung ist im Genfer Protokoll von 1923 und dem Genfer Abkommen von 1927 zu erblicken.
Als ersten Schritt regelten sie die Anerkennung und Vollstreckung von Schiedsklauseln und Schiedssprüchen.[247]
Das UNÜ setzt das Genfer Protokoll und die Genfer Abkommen zwischen den Vertragsstaaten in dem Zeitpunkt und in dem Ausmaß außer Kraft, in dem das UNÜ für sie verbindlich wird (Art. VII Abs. II).

4. Das europäische Übereinkommen

Das europäische Übereinkommen (EuÜ)[248] vom 21. April 1961 ist auf Initiative der Wirtschaftskommission für Europa der Vereinten Nationen (ECE) ausgearbeitet worden.
Art. I Abs. 1 legt den sachlichen Anwendungsbereich des EuÜ fest. Hierbei ist der Schiedsspruch, im Unterschied zum UNÜ, nicht entscheidend, sondern vielmehr die Schiedsvereinbarung. Nach Art. I Abs. 1 EuÜ ist es nur auf Schiedsvereinbarungen zwischen Parteien anzuwenden, die ihren gewöhnlichen Aufent-

244 *Art. 192 Abs. 1 lautet „Hat keine der Parteien Wohnsitz, gewöhnlichen Aufenthalt oder eine Niederlassung in der Schweiz, so können sie durch eine ausdrückliche Erklärung in der Schiedsvereinbarung oder in einer späteren schriftlichen Übereinkunft die Anfechtung der Schiedsentscheide vollständig ausschließen; sie können auch nur einzelne Anfechtungsgründe gemäß Art. 190 Abs. 2 ausschließen"*

245 *Art. 194 „Für die Anerkennung und Vollstreckung ausländischer Schiedssprüche gilt das New Yorker Abkommen vom 10. Juni1958 über die Anerkennung und Vollstreckung ausländischer Schiedssprüche".*

246 *Art. 192 Abs. 2 „Haben die Parteien eine Anfechtung der Entscheide vollständig* ***ausgeschlossenen*** *und sollen die Entscheide in der Schweiz vollstreckt werden, so gilt das New Yorker Abkommen vom 10. Juni1958 über die Anerkennung und Vollstreckung ausländischer Schiedssprüche sinngemäß".*

247 Granzow, Das UNCITRAL-Modellgesetz über die internationale Handelsschiedsgerichtsbarkeit von 1985, 1988, S.29.

248 Europäisches Übereinkommen über die internationale Handelsschiedsgerichtsbarkeit vom 21. April 1961; BGB1.1964 II 426.

halt bzw. Sitz im Zeitpunkt des Vertragsschlusses in verschiedenen Vertragsstaaten haben und wenn es sich dabei um Streitigkeiten aus einem internationalen Handelsgeschäft handelt.
Nach diesem Artikel müssen zwei Voraussetzungen erfüllt werden: erstens eine sachbezogene Schiedsvereinbarung über Streitigkeiten aus internationalen **Handelsgeschäften**[249] und zweitens ein personenbezogener Aufenthalt oder Sitz der Parteien in **verschiedenen Vertragsstaaten**. [250]
Das Ziel des Übereinkommens war, das UNÜ zu ergänzen.[251] Dies spiegelt sich in Art IX EuÜ wieder, der zwar die Aufhebungsgründe vorsieht, eher aber die Folgen regelt, die eine Aufhebung des Schiedsspruchs in einem Vertragsstaat für die Anerkennung und Vollstreckung in den anderen Vertragsstaaten hat.[252]
Dies lässt sich besser durch ein Beispiel erläutern: Ein nach dem anwendbaren Recht aufgehobener Schiedsspruch wäre in einem Vertragsstaat nach Art. V Abs. 1 Buchstabe e UNÜ[253] nicht anerkenn- und vollstreckbar[254]. Dessen weites Spektrum von Aufhebungsgründen und dadurch die absolute und allgemeine Wirkung eines Aufhebungsurteils wird durch Art. IX EuÜ dahingehend eingeschränkt, dass einzig und allein die Aufhebungsgründe[255], die in Art. IX EuÜ beschrieben sind, bei der Anerkennung und Vollstreckung von Schiedssprüchen in den Vertragsstaaten im Sinne des UNÜ und des EuÜ berücksichtigt werden.[256]
Die in Art. IX vorgesehenen Aufhebungsgründe sind denjenigen in Art. V Abs. 1 Buchstabe a bis d UNÜ ähnlich. Hierbei ist jedoch zu bedenken, dass die in Art. V Abs. 2 vorgesehenen Versagungsgründe der Anerkennung und Vollstre-

---

249 Da der Begriff des Handelgeschäfts nicht im EuÜ bestimmt ist, bestimmt er sich nach dem nationalen Recht oder nach der lex fori. So Schwab/Walter, Schiedsgerichtsbarkeit, Kommentar, 1995, S. 392, Münch. Komm. ZPO, IZPR, S. 2480, Rn. 4.

250 Münch. Komm. ZPO, IZPR, S. 2480, Rn. 1.

251 Dies ergibt sich aus Abs. 2 des Präambel. So Münch. Komm. ZPO, IZPR, S. 2480, Rn. 9; Deutsche Denkschrift zu dem Übereinkommen in Wieczorek/Schütze ZPO, IntZPR B I 3 c, S. 578; Bülow, Europäisches Übereinkommen über die internationale Handelsschiedsgerichtsbarkeit, Außenwirtschaftsdienst des Betriebs-Beraters 1961 S. 144.

252 Münch. Komm. ZPO, IZPR, S. 2506, Rn. 1

253 Art. V 1) Die Anerkennung und Vollstreckung des Schiedsspruch darf....nur versagt werden, wenn die Partei der zuständigen Behörde des Landes, in dem die Anerkennung und Vollstreckung nachgesucht wird, den Beweis erbringt, ...e) dass der Schiedsspruch für die Parteien noch nicht verbindlich geworden ist oder dass er von einer zuständigen Behörde des Landes, in dem oder nach dessen Recht er ergangen ist, **aufgehoben** oder in seinen Wirkungen oder in seinen Wirkungen einstweilen gehemmt worden ist. Vorbehaltlich der im Art. VII UNÜ vorgesehenen Bestimmung.

254 Vorbehaltlich der im Art. VII UNÜ vorgesehenen Meistbegünstigungsklausel.

255 Etwa die Unwirksamkeit der Vereinbarung, die Versagung des rechtlichen Gehörs, die Überschreitung der schiedsrichterlichen Zuständigkeit und Mängel des schiedsrichterlichen Verfahrens.

256 So die deutsche Denkschrift zu dem Übereinkommen in Wieczorek/Schütze ZPO, IntZPR B I 3 c, S. 589.

ckung nicht im Art. IX berücksichtigt sind, nämlich der Verstoß gegen den Ordre Public (öffentliche Ordnung) und das Fehlen der Schiedsfähigkeit des Objekts. Dies wurde von den Delegationen dadurch erklärt, dass diese Tatbestände von dem Gericht des Urteilsstaates nach rein innerstaatlichen Gesichtspunkten geprüft werden. Führen sie zu einer Aufhebung des Schiedsspruches, so soll der Vollstreckungsstaat nicht gezwungen sein, diese innerstaatlichen Schlussfolgerungen des Gerichts des Urteilsstaates anzuerkennen.[257]
Das EuÜ findet auch dann Anwendung, wenn das Schiedsverfahren in einem Nichtvertragsstaat stattfindet.

5. Lex Mercatoria

Die "*lex mercatoria*" ist weder dem nationalen Recht noch dem Völkerrecht zuzuordnen. Sie stellt vielmehr, manchen Autoren nach, ein autonomes Rechtssystem dar.[258] Neben dem Begriff der *lex mercatoria* finden sich hierfür weitgehend synonym Bezeichnungen wie transnationales oder anationales Recht. Sie ist eine Ansammlung von allgemeinen Grundsätzen[259] des internationalen Wirtschaftsverkehrs, die sich aus internationalen Standardverträgen, handelsrechtlichen Konventionen und Richtlinien, Gewohnheitsrecht und Handelsbräuchen[260] entwickelt hat und ständig weiterentwickelt wird: *„droit en formation"*.[261] Dazu zählen insbesondere die Incoterms, die einheitlichen Richtlinien und Gebräuche für Dokumenten-Akkreditive, die Einheitlichen Richtlinien für Inkasso, die Ein-

257 Wieczorek/Schütze ZPO, IntZPR B I 3 c, S. 591.

258 Siehe dazu die Vertreter der Lex Mercatoria: Goldmann, La Lex Mercatoria dans le contrats et l'arbitrage internationaux: réalité et perspectives, Clunet 106, 1979, S.475ff; Fouchard, L'arbitrage commercial international; Siehe auch Berger, K.P., internationale Wirtschaftsschiedsgerichtsbarkeit, S. 362; Weise, Lex Mercatoria, S. 116. Kritisch v. Bar/Mankowski, Internationales Privatrecht, 2003, S. 80, Rn. 75, S. 87, Rn. 85: *„...die Lex Mercatoria gibt es als eine Summe von Rechtsnormen nur in der Phantasie ihrer Erfinder"*

259 Sie sind aufgelistet bei: Lörcher, Das internationale Handelschiedsverfahren, etwa Treu und Glauben, Pacta sunt servanda, Force majeure, Hardship, clausula rebus sic stantibus oder exceptio non adimpleti contractus; auch bei Hausmann in Reithmann/Martiny, Internationales Vertragsrecht, Köln, 2004, S. 2410 Rn. 3522; sowie bei Berger, Internationale Wirtschaftsschiedsgerichtsbarkeit, S.374-382.

260 Dazu zählen etwa die Incoterms, die Einheitlichen Richtlinien und Gebräuche für Dokumentenakkreditive, die Einheitlichen Richtlinien für Vertragsgarantien, zum Teil auch die ECE-Allgemeinen Liefer- und Montagebedingungen für den Export von Maschinen und Anlagen. Vgl. von Bar/Mankowski, IPR I § 2; Gottwald, FS Nagel 1997, 54, 64 f.; Paulsson, Rev. Arb. 1990, 55, 60 f.

261 Berger, Internationale Wirtschaftsschiedsgerichtsbarkeit, S. 362; Weise, Lex Mercatoria, S. 179; Martiny in Reithmann/Martiny, Internationales Vertragsrecht, Köln, 2004, S. 83, Rn. 72, S. 2409 Rn 3520 f.

heitlichen Regeln für ein Dokument des kombinierten Transports, die Einheitlichen Richtlinien für Vertragsgarantien, die Einheitlichen Richtlinien für auf Anfordern zahlbare Garantien und einige weitere Regeln der Internationalen Handelskammer Paris. Was man noch dazu zählen kann, bleibt ja offen. Als Rechtsgrundsätze werden beispielsweise angeführt: *bona fides, pacta sunt servanda, Vertragsnichtigkeit* bei Sittenverstoß, *volenti not fit iniuria, clausula rebus sic stantibus, Verbot des venire contra factum propium, force majeure, exceptio non adimpleti contractus.*.[262]

In der ICC-Rechtsprechung[263] wird sie definiert als: „die Gesamtheit der Regeln der internationalen Wirtschaft, die von der internationalen Praxis und insbesondere von der internationalen Schiedsgerichtspraxis - sanktioniert durch nationale Gerichtsentscheidungen - entwickelt wurden und damit zu Rechtsregeln geworden sind".

Man spricht über drei Theorien, die die *lex mercatoria* zu beschreiben versuchen. Für die erste von den Franzosen entwickelte Theorie[264] ist sie als ein eigenständiges Rechtssystem zu verstehen. Diese Theorie wird als zu unrealistisch bezeichnet, da die Regelungsdichte der *lex mercatoria* sehr gering ist. Sie erfüllt die für ein Rechtssystem erforderlichen Vorraussetzungen nicht.[265]

Die zweite Theorie geht hingegen von einer bloßen Ansammlung von Rechtsnormen aus, deren Verbindlichkeit vom Staat verliehen wird. Schließlich besteht eine dritte Theorie, die sie als die Gesamtheit der auf die Bedürfnisse der internationalen Wirtschaft reagierenden Handelsbräuche versteht[266].

Das Wort *„Lex"* deutet darauf hin, dass sie Normen beinhaltet, die im Welthandelsrecht anzuwenden sind. Den Handelsbräuchen kommt diese Bezeichnung nicht zu.

Sie sind vielmehr streng von transnationalem Recht zu trennen. Sie sind also kein Recht, können aber als Gewohnheitsrechtsquelle angesehen werden, die zur Entwicklung des internationalen Wirtschaftsrechts dienen können.[267] Was die

262 Ausführlich Berger, K.P., internationale Wirtschaftsschiedsgerichtsbarkeit, S.374.

263 Société Compañía Valenciana de Cementos Portland c/ Société Primary Coal Inc, Rev. arb. 1990, S. 701.

264 Goldman, «Frontières du droit et lex mercatoria», Archives de philosophie du droit, 1964, S. 177; Goldman, La lex mercatoria dans les contrats et l'arbitrage internationaux: Réalité et perspectives», JDI, 1979, S. 475 ; Gaillard, « Trente ans de lex mercatoria. Pour une application sélective de la méthode des principes généraux du droit », JDI, 1995, S. 5.

265 Gaillard, Rev. arb., 1985, S. 241. Siehe ausführlich dazu Fouchard/Gaillard/Goldman, Traité de l'arbitrage commercial international, S. 813 (819ff) ; Craig/Park/Poulsson, ICC Arbitration, 3. Aufl. 2000, S. 626. Lionnet/Lionnet, 2005, S. 379 ; v. Bar/ Mankowski, Internationales Privatrecht, 2003, S. 75 (77, 80). So auch in der Schweiz Heini, Zürcher IPRG-Komm. Art. 187, Rn. 7a.

266 Berger in IPRax, 1993/5, S. 281-288 (283).

267 Berger in IPRax, 1993/5, S. 281-288 (283).

Rechtsgrundsätze angeht, wird ihre Allgemeinheit und Unbestimmtheit als ihre große Schwäche angesehen. Da ferner die Regelungen von Organisationen wie der Internationalen Handelskammer keine supranationale Rechtssetzungsbefugnis haben, haben die von ihnen verfassten Regelungen aus eigener Kraft offenbar keine Chance und sind dementsprechend nicht bindend.[268] Schließlich werden diese „Regeln" als Bestandteil der sog. *lex mercatoria* als lückenhaft angesehen. Sie weisen keine Beziehung zueinander auf[269] und können dementsprechend nicht als autonomes Recht bezeichnet werden.[270]

Aus diesen Gründen sollte man diese „Regeln" nicht als autonome *lex* bezeichnen.[271] Außerdem kann Autonomie immer nur vom staatlichen Recht verliehen werden.[272]

Diese Regeln sind in Deutschland wirksam durch die vom Staat eingeräumte Parteiautonomie. Sie bilden jedoch keine Rechtsordnung.[273]

Obwohl das Bestehen einer eigenständigen *lex mercatoria* wegen mangelnder staatlicher Fundierung sowie wegen der Lückenhaftigkeit und Problematik der Rechtssetzung bzw. Rechtsfindung bestritten ist[274], wird in immer mehr internationalen Übereinkommen, Schiedsordnungen, Schiedsgesetzen und Rechtsprechung[275] deswegen auf sie hingewiesen, weil sie wegen der Flexibilität und Anpassungsfähigkeit ihrer Rechtsgrundsätze dem Schiedsrichter eine schnelle

---

268 v. Bar/Mankowski, Internationales Privatrecht, 2003, S. 77, Rn. 72.

269 v. Bar/Mankowski, Internationales Privatrecht, 2003, S. 80, Rn. 75. Dieser Autor geht von der Inexistenz der Lex Mercatoria aus. Denn der Begriff sei nicht zum Inhalt passend.

270 v. Bar/Mankowski, Internationales Privatrecht, 2003, S. 87, Rn. 83, 85, 86.

271 So auch in der französischen Lehre: Mayer, in Mistelis/Lew, Pervasive Problems in international arbitration, S. 64.:" *I Personally do not believe that a legal system corresponding to the definition of lex mercatoria exists.* "

272 v. Bar/Mankowski, Internationales Privatrecht, 2003, S. 81, Rn. 76.

273 Vgl. Kropholler, IPR, 5. Aufl., S. 457.

274 De Boisséson, Le droit français de l'arbitrage interne et international, Paris 1990, S. 610ff. Siehe auch Fouchard/Gailard/Goldmann, On international Commercial Arbitration, 1999, Nr. 3, 9, 45. Dazu Sandrock in FS Stoll, 2001, S. 661, 663, 679. Die Kritiker der Lex Mercatoria bemängeln das grundsätzliche Fehlen konkreter Rechtssätze, auf die ein Schiedsgericht ohne große, zeitaufwendige Rechtsfindungsprobleme zurückgreifen könnte. So Berger, S. 344; Martiny in: Reithmann/Martiny, Internationales Vertragsrecht, Köln, 2004, S. 84 Rn 72; Heini in Zürcher Komm. zum IPRG, Art. 187, Rn. 7a.

275 Paris, 13.7.1989 Société Compañía Valenciana de Cementos Portland C/ Société Primary Coal Inc, Rev.arb. 1990, 663, 665; Cass., 22.10.1991, Ibid., Rev. Arb. 1992, 457, Anm. Lagarde ; Cass., 15.6.1994, Société Sonidep c/ Société Sigmoil, Rev. Arb. 1995, 88, 89, Anm. Gaillard ; Paris, 31.10.1989, Société KIS France et outres c/ Société Générale et autres, Rev. Arb. 1992, 90; Siehe auch Paris 4.3.1981, Société Norsolor c/ Société Pabalk Ticaret Sirketi, Rev.arb. 1982, 465 (Das Schiedsgericht hat auf der Basis der Lex Mercatoria und des Grundsatzes von Treu und Glauben entschieden und der Schiedsspruch war wirksam); darüber vgl. den Aufsatz von Goldman, Rev.arb. 1983, 379; vgl. auch Gottwald in Festschrift für Heinrich Nagel, 1987, S. 63-65.

Lösung für komplizierte Rechtsprobleme der internationalen Wirtschaft ermöglichen.[276]

Eine auf der *lex mercatoria* basierende Entscheidung bedarf in Deutschland (wie im Falle einer *ex aequo et bono*-Entscheidung) gem. § 1051 Abs. 2 ZPO nF[277] einer ausdrücklichen Ermächtigung der Parteien.[278] Es herrscht Skepsis in der deutschen sowie in der englischen[279] Lehre, was die Anwendung der *lex mercatoria* angeht.[280]

Man muss aber bedenken, dass die Vereinbarung der *lex mercatoria* nur die Bedeutung einer materiellrechtlichen Verweisung hat.[281] Das heißt, dass die Anwendung der *lex mercatoria* nicht uneingeschränkt ist. Die Parteien und das Schiedsgericht müssen sich insofern innerhalb der Grenzen des am Schiedsort geltenden zwingenden Rechts bewegen.[282]

Daher ist empfehlenswert, dass die Anwendung der *lex mercatoria* nur mit Ermächtigung der Parteien erfolgt und solche Länder als Schiedsorte vermieden werden, deren Rechte keine Billigkeitsentscheidung anerkennen bzw. der *lex mercatoria* sehr skeptisch gegenüberstehen, wie z.B. England[283], um in der Praxis keine unnötigen Risiken einzugehen.[284]

In Frankreich werden hingegen Schiedssprüche, die im Rahmen der *lex mercatoria* erlassen wurden, anerkannt und für vollstreckbar erklärt, selbst wenn die Parteien die Anwendung der *lex mercatoria* nicht vereinbart haben.[285]

---

276 Berger in IPRax, 1993/5, S. 281-288 (283).

277 Im Gegensatz zu Frankreich, vgl. Primary Coal v. Compañía Valenciana, Rev. arb. 1992, 457; Société Norsolor v. Société Pabalk Ticaret Sirketi, Rev.arb. 1983, S. 465.

278 Im Gegenteil zu ICC-Schiedsverfahren, bei denen das Schiedsgericht mangels einer Parteivereinbarung die Handelsbräuche oder die Lex Mercatoria (*negative choice of law*) anwendet. Dazu siehe Schäfer/Verbist/Imhoos, ICC Arbitration in Practice, 2005, S. 84.

279 Mustill, „The new lex mercatoria: The first twenty-five Years“, Études Wilberforce, Oxford, 1987, S. 181. Siehe auch *Court of appeal* vom 24.3.1987, *Rakoil*, 1987, 2 Lloyd's Rep. 246-258=YBCA, 1988, S. 530.

280 v. Bar/Mankowski, Internationales Privatrecht, 2003, S. 87, Rn. 83, 85, 86.

281 Staudinger/Magnus, Art. 27 EGBGB Rn 49; Mankowski, RIW 2003, S. 13f.

282 Vgl. Weise, Lex Mercatoria, 116; Goldman, S. 141; Mankowski, RIW 2003/1, S. 2 (14).

283 *„(At common Law it was stablished that English Law) does not recognise the concept of arbitral procedures floating in the transnational firmament, unconnected with any municipal system of law": Bank Mellat v. Helliniki Techniki S.A.* (1984) Q.B. 291, 301. Siehe auch *Naviera Amazónica Peruana S.A. v. Compania Internacional de seguros del Perú* (19988) 1 Lloyd's Rep. 116, 119 (C.A.); The Star Texas (1993) 2 Lloyd's Rep. 445, 452 (C.A.). Siehe auch Dicey & Morris, The Conflict of Laws, 2000, S. 605, Rn. 16-030.

284 Vgl. Weise, S. 168. V. Hoffmann, FS Kegel, 1987, S. 227.

285 Weise, S. 159.

Ein Schiedsspruch, der ohne ausdrückliche Ermächtigung im Rahmen der *lex mercatoria* erlassen wurde, verstößt nach einigen Autoren[286] gegen den Ordre Public und kann gem. §1059 Abs. 2 Nr. 2 lit. d ZPO aufgehoben oder ihm auch auf Rüge der Partei gem. Art. V Abs. 1 lit. d UNÜ die Vollstreckbarkeit verweigert werden.
Hinsichtlich Art. V Abs. 2 lit. b UNÜ wird zum einen behauptet, dass einem Schiedsspruch die Anerkennung und Vollstreckbarerklärung nicht allein deshalb versagt werden, weil der Schiedsrichter eine *lex mercatoria* zugrunde legte. Dies wegen des Verbots der *révision au fond*, der eine volle materielle Prüfung versagt.[287]

Zum einen jedoch wird behauptet, dass eine Entscheidung auf der Basis der *lex mercatoria* gegen eine deutsche Partei unter dem Aspekt des Ordre Public auch dann inakzeptabel wäre, wenn sie von einem ausländischen Schiedsgericht stammen sollte.[288]
Die Anwendung der *lex mercatoria* ist im englischen Recht gem. s. 46 AA („*other considerations*“) erlaubt. Jedoch ist sie bislang in der englischen Schiedsgerichtsbarkeit ganz selten zur Anwendung gekommen.[289]

In der Lehre weichen die Auffassungen voneinander ab. Überwiegend ist die Einstellung ihr gegenüber sehr skeptisch[290], und oft wird sie wie z.T. in Deutschland[291] einfach als eine Variante des *amiable composition* betrachtet.[292]
In der Lehre wird vielfach eine Entscheidung des Schiedsgerichts nach billigem Ermessen mit einer solchen aufgrund der *lex mercatoria* gleichgestellt. Dennoch unterscheiden sich die Quellen dieser beiden Arten von Entscheidung sehr von einander: Die *lex mercatoria* stützt sich auf unterschiedliche Normen, die auch auf mehreren Rechtsordnungen, Rechtsgrundsätzen, Handelsbräuchen u.s.w. basieren können. Das Schiedsgericht muss also diese Quellen der *lex mercatoria*

286 v. Bar/Mankowski, Internationales Privatrecht, 2003, S. 87, Rn. 85: „*Die deutsche öffentliche Ordnung kann es nicht hinnehmen, dass auf ihrem Territorium Privatleute objektives Recht „setzen“.*

287 Mankowski, RIW 2003/1, S. 13. Vgl. v.Bar/Mankowski, a.a.O. S. 87, Rn. 85.

288 v.Bar/Mankowski, a.a.O. S. 87, Rn. 85.

289 Court of appeal vom 24.3.1987, Rakoil, 1987, 2 Lloyd's Rep. 246-258=YBCA, 1988, S. 530.

290 Mustill/Boyd, S. 81.

291 v. Hoffmann, "Lex Mercatoria" vor internationalen Schiedsgerichten, IPRax 1984, S. 106 (108); Gottwald, FS Nagel, S. 54 (65); Raeschke-Kessler, Neuere Entwicklungen im Bereich der internationalen Schiedsgerichtsbarkeit, NJW 1988, S.3041 (3048); Triebel/Petzold, Grenzen der Lex Mercatoria in der internationalen Schiedsgerichtsbarkeit, RIW/AWD 1988, 245 (249).

292 Mustill/Boyd, S. 75-86; Riivkin, Arb. Int., 1993/3, S. 67.

unabhängig davon anwenden und in seine Entscheidung einbeziehen[293], ob sie seinen Gerechtigkeitsvorstellungen entsprechen oder nicht.[294] Dies ist nicht der Fall, wenn es um eine „*ex aequo et bono*“ – Entscheidung geht, da hier der Schiedsrichter nicht an materielles Recht bzw. Rechtsvorschriften gebunden ist und nach seinem freien Ermessen entscheiden soll. Dies schließt nicht aus, dass die Schiedsrichter mit einer Ermächtigung der Parteien, nach Billigkeit zu entscheiden, letztlich auch die *lex mercatoria* anwenden können.[295]

Vielmehr ist die *lex mercatoria* von einer Billigkeitsentscheidung dadurch zu unterscheiden, dass das Schiedsgericht bei der *lex mercatoria* „Rechtsvorschriften“ anwendet, deren Validität und Tragweite über die Lösung des konkreten Einzelfalls hinausgeht. Wohingegen das Schiedsgericht sich in einer Billigkeitsentscheidung im Rahmen der Parteivereinbarung und des Ordre Public von seiner Vorstellung von Gerechtigkeit leiten lässt, ohne dass die von ihm angewandte Lösung zuvor Allgemeingültigkeit hätte.[296]

Wie funktioniert in der Praxis die Heranziehung der *lex mercatoria* als in der Sache anwendbare Rechtvorschrift? Man kann z.B. in diesem Sinne die „*Principles of International Contracts*“ auswählen. Im April 2004 hat der Direktionsrat des „Internationalen Instituts für die Vereinheitlichung des Privatrechts“ (UNIDROIT) eine erweiterte Fassung der „*Principles of International Contracts*“ verabschiedet. Diese *Principles* 2004 wurden ausschließlich für den internationalen Handelsverkehr entwickelt.[297]

Nach der Präambel der *Principles*[298], können diese in jeder Situation angewendet werden. Zunächst als Unterstützung des nationalen Rechts.[299] Dies kann z. B. der Fall sein, wenn das Schiedsgericht für eine Frage, für die das anwendbare nationale Recht keine klare Antwort bereithält, ergänzend zur Entscheidung des Einzelfalles die *Principles* heranzieht.[300]

---

293 Berger, Internationales Wirtschaftsschiedsgerichtsbarkeit, 1991, S. 402.

294 Lörcher, Das internationale Handelsschiedsverfahren in Frankreich, 1996, S. 78.

295 Berger, IPRax, 1993/5, S. 285.

296 Berger, IPRax, 1993/5, S. 285.

297 Präambel, Abs. 1. Siehe RIW, 2004/10, S. 726.

298 Preamble (Purpose of the Principles) *These Principles set forth general rules for international commercial contracts. They shall be applied when the parties have agreed that their contract be governed by them.(*) They may be applied when the parties have agreed that their contract be governed by general principles of law, the lex mercatoria or the like. They may be applied when the parties have not chosen any law to govern their contract. They may be used to interpret or supplement international uniform law instruments. They may be used to interpret or supplement domestic law. They may serve as a model for national and international legislators.*

299 Siehe z. B. Supreme Court of Venezuela, Urteil v. 9.10. 1997 (Bottling Companies v. Pepsi Cola Panamericana). Siehe ausfürlich dazu www.unilex.info.

300 Dessemontet, ICC Supplement 2002 (Fn. 2), S. 39, 47 Rn. 30. Er nennt einige Fälle, in denen das französische oder das schweizerische Recht zwar einen Rechtsgedanken kennen (z.B. culpa in contrahendo als Ausdruck von Treu und Glauben), dieser

Es ist wichtig hervorzuheben, dass die Wahl der *Principles* die Anwendung zwingenden Rechts nicht ausschließen kann und soll.[301]

Rechtsgedanke aber nicht gesetzlich kodifiziert ist. Hier kann der Rückgriff auf die Principles hilfreich sein. Siehe z.B. Art. 17 der Schiedsordnung der Internationalen Handelskammer oder Art. 14.2 der Schiedsordnung des London Court of International Arbitration.

301 Official Comment 2004 Nr. 3.

Kapitel II - Anerkennung und Vollstreckung

1. Terminologie, Unterscheidung zwischen dem Anerkennungs- und Vollstreckungsverfahren, Vollstreckbarerklärung

Der Schiedsspruch hat gemäß § 1055 ZPO zwischen den Parteien die Wirkung eines rechtskräftigen Urteils. Schiedssprüche werden in der Regel freiwillig erfüllt, so dass sie keiner zwangsweisen Vollstreckung bedürfen.
Wenn dies jedoch nicht der Fall ist, müssen Schiedssprüche wie ausländische Urteile[302] anerkannt und vollstreckt werden, um im Inland Wirkungen entfalten zu können.[303] Die Staaten erkennen im Übrigen mit der Ratifizierung des UNÜ und dem Erlass nationaler Schiedsgesetze die Schiedsgerichtsbarkeit als qualifiziertes Mittel zur Streitbeilegung an. Diese Anerkennung ist aber kontrolliert. Die nationalen Gerichte prüfen im Einzelfall, ob das Schiedsgericht (Schiedsrichter) die rechtliche Mindestanforderung[304] eingehalten hat, bevor sie dem Schiedsspruch die Vollstreckbarerklärung gewähren.
Diese Kontrolle seitens der Staaten über die Schiedssprüche wird durch die Anerkennung und Vollstreckung im Vollstreckbarerklärungsverfahren ausgeübt. Dies sind zwei unterschiedliche rechtliche Schritte, die aber in der Praxis normalerweise zusammenfallen. Sie werden in den verschiedenen Schiedsgesetzen, im UNÜ und im UNCITRAL-Modellgesetz zusammen betrachtet.
Das UNÜ sowie das UNCITRAL-Modellgesetz haben es den Vertragsstaaten überlassen, das Verfahren selbst zu regeln, denn sie enthalten diesbezüglich keine Bestimmung.
Worin unterscheiden sich die beiden verfahrensrechtlichen Stufen?
Die Anerkennung von Urteilen bzw. Schiedssprüchen ist die Erstreckung der einem ausländischen Urteil bzw. Schiedsspruch nach dem Recht des Erststaates zukommenden Wirkungen auf das Inland durch das inländische (deutsche) Recht und die darauf basierende Beachtlichkeit der ausländischen Entscheidung.[305] Anders ausgedrückt: durch die Anerkennung werden die Rechtswirkun-

302 Vgl. § 722 ZPO.

303 Rosenberg/Schwab/Gottwald, Zivilprozessrecht, München, 2004, § 156, Rn 1; Lionnet, K., Handbuch der internationalen Schiedsgerichtsbarkeit, 2. Auflage, Stuttgart/München/Hannover/Berlin/Weimer/Dresden, 2001, S. 277; so auch Lörcher/Lörcher, Das Schiedsverfahren - national/international - nach deutschem Recht, 2. Auflage, Heidelberg, 2001, S. 97, Rn 358.

304 Hierbei geht es vielmehr um die Prüfung des Nicht-Vorliegens eines Versagungsgrundes.

305 So Geimer, Internationales Zivilprozessrecht, Köln, 2005, S. 868, Rn 2776.

gen einer im Ausland ergangenen Entscheidung auf das Gebiet des Inlands erstreckt.[306] Sie bedeutet also Wirkungserstreckung.
Die Anerkennung eines Schiedsspruchs bezieht sich auf die res judicata –Wirkung bzw. die formelle und materielle[307] Rechtskraft eines Schiedsspruches und verhindert so die Entscheidung eines Gerichtes über denselben Streitgegenstand.[308] Bei inländischen Schiedssprüchen bleibt jedoch die Möglichkeit offen, den Schiedsspruch im Wege der Aufhebung bzw. im Vollstreckungsverfahren im Heimatstaat (§ 1060 Abs. 2 ZPO) aufzuheben. Während die Aufhebung bei ausländischen Schiedssprüchen im Inland zwar unzulässig ist, ist es jedoch möglich, sich im Verfahren der Anerkennung und Vollstreckung gegen den Schiedsspruch zu wehren.
Es wird die Meinung vertreten, die Anerkennung träte ohne Anerkennungsverfahren *ipso iure*, formlos, nur mit Erledigung der im entsprechenden nationalen Schiedsgesetz vorgesehenen Förmlichkeiten ein[309]. In der internationalen Schiedsgerichtsbarkeit wird in der Praxis jedoch die Anerkennung im Verfahren der Vollstreckbarerklärung berücksichtigt. Sie erfolgt, soweit die Voraussetzungen des Art. IV UNÜ erfüllt sind und keiner der in Art. V UNÜ bzw. der in den Schiedsverfahrensrechten normierten Versagungsgründe der Anerkennung vorliegt.
Dies ergibt sich in der internationalen Schiedsgerichtsbarkeit aus Art. III UNÜ[310] und aus den Bestimmungen der nationalen Schiedsverfahrensgesetze.[311] Hierbei kommt die jeweils anerkennungsfreundlichere Regelung zur Anwen-

306 Volken in Zürcher Kommentar zum IPRG, 2. Auflage, Zürich, 2004, S. 342, Rn 13.

307 Fasching, Schiedsgericht und Schiedsverfahren im österreichischen und internationalen Recht, Wien, 1973, S. 130. Dazu auch Volken in Zürcher Kommentar zum IPRG, 2. Auflage, Zürich, 2004, S. 347, Rn 56.

308 Schwab/Walter, Schiedsgerichtsbarkeit, 4. Auflage, München, 1990, S. 177, Rn 4; Rosenberg/Schwab/Gottwald, Zivilprozessrecht, München, 2004, § 148 RN. 1; Fasching, Schiedsgericht und Schiedsverfahren im österreichischen und internationalen Recht, Wien, 1973, S. 130; Hauser, Zur Vollstreckbarerklärung ausländischer Leistungsurteile in der Schweiz in FS für Max Keller, 1989, S. 600.

309 Siehe § 328 ZPO. Schütze/Tscherning/Weis, Handbuch des Schiedsverfahrens, 2. Auflage, Berlin, 1990, S. 340; Geimer, Reinhold, Internationales Zivilprozessrecht, Köln, 2005, S. 1166, Rn 3879.

310 *Art. III. Jeder Vertragsstaat erkennt Schiedssprüche als wirksam an und lässt sie nach den Verfahrensvorschriften des Hoheitsgebietes, in dem der Schiedsspruch geltend gemacht wird, zur Vollstreckung zu, sofern die in den folgenden Artikeln festgelegten Voraussetzungen gegeben sind. Die Anerkennung oder Vollstreckung von Schiedssprüchen, auf die dieses Übereinkommen anzuwenden ist, darf weder wesentlich strengeren Verfahrensvorschriften noch wesentlich höheren Kosten unterliegen als die Anerkennung oder Vollstreckung inländischer Schiedssprüche.*

311 So in § 1060 ZPO und in Art. 35 Abs. 1 UMG: Je nach dem welche Rechtsordnung günstigere Regelungen diesbezüglich enthält (Art. VII UNÜ Meistbegünstigungsprinzip).

dung, die sich auf das Günstigkeitsprinzip[312] bzw. auf die im Art. VII UNÜ vorgesehene Meistbegünstigungsklausel stützt. Wird ein ausländischer Schiedsspruch anerkannt, hat er die gleiche Wirkung wie ein inländischer Schiedsspruch: er erwächst in Rechtskraft.[313]

Mit der Anerkennung wird der Schiedsspruch in die Rechtsordnung des Anerkennungsstaates eingegliedert.[314] Hinsichtlich der Art und Weise dieser Gliederung wird auf Erkenntnisse aus dem Bereich der Anerkennung ausländischer Urteile zurückgegriffen:

Hierbei stellt sich, ebenso wie bei der Anerkennung ausländischer Urteile die Frage, in welchem Umfang die Wirkungen des ausländischen Urteils bzw. Schiedsspruchs auf den Anerkennungsstaat erstreckt werden. Theoretisch stehen hierfür zwei Ansätze zur Verfügung. Nach der Gleichstellungstheorie (Angleichungstheorie in der Schweiz) sollte das ausländische Urteil einem inländischen gleichgestellt werden, so dass nur solche Wirkungen im Inland anzuerkennen seien, die auch von inländischen Urteilen ausgehen können.[315] Das inländische Prozessrecht soll danach Maßstab für die Begrenzung der Rechtswirkungen ausländischer Entscheidungen im Inland sein.

Dem entgegen steht die Theorie der Wirkungserstreckung, der heute überwiegend gefolgt wird. Sie will verhindern, dass das ausländische Urteil im Ausland mehr oder weitreichendere Wirkungen hat als in seinem Heimatstaat.[316]

Danach führt die Anerkennung zu einer territorialen Wirkungserstreckung der prozessualen Wirkungen, die der Heimatstaat des Urteils diesem beilegt, auf den Anerkennungsstaat.[317] Anders ausgedrückt können durch die Anerkennung nur

---

312 Schütze, Schiedsgericht und Schiedsverfahren, München, 1998, S. 120, Rn. 255.

313 Tilch/Arloth, Deutsches Rechtslexikon, 3. Auflage, München, 2003. Anders als in Deutschland und in den meisten anderen Staaten sind in Brasilien z.B. das Anerkennungs- und Vollstreckungsverfahren für ausländische Schiedssprüche getrennt. Nach erfolgreichem Annerkennungsverfahren muss also noch das Vollstreckungs-verfahren durchgeführt werden, für das ein anderes Gericht zuständig ist. Siehe Art. 109 (X) der brasilianischen Verfassung und Art. 12 der Resolution N° 9 vom 4.5.2005 über das anzuwendende Verfahren für die Anerkennung ausländischer Schiedssprüche. Siehe dazu ICC Bulletin, Vol. 16, 2005, S. 71-75: „Recognition of Foreign Arbitral Awards in Brazil: Recent Developments".

314 Niedermann, Die Ordre Public-Klausel in den Vollstreckungsverträgen des Bundes und den kantonalen Zivilprozessordnungen, S. 27,28; BGH vom 01.06.1983 in IPRax 1984, S. 320, 321, in Haas, die Anerkennung und Vollstreckung ausländischer und internationaler Schiedssprüche, Berlin, 1991, S. 128.

315 Rosenberg/Schwab/Gottwald, Zivilprozessrecht, München, 2004, § 156 Rn 8; Haas, Die Anerkennung und Vollstreckung ausländischer und internationaler Schiedssprüche, Berlin, 1991, S. 129. Siehe zur schweizerischen Rechtsprechung BGE 117 II 340.

316 Baumann, S. 118; Martiny, Rz. 367; Schlosser, 2. Aufl., Rz. 904. Siehe OLG Hamburg, IPRspr. 1983, 184. Ein ausländisches Urteil kann nicht qua Anerkennung im Inland mehr Wirkungen hervorrufen als im Erststaat.

317 Vgl. BGH, Urt. v. 8.10.1981 – III ZR 42/80 (Hamburg), NJW 1982, 1224, 1225.

solche Wirkungen erstreckt werden, die dem Schiedsspruch nach dem Recht des Herkunftslandes zukommen. Diese Wirkungserstreckung ist aber nicht grenzenlos. Alle Urteile bzw. Schiedssprüche werden anerkannt, sofern diese Wirkungen nicht im Inland gänzlich unbekannt sind und die Urteile keine weitergehenden Wirkungen als die nationalen Urteile entfalten[318] oder dem inländischen Ordre Public widersprechen.[319]

Wenn diese unbekannten oder weitergehenden Wirkungen von den anderen getrennt werden können, dann scheitert nicht die Anerkennung des Schiedsspruchs im Ganzen, sondern werden diese letzten anerkannt.[320]

Trotz der systematischen Trennung besteht zwischen dem Verfahren der Anerkennung und jenem der Vollstreckbarerklärung eine enge Wechselwirkung. § 1061 Abs. 2 ZPO besagt: *ist die Vollstreckbarerklärung abzulehnen, stellt das Gericht fest, dass der Schiedsspruch im Inland nicht anzuerkennen ist.*

Dies bedeutet, dass die Anerkennungskontrolle im Verfahren der Vollstreckbarerklärung integriert ist. Die Versagungsgründe für die Anerkennung und Vollstreckung sind insofern dieselben. Beide Rechtsmittel sind verfahrensmäßig stark ineinander verwoben.[321]

Unter der Vollstreckbarerklärung ist eine Entscheidung bzw. Beschluss zu verstehen, der feststellt, dass ein ausländisches Urteil bzw. ein Schiedsspruch im Land der Vollstreckbarerklärung anerkannt wird und dort rechtlich relevante Wirkungen entfalten kann, weil es bzw. er die gesetzlich vorgeschriebenen Voraussetzungen erfüllt.[322]

Das Verfahren der Vollstreckbarerklärung ist als Kontrollverfahren bzw. Erkenntnisverfahren zu verstehen, also kein Vollstreckungsverfahren.[323] Der Schiedsspruch wird dadurch nicht zum Vollstreckungstitel[324], sondern er wird bloß für vollstreckbar erklärt.[325] Zwar hat der Schiedsspruch unter den Parteien die Wirkungen eines rechtskräftigen gerichtlichen Urteils[326] (§ 1055 ZPO). Jedoch ist diese Rechtskraft wie beim staatlichen Urteil von Amts wegen und nicht

318 Das ist z. B. der Fall der *punitive damages*. Volken in Zürcher Kommentar zum IPRG, 2. Auflage, Zürich, 2004, S. 359, Rn 34.

319 Siehe Kropholler, IPR, 4. Aufl. 2001, § 60 IV 2; Gottwald, ZZP 103 (1990), 257, 260ff. Diese Begrenzung durch das Recht des Zweit-Staates gilt nicht für den Bereich des Übereinkommens über die gerichtliche Zuständigkeit und die Vollstreckung gerichtlicher Entscheidungen in Zivil- und Handelssachen (GVÜ).

320 Siehe Geimer IZPR, S. 870, Rn 2782.

321 So auch Volken in Zürcher Kommentar zum IPRG, 2. Aufl:, Zürich, 2004, S. 409 Rn27.

322 So auch Volken in Zürcher Kommentar zum IPRG, 2. Aufl, Zürich, 2004, S. 408 Rn 22.

323 Schütze, in Wieczorek ZPO Kommentar, § 1042 Rn 14.

324 Vgl. § 794 Abs. 1 Nr. 4a ZPO.

325 Glossner; Das Schiedsgericht in der Praxis; Heidelberg, 1990, Rn 516.

326 § 1055 ZPO; § 58 AA 96.

nur auf Einrede zu beachten.[327] Voraussetzung für die Vollstreckbarerklärung gemäß Art. V Abs. 1 Buchstabe e. ist zunächst, dass der ausländische Schiedsspruch nach dem für ihn maßgeblichen Recht verbindlich geworden ist. Die Verbindlichkeit des Schiedsspruchs ist im Übrigen nicht schon dadurch ausgeschlossen, dass der Schiedsspruch durch einen § 1059 ZPO entsprechenden Aufhebungsantrag oder eine Klage nachträglich beseitigt werden kann.[328]
Anstelle der Vollstreckbarerklärung tritt die Feststellung, dass der ausländische Schiedsspruch im Inland anzuerkennen ist (§ 1061 Abs. 2 ZPO). Es handelt sich dabei um ein qualifiziertes Mittel zum Beweis der Rechtskraft und der Vollstreckbarkeit des Schiedsspruchs.[329] Denn erst nach gerichtlicher Vollstreckbarerklärung (§1060) ist der Schiedsspruch vollstreckbar.
Er kann aber vom staatlichen Gericht aufgehoben werden und seine Vollstreckbarkeit kann aus den Aufhebungs- bzw. Versagungsgründen versagt werden.
Ist der Schiedsspruch nach seiner Vollstreckbarerklärung im Inland im Ausland aufgehoben worden, so kann die Aufhebung der Vollstreckbarerklärung beantragt werden (§ 1061 Abs. 3 ZPO).
Nach herrschender Meinung ist die Zwangsvollstreckung nicht Voraussetzung einer Vollstreckbarerklärung.[330] Es könne also auch ein Schiedsspruch für vollstreckbar erklärt werden, der gar nicht zur Zwangsvollstreckung gebracht werden kann, weil er keinen vollstreckungsfähigen Inhalt hat[331]; z. B. ein feststellender Schiedsspruch[332], oder wenn der Schiedsspruch die Grundlage und Voraussetzung für staatliche Akte darstellt, also Eintragung in öffentliche Register, Bestellung von Liquidatoren, usw.[333] Die Vollstreckbarerklärung kann bei Schiedssprüchen ohne vollstreckbaren Inhalt insofern auch dazu dienen, sich durch die Vollstreckbarerklärung die präkludierende Wirkung des § 1060 Abs. 2

327 Rosenberg/Schwab/Gottwald, Zivilprozessrecht, München, 2004, § 179, Rn 31-33; Walter, RIW 1988, 946.

328 Geimer in Zöller ZPO-Komm., 25. Auf., § 1061 Rn 24; BayObLG NJW 2003, 386. Vgl. S. 58 Abs. 2 AA.

329 Bucher, Die neue internationale Schiedsgerichtsbarkeit in der Schweiz, Basel/Frankfurt a.M., 1989, Rn 332; Rosenberg/Schwab/Gottwald, Zivilprozessrecht, München, 2004, § 181 Rn 2.

330 Rosenberg/Schwab/Gottwald, Zivilprozessrecht, München, 2004, S. 1300, Rn 1, 3. Vgl. aber BayObLG NZI 2000, 366.

331 Dazu BGH BB 1960, 302; so auch Schütze, Schiedsgericht und Schiedsverfahren, München, 1998, S. 115, Rn. 244. Anders siehe Geimer, Internationales Zivilprozessrecht, 3. Auflage, München, 1997, Rn 3882; Geimer in Zöller ZPO Komm., 25. Aufl., § 1061 Rn 18; Siehe auch Kröll, NJW 4/2005, S. 197.

332 Im Gegensatz zu § 722 ZPO, nach dem die Vollstreckungsfähigkeit zur Vollstreckbarerklärung des ausländischen Urteils erforderlich ist. Siehe Gottwald in Münch Komm § 722 Rn 16, auch Geimer in Zöller ZPO Komm § 722 Rn 5. Siehe BGHZ 1962, 287; BGH FamRZ 1987.

333 Siehe BayObLGZ 1984, 45, 47f. = BB 1984, 746.

S. 2 zu sichern.[334] Durch den Beschluss der Vollstreckbarerklärung wird dem Antragsteller bescheinigt, dass der Schiedsspruch die Voraussetzungen eines gültigen, rechtskräftigen und vollstreckbaren Schiedsspruchs erfüllt.[335]
Eine solche Bescheinigung kann z. B. ausgestellt werden, wenn der Schiedsspruch nicht rechtzeitig angegriffen worden ist.
Dies ergibt sich daraus, dass der Sinn der Vollstreckbarerklärung auch die rechtskräftige Feststellung der Bestandskraft bzw. Unanfechtbarkeit des Schiedsspruchs ist.[336] Dies kann urkundlich bescheinigt werden.[337] Ob dies der Fall ist, bestimmt die *lex fori*[338]. In der Schweiz ist es z. B. möglich, eine Vollstreckbarkeitsbescheinigung zu beantragen (Art. 193 Abs. 2).[339]
Hierbei ist zu bedenken, dass rechtskräftige Schiedssprüche nur solche sind, die eine Endentscheidung in der Sache enthalten oder Teilschiedssprüche sind.[340]

Im Gegensatz zu § 328 I Nr. 5 ZPO hängt die Anerkennung bzw. Vollstreckbarerklärung nicht von der Verbürgung der Gegenseitigkeit ab, obwohl § 1060 Abs. 1 ZPO nur die Zwangsvollstreckung von der Vollstreckbarerklärung anhängig macht.[341]
Die Vollstreckbarerklärung ist auch nicht mit der Zwangsvollstreckung zu verwechseln. Die Vollstreckbarerklärung ist Voraussetzung der Zwangsvollstreckung.
Jedoch ist die Zwangsvollstreckung (Vollstreckungsfähigkeit des Schiedsspruchs) keine Voraussetzung der Vollstreckbarerklärung.
Mit der Zwangsvollstreckung wird hingegen ein gerichtliches Verfahren bezeichnet, das zur Verwirklichung von Leistungspflichten des Schuldners eingesetzt wird, notfalls mit Hilfe staatlicher Zwangsgewalt.[342]

---

334 Schlosser in Stein/Jonas ZPO Komm § 1060, Rn 2; Siehe auch Bay ObLG, Beschl. v. 28.5.2003 - 4 Z Sch 10/03 (unveröff.); Beschl. v. 17.7.2003 - 4 Z Sch 18/03 (unveröff.); OLG Köln, Beschl. v. 22.4.2004 – 9 Sch 20/03; ähnl. auch KG, Beschl. v. 8.4.2002 – 23/29 Sch 13/01.

335 Siehr in Zürcher Kommentar zum IPRG, 2. Auflage, Zürich, 2004, S. 2102 Rn 6.

336 Schütze, Schiedsgericht und Schiedsverfahren, München, 1998, S. 115, Rn. 244; Geimer in Zöller ZPO Komm § 1061, Rn 55.

337 Walter, Internationales Zivilprozessrecht der Schweiz, Bern/Stuttgart/Wien, 2002, S. 528.

338 In Deutschland vgl. Geimer in Zöller ZPO Komm § 1061, Rn 55.

339 *Art. 193 2 Auf Antrag einer Partei stellt das Gericht eine Vollstreckbarkeitsbescheinigung aus....*

340 Geimer in Zöller ZPO Komm., 25. Aufl., § 1055 Rn 6. Derogation der Rechtskraft?; dafür siehe Geimer in Zöller ZPO Komm., 25. Auf., § 1055 Rn 9; Bremen NJW 57, 1035; dagegen Schwab/Walter, S. 178 Rn 7; Gaul FS Sandrock, 2000, 323 ff.

341 § 1060 Abs. 1 lautet: *Die Zwangsvollstreckung findet statt, wenn der Schiedsspruch für vollstreckbar erklärt ist.*

342 Volken in Zürcher Kommentar zum IPRG, 2. Auflage, Zürich, 2004, S. 347 Rn 51.

Das Verfahren der Anerkennung und Vollstreckbarerklärung ist in den verschiedenen Ländern unterschiedlich geregelt.
In Frankreich entfalten ausländische Urteile nur Wirkungen, sofern sie Gegenstand eines Exequaturentscheides gewesen sind (Art. 2123 Cc, Art. 509 NCPC). Dasselbe gilt auch für Schiedssprüche.
Die Anerkennung und Vollstreckung von Schiedssprüchen sind in Art. 1498-1499 NCPC geregelt. Schiedssprüche werden gem. Art. 1498 NCPC[343] anerkannt und für vollstreckbar erklärt, wenn sie nicht offensichtlich gegen den internationalen Ordre Public verstoßen.

In der Schweiz ist für die Wirkungserstreckung ein Verfahren gem. Art. 29 IPRG erforderlich, sei es durch ein Exequaturverfahren (Art. 29 Abs.1 IPRG) oder durch ein inzidentes Verfahren (Art. 29 Abs. 3 IPRG). Sowohl die Schweiz als auch Deutschland[344] und England[345] richten sich nach dem UNÜ.

In *common law*-Ländern[346] ist hingegen die *actio iudicati* (*action upon the foreign judgment*) anzuwenden. Sie führt nicht zu einer Wirkungserstreckung, sondern es wird ein inhaltsgleiches, inländisches Urteil (Bestätigungsurteil) geschaffen (*doctrine of merger*[347]).[348] Nach der *doctrine of merger* nimmt das Bestätigungsurteil den Inhalt des Schiedsspruchs in sich auf. Das bedeutet, dass der Schiedsspruch nicht mehr die Grundlage der Vollstreckung ist, sondern das neue Urteil.[349]

---

343 *Art. 1498.- Les sentences arbitrales sont reconnues en France si leur existence est établie par celui qui s'en prévaut et si cette reconnaissance n'est pas manifestement contraire à l'Ordre Public international.*
Sous les mêmes conditions, elles sont déclarées exécutoires en France par le juge de l'exécution.

344 Wobei die Vorschriften in anderen Staatsverträgen über die Anerkennung und Vollstreckung von Schiedssprüchen unberührt bleiben, § 1061 Abs. 1 ZPO.

345 S. 99 AA verweist auf die Genfer Abkommen, wenn der andere beteiligte Staat kein Vertragsstaat des UNÜ ist. S. 100 verweist auf die New Yorker Übereinkommen.

346 Wie England und die USA.

347 Siehe dazu Schlosser, Das Recht der internationalen privaten Schiedsgerichtsbarkeit, 1989, S. 575.

348 *„An award does not immediately entitle the successful party to levy execution against the assets of the unsuccessful party. It is necessary first to convert the award into a judgment or Order of the Court".* Cato, Arbitration Practice and Procedure, 2002, S. 309. So auch Volken in Zürcher Kommentar zum IPRG, 2. Auflage, Zürich, 2004, S. 358 Rn 28.

349 Schütze, Ausgewählte Probleme des deutschen und internationalen Schiedsverfahrensrechts, 2006, S. 216.

In den USA besteht auch noch die Möglichkeit, einen Schiedsspruch anzuerkennen, der im Erlassort bereits für vollstreckbar erklärt wurde, solange er nicht gegen den Ordre Public des Vollstreckungsortes verstößt.[350]

2. Anerkennung und Vollstreckung nach dem UNCITRAL-Modellgesetz

Das letzte Kapitel des UMG umfasst die Anerkennung und Vollstreckbarerklärung internationaler Schiedssprüche.
Bei den *travaux préparatoires*[351] hatte man gegen die Einbeziehung dieser Artikel, nämlich Art. 35 und 36, in das Modellgesetz eingewandt, dass dieses Gebiet bereits vom New Yorker Übereinkommen geregelt war, und zwar in gleicher Form. Insofern würden die Staaten, die das UNÜ ratifiziert hatten, einerseits die Notwendigkeit nicht sehen, so eine Regelung noch ein Mal zu übernehmen. Anderseits würden diejenigen Staaten, die nicht Vertragsstaaten des UNÜ waren, wahrscheinlich auch das Modellgesetz nicht übernehmen.
Zu bejahen ist jedoch, dass die Einbeziehung einer solchen Regelung in ein Modellgesetz erforderlich ist, besonders wenn sein Hauptziel die Rechtsvereinheitlichung ist.
Außerdem ist zu bemerken, dass das UNCITRAL-Modellgesetz vollstreckungsfreundlicher ist als das New Yorker Übereinkommen, indem Art. 35 Abs. 1 UMG mit den Worten *„irrespective of the country“* keinen Gegenseitigkeitsvorbehalt beinhaltet.[352] Bedauerlicherweise haben einige Vertragsstaaten diese Worte entweder komplett weggelassen[353] oder auf die Anerkennung und Vollstreckung der in Vertragsstaaten der UNÜ erlassenen Schiedssprüche eingeschränkt.[354] Andere Länder, wie Deutschland, haben die Art. 35 und 36 nicht übernommen; sie verweisen im Rahmen der Anerkennung und Vollstreckbarerklärung auf das UNÜ.[355]
Nach den *travaux préparatoires* beabsichtigt das Modellgesetz eine deutlichere Unterscheidung zwischen Anerkennung und Vollstreckung als die im UNÜ. In diesem Sinne erfolgt die Vollstreckung (Vollstreckbarerklärung) nur auf Rüge der Partei, während die Anerkennung einen abstrakten Rechtsakt darstellt, der automatisch ohne Intervention der Parteien unter der einzigen Bedingung erfolgt,[356] dass der Schiedsspruch rechtskräftig sein muss.[357]

350 Scoles/Hay/Borchers/Symeonides, Conflict of laws, 2004, S. 1340.
351 A/CN.9/246, para. 142; A/CN.9/232, para. 129.
352 Vgl. mit Art 1 Abs. 2 UMG.
353 Z.B. Ägypten Art. 55; Oman Art. 35; Iran Art. 35.
354 Litauen, Art. 39 Abs. 1.
355 § 1061 ZPO.
356 A/CN.9/246, para. 146.
357 A/CN.9/264, Art. 35, para. 4.

Im Grunde genommen besteht Übereinstimmung zwischen dem New Yorker Übereinkommen und dem UNCITRAL-Modellgesetz im Bereich der Anerkennung und Vollstreckung. Sie ist insofern wichtig, als das UNÜ fast weltweit ratifiziert wurde.

3. Abgrenzung ausländische - inländische Schiedssprüche (die Bestimmung der Nationalität des Schiedsspruchs)

Die Definition der Begriffe des „nationalen", „ausländischen", „internationalen" oder gar „delokalisierten" bzw. „anationalen" Schiedsspruchs ist umstritten.[358] Nach dem in Art. 1 Abs. 1 UNÜ vorgesehenen Territorialitätsprinzip ist ein Schiedsspruch ausländisch, wenn er in irgendeinem anderen Staat als dem Vollstreckungsstaat gefällt worden ist. Nach diesem Übereinkommen sind der Sitz und das anwendbare Schiedsverfahrensrecht gleichwertige Anknüpfungspunkte für die Bestimmung der Nationalität des Schiedsspruchs.[359]

Das UNCITRAL-Modellgesetz unterscheidet nicht zwischen in- und ausländischen, sondern nur noch zwischen nationalen und internationalen Schiedssprüchen. Damit nimmt die Bedeutung des Schiedsortes ab. Ferner werden mit der Einbeziehung des Art. 35 Abs. 1[360] nationale und internationale Schiedssprüche gleichstellt.
Insofern spielt die Nationalität des Schiedsspruchs nach dem Modellgesetz angesichts der Anerkennung und Vollstreckung keine Rolle mehr.
In Deutschland gilt gemäß § 1025 Abs. 1 ZPO der Sitz des Schiedsgerichts[361] als Anknüpfungskriterium für die Qualifikation der Nationalität eines Schiedsspruches. Demnach ist ein von einem Schiedsgericht mit Sitz in Deutschland gefällter Schiedsspruch ein deutscher Schiedsspruch und - aus deutscher Sicht - ein von einem Schiedsgericht mit Sitz im Ausland gefällter Schiedsspruch ein ausländischer Schiedsspruch.

Frankreich hat seinen eigenen Weg eingeschlagen. So wird der Begriff „ausländisch" im Wortlaut des NCPC vermieden. Die Bestimmung, ob ein internationaler Schiedsspruch vorliegt, ist von Art. 1492 NCPC abzuleiten. Hierbei wird

358 Bucher, die neue internationale Schiedsgerichtsbarkeit in der Schweiz, 1989, S. 152, Rn 427.

359 Vgl. Schlosser Rn. 64 f in Schütze, Schiedsgericht und Schiedsverfahren, München; 1998, Rn 255.

360 *Art. 35 Abs. 1. Ein Schiedsspruch ist **unabhängig** davon, in welchem Land er erlassen worden ist, als bindend anzuerkennen und auf schriftlichen Antrag an das zuständige Gericht zu vollstrecken, vorbehaltlich dieses Artikels und des Artikels 36*...

361 Siehe auch Abs. 2 und 3 des § 1025 ZPO. BHG v. 22.2.01 NJW 2001, 1730.

nicht auf formal-juristische Kriterien wie den Sitz des Schiedsgerichts, die Nationalität oder den Wohn- bzw. den Geschäftssitz der Parteien oder das auf das Schiedsverfahren anzuwendende Recht abgestellt, sondern vielmehr auf das wirtschaftliche Kriterium der Interessen des internationalen Handels.[362] Diese Bestimmung wurde von der ständigen Rechtsprechung der *Cour d'appel* übernommen:

„...im vorliegenden Fall handelte es sich in der Tat um internationale Schiedsvereinbarungen, wobei der internationale Charakter weder von dem Sitz des Schiedsgerichts noch von der Staatsangehörigkeit der Schiedsrichter abhängt, sondern allein von dem Umstand, dass der die Streitigkeit bildende Vertrag die Interessen des internationalen Handels betrifft, so wie etwa die Ausfuhr von Getreide durch eine in Frankreich ansässige französische Gesellschaft an italienische Käufer.“[363]

Die Übernahme dieser Bestimmung in Art. 1492 NCPC ist Gegenstand von Kritik in der Literatur gewesen. Viele hielten die Formulierung für zu vage und unbestimmt.[364]

Die Schweiz ihrerseits definiert die Nationalität des Schiedsspruchs nicht streitgegenstandsbezogen. Ein ausländischer Schiedsspruch liegt immer dann vor, wenn er von einem Schiedsgericht mit Sitz im Ausland erlassen wird, unabhängig davon, ob die Partei Schweizer Schiedsverfahrensrecht oder Schweizer materielles Recht vereinbart haben. Dies ergibt sich aus Art. I Abs. 1 S. 1 UNÜ, auf den Art. 194 IPRG ebenfalls hinweist.[365] Es wird also strikt territorial angeknüpft.[366]

---

362 *Art. 1493.- Est international l'arbitrage qui met en cause des intérêts du commerce international.* Dazu auch Lörcher, Das internationale Handelsverfahren in Frankreich, München, 1997, S. 6,7.

363 Paris, 20.6.1969, Impex c/ Société Malteria Adriatica, Rev. crit. DIP 1969, 738. *« Qu'en l'espèce, il s'agissait bien de clauses d'arbitrage international, le caractère international ne dépendant ni du lieu de l'arbitrage, ni de la nationalité des arbitres mais du seul fait que la matière soumise aux arbitres est internationale, c'est-à-dire que le marché, objet du litige, met en jeu des intérêts du commerce international, tels que l'exportation par une société française domiciliée en France, de céréales à destination d'acheteurs italiens... »*

364 Bellet/Mezger, Rev.crit. DIP 1981, 614, 615; Berger, Internationale Wirtschaftsschiedsgerichtsbarkeit, S. 851.

365 Vgl. *Art. 176* Abs. 1 IPRG *Geltungsbereich Sitz des Schiedsgerichts. 1. Die Bestimmungen dieses Kapitels gelten für Schiedsgerichte mit Sitz in der Schweiz, sofern beim Abschluss der Schiedsvereinbarung wenigstens eine Partei ihren Wohnsitz oder ihren gewöhnlichen Aufenthalt nicht in der Schweiz hatte.*

366 Darüber Walter, Internationales Zivilprozessrecht der Schweiz, Bern/Stuttgart/Wien, S. 529.

In England wird auch zwischen nationalen und ausländischen Schiedssprüchen. Die Theorie anationaler oder delokalisierter Schiedssprüche wird abgelehnt.[367]

4. Nationale und anationale Schiedssprüche („delokalisierte" Schiedssprüche)

Auf Grund der Weiterentwicklung der Schiedsgerichtsbarkeit nach dem Zweiten Weltkrieg kamen Bestrebungen auf, deren Ziel die Denationalisierung der internationalen Schiedsgerichtsbarkeit war. Die Anhänger dieser Bestrebungen wurden als *Internationalisten* bezeichnet.[368]

Manche Länder bestimmten die Nationalität des Schiedsspruchs nicht nach dem Territorialitätsprinzip, sondern nach dem Recht, das das Schiedsverfahren beherrscht. Ein Schiedsspruch, den die Parteien keiner nationalen Rechtsordnung unterstellt haben, führte dazu, dass man über „delokalisierte" Schiedssprüche sprechen könnte.[369]

Frankreich vertritt diese Theorie[370]. So entfaltet die Aufhebung eines Schiedsspruchs im Ausland keine rechtlichen Wirkungen in Frankreich.[371] Denn der Schiedsspruch ist nach französischer Auffassung nicht Bestandteil der Rechtsordnung des Landes, in dem er erlassen wurde. Der Sitzort im Rahmen der inter-

---

367 *Naviera Amazónica Peruana SA v. Compania Internacional de Seguros del Perú* (1988) 1 Lloyd's Rep 116: (120)" *...every arbitration must have a "seat" or locus arbitri or forum which subjects its procedural rules to the municipal law which is there in force*". So auch Bank Mellat v. Helliniki Techniki SA (1984) QB 291, S. 301. *Dallal v. Bank Mellat* (1986) 1 All ER 239, S. 252: *„Despite suggestions to the contrary by some learned writers under other systems, our jurisprudence does nor recognise the concept of arbitral procedure floating in the transnational firmament, unconnected with any municipal system of law.*"

368 Lionnet; Handbuch der internationalen und nationalen Schiedsgerichtsbarkeit, 2001, S. 78.

369 Der Schiedsspruch *Götaverken v. Libyan Maritime Co.* vom 5. April 1978 wurde am 13. August 1979 vom Obersten Gerichtshof in Schweden anerkannt, obwohl dieser Schiedsspruch nach dem damals geltenden französischen Recht durch die *Cour d'appel* von Paris in ihrem Urteil vom 21. Februar 1980 als ein Entscheid bezeichnet worden ist, der in keiner Weise mit der französischen Rechtsordnung verknüpft sei. Siehe Rev. Arb. 1980 S. 524, Rev.crit. 1980, S. 763.

370 Siehe *Hilmarton/OTV, Cour de Cassation* vom 27. Juni 1997 in YBCA. XXII, 1997, S. 696-698. Siehe auch Rev. Arb. 1993, S. 300: « *La sentence rendue en Suisse était une sentence internationale qui n'était pas intégrée dans l'ordre juridique de cet Etat, de sorte que son existence demeurait établie malgré son annulation et que sa reconnaissance en France n'était pas contraire à l'Ordre Public international.* »

371 Racine, L'arbitrage commercial international et l'Ordre Public, S.560, Rn. 1000.

nationalen Schiedsgerichtsbarkeit ist in Frankreich also rechtlich irrelevant. Es sei denn, das Schiedsverfahren hat in Frankreich stattgefunden.[372]

Amerikanische Gerichte[373] behaupten ihrerseits, der Schiedsspruch habe anationalen oder delokalisierten Charakter (denationalisiert, transnational, international, supranational und staatenlos werden als Synonyme verwendet)[374], wenn das Schiedsverfahren nach dem Willen der Parteien keinem nationalen Recht unterliegt[375]. Wenn man von dieser Auffassung ausgeht, dann stellt sich die Frage, ob solche delokalisierten Schiedssprüche nie aufgehoben werden könnten, da sie keinem Recht unterlegen und der Schiedsort keine Rolle spielt.
Diese Ansicht steht der traditionellen Auffassung entgegen. Nach ihr wird auch die Parteiautonomie und, mangels einer Parteivereinbarung, die Teilnahme des Schiedsgerichts, an der Gestaltung des Verfahrens anerkannt. Die Gestaltungsfreiheit ist jedoch nicht grenzenlos. Sie wird durch den Ordre Public international der jeweiligen *lex fori* eingeschränkt, d.h. aus demjenigen nationalen Recht, das am Schiedsverfahrensort gilt.[376] Ferner muss nach dieser Auffassung die Schiedsgerichtsbarkeit ein Bestandteil der nationalen Gerichtsverfassung sein. Sie muss also im nationalen Verfahrensrecht verankert sein, denn sie wird schließlich die Hilfe staatlicher Gerichte und Vollstreckungsorgane in Anspruch nehmen. In diesem Sinne und nach dieser Ansicht gibt es anationale Schieds-sprüche, d.h. von jeder nationalen Rechtsordnung völlig losgelöste Schiedsverfahren nicht.[377]
Es gibt mit anderen Worten eine von den Schranken des nationalen Rechts gelöste Parteiautonomie also nicht.[378] Mit der Inanspruchnahme staatlicher Gerichte geht insofern eine gewisse „Nationalisierung" des Schiedsverfahrens einher.[379] Die Anhänger dieser Theorie werden als *Territorialisten* bezeichnet.

---

372 So Van den Berg, ICC Bulletin, Vol. 9 N° 2 Nov. 1998, S. 17. Vgl. Art. 1502 NCPC mit Art. 1504 NCPC. Siehe kritisch zu der Ansicht Frankreichs Petrochilos, Procedural Law in International Arbitration, Großbritannien, 2004, S. 332, Rn 7.78.

373 Siehe den Fall *Chromalloy* in Mealy's International Arbitration Report, 1996, S. 145 ff.

374 Siehe Rensmann, Anationale Schiedssprüche, S. 32.

375 Herdegen, Internationales Wirtschaftsrecht, 2. Aufl. 1995, § 6 Rdn. 9. Siehe auch ausführlich dazu Cordero Moss, International Commercial Arbitration, Oslo, 1999.

376 Siehe Sandrock in FS für Stoll, 2001, S. 673.

377 Geimer in Zöller ZPO-Komm. § 1061 Rn 11. Siehe auch Walter/Bosch/Brönnimann, Internationale Schiedsgerichtsbarkeit in der Schweiz, S. 278; Gottwald in ZPO Münch. Komm. UNÜ Art. I Rn 6; Van den Berg, S. 29; Herdegen, RIW 1989, S. 332; Schlosser, Internationale Schiedsgerichtsbarkeit, S. 156-157 Rn 167; siehe auch Bucher, Zur Delokalisierung internationaler Schiedsgerichte in der Schweiz, in FS für Max Keller, 1989, S. 569, 570.

378 Lionnet, Handbuch der internationalen und nationalen Schiedsgerichtsbarkeit, 2001, S. 98. Siehe auch Staudinger/Magnus, Art. 27 EGBGB Rn 45.

379 Rensmann, Anationale Schiedssprüche, Berlin, 1997, S. 39; vgl. Gentinetta, S. 212 ff. Fn. 36.

Das UMG (Art. 1 Abs. 3) sowie das UNÜ (Art. 1 Abs. 1) folgen dem Territorialitätsprinzip. Beide Rechtsinstrumente verlangen also auch die Verankerung des Schiedsverfahrens in einer bestimmten nationalen Rechtsordnung. Jedoch gibt es manche Autoren, die behaupten, dass ein freischwebender Schiedsspruch („*sentence flottante*") nach dem UNÜ anerkannt und vollstreckt werden können soll.[380]

Die oben genannte Verankerung des Schiedsverfahrens in einer bestimmten nationalen Rechtsordnung ist anlässlich der Anerkennung und Vollstreckung von großer Bedeutung. Denn ein Schiedsspruch kann seine Verbindlichkeit nur aus einer übergeordneten Norm ableiten. Ansonsten wäre unklar, nach welchem Recht die Verbindlichkeit eines anationalen Schiedsspruchs zu bestimmen ist.[381]

Das in Deutschland und der Schweiz verankerte Territorialitätsprinzip (§§ 1025 ff ZPO, Art. 176 IPRG) steht nicht im Einklang mit der Theorie der delokalisierten Schiedssprüche.

Die in Deutschland herrschende Meinung stützt sich auf die von Prof. F.A. Mann formulierte Auffassung:

„*...jeder Schiedsspruch hat mit Notwendigkeit einen nationalen Charakter, und zwar gehört er immer und nur demjenigen Staat an, dessen Gerichte berechtigt und verpflichtet sind, ihn unter bestimmten, von Land zu Land verschiedenen Voraussetzungen aufzuheben. Wenn also behautet wird, Schiedssprüche könnten* ***im luftleeren Raum schweben****, sie seien international oder anational, die staatliche Eingriffsmöglichkeit oder, wenn man so will, die staatliche Souveränität habe mit dem internationalen Schiedswesen nichts zu tun, so liegt darin nichts anderes als die* ***Leugnung unausweichlicher Rechtstatsachen****...Das die Nationalität des Schiedsgerichts bestimmende Recht, also das Recht, dem das Schiedsgericht in den des Näheren noch zu erörternden Beziehungen unterworfen ist, die lex arbitri, ist das Recht des Landes, in dem das Schiedsgericht seinen Sitz hat...Die in den führenden Staaten geltenden Vorschriften lassen an der Geltung des Sitzrechtes als lex arbitri keinen Zweifel.*"[382]

Staatlichen Gerichten steht es trotz dieses theoretischen Einwandes frei, rechtsordnungslose Schiedssprüche anzuerkennen. Der Schiedsspruch ist aber nicht mehr im eigentlichen Sinne rechtsordnungslos, da er zumindest den Normen des *Ordre Public* der *lex fori* unterworfen ist.[383]

---

380 Herdegen, § 6 Rdn. 10; kritisch van den Berg, Recent Enforcement Problems under the New York and ICSID Conventions, ArbInt 5, 1989, 2, 5 ff. Siehe Lionnet/Lionnet, Handbuch der internationalen und nationalen Schiedsgerichtsbarkeit, 2005, S.133.

381 Gottwald in ZPO Münch. Komm. Art. V Rn 32.

382 Mann, Schiedsrichter und Recht, in Festschrift für Flume (1978), S.593 ff. (S. 598). Siehe Schwab/Walter, Schiedsgerichtsbarkeit, S. 428 f. Rn 21; Schlosser, Internationale Schiedsgerichtsbarkeit, Rn 188 ff.; Henn, Grenzen und Wahl des schiedsrichterlichen Verfahrensrechts und Nationalität des Schiedsspruchs, in: JPS Band 3, 1989, S. 33f.

383 Rensmann, A-nationale Schiedssprüche, Berlin, 1997, S. 283-284.

Man kann über eine dritte Theorie sprechen, die besagt, dass es keine delokalisierten oder anationalen i.S.v. von jeder Rechtsordnung losgelösten Schiedssprüchen gäbe. Jedoch bedeute die Verankerung des Schiedsspruchs in einer Rechtsordnung nach dieser Ansicht nicht nur eine Bindung des Schiedsspruchs in die Rechtsordnung des Schiedsortes, sondern vielmehr an verschiedene Rechtsordnungen der Staaten, die unter gewissen von diesen Staaten vorgeschriebenen Voraussetzungen[384] bereit seien, den Schiedsspruch zu anerkennen. Damit wolle man nicht das Prinzip „*Lex Facit Arbitrum*" außer Geltung lassen, es ginge vielmehr darum, dass dieses Recht die Rechtsordnung verschiedener Rechtsordnungen sei. Die Rede hierbei sei jedoch nicht von der *lex mercatoria*, also nicht von Handelsbräuchen oder allgemeinen Rechtsprinzipien.[385]
Diese Theorie beanspruchte möglicherweise, ein Ende der Diskussion zwischen Internationalisten und Territorialisten zu bereiten.
Ob dies der Fall ist, ist sehr fragwürdig, denn diese Theorie ist sehr allgemein formuliert und würde Probleme bei der Rechtsfindung bzw. Kollisionsrecht bereiten.

5. Anerkennungs- und vollstreckbarerklärungsfähige Schiedssprüche -Voraussetzungen für den Antrag

Im deutschen Recht ist nach § 1061 ZPO zunächst erforderlich, dass der Schiedsspruch verbindlich geworden ist. Dies entspricht Art. V Abs. 1 lit. e UNÜ. Der Schiedsspruch darf nicht mit einem Rechtsmittel beim staatlichen Gericht angegriffen werden können.[386] Der Verbindlichkeit des Schiedsspruchs steht jedoch nicht entgegen, dass der Schiedsspruch durch einen Aufhebungsantrag oder eine Klage nachträglich beseitigt werden kann.[387]
Nach der alten Rechtsprechung, beurteilt sich die Frage, ob im Einzelfall ein anerkennungsfähiger Schiedsspruch vorliegt, nicht nach dem nationalen Recht, sondern allein anhand des UNÜ.[388] Aber ob die sich aus dem Art. V UNÜ ergebenden Voraussetzungen im engeren Sinne in allen Mitgliedsstaaten des UNÜ als solche strikt gelten, lässt sich nur im einzelnen Fall beurteilen.

---

384 Die Voraussetzungen sind nicht erwähnt. Man geht davon aus, dass dies den einzelnen Staaten überlassen bleibt.

385 Gaillard, Enforcement of awards Set Aside in the country of Origin: The French Experience, in: Van den Berg (Hrsg.), Improving the Efficiency of Arbitration Agreements and Awards, 1998, S. 526.

386 Vgl. BayObLG, SchiedsVZ 2003, 142; auch Plaßmeier, SchiedsVZ 2004, 234.

387 Voit/Musielak, ZPO Komm, 3. Auflage, zu § 1061, Rn. 5.

388 BGH, v. 8.10.1981, IPRax 1982, 143, 144 = NJW 1982, 1224, 1225 = RIW 1982, 210, 211; OLG Hamburg v. 7.2.1980, IPRax 1982, 146, 147 f.

Mit der neuen Rechtsprechung hat sich dies jedoch geändert. Für den Antrag auf Vollstreckbarerklärung sind die im Art. IV UNÜ enthaltenen Voraussetzungen zu erfüllen. Diese Regelung kann jedoch durch liberaleres nationales Recht ersetzt werden.[389] So werden z.B. im deutschen Recht weniger Anforderungen an die Vorlagepflicht gestellt. Also gilt nach dem Günstigkeitsprinzip die anerkennungsfreundlichere Norm.[390]
Die sich aus Art. V UNÜ ergebenden Voraussetzungen für die Vollstreckbarerklärung sind:
- Der Schiedsspruch darf nicht nur schuldrechtliche Wirkung entfalten[391] wie z.B. der *„lodo di arbitrato irrituale"* des italienischen Rechts.
- Der Gegenstand des Schiedsspruchs muss nach dem Recht des Vollstreckungsstaates objektiv schiedsfähig und nach dem Personalstatut subjektiv schiedsfähig sein.[392]
- Die dem Schiedsverfahren zugrundeliegende Schiedsvereinbarung muss nach dem anwendbaren Recht wirksam sein.[393] Hierbei sind Art II (2) UNÜ und die im nationalen Schiedsgesetz festgelegten Erfordernisse zu berücksichtigen.[394] Nach der neuen Rechtsprechung des BGH soll auch für die Formerfordernisse das durch das deutsche Kollisionsrecht berufene, anwendbare Recht berücksichtigt werden.[395]
- Das rechtliche Gehör muss den am Schiedsverfahren beteiligten Parteien gewährt worden sein.[396] Das anwendbare Recht ist für die Auslegung des rechtlichen Gehörs maßgebend.[397]
- Das Schiedsgericht muss den Umfang der Bindungswirkung der Schiedsvereinbarung eingehalten haben bzw. darf nicht seine in der Schiedsvereinbarung entstandene Zuständigkeit überschritten haben.[398]

---

389 OLG Köln, Beschluss vom 23.4.2004 – 9 Sch 01/03 = SchiedsVZ, 2005/3, S. 163 (164).

390 Vgl. BGH, Beschluss v. 25.9.2003 – 111 ZB 68/02; BayObLGZ 2000, 233, 236.

391 BGH, Urt. v. 8.10.1981- III ZR 42/80 (Hamburg), NJW 1982, 1224, 1225; auch Schwab/Walter, Schiedsgerichtsbarkeit, S. 273; vgl. Schlosser, Internationale private Schiedsgerichtsbarkeit, S. 561 Rn 766. Vgl. BGH WM 1982, 134 = RIW/AWD 1982, 143 mit Anm. Weger ebenda S. 135.

392 Vgl. Art. V Abs. 2 lit. a UNÜ.

393 Zur Formvorschrift des Art II (2). Ausführlich Epping, Die Schiedsvereinbarung im internationalen privaten Rechtsverkehr, S. 63. BayObLGZ 2002,392,396 = RIW 2003, S. 383 = NJW-RR 2003, 719. Vgl. OLG Rostock IPRax 2002, 401 (dazu Kröll, S. 384); BGH WM 1984, 1014; 1987, 739.

394 § 1031 ZPO in Deutschland.

395 BGH v. 21.9.2005 – III ZB 18/05, SchiedsVZ 2005, 306.

396 Vgl. Art. V Abs. 1 lit. b UNÜ.

397 § 1042 Abs. 1 S. 1 ZPO. Vgl. BGH, Beschluss vom 23. Februar 2006 - III ZB 50/05. Mehr dazu siehe unten Kapitel 4, 1, j).

398 Vgl. Art. V Abs. 1 lit. c UNÜ. Siehe OLG Hamburg BB 1999, Beil. 4, S. 13, 16.

- Der ausländische Schiedsspruch muss nach dem im Ursprungsstaat geltenden Recht verbindlich sein.[399] Dies setzt nach deutschem Recht voraus, dass bezüglich des Schiedsspruchs kein Aufhebungsverfahren oder anderer Rechtbehelf anhängig ist. Ob ein Versagungsgrund besteht, ist nach dem für das Schiedsverfahren geltenden Recht zu beurteilen. Nicht verbindlich sind z.B. einstweilige Maßnahmen eines ausländischen Schiedsgerichts.[400] Eine Vollstreckbarerklärung wird nicht verlangt[401], insofern findet ein Doppelexequatur nicht statt. Die Vollstreckungsfähigkeit des Schiedsspruchs wird nicht geprüft.[402]
- Der Schiedsspruch darf nicht gegen den Ordre Public des Anerkennungsstaates verstoßen haben.[403]
- Der Schiedsspruch darf nach Art. V Abs. 1 lit. e UNÜ nicht im Ursprungstaat aufgehoben worden oder einstweilen in seiner Wirkungen gehemmt sein.[404] Jedoch kann nach der Bestimmung des Art. VII Abs. 1 UNÜ eine günstigere Regelung angewendet werden. Insofern muss man beachten, was die entsprechenden nationalen Rechtsordnungen[405] bzw. andere Abkommen diesbezüglich sagen, wie z. B. Art. IX Abs. 2 EuÜ.[406]

6. Die Voraussetzung der Verbindlichkeit des Schiedsspruchs

Mit der Einbeziehung des Wortes „verbindlich“ wollten die Schöpfer der Konvention gerade vermeiden, dass im Ursprungsland des Schiedsspruchs noch ein weiteres Exequaturverfahren stattfinden muss. Wesen der Verbindlichkeit ist es, dass der Schiedsspruch Wirkungen zwischen den Parteien erzeugt.[407]
Art. V Abs. 1 lit. e UNÜ besagt, dass die Anerkennung und Vollstreckung des Schiedsspruchs versagt werden kann, wenn der Schiedsspruch für die Parteien noch nicht verbindlich geworden ist.

399 Geimer in Zöller ZPO-Komm. § 1061 Rn 24. Siehe aber BayObLG, Beschluss vom 22.11.2002 - 4Z Sch 13/02=RIW 2003, S. 385.

400 Siehe Rosenberg/Schwab/Gottwald, Zivilprozessrecht, München, 2004, 16. Auflage, S. 1304, Rn 24. Vgl. Sandrock/Nöcker, Einstweilige Maßnahmen ausländischer Schiedsgerichte: bloße Papiertiger?, Jahrbuch für die Praxis der Schiedsgerichtsbarkeit 1 (1987), S. 74 ff. (90).

401 BayObLG NJW -RR 2003, 502,503.

402 BayObLG NJW -RR 2003, 502,503.

403 Vgl. Art. V Abs. 2 lit. b UNÜ.

404 Vgl. Kapitel 2, 8.

405 Nach Art. 1502 NCPC kann ein Schiedsspruch in Frankreich auch dann anerkannt werden, wenn er im Ursprungstaat aufgehoben worden ist.

406 Siehe Kapitel 1, 4.

407 Schütze, Ausgewählte Probleme des deutschen und internationalen Schiedsverfahrensrechts, 2006, S. 217.

„Verbindlichkeit" im Sinne des UNÜ setzt voraus, dass der Schiedsspruch nach ausländischem Recht keinem Rechtsmittel oder –behelf zu einem Schieds-[408] oder Staatsgericht mehr unterliegt[409]
Dieselbe Auslegung gilt im Bereich des UNCITRAL-Modellgesetzes.[410]
In Deutschland wird teilweise verlangt, dass der Schiedsspruch weder aufgehoben oder in seinen Wirkungen einstweilen gehemmt sein darf.[411]
Die Möglichkeit, den Schiedsspruch durch eine der deutschen Aufhebungsklage entsprechende Klage nachträglich zu beseitigen, steht der Verbindlichkeit jedoch nicht entgegen.[412]

Gemäß Art. VI UNÜ wird dem Vollstreckungsgericht das Ermessen eingeräumt, die Vollstreckung des Schiedsspruchs auszusetzen, wenn ein Aufhebungsantrag bei diesem Gericht eingereicht worden ist.[413] Hierbei haben weder der Fristenlauf für das Aufhebungsverfahren noch die Einleitung des Aufhebungsverfahrens für die Vollstreckbarkeit des Schiedsspruchs aufschiebende Wirkung.[414]
Eine ausdrückliche Bestimmung ist weder im UNÜ noch im UMG[415] darüber zu finden, wann dann die Verbindlichkeit des Schiedsspruchs eintritt.
Der Eintritt der Verbindlichkeit der Schiedssprüche wird unterschiedlich in den verschiedenen Schiedsverfahrensrechten geregelt. Das UNCITRAL-Modellgesetz enthält keine Bestimmung diesbezüglich. Die Arbeitsgruppe hatte hinsichtlich des Eintritts der Verbindlichkeit des Schiedsspruchs empfohlen, sie ausdrücklich zu regeln und zu bestimmen und als Tag ihres Eintritts den Tag fest-

---

408 So der englische Arbitration Act. Siehe oben Kapitel 1, 2.8.

409 BGH, Urteil v. 10.5.1984, NJW 1984, 2763; RIW 1984, 644, 645; Geimer in Zöller ZPO Komm., § 1044 Rn 7; Glossner, Das Schiedsgericht in der Praxis, Heidelberg, 1990, S.177, Rn 525; Lachmann, Handbuch für die Schiedsgerichtspraxis, Köln, 1998, S. 256, Rn 612; van den Berg, The New York Convention, S. 344 ff.

410 So hat der *Ontario Court of Justice* im Fall *Agros Trading Spolka z.o.o.v. Dalimpex Ltd.* v. 11.10.2001 entschieden. *"There is no requirement under Articles 35 and 36 of the Model Law that an arbitral award be "final" at the place of arbitration in order for it to be recognized as binding and enforceable in another jurisdiction."* Siehe dazu Alvarez/Kaplan/Rivkin, Model Law Decisions, 2003, S. 232.

411 Schütze, Ausgewählte Probleme des deutschen und internationalen Schiedsverfahrensrechts, 2006, S. 213. Geimer in Zöller ZPO Komm., 25. Aufl., § 1061, Rn 24. Weniger streng BayObLG SchiedsVZ 2003, S. 142.

412 Siehe Münch, Münch. Komm, 2. Aufl., § 1061 Rn 7; Geimer in Zöller ZPO Komm, 25. Aufl., § 1061 Rn 24; BGH WM 1988, 1178, 1179.

413 Vgl. das Urteil von UK High Court, Queen's Bench Division vom 14.12.1995 in Yearbook Commercial Arbitration XXII, 1997, S. 857.

414 Lionnet, Handbuch der internationalen und nationalen Schiedsgerichtsbarkeit, 2001, S. 92.

415 Siehe UN-Doc. A/40/17, § 313.

zulegen, an dem der Schiedsspruch ergangen ist.[416] Das Sekretariat war der Auffassung, dass dies aus dem Text des Gesetzes abzuleiten war.[417]
Der w esentliche Zweck der Bestimmung des Zeitpunkts, in dem der Schiedsspruch endgültig wird, liegt in der Schweiz in der Festlegung des Datums, von dem an die Beschwerdefrist zu laufen beginnt.[418]
§ 1056 ZPO legt für Deutschland fest, welche Formvorschriften für den Schiedsspruch einzuhalten sind: Unterzeichnung und Übersendung an die Parteien. Mit der Einhaltung dieser Formvorschriften wird der nationale Schiedsspruch endgültig und damit vollstreckbarerklärungsfähig, wie sich aus § 1054 ZPO Abs. 1[419] ergibt.
§ 1059 Abs. 3 S. 4 ZPO legt fest, dass nach rechtskräftigem Beschluss über die Vollstreckbarkeit kein Antrag mehr auf Aufhebung des nationalen Schiedsspruchs gestellt werden kann. Die Rechtskraft der Vollstreckbarkeitserklärung schließt das Verfahren endgültig ab.[420]
Das BayOLG[421] hat in einem Urteil vom 22. November 2002 festgelegt, das ein Schiedsspruch im Sinne des Art. V Abs. 1 lit. e UNÜ für die Parteien dann verbindlich sei, wenn er weder bei einer höheren schiedsrichterlichen Instanz noch mit einem Rechtsmittel angegriffen werden kann.
Ebenso ist der Schiedsspruch im Schweizer Verfahrensrecht gemäß Art. 190 Abs. 1 IPRG[422] mit seiner Eröffnung endgültig und damit rechtskräftig. Die Eröffnung erfolgt, wenn der Schiedsspruch von den Schiedsrichtern unterzeichnet und den Parteien bekannt gemacht wurde.[423] Maßgebend ist der Zeitpunkt der Mitteilung an die Parteien. Der Eintritt der Rechtskraft mit Eröffnung des Schiedsspruchs bedeutet, dass gegen den Schiedsspruch nur noch das als außerordentlich geltende Rechtsmittel möglich ist, nämlich die Anfechtung durch das Bundesgericht (Art 191 IPRG). Vorbehalten bleibt jedoch eine von den Parteien vereinbarte Berufungsmöglichkeit an ein Oberschiedsgericht.[424] Der Eintritt der Verbindlichkeit bedeutet auch aus der schweizerischen Sicht, dass der Schiedsspruch nach den Regeln des UNÜ für vollstreckbar erklärt werden kann. Dafür ist kein Exequaturverfahren im Ursprungsland erforderlich.

---

416 UN-Doc. A/CN.9/246, para. 148.

417 UN-Doc. A/CN.9/264, Art. 35 para. 4.

418 Bucher, Die neue internationale Schiedsgerichtsbarkeit in der Schweiz, 1989, S. 123, Rn. 328.

419 *§ 1056 Abs. 1 lautet: Das schiedsrichterliche Verfahren wird mit dem entgültigen Schiedsspruch oder mit einem Beschluss des Schiedsgerichts nach Absatz 2 beendet.*

420 Henn, Schiedsverfahrensrecht,S. 43.

421 BayObLG, Beschluß v. 22.11.2002 – 4 ZSch 13/02=SchiedsVZ 2003, S. 142 ff.

422 *Art. 190 Abs. 1 Mit der Eröffnung ist der Entscheid endgültig.*

423 Lionnet, Handbuch der internationalen und nationalen Schiedsgerichtsbarkeit, S. 93.

424 Dazu Rigozzi/Schöll, Die Revision von Schiedssprüchen nach dem 12. Kapitel des IPRG, 2002.

Ein Schiedsspruch ist hingegen nicht verbindlich, wenn er im Ursprungsland für nichtig erklärt oder wenn er in seinen Wirkungen für die Dauer eines anhängigen Nichtigkeitsverfahrens von der zuständigen Behörde gehemmt worden ist. Es sei denn, die Nichtigkeitserklärung wurde zwar beantragt, die aufschiebende Wirkung ist jedoch von der zuständigen Behörde nicht gewährt worden.[425]

In Frankreich hat der Schiedsspruch nach Art. 1476 NCPC materielle Rechtskraft, sobald er erlassen ist. Dem französischen Recht (Art. 1502 NCPC) ist fehlende Verbindlichkeit als Vollstreckungsversagungsgrund nicht bekannt. Das französische Recht verlangt also nicht, dass der ausländische Schiedsspruch den Wirksamkeitsvoraussetzungen des Ursprungslandes entspricht.[426] Das heißt, in Frankreich ist ein ausländischer Schiedsspruch nicht deswegen unverbindlich, weil er am Ort seines Erlasses aufgehoben bzw. in seinen rechtlichen Wirkunken gehemmt geworden ist. Diese französische Rechtsauffassung stützt sich, wie bereits erwähnt, auf die Behauptung, dass der vertragliche Charakter des Schiedsspruchs gegenüber dem prozessualen Charakter überwiege.[427] Insofern wird der Schiedsvertrag wie jeder im Ausland geschlossene Vertrag geprüft. Ferner stützt sich diese Auffassung auch auf die *„Denationalisierung"* der internationalen Schiedssprüche.[428]
Nach dem französischen Verfahrensrecht wird die Vollstreckbarkeit des Schiedsspruchs für die Dauer der Frist zur Einlegung der in den Artikeln 1501, 1502 und 1504 vorgesehenen Rechtsmittel aufgeschoben (Art. 1506 NCPC)[429]. Das französische Verfahrensrecht ordnet also zwingend an, was Art. VI des UNÜ dem Ermessen des Gerichts überlassen wollte.[430]

In England muss ein Schiedsspruch, um für vollstreckbar erklärt zu werden, verbindlich sein (*final and binding*). Ein Schiedsspruch ist in England, vorbehaltlich entgegenstehender Vereinbarung verbindlich, wenn er nicht mehr vor

---

425 Bucher, Die neue internationale Schiedsgerichtsbarkeit in der Schweiz, S. 160, Rn 450.

426 *Cour de Cassation.*, v. 23.3.1994, *Société Hilmarton c/ Société OTV*, Rev.arb. 1994, S. 327, mit Anm. v. Jarroson.

427 Bellet/Mezger, Rev.crit.DIP 1981, 614, 645; von Breitenstein, Internationale Arbitrage im deutsch-französischen Wirtschaftsverkehr, Saarbrücken, 1987, S. 4; Lörcher, Das internationale Handelsschiedsverfahren in Frankreich, 1996, S. 25.

428 De Boisséson, Le droit français de l'arbitrage interne et international, Paris 1990, S. 821.

429 *Art. 150 6- Le délai pour exercer les recours prévus aux articles 1501, 1502 et 1504 suspend l'exécution de la sentence arbitrale. Le recours exercé dans le délai est également suspensif.*

430 Lionnet, Handbuch der internationalen und nationalen Schiedsgerichtsbarkeit, 2001, S. 94.

einem nationalen Gericht attackiert werden kann.[431] Er muss nach der *lex causae* verbindlich sein.[432]

Die Verbindlichkeit tritt in England gem. sec. 55 Abs. 1 in Verbindung mit s. 70 AA mit der Benachrichtigung der Parteien vom Erlass des Schiedsspruchs ein, wenn die Parteien nichts anderes vereinbart haben. Die Verbindlichkeit des Schiedsspruchs ist eine Voraussetzung für die Vollstreckbarerklärung des ausländischen Schiedsspruchs.[433]

6.1. Das Verhältnis zwischen Verbindlichkeit und Vollstreckbarkeit

Ein Schiedsspruch ist verbindlich, wenn er nach dem für ihn anwendbaren Recht für vollstreckbar erklärt werden kann.

Das heißt, dass er nicht mehr beim Schiedsgericht oder staatlichen Gerichten anfechtbar ist.[434]

Obwohl der zugestellte Schiedsspruch die Wirkung eines rechtskräftigen gerichtlichen Urteils hat, ist er aber noch kein Vollstreckungstitel. Die Vollstreckbarkeit der Entscheidung ist mit der Rechtskraft nicht identisch.[435]

Hierbei kann man etwa als Beispiel die Entscheidung des BayObLG[436] im Vollstreckungsverfahren eines ausländischen Schiedsspruchs erwähnen. Das Gericht legte hierbei fest, dass ein kalifornischer Schiedsspruch, der gemäß Sec. 1287. 4. des kalifornischen *Code of Civil Procedure* durch das zuständige Gericht bestätigt wurde, für vollstreckbar erklärt werden kann, selbst wenn die den Schiedsspruch bestätigende Entscheidung noch nicht rechtskräftig ist. Es führte weiter aus, zwar Sec. 1287.6 des kalifornischen *Code Civil Procedure* (abweichend vom deutschend Recht § 1055 ZPO) bestimmt, dass ein Schiedsspruch, der nicht bestätigt oder aufgehoben wurde, dieselbe Kraft und Wirksamkeit wie ein schriftlicher Vertrag zwischen den am Schiedsverfahren beteiligten Parteien hat. Gleichwohl geht der Senat davon aus, dass der Schiedsspruch vom 11.12.2001 für vollstreckbar erklärt werden kann, da ihm bereits durch die noch nicht rechtskräftige, ihn bestätigende Entscheidung des *Superior Court* vom 27. Feb. 2002 gem. Sec. 1287.4. des kalifornischen *Code of Civil Procedure* Urteilswirkung mit entsprechender Vollstreckbarkeit zukommt.[437]

---

431 Merkin, Arbitration Law, S. 791, Rn. 19.1. Vgl. sec. 58 (2) AA: *This does not affect the right of a person to challenge the award by any available arbitral process of appeal or review or in accordance with the provisions of this part.*

432 Dicey & Morris, The conflict of Laws, S. 626, Rn. 16-079.

433 Maxwell, in Weigand (Hrsg.), Practitioner's Handbook on International Arbitration, S. 593 (640), Rn. 266. Vgl. Westacre Investiments Inc. vs. Jugoimport – SPDR Holding Co Ltd (1998) 2 Lloyds Rep 111.

434 BGH NJW 1984, 2763, 2764; BGH NJW 1990, 2199.

435 Rosenberg/Schwab/Gottwald, Zivilprozessrecht, S. 909.

436 BayObLG, Beschluss von 22.11.2002 – 4Z Sch 13/02 = RIW 2003/5, S. 385-387.

437 BayObLG, Beschluss von 22.11.2002 – 4Z Sch 13/02=RIW 2003/5, S. 386.

Verbindlichkeit und Vollstreckbarkeit stehen in einem Abhängigkeitsverhältnis zueinander: für die Vollstreckbarerklärung ist nach Art. V Abs. 1 lit. e UNÜ die Verbindlichkeit des Schiedsspruchs notwendig.

6.2. Der Eintritt der Verbindlichkeit im UMG

Das UMG enthält keine Bestimmung zum Eintreten der Verbindlichkeit des Schiedsspruchs. Die Frage, wann ein Schiedsspruch verbindlich wird, wurde bei der Ausarbeitung des Modellgesetzes nicht gelöst.[438] Es wurde empfohlen, den Tag, an dem der Schiedsspruch erlassen wurde, als Zeitpunkt des Eintritts der Verbindlichkeit zu übernehmen. Dennoch hat man letztendlich den einzelnen Staaten überlassen, dies zu regeln.[439] Die Antwort muss deshalb in der internationalen Schiedsgerichtsbarkeit anhand des nationalen Schiedsverfahrensrechts gefunden werden, das auf den Schiedsspruch Anwendung findet. Zur Rechtsvereinheitlichung hätte man viel mehr beigetragen, wenn das Modellgesetz auch eine Bestimmung diesbezüglich enthalten würde.

7. Gegenstand der Anerkennung und Vollstreckung

Der Gegenstand der Anerkennung und Vollstreckung ausländischer Schiedssprüche ist einzig und allein - sei es auf Antrag der Parteien oder von Amts wegen (Art. V Abs. 2 UNÜ) - darauf zu überprüfen, ob einer der im Art. V UNÜ enthaltenen Versagungsgründe vorliegt.
Eine sachliche Nachprüfung des Schiedsspruchs ist im Vollstreckbarkeitserklärungsverfahren unzulässig.
Die Richtigkeit der Entscheidung wird nicht geprüft.[440] Das Verbot der *révision au fond* beschränkt die Nachprüfung des Gerichts auf das Vorliegen der Erfordernisse der Vollstreckbarerklärung in formeller und materieller Hinsicht.[441] Fehler im Verfahren oder bei der Entscheidungsfindung sind also für das inländische Gericht allein kein Grund, um die Anerkennung und Vollstreckung zu verweigern. Voraussetzung ist hierbei lediglich, dass der nationale Richter zu dem Ergebnis kommt, dass dieser Verfahrensfehler nicht so gravierend war, dass

438 Holtzmann/Neuhaus, Guide to Model Law, S. 842.
439 Holtzmann/Neuhaus, Guide to Model Law, Deventer, S. 1010; Siehe Sixth Secretary Note (Governments Comments), A/CN.9/263, Art. 35, para. 2, para. 1034; Summary Record, A/CN.9/SR.320, para. 61, p. 1045.
440 Geimer, Internationales Zivilprozessrecht, Köln, 2005, Rn. 3909. Mehr dazu siehe unten Kapitel 3, 9.1.
441 Schütze, Schiedsgericht und Schiedsverfahren, S. 118, Rn 252; so auch Müller, Arbitration, 2004, S. 143.

seine Anerkennung einen Verstoß gegen den Ordre Public darstellen würde.[442] Der inländische Richter prüft auch nicht, ob der ausländische Schiedsspruch nach der *lex fori* seines Erlassortes aufhebbar ist.[443]

8. Anfechtung versus Anerkennungs- bzw. Vollstreckungsverweigerung

Die Aufhebung eines Schiedsspruchs kann immer nur in dem Land erfolgen, in dem der Schiedsspruch ergangen ist, also im Land des Verfahrensortes. Das Schiedsgericht darf über Aufhebungsgründe niemals und in keiner Form selbst entscheiden.

Das Ziel des Aufhebungsverfahrens ist die Beseitigung der Wirkungen des Schiedsspruchs, die er durch §1055 ZPO entfaltet, aber keineswegs die Änderung des Schiedsspruchs. Unzulässig ist die Aufhebungsklage gegen Entscheidungen verbandsinterner Spruchkörper, auch wenn diese als Schiedsspruch bezeichnet werden.[444] In Fällen, in denen man jedoch nicht unterscheiden konnte, ob es sich bei der Entscheidung um einen Schiedsspruch, ein Schiedsgutachten oder einen reinen vereinsinternen Beschluss handelt, ist die Aufhebungsklage zulässig.[445] Die Beseitigung der Wirkungen *ex tunc* muss durch kassatorische Entscheidung des staatlichen Gerichts erfolgen.[446] Hat die Aufhebungsklage Erfolg, so verliert der Schiedsspruch jede rechtliche Wirkung.[447] Er kann also in Deutschland nicht mehr anerkannt und für vollstreckbar erklärt werden.

Die Partei, die sich gegen die Anerkennung des Schiedsspruchs wehren will, kann beim zuständigen staatlichen Gericht das Verfahren auf Aufhebung des

---

442 Aden, Internationale Handelsschiedsgerichtsbarkeit, S. 76, Rn 10.

443 BGH v. 22. 2. 2001 NJW 2001, S. 1730; vgl. aber den Fall BGH v. 26. 4. 87, WM 87, 739: Die Unwirksamkeit eines New Yorker Schiedsspruchs kann in Deutschland nicht geltend gemacht werden, wenn die vom Tatrichter ermittelte Rechtslage nach New Yorker Recht ergibt, dass eine auf das Fehlen einer Schiedsabrede gestützte Aufhebungsklage dort keine Aussicht auf Erfolg hätte.

444 BGH, NJW 2004, 2226. Siehe auch OLG Köln, Beschl. v. 3.7.2003 - 9 Sch 6/03 (unveröff.).

445 OLG Frankfurt a.M., NJOZ 2003, 2559 = OLG-Report 2004, 9.

446 Geimer in Zöller ZPO-Komm. § 1059 Rn 7, 21.

447 Schütze, Ausgewählte Probleme des deutschen und internationalen Schiedsverfahrensrechts, 2006, S. 217; Berger, Die Regelung der gerichtlichen Anfechtbarkeit internationaler Schiedssprüche in europäischen Schiedsgerichtsgesetzen, RIW, 1989, S. 850ff. So auch Bucher, Die neue internationale Schiedsgerichtsbarkeit in der Schweiz, S. 125, Rn 333.

Schiedsspruchs einleiten. Die Klage muss sich auf das Vorliegen einer der im entsprechenden Schiedsgesetz[448] vorgesehenen Aufhebungsgründe berufen.
Die Aufhebungs- und Versagungsgründe sind im UNCITRAL-Modellgesetz gleich geregelt. Deutschland folgt dem Modell dieses Gesetzes, während die Schweiz von diesem in zwei Aspekten abweicht. Zum einen enthält das IPRG den Aufhebungsgrund der Ungültigkeit der Schiedsvereinbarung nicht, und zum anderen den der Schiedsfähigkeit auch nicht. Es ist jedoch davon auszugehen, dass beide Aufhebungsgründe als ein Bestandteil des im Art. 190 Abs. 2 lit. b. IPRG vorgesehenen Aufhebungsgrundes behandelt werden, nämlich des Ordre Public und dementsprechend an dessen Grenzen gemessen werden.
Art. V Abs. 1 lit. e UNÜ bestimmt[449], dass die Anerkennung zu versagen ist, wenn das Gericht feststellt, dass der Schiedsspruch im Ursprungsland aufgehoben worden ist.
Dieser Versagungsgrund wurde in Art. V UNÜ deswegen einbezogen, weil die Verfasser des UNÜ bei den Vorarbeiten die Anerkennung und Vollstreckung eines im Ursprungsland aufgehobenen - also inexistenten - Schiedsspruchs als undenkbar und sogar Ordre Public-widrig bezeichnet haben.[450] Der erste Entwurf des Art. V UNÜ beinhaltete das Wort „*shall*“, jedoch wurde dieses Wort im letzten Entwurf durch das Wort „*may*“ ersetzt, [451] um in einer gewissen Art und Weise zu verhindern, dass die Wirksamkeit der Schiedssprüche so sehr vom Vollstreckungsland abhängt.[452]
Diese Ansicht scheint unstreitig zu sein, trotzdem wird heutzutage die Auffassung teilweise vertreten, dass diese Regelung im Sinne des UNÜ kein zwingendes Vollstreckungsverbot darstellt, sondern vielmehr von dem Staat bestimmt wird, in dem er für vollstreckbar erklärt werden soll: Zunächst wird behauptet, das Vollstreckungsgericht sei wegen der englischen Fassung „*may*“ und der daraus folgenden Ermessensbefugnis im Art. V UNÜ nicht verpflichtet, die

448 § 1059 ZPO; Art. 1504, 1502 NCPC; Art. 190 Abs. 2 IPRG; s. 68 AA; Art. 34 Abs. 1 UMG.

449 Da das UMG im Art. 35-36 die Anerkennung und Vollstreckung nach dem Vorbild des UNÜ geregelt hat, ist dieselbe Regelung diesbezüglich in Art. 36 Abs. 1 lit. a v) UMG zu finden. Anders als bei der Regelung des Art. 2 lit. a des Genfer Abkommens, wo die Anerkennung und Vollstreckung aufgehobener Schiedssprüche ein zwingendes Verbot ist.

450 *If the award has been set aside...there does no longer exist an arbitral award and enforcing a non-existing arbitral award would be impossibility or even go against the public policy of the country of enforcement.* Sanders, 6 Neth ILR 43, 55, 1959; siehe auch van den Berg, International Arbitration in the 21st Century, 1992, S. 133, 161.

451 UN-Doc E/2704 ,7, Art. IV.

452 Petrochilos, Procedural Law in International Arbitration, S. 303, Rn 7.12.

Vollstreckung eines aufgehobenen Schiedsspruchs abzulehnen. Denn das UNÜ habe dies dem Ermessen des Vollstreckungsgerichts überlassen.[453]
Ferner sei die Vollstreckung möglich, wenn das anzuwendende nationale Verfahrensrecht die Vollstreckung von aufgehobenen Schiedssprüchen zulasse.[454] Diese Auffassung stützt sich auf die im Art. VII UNÜ[455] vorgesehene Meistbegünstigungsklausel, wonach eine Partei sich auf eine günstigere Regelung berufen kann; sei es aus einem für den Schiedsspruch anwendbaren nationalen Gesetz oder aus einem international geltenden Abkommen.[456]

Aus der französischen Fassung ergibt sich hingegen keine Ermessensbefugnis: *«La reconnaissance et l'exécution... **ne seront refusées**... que si... ».*[457]
Welche Fassung ist dann anzuwenden? Die Fassung jener Sprache, in der die Verhandlungen stattgefunden haben?[458] Man könnte behaupten, es sei jene, die als die offizielle Fassung für das Vollstreckungsland gilt, also z. B. die französische Fassung für Frankreich. Es gibt drei offizielle Fassungen. Man muss jedoch bedenken, dass der Sinn und Zweck bei der Schaffung dieses Artikels bloß einer ist und dieser in den verschiedenen Fassungen sinngemäß erhalten bleiben muss. Ferner ist der Zweck der Ratifizierung eines Abkommens die Rechtsvereinheitlichung in bestimmten Rechtsgebieten. Selbstverständlich wird dies durch unterschiedliche Bedeutungen einer Bestimmung in den einzelnen Ländern nicht erreicht.
Die Wiener Konvention über das Vertragsrecht von 22.05.1969 im Art. 33 Abs. 4 besagt diesbezüglich, dass dann, wenn sich aus einer Textgegenüberstellung unterschiedlicher Fassungen verschiedene Bedeutungen ergeben und sie nicht gem. Art. 31, 32 dieses Abkommens gelöst werden können, man die Bedeutung nehmen sollte, die am besten im Einklang mit dem Ziel des Abkommens steht.

---

453 So Paulsson, Rediscovering the New York Convention: Further Reflections on Chromalloy, in: Mealy's International Arbitration Report, N° 12 April 1997, S. 22 in Lionnet, Klaus, Handbuch der internationalen und nationalen Schiedsgerichtsbarkeit, 2001, S. 90; auch Garnett/Gabriel/Waincymer/Epstein, A practical guide to international commercial arbitration, New York, 2000. S. 102, 103. Vgl. Garnett/Gabriel/Waincyner/Epstein, S. 114, hierbei fällt jedoch auf, dass dieselben Autoren behaupten, dass ein aufgehobener Schiedsspruch nicht für vollstreckbar erklärt werden kann. Siehe auch Mosk/Nelson in: Journal of International Arbitration, 2001, S.473.

454 z.B. in Art. 1502 NCPC stellt die Aufhebung keinen Versagungsgrund dar, um Berufung gegen die Vollstreckbarerklärung einzulegen.

455 *Art. VII The provisions of the present Convention **shall not**...deprive any interested party of any right he may have to avail himself of an arbitral award in the manner and to the extend allowed by the law or the treaties of the country where such award is sought to be relied upon.*

456 So BGH, Beschluss vom 23. Februar 2006 – III ZB 50/05. Siehe darzu Petrochilos, Procedural Law in International Arbitration, S. 305, Rn. 7.15.

457 Siehe Paulsson, Arb. Int. 1998, S. 227, 229.

458 Vgl. Petrochilos, Procedural Law in International Arbitration, S. 304, 7.13.

Wie bereits erwähnt, ist das Ziel des UNÜ die Erleichterung der Anerkennung und Vollstreckung ausländischer Schiedssprüche. Zu diesem Ziel würde die englische Fassung mehr beitragen, weil sie dem Richter einen größeren Spielraum im Sinne der Vollstreckung und Anerkennung ausländischer Schiedssprüche einräumt. Ist die englische Fassung als die beste Möglichkeit anzuwenden, so ist auch zu bejahen, dass der ganze Artikel V i.S.d. Wortes „*may*" zu interpretieren ist. Würde dies dann bedeuten, dass die im Art. V Abs. 1 lit. e vorgeschriebene Voraussetzung der Verbindlichkeit für die Vollstreckbarerklärung des ausländischen Schiedsspruchs keine Voraussetzung *sine qua non* darstellt? Die Antwort ist nur anhand der *lex fori* zu finden.

Frankreich hat lange Zeit diese Klausel (Ermessensbefugnis) in Anspruch genommen, obwohl in der französischen Fassung Art. V UNÜ keine Ermessensbefugnis darstellt. Diese Regelung wird jedoch folgendermaßen verstanden: Aufgehobene Schiedssprüche werden gem. Art. V Abs. 1 lit. e UNÜ nicht für vollstreckbar erklärt, solange eine günstigere Regelungen gem. Art. VII UNÜ in einem nationalen Gesetz nicht zu finden ist.[459] Ferner sind manche Autoren der Auffassung, dass ein internationaler[460], in Frankreich aufgehobener Schiedsspruch in einem anderen Land für vollstreckbar erklärt werden kann[461] bzw. ein im Ausland aufgehobener Schiedsspruch in Frankreich für vollstreckbar erklärt werden kann.[462]

8.1. Fall Hilmarton/OTV

Bekannt geworden ist vor allem der *Hilmarton/OTV* Fall[463]. Beide hatten in einem Vertrag vom 12. Dezember 1980 eine ICC-Schiedsklausel mit Verfahren in

---

459 Gaillard, Enforcement of awards set aside in the country of Origin: The French Experience, in: Van den Berg (Hrsg.), Improving the Efficiency of Arbitration Agreements and Awards, 198, S. 508, 509.

460 Nach Art. 1492 NCPC ist ein Schiedsspruch international, wenn er im Interesse des internationalen Handels berührt.

461 Devolvé/Rouche/Pointon, French Arbitration Law and Practice, 2003, S. 241, 275 Rn. 483. Siehe auch Racine, L'arbitrage commercial international et l'Ordre Public, S. 557, Rn. 996 : « *Les Etats ne constituent toujours pas une communauté de droit suffisamment unie pour que leurs conceptions se rejoignent totalement. C'est pourquoi, une sentence annulée pour contrariété à l'Ordre Public au lieu du siège ne serait pas forcément considérée comme contraire à l'Ordre Public au lieu de son exécution* »

462 Siehe Fouchard/Gaillard/Goldman, Traité de l'arbitrage commercial international, 1996, S. 928 – 929, Rn: 1595.

463 Hilmarton, eine englische Gesellschaft, leitete ein schiedsrichterliches Verfahren mit Sitz in Genf ein, um vertragliche Honoraransprüche aus einem Beratungsvertrag durchzusetzen. Siehe *Cour de Cassation* vom 27. Juni 1997 in YBCA. XXII, 1997, S. 696-698. Siehe auch *Cour d'Appel* v. 23. 10. 1997, YBCA., 1998, S. 647 f.; Fouchard,

Genf sowie schweizerisches Recht vereinbart. Es kam zum Streit und *Hilmarton* rief einen Einzelrichter an. Dessen Schiedsspruch im Ursprungsland wurde am 17.November 1989 vom Genfer Berufungsgericht aufgehoben[464] und diese Aufhebung wurde am 17. April 1990 vom Schweizer Bundesgericht bestätigt.[465] Parallel dazu hatte die Beklagte *OTV* beim *Tribunal de grande instance* von Paris ein Exequatur für den Schweizer Schiedsspruch beantragt. Das Exequatur wurde am 27.02.1990 erteilt, also zwei Monate vor seiner Aufhebung. Auf Berufung von *Hilmarton* bestätigte die *Cour d'appel* von Paris am 19. Dezember 1991 diese Entscheidung. Das Exequatur wurde am 23.3.1994 von der *Cour de Cassation*[466] bestätigt. Dieses Gericht hat diesem Urteil zugrunde gelegt, dass das in der Schweiz erlassene Urteil nicht in der Rechtsordnung der Schweiz integriert ist. Dementsprechend wird seine Existenz durch die Aufhebung nicht beeinträchtigt und seine Anerkennung stellt keinen Verstoß gegen den internationalen Ordre Public dar.[467] Mit anderen Worten ist die Aufhebung eines Schiedsspruchs in seinem Herkunftsland für seine Vollstreckbarkeit in Frankreich irrelevant.

Es handelt sich dabei, nach französischer Ansicht, nicht um einen schweizerischen Schiedsspruch, sondern um einen solchen Schiedsspruch, der in einem „transnationalen Raum" gehandelt haben soll.[468] Eine sehr liberale Konzeption, die nach deutschem Recht[469] und schweizerischen Recht unhaltbar ist[470] und selbst in Frankreich zu Schwierigkeiten führen kann. *Hilmarton* rief in der Folge in der Schweiz einen neuen Schiedsrichter an, der am 10. April 1992 die Klage – konform mit den früheren gerichtlichen Entscheidungen in der Schweiz- guthieß.[471] *Hilmarton* beantragte daraufhin beim *Tribunal de grande instance* von Nanterre das Exequatur für diesen neuen Schiedsspruch. Daraufhin führte OTV aus, dass eine Anerkennung der Bundesgerichtsentscheidung mit der rechtskräf-

---

Rev. Arb. 1997 S. 338-340. Siehe Yearbook XXI, 1996, S. 203. Siehe auch Dicey & Morris, S. 212-213, Rn. 16-122.

464 Mit der Begründung, der Schiedsspruch sei willkürlich. Siehe Art. 36 (f) des schweizerischen Konkordats.

465 Siehe *Cour de Justice*, Geneve, v. 17.11.1989, Rev. Arb. 1993, S. 315.

466 Die *Cour de Cassation* stellte fest: «*La sentence rendue en Suisse était une sentence internationale qui n'était pas intégrée dans l'ordre juridique de cet État', de sorte que son existence demeurait établie malgré son annulation et que sa reconnaissance en France n'était pas intégrée dans l'Ordre Public international*» Rev.arb. 1993, 300-301.

467 „*était une sentence internationale qui n'était pas intégrée dans l'ordre juridique de cet Etat, de sorte que son existence demeurait établie malgré son annulation et que sa reconnaissance n'était pas contraire à l'Ordre Public international*» Rev. Arb. 1994, S. 327 mit Anm. v. Jarrosson ; Rev.crit.DIP, 1995, S. 359 mit Anm. Oppetit.

468 Sandrock in FS für Stoll, 2001, S. 683.

469 Vgl. § 1061 Abs. 3 ZPO.

470 Bucher, Die neue internationale Schiedsgerichtsbarkeit in der Schweiz, 1989, S.160, Rn. 450. Vgl. Art. 194 IPRG, der auf das UNÜ verweist.

471 YBCA, Vol. 20, 1995, S. 195.

tigen Anerkennung des ersten Schiedsspruchs unvereinbar sei und die Bundesgerichtsentscheidung gegen den französischen Ordre Public verstoße. Das Exequatur wurde am 25. Februar 1993 erteilt und die *Cour d'appel* legte fest, dass die Anerkennung eines im Ursprungsstaat aufgehobenen Schiedsspruchs nicht dem internationalen Ordre Public Frankreichs widerspreche.
Ferner beantragte *Hilmarton* beim selben Gericht das Exequatur für die - den ersten Schiedsspruch aufhebende - Entscheidung des Bundesgerichts vom 17. April 1990, welches aufgrund des französisch-schweizerischen Gerichtsstandsvertrags von 1869[472] auch gewährt wurde.
Beide Entscheidungen des *Tribunal de grande instance* de Nanterre sowie der Schiedsspruch des zweiten Schiedsrichters wurden am 29. Juni 1995 von der *Cour d'appel* von Versailles bestätigt.[473] Die *Cour d'appel* führte aus, die Anerkennung des ersten Schiedsspruchs sei keineswegs ein Hindernis für die Anerkennung des zweiten.
Also wurde zwei entgegengesetzten Schiedssprüchen im selben Fall das Exequatur erteilt. Die *Cour de cassation*[474] hat beide Urteile der *Cour d'appel* von Versailles auf der Grundlage der im Art. 1351 des Zivilgesetzbuches vorgesehenen Rechtskräftigkeit am 10. Juni 1997 aufgehoben. Nur der erste Schiedsspruch, also jener, der in der Schweiz aufgehoben worden war, ist demnach in Frankreich definitiv anerkannt worden.
Schließlich beantragte *Hilmarton* in London, auch den zweiten schweizerischen Schiedsspruch vom 10. April 1992 für vollstreckbar zu erklären. Nach Maßgabe von s. 103 AA 1996 sprach die *Queen's Bench Division des High Court of Justice* am 24. Mai 1999 dem Antrag zu.[475]
Nach Art. V Abs. 1 lit. e UNÜ hätte die Vollstreckbarerklärung in Frankreich nicht erfolgen dürfen, denn im Zeitpunkt der Entscheidung der *Cour d'appel* von Paris (19. Dezember 1991) wie auch der *Cour de cassation* (23. März 1994) war der Schiedsspruch bereits durch das Schweizerische Bundesgericht rechtskräftig aufgehoben worden (17. April 1990).

---

472 Vetrag zwischen der Schweiz und Frankreich über den Gerichtsstand und die Vollstreckung von Urteilen in Zivilsachen (SR 0.276.193.491), welcher am 31. Dezember 1991 ausser Kraft trat.

473 *Cour d'appel* Versailles, 29. Juni 1995, Rev.arb. 1995, 630-639 =YBCA, Vol. 21, 1996, S. 524-531.

474 *Cour de cassation* vom 10.6.1997, Rev. Arb. 1997, S. 376 : *« l'existence d'une décision française irrévocable portant sur le même objet entre les mêmes parties faisait obstacle à toute reconnaissance en France d'une décision judiciaire ou arbitrale rendue à l'étranger incompatible avec elle ».*

475 Bull ASA 1999, S. 368; YBCA, Vol. 24a, 1999, S. 777-785; Rev. arb. 1999, S. 867-892.

Die französischen Gerichte beriefen sich aber auf Art. VII UNÜ (Meistbegünstigungsklausel) und Art. 1502 NCPC[476], in dem die Aufhebung des Schiedsspruchs keinen Grund darstellt, um Berufung gegen die Vollstreckbarerklärung einzulegen. Dies muss aus folgenden Gründen bedenklich erscheinen: erstens verlangt Frankreich nicht, dass die Wirksamkeitsvoraussetzungen im Ausland gegeben sind.
Insofern reicht der bloße Erlass eines Schiedsspruchs im Ausland oder im Interesse des internationalen Handels für die Vollstreckbarerklärung unabhängig davon aus, ob er im Ursprungsstaat später aufgehoben worden ist oder nicht. Zweitens wird der Schiedsspruch als ein zwischen den Parteien geschlossener Vertrag betrachtet. Insofern wir nur die Schiedsvereinbarung bzw. der -vertrag geprüft.
Schließlich wird auch behauptet, dass der Schiedsort für die internationale Schiedsgerichtsbarkeit in Frankreich rechtlich irrelevant sei, denn alle im Ausland (außerhalb Frankreichs) ergangene Schiedssprüche seien anational bzw. international.[477]
Anders jedoch, wenn der Schiedsspruch in Frankreich in einem internationalen Schiedsverfahren erlassen worden ist. In diesem Fall ist der Schiedsort doch rechtlich relevant. Solche Schiedssprüche können gemäß Art. 1504 NCPC wegen der im Art. 1502 vorgesehenen Gründe aufgehoben werden.[478]

8.2. Fall Chromalloy

Der *Chromalloy*[479] Fall in den USA ist ein anderes Beispiel, in dem ein aufgehobener Schiedsspruch für vollstreckbar erklärt wurde.
Chromalloy Aero Services Inc. (eine US-Gesellschaft) schloss am 16. Juni 1988 mit dem Verteidigungsministerium der Arabischen Republik Ägypten einen

---

476 *Article 1502.- L'appel de la décision qui accorde la reconnaissance ou l'exécution n'est ouvert que dans les cas suivants : 1° Si l'arbitre a statué sans convention d'arbitrage ou sur convention nulle ou expirée; 2° Si le tribunal arbitral a été irrégulièrement composé ou l'arbitre unique irrégulièrement désigné; 3° Si l' arbitre a statué sans se conformer à la mission qui lui avait été conférée; 4° Lorsque le principe de la contradiction n'a pas été respecté; 5° Si la reconnaissance ou l'exécution sont contraires à l'Ordre Public international.*

477 De Boisséson, Le droit français de l'arbitrage interne et international, S. 821. Siehe auch Lionnet, Handbuch der internationalen und nationalen Schiedsgerichtsbarkeit, 2001, S. 91. Anders wenn das Schiedsverfahren in Frankreich stattgefunden hat. In diesem Fall ist der Schiedsort doch relevant. Siehe kritisch Van den Berg, Annulment of Awards in International Arbitration, in: International Arbitration in the 21st Century, S. 181.

478 *Art. 1504.- La sentence arbitrale rendue en France en matière d'arbitrage international peut faire l'objet d'un recours en annulation dans les cas prévus à l'article 1502...*

479 *Chromalloy Aeroservices Inc. v. Republic of Egypt*, Mealy's International Arbitration Report, 1996, S. 145 ff.

Vertrag über die Lieferung von Ersatzteilen, Unterhalt und Reparatur von Hubschraubern der ägyptischen Luftwaffe. Der Vertrag enthielt eine Schiedsklausel, welche die Anwendung ägyptischen materiellen Rechts und Kairo als Sitz des Schiedsgerichts vorsah. Ferner vereinbarten die Parteien, dass der Schiedsspruch verbindlich und endgültig „*final and binding*" sei und keinem Rechtsmittel unterworfen wird, d.h. nicht „*subject to any appeal or other recourse*" wird.
Es kam zur Auseinandersetzung und *Chromalloy* leitete ein Schiedsverfahren gegen die Arabische Republik von Ägypten ein, um Schadensersatzansprüche aus der Beendigung eines Vertrages zur Wartung von Hubschraubern durchzusetzen.
Das Schiedsgericht verurteilte am 24. August 1994 Ägypten zur Zahlung von ca. 1 Mio. USD.
Der Schiedsspruch wurde am 5. Dezember 1995 von der Berufungsinstanz in Kairo aufgehoben[480]. Das Aufhebungsurteil ist insofern strittig, als sich der Berufungsgerichtshof in Kairo auf Art. 53 Abs. 1 lit. d des ägyptischen Schiedsgesetzes beruft. Ägypten hat zwar das UNCITRAL-Modellgesetz übernommen, hat jedoch zusätzliche Aufhebungsgründe in sein Schiedsgesetz einbezogen. Ein solcher Artikel ist Art. 53, der im Abs. 1 lit. d besagt, dass ein Schiedsspruch aufgehoben werden kann, wenn in dem Schiedsspruch das von den Parteien festgelegte materielle Recht nicht angewendet wurde: „*if the arbitral award fails to apply the law agreed by the parties to the subject matter of the dispute*".
Der Berufungsgerichtshof hat die Aufhebung dadurch begründet, dass das Schiedsgericht unrichtigerweise die Regeln des ägyptischen Zivilrechts statt des Verwaltungsrechts anwendete. Somit hob der Berufungsgerichtshof den Schiedsspruch auf, obwohl man während des Berufungsverfahrens durch Experten festgestellt hatte, dass es gleichgültig war, bürgerliches Recht oder Verwaltungsrecht anzuwenden, weil man ohnehin zu dem gleichen Ergebnis kommt. Hätte andererseits Ägypten das UNCITRAL-Modellgesetz ohne Änderungen übernommen, wäre das ägyptische Gericht bei der Beurteilung der Aufhebungsgründe auf die Vollstreckungsversagungsgründe gem. Art. V UNÜ beschränkt gewesen.
Trotzdem leitete *Chromalloy* das Vollstreckungsverfahren des zu seinen Gunsten erlassenen Schiedsspruchs in den USA ein.
Der US *District Court* von Columbia erteilte am 31. Juli 1996 mit folgender Begründung dem aufgehobenen Schiedsspruch die Exequatur[481]: Die Parteien hätten in ihrem Schiedsvertrag vereinbart, dass der erlassene Schiedsspruch als verbindlich und endgültig gilt und keinem Rechtsmittel unterworfen wird.[482] Die

480 Siehe Van den Berg, ICC Bulletin Vol. 9 / N° 2-November 1998, S. 18.

481 *US District Court of Columbia vom 31. Juli 1996, Chromalloy Aeroservices v. The Arab Republic of* Egypt, in YBCA XXII, 1997, S. 1001-1012.

482 The decision of the Court (Court of Arbitration) shall be final and binding and cannot be made subject to any appeal or other recourse.

Entscheidung des Berufungsgerichts in Kairo habe dieser Klausel nicht Rechnung getragen, deshalb widerspreche die von ihm erlassene Aufhebungsentscheidung dem US-amerikanischen Ordre Public. Ferner hat der *District Court* für dieses Urteil das Wort *„may"* als Ermessensbefugnis und Art. VII UNÜ in Anspruch genommen.[483]
Diese Entscheidung - so wie die *Hilmarton*-Entscheidung - verkennt den Unterschied zwischen dem Zustandekommen, der Existenz und dem Fortbestand von Schiedssprüchen in einem bestimmten Staat. Sie stellt damit die Anerkennungs- und Vollstreckungsstaaten dem Erlaßstaat gleich. Denn das Vollstreckungsgericht hat nach diesen Urteilen auch darüber zu entscheiden, ob ein internationaler Schiedsspruch existiert bzw. ob er rechtsmäßig aufgehoben wurde.[484] Somit geht das Vollstreckungsgericht über die Grenzen seiner Befugnisse hinweg. Darüber hinaus ist die Begründung widersprüchlich. Denn sie basiert zum einem auf dem oben genannten, zu Unrecht aufgehobenen Schiedsspruch, der den US-amerikanischen Ordre Public verletzt. Dies heißt, dass das amerikanische Gericht das Aufhebungsurteil als relevant für die Vollstreckungsverfahren erkannt hat. Zum anderen bezieht sich die Begründung auf das Wort *„may"*, das nach amerikanischer Auffassung dem Richter eine Ermessensbefugnis einräumt. In diesem Fall hätte jedoch das amerikanische Gericht das Aufhebungsurteil komplett ignorieren müssen, wie es der Fall in der *Hilmarton*-Entscheidung war. Autoren[485], die diese Meinung der Vollstreckbarkeit aufgehobener Schiedssprüche, vertreten, gehen von der Denationalisierung der Schiedssprüche aus, nach welcher der Schiedsspruch von der Rechtsordnung des Landes, wo er erlassen worden ist, so unabhängig ist, dass seine Aufhebung seinen Bestand nicht berührt und er insofern in einem anderen Land trotz seiner Aufhebung als für vollstreckbar erklärt kann.

Ferner stützen sich die Verfechter dieser Theorie darauf, dass jeder Staat nach gewissen nationalen, in Rechtsordnungen enthaltenen Kriterien einen Schiedsspruch aufheben darf. Solche Meinungen sind auch in der schweizerischen Lehre zu finden: *„Kriterien, die die Bedeutung des Ursprungsstaat überbetonen und daher mit der Entwicklung einer unabhängigen internationalen Schiedsgerichtsbarkeit nicht vereinbart sind.*

483 Siehe YBCA Bd. XXII, 1997, S. 1001 ff.

484 So Sandrock in FS für Stoll, 2001, S. 685. Siehe auch Racine, L'arbitrage commercial international et l'Ordre Public, S. 563, Rn. 1006 : *« Même si dans les deux cas l'Ordre Public a été invoqué au soutien de la solution adoptée, l'arrêt du tribunal américain est plus audacieux que l'arrêt américain va jusqu'à dire que l'ordre pubic commandait de refuser de tenir compte de la décision étrangère d'annulation »*.

485 Siehe dazu Lionnet, Handbuch der internationalen und nationalen Schiedsgerichtsbarkeit, 2001, S. 91. Fälle wie Hilmarton (Cass.Fr. 10.6.1997, YBCA XXII S. 696) und Chromalloy (U.S.D.C. Distr.Col. 31.7.1996, YBCA XXII S. 1001; Cour d'Appel Paris 14.1.1997; ibid. S. 691) sind also nicht in Deutschland und in der Schweiz möglich.

Diese Kriterien müssen nach dieser Auffassung jedoch nicht von den anderen Staaten befolgt werden, weil jeder Staat seine eigene Meinung zu diesen Fragen hat und im Rahmen der UNÜ auch haben darf. Daraus ergibt sich, dass es zu unterschiedlichen Entscheidungen verschiedener Staaten kommen kann. Insofern sei die Möglichkeit, dass ein Schiedsspruch, der im Ursprungsstaat aufgehoben ist, in anderen Staaten vollstreckt wird, eine notwendige, unausweichliche und auch gewollte Folge internationaler Schiedsgerichtsbarkeit".[486]

8.3. Fall Baker Marine vs. Chevron

Die amerikanische Rechtssprechung ist jedoch diesbezüglich nicht einheitlich. In dem Fall *Baker Marine vs. Chevron, US Court of Appeal*[487] hat das amerikanische Gericht anders entschieden. Hierbei ging es um drei Gesellschaften *Baker Marine*, *Danos* und *Chevron*, die in Ölgeschäften in Nigeria engagiert und durch Schiffstransportverträge verbunden waren
Die Verträge enthielten eine Schiedsklausel, nach der ein Schiedsgericht in Nigeria und die Anwendung der UNCITRAL *Arbitration Rules* sowie des nigerianischen materiellen Rechts für die nicht von den UNCITRAL-Regeln erfassten Auseinandersetzungen vorgesehen war. *Baker* erreichte in zwei Schiedsverfahren in Nigeria zu seinen Gunsten jeweils einen Schiedsspruch, einerseits gegen *Danos* und andererseits gegen *Chevron*. Die Schiedssprüche wurden vom dortigen staatlichen Gericht wegen Verfahrensmängeln aufgehoben. Der Kläger hatte seinerseits in der Überzeugung die Vollstreckbarerklärung in den USA beantragt, dass diese Gründe in den USA nicht zur Aufhebung führen würden. Dennoch lehnte der U.S. *District Court for the Northern District of New York* den Antrag auf Vollstreckbarerklärung ab. Ebenso blieb der Versuch beim *Court of Appeal* erfolglos. Die Begründung war, dass die Parteien das nigerianische und nicht das amerikanische Recht gewählt hätten und das Wort *may* keine freie Ermessensbefugnis gebe. Denn Baker Marine hatte sich im Rahmen ihres Rekurses auf Art. VII UNÜ berufen.

---

486 Siehr in ZZP 115, 2002, 143, 154. Zitiert auch in Geimer Zöller ZPO-Komm. 25. Auf., § 1061 Rn 25.

487 *Baker Marine vs. Chevron, US Court of Appeal*, 2. Bezirk v. 12. 4. 1999, YBCA, S. 99, 909-914.; Siehe auch Siehr, Der aufgehobene Schiedsspruch, ZZP 2002, 143 f.; Fouchard, La portée internationale de l'annulation de la sentence arbitrale dans son pays d'origine, Rev. arb. 1997, 309. Bull ASA 1994, S. 575; Rev. arb. 2000, 135 -142, mit Anm. Gaillard. Siehe auch *Spier v. Calzaturificio Tecnica SpA*. Dazu Freyer, Unites States Recognition and Enforcement of Annulled Foreign Arbitral Awards, J.Int.Arb.2, 17, 1999, S. 2-9.

Nach englischer Auffassung hemmt die Aufhebung eines Schiedsspruchs grundsätzlich seine Vollstreckbarkeit nicht. Dies wird jedoch im Einzelfall beurteil werden.[488]

Die Rechtsprechung zeigt, dass im Ursprungsstaat aufgehobene Schiedssprüche unterschiedliche Schicksale erleiden können. Die erfolgreiche Anfechtung eines Schiedsspruchs schließt nicht zwingend seine Vollstreckung in allen Ländern aus.

Das UNCITRAL-Modellgesetz hat einerseits die Anerkennung und Vollstreckung nach dem Vorbild des UNÜ geregelt. Anderseits mit ein paar Änderungen. Während Art. 35 UNCITRAL-Modellgesetz[489] die Anerkennung und Vollstreckung mit der Anwendung des Wortes „*shall*" begünstigt, beschränkt Art. 36 UNCITRAL-Modellgesetz[490] die Möglichkeit der Ablehnung eines Antrags auf Vollstreckbarerklärung mit dem Wort „*may only*"[491]. Dies weist auch auf eine Ermessensbefugnis seitens des Gerichts hin.[492]

Die Vorarbeiten des Art. 36 UNCITRAL-Modellgesetz bejahen, dass die Formulierung „*may be refused*" zweideutig ist. Jedoch müssen sie so verstanden werden, dass sie dem Gericht das Ermessen geben, zu entscheiden, ob es einen Schiedsspruch für vollstreckbar erklärt oder nicht.[493]

Zu erwähnen ist, dass bei den Vorarbeiten des UNCITRAL-Modellgesetzes empfohlen wurde, Art. V Abs. 1 lit. e durch Art. IX EuÜ zu ersetzen. Der Vorschlag wurde wegen der Komplexität seiner Anwendung abgelehnt.[494]

Das Genfer Abkommen besagt hingegen im Art. 2 lit. a ganz deutlich, dass die Anerkennung und Vollstreckung aufgehobener Schiedssprüche ein zwingendes Verbot ist.

---

488 So Maxwell in Weigand (Hrsg.), Practitioner's Handbook on International Arbitration, 2002, S. 638, Rn. 254, Vgl. *Far Eastern Shipping Co v. AKP Sovcomflot (1995) 1* Lloyds Rep, S. 520.

489 *Art. 35 (1) Ein Schiedsspruch* ***ist*** *unabhängig davon, in welchem Land er erlassen worden ist, als bindend* ***anzuerkennen*** *und auf schriftlichen Antrag an das zuständige Gericht* ***zu vollstrecken****, ...*

490 *Art. 36 (1) Die Anerkennung oder Vollstreckung eines Schiedsspruchs* ***darf****, unabhängig davon, in welchem Lande er erlassen worden ist,* ***nur versagt werden****:....*

491 Vgl. UN-Doc A/CN.9/WG.II/WP.42 (1983) und A/CN.9/WG.II/WP.46 (1983) mit UN-Doc A/CN.9/WG.II/WP.48 (1983). Hierbei hat man sich auch die Möglichkeit überlegt, "*shall*" statt "*may*" zu schreiben. Vgl. das Urteil vom Ontario Court of Justice im Falle: Europcar Italia S.p.A./ Alba Tours International Inc. v. 21.01.1997..."*The grounds permitting refusal of recognition and enforcement of an award in Article 36 are permissive, not mandatory*" Dazu siehe Alvarez/Kaplan/Rivkin, Model Law Decisions, 2003, S. 238.

492 Vgl. England sec. 103 (1)- (2) des Arbitration Act 1996.

493 UN-Doc. A/CN.9/233, para. 139-140.

494 Hotzmann & Neuhaus, A Guide to the UNCITRAL Model Law, S. 1061, 1079-80.

In Deutschland wird die Auffassung[495] zum Teil vertreten, dass die Tatsache, dass ein Schiedsspruch, der im Inland aufgehoben wurde und deswegen dort nicht anerkannt wird, dennoch nicht zu dem Schluss, dass er seine Wirkungen in anderen Ländern nicht entfalten kann. Denn er ist nur im Inland als inexistent anzusehen.

Andere Autoren[496] sind hingegen der Auffassung, dass diese Theorie der Vollstreckung aufgehobener Schiedssprüche von den Staaten, die im Anschluss an das UNCITRAL-Modellgesetz dem Territorialitätsprinzip strikt folgen, nicht akzeptiert wird. Für sie muss der Schiedsspruch immer Teil des Verfahrensrechts des Landes sein, in dem er ergeht. Dementsprechend muss dem aufgehobenen Schiedsspruch trotz des Wortlautes des Art. V Abs. 1 lit. e und UNÜ das Wort *„may“* auch ohne Geltendmachung des Versagungsgrundes immer die Vollstreckung versagt werden, weil die Vollstreckung nicht existenter Schiedssprüche eine logische Unmöglichkeit ist und damit einen Verstoß gegen den Ordre Public darstellt, der gemäß Art. V Abs. 2 UNÜ von Amts wegen zu beachten ist. Die Verfechter dieser Theorie akzeptieren insofern das Bestehen anationaler Schiedssprüche auch nicht. Denn für sie bestimmt sich die Nationalität eines Schiedsspruchs nach dem Ort, wo er erlassen worden ist und dementsprechend kann es für sie keine a-nationalen Schiedssprüche in diesem Sinne geben.

In Deutschland z. B. hat das Oberlandesgericht Rostock bereits die Vollstreckbarerklärung eines in Russland (Ursprungsland) aufgehobenen Schiedsspruchs mit der Begründung abgelehnt, dass ein aufgehobener Schiedsspruch nicht mehr verbindlich ist.[497]

Zusammenfassend ist zu bejahen, dass die Gerichte die Möglichkeit haben, einen aufgehobenen Schiedsspruch zu anerkennen und zu vollstrecken, sei es nach dem Wortlaut des Art. V UNÜ[498] oder gemäß Art. VII. Im letzten Fall aber nur unter der Voraussetzung, es gäbe in jenem Staat eine günstigere Regelung im nationalen Recht oder in einem von jenem Staat unterzeichneten Abkommen. Die Rede hierbei ist nicht davon, ob die Anerkennung und Vollstreckung aufgehobener Schiedssprüche als richtig aus einem rechtlichem Gesichtspunkt bezeichnet werden kann. Es geht vielmehr um die Zulässigkeit einer solchen Interpretation. Jedoch, ob diese Regelung sich als Ermessensbefugnis in jedem Staat anzuwenden lässt, beurteilt sich nach der *lex fori* bzw. Ordre Public.

---

495 Geimer IZPR, 2005, S. 1174 Rn. 3903; Geimer/Schütze, Europäisches Zivilverfahrensrecht Komm., 2004, S. 539, Rn.4. Schwab/Walter, Schiedsgerichtsbarkeit, 2000, Kap. 30, Rn. 14.

496 Sanders, New York Convention on the Recognition and Enforcement of Foreign Arbitral Awards, Netherlands Int. L.R. Vol. 6 1955, S. 43, 55; Lionnet, Handbuch der internationalen und nationalen Schiedsgerichtsbarkeit, 2001, S. 92.

497 OLG v. 28. 10.1999 (1 Sch 03/99). Siehe Schlosser, in Gottwald (Hrsg.), Revision des EuGVÜ-Neues Schiedsverfahrensrecht, 2000, S. 163, 169 ff.

498 Ob dies im Einzelfall möglich ist, bestimmt sich nach der *lex fori*.

8.4. Das Verhältnis von Aufhebungs- und Vollstreckbarerklärungsverfahren zueinander in Deutschland

Im Verhältnis von Aufhebungsverfahren und Verfahren auf Vollstreckbarerklärung greift die Einrede der Rechtshängigkeit darum nicht durch, weil beide Verfahren verschiedene Ziele verfolgen. Ein Gegenantrag auf Vollstreckbarerklärung ist im Aufhebungsverfahren zulässig.[499]

Die beiden Verfahrensarten für ausländische Schiedssprüche stehen nach deutschem Recht folgendermaßen zueinander: Ist der Schiedsspruch im Lande des Erlasses rechtskräftig aufgehoben worden, so wird der Schiedsspruch nicht im Ausland anerkannt und vollstreckt (Art. V Abs. 1 lit. e UNÜ)[500], weil der Schiedsspruch im Ursprungsstaat inexistent ist.[501] Ist der Aufhebungsantrag zurückgewiesen, so wird der Schiedsspruch anerkannt, aber es bedarf noch des Verfahrens der Vollstreckbarerklärung. Sind beide Verfahrensarten gleichzeitig eingeleitet worden, so kann das Vollstreckungsgericht, sofern es dies für angebracht hält, das Verfahren der Vollstreckbarerklärung aussetzen (Art. 36 Abs. 2 UMG, Art. VI UNÜ). Für das deutsche Schiedsverfahrensrecht gilt unter entsprechender Anwendung des § 148 ZPO[502] das gleiche.[503] Es besteht auch die Möglichkeit, Vollstreckbarerklärungsverfahren in mehreren Staaten aufgrund desselben Schiedsspruchs einzuleiten.[504]

Ist der Schiedsspruch, nachdem er für vollstreckbar erklärt worden ist, im Ausland aufgehoben, so kann die Aufhebung der Vollstreckbarerklärung beantragt werden. (Art. 1061 Abs. 3 ZPO). Dies kann insbesondere vorkommen, wenn das anwendbare Verfahrensrecht keine Frist für den Antrag auf Aufhebung des Schiedsspruches bestimmt.[505]

---

499 Geimer in Zöller ZPO-Komm. , 25. Auf., § 1059, Rn 4.

500 Siehe Fall Chromalloy und Hilmarton/OTV in diesem Abschnitt.

501 Lionnet, Handbuch der internationalen und nationalen Schiedsgerichtsbarkeit, 2001, S. 281. Vgl. Geimer IZPR, 2005, S. 1174 Rn. 3903; Geimer/Schütze, Europäisches Zivilverfahrensrecht Komm., 2004, S. 539, Rn.4.

502 *§ 148 Aussetzung wegen anderer Entscheidung. Das Gericht kann, wenn die Entscheidung des Rechtsstreits ganz oder zum Teil von dem Bestehen oder Nichtbestehen eines Rechtsverhältnis abhängt, das den Gegenstand eines anderen anhängigen Rechtsstreits bildet oder von einer Verwaltungsbehörde festzustellen ist, anordnen, dass die Verhandlung bis zur Erledigung des anderen Rechtsstreits oder bis zur Entscheidung der Verwaltungsbehörde auszusetzen sei.*

503 Siehe Schwab/Walter, Schiedsgerichtsbarkeit, S. 27, Rn 4.

504 Geimer in Zöller ZPO Komm. § 1061, Rn 55.

505 Geimer in Zöller ZPO-Komm. , 25. Aufl., § 1061, Rn 59.

Die Frist für den Antrag auf Aufhebung wird von dem anwendbaren Recht gegeben. In Deutschland ist die Aufhebungsklage innerhalb einer Frist von 3 Monaten ab Empfang des Schiedsspruchs zu erheben.[506]

Es bleibt jedoch den Parteien frei, eine andere Frist zu vereinbaren (§ 1059 Abs. 3 ZPO). Nach Ablauf dieser Dreimonatsfrist kann die Vollstreckbarerklärung aber noch unbefristet wegen Verstoßes gegen den deutschen Ordre Public abgelehnt werden.[507]

Im Falle inländischer Schiedssprüche ist die Lage anders. Ist eine Aufhebungsklage von der unterlegenen Partei eingeleitet worden und wird dann von der obsiegenden Partei ein Antrag auf Vollstreckbarerklärung gestellt, so können nach Ansicht des BayObLG[508] beide Verfahren verbunden werden (§ 1060 Abs. 2 ZPO). Liegt ein Aufhebungsgrund vor, so endet das Vollstreckbarerklärungsverfahren nicht mit bloßer Antragsabweisung, sondern mit der Aufhebung des Schiedsspruchs.[509] Bei der umgekehrten zeitlichen Reihenfolge hingegen fehlt es für die Einleitung des Aufhebungsverfahrens bereits am Rechtsschutzbedürfnis[510].

Die Rechtskraft der Vollstreckbarerklärung schließt das Verfahren endgültig ab. Hierin liegt ein wesentlicher Unterschied zwischen in- und ausländischen Schiedssprüchen. Inländische Schiedssprüche entfalten alle ihre Wirkungen im Inland, ohne dass sie eines weiteren Aktes bedürfen, solange der entsprechende Schiedsspruch im Inland von dem zuständigen Gericht nicht aufgehoben worden ist. Wohingegen sich die Lage bei ausländischen Schiedssprüchen anders darstellt, indem nämlich die ausländischen Schiedssprüche keine Wirkungen im Inland entfalten, solange sie einem Anerkennungs- und Vollstreckungsverfahren nicht unterworfen wurden.[511]

Ferner ist die Berufung auf Anerkennungsversagungsgründe bei ausländischen Schiedssprüchen im Gegenteil zu inländischen Schiedssprüchen zeitlich unbeschränkt.[512]

Gegen den Beschluss des OLG über die Vollstreckbarerklärung sowie gegen die Entscheidung im Aufhebungsverfahren ist Rechtsbeschwerde an den BGH zulässig. Die Überprüfung geht aber nur darum, ob der vom OLG erlassene Beschluss auf der Verletzung eines Staatvertrages beruht (§ 1065 Abs. 1, 2 ZPO).

---

506 In England ist die Frist 28 Tage ab der Benachrichtigung der Parteien vom Erlass des Schiedsspruchs, siehe s. 70 Abs. 3 und s. 55 Abs. 2 AA.

507 Hausmann, FS Stoll, S. 615, 616.

508 SchiedsVZ 2004, 163 (164).

509 Geimer in Zöller ZPO Komm., 2004, § 1059, Rn 21.

510 OLG Naumburg, Beschl. v. 21.5.2004 – 10 Sch 6/03.

511 Geimer, IZPR, S. 1134, Rn 3763, 3764.

512 Stein/Jonas ZPO Komm § 1061 Rn 1.

Im deutschen Recht gilt wie im französischen Recht[513] ein allgemeines Verzichtsverbot auf die Geltendmachung von Aufhebungsgründen.[514] Im schweizerischen Recht hingegen steht den Parteien offen, auf jede Anfechtung bzw. teilweise (Art. 190 Abs. 2 IPRG) zu verzichtet, wenn die Parteien weder ihren Wohnsitz oder gewöhnlichen Aufenthalt noch eine Niederlassung in der Schweiz haben.[515] Im Wege des Vollstreckbarerklärungsverfahrens muss der Schiedsspruch den Verweigerungsgründen unterworfen werden, bevor das Gericht die Vollstreckbarkeit des Schiedsspruchs bescheinigen kann.[516]
Das OLG Rostock[517] hatte sich zu den Voraussetzungen von Art. V Abs. 1 lit. e UNÜ geäußert. Hierbei erwirkte die Antragstellerin der Vollstreckbarerklärung einen Schiedsspruch in Russland, welcher vom Städtischen Gericht in Moskau aufgehoben wurde. Die Aufhebung wurde anschließend vom Gerichtskollegium für Zivilsachen des Obersten Gerichts der Russischen Föderation bestätigt. Die Antragstellerin beantragte die Vollstreckbarerklärung beim OLG Rostock. Das Gericht lehnte sie am 28.Oktober 1999 ab und führte aus, dass der Schiedsspruch nach seiner Aufhebung nicht mehr verbindlich sei und im Inland nicht mehr anerkannt werden könne.[518] Am 24. November 1999 hob aber der Vorstand des Obersten Gerichts der Russischen Föderation die Entscheidungen des Städtischen Gerichts von Moskau und des Gerichtskollegiums auf und verwies die Sache zurück an das Städtische Gericht. Dieses wies den Aufhebungsantrag der Antragstellerin durch Beschluss vom 20. März 2000 zurück. Der Bundesgerichtshof führte in seinem Beschluss vom 22.Februar. 2001 dazu, dass die nach § 1061 Abs. 1 ZPO in Verbindung mit dem UNÜ erforderlichen Voraussetzungen für die Vollstreckbarerklärung damit grundsätzlich erfüllt seien. Denn inzwischen stehe fest, dass der Schiedsspruch für die Parteien verbindlich und nicht aufgehoben worden sei. Das BGH führte weiter aus, dass gem. § 1065

513 Die Anfechtungsmittel sind Bestandteil des französischen Ordre Public, so de Boisséson, Le Droit Français de l'arbitrage, S. 822; dazu auch Rev. arb., 1990, S. 862, mit Anm. v. Level; Rev. arb., 2004, S. 877. Vgl. im Falle Englands Cato, Arbitration Practice and Procedure, S. 1460.

514 BGHZ 96, 40, 42 = NJW 1986, 1436. Vgl. für England Cato, Arbitration Practice and Procedure, S. 1460. Vgl. Schütze, Der Schiedsspruch mit vereinbartem Wortlaut in FS Werner Lorenz, 2001, S. 281, 282.

515 Nach Ansicht mancher Autoren ist es für einen Verzicht auf Rechtsmittel erforderlich, dass beide Parteien ausländische Herkunft haben. So Bucher, Die neue internationale Schiedsgerichtsbarkeit in der Schweiz, 1989, S. 144, Rn. 399; so auch Bucher, Zur Delokalisierung internationaler Schiedsgerichte in der Schweiz, in FS für Max Keller, 1989, S. 600. Für andere Autoren ist die Staatsangehörigkeit diesbezüglich unerheblich, es gehe hierbei vielmehr um die territoriale Inlandsbindung. So Siehr in Zürcher Komm. zu Art. 192 Rn 3.

516 Bucher, Die neue internationale Schiedsgerichtsbarkeit in der Schweiz, S. 125, Rn 333.

517 Der Betriebs-Berater, 55, Spezialbeilage 8, 2000; YBCA, Vol. 25, 2000, S. 641-644.

518 BGH, vom. 22.2.2001 – III ZB 71/99 = NJW 2001/23, S. 1730.

Abs.2 S. 2 ZPO in Verbindung mit § 561 ZPO zwar die Einführung neuer Tatsachen im Verfahren der Rechtsbeschwerde verboten sei, jedoch erfahre dieser Grundsatz, wie im Revisionsrechtszug, eine Ausnahme bei Tatsachen, die die prozessuale Rechtslage erst während des Verfahrens der Rechtsbeschwerde verändern. Darüber hinaus könnten Entscheidungen berücksichtigt werden, die eine vorgreifliche Frage rechtskräftig klären, von deren Beantwortung das Ergebnis des zur Beurteilung stehenden Rechtsstreits abhänge. Im vorliegenden Fall sei eine solche Abhängigkeit zwischen der Aufhebung und Vollstreckbarkeitserklärung gegeben.
Demzufolge wurde der Vollstreckbarerklärung des Schiedsspruchs stattgegeben.

Die Frage der Vollstreckung aufgehobener Schiedssprüche hat Kritik ausgelöst.[519] Es wird behauptet, dass die Tatsache, dass ein aufgehobener Schiedsspruch im Ursprungsstaat nicht mehr besteht, in anderen Ländern gelten müsse. Es wird sogar festgehalten, dass die Aufhebung eines Schiedsspruchs automatisch zu einer Vollstreckungsverweigerung im Vollstreckungsstaat führe solle.[520]
Die Schiedsgerichtsbarkeit beruht auf der Parteiautonomie. Aufgrund dieser Parteiautonomie haben die Parteien einen Schiedsort gewählt und dadurch auch akzeptiert, dass der Schiedsspruch der Gerichtsbarkeit des Schiedsortes untersteht. Demgemäß sollten die Parteien auch in Kauf nehmen, dass die staatlichen Gerichte den Schiedsspruch aufheben können. Die Vollstreckbarerklärung eines aufgehobenen Schiedsspruchs wäre mit dem Ziel einer internationalen Koordination der Kontrolle der Schiedssprüche im Rahmen des Art. V Abs. 1 lit. e UNÜ schlechthin unvereinbar.
Sie fördert vielmehr das Exequatur-*Shopping*. Dies verursacht Instabilität und beeinträchtigt das Image der internationalen Schiedsgerichtsbarkeit.
Es gibt dennoch Befürworter[521] der Vollstreckbarerklärung aufgehobener Schiedssprüche. Nach diesen erfolgt diese Möglichkeit gem. Art. VII (Meistbegünstigungsprinzip) UNÜ und respektiert deren Zielsetzung und Geist, insbesondere was die Vollstreckbarkeit der Schiedssprüche angeht. Denn dadurch dürften die Parteien auch nach der Aufhebung des Schiedsspruchs ihre Ansprüche auf Vollstreckbarerklärung haben.
Tatsache ist, dass die Vollstreckung aufgehobener Schiedssprüche in verschiedenen Ländern, wie Frankreich, USA möglich (keine Regel) ist.
Was das Exequatur-*Shopping* angeht, kann man u.a. anhand der *Hilmarton-* und *Chromalloy* sagen, dass ein Schiedsspruch in mehreren Staaten für vollstreckbar erklärt werden kann. Die Begründung dafür ist, dass jeder Vollstreckungsrichter

519 Fouchard, La portée internationale de l'annulation de la sentence arbitrale dans son pays d'origine, Rev.arb. 1997, S. 123.
520 Weihnacht, Enforcement of Annulled Foreign Arbitral Awards in Germany, Journal of International Arbitration, 2002/19, Anm. 83.
521 Lastenhouse, Journal of International Arbitration, Vol. 16, 1999, 25-48 (46).

nach seinem Recht zu entscheiden hat. Zu diesem Recht kommt in den meisten Fällen das UNÜ, aber auch andere Rechtsgrundlagen hinzu, die die Vollstreckung von Schiedssprüchen unter Berücksichtigung des Meistbegünstigungsprinzip gem. Art. VII UNÜ erlauben.

9. Die doppelte Kontrolle von Schiedssprüchen

Die Verbindlichkeit eines Schiedsspruchs besteht, wenn er nach dem für ihn maßgeblichen Recht anerkannt und für vollstreckbar erklärt werden kann.[522] Dies bedeutet, dass er in Rechtskraft erwächst und dementsprechend nicht mehr beim Schiedsgericht oder staatlichen Gerichten anfechtbar ist.[523] Im Gegensatz dazu bedeutet der Eintritt der Verbindlichkeit nicht, dass der Schiedsspruch im Ursprungsland bereits für vollstreckbar erklärt geworden ist. Dies hätte ein doppeltes Exequaturverfahren zur Folge, das die New Yorker Konferenz von vornherein vermeiden wollte.[524]
In einer anderen Konstellation könnte man jedoch von einer doppelten Kontrolle sprechen, wenn man die beiden rechtlichen Wege, nämlich die Aufhebung und die Vollstreckbarerklärung auf einen ausländischen Schiedsspruch anwendet. Angenommen, ein Schiedsspruch ist im Ursprungsland aufgehoben worden und seine Vollstreckbarerklärung wird im Ausland (aus der Sicht des Ursprungslandes) nachträglich beantragt, so bleibt nach Ansicht Frankreichs[525] und teilweise der USA[526] und gem. Art. V, VII UNÜ dem nationalen Gericht im Vollstreckungsland die Möglichkeit offen, den Schiedsspruch entweder für vollstreckbar oder für nicht vollstreckbar zu erklären. Es könnte also zur einer doppelten Kontrolle im Rahmen des UNÜ kommen: einmal durch die Aufhebung im Ursprungstaat und zweitens durch die Vollstreckbarerklärung eines aufgehoben Schiedsspruchs im Vollstreckungsland. Dies wäre unabhängig davon, ob die Aufhebungsklage im Ursprungsland zurückgewiesen oder der Schiedsspruch im Vollstreckungsland für nicht vollstreckbar erklärt wurde, denn die staatliche Kontrolle hätte ohnehin stattgefunden.
Diese Reihenfolge ist nicht entscheidend bei ausländischen Schiedssprüchen. Es kann auch umgekehrt sein, nämlich eine nachträgliche Aufhebung des Schiedsspruchs im Ursprungsstaat nach der Vollstreckbarerklärung.[527]

522 Siehe Stein/Jonas/Schlosser ZPO Komm, 21. Aufl., 1994, § 1044, Rn 78 f.

523 BGH NJW 1984, 2763, 2764; BGH NJW 1990, 2199.

524 Van den Berg, The New York Convention of 1958, 1981, S. 337.

525 Vgl. Hilmarton/OTV, Cour de Cassation vom 27. Juni 1997 in YBCA. XXII, 1997, S. 696-698.

526 Vgl. auch Chromalloy in Mealy's International Arbitration Report, 1996, S. 145 ff.

527 Dies ist der Fall insbesondere, wenn das Schiedsgesetz keine Frist für die Aufhebung im Inland vorsieht.

Hierbei ist zu bedenken, dass die Aufhebungsgründe nicht in jedem Land dieselben sind[528] und die von jedem Verfahren verfolgten Ziele unterschiedlich sind.
Was das UNCITRAL-Modellgesetz betrifft, entsprechen die im Art. 36 UMG vorgesehenen Versagungsgründe der Anerkennung und Vollstreckung praktisch unverändert denen des Art. V UNÜ und sind wiederum die gleichen der Aufhebung gem. Art. 34.[529] Dementsprechend könnte es hierbei wie bei dem oben genannten Beispiel zur einer doppelten Kontrolle bei ausländischen Schiedssprüchen kommen.
In Ländern wie u.a. Deutschland, der Schweiz und England[530] ist eine solche doppelte Kontrolle seitens der nationalen Gerichte nicht zu erwarten. Denn eine Voraussetzung für die Anerkennung und Vollstreckbarerklärung des ausländischen Schiedsspruchs ist nach der Lehre, dass der Schiedsspruch im Ursprungsland nicht aufgehoben wurde. Dies wäre der Fall nur dann, wenn die Aufhebungsklage im Ursprungsland zurückgewiesen worden ist und die Aufhebung folglich kein Hindernis für die Vollstreckbarerklärung darstellen würde. Erst dann könnte man hierbei von einer doppelten Kontrolle sprechen.
Anders stellt sich die Lage bei inländischen Schiedssprüchen dar. Man hat beim Erlass des UNCITRAL-Modellgesetzes behauptet, Art. 35 Abs. 1 und Art. 36 Abs. 1 seien hinsichtlich des Erlassortes des Schiedsspruchs ein Rückschritt für inländische Schiedssprüche im Sinne der Anerkennung und Vollstreckung.[531] Denn mangels einer Unterscheidung zwischen nationalen und ausländischen (internationalen) Schiedssprüchen würden beide sowohl der Anerkennung als auch der Vollstreckung bedürfen. Damit wolle man ausschließlich die Bedeutung des Ortes des Schiedsspruchserlasses mindern[532] und dadurch beide Arten von Schiedssprüchen gleichstellen. Ob dies zumindest in dieser Art und Weise nötig war, ist streitig,[533] denn es ist nicht zu übersehen, dass in Ländern, die dem Territorialitätsprinzip folgen, der Ort des Erlasses eine entscheidende Rolle spielt.
Der Wortlaut dieser Artikel lässt jedoch die Möglichkeit der Anerkennung oder Vollstreckung offen (je nachdem, wo es erforderlich ist), indem die Konjunktion „oder“ statt „und“ anwendet. Insofern schreiben diese Artikel keineswegs die Anerkennung inländischer Schiedssprüche vor. Ferner sollte man das Gesetz im

528 Vgl. die im s. 68 AA enthaltenen Versagungsgründe mit denjenigen des Art. 34 UMG.
529 Siehe Draft, A/CN.9/WG.II/WP.38, Art. 36, n. 39, p. 1019.
530 Hierbei sind alle Länder umfasst, bei denen die Vollstreckbarerklärung aufgehobener Schiedssprüche nicht zulässig ist.
531 Calavros, Das UNCITRAL-Modellgesetz über die Internationale Handelsschiedsgerichtsbarkeit, S. 167; kritisch Geimer in Zöller ZPO Komm. 25 Auf., § 1061 Rn 1.
532 Siehe Seventh Secretariat Note, A/CN.9/264, Art. 35, para. 3, p. 1040.
533 Siehe Kapitel 1, 2 der vorliegenden Arbeit; kritisch Geimer in Zöller ZPO Komm. 25 Aufl., § 1061 Rn 1.

Rahmen seiner Hauptziele auslegen, welche die Harmonisierung der internationalen Schiedsgerichtsbarkeit und die Schaffung von Regelungen sind, die den heutigen Bedürfnissen der internationalen Schiedsgerichtsbarkeit entsprechen.
Wenn es jedoch der Fall wäre, dass die Anerkennung der Schiedssprüche vor dem Verfahren der Vollstreckbarerklärung im Ursprungslande erforderlich wäre, dann könnte man zu einer doppelten Kontrolle seitens der nationalen Gerichte kommen.

10. Die Versagungsgründe gegen die Anerkennung und Vollstreckung

Das Schiedsgesetz und das Schiedsverfahren sollten nach der Parteivereinbarung konstituiert und geführt werden. Etwaige Lücken in der Parteivereinbarung werden –im Sinne einer materiellrechtlichen Verweisung- je nach dem anwendbaren Recht entweder durch die *lex fori*[534] oder durch das Ermessen des Schiedsgerichts ausgefüllt.
Ein Schiedsspruch, der nach diesen Grundsätzen erlassen ist, soll vom zuständigen Gericht anerkannt und für vollstreckbar erklärt werden. Es sei denn, z. B. die Anerkennung oder Vollstreckung des Schiedsspruches widerspräche dem Ordre Public des Vollstreckungsstaates, nach dessen Recht der Gegenstand des Schiedsspruches nicht schiedsfähig wäre; der unterlegenen Partei wäre das rechtliche Gehör nicht gewährt worden oder der Schiedsspruch handelte von einer vom Schiedsvertrag nicht vorgesehenen oder von den Parteien dem Schiedsgericht nicht unterbreiteten Streitigkeit; oder der Schiedsspruch wäre noch nicht verbindlich.

Alle Schiedsgesetze enthalten abschließende Versagungsgründe gegen die Anerkennung und Vollstreckung ausländischer Schiedssprüche. Das System und der Katalog der im Art. V UNÜ enthaltenen Versagungsgründe sind abschließend. Die Parteien können keine zusätzlichen Versagungsgründe vereinbaren bzw. zugrunde legen. Das nationale Gericht kann sich jedoch gem. Art. VII UNÜ anlässlich der Aufhebung bzw. Anerkennung und Vollstreckbarerklärung auf eine diesbezüglich günstigere Regelungen berufen.
Dies entspricht den Anforderungen an eine Gewissheit und Vorhersehbarkeit im Schiedsverfahren.[535]
Es gibt zwei Kategorien von Versagungsgründen: die erste umfasst diejenigen, die auf Rüge der Parteien zu beachten sind und die zweite diejenigen, die von Amts wegen zu prüfen sind.

534 Gentinetta, Die Lex Fori internationaler Handelschiedsgerichte, S. 272.
535 Berger, International Economic Arbitration, Vol. 9, Deventer/Boston, 1993, S. 662.

10.1. Ungültigkeit der Schiedsvereinbarung

Der erste Versagungsgrund des Art. V Abs. 1 lit. a UNÜ befasst sich mit der Ungültigkeit der Schiedsvereinbarung. Sie stellt einen der in der Praxis wohl wichtigsten Versagungsgründe der Vollstreckbarerklärung dar.[536] Er liegt vor, wenn die Formvorschriften des Art. II Abs. 1 und 2 UNÜ[537] bzw. des anwendbaren Rechts[538] nicht eingehalten werden. Durch das im Art. VII UNÜ enthaltene Meistbegüngstigungsprinzip lässt das New Yorker Übereinkommen die Anwendung nationalen Rechts zu, soweit es eine günstigere Regelung für die Anerkennung und Vollstreckung darstellt. Im deutschen Recht umfasst die durch Art. VII UNÜ gebotene Anwendung schiedsfreundlicheren nationalen Rechts die Bestimmungen zur Anerkennung und Vollstreckung von Schiedssprüchen (§ 1025 ff. ZPO) und die (nationalen) Kollisionsregeln, sowie das danach als Statut der Schiedsvereinbarung berufene nationale Recht.[539]
Dies lässt sich anhand der neueren Rechtsprechung des Bundesgerichtshofs[540] besser erklären:
Das OLG Oldenburg hatte einen ausländischen Schiedsspruch im Inland nicht anerkannt, weil die dem Schiedsverfahren zugrundeliegende Schiedsvereinbarung nicht in Form einer schriftlichen Vereinbarung i.S.d. Art. II Abs. 2 und Art. V Abs.1 lit. a UNÜ erfolgt war. Denn die Schiedsvereinbarung war weder in einem von den Parteien unterzeichneten oder gewechselten (ausgetauschten) Dokument noch in anderer Form der Nachrichtenübermittlung enthalten.
Die unterlegene Partei erhob eine Aufhebungsklage gegen die Ablehnung der Vollstreckbarerklärung. Sie führte aus, dass nach der in Art. VII UNÜ enthaltenen Meistbegünstigungsklausel ein nationales, in diesem Fall deutsches Recht zu Anwendung käme, sobald es für die Vollstreckbarkeitserklärung günstiger sei. Die Formerfordernisse seien nach § 1031 (Abs. 3) ZPO – entgegen der Auffassung des OLG Oldenburg - erfüllt.
Der Bundesgerichtshof führte aus, dass der Meistbegünstigungsgrundsatz nicht nur für die Bestimmungen zur Anerkennung und Vollstreckung von Schiedssprüchen gelte. Diese Bestimmungen umfassten vielmehr Kollisionsregeln, die nicht vom OLG Oldenburg berücksichtigt worden waren. In diesem Fall sei das deutsche Recht als *lex fori* anzusehen. In diesem Sinne komme es nach Art. 11 Abs. 1 EGBGB für das Recht, dem die Schiedsvereinbarung unterliegt und des-

---

536 Kröll, ZZP 117 (2004), 453; Mallmann, SchiedsVZ 2004, 152.

537 Siehe OLG Schleswig RIW 2000/9, S. 706. Hierbei stellt das Gericht fest, dass Art. II UNÜ das anwendbare Recht diesbezüglich sei. Siehe auch Kröll, Stefan, NJW 4/2005, S. 198.

538 § 1031 ZPO, Siehe BayObLG, SchiedsVZ 2004, 45.

539 BGH, vom 21.9.2005 –III ZB 18/05 (OLG Oldenburg) = NJW, 2005/48, S. 3499-3501 (3499).

540 BGH, vom 21.9.2005 –III ZB 18/05 (OLG Oldenburg) = NJW, 2005/48, S. 3499-3501.

sen Form auf die Parteivereinbarung an. In diesem Fall sei aufgrund der Parteivereinbarung niederländisches Recht anzuwenden. Nach der somit maßgeblichen niederländischen Rechtsprechung sei für die Einbeziehung der die Schiedsklausel enthaltenden AGB ausreichend, wenn bei langjährigen Geschäftsbeziehungen - wie geschehen - ein entsprechender Hinweis auf den Rechnungen oder auf dem Briefpapaier erfolge. Der Bundesgerichtshof stellte anhand dieser rechtlichen Prüfung fest, dass die Schiedsvereinbarung nach dem - durch das deutsche Kollisionsrecht festgelegte - weniger strengen, niederländischen Recht als formwirksam anzusehen sei. Der Vollstreckbarerklärung des Schiedsspruchs stehe also nichts entgegen. Aus diesem Grund hob er das Urteil des OLG Oldenburg auf.[541]

Art. V Abs. 1 lit. a UNÜ stellt fest, dass das von den Parteien ausgewählte Recht oder, mangels einer solchen Vereinbarung, das Recht des Erlassortes des Schiedsspruchs für die Bestimmung seiner Gültigkeit oder Ungültigkeit maßgebend ist. Für die Länder, die dem Territorialitätsprinzip folgen, ist ohnehin das Recht des Landes maßgebend, in dem der Schiedsspruch ergangen ist. Anhand der *lex fori* wird also die kollisionsrechtliche Anknüpfung vorgenommen, nach der das für die Formwirksamkeit geltende Recht festgelegt wird.[542] Die subjektive Schiedsfähigkeit regelt sich hingegen gemäß Art. V Abs. 1 lit. a UNÜ nach dem Recht, das für die Parteien persönlich maßgebend ist.

Das UNCITRAL-Modellgesetz enthält im Art. 36 Abs. 1 lit. a) i) eine dem Art. V UNÜ entsprechende Bestimmung. Art 7 UMG enthält jedoch eine detailliertere Bestimmung der Formanforderungen an die Schiedsvereinbarung im Vergleich zu Art. II UNÜ. Solche Bestimmungen sind dem Vorbild des UMG nachgebildet und auch in § 1031 Abs. 1, 3 und 6 ZPO zu finden.[543]

Bei der Nachprüfung der Schiedsvereinbarung muss nachgewiesen werden, dass die Parteien die aus dem von ihnen unterzeichneten Vertrag resultierende Meinungsverschiedenheit dem Schiedsgericht freiwillig unterworfen haben. Denn das Gegenteil würde gegen ein wesentliches Prinzip der Schiedsgerichtsbarkeit verstoßen, nämlich die Freiwilligkeit. Der BGH hat festgestellt, dass die Anerkennung und Vollstreckung eines Schiedsspruchs gegen den Ordre Public ver-

541 BGH, vom 21.9.2005 –III ZB 18/05 (OLG Oldenburg) = NJW, 2005/48, S. 3499-3501 (3501).

542 So BGH, vom 21.9.2005 –III ZB 18/05 (OLG Oldenburg) = NJW, 2005/48, S. 3499-3501 (3500).

543 Vgl. Art. 1443 NCPC; s. 5 AA; Art. 178 IPRG.

stößt, wenn die Schiedsvereinbarung ungültig ist. Denn niemand könne gegen seinen Willen einem Schiedsverfahren unterworfen werden.[544]

Formmängel der Schiedsvereinbarung können zwar dadurch geheilt werden, dass der Schiedsbeklagte das Schiedsgericht nicht auf sie aufmerksam gemacht hat und sich im Gegenteil rügelos zur Sache eingelassen hat;[545] bzw. können sie nicht mehr geltend gemacht werden, wenn nach dem maßgebenden Recht deren Präklusion eingetreten ist.[546]

Die Ungültigkeit der Schiedsvereinbarung hat jedoch die Unzuständigkeit des Schiedsgerichts zur Folge. Allerdings kann man sich auf einen solchen Versagungsgrund und auf diese Begründung im Verfahren der Vollstreckbarerklärung nicht berufen, wenn die dafür vorgesehene Frist bereits abgelaufen ist[547] oder wenn man am Schiedsverfahren teilgenommen hat, ohne die Ungültigkeit der Schiedsvereinbarung geltend gemacht zu haben.[548]

Es werden nicht viele und komplizierte Anforderungen an die Schiedsvereinbarungen gestellt. Jedoch ist es empfehlenswert, dass der Inhalt der Schiedsvereinbarung klar formuliert wird, um zu verhindern, dass sie später für unwirksam erklärt wird.[549]

Für das OLG Hamburg[550] ist z. B. eine Schiedsvereinbarung in diesem Sinne wirksam, in der lediglich „*Arbitration*: Hamburg" steht.

Der BGH hat seinerseits klargestellt, dass solche Schiedsvereinbarungen zulässig sind, in denen mehrere Schiedsgerichte oder Schiedsgerichte und staatliche Gerichte genannt werden. Hierbei besteht eine Rechtswahl für den Kläger.[551]

Das BayObLG hat seinerseits z. B. für nicht ausreichend angesehen, dass bei der Vereinbarung einer Schiedsklausel kein Austausch von Schriftstücken stattgefunden hat, wie Art. II Abs. 2 UNÜ es fordert. Deshalb sei unabhängig vom Vorliegen einer mündlichen Einigung zumindest das Schriftformerfordernis nicht erfüllt.[552] Im diesem Fall hätte die Schiedsvereinbarung die im Art. 1031 Abs. 2 ZPO vorgesehenen Formerfordernisse erfüllt. Das UNÜ ist für die Anerkennung und Vollstreckung ausländischer Schiedssprüche in Deutschland maßgebend.

---

544 BGHZ 52, 184; BGH AWD 1971, 235. Siehe auch BGH, vom 26.06.1969, BGHZ 52, 184; BGH vom 07.01.1971, NWJ 1971, 986.

545 § 1031 Abs. 6 ZPO.

546 § 1027 ZPO. Vgl. Art. V EuÜ; Gottwald in ZPO Münch. Komm. Rn. 7; Siehe auch UNÜ Art. V in ZPO Münch. Komm. Rn. 9. Siehe auch Schlosser in Stein/Jonas ZPO Komm. Anhang § 1061 Rn 55. Mehr dazu unten Kapitel 4, 7.2.

547 Siehe Art. 1040 Abs. 2 ZPO.

548 Urteil *Pia Invest vs. Cassia*, Paris, vom 26.02.1986. Rev. Arb. 1990 S. 851.

549 Kröll, NJW 4/2005, S. 194.

550 SchiedsVZ 2003, 284; ähnl. OLG Dresden, Beschl. v. 26.10.2004 – 11 SchH 3/04.

551 BGH, Internationales Handelsrecht – Zeitschrift für das Recht des internationalen Warenkaufs und –vertriebs (IHR) 2003, 90.

552 BayObLGZ 2002, 392 = NJW-RR 2003, 719.

Das OLG Celle[553] hat auch die Vollstreckbarerklärung eines chinesischen CIETAC[554]-Schiedsspruchs mit der Begründung abgelehnt, dass der Antragsteller nicht nachgewiesen habe, dass zwischen ihm und dem Antragsgegner ein wirksamer Schiedsvertrag geschlossen worden sei. Die Beweislast für die Einigung auf ein Schiedsverfahren treffe gemäß Art. IV, II 1 UNÜ den Antragsteller. Auf die gemäß Art. V UNÜ vom Antragsgegner zu beweisenden Versagungsgründe komme es erst dann an, wenn der Abschluss einer Schiedsklausel vom Antragsteller hinreichend bewiesen worden ist.

Das Bundesgericht hat sich in seiner neuen Rechtsprechung[555] zu diesem Thema geäußert. In diesem Fall hatte das OLG Oldenburg der Vollstreckbarerklärung eines ausländischen Schiedsspruchs verweigert, weil die Entscheidung des Schiedsgerichts nicht die Formerfordernisse des Art. II Abs. 2 UNÜ erfüllt hat, ebenso wenig diejenigen des § 1031 ZPO.
Der Bundesgerichtshof hat der Auffassung des OLG Oldenburg entgegen klargestellt, dass für die Bestimmung des Formvoraussetzungen der Schiedsvereinbarung nicht nur das günstigere nationale Recht anwendbare maßgebend sei, sondern auch die (nationalen) Kollisionsregeln, sowie das danach als Statut der Schiedsvereinbarung berufene nationale Recht gem. Art. VII Abs. 1 UNÜ.
Nach Ansicht des Bundesgerichtshofes sei hier das deutsche EGBGB (Art. 11) als lex fori anzusehen. Danach kommt es für das Recht, dem die Schiedsvereinbarung unterliegt –und dessen Form regiert auf die Parteivereinbarung an. Hierbei hatten die Parteien dem Vertrag niederländisches Recht unterstellt und somit seien nach der maßgeblichen niederländischen Rechtsprechung die Formvoraussetzungen für eine wirksame Schiedsvereinbarung gegeben.
Der BGH führte schließlich aus, dass sich deswegen im Rahmen der rechtlichen Prüfung nicht ausschließen lässt, dass die Formgültigkeit der Schiedsvereinbarung nach dem weniger strengen niederländischen Recht zu beurteilen ist und dies zur Anerkennung der Schiedsvereinbarung als formwirksam führt. Es steht also der Vollstreckbarerklärung kein Hindernis entgegen.[556]

In Frankreich wird eine Schiedsvereinbarung nichtig, wenn sie die Anforderungen des Art. 1443 NCPC[557] nicht erfüllt, nach dem der Schiedsvertrag muss

---

553 OLG Celle, SchiedsVZ 2004, 165 (167); ähnl. hinsichtlich der Beweislast BayObLGZ 2002, 392 = NJW-RR 2003, 719; OLG Schleswig, RIW 2000/9, 706 (707) m. Anm. v. Werder; OLG Rostock, IPRax 2002, 401 (403).

554 China International Economic and Trade Arbitration Commission.

555 BGH, vom 21.9.2005 –III ZB 18/05 (OLG Oldenburg) = NJW, 2005/48, S. 3499-3501 (3499).

556 BGH vom 21.9.2005, NJW 2005/48, S. 3499-3501.

557 *Art. 1443.- La clause compromissoire doit, à peine de nullité, être stipulée par écrit dans la convention principale ou dans un document auquel celle-ci se réfère.*

schriftlich erfolgen muss, und der die die Schiedsrichterernennung und das Ernennungsverfahren regelt. Jedoch erkennt die *Cour de Cassation*[558] eine Schiedsvereinbarung in einem internationalen Schiedsverfahren als gültig an, die zwar nicht schriftlich im von den Parteien unterzeichneten Vertrag enthalten ist, die allerdings von einem Dokument, wie z. B. allgemeinen Geschäftsbedingungen oder einem Mustervertrag abzuleiten ist, auf den der oben genannten Vertrag verweist.

10.2. Verletzung des rechtlichen Gehörs

Die Parteien können das Schiedsverfahren selbst regeln. Wenn es aber an einer solchen Vereinbarung zum schiedsgerichtlichen Verfahren fehlt, steht es im Ermessen des Schiedsgerichts. Die im Gesetz zwingend vorgeschriebenen Mindestpostulate der Verfahrensgerechtigkeit, insbesondere die Gleichbehandlung der Parteien und die Gewährleistung eines fairen Verfahrens durch Gewährung rechtlichen Gehörs sind jedoch stets zu beachten[559] (§ 1042 Abs. 1 ZPO). Das rechtliche Gehör bildet dementsprechend ebenso wie im staatlichen Zivilprozessrecht einen Grundpfeiler des schiedsrichterlichen Verfahrens, der verfassungsrechtlich verankert ist, Art. 20 GG, [560] und ist die wichtigste verfahrensmäßige Sicherung der Parteien gegen Willkür der Schiedsrichter[561].
An die Gewährung des rechtlichen Gehörs sind die gleichen strengen Anforderungen zu stellen wie vor dem staatlichen Gericht.[562]
Nach dem deutschen Bundesverfassungsgericht bedeutet das Prinzip des rechtlichen Gehörs im Rahmen eines gerichtlichen Verfahrens, dass das Gericht den an einem gerichtlichen Verfahren beteiligten Parteien nicht nur die Gelegenheit zur Stellungnahme geben muss und damit, vom Gericht angehört zu werden[563], sondern auch die Ausführungen der Verfahrensbeteiligten zur Kenntnis nimmt[564] und in Erwägungen zieht.[565] Die Beteiligten müssen aktiv auf die Gestaltung des Verfahrens Einfluss nehmen können[566].

Sous la même sanction, la clause compromissoire doit, soit désigner le ou les arbitres, soit prévoir les modalités de leur désignation.

558 Bomar Oil vom 29.11.1993 in Rev. Arb. 1994, S. 108 mit Anmerkung von Kessedkjian.

559 Gottwald in: Geimer Zöller ZPO-Komm. § 1042 Rn 1.

560 BGHZ 31, 43; 23, 218. So auch Rev. Arb. 1991, S. 625.

561 Geimer Zöller ZPO-Komm. § 1042 Rn 3.

562 Walter/Bosch/Brönnimann, Internationale Schiedsgerichtsbarkeit in der Schweiz, S.221. So auch OLG Köln, Beschluss vom 23.4.2004 – 9 Sch 01/03 = SchiedsVZ 2005/3, S. 165.

563 BVerfGE 25, 137.

564 Siehe Kröll, NJW 4/2005, S. 197.

565 BVerfG NJW 1978, 989; BGH, NJW 1992, 2299; OLG Köln, Beschluss vom 23.4.2004 – 9 Sch 01/03 = SchiedsVZ 2005/3, S. 165.

566 BGH WM 1977, 1232.

Das heißt, dass sich die Parteien zu allen Tatsachen und Beweismitteln äußern können[567] und die Gelegenheit haben müssen, zu dem Ergebnis einer Beweisaufnahme Stellung zu nehmen. Sie haben auch das Recht - nicht aber die Pflicht -[568] auf Anwesenheit bei der Beweiserhebung[569].

Der schweizerische Bundesgerichtshof hat seinerseits in einem Urteil den Anspruch auf rechtliches Gehör wie folgt definiert: Der Gehörsanspruch gibt jeder Partei das Recht, sich über alle für das Urteil wesentlichen Tatsachen zu äußern, ihren Rechtsstandpunkt zu vertreten, erhebliche Beweisanträge zu stellen und an Verhandlungen teilzunehmen[570] Dieses Recht umfasst auch das Recht, sich zum gesamten Vorbringen der Gegenpartei zu äußern (*principe de la contradiction*)[571], das Recht auf Akteneinsichtnahme[572], das Recht, sich vor Erlass eines in die Rechtsstellung einer Partei eingreifenden Entscheides zu äußern, mit erheblichen Beweisanträgen gehört zu werden und an der Erhebung der Beweise entweder mitzuwirken oder sich zumindest zum Beweisergebnis vernehmen zu lassen, wenn es geeignet ist, den Entscheid zu beeinflussen.[573]
Ferner besteht eine Verletzung des rechtlichen Gehörs, wenn ein Gericht seinen Entscheid mit einem Rechtsgrund begründen will, auf den sich die beteiligten Parteien nicht berufen haben und mit dessen Erheblichkeit sie vernünftigerweise nicht rechnen mussten.[574]

Die Gleichbehandlung der Parteien als Bestandteil rechtlichen Gehörs fängt bereits mit der Benachrichtigung über die Einleitung eines Schiedsverfahrens an, später über die Ernennung der Schiedsrichter. Jedem muss das Recht darauf gewährt werden, einen Schiedsrichter zu benennen bzw. an der Ernennung des einen Schiedsrichters teilzunehmen. Dieses Prinzip muss im Grunde genommen den Verlauf des ganzen Schiedsverfahren beherrschen.
Ebenso stellt die Neutralität des Schiedsrichters auch ein wichtiges Element dieses Grundprinzips dar.[575]

---

567 Vgl. In der Schweiz BGH KTS 62, 240; OLG Hamburg MDR 1951, 241.

568 Siehe Geimer in Zöller ZPO Komm. § 1042 Rn 10.

569 BGHZ 3, 218, (Hamburg), MDR 68, 1018; Siehe auch BayObLG EWiR 2000, 199.

570 Schweiz BGE 116 II 639, S. 643. Siehe auch dazu Trustess of Rotoaira Forest Trust v. Attorney-General, *High Court of New Zealand*, Urteil v. 30.11.1998, in: Alvarez/ Kaplan/ Ivkin, Model Law Decisions, S. 181.

571 Schweiz BGE 117 II S. 347 f.; BGE 116 II 643 E. 4c; Urteil des BGer vom 23.10.1989, ASA-Bulletin 1990 Nr. 1, S. 51 f.

572 Schweiz BGE 119 II S. 388.

573 BGer unveröfftl. Entscheid vom 9.7.1996 Erw. 1b.

574 BGer vom 2.3.2001, in: ASA Bull 2001, S. 536.

575 De Boisséson, Le Droit français de l'arbitrage, S. 678. Siehe auch in der Schweiz BGE 105 Ia 247f. ; 93 I 49 Erw. 4c.; 92 I 275 Erw. 4; 90 I 113; 87 I 73 Erw. 6c.; BGH vom 4.3.1999 BB 1999, 1133, 1134; OLG Hamburg vom 6.9.1984; LG Hamburg vom

Nach der alten deutschen Rechtssprechung gibt der Grundsatz des rechtlichen Gehörs den Parteien keinen Anspruch darauf, „zur rechtlichen Würdigung der durch sie in den Prozess eingeführten Tatsachen noch besonders angehört zu werden." Anders ausgedrückt: das Schiedsgericht muss sich nicht mit dem gesamten Vorbringen bzw. Vortrag der Parteien auseinandersetzen.[576] Nach der neuen Restsprechung kann man von der Verletzung rechtlichen Gehörs sprechen, wenn der Schiedsspruch das Vorbringen einer Partei überhaupt nicht erwähnt und keinerlei Abwägung der einzelnen Vorträge erkennen lässt.[577]

Die Versagung des rechtlichen Gehörs ist kein absoluter Aufhebungs- bzw. Versagungsgrund; die Versagung muss die unterlegene Partei benachteiligt haben.[578] Umgekehrt formuliert muss die betroffene Partei darlegen, dass ein ordnungsgemäßes Verfahren zu einem anderen Ergebnis geführt hätte.[579]
Eine Verletzung liegt nicht vor, wenn die Rüge sich auf Regelungen stützt, die vom Schiedsgericht aufgrund des von den Parteien gewählten Verfahrens oder Schiedsreglements angewendet wurden, solange diese Regelungen den Grenzen der unverzichtbaren Minimalanforderungen[580] eines fairen Prozesses entsprechen.[581]

Das OLG Köln[582] hat in seiner neuen Rechtsprechung festgelegt, dass selbst wenn das Schiedsgericht Beweisanträgen aus Gründen des formellen oder materiellen Rechts nicht nachgegangen war, der Grundsatz des rechtlichen Gehörs

---

10.12.1985, 1987 XII YCA, 487, 488; *Cour de Cass.* vom 24.3.1998, Rev. Arb. 1999, 255, 256.

576 Vgl. OLG Hamburg KTS 1962, 119; BGH ZZP 71, 435; BGH RIW 90, 494 = IPRax 91, 244. Zur Verletzung des rechtlichen Gehörs siehe Hamburg MDR 75, 940 = IPRspr 75/202; BGH RIW 90, 495 = IPRax 91, 244; Van den Berg, The New York Konvention of 1958, 1981, S. 300; Siehe auch Kröll, NJW 4/2005, S. 197.

577 Kröll, NJW 2005/4, S. 197. Vgl. OLG Köln, Beschl. v. 26.11.2002 – 9 Sch 19/02 (unveröff.).

578 BGHZ 31, 43;96, 40 m.w.N. Vergl. OLG Hamburg RIW 1991, 152, 154; Kröll, SchiedsVZ 2004, 113, 118. OLG Hamm, Beschluss vom 27.September 2005, 29 Sch 1/05. A. GmbH (Deutschland) gegen B. (iranischer Staatsangehöriger)=ASA Bull. 2006/1, S. 153=SchiedsVZ 2006, S. 106. So auch in Frankreich, Boisséson, S. 797. Siehe auch Paris, 21.11.1967 in Rev. Arb. 1967, S. 22. Fouchard/Gaillard/Goldmann, Rn. 1607, 1644.

579 OLG Stuttgart, Beschl. v. 14.10.2003 – 1 Sch 16/02 (unveröffentlicht).

580 § 1042 Abs. 1 ZPO; Art. 182 Abs. 3 IPRG; Art. 1460 NCPC; s. 33 AA; Art. 15 ICC-Rules. Alle in Anlehnung an Art. 18 UMG.

581 So Bucher, Die neue internationale Schiedsgerichtsbarkeit in der Schweiz, S. 158, Rn. 441; Walter, /Wolfgang/Brönnimann, Internationale Schiedsgerichtsbarkeit in der Schweiz,, S. 125.

582 OLG Köln, Beschluss vom 23. April 2004 – 9 Sch 01/03=SchiedsVZ, 2005/3, S. 163 (165).

nicht verletzt sei. Das gilt selbst bei einer fehlerhaften Beurteilung, solange sie nicht nur vorgeschoben ist, um etwa zu verstecken, dass das Schiedsgericht sich mit dem Vortrag nicht befasst hat.

Die Verletzung des rechtlichen Gehörs während des Verfahrens kann im Laufe des Schiedsverfahrens dadurch geheilt werden, dass der Fehler vom Schiedsgericht korrigiert wird oder indem sich die betroffene Partei rügelos am weiteren Verfahren beteiligt.[583] Die betroffene Partei muss die Verletzung des rechtlichen Gehörs nach Möglichkeit bereits im Verlauf des Schiedsverfahrens rügen, damit die Rüge nicht präkludiert wird(§ 1027 ZPO)[584].

Ein solcher Rügeverlust kann jedoch für solche Fälle nicht gelten, in denen die Partei ihre Rüge gar nicht vorbringen konnte, etwa weil sie erst nach Abschluss des Schiedsverfahrens Kenntnis der Tatsachen erhalten hatte.[585]

Die Verletzung des rechtlichen Gehörs wird häufig als die Verletzung des verfahrensrechtlichen Ordre Public bezeichnet.[586]

Die ungenügende Gewährung rechtlichen Gehörs wird immer wieder damit begründet, dass einzelnen Beweisanträgen nicht nachgegangen wurde. Nach dem OLG Bremen[587] ist die Nichtberücksichtigung von Anträgen zur erneuten Vernehmung von Zeugen nicht als Versagungsgrund gewertet worden, denn die Beurteilung der Notwendigkeit der Beweiserhebung obliegt grundsätzlich dem Schiedsgericht.

Liegen keine besonderen Anzeichen vor, dass die Voraussetzungen einer Verletzung des rechtlichen Gehörs gegeben sind, dann geht das Gericht davon aus, dass sie nicht gegeben sind.[588]

---

583 OLG Schleswig, Beschluss vom 30.3.2000- 16 SchH 5/99=RIW 2000/9, S. 706 (707); OLG Hamm, Beschluss vom 27.9.2005, 29 Sch 1/05=ASA Bull. 2006/1, S. 153 (154-155). So auch Zürcher Kommentar zum IPRG Art. 194 Rn. 20.

584 Geimer in ZPO Zöller Komm. § 1059 Rn 40.

585 Walter/Bosch/Brönnimann, Internationale Schiedsgerichtsbarkeit in der Schweiz, S. 225.

586 Vgl. OLG Köln MDR 1071, 402.; vgl. Garnett/Gabriel/Waincymer./Epstein, A Practical Guide to International Commercial Arbitration, Abschnitt 8.2.7; Bucher, Die neue internationale Schiedsgerichtsbarkeit in der Schweiz, Basel/Frankfurt a.M., 1989, S. 158, Rn 442; So auch Walter/Bosch/Brönnimann, Internationale Schiedsgerichtsbarkeit in der Schweiz, S. 225; Lörcher/Lörcher, Das Schiedsverfahren –national, international-nach deutschem Recht, S. 104, Rn 388. Siehe auch Paris, 13.11. 1980, Rev. Arb.1984, S. 129; Paris, 27.11.1987, Rev. Arb. 1989, S. 62.

587 OLG Bremen v. 10.11.2005 – 2 Sch 2/05=Kröll, SchiedsVZ 2006/4, S. 203 (211).

588 KG, Beschl. v. 8.4.2002 – 23/29 Sch 13/01 (unveröff); OLG Stuttgart, Beschl. v. 3.6.2003 – 1 Sch 2/2003 (unveröff); OLG Krankfurt a.M., Beschl. v. 10.7.2003 – 26 Sch 1/03, jew. unter Berufung auf BVerfGE 80, 269 (286) = NJW 1989, 2611. Siehe auch Paris, 13.11. 1980, Rev. Arb.1984, S. 129; Paris, 27.11.1987, Rev. Arb. 1989, S.62.

Allein die Ablehnung von Fristverlängerungen oder das Nichterscheinen zur Verhandlung[589] begründet keinen Verweigerungsgrund der Verletzung des rechtlichen Gehörs.[590]
Eine Verletzung der richterlichen Aufklärungspflicht stellt nicht zugleich eine Verletzung des Anspruchs auf rechtliches Gehör dar, denn die Parteien haben keinen Anspruch darauf, die Rechtsauffassung des Gerichts kennenzulernen[591]. Dies ist jedoch nicht der Fall, wenn das Schiedsgericht von einer vorher mitgeteilten Rechtsansicht ohne Mitteilung an die Parteien abweicht und wenn die Parteien dadurch am Vorbringen von Angriffs- und Verteidigungsmitteln gehindert werden.[592]

Nach der schweizerischen Rechtsprechung ist eine Verletzung des rechtlichen Gehörs im Sinne vom Art. 190 IPRG nicht schon dann gegeben, wenn ein offensichtliches Versehen zu einem Fehlentscheid führt[593], sondern nur dann, wenn eine Partei „das richterliche Versehen verhindert hat, ihren Standpunkt in Bezug auf ein prozessrelevantes Thema in den Prozess einzubringen und zu beweisen“.[594]

Nach der französischen Rechtsprechung gehört der Grundsatz der Gleichbehandlung der Parteien zum Ordre Public: *„Le principe d'égalité des parties dans la désignation des arbitres est d'Ordre Public; on ne peut y renoncer qu'après la naissance du litige“* [595] Sowohl die Gleichbehandlung als auch der Anspruch auf rechtliches Gehör seien Gegenstand aller modernen Schiedsgesetze und bildeten auch einen festen Bestandteil des internationalen Ordre Public.[596]
Der *Cour d'appel* hat seinerseits klar gemacht, dass keine Verletzung des *Principe de la contraction* vorliegt, wenn die Parteien im Schiedsvertrag einen Rechtsmittelverzicht vereinbart haben.[597]
Nach der französischen Lehre hat das Gericht in einem Vollstreckungsverfahren eines ausländischen Schiedsspruchs in Frankreich, wenn die unterlegene Partei

---

589 BGer vom 12.1.1989, Yearbook Commercial Arbitration XV S. 509.

590 Zürcher Kommentar zum IPRG Art. 194 Rn 19.

591 Vgl. OLG Hamburg KTS 1962, 119; BGH WM 1983, 1207. So auch BGHZ, 85, S. 288.

592 BGH KTS 1973, 128, 133; kritisch dazu Habscheid, ZZP 79, 456.

593 BGE 127 III S. 579.

594 BGer vom 10.11.2001, in: ASA Bull 2002, S. 473 ff.

595 *Cour de Cass.* civ. 1 ère, 7.1.1992, *Stés BKMI et Siemens C. Sté Dutco*; Rev. arb. 1992, S. 470; *Cour de Cassation*, 5.5.1989, Rev. arb. 1989, S. 723.

596 Bellet, RIW 1993, 702, 706. Siehe Paris 27.11.1987, Rev. Arb. 1989, S. 62.

597 *Cour d'appel de Paris*, Urteil v. 16.01.2003, Société des télécommunications internationales du Cameroun c/ France Télécom : « *Le demandeur au recours en annulation ne peut sérieusement invoquer une violation du principe de la contradiction part la tribunal arbitral qui a conclu avec les parties une convention qui l'aurait prive de son droit à faire valoir des moyens de défense*. »

sich auf einen Verstoß gegen das rechtlich Gehör berufen hat, mittels der französischen Standards der *Fairness* und *due process* den angeblichen Versagungsgrund zu prüfen und nicht anhand der verfahrensrechtlichen Bestimmungen, die im Schiedsverfahren anzuwenden waren.[598]
Ferner hat der *Cour d'appel* [599] festgelegt, dass wenn eine Partei das Schiedsgericht über das Vorkommen eines Verstoßes gegen eine verfahrensrechtliche Regelung nicht informiert hat, sobald sie darüber im Schiedsverfahren erfahren hat, sie damit auf das Recht verzichtet hat, sich in einem späteren Aufhebungsverfahren darauf zu berufen bzw. ihre Klage wird abgelehnt, es sei denn, es handelt sich um den Ordre Public.
Die Gewährung rechtlichen Gehörs ist auch in s. 33 Arbitration Act in Anlehnung an das Art. 18 UMG vorgesehen und ebenso in Art. 34 und 36 UMG als Aufhebungs- und Versagungsgrund der Anerkennung und Vollstreckbarerklärung. Dieses Prinzip wurde in Art. 34 Abs. 2 lit. a, i) und Art. 36 Abs. 1 lit. a, ii) eingeführt, da dies eine in der Vollstreckungspraxis häufig anzutreffende Rüge ist.[600]
Nach dieser Vorschrift muss das Schiedsgericht die Parteien fair und unparteiisch behandeln und jeder Partei ausreichend Möglichkeit *(„reasonable opportunity"[601])* bieten, ihre Tatsachen- und Rechtsansicht darzulegen bzw. auf diejenigen der anderen Partei Bezug zu nehmen (s. 33 (1) (a) AA). Bei einer groben Verletzung der in s. 33 AA vorgesehenen Pflicht ergeben sich zwei Folgen. Zum einen können die Schiedsrichter nach s. 24 AA abberufen werden[602] oder zum anderen kann der Schiedsspruch aufgrund einer *„serious irregularity"* nach s. 68 (2) AA an das Schiedsgericht zur Korrektur teilweise oder komplett zurückverwiesen bzw. aufgehoben werden.[603] In beiden Fällen wird vorausgesetzt, dass die betroffene Partei durch die Pflichtverletzung einen schweren Nachteil (*„substantial injustice"*) erleidet.[604]

10.3. Überschreitung des Schiedsauftrags

Ein anderer Versagungsgrund liegt im Sinne des Art. V Abs. 1 lit. c UNÜ vor, wenn die im Schiedsverfahren entschiedene Streitigkeit ganz oder teilweise über

---

598 Siehe Devolvé/Rouche/Pointon, French Arbitration Law and Practice, S. 257, Rn. 450.

599 *Cour d'appel* Paris, 12.01.1995, Rev.Arb. 1996, S. 72.

600 Vgl. UN-Doc .A/CN.9/168, p. 32ff.

601 Das Wort *„full"* der offiziellen Fassung des Art. 18 UMG wurde durch das Wort *„reasonable"* ersetzt, um Probleme zu vehindern, denn *full* kann nicht immer unter allen Umständen angewendet werden. Siehe Cato, Arbitration Practice and Procedure, 2002, 1268.

602 Siehe ausführlich dazu: Cato, Arbitration Practice and Procedure, S. 1060ff.

603 Cato, Arbitration Practice and Procedure, S. 1092ff.

604 Siehe zum Fairness und Gleichbehandlung, *Gangbola v. Smith and Sherriff Limited* (1998) 3 All ER 730.

die in der Schiedsvereinbarung enthaltenen Befugnisse des Schiedsgerichts hinausgeht. Eine solche Entscheidung wird als *ultra petita* bezeichnet.[605] Ist der Teil des Schiedsspruchs, der sich auf den Auftrag beschränkt, von dem anderen trennbar, so wird der erstgenannte Teil des Schiedsspruchs anerkannt und für vollstreckbar erklärt (Art. V Abs. 1 lit. c).
Bei diesem Versagungsgrund geht es nicht um die Prüfung, ob das anwendbare Recht richtig angewendet wurde oder ob der vom Schiedsgericht erlassene Schiedsspruch in der Sache richtig war, sondern einzig und allein darum, ob das Schiedsgericht seine Befugnisse in der Tat überschritten hat.
Erstaunlicherweise stellen Schiedssprüche, in denen das Schiedsgericht nicht über sämtliche in der Schiedsvereinbarung enthaltene Ansprüchen - *infra petita* - entschieden hat, nach Art. V Abs. 1 lit. c keinen Versagungsgrund dar.[606]

In Frankreich hat die *Cour d'appel* von Paris teilweise einen Schiedsspruch aufgehoben, weil das Schiedsgericht über seine Befugnisse hinausging, als es bei der Berechnung der Verzugszinsen einen längeren Zeitraum zugrunde gelegt hatte als von der Klägerin beantragt worden war.[607] In einem anderen Fall hob die *Cour d'appel* einen Schiedsspruch auf, weil das Schiedsgericht der obsiegenden Partei Zinsen zugesprochen hatte, obwohl diese gar nicht Gegenstand des Klägerantrags gewesen waren.[608]
In Frankreich stellt ein *infra petita* Schiedsspruch auch keinen Versagungsgrund nach Art. 1502 Nr. 3 NCPC dar. Die noch nicht entschiedenen Anträge werden, je nach Befinden des Appelationsgerichts, noch einmal den Schiedsrichtern vorgelegt, damit sie darüber entscheiden können oder an das zuständige Gericht verwiesen.[609] Es sei denn, die unentschiedenen Anträge sind von den anderen des Schiedsspruchs nicht trennbar. In diesem Fall muss der Schiedsspruch aufgehoben werden.[610]

---

605 Siehe YBCA VI, 1981, S. 273 ff; Siehe auch in der Schweiz BGer vom 30.12.1994, ASA Bull. 1995 S. 217; BGer vom 02.03.2002, *Bank Saint Petersburg PLC vs. ATA Insaat Sanayi ve Ticaret Ltd.*.in Knoepfler/Schweizer, Arbitrage International,S. 671.

606 Schwab/Walter, Kap. 57 N. 4 S. 456; Van den Berg, The New York Arbitration of 1958, 1981, S. 320; Lörcher/Lörcher, Das Schiedsverfahren –national, international- nach deutschem Recht,, S. 104, Rn 390.

607 *Cour d'appel* Paris, 28.6.1988, *Société Total Chine vs. Société E.M.H. et G.S.C.*, Rev.arb. 1989, 328, 332, Anm. Pellerin.

608 *Cour d'appel* Paris, 6.4.1995, *Société Thyssen Stahlunion vs. Société Maaden*, Rev.arb. 1995, 449, 467. Vgl. auch Paris, 19.1.1990, Société Immoplan vs. Société Mercure, Rev.arb. 1991, 125.

609 de Boissesón, S. 837 in: Lörcher, Das internationale Handelsschiedsverfahren in Frankreich, S.69.

610 Paris, 15.6.1984, *SA Economie Mixte de la Ville de Joigny dite: SAEM vs. la Compagne Générale d'applications Thermiques, dite CGAT SA*, unveröff. Siehe Lörcher, Das internationale Handelsschiedsverfahren in Frankreich, S. 69.

Art. V Abs. 1 lit. c UNÜ kommt auch zur Anwendung, wenn das Schiedsgericht ohne ausdrückliche Ermächtigung nach Billigkeit entschieden hat.[611] Aber ob dies auch der Fall bei der Anwendung der *lex mercatoria* ist, ist es streitig. Nach deutschem Recht, muss es wie beim schweizerischen Recht[612] eine Ermächtigung des Schiedsgerichts durch die Parteien diesbezüglich geben. Dagegen ist die Anwendung der *lex mercatoria* für das französische Recht nur unzulässig, wenn die Parteien dies ausdrücklich untersagt haben.[613] Im Gegensatz zu der Entscheidung nach Billigkeit, für die die Schiedsrichter eine ausdrückliche Ermächtigung seitens der Parteien haben müssen.[614]

10.4. Unverbindlichkeit des Schiedsspruches

Ein Schiedsspruch ist verbindlich, wenn er nach dem für ihn anwendbaren Recht für vollstreckbar erklärt werden kann. Das heißt, dass er nicht mehr beim Schiedsgericht oder vor staatlichen Gerichten anfechtbar ist.[615] Das ist aber z. B. in Deutschland und in der Schweiz nicht der Fall, wenn er im Ursprungsstaat aufgehoben[616] ist oder in seiner Rechtswirkungen für die Dauer eines gegen ihn eingeleiteten Aufhebungsverfahrens gehemmt worden ist.[617]

Wie bereits erwähnt, ist die Verbindlichkeit des Schiedsspruches in Frankreich keine Vorraussetzung für die Vollstreckbarkeitserklärung des Schiedsspruchs im Sinne des Art. 1502 NCPC.
Vielmehr ist die Vollstreckbarerklärung des im Ausland ergangenen Schiedsspruchs nicht ausgeschlossen, wenn er bereits im Ursprungsland aufgehoben wurde.[618]

10.5. Verletzung der Vorschriften über die Bildung des Schiedsgerichts oder das schiedsgerichtliche Verfahren

Die Parteien können auf Grund der Parteiautonomie ihr eigenes Schiedsgericht zusammenstellen und Vereinbarungen über das Verfahren für die Bildung des Schiedsgerichts treffen (§ 1035 ZPO).

611 Rosenberg/Schwab/Gottwald, Zivilprozessrecht, München, S. 1305, Rn 30.
612 Heini zu Art. 187 Rn 16a IPRG in Zürcher Komm. zum IPRG.
613 Rosenberg/Schwab/Gottwald, Zivilprozessrecht, S. 1305, Rn 30.
614 Devolvé/Rouche/Pointon, French Arbitration Law and Practice, S. 252, Rn 442.
615 BGH NJW 1984, 2763, 2764; BGH NJW 1990, 2199.
616 Ausn. z. B. Frankreich. Siehe hierzu oben Kapitel 2, 2.7.
617 Bucher, Die neue internationale Schiedsgerichtsbarkeit in der Schweiz, S. 160, Rn 450.
618 *Cour de Cassation.*, 23.3.1994, *Société Hilmarton vs. Société OTV*, Rev.arb. 1994, 327.

Wurde das Schiedsgericht nicht ordnungsgemäß gebildet bzw. wurde gegen Verfahrensvorschriften verstoßen, dann kommt Art. V Abs. 1 lit. d UNÜ zur Anwendung.
Der Versagungsgrund des Art. V Abs. 1 lit. d UNÜ gehört zu den umstrittensten[619] Bestimmungen der Konvention, denn er besagt, dass die Bildung des Schiedsgerichtes oder das schiedsrichterliche Verfahren **der Vereinbarung der Parteien**, oder, mangels einer solchen Vereinbarung, dem Recht des Landes, in dem das schiedsrichterliche Verfahren stattfand, entsprechen muss.
Aus dieser Bestimmung könnte man ableiten, dass den Parteien das *uneingeschränkte* Recht zur Wahl eines Schiedsverfahrensrechts zukommt und das Verfahrensrecht am Ort des Schiedsverfahrens nur zur Anwendung kommt, wenn die Parteien keine Vereinbarung getroffen haben.[620] Hierbei stellt sich die Frage, ob das Recht der Parteien, ein Schiedsverfahrensrecht zu vereinbaren, tatsächlich uneingeschränkt ist, oder ob die zwingenden Bestimmungen des Schiedsverfahrensortes Vorrang haben.
Manche Autoren sind der Auffassung, dass sowohl die erste als auch die zweite Ansicht ungewollte Konsequenzen haben könne.[621] Wenn die Parteien das Schiedsverfahrensrecht eines anderen Staates als am Schiedsverfahrensort vereinbaren und die Schiedsrichter es einschränkungslos anwenden, dann kann es dazu kommen, dass der Schiedsspruch in allen Ländern, die es nicht zulassen, durch Aufhebungsklagen aufgrund des Verstoßes gegen zwingendes Recht am Schiedsverfahrensort angegriffen werden kann. Wird das Schiedsurteil aufgehoben, so gilt es im Sitzland nicht mehr und kann nicht für vollstreckbar erklärt. In den anderen Ländern bleibt die Möglichkeit offen, dass sie den aufgehobenen Schiedsspruch dann gemäß Art. V Abs.1 lit. e UNÜ anerkennen oder nicht.[622]
Andererseits sei die Anwendung des am Schiedsverfahrensort zwingenden Verfahrensrechts (um keinen Aufhebungsgrund nach nationalem Recht entstehen zu lassen) einen Verstoß gegen die Parteivereinbarung. Daraus ergebe sich ein Vollstreckungshindernis (in einem anderen Land als das Schiedsverfahrensort) nach Art. V Abs. 1 lit. d UNÜ.[623]

Das Ziel der Konvention ist die Erleichterung der Anerkennung und Vollstreckung der Schiedssprüche. Darüber hinaus ist zu bejahen, dass den Parteien die

619 Lionnet, Handbuch der internationalen und nationalen Schiedsgerichtsbarkeit, 2001, S. 97.

620 Lionnet, Handbuch der internationalen und nationalen Schiedsgerichtsbarkeit, S. 97.

621 Van den Berg, Consolidated Arbitrations, The New York Convention and the Dutch Arbitration Act 1986, in: Arbitration International, 1987, und zwar: Jarwin, A Critique of Dr. Van den Berg, S. 254; Van den Berg, a replique to Mr. Jarvin, S. 257.

622 Siehe Kapitel 3, 8.3.

623 Van den Berg, a.a.O. 257 ff. Kritisch Lionnet, Handbuch der internationalen und nationalen Schiedsgerichtsbarkeit, S. 100; Schwab/Walter; Schiedsgerichtsbarkeit, S. 507 Rn 6.

Freiheit zur Wahl des Verfahrensrechts eingeräumt wird und dass die Parteiautonomie ein primäres Anknüpfungsmerkmal für die Festlegung des Vertragsstatuts darstellt.[624]

Jedoch ist auch anzunehmen, dass die zwingenden Normen des Schiedsverfahrensrechts am Schiedsverfahrensort eingehalten werden müssen[625], dadurch wird nicht die Rechtswahl der Parteien eingeschränkt, sondern bloß ihre Wirkungen.[626]

Das UNCITRAL-Modellgesetz enthält in Art. 36 Abs. 1 lit. a, iv) eine ebensolche Bestimmung, was die Anerkennung und Vollstreckung angeht. Jedoch ist in Art. 34 Abs. 2 lit. a, iv) eine deutlichere Bestimmung zu finden.

Sie besagt, dass ein Schiedsspruch nur aufgehoben werden kann, wenn die Bildung des Schiedsgerichts oder das schiedsrichterliche Verfahren der Vereinbarung der Parteien nicht entsprochen hat, es sei denn, dass die Vereinbarung ihrerseits einer Bestimmung dieses Gesetzes, von der die Parteien nicht abweichen können, widersprochen hat oder, sofern eine Vereinbarung nicht getroffen wurde, dass die Bildung des Schiedsgerichts oder das schiedsrichterliche Verfahren diesem Gesetz widersprochen hat.

Zu bedenken ist, dass ein aufgehobener Schiedsspruch für inexistent in manchen Ländern gehalten wird und ihm nach Art. 36 Abs. 1 lit. b, ii) UMG, d.h. auf Grund des Verstoßes gegen den Ordre Public, die Vollstreckbarerklärung verweigert werden kann.

§ 1059 Abs. 2 lit. d ZPO seinerseits drückt es so aus: Ein Schiedsspruch kann nur aufgehoben werden, wenn der Antragsteller den Beweis erbringt, dass die Bildung des Schiedsgerichts oder das schiedsrichterliche Verfahren einer Bestimmung dieses Buches oder einer zulässigen Vereinbarung der Parteien nicht entsprochen hat und anzunehmen ist, dass sich dies auf den Schiedsspruch ausgewirkt hat.

Die korrekte Zusammensetzung des Schiedsgerichts bestimmt sich in der Schweiz nach der Vorschriften der Artt. 179 und 180 IPRG. Gemäß Art. 180 Abs. 2 IPRG kann ein Mangel in der Person des Schiedsrichters nicht mehr zu dessen Ablehnung führen, wenn eine Partei in Kenntnis dieses Mangels an der Ernennung des betreffenden Schiedsrichters mitgewirkt hat; es sei denn, die Partei erlangt später Kenntnis von einem Versagungsgrund, dann hat sie diesen

624 Staudinger/Magnus, Art. 27 EGBGB Rn 21.

625 Siehe unten Kap. 4, 10, 10.3.2, a). Eine vergleichbare Regelung ist auch Art. 1 Abs. 2 UNCITRAL-Arbitration Rules: *These Rules shall govern the arbitration except that where any of these Rules is in conflict with a provision of the law applicable to the arbitration, from which the parties cannot derogate, that provision prevail.*

626 Staudinger/Magnus, Art. 27 EGBGB Rn 26. Vgl. aber Lionnet, Handbuch der internationalen und nationalen Schiedsgerichtsbarkeit, S. 100.

Mangel unverzüglich aufzugreifen. Untätigkeit der Partei bewirkt demnach Verlust des Rügerechts.[627]

Dieser Aufhebungs- und Versagungsgrund wird z. B. in Frankreich zum Teil direkt auch als ein Verstoß gegen den Ordre Public angesehen, besonders wenn Grundsätze der internationalen Schiedsgerichtsbarkeit wie die Unabhängigkeit und Unparteilichkeit des Schiedsrichter involviert sind.[628]
In Frankreich ist das Verfahrensrecht des Erlassortes nicht für die Bildung des Schiedsgerichts oder das schiedsrichterliche Verfahren maßgebend und seine Missachtung stellt dementsprechend keinen Versagungsgrund nach Art. 1502 Nr. 3 NCPC dar. Es sei denn, die Parteien haben das Verfahrensrecht des Ortes des Schiedsverfahrens als anwendbares Verfahrensrecht vereinbart.[629]
Art. 1494 Abs. 2 NCPC besagt, dass der Schiedsrichter beim Schweigen der Vereinbarung das Verfahren bestimmt, entweder unmittelbar oder durch Bezugnahme auf ein Gesetz oder eine Schiedsverfahrensordnung. In gleicher Weise regelt Art. 182 Abs. 2 IPRG in der Schweiz den Sachverhalt.
Hierbei ist der Vorrang zwischen einem Schiedsgesetz oder dem Ermessen des Schiedsgerichts zugunsten des letzten verschoben.[630]

Zusammenfassend räumen Art. 19 UMG, § 1042 ZPO, Art. 1494 NCPC und Art. 182 des IPRG den Parteien die Befugnis zur Vereinbarung der Verfahrensregeln ein. Unterlassen die Parteien hier eine Regelung, wird die subsidiäre Ausfüllung der Lücken dem freien Ermessen der Schiedsrichter überlassen.

10.6. Fehlende Schiedsfähigkeit

Beim Begriff der Schiedsfähigkeit ist zwischen der subjektiven und objektiven Schiedsfähigkeit zu unterscheiden. Bei der subjektiven Schiedsfähigkeit (*ratione personae)* handelt sich um die Handlungsfähigkeit, das heißt, um die Rechts- und Geschäftsfähigkeit der beim Abschluss des Schiedsvertrages beteiligten Personen. Die Fähigkeit, eine Schiedsvereinbarung abzuschließen, bemisst sich nach dem Personalstatut der Parteien[631]. Dagegen handelt es sich bei der objektiven Schiedsfähigkeit *(ratione materiae*) um die Schiedsfähigkeit des Gegens-

---

627 Walter/Bosch/Bronnimann, Internationale Schiedsgerichtsbarkeit in der Schweiz, S.215.

628 Siehe Devolvé/Rouche/Pointon, French Arbitration Law and Practice, S.247, Rn 431. Siehe auch das Urteil Paris, vom 9.4.1992, Rev. crit. DIP, 1993, S. 760.

629 Siehe Devolvé/Rouche/Pointon, French Arbitration Law and Practice, S. 250, Rn 436.

630 Lionnet, Handbuch der internationalen und nationalen Schiedsgerichtsbarkeit, S. 219.

631 Jermini, Die Anfechtung der Schiedssprüche im internationalen Privatrecht, S.382, Rn 782; Bucher, Die neue internationale Schiedsgerichtsbarkeit in der Schweiz, 1989, S. 157, Rn. 439.

tandes des Verfahrens.[632] Hierbei ist jeder vermögensrechtliche Anspruch schiedsfähig bzw. jeder nicht nichtvermögensrechtliche Anspruch, bei denen die Parteien berechtigt sind, über den Gegenstand des Streits einen Vergleich zu schließen (§ 1030 Abs. 1 ZPO).
Auf die Frage nach dem maßgebenden Recht zur Bestimmung der subjektiven Schiedsfähigkeit gibt jedoch weder Art. 1030 Abs. 1 ZPO noch Art. 36 Abs. lit. b i) UMG eine Antwort. Das einzige Anknüpfungskriterium ist erst im Art. V Abs. 1 lit. a UNÜ zu finden, wonach die subjektive Schiedsfähigkeit nach dem Recht zu bestimmen ist, das für die entsprechende Person maßgebend ist (Personalstatut)[633].
Was die objektive Schiedsfähigkeit anbelangt, ist sie gem. Art. V Abs. 2 lit. a UNÜ am Recht des Vollstreckungsstaates zu messen und von Amts wegen zu prüfen.
Der Inhalt der Schiedsfähigkeit ist nicht statisch, sondern ganz im Gegensatz ändert und entwickelt er sich stets.[634] Was heute nicht schiedsfähig ist, kann es morgen werden. Die einzige Grenze hierbei besteht darin, dass aus übergeordneten Interessen die Notwendigkeit eines Entscheidungsmonopols der staatlichen Gerichte in manchen Rechtsgebieten erhalten bleibt.[635]
Wenn sich der Schiedsbeklagte nicht bereits im Schiedsverfahren auf seine fehlende Schiedsfähigkeit und die daraus resultierende Unwirksamkeit der Schiedsvereinbarung berufen hat, kann er dies nicht erstmals im Vollstreckbarerklärungs- bzw. Aufhebungsverfahren tun.[636]

Der Begriff der Schiedsfähigkeit fällt nicht notwendigerweise unter den des Ordre Public.[637]
Die Schiedsfähigkeit ist eine Voraussetzung für eine gültige Schiedsvereinbarung, welche eine große Rolle spielt: erstens für die Zulässigkeit eines Schiedsverfahrens, zweitens als Rügegrund im Beschwerdeverfahren und schließlich als

---

632 Siehe Barber, Objektive Schiedsfähigkeit und Ordre Public in der internationalen Schiedsgerichtsbarkeit, S. 23.

633 Maßgebend ist dann für natürliche Personen das Heimatsrecht und für juristische Personen das Recht des effektiven Verwaltungssitzes. So Hausmann in FS. für Stoll S. 596. Vgl. BGH NJW 1998, 2452.

634 Die objektive Schiedsfähigkeit von Streitigkeiten über die Erbringung von Stammeinlagen war nach altem Recht umstritten. Siehe OLG Köln, GmbHR 1998, 143 (144); OLG Düsseldorf, SchiedsVZ 2004, 263. Der BGH hat darüber zu Gunsten der objektive Schiedsfähigkeit entschieden. Siehe NJW 2004, 2898 = NZG 2004, 905 = SchiedsVZ 2004, 259 mit Anm. Habersack = BGH-Report 2004, 1435 m. Anm. Kröll; ähnl. OLG Frankfurt a.M., SchiedsVZ 2004, 97.

635 Kröll, NJW 4/2005, S. 195.

636 Geimer in Zöller ZPO Komm § 1029 Rn 19b.

637 Müller, Arbitration, 2004, S. 143. Vgl. in der Schweiz BGE 121 III, (333); BGE 115 II, 288 (292); BGE 115 II 102 (105); BGer vom 26.05.1999, ASA Bull. S. 334.

Versagungsgrund der Anerkennung und Vollstreckung eines ausländischen Schiedsspruchs.[638]

10.7. Restitutionsgrund

Nach Ansicht des BGH kann die Anerkennung und Vollstreckbarerklärung eines Schiedsspruchs im Rahmen des Ordre Public versagt werden, wenn ein Restitutionsgrund im Sinne von § 580 ZPO vorliegt, wenn die Partei zusätzlich gem. § 582 ZPO beweisen kann, dass sie ihn im Schiedsverfahren nicht geltend machen konnte.[639] Dies bedeutet, dass die Berücksichtigung von Restitutionsgründen im Rahmen des Ordre Public-Vorbehalts erfolgt. Anders ausgedrückt stellen Restitutionsgründe einen Unterfall des verfahrensrechtlichen Ordre Public dar.[640]
Jedoch verletzt nicht jeder Verfahrensmangel nach dem maßgeblichen Recht zugleich den deutschen Ordre Public. Es kommt auf die Schwere des dem Schiedsverfahren und damit auch dem Schiedsspruch anhaftenden Makels an. Die Mängel sind in § 580 ZPO aufgelistet, daneben können aber auch die Verfahrensstöße im Sinne von Art. V Abs. 1 lit. b und d UNÜ einschlägig sein.
Für die Geltendmachung der in § 580 Nr. 1-5 ZPO vorgeschriebenen Restitutionsgründe wird die Erfüllung der in § 581 ZPO enthaltenen Bestimmung vorausgesetzt.[641]

Diese Restitutionsgründe können im Verfahren auf Anerkennung und Vollstreckbarerklärung geltend gemacht werden. Ein vorheriges ausländisches Aufhebungsverfahren ist nicht vorausgesetzt.
Ist ein Schiedsspruch für vollstreckbar erklärt worden, so kann man sich auf einen solchen Restitutionsgrund bei nachträglicherem Auffinden eines neuen Urteils oder einer neuen Urkunde nicht mehr berufen.[642] Jedoch ist die nachträgliche Geltendmachung von Aufhebungsgründen im Ursprungsstaat vorbehalten.[643]

---

638 Siehe mehr dazu unten Kapitel 3, 7.1 und 7.2.

639 Gottwald in Münch. Komm. zu UNÜ Art. V Rn 58. BGH LM § 1044 Nr. 6 = BB 1969, 892.

640 BGH MDR 2001, 345 = NJW 2001, 373 = RPS 2001, 12 = ZZP 114 (2001). Siehe auch Geimer in ZPO Zöller Komm. zu § 1059 Rn 67.

641 So Stuttgart vom. 3.6.2003 – 1 Sch 2/2003; Kröll SchiedsVZ 2004, 113, 119.

642 RGZ 41, 256. Vgl. aber BGH RIW 90, 494 = IPRax 91, 244; Gaul FS Sandrock, 2000, 302 ff.

643 Geimer, Internationales Zivilprozessrecht, Rn. 3925.

10.8. Verstoß gegen den Ordre Public

Auf diesen speziellen Versagungsgrund wird im nächsten Kapitel als Schwerpunktthema intensiv eingegangen.

Kapitel III - Die Berufung auf den Ordre Public

1. Historischer Hintergrund (Entwicklung des Ordre Public)

Der Begriff des Ordre Public stammt aus Art. 6[644] des im Jahre 1804 entstandenen französischen *Code Civil.*
Nach traditioneller romanischer Lehre waren die Begriffe «*lois d'Ordre Public*» bzw. „*lois d'application immédiate*" so zu verstehen, dass sie die absolute Geltung im jeweiligen Staatsgebiet beanspruchen und damit auch eventuell anwendbare ausländische Rechtssätze verdrängen.[645] Das Eingreifen des positiven Ordre Public ergab sich aus der betreffenden Norm selbst. Das Ergebnis der Anwendung ausländischen Rechts im Einzelfall spielte dabei keine Rolle[646]
Dies wurde als Verdrängung des normalen Kollisionsrechts bezeichnet.
Die Konzeption des Ordre Public als Normen absoluter Geltung geht auf den Italiener Mancini zurück. Er bezeichnete diese positive Funktion des Ordre Public als Grundsatz des IPR.[647]
Für Savigny hingegen sollte der Ordre Public in Ausnahmefällen des kollisionsrechtlichen Systems erfolgen.[648] Diese Ausnahmefälle bildeten die sog. „Gesetzen von streng positiver Natur, die bindend waren" und eine streng territoriale Geltung beanspruchen dürften.[649]
Diese entgegengesetzten Positionen war der Ausgangspunkt für die spätere Entwicklung der positiven und negativen Funktion des Ordre Public.[650]
Der romanischen Lehre wurde in Deutschland von Franz Kahn gefolgt. Er war der Ansicht, dass der Ordre Public als ein Bündel prohibitiver Gesetze zu bezeichnen sei.[651]
Der jetzige Begriff der Ordre Public-Klausel geht in Deutschland in Übereinstimmung mit der These Savignys auf Zitelmann[652] zurück. Seiner Ansicht nach enthält diese Klausel, die zum Schutz des unantastbaren Teils einer Rechtsordnung geschaffen worden sei, enthalte gegenüber der Anwendung des an sich berufenen ausländischen Rechts einen Vorbehalt und wird auch deshalb als Vor-

---

644 *«On ne peut déroger, par des conventions particulières, aux lois qui intéressent l'Ordre Public et les bonnes mœurs.»*

645 Staudinger/Blumenwitz, Art. 6 EGBGB Rn. 5.

646 Staudinger/Blumenwitz, Art. 6 EGBGB Rn. 11; Siehe auch Lagarde, Private International Law, S. 4.

647 Siehe dazu: Kegel/Schurig, IPR, 2004, S. 517; Staudinger/Blumenwitz, Art. 6 EGBGB Rn. 5.

648 Savigny, System VIII, S. 32.

649 Savigny, System VIII, S. 33.

650 Erman/Hohloch, Art. 6 EGBGB, Rn. 2.

651 Kahn, Abhandlungen, S. 161.

652 Zitelmann, IPR I, S. 317 ff.

behaltsklausel bezeichnet.[653] Damit hat man eine bewusste Abkehr von der positiven Durchsetzung der *lex fori* in Gestalt sog. territorialitätsbezogener Ordre Public-Gesetze.[654]

2. Der Begriff und die Merkmale des Ordre Public

2.1. Deutschland

In jeder Rechtsordnung ist eine Vorbehaltsklausel zu finden, denn kein Land würde sich einem fremden Recht ohne jede Kontrollmöglichkeit ausliefern. Der nationale Richter soll ein „Überdruckventil"[655] bzw. „Notventil"[656] haben, um zu verhindern, dass die Anwendung ausländischen Rechts gegen die fundamentalen Grundsätze seiner eigenen Rechtsordnung verstößt.[657] Dieses „Notventil" wird Ordre Public, (*öffentliche Ordnung, public policy*) genannt.
Er kommt in Deutschland in Art. 6 EGBGB zum Ausdruck und ist für den Schutz des unantastbaren Bereichs der eigenen Rechtsordnung bestimmt.[658] Er übt so eine Art Residualkontrolle des Rechtsanwendungsprozesses aus[659] und ist verfassungsrechtlich verankert (Art. 30 GG).
Der Ordre Public bezweckt also im Grunde genommen die Ausschließung der Anwendung fremder Normen, deren Folgen im konkreten Fall als unerträglich und unvereinbar mit den wesentlichen Grundsätzen, Grundrechten bzw. dem nationalen Rechtsgefühl[660] empfunden werden (Art. 6 EGBGB).[661]
Der Ordre Public ist demgemäß eine Vorbehaltsklausel, als solche führt er lediglich zur Abwehr einer kollisionsrechtlich aufgerufenen fremden Norm, wenn deren Anwendung dem wesentlichen Grundsätzen und Grundrechten des innerstaatlichen Rechts widerspricht.[662] Sie ist also nicht wie eine Generalklausel zu verstehen, die inländische Normen „zwingenden Ranges" zur Anwendung bringt.[663]

---

653 Zitelmann, IPR I, S. 317 ff.; Staudinger/Blumenwitz, Art. 6 EGBGB Rn. 6.
654 Brüning, Die Beachtlichkeit des fremden Ordre Public, Berlin, 1997, S. 186.
655 v. Bar/Mankowski, Internationales Privatrecht, 2003, S. 714, Rn. 258.
656 Kropholler, IPR, 5. Aufl., S. 244.
657 Staudinger/Blumenwitz, Art. 6 EGBGB Rn. 6.
658 Kegel/Schurig, IPR, 2004, S. 516.
659 v. Bar/Mankowski, Internationales Privatrecht, 2003, S. 715, Rn. 258.
660 So in der Schweiz BGE 64 II 98; 76 I 129; 81 I 139, 145.
661 Kropholler, Internationales Privatrecht, 2004, S. 242. Siehe auch Zürcher Kommentar zum IPRG, Art. 17 Rn. 1.
662 Staudinger/Blumenwitz, Art. 6 EGBGB, Rn. 15; MünchKomm/Sonnenberger, Aufl. 3, Art. 6, Rn. 9; Junker, IPR, Rn. 273; Kropholler, IPR, 5. Aufl., § 36. So auch Geimer/Zöller, ZPO Komm, §1061 Rn.30.
663 Roth, Vorbehalt, 21, 26; Staudinger/Blumenwitz, Art. 6 EGBGB Rn.6.

Sie ist allerdings nur in Ausnahmefällen anzuwenden, damit dem normalen Kollisionsrecht Rechnung getragen wird.
Voraussetzung der Anwendung des Ordre Public ist nach der Rechtsprechung[664] in Übereinstimmung mit Art. 6 S. 1 EGBGB, dass die Anwendung einer ausländischen Rechtsnorm zu einem *Ergebnis* führen muss, das „zu den Grundgedanken der deutschen Regelung und der in ihnen liegenden Gerechtigkeitsvorstellungen in so starkem Widerspruch steht, dass es von da aus für untragbar gehalten wird."
Es kommt also nicht darauf an, ob der Inhalt der anwendbaren Norm als solche in abstracto gegen den nationalen Ordre Public verstößt, entscheidend ist vielmehr das konkrete Ergebnis der Anwendung einer ausländischen Rechtsnorm im Einzelfall und seine Unvereinbarkeit mit Grundsätzen und Grundrechten des nationalen Rechts.[665] Mit anderen Worten geht es nicht darum, ob es im deutschen Recht eine solche Norm mit dem gleichen Inhalt gibt, sondern vielmehr, ob das erzielte Ergebnis im Inland angenommen werden kann.[666]
Ein weiteres Merkmal des Ordre Public ist, dass der Verstoß gegen die wesentlichen Grundsätze der deutschen Rechtsordnung „offensichtlich" sein muss, d.h. dass die Abweichung von grundlegenden Prinzipien der internen Rechtsordnung eklatant sein muss.[667]

Die Grundrechte also sind gem. Art. 6 Satz 2 EGBGB auch Bestandteil dieser Prüfung.[668] Darunter sind die Grundrechte des deutschen Rechts zu verstehen und zwar nicht nur diejenigen des Grundgesetzes, sondern auch solche der Länderverfassungen, des Gemeinschaftsrechts wie die Grundrechte-Charta der Europäischen Union, der europäischen allgemeinen Rechtsgrundsätze[669], sowie der in Deutschland geltenden, staatsvertraglichen Übereinkommen, in denen Menschenrechte verankert sind, wie z. B. die Europäische Menschenrechtskonvention.
Eine Grundrechtsverletzung, die sich aus der Anwendung einer Vorschrift fremden Rechts ergibt, ist ein „offensichtlicher" Verstoß gegen wesentliche Grund-

---

664 BGHZ 123 S. 268, 270; BGHZ 50, 370, 375; ähnlich BGHZ 54, S. 123, 130. Siehe auch BGH WM 2000, S. 1507, 1508; OLG Frankfurt FPR 2002, S. 87, 89.

665 Siehe OLG Hamm IPRspr. 2000 Nr. 81, S. 167. Koch/Magnus/Winkler von Mohrenfelds, IPR und Rechtsvergleichung, S. 30-31; Kropholler, IPR, 5. Auf., 2004, S.243.; Erman/Hohloch, Art. 6 EGBGB Rn. 14. So auch Spickhoff, Der Ordre Public im internationalen Privatrecht, S. 78, 83.

666 v. Bar/Mankowski, Internationales Privatrecht, S. 718, Rn. 266. Siehe im allgemeinen OLG Frankfurt FPR 2002, S. 87, 89.

667 Siehe BT-Drucks. 10/504, S. 44; Kropholler, IPR, 5. Aufl. S. 249; Staudinger/ Blumenwitz, Art. 6 EGBGB, Rn. 134; Spickhoff, S. 124.

668 Dies beruht auf dem Spanier-Beschluß, BVerfGE 31, 58 ff = IPRspr 1971 Nr 31.

669 Siehe Krombach/Bamberski, EuGH 28.3.2000 – 7/98 unter Rn. 25-27 = NJW 2000, 1853 = IPRax 2000, 406, 364. Siehe unten Kapitel 3, 6, 6.2.2. c).

sätze des deutschen Rechts.[670] Hierbei wird nicht unterscheiden, ob eine unerträgliche oder eine erträgliche Grundrechtsverletzung vorliegt.[671] Das heißt, dass im Gegensatz zu Art. 6 S. 1 EGBGB die Unvereinbarkeit des ausländischen Rechts mit den Grundrechten nicht von besonderer Schwere, also nicht „offensichtlich" sein muss.[672]
Die Inlandsbeziehung ist bei Grundrechtsverstößen im Rahmen des Ordre Public hingegen von entscheidender Bedeutung.
Bei der Prüfung anhand des Maßstabs der Grundrechte ist jedoch differenzierend vorzugehen. Eine uneingeschränkte Durchsetzung der Grundrechte in ganz oder überwiegend auslandsbezogenen Sachverhalten würde den Sinn des Grundrechtsschutzes verfehlen.[673] Maßgebend ist deshalb, ob das in Betracht kommende Grundrecht für den konkreten Sachverhalt Geltung beansprucht.[674] Demgemäß ist eine differenzierende Anwendung der Grundrechte bei Sachverhalten mit Auslandsberührung erforderlich.[675] Hierbei kommt es wiederum auf die Inlandsbeziehung des Falles an.

Nach der Rechtsprechung der BVerfG[676] ist deshalb im Einzelfall zu prüfen, ob und inwieweit das betroffene Grundrecht „nach Wortlaut, Inhalt und Funktion unter Berücksichtigung der Gleichstellung anderer Staaten und der Eigenständigkeit ihrer Rechtsordnungen für auslandsbezogene Sachverhalte Geltung erlangt".
Bei einer Menschenrechtsverletzung spielt hingegen die Inlandsbeziehung keine wichtige Rolle mehr, denn die Staaten haben im internationalen Rahmen einen sog. „völkerrechtlichen Minimumstandard" festgelegt, der auf dem Konsens der Staatengemeinschaft beruht.[677]

Soweit kann man den Schluss ziehen, dass ein Verstoß gegen den Ordre Public erfolgt, wenn wesentliche Grundsätze bzw. Grundrechte verletzt sind, wenn die Verletzung offensichtlich ist und wenn der Tatbestand eine hinreichende Inlandsbeziehung aufweist. Liegen die tatbestandlichen Voraussetzungen der Vorbehaltsklausel vor, so wird die betreffende Regelung des fremden Rechts nicht

---

670 Siehe BT-Drucks. 10/504, S. 44; Kropholler, IPR, 5. Aufl. S. 249; Staudinger/Blumenwitz, Art. 6 EGBGB, Rn. 134; Spickhoff, S. 124.
671 BVerfGE 31, 58, 86.
672 Spickhoff, S. 124.
673 BVerfGE 31, 58, 77.
674 Erman/Hohloch, Art. 6 EGBGB Rn. 19.
675 BT-Drucks. 10/504, 44. Vgl. auch BGH 60, 68, BVerfG 31, 58, 77.
676 BVerfGE 31, 58, 86f.
677 Staudinger/Blumenwitz, Art. 6 EGBGB, Rn.139; Kegel/Schurig, 9. Aufl., § 16, S. 527 ; Staudinger/Blumenwitz, Art. 6 EGBGB, Rn. 76, 154, 161; Spanierbeschluß, BVerfGE 31, 58, 86f. = IPRspr 1971 Nr 31.

angewendet. Das fremde Recht ist jedoch nur hinsichtlich des in der Anwendung untragbaren Teils auszuschalten.[678]

Maßgebend für die Beurteilung eines Ordre Public Verstoßes sind also die wesentlichen Grundsätze des deutschen Rechts zur Zeit der Entscheidung.[679] Dies zeigt, dass der Inhalt des Ordre Public relativ ist, d.h. er variiert örtlich und zeitlich. Diese zeitliche und örtliche Relativität als Merkmal des Ordre Public weist auf *Pillet* zurück und ist heutzutage weltweit anerkannt.[680]
Die örtliche Relativität des Ordre Public basiert auf einer ungeschrieben vorausgesetzten Inlandsbeziehung des zu beurteilenden Sachverhaltes zur lokalen (deutschen) Rechtsordnung, d.h. der im Einzelfall anzuwendende Ordre Public ist derjenige, der im Inland als solcher gilt, und welcher in der Regel von dem in einem anderen Land geltenden Ordre Public unterschiedlich sein kann. Also ist ein ausreichender *Inlandsbezug* für die Anwendung des Ordre Public erforderlich.[681]
Die zeitliche Relativität weist darauf hin, dass die maßgeblichen Grundsätze für die Beurteilung der Ordre Public-Widrigkeit diejenigen sind, die zum Urteilszeitpunkt gelten.[682] Daraus kann man den Schluss ziehen, dass dem Ordre Public kein absoluter Geltungsanspruch zukommt.[683]
Aufgrund der örtlichen Relativität des Ordre Public könnte man auch über eine inhaltliche bzw. sachliche [684] Relativität dieses Begriffs sprechen.
Die inhaltliche Relativität des Ordre Public ist durch die örtliche Relativität bedingt und ist so zu verstehen, dass der Inhalt des Ordre Public unterschiedlich je nach Land (örtliche Relativität) sein kann.

---

678 BT-Drucks. 10/504, S. 42ff.

679 Spickhoff, Der Ordre Public im internationalen Privatrecht, S. 96. So auch v. Bar/Mankowski, Internationales Privatrecht, S. 719, Rn. 268. So auch Racine, L'Arbitrage Commercial International et L'Ordre Public, S. 7.

680 Pillet, Principes de Droit International Privé, Paris, 1903, S. 398 N° 201. Siehe ausführlich Othenin-Girard, La réserve d'Ordre Public en droit international privé suisse, S. 163 ff.

681 Erman/Hohloch, Art. EGBGB Rn. 16; Kropholler, IPR, 5. Aufl., S. 244; Staudinger/Blumenwitz, Art. 6 EGBGB, Rn. 159; v. Bar/Mankowski, Internationales Privatrecht, 2003, S. 717, Rn. 263; Kegel/Schurig, IPR, 9. Aufl., S. 521. BGHZ 60 S.68, 69. Vgl. Lagarde, Private International Law, S. 46.

682 So Fouchard/Gaillard/Goldman, Traité de l'arbitrage commercial international, 1996, S. 971: *«La conception de l'Ordre Public international au regard de laquelle la sentence doit être contrôlée est celle qui est recue au moment où la sentence fait l'objet du contrôle.»*

683 Spickhoff, Der Ordre Public im internationalen Privatrecht, S. 96. So auch Racine, L'arbitrage Commercial International et l'Ordre Public, S, 523, Rn. 933.

684 Staudinger/Blumenwitz zu Art. 6 EGBGB, Rn. 163. Spickhoff, Der Ordre Public im internationalen Privatrecht, S. 97.

Als Beispiel für die örtliche Relativität des Ordre Public ist der Fall Dutco[685] zu erwähnen, bei dem die *Cour de cassation* festgelegt hat, dass der Grundsatz der Gleichheit der Parteien Bestandteil des Ordre Public sei. Im Gegensatz zu dem, was das Genfer Bundesgericht im Falle Westland[686] klargemacht hatte. Nach ihm gehöre dieser Grundsatz nicht zum Ordre Public, wenn der Grund, der der Verletzung zugrunde gelegt wird, von den Parteien vereinbart war und in die Schiedsklausel einbezogen wurde.
Es geht also im Rahmen des Art. 6 EGBGB nicht darum, besonders wichtige Vorschriften genau anzuwenden, sondern um die Erhaltung ihrer Grundgedanken.[687]
Der Inhalt des Ordre Public ist *a priori* sehr schwer zu bestimmen. Diese Inhaltsbestimmung würde ohnehin an seiner Relativität scheitern.[688] Art. 6 Abs. 1 EGBGB spricht abstrakt über „die wesentlichen Grundsätze des deutschen Rechts“. Die Inhaltbestimmung des Ordre Public ist dementsprechend eine Aufgabe des nationalen Richters, der im Einzelfall nach den aktuellen Gerechtigkeitsvorstellungen prüfen muss, ob das Ergebnis der Anerkennung und Vollstreckbarerklärung eine Verletzung des Ordre Public darstellen würde. Seine Rechtsprechung dient dazu, diesen Inhalt zu präzisieren bzw. zu limitieren. Der Ordre Public ist also ein Mittel in der Hand des Richters, um zu verhindern, dass durch die Anwendung fremden Rechts unabdingbare Grundsätze und Grundrechte des Inlands verletzt werden.

2.2. Schweiz

In der IPR-Novellierung von 1989 in der Schweiz ist der allgemeine Ordre Public - Vorbehalt in Art. 17 IPRG zu finden. Danach ist die Anwendung von Bestimmungen eines ausländischen Rechts ausgeschlossen, wenn sie zu einem Ergebnis führen würde, das mit dem schweizerischen Ordre Public unvereinbar ist.
Im Gegensatz zu Art. 6 EGBGB werden die wesentlichen Grundsätze und die Grundrechte in Art. 17 IPRG nicht erwähnt, sondern es wird abstrakt auf den „schweizerischen“ Ordre Public abgestellt.[689] Dies heißt, dass der Ordre Public eingreift, wenn ein unerträglicher Widerspruch zur einheimischen Rechts- und Sittenauffassung vorliegt. Ausgangspunkt bildet somit die einheimische Rechts-

---

685 Cour de *Cassation. civ.* 1 ère, 7.1.1992, *Stés BKMI et Siemens C. Sté Dutco*; Rev. arb. 1992, S. 470.

686 BGE 120 II 155.

687 Spickhoff, Der Ordre Public im internationalen Privatrecht, S. 113.

688 So Kropholler, IPR, 5. Aufl., S. 246.

689 Der Gesetzgeber hat auf die Einbeziehung „der fundamentalen Rechtsgrundsätze“ im Art. 17 IPRG verzichtet, weil diese ohnehin bereits im Begriff des Ordre Public enthalten sind. Siehe Amtl. Bull. SR 1987 S. 195-198, NR 1987 S. 1072.

ordnung einschließlich der darin verkörperten, grundlegenden Werte.[690] Trotz der Hervorhebung des schweizerischen Ordre Public im Wortlaut der Vorschrift wird die Offenheit der Vorbehaltsklausel für internationale Rechtsüberzeugungen[691] bzw. internationale Standards anerkannt[692], sei es aufgrund anwendbaren Völkerrechts oder Staatsvertragsrechts[693].
Der Verstoß gegen den Ordre Public bezieht sich in der Schweiz also auf die Verletzung fundamentaler Rechtsgrundsätze wie *pacta sunt servanda*, Treu und Glauben, Verbot entschädigungsloser Enteignung, Diskriminierungsverbot, Schutz von Handlungsunfähigen, das Rechtsmissbrauchsverbot, oder die Beachtung unvorhersehbarer Veränderungen, die in das Rechtsverhältnis eingreifen und das Festhalten am Vertrag für eine Partei unzumutbar machen.[694]
In der Schweiz wird der Ordre Public zwar als Vorbehaltsklausel[695] definiert und kommt in der Lehre zum großen Teil in seiner negativen Funktion zum Ausdruck[696]; jedoch werden gewisse unverzichtbare Rechtsnormen[697] des schweizerischen materiellen Rechts abstrakt zum nationalen schiedsrechtlichen Ordre Public gezählt.[698] Solche Normen beanspruchen dementsprechend Geltung ohne Rücksicht auf das an sich anwendbare Recht. Dies ist ein Merkmal, das zum Ordre Public in seiner positiven Funktion gehört und das heutzutage als zwingendes Recht bekannt ist. So hat das Bundesgericht festgelegt, dass gegen den Ordre Public die materielle Beurteilung eines streitigen Anspruchs nur verstoße, wenn sie fundamentale Rechtsgrundsätze verletze und daher mit der Rechts- und Wertordnung schlechthin unvereinbar sei.[699] In weiteren Urteilen hat das schweizerische Bundesgericht klargemacht, dass neben den Grundsätzen auch zwingende Normen des schweizerischen Rechts zum Ordre Public gehören. Nach ihm hieß es: "*Dieser Vorbehalt (Ordre Public) greift erst ein, wenn das Ergebnis der Beurteilung das einheimische Rechtsgefühl in unerträglicher Weise verletzt bzw. auf stoßende Weise Sinn und Geist der eigenen Rechtsordnung widerspricht. Von der Ermittlung und der hypothetischen Anwendung des an sich anwendbaren ausländischen Rechts ist indessen von vornherein abzusehen, wenn schweizerische Rechtsvorschriften gemäß Art. 18 IPRG unmittelbar, das heißt unabhängig von dem durch das*

690 Mächler-Erne, Basler IPR Komm, Art. 17 Rn. 1.
691 Schwander, in FS Siehr, 2000, S. 673, 683f.
692 So auch BGE 120 II 155 Erw. 6a.
693 Mächler-Erne, Basler IPR Komm, Art. 17 Rn. 11, 12.
694 BGE 126 III 249; 117 II 604; 116 II 634, 636.
695 Bucher/Bonomi, Droit International Privé, 2004, S.125, Rn. 471.
696 Keller/Siehr, Die allgemeine Lehre des IPR, S. 536.
697 Wie etwa Art. 27, 158 Ziff. 5 ZBG, Art. 19/29 OR sowie Art. 513 OR.
698 BGE 78 II 291. Bucher/Bonomi, Droit international privé, 2004, S. 129, Rn. 484. Vgl. Girsberger/Mráz, IPRax 2003/6, S. 548-549.
699 BGE 117 II 604 (606).

Gesetz bezeichneten Recht, zwingend anzuwenden sind. Diese sog. lois d'application immédiate umfassen den positiven Ordre Public."[700]

Was die Ordre Public-Kontrolle angeht, richtet sie sich, wie in Deutschland, auf das konkrete Ergebnis der Anwendung der ausländischen Norm und nicht auf deren Inhalt.[701] Mit den Worten des schweizerischen Bundesgerichtshofes[702] heißt es: „*ob ausländisches Recht mit dem schweizerischen Ordre Public vereinbar sei, beurteilt sich nämlich nicht abstrakt, sondern auf Grund der Auswirkung im Einzelfall.*" Da Art. 17 IPRG nicht die Folgen der Ordre Public-Widrigkeit einer ausländischen Rechtsnorm regelt, muss der Gesetzgeber in Kauf nehmen, dass sich durch den einem Richter eingeräumten Spielraum bei der Auslegung verschiedene Rechtsfolgen ergeben können.[703]
Eine gewisse Gegenwartsberührung und Binnenbeziehung des Sachverhalts werden in der Schweiz ebenso gefordert[704] und die Theorie der zeitlichen und örtlichen Relativität des Ordre Public wird bejaht.[705]
Ein Beispiel für die zeitliche Relativität des Ordre Public ist in einer Entscheidung des schweizerischen Bundesgerichts[706] zu finden, in der ein Schiedsspruch, welcher eine güterrechtliche Auseinandersetzung zum Gegenstand hatte und die in Art. 158 Ziff. 5 ZGB[707] vorgesehen richterliche Genehmigung nicht erhalten hatte, für nicht vollstreckbar erklärt wurde, denn - so das Bundsgericht - : „*L'art. 158 ch. 5 CC est une règle d'Ordre Public*". Dieser Artikel wurde inzwischen aufgehoben und ist dementsprechend nicht mehr als Bestandteil des Ordre Public anzusehen.
Es ist deswegen sehr schwierig *a priori* und mit allgemeiner Geltung festzustellen, welche Rechtswirkungen Ordre Public-widrig sind. Es müssen überragende Schutzbedürfnisse des Staates oder Privater auf dem Spiel stehen, damit die Entscheidung eines Schiedsgerichts nicht hingenommen wird.[708]
Z. B. verstößt, aus schweizerischer Sicht, ein ausländischer Schiedsspruch dann nicht gegen den Ordre Public, wenn er von einem staatlichen Gericht des Urteil-

700 BGE 128 III 201, Erw. 1b. Siehe BGE 125 III 443, Erw. 3d; BGE 117 II 494 Erw.7.
701 Heini Art. 190 N. 37.
702 BGE 80 II 53, Erw. 64-65; BGE 103 Ib 69, Erw. 73.
703 Vischer in Zürcher Komm. IPRG zu Art. 17 Rn. 50.
704 BGE 125 III 443, 448; Othenin-Girard, La réserve d'Ordre Public en droit international privé suisse, S.135: *"la téorie de la Binnenbeziehung permet de mesurer l'intensité du trouble que habit l'ordre social à l'aune de la proximité de la cause avec le for, et, par là même, d'assurer de façon nuancée de l'Etat du for à voir sauvegardés son principes d'Ordre Public.*"; darüber auch S. 163 ff, 211ff; auch IPRG Vischer Art. 17, Rn. 20.
705 Mächler-Erne, Basler, IPR-Kommentar, Art. 17, Rn. 6.
706 BGE 78 II 291.
707 Dieser Artikel wurde inzwischen aufgehoben.
708 Dasser, S. 282 in Walter/Bosch/Brönnimann, Internationale Schiedsgerichtsbarkeit in der Schweiz, S. 226.

staates nicht aufgehoben (Verzicht auf Rechtsmittel) werden kann. Im Gegensatz dazu stellt ein Rechtsmittelverzicht in Frankreich einen Verstoß gegen den Ordre Public dar.[709]

2.3. Frankreich

Der Ordre Public ist in Frankreich im Art. 6 des *Code Civil* erfasst. Dieser Artikel sieht vor, dass es nicht erlaubt ist, Gesetze durch Vereinbarung auszuschalten, die in Bereich des Ordre Public und der *bonnes moeurs* fallen.[710] Das heißt, dass der Ordre Public dort als positiver Ordnungsbegriff für die Gesamtheit der nationalen Rechtsnormen verstanden wird, die absolute Geltung im französischen Gebiet beanspruchen.[711] Der Artikel definiert jedoch den Inhalt des Ordre Public nicht. Er weist auf die *„lois d'Ordre Public"* [712] d.h. auf das gesamte zwingende französische Recht hin, doch ohne Bezug zum Kollisionsrecht. Diese Rechtsnormen bilden also den internen Ordre Public.
Das französische Recht bietet eine umfangreiche Begriffsbildung im Rahmen des Ordre Public, die nicht zwangsläufig zu einem besseren Verständnis desselben führt.
Bezüglich der Normen des internen Ordre Public wird beispielsweise zwischen Normen des Ordre Public textuel und virtuel unterschieden. Unter die ersten fallen, diejenigen, deren Ordre Public-Natur sich aus dem in der Norm ausdrücklich enthaltenen Verbot ergibt, während sich die Ordre Public-Natur der letzteren nur aus dem Inhalt der Norm selbst ableiten lässt.[713] Aus Mangel an einer Inhaltsbestimmung im Gesetz und der Anerkennung der Normen des Ordre Public virtuell, wird diese Aufgabe, den Ordre Public zu bestimmen, also den Richtern überlassen. Dies gibt den Gerichten Spielraum, Normen hierzu zu rechnen, denen ursprünglich dieser Charakter nicht zukommen sollte.
Die Definition des Ordre Public als die Gesamtheit der zwingenden nationalen Normen und die Rechtsprechung der *Cour de Cassation*[714] haben dazu geführt,

---

709 so de Boisséson, Le Droit Français de l'arbitrage, 1990, S. 822; dazu auch Rev. arb., 1990, S. 862, mit Anm. v. Level; Rev. arb., 2004, S. 878.

710 *« On ne peut déroger, par des conventions particulières, aux lois qui intéressent l'Ordre Public et les bonnes mœurs. »*

711 Batiffol/Lagarde, Traité de Droit International Privé, S. 567ff; Loussarn/Bourel/ de Vareillers-Sommières, Droit International Privé, S. 334, Rn. 249 : *« En droit interne, les lois d'Ordre Public sont celles qui ne supportent pas las conventions contraires. »*

712 Kritisch Loussarn/Bourel/de Vareillers-Sommières, Droit International Privé, S. 336, Fn. 1: »*...l'article 6 du Code civil ne parle pas de « lois d'Ordre Public », mais vise « les lois que intéressent l'Ordre Public. «*

713 Ferid/Sonnenberger, Das französische Zivilrecht, S. 534, Rn. 1 F 638.

714 Cass Civ. vom 1.6.1994, Rev. crit. DIP, 1995, S. 103; Cass. Civ. vom 11.3.1997, JDI 1998, S. 110 mit Anm. Kahn, mit Bezugnahme auf sich auf Art. 5 des Protokols Nr. 7 der EMRK im Rahmen des Ordre Public.

dass er mit dem Begriff der Eingriffsnormen verwechselt wurde.[715] Das Gericht hat den Ordre Public als Mittel zur Anwendung des französischen zwingenden Rechts eingesetzt.

Der Begriff des internationalen Ordre Public[716] wird zum Teil in der neuen Lehre des internationalen Privatrechts entweder vermieden[717] oder kritisiert.[718] Es wird vielmehr auf einen Ordre Public des internationalen Privatrechts abgestellt, der sich nicht nur auf die Vorschriften des französischen zwingenden Rechts beschränkt, die dazu dienen sollen, die soziale, wirtschaftliche und politische Organisation Frankreichs sichern, sondern auch Grundwerte und Rechtsgrundsätze der französischen Gesellschaft berücksichtigt.[719] Damit entsteht eine Art richterlicher Ordre Public, der stets zur Rechtsfortbildung durch die Rechtsprechung beiträgt[720]. Er wird auch als der Ordre Public-Vorbehalt (*l'exception d'Ordre Public*)[721] bezeichnet, der zur Verdrängung der durch das Kollisionsrecht berufenen Norm führt, wenn das Ergebnis der Anwendung der einschlägigen Norm im Inland inakzeptabel ist.[722]

Demzufolge erfolgt die Prüfung des Ordre Public nicht *in abstracto*, sondern *in concreto.*[723]

---

715 Loussarn/Bourel/de Vareillers-Sommières, Droit International Privé, S. 337, Rn. 251. Siehe unten zur Aufklärung beider Begriffe.Kapitel 3, 8.3.2. a.3).

716 So Batiffol/Lagarde, Droit International Privé, S. 569.

717 Mayer/Heuzé, Droit International Privé, S. 145ff.

718 Loussarn/Bourel/de Vareillers-Sommières, Droit International Privé, S. 346 : « ...*à défaut, la question de l'universalité ou de l'internationalité de l'Ordre Public envisagé en tant que mécanisme général de protection des principes de droit naturel reste très débattue* ».

719 Mayer/Heuzé, Droit International Privé, S. 146, Rn. 200, S. 276, Rn. 382. Devolvé/Rouche/Pointon, French Arbitration Law and Practice, S. 156, 158. Vgl. Loussarn/Bourel/de Vareillers-Sommières, Droit International Privé, S. 346, Rn. 254. Nach diesen Autoren sind bloß die wesentlichen Prinzipien Bestandteil des Ordre Public des Internationalen Privatrechts und nicht das zwingende französische Recht, das unter den Begriff der *loi de police* fällt.

720 Ferid/Sonnenberger, Das französische Zivilrecht, S. 534, Rn. 1 F 641.

721 Batiffol/Lagarde, Droit International Privé, S. 568-569.

722 Mayer/Heuzé, Droit International Privé, S. 149, Rn. 205-1 ; ders. S. 276, Rn. 382. So auch Loussarn/Bourel/ de Vareillers-Sommières, Droit International Privé, S. 338, Rn. 252.

723 Lagarde, Recherches sur l'Ordre Public en droit international privé in: Racine; L'arbitrage Commercial International et L'Ordre Public, S. 523, Rn. 934 : « *ce qu'on entend par loi étrangère écartée au nom de l'Ordre Public..., ce n'est pas la norme générale, applicable à une série d'espèces. C'est la norme individualisée, concrétisée par les circonstances de l'espèce, c'est la solution juridique que le droit étranger donne au problème litigieux* ». Derselbe S. 526, Rn. 938: » *La violation par l'arbitre d'une règle d'Ordre Public n'entraîne pas ipso jure facto une contrariété à l'Ordre Public. Il faut, en outre, une violation substantielle de la règle en question*; Siehe auch *Cour de Cassation* vom 19.11.1991, Rev. Arb. 1992, S. 76 : *»l'attribution contractuelle du*

Die anderen bereits im Rahmen des deutschen Ordre Public analysierten Merkmale weist auch der Ordre Public des internationalen Privatrechts bzw. der Ordre Public-Vorbehaltsklausel auf. Er ist also auch ein Begriff, der sich inhaltlich und zeitlich relativ ist. Da er einen „Störungseffekt des normalen Kollisionsrechts“ darstellt, muss seine Anwendung zurückhaltend erfolgen (*effet atténué*).[724]

2.4. England

Der Ordre Public bzw. *public policy* wird in England auch als eine Vorbehaltsklausel[725] zur Verdrängung ausländischen Rechts angesehen, wenn es mit der *public policy* des Vollstreckungsortes unvereinbar ist.[726]

Der heutige Ordre Public-Begriff stammt aus einer Aussage des Richters Cardozo im Falle Standard Oil Co.: *"courts should not close their doors, unless application of the foreign law would violate some fundamental principle of justice, some prevalent conception of good morals, and some deeprooted tradition of the common weal."*[727]

In England geht man ebenso vom Prinzip aus, dass bei der Überprüfung des Ordre Public nicht das Gesetz abstrakt als Ordre Public-widrig anzusehen ist, sondern eher die Ergebnisse der Anerkennung oder Vollstreckung im konkreten Fall.[728] Im englischen Recht ist der Begriff "*public policy*" jedoch offen und selbst nach Einschätzung der Rechtsprechung die Bildung von Kategorien na-

---

montant compensatoire monétaire versé en raison de la seule date de la livraison, ne portait pas, eu égard aux circonstances, effectivement atteinte, autrement que d'une manière formelle, aux objectifs poursuivis par l'arrête du 14 juin 1982 ».

724 Mayer/Heuzé, Droit International Privé, S. 155, Rn. 213; ders. S. 277, Rn. 383-1. Die Theorie des *effet atténue* hat mit derjenigen zu tun, die man in Deutschland und in der Schweiz als Inlandsbeziehung bzw. Binnenbeziehung kennt.

725 "*Public policy is never argued at all but when other points fail*": Burrough, Richardson v. Mellish (1824) 2 Bing 252, zitiert in: Merkin, Arbitration Law, S. 836, Fn. 6.

726 Scoles/Hay/Borchers/Symeonides, Conflict of Laws, S. 143.

727 *Loucks v. Standards Oil Co.*, 224 N.Y. 99, 111, 120, N.E. 198, 202, (1918). Zitiert in ; Dicey & Morris, Conflict of Laws, 2000, S. 81, Rn. 5-003; Scoles/Hay/Borchers/ Symeonides, Conflict of Laws, S. 143. So auch Chong, Journal of Private International Law, 2006/2, S.27 (29).

728 Siehe *Aquator Shipping Ltd. v. Kleimar* NV 1998, 2, Lloyd's Rep 379 (3): "*If it appeared to the court that, even if the rules of natural justice had been adhered to, the arbitrators would be likely to have arrived at the same conclusion as they in fact did, there could be no justification in remitting the award, much less in setting aside; not only would the breach of principles of natural justice not be shown to have caused injustice but the exercise of the remedy would be likely to leave the parties in precisely the same position as if it were refused.*"

hezu unmöglich: *"It is a very unruly horse, and when you get astride it you never know where it will carry you."* [729]
Bei der Ordre Public-Kontrolle muss dass Gericht, um die Vollstreckung eines ausländischen Urteils abzulehnen, zu dem Schluss kommen, dass die Vollstreckung jenes Urteils in einer inakzeptablen Weise wesentliche Regelungen (*rules or Policies*) der Rechtsordnung des Vollstreckungsstaates verletzt, indem sie gegen ein grundlegendes Prinzip verstößt. Bloße Unterschiede zwischen dem ausländischen Recht und der *lex fori* werden nicht als Ordre Public-widrig angesehen.[730] Ausgeschlossen sind auf jeden Fall Fehler bei der Anwendung des englischen oder ausländischen Rechts, bei der Würdigung des Beweismaterials oder Unterschiede im Beweisrecht.[731] Der Ordre Public-Vorbehalt muss also weit ausgelegt werden.
Der Ordre Public greift nur bei einer offensichtlichen Unvereinbarkeit mit den grundlegenden Gerechtigkeitsvorstellungen ein.
Nach North/Fawcett lassen sich der Rechtsprechung der englischen Gerichte vier Anwendungsfelder des Ordre Public entnehmen: 1. Missachtung der „*fundamental conceptions of english justice*", wozu vor allem Verfahrensgarantien und die freie Willensbildung des einzelnen gehören; 2. Verletzung der englischen Moral- und Sittenvorstellungen; 3. Verletzung der englischen Staatsinteressen, etwa bei Feindstaatenhandel oder Gefährdung der guten Beziehungen zu anderen Staaten; 4. Verstöße gegen „*the english conception of human liberty and freedom of action*", also insbesondere grundlegende Menschenrechte und Grundfreiheiten, wie sie etwa in der EMRK enthalten sind.[732]
Darüber hinaus kennt der Arbitration Act zwei getrennte Gründe, die aus kontinentaleuropäischer Sicht ebenfalls von der Ordre Public-Klausel erfasst werden könnten, nämlich *fraud*[733] und Verletzung der *natural justice*[734], die zur einer Versagung der Anerkennung und Vollstreckung einer ausländischer Entscheidung führen können.[735]
Wegen Verletzungen der *natural justice* kann die Vollstreckung einer ausländischen Entscheidung dann versagt werden, wenn das sie das Ergebnis von kras-

729 Burrough, in Richardson v. Mellish (1824) 2 Bing 252, zitiert in: Merkin, Arbitration Law, S. 836, Fn. 6.
730 Maxwell, in Weigand (Hrsg.). Practitioner's Handbook on International Arbitration, S. 593 (640), Rn. 266. *Siehe Aquator Shipping Ltd. v. Kleimar,* NV 1998, 2, Lloyd's Rep 379 (3).
731 Dicey & Morris, The conflict of laws, S. 527, Rn. 14-150.
732 Staudinger/Blumenwitz, Art. 6 EGBGB, Rn. 182.
733 Dicey & Morris, The Conflict of Laws, S. 518; Geimer, Anerkennung ausländischer Entscheidungen in Deutschland, S. 144, Fn. 189. Siehe *Westacre Investiments Inc. v. Jogoimport-SDPR Holding Co Ltd.* (1998) 2 Lloyd's Rep. 111.
734 Dicey & Morris, The Conflict of Laws, S. 527.
735 *Israel Discount Bank of New York v. Hadjipateras*, 1984, 1 WLR 137, 141 (C.A.).

sen Unregelmäßigkeiten sind, welche gegen das englische Verständnis von Gerechtigkeit verstoßen.[736]
Grundsätzlich werden traditionell zwei Prinzipien von diesem Begriff erfasst: Erstens die Unterrichtung des Beklagten über das gegen ihn anhängige Verfahren (*due notice*) und die Gewährleistung des rechtlichen Gehörs des Beklagten während des Verfahrens (*proper opportunity to be heard*)[737]. Was die *due notice* angeht, hängt sie eng mit Versäumnisurteilen zusammen. Entscheidend ist, ob die Zustellung, so wie sie vorgenommen wurde, die Anwesenheit des Beklagten im Verfahren ausreichend gewährleistet, unabhängig davon, was das englische Recht in einem solchen Fall vorsieht.[738]

Nach englischer Auffassung kommt der Ordre Public-Vorbehalt nur in Ausnahmefällen[739] zum Tragen. Dies beruht auf sec. 103 AA, der vorausgesetzt, dass ein ausländisches Urteil nicht anerkannt wird, wenn es den Ordre Public verletzt.
Die Qualifikation der Rechtsinstitute ist im Vergleich zum kontinentalen Recht unterschiedlich: Einige Rechtsinstitute, die z.B. in Deutschland zum materiellen Recht gezählt werden, gehören in England zum formellen Recht. Entsprechende Rechtsfragen werden folglich nach englischem (Prozeß-) Recht entschieden.[740].

2.5. Schiedsgerichtsbarkeit und Ordre Public im Rahmen der Anerkennung und Vollstreckung

2.5.1. Frankreich

Der Ordre Public in der internationalen Schiedsgerichtsbarkeit hat seine besonderen Merkmale. Hierbei gibt es keine einheitliche Terminologie. Der Ordre Public wird als Versagungsgrund der Anerkennung und Vollstreckung ausländischer Schiedssprüche in Art. 1498 NCPC[741] betrachtet. Hierbei wird jedoch explizit, im Gegensatz zum Art. V Abs. 2 lit b) UNÜ und zu vielen

---

736 *Shipping Ltd. v. Kleimar NV 1998, 2, Lloyd's Rep 379 (3)*, Dicey & Morris, The conflict of laws, S. 527, Rn. 14-150.

737 s. 33 (1) (a) AA. Cheshire and North, Private International Law, S. 450.

738 Cheshire and North, Private International Law, S. 451.

739 Fall *Hoffmann v. Krieg*, 1988, E.C.R., S. 645, 668; *Hendrickman v. Magenta Druck & Verlag GmbH*, 1996, E.C.R. I-4943.

740 Staudinger/Blumenwitz, Art. 6 EGBGB, Rn. 182. Siehe *Dalma Dairy Industries Ltd v. National Bank of Pakistan*, 1978, 2 Lloyd's Rep S. 223; *Deutsche Schachtbau v. Shell International Petroleum Co. Ltd.* (1990) 1 C.A. 295 (C.A.)

741 *Art. 1498.- Les sentences arbitrales sont reconnues en France si leur existence est établie par celui qui s'en prévaut et si cette reconnaissance n'est pas manifestement contraire à l'Ordre Public international. Sous les mêmes conditions, elles sont déclarées exécutoires en France par le juge de l'exécution.*

anderen Rechtsordnungen, auf den internationalen Ordre Public abgestellt. In Art. 1498[742] NCPC ist eine solche Bestimmung zu finden, denn er besagt, dass Schiedssprüche in Frankreich anerkannt werden, wenn ihre Anerkennung nicht offensichtlich dem internationalen Ordre Public widerspricht. Die französische Rechtsprechung hat in diesem Sinne entschieden.[743]

Was ist aber unter dem Ordre Public international zu verstehen? Der Ordre Public international der internationalen Schiedsgerichtsbarkeit enthält weltweit anerkannte Prinzipien, die sich aus der *collectivité des Etats* und der *collectivité des commerçants internationaux* gebildet haben.[744] Er ist von jeglicher staatlichen Rechtsordnung losgelöst. [745] Daher wird er auch als Ordre Public transnational bezeichnet.

Mit Ordre Public international wird zum einen ein Ordre Public „*bzw. transnational*", der sich und bloß allgemeine weltweit anerkannten Prinzipien enthält. Zum anderen können auch Vorschriften des zwingenden Rechts hiermit gemeint sein, die international zwingend sind, also Eingriffsnormen.[746]

In der neuen französischen Lehre[747] und Rechtsprechung[748] wird der Theorie eines Ordre Public international anational, der nur universelle Prinzipien beinhaltet, nicht gefolgt. Nach dieser Auffassung ist die Ordre Public Vorbehaltsklausel ein Schutzmechanismus der *lex fori*.

---

742 Vgl. *Cour d'appel*, 21.3.1986, Rev.arb., 1991, S. 350. Paris, 12.3 1985, Rev.arb. 1985 S. 299 : *«la violation de l'Ordre Public interne –à la supposer établie – ne constitue pas un cas d'ouverture à l'appel de la décision accordant l'exécution en France d'une sentence arbitrale étrangère, l'article 1502, 5° ne visant que le cas où la reconnaissance ou l'exécution de cette sentence sont contraires à l'Ordre Public international.»*

743 *Cour de Cassation.* Civ. 1ère vom 1.3.1981, *Arkhbaieff vs. Entreprise roumaine d'état pour le commerce extérieur Arpimex*, Rev. arb. 1982, S. 429: »*au seul regard de la conception française de l'Ordre Public internationa.l* « So auch Civ., 1ère vom 2.6.1987, Epoux Vogeller vs. Guide de l'automobiliste européen, Rev.arb. 1988, S. 283, mit Anh. Mayer; Civ. 1ère, vom 15.3.1988, *Sté Grands Moulins de Strasbourg vs. Cie Continentale France*, Rev. arb. 1990, S. 115, mit Anm. Idot: » *l'Ordre Public international tel qu'il est conçu en France* ». Vgl. *Cour d'appel*, Paris vom 14.10.1993, *Sté Aplix vs. Sté Velcro*, Rev. arb. 1994, S. 164 mit Anm. Jarroson: »l'Ordre Public français applicable dans les relations internationales. «

744 Racine, a.a.O., S. 354.

745 Moitry, Rev.arb. 1989, 3, 35f.; Vgl. Oppetit, J.D.I. 1984, S. 37, 41. Dagegen Kessler, JCP, éd. G. 2005 II 10101, S. 1409.

746 Cass. Civ. 8.8.1988, *Société Thinet vs. Labrely ès-qualités*, Rev. arb. 1989, S. 473, 474.

747 Kessler, JCP, èd. G. 2005 II 10101, S. 1409: "*On pourrait en conséquence penser qu'ils relèvent d'un Ordre Public véritablement international qui se détacherait de toute considération nationale. Ce serait cependant commettre une grave erreur. L'exception d'Ordre Public a toujours été, et demeure une réaction de l'ordre juridique du for* »; Mayer/Heuzé, N° 203.

748 Cass. 1re Civ. vom 1.2.2005, JCP éd. G. 2005 II 10101 S. 1408.

So hat auch die *Cour d'appel* einen Verstoß gegen den Ordre Public international in ihrer frühesten Entscheidung[749] definiert: eine offensichtliche Verletzung einer als wesentlich geltenden Norm oder eines grundlegenden Prinzips: *„une violation manifeste d'une règle de droit considérée comme essentielle, ou d'un principe fondamental."*
Hierbei sind nach französischer Auffassung alle Regelungen bzw. Bestimmungen des internationalen Ordre Public zugleich Bestandteil des nationalen Ordre Public. Hingegen sind nicht alle Bestimmungen des nationalen Ordre Public automatisch Bestandteil des internationalen Ordre Public, sondern diejenigen Bestimmungen, die als allgemein anerkannte Grundsätze angesehen werden und die wirtschaftliche, politische und soziale Interessen verfolgen.[750]

2.5.2. Schweiz

Im Laufe der Zeit war in der Rechtsprechung des Bundesgericht nicht klar, ob der nationale Richter im Rahmen der Ordre Public-Kontrolle allein die schweizerische Rechtsordnung oder eine ausländische, internationale oder gar universelle Wertordnung berücksichtigen sollte.
Mit der *Westland*-Entscheidung legte das Bundesgericht fest, dass der Ordre Public zwar grundsätzlich aus der schweizerischen Rechtsordnung heraus konkretisiert, im Ergebnis jedoch mit Blick auf seine internationale Funktion fallweise eingeschränkt werden muss.[751]
Nach der Rechtsprechung des schweizerischen Bundesgerichtshofes[752] liegt ein Verstoß gegen den Ordre Public nur dann vor, wenn der Schiedsspruch fundamentale Rechtsgrundsätze verletzt und daher mit der vorherrschenden Rechts- und Wertordnung schlechthin unvereinbar ist. Es wird daher behauptet, dass der Ordre Public des Art. 190 Abs. 2 lit. e IPRG nicht nach internen schweizerischen Maßstäben zu bestimmen ist, sondern nur solche Normen umfasst, die auch in internationalen Verhältnissen gelten müssen.[753]

---

749 *Thalès/Euromissile, Cour d'appel Paris*, 18.11.2004, JCP – Ed.Gen. 2005, II 10038 S. 570-575 = JCP éd. E. 2005, N°18, S. 759-760 = Chabot in Nieggemann, SchiedsVZ 2005/6. S. 265-273.

750 Devolvé/Rouche/Pointon, French Arbitration Law and Practice, 2003, S. 157. Z.B. sidn Klauseln, die die Wirkungen der Währungsabwertung zu limitieren beabsichtigen, in Frankreich verboten und dementsprechend als Verstoß gegen den nationalen Ordre Public einzustufen. Jedoch sind sie in internationalen Verträgen erlaubt.

751 BGE 120 II 155, Erw. 6a, ASA Bull. 1994, S. 424. So auch die neueste Rechtsprechung BGE 132 III 389, Erw. 2.2.3.

752 BGE 116 II 634, Erw. 4; BGE 117 II 604, Erw. 3; BGE 120 II 155, Erw. 6a, ASA Bull. 1994, S. 424; BGE 4P.280/2005, Erw. 2.1.; BGE 132 III 389, Erw.2.2.3.

753 Jermini, Die Anfechtung des Schiedssprüchs im internationalen Privatrecht, Rn. 491; Meinhardt/Ahrens, SchiedsVZ 2006/4, S. 182 (185).

Zur Konkretisierung des Ordre Public hat das Bundesgericht in ständiger Rechtsprechung einen beispielhaften Katalog von fundamentalen Rechtsgrundsätzen erarbeitet. Demnach gehören zum Ordre Public im Sinne des Art. 190 Abs. 2 lit. e IPRG die Vertragstreue, der Vertrauensgrundsatz, das Verbot des Rechtsmissbrauchs, das Diskriminierungsverbot, das Verbot entschädigungsloser Enteignung und der Schutz geschäftsunfähiger Personen.[754]
Die Verjährung privatrechtlicher Forderungen[755], die Pflicht zur Zahlung von Schadens- und Verzugszinsen[756] sowie die Festsetzung von Schadenersatz[757] sind dagegen nicht Teil des Ordre Public.

2.5.3. England

Der Versagungsgrund des Ordre Public ist in s. 103 (3) AA[758] vorgesehen. Dieser Artikel besagt, dass die Anerkennung oder Vollstreckung eines Schiedsspruchs auch verweigert werden darf, wenn die entsprechende Angelegenheit nicht einem Schiedsverfahren unterworfen werden durfte oder seine Anerkennung und Vollstreckung dem Ordre Public widersprechen würde. Hierbei wird im Schrifttum auf den englischen Ordre Public abgestellt. Jedoch ist die englische Rechtsprechung diesbezüglich nicht einheitlich. Denn sie berücksichtigen dabei die „Natur" der Gesetzwidrigkeit und deren Auswirkungen auf das Vertragsstatut, das Schiedsverfahrensstatut und das Recht am Ort der Vertragsdurchführung.[759]
Darüber hinaus kennt der *Arbitration Act* zwei getrennte Gründe[760], die aus kontinentaleuropäischer Sicht ebenfalls von der Ordre Public-Klausel erfasst werden könnten, nämlich *fraud*[761] und Verletzung der *natural justice*[762], die zur

754 BGE 116 II 634, Erw. 4; BGE 117 II 604, Erw. 3; BGE 120 II 155, Erw. 6a, ASA Bull. 1994, S. 424; BGE 4P.280/2005, Erw. 2.1.; BGE 132 III 389, Erw. 2.2.3.

755 BGE v. 13.3.1992, ASA Bull. 1992, S. 366f.

756 BGE 78 II 243, Erw. 4c.

757 BGE 120 II 155, Erw. 6e, ASA Bull. 1994, S. 424.

758 *103 (3) Recognition or enforcement of the award is in respect of a matter which is not capable of settlement by arbitration, or if it would be contrary to public policy to recognise or enforce the award.*

759 Tweeddale, ICLR 2000, 159 (163ff). So *Westacre Investiments Inc v. Jogoimport-SDPR Holding Co Ltd., 1998, 2 Lloyds Rep 111*= Cato, Arbitration, Practice and Procedure, 2002, S. 305.

760 Siehe Merkin, Arbitration Law, S. 837, Rn. 19.74.

761 *S. 68 (2) (g) the award being obtained by fraud or the award or the way in which it was procured being contrary to public policy.* Dicey & Morris, The Conflict of Laws, S. 518; Geimer, Anerkennung ausländischer Entscheidungen in Deutschland, S. 144, Fn. 189. Siehe Westacre Investiments Inc. v. Jogoimport-SDPR Holding Co Ltd. (1998) 2 Lloyd's Rep. 111.

762 Siehe *Adams v. Cape Industries Ltd. (1991) 1 All ER 929; Shipping Ltd. v. Kleimar NV 1998, 2, Lloyd's Rep* 379 (3). Dicey & Morris, The Conflict of Laws, S. 527.

einer Versagung der Anerkennung und Vollstreckung einer ausländischer Entscheidung führen können.[763]
Section 68 AA enthält seinerseits unter dem Namen *„serious irregularity“* die Aufhebungs- und Versagungsgründe für nationale Schiedssprüche.
Im englischen Recht soll die Versagung der Vollstreckbarerklärung in Betracht kommen, wenn der Schiedsspruch so schwerwiegende Mängel an Form oder Inhalt aufweist, dass eine Vollstreckung unmöglich ist, oder die Vollstreckung gegen den Ordre Public (*„public policy“*) verstößt. Allein eine falsche oder gar nicht Anwendung des englischen Rechts führt nicht zu einer Versagung der Vollstreckbarerklärung des Schiedsspruchs.[764]
Im Fall *Soleimany v. Soleimany*[765] wurde die Vollstreckung eines in London erlassenen Schiedsspruchs verweigert, weil der für die Rechtsbeziehungen der Parteien maßgebliche Hauptvertrag unter dem Gesichtspunkt des englischen Rechts gegen den Ordre Public verstieß *(„underlying illegality“)*. Ebenso kann das Gericht die Erteilung der Vollstreckungsgenehmigung ablehnen, wenn die Sache objektiv nicht schiedsfähig ist oder die Vollstreckung des Schiedsspruchs Dritte in ihren Rechten „in unangemessener Weise berühren“ würde.
Zum Ordre Public-Verstoß gehören u.a. alle illegalen Handlungen, bei denen z. B. Schmuggel oder Bestechung vorkommen.[766]
Die Gesetzwidrigkeit *(illegality)* des zugrundeliegenden Vertrags wird jedoch verschieden behandelt, je nachdem, ob es sich um einen nationalen oder internationalen Schiedsspruch handelt. Im Falle eines nationalen Schiedsspruchs (mit englischem Recht als *lex causae*) wird das Gericht ihn nicht für vollstreckbar erklären, wenn der ihm zugrundeliegende Vertrag aus englischer Sicht gesetzwidrig ist.

---

763 *Israel Discount Bank of New York v. Hadjipateras*, 1984, 1 WLR 137, 141 (C.A.).

764 Dicey & Morris, Conflict of Laws, 2000, S. 622, Rn. 16-71: *"The English court will not refuse to recognise or enforce a foreign award merely because the arbitrators (in its view) applies the wrong law to the dispute, or misapplied the right law."* So auch Redfern/Hunter, Law and Practice of International Commercial Arbitration, 2004, S. 420, Rn. 9-33.

765 *Soleimany v. Soleimany*, 1998, CA 3 LR 811 = Cato, Arbitration, Practice and Procedure, S. 304, Abschnitt 4.3.4.

766 Cato, Arbitration, Practice and Procedure, S. 305, Abschnitt 4.3.4. So auch Redfern/ Hunter, a.a.O. 2004, S. 419, Rn. 9-32. Siehe auch *Deutsche Schachtbau- und Tiefbohrgesellschaft mbH v. Ras al-Khaimah National Oil Co* (1987) 2 Lloyd's Rep. 246, 254: *"(regardless to public policy) It has to be shown that there is some element of illegality or that recognition or enforcement of the ward would be clearly injurious to the public good, or, possibly, that recognition or enforcement would be wholly offensive to the ordinary, reasonable and fully informed member of the public on whose behalf the powers of the state are exercised."*

Die Lage stellt sich doch anders dar, wenn es um ausländische Schiedssprüche geht. Dabei hat die englische Lehre mittels der Rechtsprechung einige Regeln entwickelt.

Die allgemeine Regel ist, dass einem Schiedsspruch die Vollstreckbarerklärung verweigert wird, wenn er gegen den Ordre Public verstößt. Die Gesetzwidrigkeit eines Vertrages wird nach den folgenden Regeln als Ordre Public-widrig angesehen oder nicht[767]:

a) wenn der dem Schiedsspruch zugrunde liegende Vertrag englischem Recht unterworfen ist, dann wird der Schiedsspruch nicht für vollstreckbar erklärt, unabhängig davon, was die *lex loci arbitri* (Rechtsordnung des Erlassortes) diesbezüglich regelt.

b) wenn die *lex causae* nicht das englische Recht und der Vertrag gem. der *lex causae* gesetzwidrig ist, dann wird der Schiedsspruch in England nicht für vollstreckbar erklärt, unabhängig davon, was die *lex loci arbitri* besagt.

c) wenn der Vertrag nach der *lex causae* und der *lex loci arbitri* gesetzmäßig, aber gesetzwidrig nach englischem Recht ist, dann wird der Schiedsspruch in der Regel für vollstreckbar erklärt. Die Bestimmungen der *lex loci arbitri* werden in diesem Fall nicht berücksichtigt. Diese Regel gilt dennoch nicht, wenn es um Bestechung geht. Ein solcher Schiedsspruch wird für nicht vollstreckbar erklärt, denn er verstößt gegen den englischen Ordre Public.[768]

d) wenn der Vertrag gem. der *lex causae* gesetzmäßig, aber gem. der *lex loci arbitri* gesetzwidrig ist, dann wird das englische Gericht die Vollstreckbarerklärung des Schiedsspruchs aus dem Grund ablehnen, dass der Ordre Public international *comity* erfordert. Demgemäß werden englische Gerichte nicht erlauben, dass ein Gesetz eines anderen Landes „missachtet" (*flouted*) wird.[769]

Die allgemeine Geltung dieser Regelungen wurde insofern in Frage gestellt, als sich die Unterscheidung zwischen dem zugrundeliegenden Vertrag und dem Schiedsspruch als schwierig darstellt.[770]

Nach der englischen Rechtsprechung ist hierbei wichtig, dass das englische Gericht als erstes die Kompetenz des Schiedsgerichts feststellt, über die Gesetzwidrigkeit eines Vertrages zu entscheiden.[771] Wenn der Schiedsrichter keine Kompetenz-Kompetenz diesbezüglich hat, dann ist die Feststellung der Ordre Public-Widrigkeit allein Zuständigkeit des englischen Gerichts. Angenommen,

767 Siehe Enonchong, Illegal Transactions, 1998, LLP, S. 63-68, zitiert in: Merkin, Arbitration Law, S. 839, Rn. 19.75.

768 *Westacre Investiments Inc v. Yugoimport-SDPR Holding Co Ltd.*, (1998) 2 Lloyd's Rep 111; *Lemenda Trading v. AMEPC* (1998) 1 Lloyd's Rep. 361; *Tekron Resources Ltd. v. Guinea Investiment Co Ltd.* (2003) EWHC 2577 (QB).

769 *Soleimany v. Soleimany*, 1998, CA 3 WLR 811.

770 Merkin, Arbitration Law, S. 839, Rn. 19.75.

771 *Harbour Assurance Co (UK) Ltd. v. Kansa General International Insurance Co* Ltd (1993) 1 Lloyd's Rep 455. *Westacre Investiments Inc v. Jugoimport-SDPR Holding Co Ltd* (principle i).

der Schiedsrichter hat die Kompetenz, darüber zu entscheiden, dann gilt keine Ordre Public-Regel, um die Gültigkeit des Vertrages festzustellen oder abzulehnen.[772] Die Natur der Gesetzwidrigkeit spielt hierbei eine große Rolle. Wenn z.B. im Schiedsspruch über die Zahlung einer gewissen Summe Geld entschieden wurde, die für eine illegale Handlung (Drogenhandel, Schmuggel) bestimmt ist, dann wird das englische Gericht den Schiedsspruch nicht für vollstreckbar erklären.[773]

Gemäß der oben dargestellten Punkten wird behauptet, dass die potentiellen Situationen, in denen einem Schiedsspruch die Vollstreckbarerklärung wegen Gesetzwidrigkeit (*illegality*) als Bestandteil des Ordre Public verweigert wird, folgende sind[774]:

a) Die Gesetzwidrigkeit wurde vom Schiedsgericht nicht berücksichtigt.

b) Das Schiedsgericht hat gem. der Schiedsvereinbarung keine Kompetenz, eine Vertragsgesetzwidrigkeit festzustellen.

c) Das Schiedsgericht hat die entsprechende Kompetenz, aber die Natur der Gesetzwidrigkeit ist eine solche, dass ihm nicht möglich wäre, einen vollstreckbaren Schiedsspruch zu erlassen.

d) Das Schiedsgericht hat entschieden, dass der Vertrag gesetzmäßig ist, während jedoch seine Gesetzwidrigkeit offensichtlich (*as a matter of law*) ist. Hierbei stellt sich das Problem, ob der Schiedsspruch respektiert werden soll oder ob gesetzwidrige Verträge anerkannt werden sollen[775] In der *Westacre*-Entscheidung[776] wurde entschieden, dass dem Gericht das Recht nicht zukommt, in der Sache noch einmal zu entscheiden.

In der *Hilmarton*-Entscheidung wurde von einem schweizerischen Gericht in der Schweiz entschieden, dann obwohl der Vertrag nach algerischem Recht ungültig war, keine Korruption war in ihm involviert war und dementsprechend kein Grund bestand, die Schiedsvereinbarung für unwirksam zu erklären.

Das englische Gericht im Vollstreckbarerklärungsverfahren entschied, dass der Schiedsspruch in England vollstreckbar sei und dass der Vertrag nicht gegen den englischen Ordre Public verstieße.

e) Das Schiedsgericht hat die Gesetzwidrigkeit des Vertrages festgestellt, jedoch im Schiedsspruch unerwähnt gelassen, da sie die wesentlichen Rechte der Parteien im konkreten Fall nicht verletzt. Dieser Schiedsspruch wird wegen eines Verstoßes gegen den englischen Ordre Public dann nicht für vollstreckbar er-

---

772 *Westacre Investiments Inc v. Jugoimport-SDPR Holding Co Ltd* (principle ii).

773 *Westacre Investiments Inc v. Jugoimport-SDPR Holding Co Ltd* (principle iii, iv):" arbitrators cannot have jurisdiction "to ignore palpable and indisputable illegality", zitiert in Merkin, Arbitration Law, S. 840, Rn. 19.76.

774 Merkin, Arbitration Law, S. 841, Rn. 19.77.

775 Soleimany v. Soleimany (1998) 3 WLR 811.

776 *Omnium de Traitement et de Valorisation SA v. Hilmarton Ltd.* (1999) 2 Lloyd's Rep. 222.

klärt, wenn sonst so eine illegale Handlung gegen einen befreundeten Staat gedeckt würde.[777]
Nach der englischen Rechtsprechung ist auch solchen Schiedssprüchen die Vollstreckbarerklärung wegen Verstoßes gegen den Ordre Public abzulehnen, bei denen das Schiedsgericht der Schiedsvereinbarung nicht Rechnung getragen hat.[778]
Darüber hinaus werden in England Schiedssprüche auch nicht für vollstreckbar erklärt, wenn sie strafrechtliche Entscheidungen enthalten.[779]

Auch die UNCITRAL *Working Group* äußerte sich zum Begriff des Ordre Public. Sie führte aus, dass der in dem New Yorker und anderen Abkommen enthaltenen Begriff des Ordre Public sowohl materielles Recht als auch grundlegende Rechtsgrundsätze umfasst.[780]

2.5.4. Deutschland

Die Anwendung der Ordre Public in Deutschland wird im Laufe dieses und des nächsten Kapitels ausführlich behandelt.

3. Die Funktionen des Ordre Public: positive und negative

3.1. Die positive Funktion des Ordre Public

Die Konzeption einer positiven Funktion des Ordre Public stützt sich auf die von Savigny vertretene Theorie der „Gesetze streng positiver, zwingender Natur"

777 *„The arbitrators, having considered the illegality argument, have determined that there was illegality but that the illegality ought not to affect the ordinary rights of the parties with the result that the award condones an illegal act against a firndly state in a manner wich contravenes English public policy."* Siehe Merkin, Arbitration Law, S. 841, Rn. 19.77.

778 ED & F Man (Sugar) Ltd. v. Haryanto (1991) 1 Lloyd's Rep. 429. *Javor v. Francoeur* (2003) BCSC 350.

779 *United States of America v. Inkley* (1998) 3 WLR 304.

780 Siehe A/40/17, para. 297, S. 1002. *„It was understood that the term public policy, which was used in the 1958 New York Convention and many other treaties, covers fundamental principles of law and justice in substantive as well as procedural respects. Thus, instances such as corruption, bribery or fraud or similar serious cases would constitute a ground for setting aside. It was noted, in that connection, that the wording "the award is in conflict with public policy of this State" was not to be interpreted as excluding instances or events relating to the manner in which an award was arrived at"*. Siehe auch dazu Holtzmann/Neuhaus, Guide to Model Law, S. 914.

und kann sich insofern auch an das romanische Verständnis der Lehre vom Ordre Public anlehnen.[781]

In Ausübung dieser Funktion soll der Ordre Public zur unmittelbaren Durchsetzung fundamentaler inländischer Sachnormen verhelfen.

Hierbei spielen der Inhalt oder das Ergebnis der Anwendung der ausländischen Norm keine Rolle. Infolgedessen muss der inländische Richter die eigenen Sachnormen, die unter den Ordre Public-Begriff fallen, bevorzugt zur Geltung bringen und zwar unabhängig von der Bestimmung der nach den allgemeinen kollisionsrechtlichen Vorschriften an sich anwendbaren ausländischen Rechtsnorm.[782] Da der Ordre Public nicht als Korrektur einer kollisionsrechtliche Verweisung dient, fungiert er hierbei als Ermächtigungsgrund zur unmittelbaren Durchsetzung bestimmter Sachnormen der *lex fori*,[783] die den Schutz staats-, wirtschafts- oder sozialpolitischer Interessen verfolgen.

Nach herrschender Meinung wird in Deutschland nicht mehr über eine positive Funktion des Ordre Public gesprochen.[784] Es wird vielmehr über einseitige Kollisionsregeln oder Eingriffsnormen, *lois d'application immédiate, mandatory rules, normas de aplicación imperativa* gesprochen[785].

Diese Normen sichern die Anwendung des nationalen Rechts.[786] Die einseitigen Kollisionsregeln fallen unter die Bestimmung des Art. 34 EGBGB.

Es wird behauptet, dass solche Normen eine Konkretisierung des Ordre Public darstellen. Dies soll jedoch nicht den Blick darauf verstellen, dass Art. 34 EGBGB als kodifizierte Ausnahmevorschrift des positiven Ordre Public anzusehen ist.[787] Dies bedeutet auch keineswegs, dass alle von den zwingenden Normen des nationalen Privatrechts abweichende Rechtsvorschriften *per se* Ordre Public-widrig sind[788], sondern nur die Abweichung von denjenigen, die die Beachtlichkeit einiger bestimmter Rechtsgrundsätze und Grundrechte sichern. Die anderen zwingenden Normen sind zum Schutz staats-, wirtschafts- oder sozialpolitischer Interessen geschaffen.[789]

---

781 Savigny, System des heutigen römischen Rechts VIII (1849), S. 33. Siehe auch Spickhoff, A., Der Ordre Public im internationalen Privatrecht, Göttingen, 1989, S. 112.

782 Kropholler, Internationales Privatrecht, 2004, S. 243. Siehe auch Spickhoff, Der Ordre Public im internationalen Privatrecht, Göttingen, 1989, S. 112. Staudinger/Blumenwitz, Art. 6 EGBGB Rn. 8. MünchKomm/Sonnenberger, Art. 6 EGBGB, Rn. 5.

783 Sonnenberger/MünchKomm. Art. 6. Rn. 5.

784 Palandt/Heldrich, BGB Komm (2006) Art. 6 EGBGB, Rn. 3.

785 Siehe unten in diesem Kapitel unter 8.

786 Kropholler, Internationales Privatrecht, 2004, S. 243. Siehe Vischer in Zürcher Komm. IPRG zu Art. 17 Rn. 41, Art. 18 Rn. 1.

787 Gamauf, ZfRV, 2000/41, S. 41ff; Palandt/Heldrich, Art. 6 EGBGB, Rn. 3.

788 Vischer in Zürcher Komm. IPRG zu Art. 17 Rn. 4.

789 Vgl. hierfür grundlegend einerseits die Kritik gegen die positive Funktion des Ordre Public bei Kann, Die Lehre vom Ordre Public, 1898, S. 1, 109: „Eine Vorbehaltsklausel

Man könnte wahrscheinlich „eine positive Funktion“ des Ordre Public bejahen, indem er durch diese Funktion positiv zur Beachtung der im Inland herrschenden Grundprinzipien verhilft.[790]
Es ist dennoch zu bejahen, dass eine ausnahmslose Durchsetzung des eigenen Rechts im Sinn der „streng positiven, zwingenden Gesetze“ nach heute einhelliger Auffassung ohnehin nicht mehr anzuerkennen und nach dem Wortlaut des Art. 6 EGBGB abzulehnen ist.[791] Demgemäß ist der Ordre Public nur als Vorbehaltsklausel anzuwenden.

3.2. Die negative Funktion des Ordre Public

Man spricht von einer negativen Funktion des Ordre Public, wenn er als Vorbehaltsklausel durch Kollisionsnormen die Anwendung fremder Normen ausschließt, deren Folgen als unerträglich und unvereinbar mit den wesentlichen Grundsätzen und Grundrechten empfunden werden. Die negative Funktion des deutschen Ordre Public kommt in Art. 6 EGBGB zum Ausdruck.[792] Die Vorbehaltsklausel richtet sich nicht gegen die betreffende Norm, sondern achtet auf das Ergebnis der Anwendung einer solchen Norm.[793] Die Anwendungsergebnisse der fremden Norm müssen so unerträglich für das Inland sein, dass sie „den Kernbestand der inländischen Rechtsordnung antasten“.[794] Der Ordre Public übt hierbei eine Abwehrfunktion aus bzw. stellt einen Vorbehalt dar.
Es wird teilweise die These vertreten, dass die positive und die negative Funktion des Ordre Public nur zwei Seiten derselben Medaille seien[795] und dass die

---

allgemeiner Art zu Gunsten streng zwingender, positiver Gesetze, zu Gunsten von *lois d'Ordre Public* etc. gibt es nicht“. Siehe auch Kegel/Schurig, IPR, 9. Aufl., S. 516; v. Hoffmann, IPR, Aufl. 7, S. 253, Rn. 14; Roth, Ordre Public, 1967, S. 71. In der Schweiz. Vischer in Zürcher Komm. IPRG zu Art. 17 Rn. 8. Vgl. auch Kropholler, Internationales Privatrecht, 2004, S. 243.

790 So Sonnenberger/MünchKomm. Art. 6. Rn. 5.

791 Spickhoff, Der Ordre Public im internationalen Privatrecht, S. 113, 115; Roth, Der Vorbehalt des Ordre Public, S. 70 ff.; Neumayer, FS Dölle II, S. 179. Junker, IPR, München, 1998, Rn. 273; Palandt/Heldrich, Art. 6 EGBGB Rn. 3. Vgl. MünchKomm./Sonnenberger, Art. 6 EGBGB, Rn 4; Staudinger/Blumenwitz, Art. 6 EGBGB Rn. 27. Vgl. dagegen Lando, FS Siehr, S. 401; Siehr, FS Drobnig, S. 448f; Kegel/Schurig, IPR, S. 516.

792 Kropholler, Internationales Privatrecht, 2004, S. 242.

793 Kropholler, Internationales Privatrecht, 2004, S. 243. Siehe auch Vischer in Zürcher Komm. IPRG zu Art. 17 Rn. 5. In Frankreich auch so Racine, L'arbitrage Commercial International et l'Ordre Public, S. 539, Rn. 959: *„C'est uniquement si le résultat de la sentence est contraire à l'Ordre Public que la sentence sera annulée ou se verra refuser l'exécution forcée.“*

794 Vgl. amtliche Begründung.. BT-Drucks 10/504, 42.

795 Staudinger/Blumenwitz, Art. 6 EGBGB Rn. 13, 15; so auch Spickhoff, Der Ordre Public im internationalen Privatrecht, S. 115.

Kennzeichnung als positiv oder negativ eine Sache des Standpunkts und der Betrachtungsweise sei.[796]

Jedoch ist nach der heutigen deutschen Sicht eine solche doppelte Funktion dem Ordre Public des Art. 6 EGBGB nicht zu entnehmen. Denn bei der positiven Funktion des Ordre Public geht es nicht, wie beim negativen Ordre Public, um die Unvereinbarkeit des Ergebnisses einer Rechtsanwendung mit den im Inland herrschenden wesentlichen Rechtsgrundsätzen bzw. Grundrechten, sondern vielmehr um die dominante Anwendung und Durchsetzung nationaler Rechtsnormen, die zum Schutz staatlicher, sozialpolitischer oder wirtschaftlicher Interessen dienen.[797]

Heutzutage werden beide Funktionen - die positive und die negative - voneinander abgegrenzt: Art. 6 EGBGB enthält eine Vorbehaltsklausel, die nur in Ausnahmefällen zur Anwendung kommt. Das heißt, dass diesem Artikel nur eine negative Funktion zu entnehmen ist, während Art. 34 EGBGB die einseitigen Kollisionsregeln normiert. Der Ordre Public wird also durch Eingriffsnormen rechtstechnisch „entlastet".[798]

In der Schweiz wurde herkömmlicherweise zwischen der negativen und positiven Funktion des Ordre Public unterschieden. Dabei stellte Art. 17 IPRG die negative Funktion des Ordre Public als Verdrängung des an sich anwendbaren Rechts dar und Art. 18 IPRG[799] deckte die positive Funktion als Durchsetzung bestimmter Normen des schweizerischen Rechts ab.[800] Diese Meinung wird heute aufgrund des großen Unterschiedes zwischen diesen beiden Artikeln nicht mehr vertreten. Bei Art. 17 geht es um Rechtsgrundsätze und bei Art. 18 um einseitige Kollisionsnormen[801], jedoch werden gewisse unverzichtbare Rechtsnormen[802] des materiellen Rechts generell zum nationalen schiedsrechtlichen Ordre Public gezählt, welche wegen ihrer Wichtigkeit ohne Rücksicht auf das an

---

796 Siehe Kegel/Schurig, IPR, 9. Aufl., 2004, S. 518; Schurig, Kollisionsnorm und Sachrecht, S. 251.

797 Vgl. Art. 6 mit Art. 34 EGBGB in Deutschland und Art. 17 mit Art. 18 IPRG in der Schweiz. Siehe dazu Vischer in Zürcher Komm. IPRG zu Art. 17 Rn. 12.

798 Jayme, Methoden der Konkretisierung des Ordre Public, 1989, S. 14.

799 *Art. 18 Vorbehalten bleiben Bestimmungen des schweizerischen Rechts, die wegen ihres besonderen Zweckes, unabhängig von dem durch dieses Gesetz bezeichneten Recht, zwingend anzuwenden sind.*

800 Deskriptiv Vischer, Zürcher.Komm. IPRG Art. 17, Rn.8. So Girsberger/Mráz, IPRax 2003/6, S. 548-549. Im Sinne eines Ordre Public als Mittel zur Durchsetzung international zwingenden Normen (Art. 18 IPRG).

801 Vischer, Zürcher.Komm. IPRG Art. 17, Rn. 13.

802 BGE 107 Ia 162. Als unverzichtbar gilt ebenfalls der Anspruch auf die richtige Besetzung des Schiedsgerichtes. Auch Art. 2 ZGB gehört zum unantastbaren Kern des schweizerischen Rechtes. Dazu gehört auch das Gebot von Treu und Glauben; BGE 103 Ia 536; 98 Ia 534. Vgl. Walter/Bosch/Brönnimann, Internationale Schiedsgerichtsbarkeit in der Schweiz, S. 236f.

sich anwendbare Recht unbedingt Geltung beanspruchen sollen.[803] So hat das Bundesgericht zumindest in früherer Zeit entschieden.[804]
In Frankreich findet man in der alten Lehre Auffassungen, die nach dem klassischen Verständnis des Ordre Public (*Mancini* und *Pillet*) die positive Funktion des Ordre Public vertreten.[805] Diese Auffassung wurde in dem Sinne kritisiert, dass sie den Ordre Public als Verdrängung des Kollisionsrechts sieht, statt ihn als Verdrängung des durch das Kollisionsrecht zur Anwendung berufenen Rechts zu verstehen.[806]
Aufgrund des dem Ordre Public in Frankreich zugewiesenen Inhalts wird jedoch heutzutage über eine negative und eine positive Funktion gesprochen. Die erste erfolgt, indem er die Anwendung des nach Kollisionsrecht anwendbaren Rechts ausschließt, die zweite ist nach französischer Auffassung eine notwendige Folge der ersten. Hierbei soll er die ausgeschlossene durch die im Inland anwendbare Norm ersetzen. Probleme ergeben sich hier, wenn keine Ersatznorm im Inland zu finden ist.[807]
Ebenso wird in der internationalen Schiedsgerichtsbarkeit von einer doppelten Funktion des Ordre Public transnational ausgegangen. Eine negative, im Sinne der Verdrängung der anwendbaren Norm und positive in dem Sinne, dass der Ordre Public transnational selbst als Ersatznorm fungiert. Er sei die Durchsetzung eines von ihm umfassten Prinzips oder einer zwingenden Norm.[808] Dieser Autor[809] erklärt jedoch, dass der Ordre Public nicht selbst zwingend zur Anwendung kommt und dadurch fremde Normen verdrängt, sondern vielmehr ein Identifizierungskriterium für die zwingenden Normen (*lois de police, loi d'application immédiate) ist*[810], welche unabhängig von dem in der Sache anwendbaren Recht Geltung beanspruchen.

---

803 Walter/Bosch/Brönnimann, Internationale Schiedsgerichtsbarkeit in der Schweiz, S. 236. Vgl. BGE 120 II 155, Erw. 6a zur Auslegung des Ordre Public des Art. 190 Abs. 2 lit. e IPRG : « *que l'Ordre Public, au sens de l'art. 190 al. 2 let. e LDIP, ne constitue qu'une simple clause de réserve ou d'incompatibilité, ce qui signifie qu'il a uniquement une fonction protectrice (Ordre Public négatif) et qu'il ne sortit aucun effet normatif (Ordre Public positif ou formateur) sur les rapports juridiques litigieux.* »

804 Etwa bis BGE 61 II 44ff.

805 So etwa Franceskakis, « Quelques précisions sur les lois d'application immédiate et leurs rapports avec les règles de conflit de lois », Rev. crit. DIP 1966, S. 13.

806 Déby-Gérard, Le rôle de la règle de conflit dans le règlement des rapports internationaux, Dalloz, 1973, S. 23; Vgl. Maury, L'éviction de la loi normalement compétente: l'Ordre Public international et la fraude à la loi, 1952, S. 22 ff.

807 Mayer/Heuzé, Droit International Privé, S. 154, Rn. 212.

808 Racine, L'Arbitrage Commercial International et l'Ordre Public, S. 419, Rn. 750 ; ders. S. 431, Rn. 779.

809 Racine, L'Arbitrage Commercial International et L'Ordre Public, S. 15.

810 Racine, a.a.O., S. 15: « *En somme, l'Ordre Public est un critère d'identification des lois de police et non un critère d'application* ». So auch Jacquet, Principe d'autonomie et contrats internationaux, S. 277, Rn. 422: »*L'adhésion à cette opinion ne signifie pas*

In England ist der Ordre Public als Bestandteil des ungeschriebenen Kollisionsrechts als Vorbehaltsklausel angesehen.[811]

3.3. Negative Funktion und Lückenfüllung

Nach dem Wortlaut des Art. 6 S. 1 EGBGB ist die ausländische Norm, die zu Ordre Public-Konsequenzen führt, nicht anzuwenden. Was in diesem Artikel nicht vorgeschrieben ist, ist was anstelle der dadurch entstehenden Lücke gelten soll.[812]

Wenn ein nationales Gericht (Oberlandesgericht) die Anerkennung und Vollstreckbarerklärung eines ausländischen Schiedsspruchs wegen Verstoßes gegen den Ordre Public im Rahmen des Art. V Abs.2 lit. b und Art. 6 EGBGB verweigert, ist dieses Gericht nicht verpflichtet, eine Lückenfüllung zu finden. Denn Art 6 EGBGB ist kein Korrektiv gegenüber der Anerkennung ausländischer Entscheidungen.[813]

4. Die klassische Theorie des Ordre Public-Vorbehalts im internationalen Recht

4.1. Theorie der Inlandsbeziehung

Nach der herrschenden Meinung[814] in Deutschland ist für die Heranziehung des Ordre Public als Vorbehaltsklausel sowohl im internationalen Privatrecht als

---

que l'on considère l'Ordre Public comme une circonstance de rattachement : mais elle conduit à la conviction que certaines lois doivent, dans les relations internationales, se voir attribuer un champ d'application déterminé à partir de certaines considérations matérielles aptes à induire la mise en place de circonstances spatiales de « déclenchement » de la loi : ce n'est pas l'Ordre Public qui peut fixer ces éléments, mais il invite à le faire... »

811 *Westacre Investiments Inc v. Jogoimport-SDPR Holding Co Ltd.*, 1998, 2 Lloyds Rep 111.

812 Vertiefend zur Lückenfüllung im internationalen Privatrecht siehe Spickhoff, Der Ordre Public im internationalen Privatrecht, S. 105; Staudinger/Blumenwitz, Art. 6 EGBGB Rn. 168; v. Bar/Mankowski, Internationales Privatrecht, S. 730, Rn. 285; Erman/Hohloch, Art. 6 EGBGB, Rn.26; Raape/Sturm IPR 219; Münch. Komm./ Sonnenberger, Art. 6, Rn 91. Pillet/Niboyet, Manuel de droit international privé, 1928, S. 554.

813 MünchKomm./Sonnenberger, Art. 6 EGBGB, Rn. 2. Vgl. in der Schweiz Keller/Siehr, Die allgemeine Lehre des IPR, S. 536.

814 Kropholler, IPR, 5. Aufl., 2004, S. 244; Staudinger/Blumenwitz, Art. 6 EGBGB, Rn. 153; v. Hoffmann, IPR, Aufl. 7. § 6, Rn. 152; Erman/Hohloch, 11. Aufl., Art. 6 EGBGB, Rn. 16; Kegel/Schurig, IPR. 9. Aufl., § 16, S. 521. Kritisch vgl. Raape/Sturm, IPR, 6. Aufl., 1977, S. 217-218.

auch im internationalen Zivilprozessrecht eine Inlandsbeziehung bzw. Binnenbeziehung des entsprechenden Falles erforderlich.[815] Erst wenn diese ungeschriebene Voraussetzung gegeben ist, kommt eine Unvereinbarkeit einer ausländischen Rechtsnorm mit wesentlichen Grundssätzen des deutschen Rechts in Betracht. Denn sonst hat der internationale Entscheidungseinklang Vorrang vor den Grundwerten der deutschen Rechtsordnung.[816] Verstößt allerdings das Ergebnis der Anwendung gegen völkerrechtliche Grundsätze, z. B. gegen die Menschenrechte, so verliert die Voraussetzung der Inlandsbeziehung an Bedeutung und auch ohne sie wird solch eine Verletzung im Rahmen des Ordre Public berücksichtigt werden.[817]
Als Grundformel wird nach herrschender Meinung festgelegt, dass je stärker die Inlandsbeziehung ist, desto eher eine Abwehr fremden Rechts mit Hilfe der Vorbehaltsklausel in Betracht kommt; und dass je geringer die Inlandsbeziehung ist, um so eher ein fremdartiges Ergebnis hingenommen wird.[818]
Wann ist aber diese Inlandsbeziehung gebeten? Als Bezugspunkte einer Inlandsbeziehung kommen sowohl personale als auch sachliche oder rechtliche Umstände des Sachverhalts in Betracht. Unter die ersten fallen z.B. die Staatsangehörigkeit[819], der Wohnsitz bzw. der gewöhnliche Aufenthalt[820], der Unternehmenssitz[821], sowie die Belegenheit von Vermögensmassen oder einzelnen Gegenstände[822] u.s.w.[823]

Im Bereich der internationalen Handelsschiedsgerichtsbarkeit wird oft ausländisches (aus der Sicht des Vollstreckungslandes) materielles Recht und Verfahrensrecht angewendet. Es kann auch vorkommen, dass die am Schiedsverfahren bzw. -spruch beteiligten Parteien, um dessen Anerkennung und Vollstreckbarerklärung in Deutschland nachgesucht wird, nicht die deutsche Staatsangehörigkeit haben. Diese Kriterien stellen also keine einheitlichen Anknüpfungspunkte zur Feststellung der Inlandsbeziehung dar. Wichtig ist hierbei, dass der Ordre

---

815 MünchKomm./Sonnenberger, Einl. IPR, Art. 6 EGBGB, Rn. 82. Siehe BGHZ 63, 219, 226; 120, 29, 34; BT-Drucks. 10/504, S. 43 zu Art. 6 EGBGB; auch BGHZ zu Art. 30 EGBGB a.F.

816 Staudinger/Blumenwitz, Art. 6 EGBGB, Rn. 154.

817 Kegel/Schurig, 9. Aufl., § 16, S. 527 ; Staudinger/Blumenwitz, Art. 6 EGBGB, Rn. 76, 154, 161; Vgl. BVerfGE 31, 58, 86f.

818 Erman/Hohloch, Art. 6 EGBGB, Rn. 17; MünchKomm./Sonnenberger, 3. Aufl., Art. 6 EGBGB, Rn. 82; Staudinger/Blumenwitz, Art. 6 EGBGB, Rn. 158; Kegel/Schurig, 9. Aufl., § 16, S. 520, 527; BGHZ, 118, 312, 348. Kropholler, IPR, S. 244.

819 Vgl. BGHZ 28, 375, 385.

820 Vgl. BGHZ 50, 370, 378; 20, 323, 336.

821 Vgl. OLG Hamm NJW 1977, 1594, 1595.

822 Vgl. BGHZ 31, 168, 172 f.

823 Staudinger/Blumenwitz, Art. 6 EGBGB, Rn. 155, 156.

Public nur anzuwenden ist, wenn deutsche Interesse relevant betroffen sind.[824] Hierbei ist der Vollstreckungsort genügender Bezugspunkt für eine Ordre Public-Kontrolle.[825]
Inwieweit eine bestimmte Inlandsbeziehung für das Eingreifen des Ordre Public ausreicht, kann nicht abstrakt festgelegt und muss im Einzelfall festgestellt werden[826]

In der Schweiz wird die These vertreten, dass die Anwendung des im Art. 17 enthaltenen Ordre Public-Vorbehalts immer voraussetze, dass das anzuerkennende Rechtsverhältnis eine ernstlich ins „Gewicht fallende Beziehung" zur Schweiz, eine sog. Binnenbeziehung, aufweist.[827] Je enger die Beziehung des Sachverhalts zum Inland, desto eher ist das Rechtsempfinden verletzt und eine Verletzung des Ordre Public zu bejahen.[828]
Jedoch wird anderseits im Rahmen der internationalen Schiedsgerichtsbarkeit die Meinung vertreten, dass für das Eingreifen des (Vollstreckungs-)Ordre Public keine besondere Binnenbeziehung zur Schweiz erforderlich sei.[829]

Denn es wird im Rahmen des Art. V Abs. 2 lit. b UNÜ auf den Ordre Public transnational abstellt, dessen Anwendung nicht von einer Inlandsbeziehung zur Schweiz abhängt.[830]

4.2. Theorie des „*effet atténué*"

Die Theorie des „*effet atténué*" geht auf Pillet[831] zurück. Er ist der erste, der über einen partiellen Effekt („*effet partiel*") des Ordre Public gesprochen hat. Dieser

824 Wuppermann, in: Marx, Der verfahrensrechtliche Ordre Public, S. 20.
825 Vgl. auch Spickhoff, Der Ordre Public im internationalen Privatrecht, Göttingen, 1989, S. 99.
826 MünchKomm./Sonnenberger, Einl. IPR, Art. 6 EGBGB, Rn. 83. Walter/Bosch/Brönnimann, Internationale Schiedsgerichtsbarkeit in der Schweiz, S. 229.
827 Schulthess, in: Walter/Bosch/Brönnimann, Internationale Schiedsgerichtsbarkeit in der Schweiz, S. 229; Siehe auch Berti, International arbitration in Switzerland, 2000, Rn. 76. Siehe auch Vischer in Zürcher Komm. IPRG zu Art. 17 Rn. 37. Vgl Heini, IPRG-Komm., Art. 190, Nr. 43.
828 BGE 78 II, 249; BGE 125 III 443 E. 3d.
829 Berti/Schnyder, IPR Komm., Art. 190, Rn. 76. Heini in Zürcher Komm. IPRG zu Art. 190 Rn. 42. Dagegen Walter/Bosch/Brönnimann, S. 229, Rn. 72.
830 Bucher, Die neue internationale Schiedsgerichtsbarkeit in der Schweiz, 1989, S. 162,. Rn. 456.
831 Pillet, De l'Ordre Public en droit international privé, S. 461 in: Ekelmans, L'Ordre Public concept et Applications, S. 288.

Lehre nach wird in Frankreich für eine zurückhaltende Anwendung des Ordre Public (*effet atténué*) plädiert.[832]
In Frankreich spielt der Schiedssitz keine Rolle. Die Lokalisierung des Schiedsverfahrens ist nach französischer Sicht, trotzt des Wortlautes des New Yorker Abkommens, bloß geographisch und nicht rechtlich relevant.[833] Aus diesem Grund wird es in Frankreich nicht gerechtfertigt, von der Inlandsbeziehung oder dem *„effet atténué"* Anwendung zu machen, wenn der Schiedssitz im Ausland ist.[834] Denn für die Kontrolle der internationalen Schiedssprüche wird auf den Ordre Public international abgestellt, der bereits eine zurückhaltende Form des Ordre Public darstellt.

In Deutschland soll auch nach der Lehre vom *„effet atténué de l'Ordre Public"* und im Interesse des internationalen Rechtsverkehrs der (anerkennungsrechtliche) Ordre Public (Art. 6 EGBGB) zurückhaltender anzuwenden sein.[835]
Nach herrschender Meinung besteht eine höhere Toleranz zu Gunsten der Anerkennung ausländischer Entscheidungen und Schiedssprüche als zu Gunsten der Anwendung ausländischer Vorschriften an sich durch den inländischen Richter.[836] Es ist nicht dasselbe, ob ein staatlicher Richter fremdes Recht selbst anwendet, oder ob er das Urteil eines fremden Richters anerkennen bzw. vollstrecken soll.
Im ersten Fall kann der Richter einen strengeren Maßstab bei der Überprüfung anlegen als im zweiten, bei dem die Rechtslage zwischen den Parteien bereits durch ein (schieds-)richterliches Verfahren rechtskräftig entschieden worden ist.[837]

---

832 *Cour de Cassation*. Civ., 1ère, 19 décembre 1991, Rev. Arb. 1992, S. 76 : *« l'Ordre Public international devait être apprécié de manière moins rigoureuse que l'Ordre Public interne. »*

833 Racine, L'arbitrage commercial international et l'Ordre Public, S. 532, Rn. 949.

834 Fouchard/Gaillard/Goldman, Traité de l'arbitrage commercial international, 1996, S. 967-968, Rn. 1646:*»...la notion d'effet atténué de l'Ordre Public n'a pas sa place dans le droit de l'arbitrage international qui conçoit le contrôle de l'Ordre Public international avec la même réserve que la sentence ait été rendue en France ou à l'étranger.»* ; Vgl. Goldstein, Ordre Public, S. 60, Rn. 139: *„Si l'on décide alors de refuser la reconnaissance ou l'exécution de cette décision (étrangère) au motif qu'elle contraire cet Ordre Public, on ignore la théorie de l'effet atténué.»*

835 Leipold in FS für Stoll, 2000, S. 635.

836 Staudinger/Blumenwitz, Art. 6 EGBGB, Rn. 100.

837 Walter/Bosch/Brönnimann, Internationale Schiedsgerichtsbarkeit in der Schweiz, S. 227. So auch Dasser, S. 283: *« Il n'y a en conclusion pas lieu de penser que le Tribunal fédéral donnera à l'Ordre Public visé à l'art. 190 al. 2 lit. E une portée différente de celle qu'il a donnée jusqu'ici à celle d'Ordre Public suisse en matière de reconnaissance des décisions judiciaires et sentences arbitrales étrangères. Cette portée est de toute manière plus restreinte que celle de l'Ordre Public limitant*

Der BGH[838] hat auch einen abgeschwächten Charakter des anerkennungsrechtlichen Ordre Public anerkannt: im Rahmen der Anerkennung fremder Entscheidungen sei „nicht auf den nationalen Ordre Public abzustellen, den die deutschen Gerichte bei eigener Anwendung ausländischen Rechts zu beachten hätten, sondern eben auf einen großzügigeren anerkennungsrechtlichen Ordre Public international". Hierbei hat der BGH allerdings den abgeschwächten Charakter dem Attribut „Ordre Public international" zugeordnet.[839]
Es muss sich jedenfalls für das Eingreifen des Ordre Public um ein krasses Ordre Public-widriges Ergebnis handeln.
Die oben genannte Toleranz bei der Anerkennung ausländische Schiedssprüche wird z.B. in der Schweiz von manchen Autoren[840] zum Ausdruck gebracht, indem sie den anerkennungsrechtlichen Ordre Public als Akzeptations - Ordre Public bezeichnen, der, wie sein Name besagt, restriktiver zu fassen ist als der Rechtsanwendungs - Ordre Public im Rahmen der Entscheidungsfindung.[841]

Bei der Anerkennung ausländischer Schiedssprüche hat die Anwendung des Ordre Public ebenso zurückhaltend zu erfolgen, um dem Entscheidungseinklang Rechnung zu tragen. Zu beachten ist, dass der Ordre Public die einzige Ausnahme des Verbots der sachlichen Nachprüfung (Verbot der *révision au fond*) eines Schiedsspruchs ist.[842] Die Art und Weise, wie man die für ein Land unantastbaren Grundsätze in nationalen Rechtsnormen konkretisiert, variiert vom Land zu Land. Ferner muss man davon ausgehen, dass die Auslegung dieser Normen im internationalen Privatrecht von einander abweichen kann.[843]

---

l'application directe du droit étranger en Suisse, consacré désormais à l'art. 17 LDIP. » Ähnlich Lalive/ Poudret/ Reymond, S. 429.

838 BGH NJW 1998, 2358 = RIW 1998, 626, 628 = ZIP 1998, 1024 =IPRax 1999, 466.

839 BGH, IPRax 1999, 466 ff.

840 Walter/Bosch/Brönnimann, Internationale Schiedsgerichtsbarkeit in der Schweiz, S.227- 229. Schulthess, S. 13 f.

841 Walter/Bosch/Brönnimann, Internationale Schiedsgerichtsbarkeit in der Schweiz, S.227.

842 Bucher, Die neue internationale Schiedsgerichtsbarkeit in der Schweiz, S. 131, Rn. 354. Vischer in Zürcher Komm. IPRG zu Art. 17 Rn. 4. Zur restriktiven Handhabung des Ordre Public im Vollstreckungsverfahren siehe BGE 116 II 625, S. 630.

843 Die Vollstreckung eines ausländischen Schiedsspruchs kann nicht allein aus dem Grund verweigert werden, dass er nicht begründet ist, insbesondere, wenn er in einem Land ergangen ist, wo die Begründung nicht erforderlich ist. Vgl. BGE 101 Ia 525-530.

5. Der Inhalt des Ordre Public

Der Ordre Public dient sowohl dem Schutz der materiellrechtlichen Grundwerte als auch der grundlegenden Verfahrensgarantien des nationalen Rechts bei der Anwendung fremden Rechts.[844]
Der Ordre Public kann demzufolge in einen materiellrechtlichen und einen verfahrensrechtlichen Ordre Public differenziert werden. Diese Einteilung dient dazu, eine rechtliche Zuordnung der im Einzelfall betroffenen Rechtsgrundsätze vornehmen zu können.[845]

5.1. Materiellrechtlicher Ordre Public

Nach Art. 1044 Abs. 2 Nr. 2 ZPO a.F. liegt ein Verstoß gegen den materiellen Ordre Public darin, dass ein missbilligtes Rechtsverhältnis zur Durchsetzung gebracht werden soll oder dass der Schiedsspruch eine Partei zu einer Handlung verurteilt, deren Vornahme gesetzlich verboten ist.
Nach dem Bundesgerichtshof ist ein Urteil mit dem deutschem materiellen Ordre Public unvereinbar, wenn „*...das Ergebnis der Anwendung des ausländischen Rechts zu den Grundgedanken der deutschen Regelungen und den in ihnen enthaltenen Gerechtigkeitsvorstellungen in so starkem Widerspruch steht, dass es nach inländischer Vorstellung untragbar erscheint....*“[846]
Hierbei wird also nicht auf die Nicht-Beachtung der zwingenden Norm selbst, sondern auf die Prinzipien abgestellt, die in ihr enthalten sind. Wichtig ist es jedoch, ob im konkreten Fall das Ergebnis der Anerkennung der Entscheidung durch die Anwendung des ausländischen Rechts untragbar für den deutschen Ordre Public erscheint und nicht, ob die ausländische Vorschrift auf den gleichen Prinzipien wie die inländische beruht.[847]

In Frankreich wird über einen *Ordre Public de fond* gesprochen. Hierbei werden die zwingenden Normen des französischen Rechts (nationalen und internationalen Ursprungs) berücksichtigt. Dabei ist eine Entscheidung, die ein Ordre Public-widriges Gesetz anwendet, nicht unbedingt auch selbst Ordre Public widrig.[848] Ebenso wird im Rahmen der internationalen Schiedsgerichtsbarkeit

---

844 So Walter/Bosch/Brönnimann, Internationale Schiedsgerichtsbarkeit in der Schweiz, S. 225.

845 Walter/Bosch/Brönnimann, Internationale Schiedsgerichtsbarkeit in der Schweiz, S. 231. Diese Unterscheidung wurde in der Schweiz erst in Band 85 I 47, Erw. 2 vorgenommen. Siehe auch neuestens BGE 111 Ia 12 ff.

846 BGH v. 21.4.1998, BGHZ 148, 331 (334-335); BGH v. 16.9.1993, NJW 1993, 3269ff (3270); BGH v. 24.2.1999, NJW 1999, 2372 ff. (2373).

847 Kropholler, EuZPR, zu Art. 34 EuGVVO, Rn. 17.

848 Audit, DIP, Rn. 467.

nicht allein auf den Inhalt der Norm abgestellt, sondern man muss vielmehr feststellen, ob ihre Anwendung in dem entsprechenden Fall angebracht ist und wenn ja, dann ist dabei das Ergebnis der Anwendung wichtig.[849]
Nach der schweizerischen Lehre ist der materiellrechtliche Ordre Public verletzt, wenn ein Schiedsspruch infolge seines Inhaltes, d.h. infolge der Lösung eines materiellrechtlichen Problems, in unvereinbarem Widerspruch zum einheimischen Rechtsempfinden steht.[850]
In seiner neuesten Rechtsprechung hat das Bundesgericht festgelegt, dass ein Schiedsspruch gegen den materiellen Ordre Public verstößt, wenn er grundlegende Prinzipien der *lex causae* in einem solchen Maße verletzt, dass er mit der geltenden Rechts- und Wertordnung nicht vereinbar ist.[851]
In der schweizerischen Rechtssprechung sind konkrete Grundsätze zu finden, die im materiellrechtlichen Ordre Public i.S.v. Artikel 190 Abs. 2 lit. e. IPRG enthalten sind. In BGE[852] werden sie wie folgt wiedergegeben: „Die Sachentscheidung, die über einen bestrittenen Anspruch entscheidet, verletzt den Ordre Public nur dann, wenn sie in sich selbst widersprüchlich ist..., oder fundamentale Rechtsgrundsätze in einem Masse verletzt, in welchem sie nicht mehr mit dem anwendbaren Rechts- und Wertsystem als vereinbar erscheinen. Unter diesen Prinzipien fungiert namentlich die Vertragstreue, das Rechtsmissbrauchs- und Diskriminierungsverbot sowie der Schutz der handlungsunfähigen Personen.“

Sec. 68(2)(g) AA deutet auf die Unterscheidung zwischen materiellem- und verfahrensrechtlichem Ordre Public Verstößen hin.

---

849 Racine, a.a.O. S. 19, Rn. 29; ders. S. 343, Rn. 608: « *Même lorsque l'intérêt protégé par une loi de police est légitime, son application à l'espèce, quant à elle, peut être considérée comme illégitime. Ainsi, l'arbitre a la faculté d'écarter une loi de police extérieure à l'une des parties d'invoquer l'application d'une loi de police s'avère injuste.* »

850 Walter/Bosch/Brönnimann, Internationale Schiedsgerichtsbarkeit in der Schweiz, S. 231-232.

851 BGE 132 III 389, S. 393 : *«Une sentence est contraire à l'Ordre Public matériel lorsqu'elle viole des principes fondamentaux du droit de fond au point de ne plus être conciliable avec l'ordre juridique et le système de valeurs déterminants; au nombre de ces principes figurent, notamment, la fidélité contractuelle, le respect des règles de la bonne foi, l'interdiction de l'abus de droit, la prohibition des mesures discriminatoires ou spoliatrices, ainsi que la protection des personnes civilement incapables »* Siehe auch BGE 120 II 155 Erw. 6a ; BGE 128 III 191 Erw. 6b.

852 BGE 116 II 634 Erw. 4.

5.2. Verfahrensrechtlicher Ordre Public

Im Rahmen der Parteiautonomie als Grundlage der Schiedsgerichtsbarkeit und nach § 1042 Abs.3, 4 ZPO in Anlehnung an Art. 19 UMG können die Parteien, vorbehaltlich der zwingenden Vorschriften der ZPO (Buch 10), selbst das Schiedsverfahren vereinbaren oder Bezug auf eine schiedsrichterliche Verfahrensordnung nehmen. Mangels einer solchen Vereinbarung kann das Schiedsgericht nach freiem Ermessen das Verfahren bestimmen. Allerdings sieht dieser Artikel im Abs. 1 vor, dass unabhängig davon, welches Verfahrensrecht die Parteien gewählt haben, das Schiedsgericht in allen Fällen die Gleichbehandlung der Parteien sowie ihren Anspruch auf rechtliches Gehör im Verfahren gewährleisten muss.[853]

Der verfahrensrechtliche Ordre Public beinhaltet also die unabdingbaren Grundsätze des deutschen Verfahrensrechts.[854] Wegen der Vielgestaltigkeit der Verfahrensrechte sind hierbei nicht die deutschen Verfahrensregeln wichtig, sondern die dahinter stehenden Grundprinzipien.[855] Das heißt, dass die Vorgehensweise des ausländischen Gerichts nicht an den Normen des deutschen Verfahrensrechts gemessen werden darf. Ebenso wenig können sich unterschiedliche beweisrechtliche Regelungen als Ordre Public verletzend erweisen, soweit sie keine mit einem rechtstaatlichen Verfahren unvereinbare Verkürzung der prozessualen Rechte der Parteien darstellen.[856]
Es handelt sich hierbei um die wesentlichen Verfahrensprinzipien.[857] Denn es geht nicht darum an, die umfassende Parteiautonomie unter Berufung auf den Ordre Public einzuschränken.[858]
Als grundlegende Rechtsgrundsätze werden diejenigen betrachtet, die sich aus dem Rechtsstaatlichkeitsprinzip (Art. 20 Abs. 3 GG) leiten lassen. Dazu gehören z.B. die Unabhängigkeit und Unparteilichkeit des Gerichts[859], die Gewährleistung des rechtlichen Gehörs, die Chancengleichheit und die Fairness.[860]

---

853 So auch Art. 182 Abs. 1 IPRG.

854 BGH NJW 1992, 3096, 3098, BGH NJW 1993, 1802; IPRax 1998, 116.

855 BGH vom 18.10.1967; BGHZ 48, S. 327ff (333); BGH vom 26.9.1979; siehe auch Völker, Zur Dogmatik des Ordre Public, S. 112; Hay, IPR, S. 108; Zöller ZPO-Komm., 25. Aufl., 2005 § 328 Rn. 155c.

856 BGH vom 22.1.1997, 2051ff (2053); OLG Köln vom 16.9.1996, IPRax 1998, 116; Geimer, Anerkennung ausländischer Entscheidungen in Deutschland, S. 136.

857 Kritisch Sandrock in FS Sonnenberger, München, 2004, S. 618.

858 Vgl. *Mitsubishi Motors Corporation v. Soler Chrysler-Plymouth, Inc.*, 473 US 614 (1985) YBCA XI (1986) S. 564.

859 BGH vom 30.9.1964, BGHZ 42, 194ff. (202); Völker, Zur Dogmatik des Ordre Public, S. 128-130.

860 BGH vom 19.9.1977, NJW 1978, 1114 f (1115); BGH vom 4.6.1992, BGHZ 118, 312ff. (321); BGH vom 29.6.2000, JZ 2000, 1067; Roth IPRax 1989, 14ff (17).

Im Bereich der Anerkennung und Vollstreckbarerklärung ausländischer Schiedssprüche kommt dem verfahrensrechtlichen Ordre Public eine wichtige Rolle zu. Denn dem Schiedsspruch kann die Anerkennung und Vollstreckung versagt werden, wenn die Entscheidung auf einem Verfahren beruht, das von den Grundprinzipien des deutschen Verfahrensrechts in einem Maße abweicht, dass es nach der deutschen Rechtsordnung nicht als in einer geordneten rechtsstaatlichen Weise ergangen angesehen werden kann.[861]

Nicht jeder Verfahrensfehler ist von Bedeutung, vielmehr müssen Mindeststandards der Verfahrensgerechtigkeit verletzt sein und die Entscheidung muss auf dieser Verletzung beruhen können.[862]

Ein Verstoß gegen den verfahrensrechtlichen Ordre Public liegt hingegen nicht mehr vor, wenn die Verfahrensfehler während des ausländischen Verfahrens noch in einer Rechtsmittelinstanz überprüft und notfalls korrigiert werden könnten.[863] Obwohl einzelne Verfahrensgarantien, deren Verletzung die Anerkennung und Vollstreckung des Schiedsspruchs verhindern, bereits in Art. V Abs. 1 lit. a-b) UNÜ speziell geregelt sind, fällt unter den in Art. V Abs. 2 lit. b UNÜ enthaltenen Versagungsgrund des Ordre Public nicht nur die richterliche Überprüfung des materiellen Inhalts des Schiedsspruchs, sondern auch die Verfahrensmängel.[864]

Vereinzelt[865] wird behauptet, dass Art. 6 EGBGB nur den materiellen, nicht aber den verfahrensrechtlichen Ordre Public regelt. So könne der nicht wegen Verletzung des rechtlichen Gehörs für Ordre Public-widrig erklärt werden, denn dies sei Bestandteil des verfahrensrechtlichen Ordre Public. Der Autor erklärt jedoch nicht, wo der verfahrensrechtliche Ordre Public geregelt ist.

In der alten deutschen Lehre[866] und Rechtsprechung[867] wurde die Theorie entwickelt, dass die Parteien eines internationalen Schiedsverfahrens nicht an die ver-

---

861 BGH, NJW 1990, 2201. Hierbei war die Rede von dem verfahrensrechtlichen Ordre Public international; BGH NJW 1992, 3092, 3098 = EuZW 1992, 705 = LM H. 2/1993, § 328 ZPO Nr. 38/39/40; BGHZ 48, 327 (331) = NJW 1968, S. 354. Siehe auch BGH Urt. vom 15.5.1986 in NJW 1986, S. 3027. BGH vom 21.3.1990, IPRax 1992, 33ff (35); Siehe auch OLG Hamm vom 27.6.1996, IPRax 1998, S. 175ff (176). BGHZ 48, 327, 331; BGHZ 118, 312, 321. Siehe auch OLG Köln, Beschluss vom 23.4.2004 – 9 Sch 01/03 = SchiedsVZ 2005/3, S. 165.

862 OLG Köln, Beschluss vom 23.4.2004 – 9 Sch 01/03 = SchiedsVZ 2005/3, S. 165. So auch BGH vom 15.5.1986 – III ZR 192/84 (Hamburg), NJW 1986/48, S. 3027.

863 BGHZ 48, 327, 331.

864 Walter/Bosch/Brönnimann, Internationale Schiedsgerichtsbarkeit in der Schweiz, S. 232. So auch Schlosser, Internationale Schiedsgerichtsbarkeit, Rn. 870.

865 Münch.Komm./Sonnenberger, Art. 6 EGBGB, Rn. 21.

866 Schlosser, Rn. 230ff.; Walter in Schwab/Walter, Schiedsgerichtsbarkeit, Kommentar, 4. Aufl. München, 1990, S. 424, Rn. 12 a. E.

867 Vgl. BGH, RIW 1976, 449 (451); OLG Köln, KTS 1971, 222, OLG Frankfurt a.M., RIW 1984, 400.

fahrensrechtlichen Normen zwingend gebunden sind, die am formalen Sitz ihres Schiedsgerichts gelten. In einem neueren Urteil stellte der Bundesgerichtshof jedoch fest, dass die Parteien, da sie sich für ein Schiedsverfahren in London entschieden hatten, dann auch den Verfahrensregeln des Schiedsortes Rechnung tragen mussten.[868]

Nach der neuesten Rechtsprechung des OLG Köln führt eine Verletzung des Verfahrensrechts oder des Ordre Public nur zur Versagung der Vollstreckbarerklärung, *„wenn die Entscheidung nach der deutschen Rechtsordnung nicht als in einem geordneten rechtstaatlichen Verfahren ergangen angesehen werden kann. Dies kann nur bei Verletzung von Mindeststandards der Fall sein. Die Entscheidung muss auf dieser Verletzung beruhen"*.[869]

Die Gewährung des rechtlichen Gehörs zählt zu den wichtigsten Prinzipien des verfahrensrechtlichen Ordre Public.

Dieser Grundsatz erfordert, dass den Schiedsparteien ausreichende Gelegenheit gegeben wurde, ihren Standpunkt vorzutragen. Das Schiedsgericht muss sich mit den Argumenten beider Schiedsparteien auseinandersetzen. Der Schiedsspruch muss in der Sache mit Gründen versehen sein; jedenfalls muss er eine Stellungnahme zu den wesentlichen Angriffs- und Verteidigungsmitteln der Schiedsparteien enthalten.

Ebenso ist die Gleichbehandlung der Parteien bzw. die Neutralitätspflicht des Schiedsrichters dem verfahrensrechtlichen Ordre Public zuzurechnen.[870]

Die Schiedsrichter verstoßen gegen dieses grundlegende Prinzip, wenn sie nur als Vollstrecker des Willens einer Partei aufgetreten sind oder aus sachfremden Erwägungen die Belange einer Schiedspartei gefördert haben. Ebenso sind die Grundrechte ein wichtiger Maßstab für die Ordre Public-Kontrolle, wenn auch auf Fälle offensichtlicher Verletzungen begrenzt.[871]

In der schweizerischen Lehre[872] und Rechtsprechung[873] liegt ein Verstoß gegen den verfahrensrechtlichen Ordre Public nur vor, wenn derart wesentliche Verfahrensvorschriften in Frage stehen, dass deren Missachtung zum schweizerischen Rechtsempfinden in einem unerträglichen Widerspruch steht bzw. wenn die Entscheidung eine stoßende, krasse Verletzung fundamentaler Prinzipien „unserer" (schweizerischen) Rechtsordnung darstellt.[874]

---

868 BGH vom 15.5.1986 – III ZR 192/84 (Hamburg), NJW 1986/48, S. 3027.

869 OLG Köln, Beschluss vom 23.4.2004 – 9 Sch 01/03 = SchiedsVZ 2005/3, S. 164.

870 BGH vom 4.3.1999 BB 1999, 1133, 1134; OLG Hamburg vom 6.9.1984; LG Hamburg vom 10.12.1985, 1987 XII YCA, 487, 488; *Cour de Cass.* vom 24.3.1998, Rev. Arb. 1999, 255, 256.

871 Leipold, Dieter, in FS für Stoll, S. 641.

872 Vischer, Zürcher IPR Komm, Art. 17, Rn. 30.

873 BGE 103 Ia 531.

874 Walter/Bosch/Brönnimann, Internationale Schiedsgerichtsbarkeit in der Schweiz, S. 232; BGE 97 I 156 f ; BGE 102 Ia 313 f. (BGer. 19.5.197); BGE 116 II 637, Erw. 4; Heini Art. 190 N. 38.

Dies soll jedoch nicht den Blick darauf verstellen, dass der verfahrensrechtliche Ordre Public sich als ein eigentlicher „*Code de procédure*“ darstellt.[875]
Nach der neuesten schweizerischen Rechtsprechung gewährleistet der verfahrensrechtliche Ordre Public den Parteien ein unabhängiges Verfahren, das auf dem anwendbaren Verfahrensrecht basiert. Ein Verstoß gegen den verfahrensrechtlichen Ordre Public liegt vor, wenn grundlegende anerkannte Prinzipien in so einem Maße verletzt sind, dass sie mit dem Rechtsempfinden in einem Rechtsstaat unvereinbar sind.[876]
Nach französischer Auffassung gehören die in Artt. 1502 NCPC enthaltenen verfahrensrechtliche Gebote zum Ordre Public international, dessen Standards bei einem internationalen Schiedsverfahren, das in Frankreich stattfindet, unbedingt eingehalten sein müssen.[877] Hierbei sind insbesondere das rechtliche Gehör und die Unparteilichkeit von großer Bedeutung.[878]

In England werden diese unverzichtbaren Gebote des rechtlichen Gehörs (*proper opportunity to be heard*) und die Unterrichtung des Beklagten über das gegen ihn anhängige Verfahren (*due notice*) mit der Bezeichnung „*natural justice*“ umfasst.[879] Eine Verletzung der „*natural justice*“ führt zu einer Versagung der Anerkennung und Vollstreckung eines ausländischen Urteils.[880] Über die Grenzen der verfahrensrechtlichen Parteiautonomie im englischen Recht besteht Unklarheit.[881]

---

875 BGE 126 III 249 Erw. 3a. Zitiert auch in Vischer, IPR Komm. Art. 17, Rn. 30.

876 4P.280/2005 vom 9.1.2006 = BGE 132 III 389 S. 393 : » *L'Ordre Public procédural garantit aux parties le droit à un jugement indépendant sur les conclusions et l'état de fait soumis au Tribunal arbitral d'une manière conforme au droit de procédure applicable; il y a violation de l'Ordre Public procédural lorsque des principes fondamentaux et généralement reconnus ont été violés, ce qui conduit à une contradiction insupportable avec le sentiment de la justice, de telle sorte que la décision apparaît incompatible avec les valeurs reconnues dans un Etat de droit.* «

877 Fouchard in Sandrock, FS Habscheid, Fn. 11. So auch Fouchard/Gaillard/Goldman, Traité de l'arbitrage commercial international, S. 972, Rn. 1652:” *L'ordre juridique français ne saurait reconnaître l'efficacité d'une sentence arbitrale rendue à l'issue d'une procédure qui n'aurait pas respecté les exigences élémentaires de justice dans la manière dont le procès a été conduit...* » Rn. 1653 : « *Le première de ces exigences est le respect des droits de la défense ou du principe du contradictoire.* »

878 Fouchard/Gaillard/Goldman, a.a.O. Rn. 1653 : « *Le première de ces exigences est le respect des droits de la défense ou du principe du contradictoire.* »

879 Cheshire and North, Private International Law S. 450.

880 *Israel Discount Bank of New York v. Hadjipateras* (1984) 1 WLR 137, 141 C.A.

881 Siehe Collins, The law Governing the Agreement and Procedure in international Arbitration in England, in: Lew (Hrsg.), Contemporary Problems in International Arbitration (1986), S. 126 ff. Fn. 31; Lew, Applicable Procedural Law in the English Common Law, in: Storme/Ly de F., The Place of Arbitration (1992), S. 77 ff.;

Im Rahmen der Schiedsgerichtsbarkeit wird insbesondere auf das Kriterium einer „*serious irregularity*" abgestellt.[882]

Bei den Vorarbeiten des UNCITRAL-Modellgesetzes wurde der Inhalt vom „Ordre Public" diskutiert. Einige Vertreter waren der Meinung, dass der Begriff „*public policy*" eine engere Bedeutung in den *common law* Ländern als in den *civil law* Ländern habe. Denn in den ersten umfasst der Begriff nur verfahrensrechtliche Elemente, während in den letzten sowohl verfahrens- als auch materiellrechtliche Elemente dem Begriff zuzuordnen sind.[883]
Die Kommission entschied sich für die Einbeziehung des Begriffes Ordre Public bzw. *public policy* als Aufhebungs- und Vollstreckungsversagungsgrund und zwar mit seiner weiten Bedeutung.[884] Das heißt, der Ordre Public beinhaltet nach dem UNCITRAL-Modellgesetz sowohl materiell- als auch verfahrensrechtliche Aspekte.
Der Inhalt des nationalen Ordre Public variiert je nach Ort und Zeit und kann deswegen in jedem Land unterschiedlich sein. Es gibt hingegen Prinzipien, die in den verschiedenen Ländern anerkannt und zum internationalen Ordre Public zugeordnet werden. Beispielsfälle eines Verstoßes sind hierbei Schmuggel, Korruption bzw. Bestechung[885], Beschlagnahme ohne Entschädigung[886], *punitive damages*[887], diskriminierende Maßnahmen, Rechtsmissbrauch, Verstoß gegen den Grund von Treu und Glauben, z. B. *Pacta Sunt Servanda*, etc. [888]

Mustill/Boyd: Commercial Arbitration, 1989, S. 64 ff.; Redfern/ Hunter, Law and Practice of International Commercial Arbitration, 1991, S. 91 ff.

882 s. 68 AA.

883 UN-Doc. A/40/17, para. 296. Siehe auch Holtzmann/Neuhaus, A guide to the UNCITRAL Model Law on International Commercial Arbitration, S. 914.

884 „*It was understood that the term „public policy", which was used in the New York Convention and many other treaties, covered fundamental principles of law and justice in substantive as well in procedural respects*...", UN-Doc A/40/17, para. 297.

885 Der BGE 99 Ia 417 hat festgelegt, dass gegen den schweizerischen Ordre Public dagegen ein Schiedsspruch nicht verstößt, der die Rückzahlung von Bestechungsgeldern anordnet, weil der Bestechungserfolg nicht eingetreten ist.

886 BGE 102 Ia 581 Erw. 7d und 8; 83 II 312. Urteil 19.4.1994, Westland Helicopters Ltd., ASA-Bull, 1994, S. 404. BGE 120 II 155.

887 In den Ländern, die dem Modell des kontinentalen Rechts folgen.

888 Un-Doc. A/40/17, para. 296. BGE 120 II S. 171; BGer 26.5.1999; BGer 14.6.2000, in: ASA Bull. 2000, S. 599-601. Siehe auch Heini in Zürcher Komm. zu Art. 190 Rn. 45. Berti, International Arbitration in Switzerland, 2000, Rn. 73.

6. Typisierung des Ordre Public

6.1. Nationaler/Internationaler Ordre Public

Die Unterscheidung zwischen „Ordre Public interne“ und „Ordre Public international“ ist in den romanischen Ländern entwickelt worden. Ordre Public interne wird nach dieser Lehre als Bezeichnung der zwingenden Normen benutzt. Hat jedoch der Fall mit der Anwendung von ausländischen Normen zu tun, dann kann man nicht erwarten, dass der Ordre Public interne hierbei eingeschaltet wird. Daher haben diese Länder, wie Frankreich und Italien, den Begriff des Ordre Public international für Fälle mit Auslandsberührung geschaffen.[889]

6.1.1. Deutschland

Im deutschen Recht sind die Begriffe Ordre Public national bzw. international umstritten. Die im Art. 6 EGBGB enthaltene Vorbehaltsklausel kommt nur zur Anwendung, wenn es sich um eine durch eine kollisionsrechtliche Anknüpfung zur Anwendung berufene, fremde Norm handelt, deren Anwendung (bzw. das Ergebnis der Anwendung) mit der internen Wertvorstellung unvereinbar ist. Geht es hingegen um die Anwendung einer deutschen Norm, so findet in einem solchen Sachverhalt Art. 6 EGBGB keine Anwendung.

In der Lehre wird jedoch über einen Ordre Public international gesprochen. Er wird als die Anreicherung der nationalen Vorbehaltsklausel um völkerrechtliche und andere internationale Elemente definiert. Dennoch wird bejaht, dass dieser Ausdruck nicht einheitlich verwendet und deshalb von einigen Autoren vermieden wird.[890]

Für andere Autoren[891] ist kein Raum für diese Unterscheidung im deutschen Recht. Für sie sei die Gegenüberstellung von „Ordre Public national“ und „Ordre Public international“ in Anwendung auf das deutsche internationale Privatrecht gegenstandslos. Denn in Deutschland ist der Ordre Public des Art. 6 EGBGB kein Mittel, um die zwingenden Vorschriften des deutschen Rechts zur Anwendung zu bringen. Es handelt sich hierbei bloß um eine Vorbehaltsklausel. Weitere Autoren[892], die diese Meinung teilen, verneinen das Bestehen eines

889 Schlosser, IPRax, 1991, S. 218.

890 Kropholler, IPR, 5. Aufl., S. 248.

891 Wiethölter, Zur Frage des internationalen Ordre Public, Berichte der Deutschen Gesellschaft für Völkerrecht, Heft 7, 1967, S. 133ff.; Schlosser, Ausländische Schiedssprüche und Ordre Public „international“, IPRax 1991, Heft 4, S. 220: "*Es gibt in diesem Bereich (Ordre Public) keine Notwendigkeit, rückständiges Recht wenigstens und vorsichtigerweise erst einmal für internationale Fälle zurückzudrängen*". Wagner, Germany in: Weigand (Hrsg.), Practitioner's Handbook on International Arbitration, 2002, S. 823 Rn. 475.

892 v. Bar/Mankowski, Internationales Privatrecht, 2003, S. 720, Rn. 269.

wahrhaften Ordre Public international. Sie bejahen jedoch, dass sich der Ordre Public auch der Bestimmungen internationaler Konventionen bedient, die im Inland geltendes innerstaatliches Recht sind. Hierbei ist z.B. die Europäische Menschenrechtskonvention (EMRK) zu erwähnen.

Ein anderer Teil der Lehre hingegen geht von der Prämisse aus, dass der internationale Schiedsspruch am Maßstab eines „laxeren" Ordre Public, das heißt, des Ordre Public international geprüft werden soll.[893] Der Prüfungsmaßstab soll nach der Rechtsprechung bei der Beurteilung ausländischer Schiedssprüche (Art. V Abs. 2 lit. b. ZPO) jedoch weniger streng sein als derjenige aus § 1059 Abs. 2 Nr. 2 lit. b ZPO.[894]
Der Richter habe einen größeren Spielraum, wenn es um ausländische Entscheidungen geht. Dies wird damit begründet, dass bei diesen die Parteivereinbarungen in weiterem Maß zu beachten seien.[895] Es wird vereinzelt festgehalten, dass man hinsichtlich des Art. 6 EGBGB nicht von einem Ordre Public interne sprechen kann, da er nicht in diesem Artikel gemeint sei, sondern von einem deutschen, international durchzusetzenden Ordre Public sprechen müsse.[896]
Ein Verstoß gegen den Ordre Public international soll nach der Rechtsprechung[897] nur dann anzunehmen sein, wenn das Verfahren nicht mehr den Anforderungen an ein rechtsstaatliches Verfahren entspricht. Hierbei sind auch die Rechtsbehelfsmöglichkeiten des anzuwendenden Verfahrensrechts einzubeziehen.[898]
Bereits nach der alten Lehre[899] sei in Deutschland bei ausländischen Schiedssprüchen ein höheres Maß von Abweichungen gegenüber den Normen zu tole-

893 Für diese Unterscheidung sind Gottwald in Münch-Komm., 2. Auf. 2000, §328 Rn. 93; ders. in ZPO MünchKomm., 2. Aufl. 2001, § 1059 Rn. 9 sowie zu Art. 27 EuGVÜ Rn. 9; Raeschle-Kessler/Berger, Recht und Praxis des Schiedsverfahrens, 3. Aufl. 1999, S. 232 Rn. 1002; Marx, Der Verfahrensrechtliche Ordre Public bei der Anerkennung und Vollstreckung ausländischer Schiedssprüche in Deutschland, S. 80f; Kritisch Wagner, Germany in: Weigand (Hrsg.), Practitioner's Handbook on International Arbitration, 2002, S. 823 Rn. 475: *„Consequently, the introduction of the Ordre Public international is not a great advance towards generosity but rather a minor step in that direction"*. Kritisch auch Sandrock, in FS Sonnenberger, München, 2004, S. 615-616 und Fn. 645.

894 Voit/Musielak ZPO Komm. § 1061 Rn. 23.

895 Bartos, Internationale Handelsschiedsgerichtsbarkeit, S. 55. Dagegen Sandrock, FS Sonnenberger, S. 620f; Kornblum, FS Nagel, 1987, 140 ff; Schlosser, IPRax 1991, 218 ff; Schwab/Walter, Kap. 30 Rn. 19, (Fn. 11), Bork, Internationale Schiedsgerichtsbarkeit in Deutschland, in Gottwald, Internationale Schiedsgerichtsbarkeit, S. 310.

896 MünchKomm./Sonnenberger, 4. Aufl., München, 2006, zu Art. 6 EGBGB, Rn 19.

897 BGHZ 98, 70, 73=NJW 1986, 3027; BGHZ 110, 104, 107=NJW 1990, 2199; BGH NJW 1978, 1114, 1115; WM 1990, 1766.

898 Voit, Musielak ZPO Komm. § 1061 Rn 24.

899 Schlosser in Stein/Jonas ZPO Kommentar 19. Auflage, Anm. III B2aα, so auch Mezger, NJW 1970, 368-370; Altenmüller, KTS 1974, 150, 156.

rieren, die der eigenen Rechtsordnung zugrunde liegen. Der Ausgangspunkt war bereits damals der Inlandsbezug: Je weniger intensiv der Inlandsbezug des Verfahrens ist, desto toleranter sollte man bei der Ordre Public-Prüfung sein. Nach der alten Lehre sei unter den deutschen nationalen schiedsrechtlichen Ordre Public jede Norm zu verstehen, auf deren Anwendung die Parteien bei Abschluss der Schiedsvereinbarung nicht hätten im Wege eines Vergleichs verzichten können.[900] Mit anderen Worten waren nach damaligen Verständnis sämtliche zwingenden materiellrechtlichen Vorschriften Bestandteil des Ordre Public.[901]

Diese These des Ordre Public als Inbegriff aller zwingenden inländischen Vorschriften beruhte auf der französischen Lehre[902] und Konzeption des Ordre Public interne. Sie wurde nicht aus dem Wortlaut des Art. 30 EGBGB a.F. herausgebildet. Denn nach diesem Artikel ist die Anwendung eines ausländischen Gesetzes ausgeschlossen, wenn die Anwendung gegen die guten Sitten oder gegen den *Zweck* eines deutschen Gesetzes verstoßen würde.

Diese These widerspricht heutzutage der herrschenden Meinung[903], nach der der deutsche Ordre Public nicht bestimmte Rechtsnormen umfasst, sondern prinzipiell nur bestimmte „rechtsethische Grundwerte". Der Ordre Public kann und soll vielmehr die Funktion einer „Notbremse", einer *ultima ratio* haben. Trotzt dieser restriktiven Konzeption des Ordre Public wird diese Differenzierung von manchen Autoren[904] noch heutzutage gemacht. Für sie muss die Ordre Public - Prüfung im Vollstreckungsverfahren zurückhaltend erfolgen; und daher sei diese Kontrolle auf den Ordre Public international abzustellen.

Hierbei stellt sich die Frage, ob man im deutschen Recht über einen internen Ordre Public sprechen kann, im Gegensatz zu einem internationalen. Was unterscheidet ferner diese zwei Begriffe, wenn bereits unter dem Begriff des Ordre Public des Art. 6 EGBGB bloß die grundlegenden Prinzipien und Grundrechten zu verstehen sind, deren Ursprung nicht nur national, sondern auch international

---

900 Mezger, NJW 1970/9, 369.

901 Altenmüller, KTS 1974, 156. So auch Mezger, NJW, 1970/9, S. 370: „a) *inländischer Schiedsspruch...hier gilt die strengste Fassung der öffentlichen Ordnung, nämlich als Inbegriff aller zwingenden inländischen Vorschriften.* "

902 Mezger, NJW, 1970/9, S. 369: "*Die französische Rechtsprechung hat mit besonderer Klarheit herausgearbeitet, was auch in Deutschland sicher gilt, nämlich dass der Ordre Public gegen eine ausländische Entscheidung weniger streng zu sein braucht als gegenüber einer inländischen.* "; mit Verweis auf den „effet atténué".

903 Roths, Der Vorbehalt des Ordre Public gegenüber fremden gerichtlichen Entscheidungen, 1967, S. 87ff., 175ff.

904 Stein/Jonas/Schlosser, ZPO, 2002, Anhang § 1061 Rn. 135; Lachmann, Handbuch, 2002, Rn. 1324. Siehe auch BrandenbOLG vom 11.5.2000 (8 Sch 02/00), OLG Schleswig vom 19.10.2000 (16 Sch 01/00) und OLG Schleswig vom 30.3.2000 (16 Sch 05/99), in: DIS- Datenbank.

ist? Oder ist es gar zutreffender, sich zu fragen, ob eine solche Differenzierung im deutschen Recht überhaupt gerechtfertigt ist?
Da diese Fragen nicht anhand der Lehre beantwortet sein konnten, wird folglich versucht, sie anhand der Rechtsprechung zu klären.
Die Unterscheidung findet ihren Ursprung in Deutschland in einem Urteil des BGH vom 18.10.1967[905]. Dort führte der Bundesgerichtshof folgendes aus: *„Im internationalen Privatrecht wird herkömmlicherweise unterschieden zwischen Ordre Public interne und Ordre Public international (vgl. Martin Wolff, Das Internationale Privatrecht Deutschlands, 3. Auf., S. 61.) Der Ordre Public interne meint das zwingende Recht, das nicht der Verfügung der Parteien untersteht, sich also ihnen gegenüber durchsetzt. Dieses Recht gehört nicht ohne weiteres auch zum Ordre Public international. Dieser umfasst vielmehr nur den Teil des zwingenden Rechts, der im Kollisionsfall Geltungswillen gegenüber dem an sich anzuwendenden ausländischen Recht hat, sich also diesem gegenüber durchsetzt. Im internationalen Zivilprozessrecht bietet sich eine ähnliche Differenzierung an.“*
Dieses Urteil und die Unterscheidung, die der BGH getroffen hat, ist von einigen Autoren kritisiert worden.[906] Sie stützen sich darauf, dass die auf Wolff basierende Unterscheidung des internen und internationalen Ordre Public falsch ausgelegt worden sei. Denn der Autor habe diese Unterscheidung anhand des französischen und italienischen Rechts dargestellt. Für diese nationalen Rechtsordnungen ist der nationale Ordre Public als die Gesamtheit aller zwingenden Normen einer Rechtsordnung zusammen zu verstehen. Er erklärte jedoch, dass nicht die Gesamtheit von zwingenden Normen die sog. negative Abwehr- oder Ausschlusswirkung des Ordre Public herbeiführen könne, sondern dass eine solche Wirkungen nur denjenigen Normen zukommen kann, die zum Ordre Public international gehören.[907]
Diese Entscheidung basierte also auf einer Auslegung des Ordre Public, die in Deutschland unzutreffend war. Denn es war mit der Rezeption des Ordre Public in Deutschland niemals der Inbegriff der zwingenden Rechtsnormen gemeint.[908]

905 BGHZ 48, 327, 331.
906 So Kornblum, „Ordre Public transnational“, „Ordre Public international“, und „Ordre Public interne“ im Recht der privaten Schiedsgerichtsbarkeit, FS Heinrich Nagel, 1987, S. 140- 156; ders., Das Gebot überparteilicher Rechtspflege und der deutsche schiedsrechtliche Ordre Public, NJW 1987, S. 1105-1108; Schwab/Walter, Schiedsgerichtsbarkeit, Kommentar, 6. Auf. 2000, Kap. 30, Rn. 21; Völker, Zur Dogmatik des Ordre Public, 1998, S. 256 f.; Borges, Die Anerkennung und Vollstreckung von Schiedssprüchen nach dem neuen Schiedsverfahrensrecht, ZZP 111, 1998, S. 487, 495; ders., Das Doppelexequatur von Schiedssprüchen, 1997, S. 51 ff. inbes. S. 55, 63; Schlosser, in: Stein/Jonas, ZPO Komm., 21. Aufl., 1994, § 1044 III Rn. 19; Kropholler, Internationales Privatrecht, 4. Aufl. 2001, S. 245.
907 Sandrock FS Sonnenberger, München, 2004, S. 617- 618.
908 Schlosser, IPRax 1991/4, S. 218.

Dies lässt sich auch aus dem Wortlaut des oben erwähnten Art. 30 EGBGB a.F. ableiten.
Der BGH hat weitere Urteile[909] im Sinne der oben dargestellten Entscheidungen erlassen. Der BGH[910] hat sich zum internationalen und zum nationalem Ordre Public geäußert und festgelegt, dass im Bereich der Anerkennung fremder Entscheidungen nicht auf den nationalen Ordre Public zu achten, sondern vielmehr auf einen großzügigeren anerkennungsrechtlichen Ordre Public international abzustellen sei; dieser sei nicht bereits verletzt, wenn der deutsche Richter bei eigener Sachenentscheidung aufgrund zwingender Vorschriften des deutschen Rechts zu einem anderen Ergebnis gekommen wäre; maßgeblich sei vielmehr, ob das Ergebnis der Anwendung ausländischen Rechts im konkreten Fall „zu den Grundgedanken der deutschen Regelungen und den in ihnen enthaltenen Gerechtigkeitsvorstellung in so starkem Widerspruch steht, dass es nach deutscher Sicht untragbar erscheint“.[911]
Auch unter der neuen Rechtsprechung des BGH ist ein Urteil[912]zu finden, in dem diese Unterscheidung zum Ausdruck kommt. Hierbei ging es um die Anerkennung eines englischen Schiedsspruchs. Dieser Schiedsspruch war von einem Schiedsrichter erlassen worden, der zunächst von einer Partei benannt worden war und kraft einer Regel des englischen Schiedsverfahrensrechts zum „neutralen“ Alleinschiedsrichter ernannt wurde. Denn die andere Partei hatte von ihrem diesbezüglichen Ernennungsrecht keinen Gebrauch gemacht.
Da eine solche Regelung dem deutschen Recht unbekannt war, führte die Antragsgegnerin aus, dass der Schiedsrichter nicht wie erforderlich unparteiisch gewesen sei und die Vollstreckbarerklärung des Schiedsspruchs im Rahmen des Art. V Abs. 2 lit. b UNÜ deswegen zu verweigern sei, weil dies einen Verstoß gegen den Ordre Public darstelle.
Der BGH verneinte eine Verletzung des Ordre Public international. Dabei berief sich er auf ein früheres Urteil[913], in dem der BGH bereits entschieden hatte, dass diese Regelung des englischen Rechts nicht den verfahrensrechtlichen Ordre Public verletze. Er begründete sein Urteil u.a. wie folgt: *„Der Ordre Public international, der hier zur Anwendung kommen müsse, stelle ein weniger strenge Regime dar als der Ordre Public interne.“*[914]

---

909 BGH vom 19.9.1977, NJW 1978, 1114, 1115; BGHZ 98, 70,73 =RIW 1986, 816.
910 BGHZ 138, 331 ff= IPRax 1999, 466 ff.
911 BGHZ 138, 331, 334ff.
912 BGH, vom 1.2.2001 –III ZR 332/99 = IPRax 2001/6, S. 580-582; Sandrock, IPRax 2001/6, S. 550-557.
913 BGHZ 98,70,75; basierend wiederum auf BGHZ 48, 327, 33; jedoch im Gegensatz zu BGHZ 54,392ff (395).
914 IPRax, 2001/6, S. 582. Sandrock, IPRax 2001/6, S. 555; Sandrock in FS Sonnenberger, München, 2004, S. 641. So auch BGH vom 21.4.1998, NJW 1998, 2358; BGH vom 15.5.1986, BGHZ 98,70,73; BGH vom 18.1.1990, BGHZ 110, 104, 107; BGH vom 4.6.1992, BGHZ 118, 312,330.

Was der BGH hier macht, ist sich auf das Urteil vom 18.10.1967[915] zu stützen, das wiederum auf einer falschen Auslegung des (deutschen) Ordre Public-Begriffs basiert. Ferner hat der BGH im Laufe der Zeit keine klaren Kriterien zur Differenzierung zwischen Ordre Public interne und Ordre Public international entwickelt. Ob eine solche Differenzierung im deutschen Recht gerechtfertigt sein kann, konnte nicht anhand der Rechtsprechung beantwortet werden. Hierbei kann man sich nun fragen, ob hier nur eine schon ursprünglich unklare Formulierung treu und brav, gar kritiklos von Entscheidung zu Entscheidung weitergeschleppt wurde.[916]

Im Bereich der Schiedsgerichtsbarkeit sind die Meinungen ebenfalls geteilt. Manche sind für eine restriktive Anwendung des Ordre Public, d.h. für die Anwendung des Ordre Public international im Rahmen ausländischer Schiedssprüche.[917] Andere hingegen sind der Meinung, dass die Schiedsgerichtsbarkeit sich zwar auf die Parteiautonomie stützt, dies bedeutet jedoch nicht, dass wenn die Partien bzw. das Schiedsgericht das anwendbare Recht ausgewählt haben, dem Schiedsgericht ein größerer materiellrechtlicher Spielraum eingeräumt wird als dem staatlichen Richter.[918] Ein Schiedsrichter darf das jeweils anwendbare Recht keineswegs „großzügiger" handhaben als ein staatliches Gericht.[919]
Für manche ergibt es auch keinen Sinn, internationale Schiedssprüche im Rahmen des Ordre Public international zu prüfen, da in der Schiedsgerichtsbarkeit die Rechtswahlfreiheit herrscht und in Deutschland auch das Territorialitätsprinzip. Deswegen kann es dazu kommen, dass das anwendbare Recht dasjenige des Vollstreckungslandes ist und nur aufgrund des Ortes des Schiedsverfahrens dieses als international eingestuft wird.[920]
Für die Anerkennung ausländischer Schiedssprüche verweist § 1061 Abs. 1 ZPO auf Art. V Abs. 2 lit.b) des New Yorker Abkommens, nach welchem der Ordre Public wiederum einen Versagungsgrund der Anerkennung ausländischer Schiedssprüche darstellt. Der Wortlaut dieses Artikels weist ausdrücklich auf den Ordre Public des Vollstreckungslandes hin.

Zusammenfassend kann man festhalten: Bei der Bestimmung des Art. 6 EGBGB ist nicht von zwingendem deutschen Recht die Rede, sondern einzig und allein von grundlegenden materiellrechtlichen und verfahrensrechtlichen Prinzipien,

---

915 BGHZ 48, 327, 331.

916 Sandrock, IPRax 2001/6, S. 556. MünchKomm./Sonnenberger, 3. Aufl., München, 1998, zu Art. 6 EGBGB, Rn 19; Sandrock in FS Sonnenberger, München, 2004, S. 616.

917 Voit/Musielak ZPO Komm. 2002, § 1061 Rn. 24.

918 Vgl. Blessing, Fn. 15, S. 61 ff.; Berger, Fn. 20, S. 516; Aden, Die Anwendung materiellen Rechts durch den Schiedsrichter, RIW 1984, 934, 935f.

919 So Schwab/Walter, Schiedsgerichtsbarkeit, 6. Aufl. 2000, S. 220.

920 Sandrock in FS Sonnenberger, S. 625.

die nicht nur einen nationalen, sondern auch einen internationalen Ursprung (z.B. EMRK) haben können. Die Rechtsquelle dieser grundlegenden Prinzipien liegen im internen Rechtsempfinden, sogar bei den aus internationalen Konventionen abgeleiteten Prinzipien, denn nach der Ratifikation einer Konvention sind ihre Bestimmungen Bestandteil der internen Rechtsordnung.
In der Sache ergeben sich kaum Unterschiede, ob im Vollstreckbarerklärungsverfahren die Krontrolle im Rahmen des Ordre Public international bzw. national erfolgt, da ja jedenfalls nur die „wesentlichen" Grundsätze durchschlagen sollen und im Einzelfall Wertungen entscheiden müssen, was dazu zählt und was nicht.[921]
Das heißt, dass der Gehalt eines Ordre Public international nicht über das hinausgeht, was nicht schon nach nationalen Ordre Public-Überlegungen zu berücksichtigen sei.[922]
Die deutsche Auslegung des Ordre Public ist insofern bereits eng. Das zwingende Recht im Sinne der unmittelbaren Durchsetzung von Eingriffsnormen ist in Art. 34 EGBGB geregelt und für ihre Anwendung darf man keineswegs auf Art. 6 EGBGB zurückgreifen.
Der nationale Richter wird im Rahmen der Anerkennung und Vollstreckung eines ausländischen Schiedsspruchs, wenn er es für notwendig hält, auf seinen nationalen Ordre Public zurückgreifen, denn es gibt keine separate Regelungen, die die internationalen Rechtsgrundsätze umfasst und er ist dazu verpflichtet, dass nicht gegen die wesentlichen Prinzipien seines Landes verstoßen wird.

6.1.2. UNCITRAL-Modellgesetz

Art. 36 Abs. 1 lit. b ii UMG enthält in Anlehnung an Art V Abs. 2 lit b UNÜ dieselbe Regelung, dass die Anerkennung und Vollstreckung eines ausländischen Schiedsspruchs zu versagen ist, wenn er dem Ordre Public *des Vollstreckungslandes* widerspricht.
Bei den Vorarbeiten des UNCITRAL-Modellgesetzes hatte man vorgeschlagen, den Begriff „Ordre Public national" durch den „Ordre Public international" als einen in Artt. 34 und 36 UMG vorgesehenen Aufhebungs- und Vollstreckungsversagungsgrund zu ersetzen. Dieser Vorschlag stützte sich darauf, dass in den jüngsten Urteilen im Rahmen des New Yorker Abkommens immer mehr die Unterscheidung zwischen Ordre Public national und international zum Ausdruck gebracht wurde, wenn es sich um die Vollstreckbarerklärung von ausländischen

921 BGH NJW 1993, 1801, 1802 m.w.N.; WM 1990, 1766. Bork, Internationale Schiedsgerichtsbarkeit in Deutschland, in Gottwald, Internationale Schiedsgerichtsbarkeit, Bielefeld, 1997, S. 310.

922 Spickhoff, Der Ordre Public im internationalen Privatrecht, S. 90. So auch Keller/Siehr, Allgemeine Lehren des internationalen Privatrechts, S. 540.

Schiedssprüchen handelte.[923] Die „*working group*" lehnte den Vorschlag ab, denn dem Begriff Ordre Public international, mangelte es ihres Erachtens an Präzision.[924]
Demzufolge fehlt in dem Wortlaut beider Bestimmungen jeglicher positivrechtliche Anhaltspunkt für eine differenzierende Auslegung des Ordre Public-Vorbehalts.[925] Denn keiner von diesen Artikeln weißt ausdrücklich auf einen internen oder internationalen Ordre Public hin.
Dieser Entscheidung kann man nur zustimmen. Denn jeder Staat soll anhand seines eigenen Ordre Public-Verständnisses entscheiden, ob er in der internationalen Schiedsgerichtsbarkeit auf einen Ordre Public interne oder international abstellt.
Dagegen könnte angewendet werden, dass dies nicht zur Rechtsvereinheitlichung beiträgt. Jedoch würde man sie nicht erreichen, in dem man das eine oder andere Adjektiv dazu schreiben würde. Die Ordre Public-Konzeptionen sind in den verschiedenen Staaten unterschiedlich. Wichtig ist festzulegen, dass der Ordre Public auf einer internationalen Ebene nicht als Mittel zur Durchsetzung des eigenen zwingenden Rechts dienen kann. Er ist nur eine Vorbehaltsklausel, eine Notbremse.[926] Wenn dies klar ist, dann können die Staaten dieses Adjektiv (bzw. eben keines) in ihrem eigenen Recht finden, das zu diesen Merkmalen am besten passt. Dies soll auch nicht dahingehend falsch verstanden werden, dass in den Ländern, in denen diese Unterscheidung nicht gemacht wird, die ausländischen Schiedssprüchen im Rahmen des Ordre Public strenger kontrolliert werden.

6.1.3. Frankreich

Frankreich seinerseits kennt einen wesentlich weiteren Ordre Public-Begriff (Art. 6 Code Civil), der prinzipiell die Gesamtheit nationaler Rechtsnormen beinhaltet, die die innere öffentliche Ordnung im Inland sichern und deswegen

---

923 UN-Doc. A/CN.9/232, paras 16-17.

924 UN-Doc. A/CN.9/233, para 154: "*it was argued in favour of an affirmative answer that the case law and doctrine of many countries showed a clearly discernible trend to apply a standard of public policy in cases of international commercial arbitration different from that applied in cases of domestic commercial arbitration... While somme support was expressed in favour of the word "international" the pravailing view was that it should not be used because its underlying idea was not generally accepted and, above all, the term "international public policy" lacked precision*". Siehe auch Broches, Commentary on the UNCITRAL Model Law on International Commercial Arbitration, Kluwer, 1990, S. 199-200. Vgl. BGH NJW 1990, 2199.

925 Sandrock in FS Sonnenberger, S. 628.

926 Vgl. unten Frankreich.

absolute Geltung im französischen Gebiet beanspruchen.[927] Zum internationalen Ordre Public wird auch das zwingende Recht zugerechnet, jedoch in einer restriktiveren Art und zwar beschränkt auf die wesentlichen, (international) zwingenden Normen des nationalen Rechts. Ferner zählen auch die wesentlichen Prinzipien der französischen Gesellschaft dazu[928]. Daraus ergibt sich, dass eine so weit gefasste Vorbehaltsklausel wie im Art. 6 *Code Civil* nicht im internationalen Schiedsgerichtsverfahren verwendet werden kann. Hierbei scheint es deswegen sinnvoll und erforderlich, eine Differenzierung zwischen dem nationalen und dem internationalen Ordre Public zu machen.

In Frankreich wird der Begriff des internationalen Ordre Public erstmalig angewendet.[929] Bereits in einer frühen Entscheidung setze die *Cour de Cassation* fest, dass allein die Tatsache, dass die Bestimmungen eines ausländischen Gesetzes von zwingenden Regelungen des französischen Rechts abweichen, nicht Grund genug sein kann, um gegen den französischen Ordre Public international zu verstoßen. Vielmehr kommt ein solcher Verstoß nur vor, wenn man wesentliche Rechtsgrundsätze der universalen Gerechtigkeit missachtet hat.[930] Diese verbreitete Rechtsprechung im Sinne eines Ordre Public international hat das Dekret über die Schiedsgerichtsbarkeit von 1981 in Artt. 1498, 1502,5[931] und 1504 NCPC übernommen. Dort heißt es, dass internationale Schiedssprüche am Ordre Public international zu messen sind. Im Gegensatz zu Art. 1484, 6 NCPC, nach dem ein interner, französischer Schiedsspruch bei einem Verstoß gegen den Ordre Public angefochten werden kann.

Der Ordre Public international beinhaltet nach französischer Auffassung[932] nicht nur manche international zwingenden Normen, sondern auch grundlegende

---

927 Batiffol/Lagarde, Traité de Droit International Privé, 8. Aufl., 1993, S. 567ff. So auch Robert/Carbonneau, The french Law of Arbitration, 1983, S. II: 9-6.

928 *Cour d'appel*, Paris vom 27.7.1994, Rev.arb. 1994, S. 709; *Cour d'appel Paris*, 15.2. 1996 und vom 14.6.2001, Rev.arb. 2001, S. 805, Anm. Derains; Cour d'appel vom 18. 11.2004, JCP-éd. G.2005, II 10038, S. 570; Racine, a.a.O., S. 486ff.

929 Racine, L'arbitrage Commercial International et L'Ordre Public, S. 482, Rn. 863.

930 Cass.civ. 25.05.1948, Rev.crit.d.i.p. 1949, s. 89. Siehe auch *Cour d'appel* de Paris vom 20.6.1969 (*Impex vs. Malteria Adriatica*), Rev. arb. 1969, S. 95; *Cour de cass.* vom 18.5.1971 (*Soc. Impex vs. P.A.Z., Malteria Adriatica, Malteris Tirrena*), Clunet 1972, S. 62ff.

931 *Cour d'appel*, 12.3.1985, Rev. Arb. 1985. S. 299: *« la violation de l'Ordre Public interne –à la supposer établie – ne constitue pas un cas d'ouverture à l'appel de la décision accordant l'exécution en France d'une sentence arbitrale étrangère, L'article 1502-5° ne visant que le cas où la reconnaissance ou l'exécution de cette sentence sont contraires à l'Ordre Public international ».*

932 So Loquin: *« L'Ordre Public international ainsi utilisé est cependant moins un Ordre Public d'éviction qui réagirait à toute décision étrangère au for, qui méconnaîtrait le principe du droit des procédures collective protégé, qu'un Ordre Public positif, qui oblige le juge extérieur à l'ordre juridique français de respecter certaines règles du*

Prinzipien. Der Ordre Public international ist nach der Rechtsprechung der französischen Gerichte die Gesamtheit der Regeln und Grundsätze, deren Missachtung die französische Rechtsordnung nicht dulden kann.[933]
Es ist zwar richtig, dass die Anwendung des Ordre Public international bei ausländischen Schiedssprüchen in NCPC geregelt ist, dennoch stellt sich die Frage, wie der Ordre Public national vom Ordre Public international abzugrenzen ist? Manche Autoren sind der Meinung, dass so eine Aufgabe unrealisierbar. Denn der eine bedingt den anderen.[934]

Nicht alles, was zum Ordre Public national gehört, gehört auch zum Ordre Public international. Umgekehrt gehören alle Bestimmungen des internationalen Ordre Public zum nationalen Ordre Public. Dementsprechend können Bestimmungen, die nicht Bestandteil des Ordre Public national sind, nicht zum internationalen Ordre Public gehören. Dem Ordre Public international werden jedoch bloß die wesentlichen Prinzipien und zwingenden Normen[935] zugerechnet.[936]

Grundlegende Prinzipien sind für die französische Lehre jene, die grundlegende Werte der Rechtsordnung verkörpern.[937] Zu diesen Werten zählen u.a.: der Schutz des privaten Eigentums, das Korruptions- und Betrugsverbot[938], das Prinzip „*fraus omnia corrumpit.*“[939]

---

droit français dès lors que se dernier est compétent pour régir la relation litigieuse » in: Racine, l'arbitrage Commercial International et l'Ordre Public, S. 503, Rn. 902.

933 *Cour d'appel* Paris, vom 27.7.1994, Rev.arb. 1994, 709; Cour d'appel Paris, vom 15.2.1996 und vom 14.6.2001, Rev.arb. 2001, 805, mit Anm. Derains.

934 Racine, L'arbitrage Commercial International et l'Ordre Public, S. 483, Rn. 865. So auch Loussouarn/Bourel, Droit international privé, S. 284, Rn. 249; Racine, L'arbitrage Commercial International et l'Ordre Public, S. 484, Rn. 867 : *« si l'ont veut exprimer en un figure géométrique l'Ordre Public en droit interne et en droit international privé, il faut les schématiser non en deux cercles sécants, mais en deux cercles concentriques, le premier d'entre eux étant représenté par le plus grand cercle et le second par le plus petit ».*

935 Racine, L'arbitrage Commercial International et l'Ordre Public, S. 486, Rn. 870, 875.

936 Racine, L'arbitrage Commercial International et l'Ordre Public, S. 485, Rn. 867. So auch im Falle *Grands Moulins de Strasbourg*, Civ, 1ère, 19.11.1991: *„ l'Ordre Public français applicable dans les relations internationales...doit être apprécié de manière moins rigoureuse que l'Ordre Public interne ».*

937 Racine, L'arbitrage Commercial International et L'Ordre Public, S. 489, Rn. 876.

938 Siehe Cour d'appel Paris, 30.9.1993, European *Gas Turbines SA vs. Westman International Ltd*, Rev. Arb. 1994, S. 359 ; *« La corruption est contraire à l'Ordre Public international français ainsi qu'à l'éthique des affaires internationales telle que conçue par la plus grande partie des Etats de la communauté internationale. »*

939 Fall *Fougerolle vs. Procofrance*, Rev. Arb. 1993, S. 91; Rev. Crit. DIP 1992, S. 699. Racine, L'arbitrage Commercial International et l'Ordre Public, S. 468, Rn. 838.

Im Rahmen der Vollstreckbarerklärung eines Schiedsspruchs in Frankreich muss das Ergebnis dieser Anerkennung und Vollstreckbarerklärung gegen den Ordre Public international verstoßen.[940]
Daher kommt es nicht darauf an, ob das Schiedsgericht eine zwingende Norm gar nicht oder falsch angewendet hat.[941] Die Prüfung erfolgt nur im Rahmen der tatsächlichen und rechtlichen Feststellungen sowie der Ausführungen des Schiedsgerichts. Außerdem muss diese Verletzung offensichtlich, konkret und effektiv sein.[942] Erst angesichts eines offensichtlichen Verstoßes ist eine *révision au fond* erlaubt. Das heißt, dass das allein die Behauptung, es liege ein Verstoß gegen den Ordre Public international vor bzw. gegen eine zwingende Norm als Bestandteil des Ordre Public, rechtfertigt nicht, einen Schiedsspruch aufzuheben oder ihm die Vollstreckbarerklärung zu verweigern.[943]

In Frankreich wird im Bereich der internationalen Schiedsgerichtsbarkeit über einen Ordre Public *réellement* international diskutiert, der von jeglicher nationalen Rechtsordnung losgelöst ist und der nur grundlegende, sogar „universelle" Prinzipien enthält und zwingende Normen ausschließt. Diese Idee des Ordre Public *réellement* international ist ein Konzept, das von einem Teil der Theorie entwickelt worden ist, jedoch in der Rechtsprechung keine Stütze findet. Denn es wird im Rahmen des Art. 1502,5 NCPC auf einen Ordre Public international abstellt, der aber auf einer französischen Konzeption des Ordre Public international basiert.[944] Die Ordre Public-Kontrolle des Art. 1502,5 NCPC

940 *Cour d'appel* Paris vom 7.7.1989, Rev.arb. 1990, S. S. 115 Anm. Idot; Cass civ. 2ième vom 20.2.1991, rev.arb. 1991, s. 447 Anm. Idot ; Cour d'appel Paris vom 15.2.1996, 14.6.2000 und 14.6.2001 alle in Rev.arb. 2001, S. 805, Anm. Derains; Cour d'appel, Paris vom 14.6.2001, Rev.arb. 2001, S. 789 mit Anm. Seraglini.

941 Derains Rev.arb. 2001, S.S. 817 (Fn. 8) ; Cour d'appel Paris vom 18.11.2004, JCP éd. G. 2005 II10038, S. 570.

942 Cas.civ. 1ère vom 15.3.1988, Rev.arb. 1990 s. 115 Anm. Idot; *Cour d'appel* Paris vom 14.10.1993, Rev.arb. 1994, S. 164, Anm. Jarrosson; *Cour d'appel* Paris vom 27.10. 1994, S. 709; *Cour d'appel* Paris vom 18.11.2004, JCP éd. G. 2005 II10038, S. 570. *Cour de cass.* vom 21.3.2000, Rev.arb. 2001, 806 (808): Hier hat das Gericht auf eine „flagrante" Verletzung abgestellt. Racine, a.a.O., S. 523, 544.

943 Cour d'appel Paris vom 18.11.2004, JCP éd. G. 2005 II10038, S. 570. Cour d'appel Paris vom 16.3.1995, Rev.arb. 1996, S. 146, Anm. Derains im Falle eines „amiable compiseteur". Siehe auch Cour d'appel Paris vom 30.9.1993, Rev.arb., S. 359, Anm. Bureau; Cass.civ. 1ere vom 19.12.1995, Rev.arb. 1996, S. 48; Cour d'appel Paris vom 12.7.1984, JDI 1985, S. 129. In diesen Entscheidungen wurde eine sehr eingehende Überprüfung der Entscheidungsgründe vorgenommen.

944 Cour d'appel Paris vom 14.6.2001, Rev. arb. 2001, S. 773 (774): «*L'Ordre Public international, ou sens de l'article 1502-5° NCPC, s'entend de la conception française de l'Ordre Public, c'est-à-dire de l'ensemble des règles et des valeurs dont l'ordre juridique français ne peut souffrir la méconnaissance, même dans des matières internationales....,l'annulation de la sentence n'étant encourue que si son exécution*

ermöglicht es dem nationalen Gericht festzustellen, ob der Schiedsspruch im Inland nach französischer Auffassung akzeptabel ist und dementsprechend in Frankreich rechtliche Wirkungen entfalten kann.[945] Das Bestehen eines Ordre Public *réellement* international ist im Rahmen der Vollstreckbarerklärungsverfahren bzw. der Schiedsspruchskontrolle im Allgemeinen nicht festgelegt worden. Es wird vielmehr über einen Ordre Public international im Sinne der Ordre Public-Konzeption der *lex fori* gesprochen.[946]

Die herrschende Meinung in Frankreich ist der Auffassung, dass im Bereich der internationalen Schiedsgerichtsbarkeit auch die Eingriffsnormen Bestandteil des internationalen Ordre Public sind.[947] Die Rechtsprechung der *Cour d'appel* im Laufe der Jahre bekräftigt diese Auffassung. Die *Cour d'appel* hatte ein Urteil[948] gefällt, nach dem alle Regelungen hinsichtlich der ausländischen Investitionen in Frankreich, welche Eingriffsnormen darstellen, vom Schiedsrichter im Rah-

---

heurte la conception française de l'Ordre Public international». Siehe auch Cour d'appel, Paris, vom 27.10.1994, Rev.arb. 1994, S. 709; Cour d'appel Paris vom 15.2.1996, Rev.arb. 1996, S. 414, Anm. Garidou; Cour de cass. vom 15.3.1988, Rev.arb. 1990, S. 115: ».*l'examen de la sentence par le juge ne peut porter que sur l'Ordre Public international tel qu'il est conçu en France.* «

945 Seraglini, Rev.arb. 2001, 781(783).

946 Fouchard/Gaillard/Goldman, Traité de l'arbitrage commercial international, S. 969, Rn. 1648: »*L'Ordre Public international visé au cinquième cas de l'article 1502 ne peut en effet s'entendre que de la conception française de l'Ordre Public international, c'est-à-dire de l'ensemble des valeurs dont l'ordre juridique français ne peut souffrir la méconnaissance, même dans des situations à caractère international.*«

947 Racine, L'arbitrage Commercial International et L'Ordre Public, S.506, Rn. 910. So auch Mayer: »*...en matière de reconnaissance des sentences arbitrales, la violation d'une loi de police intervient comme une cause d'éviction de la sentence en fonction de son contenu ; c'est ce qui permet d'intégrer ce mécanisme dans le contrôle de la conformité à l'Ordre Public de la sentence* ». L'insertion de la sentence dans l'ordre juridique français, S. 97.

948 Paris, 5.4.1990, Courrèges design vs. André Courrèges, Rev. Arb. 1992, S. 110: »*Les règles relatives au contrôle des pouvoirs publics sur les investissements étrangers résultant de la loi n° 66-1008 du décembre 1966 modifiée, expriment par des dispositions impératives, la conception d'un Ordre Public économique international, en ce qu'elles tendent à assurer, dans l'intérêt de la collectivité, l'équilibre des relations économiques et financières avec l'étranger par la maîtrise des mouvements de capitaux à travers les frontières.* « ; ebenso das Urteil von Civ. 1ère, 15.3.1988, Grands Moulins de Strasbourg vs. Cie Continetale France, Rev. Arb. 1990, S. 115: »*L'arrêté ministériel susvisé ne se bornait pas à bloquer des marges d'importation et de distribution des produits importés, mais réglait impérativement l'attribution des montants compensatoires accordés aux importateurs pour assurer le maintien d'un équilibre économique ; qu'il s'ensuit que la reconnaissance d'une sentence qui modifiait cette attribution en application de stipulations contractuelles était contraire à l'Ordre Public international tel qu'il est conçu en France.* « ; dagegen *Cour d'appel de Versailles*, 2.10.1989 und *Cour de Cassation*, 19.11.1991.

men des Ordre Public international kontrolliert werden müssen. Der EuGH seinerseits hat in seiner *Eco-Swiss*-Entscheidung festgelegt, dass alle zwingenden Normen des europäischen Wettbewerbsrechts zum Ordre Public international der Mitgliedstaaten im Sinne des Art. V Abs. 2 lit. b UNÜ gehören.[949] Da die Eingriffsnormen im Rahmen des Art. V Abs. 2 lit. b UNÜ Bestandteil des Ordre Public international sind, ist das Wettbewerbsrecht als zwingendes Recht bei der Ordre Public-Kontrolle zu berücksichtigen.

In einem anderen Urteil hat die *Cour de cassation*[950] klargemacht, dass der Verstoß gegen den Ordre Public nicht formell, sondern konkret und effektiv sein muss, um einen Verstoß gegen den Ordre Public international darzustellen. In diesem Urteil macht das Gericht den Unterschied zwischen einem Verstoß gegen den Gesetzeswortlaut und einem solchen gegen den Sinn und Zweck des Gesetzes.[951] Ein Verstoß gegen den Sinn und Zweck eines Gesetzes führt zu einer Verletzung des Ordre Public international. Diese Verletzung kann durch eine teleologische Auslegung des Gesetzes festgestellt werden.[952]

Die Unterscheidung zwischen internationalem und nationalem Ordre Public hängt damit zusammen, welcher Inhalt dem Ordre Public im Inland zugerechnet wird. In Ländern wie Frankreich in denen das zwingende Recht zum Ordre Public gehört, ist eine solche Aufteilung gerechtfertigt.

6.1.4. Schweiz

Im schweizerischen Recht ist die Lage hinsichtlich des geschriebenen Rechts ein wenig deutlicher. Art. 17 IPRG besagt, dass die Anwendung von Bestimmungen

---

949 EuGH, Urt. v. 1.6.1999-Rs.C-126/97, (*Eco Swiss China Time Ltd/Benetton International NV* = Spiegel, EuZW, 1999/18, S. 565-569. Siehe auch zu diesem Thema *Cour d'appel*, Paris, 15.3.1996, SARL Enodis vs. Prodim, Rev. Arb. 1996, S. 146: « *La Cour d'appel saisie d'un recours en annulation doit vérifier d'une part que les arbitres n'ont pas fait produire effet à un contrat contraire aux dispositions d'Ordre Public du droit de la concurrence et d'autre part que, en statuant comme ils l'ont fait, ils n'ont pas violé l'une des règles d'Ordre Public de ce même droit de la concurrence* ». Siehe auch *Thàles vs. Euromissile Cour d'appel* Paris vom18.11.2004, JCP-éd.G. 2005, II 10038, S. 570, Amn. Chabot = Barbier de la Serre/Nourissat, Reveu Lamy de la Concurrence 2005, S.68 = Loquin, RTC 2005, 263 = Mourre, JDIP 2005, 357 = Radicati di Brozolo, Rev. arb. 2005, 529. Racine, L'arbitrage Commercial International et L'Ordre Public, S. 514, Rn. 922.

950 Civ, 1ère, 19.11.1991, Rev. Arb. 1992, S. 76; So auch Paris, 1ère Chambre, section C, 11.9.1997, Verhoeft vs. Ph. Moureau in: Racine, L'arbitrage Commercial International et L'Ordre Public, S. 526, Rn. 937: »*pour entraîner la nullité de la sentence, la violation (de l'Ordre Public), appréciée au moment de la reconnaissance et de l'exécution, doit être flagrante, effective et concrète.* «

951 Racine, L'arbitrage Commercial International et L'Ordre Public, S. 525, Rn. 936.

952 Racine, L'arbitrage Commercial International et L'Ordre Public, S. 525, Rn. 936.

eines ausländischen Rechts ausgeschlossen ist, wenn sie zu einem Ergebnis führen würde, das mit dem schweizerischen Ordre Public unvereinbar ist.[953]
Daher sei hierbei eine Unterscheidung zwischen dem internationalprivatrechtlichen und dem internationalen Ordre Public vorzunehmen. Mit dem ersten ist die allgemein anerkannte Vorbehaltsklausel gemeint, während der internationale Ordre Public internationale Normen und Wertvorstellungen umfasst.[954]
Art. 190 Abs. 2 Buchst. e) IPRG enthält seinerseits eine Abweichung. Er sieht als Voraussetzung für dic Anfechtung von Schiedssprüchen u.a. vor, dass der Entscheid mit dem Ordre Public unvereinbar ist. Also erscheint das Adjektiv „schweizerisch" nicht mehr. Aus diesem Grund glaubten das schweizerische Bundesgericht[955] und ein großer Teil der schweizerischen Lehre, man müsse unterscheiden einerseits zwischen dem Ordre Public interne, der für das schweizerische internationale Privatrecht und internationale Zivilprozessrecht maßgebend sei, und anderseits dem Ordre Public international, der allein für die Schiedsgerichtsbarkeit gelte.[956]
Das heißt, dass im schweizerischen Recht die inländischen Schiedssprüche im Rahmen eines internationalen Ordre Public geprüft werden. Es wird von einem internationalen, sogar universellen Ordre Public gesprochen[957], welcher zur Anwendung kommt, wenn eine Entscheidung den in den „Kulturstaaten" und daher überstaatlich geltenden, rechtlichen oder sittlichen Grundauffassungen wider-

953 So auch Art. 27 IPRG. Dieser Artikel besagt, dass eine im Ausland ergangen Entscheidung in der Schweiz nicht anerkannt wird, wenn die Anerkennung mit dem schweizerischen Ordre Public offensichtlich unvereinbar wäre.

954 Girsberger/Mráz, IPRax 2003, Heft 6, S. 549.

955 BGE 116 II 634 (637) Auf Beschwerden wegen Verletzung des Ordre Public tritt das Bundesgericht nur insoweit ein, als in der Beschwerdeschrift konkret geltend gemacht wird, gegen welchen fundamentalen Rechtsgrundsatz das angefochtene Schiedsurteil im Ergebnis verstößt. Selbst klare Rechtsverletzungen und offensichtliche falsche Tatsachenfeststellungen genügen für sich allein nicht, um einen Schiedsspruch wegen Verletzung des Ordre Public aufzuheben; BGE 117 II 604 (607); BGE 120 II 155 (167f) = ASA Bulletin 1994, 404 (418f.).

956 Blessing, The New International Arbitration Law in Switzerland, Journal of International Arbitration, Bd. 5, 1988, Nr. 5, S. 12; Bucher, Le nouvel arbitrage international en Suisse, 1988, S. 119ff; Patocchi/Geisinger, Internationales Privatrecht, 2000, Art. 190 Anm. 26, S. 621f.; Ruede/Hadenfeldt, Schweizerisches Schiedsgerichtsrecht, 2. Aufl., 1993, S. 369; Hieni in IPRG Komm, 1993, zu Art. 190, Rn 43. Dagegen, denn der schweizerische Ordre Public sei in Art. 190 Abs. 2 gemeint: Poudret/Besson, Droit comparé de l'arbitrage international, 2002, S. 809ff; Lalive/Poudret/Reymond, Le droit de l'arbitrage interne et international en Suisse, 1989, zu Art. 190 IPRG, S. 427, Anm. 5e; Arfazadeh, L'odre public du fond et l'annulation des sentences arbitrales internationales en Suisse, Revue Suisse de Droit International et de Droit Européen Bd. 3, 1995, S. 223 ff.; Walter/Bosch/Brönnimann, Internationale Schiedsgerichtsbarkeit in der Schweiz, 1991, S. 231. Sandrock, FS Sonnenberger, S. 623.

957 Heini, FS Habscheid, S. 154.

spricht.[958] Es geht hierbei nicht darum, Bestimmungen eines ausländischen Rechts im Inland anzuwenden oder einen ausländischen Rechtsakt im Inland anzuerkennen, sondern vielmehr darum, einen in der Schweiz ergangenen Schiedsentscheid auf seine internationale Kompabilität zu überprüfen.[959] Deswegen wird er auch „*Ordre Public d'envoi*" genannt.[960] Jedoch hat das schweizerische Bundesgericht in früheren Entscheidungen zum nationalen schiedsgerichtlichen Ordre Public der Schweiz jedenfalls die unverzichtbaren Rechtsnormen des schweizerischen materiellen Rechts gezählt.[961]

In seiner Praxis hat das Bundesgericht im Rahmen des Art. 190 Abs. 2 lit. e IPRG den Ordre Public-Begriff äußerst zurückhaltend ausgelegt.[962]

Für manche Schweizer Autoren[963] ist hingegen bei nationalen oder internationalen Schiedssprüche ohnehin auf den Schweizer bzw. nationalen Ordre Public abzustellen. Denn ein ausländischer Schiedsspruch verstößt gegen den Ordre Public erst dann, wenn er in unvereinbarem Widerspruch zum einheimischen Rechtsempfinden steht. Der einzige Unterschied hierbei ist die Art und Weise, wie die Anwendung erfolgen muss. Also geht es hier erneut um die Anwendung des *effet atténué* des Ordre Public bei ausländischen Schiedssprüchen, d.h., dass das Bundesgericht als Beschwerdeinstanz bei der Annahme eines Verstoßes gegen den Ordre Public zurückhaltend sein wird und dass es nur krasse Verstöße gegen das einheimische Rechtsempfinden als Ordre Public-widrig bejahen wird.[964]

Die Rechtsquelle des internationalen Ordre Public ist ohnehin national.[965]

In früheren Entscheidungen[966] hatte das Bundesgericht offen gelassen, ob es sich bei der Beurteilung des Ordre Public um den nationalen, internationalen oder supranationalen Ordre Public handelt: *Ein Schiedsspruch widerspricht mindestens solange nicht dem Ordre Public, als ein Vertrag gleichen Inhalts nach innerstaatlichem Recht ebenfalls wirksam wäre. Vorbehalten bleibt die Berücksichtigung einer strengeren ausländischen, supranationalen oder universellen*

---

958 Berger, Internationle Wirtschaftsgerichtsbarkeit, S. 473. Heini, Zürcher IPR Komm., Art. 190, Rn. 41. BGE 120 II S. 166 ff.

959 Girsberger/Mráz, IPRax 2003, Heft 6, S. 549, Fn. 46.

960 Kaufmann-Kohler, L'Ordre Public d'envoi ou la notion d'Ordre Public en matière d'annulation de sentences arbitrales, SZIER 3, 1993, S. 273 ff. Kritisch dem Begriff gegenüber Othenin Girard, La réserve d'Ordre Public en droit international privé suisse, S. 192, 194.

961 Vgl. BG, 1.9.1952, BGE 78 II, 393; 4.10.1961, BGE 87 I, 291.

962 BGE 116 625, S. 630.

963 Walter/Bosch/Brönnimann, Internationale Schiedsgerichtsbarkeit in der Schweiz, S. 229-231.

964 Walter/Bosch/Brönnimann, Internationale Schiedsgerichtsbarkeit in der Schweiz, S. 229-231.

965 Bucher/Bonomi, Droit International Privé, 2004, S. 126, Rn. 473.

966 BGE 117 II 604 Erw. 4.

Wert- oder Rechtsordnung, sofern dies die Besonderheiten des Einzelfalls erfordern.
Jedoch gibt es seit der Entscheidung BGE 120 II[967] eine konstante Rechtsprechung im Sinne eines internationalen bzw. universalen Ordre Public im Rahmen des Art. 190 Abs. 2 lit. e IPRG.
Der Ordre Public international umfasst nach schweizerischer Sicht diejenigen Rechtsgrundsätze, die in der „*internationalen Rechtsgemeinschaft*" als unverzichtbar angesehen werden. Diese bilden die internationale *ius cogens*[968] (vgl. Art. 53 der Wiener Konvention über das Recht der Verträge) und stehen in einem höheren Rang als die nationalen Rechtsgrundsätze.[969] Es ist ebensowenig wie beim Ordre Public national möglich, ihn abschließend abzugrenzen. Denn er ist in steter Weiterentwicklung und wird durch internationale Konventionen und die Rechtsprechung internationaler Gerichte konkretisiert.[970] Im Grunde genommen sind hier etwa zu nennen der Grundsatz „*pacta sund servanda*" [971], das Rechtsmissbrauchsverbot, die Pflicht nach *Treu und Glauben* zu handeln, der Grundsatz der „*clausula rebus sic stantibus*", der entschädigungslosen Enteignung[972], das Diskriminierungsverbot und der Schutz von Handlungsunfähigen sowie die international anerkannten Menschenrechte (EMRK).[973] Dieser universelle Ordre Public bildet einen Teil des schweizerischen Rechtsordnung.
Im Rahmen der Anerkennung und Vollstreckung ausländischer Schiedssprüche verweist Art. 194 IPRG auf das New Yorker Übereinkommen. Nach Art. V Abs 2 lit. b UNÜ ist ein ausländischer Schiedsspruch nicht anzuerkennen und zu vollstrecken, wenn dessen Durchsetzung dem inländischen Ordre Public widersprechen würde. Soll dies heißen, dass ausländische Schiedssprüche strenger als inländische zu handhaben sind? Normalerweise ist es so, dass die Anforderungen an ausländische Schiedssprüche geringer sind als diejenigen an inländische. Die schweizerische Lehre geht daher von der Prämisse aus, dass der (Anerken-

---

967 BGE 120 II 166 ff. Erw. 6: *il est vrai, cependant, que, dans la plupart des cas – en particulier dans le domaine commercial ou contractuel -, le choix de l'Ordre Public suisse en matière international plutôt que d'un Ordre Public transnational ne devrait pas conduire à un résultat différent. C'est la raison pour laquelle il convient de privilégier une approche pragmatique de la question controversée, au lieu de chercher à la trancher définitivement dans un sens ou dans l'outre, d'autant plus qu'elle porte sur une notion juridique indéterminée –l'Ordre Public- qu'il est difficile de cerner et de définir une fois pour toutes.*

968 Siehe dazu Romain, L'Ordre Public et les droits de L'homme in:"L'Ordre Public concept et Applications", S. 48-49.

969 So Vischer in Zürcher Komm. IPRG zu Art. 17 Rn. 19.

970 So Vischer in Zürcher Komm. IPRG zu Art. 17 Rn. 19.

971 BGE 120 II S. 171; BGer 26.5.1999; BGer 14.6.2000, in: ASA Bull. 2000, S. 599-601. Siehe auch Heini in Zürcher Komm. zu Art. 190 Rn. 45.

972 BGE 102 Ia 581 Erw. 7d und 8; 83 II 312.

973 Vgl. BGE 126 III 249; 117 II 604; 116 II 634, 636; BGE 116 II 634, Erw. 4, 636.

nungs-) Ordre Public genauso restriktiv auszulegen ist, wie jener des Art. 190 IPRG. Es müsse also fundamentale Grundsätze des inländischen und transnationalen Rechts verletzt worden sein, damit ein Schiedsspruch am Ordre Public scheitert.[974]

6.1.5. England

Es wird in der englischen Lehre die These teilweise vertreten[975], dass man zwischen zwei Typen des Ordre Public unterscheiden soll, zum einen der nationale Ordre Public, der in der nationalen Schiedsgerichtsbarkeit zur Anwendung kommen kann und zum anderen der internationale Ordre Public, der in der internationalen Schiedsgerichtsbarkeit anwendbar ist. Demgemäß muss ein nationaler Richter, der im Vollstreckbarerklärungsverfahren entscheiden muss, ob ein Verstoß gegen den Ordre Public vorliegt oder nicht, auf den internationalen Ordre Public des Vollstreckungsstaates abstellen.
Nach dieser Auffassung enthält der Ordre Public international wesentliche internationale Standards, die aus der internationalen *community* stammen. Zu diesen Standards werden Handelsbräuche sowie Grundrechte gerechnet.
Diese wesentlichen, internationalen Standards haben einen nationalen sowie einen internationalen Ursprung, denn sie können in internationalen Abkommen enthalten sein (z. B. EMRK).[976]
In einem Bericht des ILA-*Commitees*[977] wurde gesagt, dass es über den nationalen Ordre Public hinaus eine engere Kategorie des Ordre Public gibt, nämlich den Ordre Public international. Er umfasst die Verletzung grundlegender Konzeptionen von der Rechtsordnung des entsprechenden Landes.[978]

---

974 BGE 84 I 122; BGE 101 Ia 521; Vischer, Zürcher Komm. IPRG, Art. 194 Rn. 29.

975 Lew, in Lew (Hrsg.) Contemporary Problems in International Arbitration, S. 73-85 (83). Zurückhaltend Redfern/Hunter, a.a.O., 2004, S. 420, Rn. 9-33. Vgl. Dicey § Morris, Conflict of laws, 2000, S. 641, Rn. 16-122.

976 Lew, Contemporary Problems in International Arbitration, S. 73-85 (83): *"This international public policy ist not concerned with any national influences- albeit internationally orientated, but rather reflects only the fundamental standards of the international community, covering both tradings standards and other humanitarian criteria, and is developed from common standards of national policies, as well as fundamental concepts which have been embodied in international conventions or other international instruments."*

977 ILA Committee on International Commercial Arbitration's „Interim Report on Public Policy as a Bar to Enforcement of International Arbitral Awards", London Conference, 2000.

978 *„In so doing, it observed that beyond purely domestic public policy (Ordre Public interne), there exists a narrower category of international public policy („Ordre Public externe" or "international"), which is confined to the violation of really fundamental conceptions of the legal ordre in the country concerned."* S. 6, 7. Zitiert in Redfern/ Hunter, a.a.O., 2004, S. 420, Rn. 9-33.

Hierbei wurde noch ein engerer Begriff des Ordre Public identifiziert, nämlich der Ordre Public „*truly* international" oder „transnational". Dieser Begriff umfasst wesentliche Regeln des „*natural law*" und allgemeine Prinzipien von guten Sitten, die in allen „zivilisierten Nationen" anerkannt sind.[979]

Der Blick in die Rechtsprechung zeigt, dass die englischen Gerichte im Rahmen der Anerkennung und Vollstreckbarerklärung bei der Ordre Public-Kontrolle auf den englischen Ordre Public abstellen:

So hat z.B. der Court of Appeal in der Entscheidung *Deutsche Schachtbau*[980] auf den englischen Ordre Public (*it was not contrary to english public policy*) abgestellt.

Ebenso stellte das Gericht in *Schreter v. Gasmac Inc.*[981] fest, dass ausländische Schiedssprüche einer Ordre Public-Kontrolle unterworfen sein müssen, um zu verhindern, dass die Vollstreckung wesentliche englische Gerechtigkeitsvorstellungen und Fairness-Grundsätze verletzt.[982]

Im Fall *Soleimany v. Soleimany*[983] wurde die Vollstreckung eines in London erlassenen Schiedsspruchs verweigert, weil der für die Rechtsbeziehungen der Parteien maßgebliche Hauptvertrag unter dem Gesichtspunkt des englischen Rechts gegen den Ordre Public verstieß *(„underlying illegality"*).

6.2. Der europäische Ordre Public

Man spricht über einen regionalen Ordre Public zwischen Ländern, die dieselben Grundwerte haben. Unter diese Definition fällt der europäische Ordre Public in der Europäischen Union.

---

979 *„Narrower still, the ILA identified a further category, namely „truly international" or „transnational" public policy, which it found to be of „universal application" comprising fundamental rules of natural laws, principles of universal justice, jus congens in public international law, and the general principles of morality accepted by what are referred to as "civilised nations.* Redfern/Hunter, a.a.O., 2004, S. 421, Rn. 9-33.

980 *Deutsche Schachtbau v. Shell International Petroleum Co. Ltd.* (19990) 1 C.A. 295 (C.A*).:" it was not contrary to English public policy to enforce a Swiss award, valid under Swiss law, in which the arbitrators applied general principles of law."* Zitiert in Dicey & Morris, a.a.O., S. 642, Rn. 16-122. So auch *Westacre Investiments Inc. v. Jugoimport-SDPR Holdings Co.* (1999) Q.B.; Adams v. Cape Industries plc (1990) ch. 433 (C.A.): *"Even in cases which do not fall within clause...,recognition or enforcement of an award my be refused on the ground of public policy if it is established that the award is contrary to the english public policy."*

981 *Schreter v. Gasmac* (1992) 7 OR (3d) 608.

982 *„The concept of imposing our public policy on foreign awards is to guard against enforcement of an award which offends our local principles of justice and fairness in a fundamental way..."*

983 *Soleimany v. Soleimany*, 1998, CA 3 LR 811 = Cato, Arbitration, Practice and Procedure, 2002, S. 304, Abschnitt 4.3.4 = Dicey & Morris, a.a.O. S. 642, Rn. 16-122.

Denn die EU-Staaten sollen sich gegenseitig nicht stets beweisen, dass ihre Grundwerte stimmen, sondern vielmehr soll ein europäischer Ordre Public dazu verhelfen, dass alle Bürger der EU-Staaten wie Bürger des eigenen Staates behandelt werden.[984]
Als Ansatzpunkt des Ordre Public-Begriffes ist also auch das Europäische Gemeinschaftsrecht bzw. die grundlegenden, unmittelbar geltenden Normen des Primär- und Sekundärrechts zu bezeichnen.[985] Insbesondere müssen die Grundprinzipien des Rechts der Europäischen Union, nämlich das Funktionieren des gemeinsamen Marktes und das Diskriminierungsverbot, gewahrt bleiben.[986]
Der europäische Ordre Public kann also als die Gesamtheit der privatrechtlichen Rechtssätze verstanden werden, die zum unverzichtbaren Teil der europäischen Rechtsordnung zählen und gegenüber fremdem Recht in Form einer Vorbehaltsklausel durchgesetzt werden.[987]

Hierbei ist von besonderer Bedeutung die Europäische Menschenrechtskonvention von 4. November 1950 (EMRK). Denn die Mitgliedstaaten haben sich in Art. 46 EMRK dazu verpflichtet, in allen Rechtssachen, in denen sie Partei sind, die Urteile des Europäischen Gerichtshofs für Menschenrechte (EGMR) zu befolgen und rechtswidrige Gesetze zu ändern. Damit ist die Konvention geltendes Recht geworden und prägt dadurch den Ordre Public der Vertragsstaaten.[988]
Das deutsche Recht ist heute nicht nur eine Schöpfung des deutschen Gesetzgebers, sondern ist auch an vielen Stellen aus dem europäischen Gemeinschaftsrecht zusammengesetzt. Der deutsche Ordre Public beinhaltet dementsprechend auch Grundwerte, die nicht zwangsläufig bloß deutschen Ursprungs sind, sondern auch aus dem Gemeinschaftsrecht abgeleitet werden.[989] Dies gilt auch für die anderen Mitgliedstaaten
Kann man tatsächlich über einen europäischen Ordre Public sprechen, der sogar sich von dem nationalen Ordre Public unterscheiden kann? Oder ist der erste ein Bestandteil des letzten?

---

984 Staudinger/Blumenwitz, Art. 6 EGBGB, Rn. 79.

985 Erman/Hohloch, Art. 6 EGBGB, Rn. 23; siehe RIW 2000/6, S. 416 im Zusammenhang mit Art. 29 EGBGB; IPRax 2000, 249.

986 BGH 16.9.1993, BGHZ 123, 268 (279) = IPRspr. 1993 Nr. 178 S. 413.

987 Renfert, Über die Europäisierung der Ordre Public Klausel, Frankfurt a.M., 2003, S. 118. Siehe auch MünchKomm./Sonnenberger, Art. 6 Rn. 68.

988 *„Der Einfluss des EGMR auf den Inhalt des europäischen Ordre Public hängt allerdings davon ab, inwieweit die Mitgliedstaaten an die Rechtsprechung des EGMR gebunden sind und inwieweit sie dadurch die Vorgaben des EGMR in die eigene Rechtsordnung integrieren."* Renfert, Über die Europäisierung der Ordre Public Klausel, Frankfurt a.M., 2003, S. 120.

989 So v. Bar/Mankowski, Internationales Privatrecht, 2003, S. 141-142, Rn. 46 und S. 722, Rn. 271; Münch-Komm./Sonnenberger, Einl. IPR, Rn. 222. Vgl. Basedow, FS Sonnenberger, 2004, S. 300ff.

Die Existenz eines europäischen Ordre Public wird von manchen deutschen Autoren aus dem Grund verneint, dass das Gemeinschaftsrecht als Bestandteil der nationalen Rechtsordnung in seinen fundamentalen Rechtsgrundsätzen über Art. 6 EGBGB hinsichtlich der wesentlichen Grundsätze mitgeschützt ist.[990] Es geht hierbei also um einen deutschen Ordre Public, der europäisch angereichert ist.[991] Dies erfolgt nicht automatisch, sondern hängt vielmehr von der Umsetzung der Richtlinien in das nationale Recht ab, die die fundamentalen Rechtsgrundsätze des Gemeinschaftsrechts enthalten.
Andere Autoren sind hingegen der Auffassung, dass Art. 6 EGBGB nicht dem EG-Recht selbst entgegengehalten werden kann. Art. 6 behält den deutschen Ordre Public – Vorbehalt gegenüber der Anwendung des vom deutschen IPR berufenen Recht vor. EG-Recht ist unmittelbar vorrangiges Recht und kraft des Vorrangprinzips anwendbar.[992]
Nach manchen Autoren sind die Mitgliedstaaten verpflichtet, das Ergebnis der Anwendung eines ausländischen Rechts dann nicht anzuerkennen, wenn dies nicht nur mit den grundlegenden Wertvorstellungen ihrer eigenen, national geprägten *lex fori*, sondern auch derjenigen des Europäischen Gemeinschaftsrechts kollidiert.[993]

Auch Schiedsgerichte können sich in der Lage befinden, Gemeinschaftsrecht anwenden oder prüfen zu müssen, ob die Norm des von den Parteien gewählten, innerstaatlichen materiellen Rechts im Einklang mit dem Gemeinschaftsrecht steht.
Sind die Schiedsgerichte berechtigt, dem EuGH eine Vorlagefrage vorzulegen? Kann der EuGH den Inhalt des Ordre Public der einzelnen Mitgliedstaaten bestimmen?

6.2.1. Vorlageberechtigung der Schiedsgerichte

Die Lehre hat sich mit der Frage befasst, ob ein Schiedsgericht ein Vorlageverfahren nach Art.177 des EWG-Vertrages einleiten kann oder sogar muss.
Der EuGH hat dieser Diskussion mit dem Urteil vom 23.3.1982[994] ein vorläufiges Ende gesetzt. Dem EuGH wurde die folgende, erste Vorlagefrage gestellt:

990 Koch/Magnus/Winkler von Mohrenfels, IPR und Rechtsvergleichung, 3. Aufl., 2004, S. 11.

991 v. Bar/Mankowski, Internationales Privatrecht, 2003, S. 722, Rn. 271. Erman/Hohloch, Art. 6 EGBGB, Rn.23; MünchKomm./Sonnenberger, Einl. IPR, Rn. 222.

992 MünchKomm./Sonnenberger, Einl. IPR, Rn. 219.

993 Freitag in: Leible (Hrsg.), Das Grünbuch zum internationalen Vertragsrecht, 2004, S. 190.

994 EuGH Urt. v. 23.3.1982, 102/81, „Nordsee", deutsche Hochseefischerei, Sgl. 1982, 1095, Rn. 10-12. *Bulk Oil (Zug) AG / Sun International Ltd. and Sun Oil Traiding Co.*, Lloyd's Rep. (1983), 655 ff =Bulk Oil, Rs. 174/84, Slg. 1986, S. 559.

„Ist ein deutsches Schiedsgericht, das nicht nach Billigkeit, sondern nach Gesetz zu entscheiden hat und dessen Entscheidung unter den Parteien die Wirkung eines rechtskräftigen gerichtlichen Urteils hat (§1040 ZPO a.F.), zur Vorlage an den Gerichtshof der Europäischen Gemeinschaften nach Art. 177 Abs. 2 EWG-Vertrag befugt?"

Der EuGH verneinte diese Frage. Er führte als Begründung aus, dass zwar die Tätigkeit eines Schiedsgerichtes eine gewisse Ähnlichkeit mit der gerichtlichen Tätigkeit aufweise, dass aber ein vertragliches Schiedsgericht kein Gericht eines Mitgliedstaats im Sinne von Art. 234 EGV darstelle. Denn es bestehe für die Vertragsparteien weder eine rechtliche noch eine tatsächliche Verpflichtung, ihre Streitigkeiten vor ein Schiedsgericht zu bringen. Ferner sei die „deutsche öffentliche Gewalt" nicht in die Entscheidung einbezogen gewesen, den Weg der Schiedsgerichtsbarkeit zu wählen, und konnte nicht in das Verfahren eingreifen.[995].

Der EuGH schließt aus den genannten Gründen, dass zwischen dem vorliegenden Schiedsverfahren und dem allgemeinen Rechtschutzsystem in dem betroffenen Mitgliedstaat keine hinreichend enge Beziehung besteht, um den Schiedsrichter als „Gericht eines Mitgliedstaates" im Sinne von Art. 177 EWG bezeichnen zu können und dass sie damit nicht über eine Vorlageberechtigung verfügen.[996]

In einer jüngsten Entscheidung[997] hat der EuGH im Sinne der *Nordsee*-Entscheidung sein Urteil gefällt. Hierbei geht es auch um das Ersuchen einer Vorabentscheidung hinsichtlich der Auslegung der Richtlinie 90/314/EWG des Rates vom 13.6.1990 über Pauschalreisen.

Aus Unstimmigkeiten zwischen einer Familie (*Denuit/Cordenier*) und einem Reisebüro (*Transorient*) aufgrund einer Pauschalreise wurde das *Collège d'arbitrage de la Commission de Litiges Voyages* gerufen. Da das Schiedsgericht der Auffassung war, dass der ihm vorliegende Rechtsstreit die Auslegung von Art. 4 Abs. 4 der Richtlinie erfordert, hat es beschlossen, das Verfahren auszusetzen und dem Gerichtshof Fragen zur Vorabentscheidung vorzulegen. Der EuGH hat sich aufbauend auf der *Nordsee*-Entscheidung für die Beantwortung der vom *Còllege d'arbitrage de la Commission de Litiges Voyages* vorgelegten Fragen nicht für zuständig erklärt. Denn da ein Schiedsgericht nicht als

995 EUGH Urt. v. 23.3.1982, 102/81, „Nordsee", deutsche Hochseefischerei, Sgl. 1982, 1095, Rn. 10-12.

996 EUGH Urt. v. 23.3.1982, 102/81, „ Nordsee." deutsche Hochseefischerei, Sgl. 1982, 1095, Rn. 10-12.

997 Urteil vom 27.1.2005 – Rs. C-125/04; Guy Denuit, Betty Cordenier gegen Transorient – Mosaique Voyages et Culture SA. RIW 2005/6, S. 454-455.

Gericht im Sinne von Art. 234 EGV anzusehen ist,[998] ist es nicht an den EuGH vorlageberechtigt.[999]

6.2.2. Bestimmung des Ordre Public-Inhalts

Im Grunde genommen ist das Gemeinschaftsrecht durch die Umsetzung Bestandteil des nationalen Rechts. Wer hat jedoch zu entscheiden, ob eine Norm in das Gebiet der Ordre Public-Klausel fällt? Bleibt dieses Ermessen bei der europäischen Gemeinschaft (EG) bzw. wird es den einzelnen Mitgliedstaaten überlassen?
Die Befugnis des EuGH in Bezug auf die Auslegung und Konkretisierung des Inhalts des Ordre Public ist umstritten. Die Rechtsprechung des EuGH hat diese Frage nicht einheitlich beantwortet.
Aus dem Wortlaut des Art. 27 Abs. 1 EuGVÜ / 34 Abs. 1 EuGVVO[1000] könnte interpretiert werden, dass die einzelnen Staaten und nicht der EuGH dazu befugt sind, den Inhalt des Ordre Public zu bestimmen.[1001]
In der Lehre sind Auffassungen dahingehend zu finden, dass der EuGH werten soll, ob ein bestimmter Umstand überhaupt als Verletzung des Ordre Public anzusehen ist[1002] oder, dass der EuGH festlegen kann, welche Arten nationaler Normen geeignet sind, die Anwendung des Ordre Public zu stützen.[1003]

Der BGH[1004] hatte in einer früheren Entscheidungen die Auffassung vertreten, dass die Frage, ob eine Entscheidung aus einem der Mitgliedstaaten des EuGVÜ dem Ordre Public der Bundesrepublik Deutschland widerspreche, allein das nationale Recht berühre und daher nur durch die deutschen Gerichte entschieden werden könne; eine Vorlage an den EuGH komme hier nicht in Betracht.
In einer weiteren Entscheidung hatte der BGH[1005] offen gelassen, ob der Begriff des Ordre Public allein durch die nationalen Gerichten auszulegen sei oder ob der EuGH die Vorbehaltsklausel abgrenzen und einschränkend darüber befinden

---

998 RIW 2005/6, S. 455, Nr. 16-17.

999 Nordsse-Entscheidung vom 23. März 1982, Rs. 102/81; Slg: 1982, I-1095.

1000 Die Verordnung über die gerichtliche Zuständigkeit und die Anerkennung und Vollstreckung von Entscheidungen in Zivil- und Handelssachen (EuGVVO, auch als "Brüssel I" bezeichnet) ist zum 1.3.2002 in Kraft getreten. Sie ersetzt weitestgehend das EuGVÜ. (Art. 34 EuGVVO gegenüber Art. 27 EuGVÜ). Dieses bleibt jedoch weiterhin für und im Verhältnis zu Dänemark sowie einige überseeische Gebiete anwendbar. (Art. 1 III, 68 I EuGVVO).

1001 Heß, IPRax 2001/4, S. 301.

1002 Schlosser, EuGVÜ, Art. 27-29, Rn. 6.

1003 Martiny in v.Bar, Europäisches Gemeinschaftsrecht und internationales Privatrecht, 1991, S. 211, 231.

1004 BGHZ 75, 167,171.

1005 BGHZ 123, 268, 278.

können soll, welche Arten nationaler Normen allgemein geeignet sind, eine Ordre Public-Widrigkeit im Sinne des Art. 27 Nr. 1 EuGVÜ zu begründen.
Folglich wird in der alten und neuen Rechtsprechung dargestellt, was der EuGH über seine Auslegungskompetenz im Rahmen des Ordre Public entschieden hat. Mit den Entscheidungen Eco Swiss/Benetton, Krombach und Renault hat sich der EuGH mit dem Gebiet des Gemeinschaftsrechts und des Ordre Public intensiv beschäftigt und einen großen Beitrag geleistet:[1006]

a) Fall Eco Swiss/Benetton

Im Fall Eco Swiss/Benetton handelt es sich um die gerichtliche Nachprüfung eines niederländischen Schiedsspruchs. Zwischen der Firma *Benetton International NV* mit Sitz in Amsterdam, der *Eco Swiss China Time Ltd.* mit Sitz in Hong Kong und der *Bulova Watch Company* mit Sitz in New York wurde ein Lizenzvertrag für einen Zeitraum von acht Jahren abgeschlossen. In diesem Vertrag räumte *Benetton Eco Swiss* das Recht ein, Armbanduhren und sonstige Uhren mit der Aufschrift „*Benetton by Bulova*" herzustellen, die dann durch *Eco Swiss* und *Bulova* verkauft werden konnten.
Nach fünf Jahren kündigte jedoch *Benetton* den Vertrag.
Aufgrund der im Vertrag getroffenen Vereinbarung wurden jegliche Streitigkeiten zwischen den Parteien einem Schiedsverfahren unterworfen.
Das Schiedsverfahren sollte nach den Regeln des niederländischen Instituts für Schiedsgerichtsbarkeit geführt werden und niederländisches Recht war als *lex causae* anzuwenden. Daraufhin wurde ein Schiedsverfahren von *Eco Swiss* und *Bulova* wegen der Kündigung des Lizenzvertrages eingeleitet.
Der erste erlassene (Teil)-Schiedsspruch sprach *Eco Swiss* und *Bulova* das Recht auf Schadenersatz aufgrund der vorzeitigen Kündigung des Vertrages zu. Da die Parteien sich über die Höhe des Schadenersatzes nicht einigen konnten, erließ das Schiedsgericht einen zweiten und endgültigen Schiedsspruch, welcher die Höhe des Schadenersatzes festlegte.
Benetton stellte einen Antrag auf Aufhebung der beiden Schiedssprüche vor der *Rechtsbank* Den Haag wegen Verstoßes gegen die öffentliche Ordnung, weil der Vertrag wegen Verletzung von Art. 85 a.F. EGV / Art. 81 n.F. EGV nichtig sei.
Dieser Einwand war jedoch während des Schiedsverfahrens weder von den Parteien vorgebracht noch vom Schiedsgericht von Amts wegen geprüft worden.
Nach der Ablehnung des Antrages seitens der Rechtsbank Den Haag, legte Benetton gegen die Entscheidung Berufung vor dem Gerichtshof Den Haag ein.
Der Gerichtshof bejahte zwar in seiner Entscheidung, dass eine Verletzung der

1006 Zustimmend Föhlisch, Der gemeineuropäische Ordre Public, 1997, S. 38; Kropholler, EuZPR, 1998, zu der Einleitung Rn. 23 und zu Art. 27 EuGVÜ Rn. 4; Pfeiffer, Internationale Zuständigkeit und prozessuale Gerechtigkeit, 1995, S. 764, Fn. 227; Lasok/Stone, Conflict of laws in the European Community, 1987, S. 300.

öffentlichen Ordnung lag, die gem. Art. 1065 Abs. 1 lit. e der niederländischen ZPO zur Aufhebung des Schiedsspruchs führt, jedoch könne der erste Schiedsspruch wegen Verjährung[1007] bzw. seiner Rechtskraft nicht überprüft werden. So gab er nur der Aussetzung der Vollstreckung des *Final Arbitral Award* statt.
Sowohl *Eco Swiss* als auch *Benetton* legten Kassationsbeschwerde beim *Hoge Raad* gegen die Entscheidung vom Gerichtshof *ein.* Der *Hoge Raad* hat den EuGH gem. Art. 177 EGV a.F. um Vorabentscheidung ersucht, denn er wollte wissen, ob das Kartellverbot zum Ordre Public-Bereich zählt, und weil Benetton nicht innerhalb der in den niederländischen Vorschriften vorgesehenen Frist gegen den ersten Schiedsspruch vorgegangen war, mit dem die Schadensersatzpflicht dem Grunde nach festgestellt wurde.[1008]

Der *Hoge Raad* wandte sich an den EuGH. Seine Fragen beschäftigten sich mit der Ordre Public-Konformität des Schiedsspruchs und mit der Verpflichtung der Schiedsgerichte zur Beachtung des Gemeinschaftsrechts. Es wurden fünf Fragen gestellt: die erste und dritte Frage haben mit der zweiten zu tun. Diese lautete, ob ein nationales Gericht, das mit einer Klage auf Aufhebung eines Schiedsspruchs befasst sei, dieser Klage stattgeben müsse, wenn es der Auffassung ist, dass der Schiedsspruch tatsächlich Art. 81 EGV widerspreche, obwohl das Gericht nach seinem nationalen Verfahrensrecht einer solchen Klage nur beim Vorliegen bestimmter, zahlenmäßig beschränkter Gründe stattgeben darf, zu denen der Widerspruch gegen die öffentliche Ordnung zähle, wobei allerdings der Umstand allein, dass aufgrund des Inhalts oder der Vollstreckung des Schiedsspruchs eine Verbotsbestimmung des nationalen Wettbewerbsrechts unangewendet bliebe, nach dem einschlägigen nationalen Recht grundsätzlich nicht als Widerspruch gegen die öffentliche Ordnung anzusehen sei.[1009]
Der EuGH führte zunächst aus, dass in Fällen, in denen sich in einem vertraglichen Schiedsverfahren Fragen des Gemeinschaftsrechts stellen, die ordentliche Gerichte in die Lage kommen können, diese Frage im Wege einer Aufhebungsklage bzw. anlässlich einer Vollstreckbarerklärung zu prüfen. Damit wiederholte er die Argumente der Nordsee-Entscheidung gegen eine Vorlageberechtigung der Schiedsgerichte.[1010]

1007 Benetton hatte keine Aufhebungsklage innerhalb von drei Monaten eingereicht.

1008 EuGH, Urt. v. 1.6.1999-Rs.C-126/97 (Eco Swiss China Time Ltd/Benetton International NV) = Spiegel, EuZW, 1999/18, S. 565-569. Siehe auch Brulard/Quintin, Journal of International Arbitration, 18(5), 2001, S. 533.

1009 EuGH, Urt. v. 1.6.1999-Rs.C-126/97 (Eco Swiss China Time Ltd/Benetton International NV) = Spiegel, EuZW, 1999/18, S. 567, Rn. 31.

1010 Urteil des EUGH vom 23.3.1982, 102/81, „ Nordsee." deutsche Hochseefischerei, Slg. 1982, Rn. 14. So auch Denuit, Cordenier/Transorient, EuGH Urt. v. 27.1.2005, Rs. C-125/04, EuZW 2005, S. 319ff. Siehe Bulk Oil, Rs. 174/84, Slg. 1986, S. 559.

Ferner führte er dazu aus, dass die Erfordernisse der Effizienz des Schiedsverfahrens es rechtfertigen, Schiedssprüche nur in beschränktem Umfang zu überprüfen und dass die Aufhebung eines Schiedsspruchs sowie die Versagung seiner Anerkennung nur in außergewöhnlichen Fällen vorzusehen sei. [1011]
Auf die Frage antwortete der EuGH, dass ein nationales Gericht, das mit einer Klage auf Aufhebung eines Schiedsspruchs befasst sei, dieser Klage stattgeben müsse, wenn es der Auffassung sei, dass der Schiedsspruch Art. 81 EGV widerspreche, sofern es nach seinem nationalen Verfahrensrecht im Fall der Verletzung nationaler Rechtsvorschriften, die der öffentlichen Ordnung zuzurechnen seien, einer Aufhebungsklage stattzugeben hätte.[1012]
Mit der Antwort auf die zweite Frage sind die erste und dritte Frage beantwortet. Die vierte und fünfte Frage sind zusammen zu untersuchen. Mit diesen Fragen wollte das vorlegende Gericht wissen, ob es den nationalen Gerichten geboten sei, von der Anwendung von Vorschriften des nationalen Verfahrensrechts abzusehen, nach denen ein Zwischenschiedsspruch, der den Charakter eines ungültigen Schiedsspruchs habe und gegen den nicht fristgemäß Aufhebungsklage erhoben wurde, Rechtskraft erlangt und durch einen späteren Schiedsspruch nicht mehr in Frage gestellt werden könne, selbst wenn das erforderlich wäre, um im Rahmen eines gegen den späteren Schiedsspruch gerichteten, gerichtlichen Aufhebungsverfahrens zu überprüfen, ob ein Vertrag, der in dem Zwischenschiedsspruch für rechtswirksam erklärt wurde, gem. Art. 81 EGV nichtig sei.[1013]
Der EuGH verneinte diese Frage. Nach ihm gebietet es das Gemeinschaftsrecht unter solchen Voraussetzung nicht, von der Anwendung derartiger Regeln abzusehen, selbst wenn das erforderlich wäre, um im Rahmen eines gegen einen späteren Schiedsspruch gerichteten Aufhebungsverfahrens zu überprüfen, ob ein Vertrag, der den Zwischenschiedsspruch als rechtsunwirksam erklärt hat, gem. Art. 81 EGV nichtig sei.[1014]
Mit diesem Urteil stellt der EuGH stillschweigend fest, dass Art. 81 EGV auch von privaten Schiedsgerichten von Amts wegen (verpflichtend) angewandt werden muss, ohne dass dies danach zu einer Aufhebung oder Verweigerung des Schiedsspruchs wegen Überschreitung der Schiedsklausel im Sinne des Art. V Abs. 1 lit. c und d UNÜ führen kann, denn Art. 81 EGV ist dem Ordre Public des Art. V Abs. 2 lit. b) des New Yorker Übereinkommens zuzurechnen.[1015]
Darüber hinaus bejaht der EuGH den beschränkten Umfang der Prüfung von

1011 EuGH, Urt. v. 1.6.1999-Rs.C-126/97 (Eco Swiss China Time Ltd/Benetton International), Slg. 1999, I-3055 (3092) = Spiegel, EuZW, 1999/18, S. 567, Rn. 35.

1012 EuGH, Urt. v. 1.6.1999-Rs.C-126/97 (Eco Swiss China Time Ltd/Benetton International NV) = Spiegel, EuZW, 1999/18, S. 567, Rn. 41.

1013 Spiegel, EuZW, 1999/18, S. 567, Rn. 43.

1014 Spiegel, EuZW, 1999/18, S. 568, Rn. 47-48.

1015 Spiegel, EuZW, 1999/18, S. 568, Rn. 38-39. So auch Heß, IPRax 2001/4, S. 305.

Schiedssprüchen und ihre Aufhebung oder Nicht-Vollstreckbarerklärung nur in Ausnahmefällen wegen des Erfordernisses der Effizienz in der Schiedsgerichtsbarkeit.[1016]

Ferner stellt nach diesem Urteil Art. 81 EGV eine unverzichtbare Norm des Gemeinschaftsrechts dar. Hierbei sind die Gerichte der Mitgliedstaaten verpflichtet, die Verletzung zwingender Normen des Gemeinschaftsrechts im Rahmen der Ordre Public-Kontrolle zu berücksichtigen. Diese zwingenden Normen des Gemeinschaftsrechts dürfen allerdings nicht schlechter gestellt werden als Bestimmungen des Ordre Public national.

Hiernach fällt auf, dass für den EuGH der Ordre Public auch zwingende Normen des nationalen Rechts umfasst. Diese Auffassung steht im Einklang mit der französischen, z.T. schweizerischen, jedoch nicht mit der deutschen Ordre Public Konzeption.

All dies findet Anwendung, wenn die Parteien des Schiedsverfahrens zu den Mitgliedsländern gehören.[1017]

b) Praktische Auswirkung der Eco Swiss-Entscheidung in Frankreich

In dem Fall *Thalès/Euromissile*[1018] hat die *Cour d'appel* de Paris zum ersten Mal die Möglichkeit gehabt, die von dem EuGH in der *Eco Swiss*-Entscheidung festgelegten Grundsätze zum Spannungsverhältnis zwischen Schiedsgerichtsbarkeit und europäischem Wettbewerbsrecht im französischen Recht anzuwenden. Die Ähnlichkeiten dieses Falles mit dem *Eco Swiss*-Entscheidung sind beeindruckend.

Diesem Fall liegt folgender Sachverhalt zugrunde: Zwei Rüstungsunternehmen, nämlich *Thalès* und *Euromissile,* hatten im Jahre 1992 vereinbart, die Produktion ihres Waffensystems VT1 aus den USA nach Europa zu verlegen und die Herstellung an *Euromissile* zu übertragen, jedoch mit der Ausnahme der Bestellung aus den USA, die weiterhin bei *Thalès* blieb. Jedoch wurde diese Ausnahme durch einen im Jahre 1992 geschlossenen Vertrag aufgehoben und damit wurde *Euromissile* das ausschließliche Herstellungs- und Vertriebsrecht für das VT1-System erteilt. Im Jahre 1998 gewann *Thalès* eine Ausschreibung der griechischen Regierung und bestellte bei *Euromissile* die Raketen, die es für

---

1016 Spiegel, Anmerkung zu EuZW, 1999/18, S. 568, Rn. 2. Siehe auch EuGH Urt. 6/72, Europemballage und Continental Can v. Commission, 1973 E.C.R. 215. EuGH Urt. 306/96; Javico v. Yves Saint Laurent Parfums, 1998, E.C.R. I-1983. Schiedsspruch 7097/1993, 6 Bull. CIA (No. 1, 1995).

1017 Siehe unten der Fall der Schweiz.

1018 Thalès/Euromissile, Cour d'appel Paris, 18.11.2004, JCP – Ed.Gen. 2005, II 10038 S. 570-575 = JCP Ed. E. 2005, N°18, S. 759-760= Chabot in -575 = Nieggemann, SchiedsVZ 2005/6. S. 265-273 = Barbier de la Serre/Nourissat, Reveu Lamy de la Concurrence 2005, S.68= Radicati di Brozolo, Rev. arb. 2005, 529.

die Lieferung des Waffensystems benötigte. Es kam zum Streit, weil die Parteien sich nicht über die Bedingungen der Bestellung einigen konnten.
Die Auseinandersetzung wurde einem ICC-Schiedsgericht unterbreitet. *Thalès* beantragte die gerichtliche Feststellung der Kündigung aller abgeschlossenen Verträge, *Euromissile* ihrerseits Schadenersatz.
Das Schiedsgericht erließ einen Teilschiedsspruch, in dem es Schadensersatzansprüche im Rahmen des im Jahre 1991 abgeschlossenen Vertrages zurückwies.
Anschließend erließ es einen Endspruch, in dem es *Thàles* aufgrund der rechtswidrigen Kündigung des Lizenzvertrages zu Schadensersatz von mehr als 107 Mio. Euro verurteilte.
Daraufhin legte *Thàles* Nichtigkeitsbeschwerde bei der *Cour d'appel* de Paris wegen eines Verstoßes gegen Art. 81 EGV und gegen den französischen Ordre Public aufgrund des im Jahre 1992 unterzeichneten Lizenzvertrags.
Dieser Einwand war weder von den Parteien geltend gemacht worden noch wurde er vom Schiedsgericht von Amts wegen berücksichtigt.
Die *Cour d'appel* berief sich bei ihrer Entscheidung auf das *Eco Swiss*-Urteil. Nach diesem Urteil muss –wie bereits erwähnt - ein nationales Gericht bei Verstoß gegen Art. 81 EGV einem Aufhebungsantrag stattgeben, sofern es nach seinem eigenen Verfahrensrecht der Aufhebungsklage wegen Verletzung des Ordre Public (*règles nationales d'Ordre Public*) stattgeben würde.[1019] Ferner gebietet das Gemeinschaftsrecht den nationalen Gerichten nicht, von ihrem nationalen Verfahrensrecht abzuweichen, wenn ein Zwischenschiedsspruch Rechtskraft erlangt habe und ein Verstoß gegen Art.81 EGV nur festgestellt werden könne, wenn das nationale Gericht dafür von seinem nationalen Verfahrensrecht abweichen müsse.[1020]
Auf den Einwand der Nichtigkeit des Lizenzvertrages kann das Gericht also nicht näher eingehen, denn die Rechtskraft des Teilschiedsspruchs steht fest.
Anschließend stellte die *Cour d'appel* fest, wann ein Verstoß gegen den Ordre Public international im Rahmen des Art. 1504 und 1502,5 NCPC stattfindet. Sie führte aus, dass die Vollstreckung des Schiedsspruchs in unakzeptabler Weise die französische Justizordnung verletzen muss und der Verstoß eine offensichtliche Verletzung einer Norm darstellen muss, die als wesentlich geltende Norm angesehen wird oder die Verletzung eines grundlegenden Prinzips.[1021]

1019 EuGH, Urt. v. 1.6.1999-Rs.C-126/97 (Eco Swiss China Time Ltd/Benetton International NV) = Chabot, JCP-Ed.Gen. 2005, II 10038, S. 571 = Nieggemann, SchiedsVZ 2005/6. S. 267, Rn. 41.

1020 EuGH, Urt. v. 1.6.1999-Rs.C-126/97 (Eco Swiss China Time Ltd/Benetton International NV) = Chabot, JCP-Ed.Gen. 2005, II 10038, S. 571 = Spiegel, EuZW, 1999/18, S. 568, Rn. 47 - 48.

1021 Chabot, JCP-Ed.Gen. 2005, II 10038, S. 572: *„Le recours à l'art, 1502-5 NCPC n'est concevable que dans l'hypothèse où l'exécution de la sentence heurterait de manière*

Art. 81 EGV bildet nach der *Cour d'appel* eine solche Regelung. Dennoch sei hierbei zu berücksichtigen, dass nach dem EuGH bei der Überprüfung eines Schiedsspruchs die nationalen Vorschriften maßgebend sind.
Darüber hinaus legte die *Cour d'appel* fest, dass nach den Gutachten, die ihr vorgelegt wurden und aufgrund der Komplexität des Themas eine vertiefte wirtschaftliche und juristische Prüfung erforderlich sei. Folglich erfüllten die Vereinbarungen die Voraussetzung einer Wettbewerbswidrigkeit nicht, indem der Verstoß nicht „offensichtlich, effektiv und konkret" sei (nicht ins Auge springe, *"crever les yeux")*.
Wenn ein solcher Verstoß vorliegt, dann könne der Richter zwar eine Prüfung der Sach- und Rechtslage vornehmen. Jedoch könne er keine Entscheidung in der Sache über ein komplexes Thema fällen, das vom Schiedsgericht nicht erörtert worden ist.[1022] Das Verbot der *„révision au fond*" gilt auch im Falle der Verletzung einer *„loi de police*".[1023] Eine Ausnahme bildet hierbei gem. der *Cour d'appel* der Fall von Betrug oder einer offensichtlichen Verletzung einer solchen Norm.[1024]
Der Nichtigkeit des Schiedsspruchs kann in diesem Fall nicht stattgegeben werden, da die Schiedsrichter sich mit dem Verstoß gegen das europäische Wettbewerbsrecht nicht befasst hatten.[1025] Demzufolge wies die *Cour d'appel* den Nichtigkeitsantrag zurück.
Diese Entscheidung wurde unterschiedlich von der Lehre aufgenommen.
Manche äußerten, dass die *Cour d'appel* mit dieser Entscheidung der Diskussion darüber ein Ende bereitet hätte, ob allein die Behauptung eines Verstoßes gegen den Ordre Public eine *révision au fond* rechtfertige.[1026] Denn sie bekräftigt die *Eco Swiss*-Entscheidung und die herrschende französische Rechtsprechung. Diese Entscheidung bekräftigt ebenso die Theorie einer restriktiveren, zurück-

---

inacceptable notre ordre juridique, l'atteinte devant constituer une violation manifeste d'une règle de droit considérée comme essentielle ou d'un principe fondamental. »

1022 Vgl. Cour d'appel de Paris vom 14.6.2001, Rev.arb. 2001, S. 773, Anm. Seraglini: Hierbei ging es nicht um europäische zwingende Normen, sondern um den *„code monétaire*": dass der Antragsteller durch das Schweigen über dieses Problem vor dem Schiedsgericht nicht darauf verzichtet habe, diese Argument vor dem staatlichen Richter geltend zu machen.

1023 Chabot, JCP-Ed.Gen. 2005, II 10038, S. 573 : *« la violation alléguée d'une loi de police n'autorisant aucune atteinte à la règle procédurale de l'interdiction d'une révision au fond. »*

1024 Chabot, JCP-Ed.Gen. 2005, II 10038, S. 573 : *»Considérant qu'en définitive, la juge de l'annulation ne saurait, sous peine de remettre en cause le caractère final de la détermination des arbitres sur le fond du procès, la violation alléguée d'une loi de police n'autorisant aucune atteinte à la règle procédurale de l'interdiction d'une révision au fond, effectuer en l'absence de fraude ou, comme il a été dit, de violation manifeste.»*

1025 Niggemann, SchiedsVZ, 2005/6, S. 267.

1026 Radicati di Brozolo, Rev.arb. 2005, S. 551.

haltenden Ordre Public-Kontrolle des Schiedsspruchs im Rahmen einer Aufhebungs- bzw. Vollstreckbarerklärungsverfahren, selbst im Fall eines Verstoßes gegen eine als wesentlich geltende Norm.
Eine ganze Reihe von Entscheidungen in der Rechtsprechung zeigt, dass die französischen Gerichte auf das Thema der Verletzung europäischen Wettbewerbsrechts oft eingegangen sind. Bereits in der *Eco Swiss* - Entscheidung wurde die Verpflichtung des Schiedsgerichts von Amts wegen im Sinne der Anwendung von Vorschriften des europäischen Wettbewerbsrechts implizit festgelegt.
Diese Verpflichtung wurde von der französischen Rechtsprechung bestätigt.[1027] Jedoch wurde in keinem Urteil ein Schiedsspruch aufgehoben oder ihm die Vollstreckbarerklärung verweigert, weil er die Vorschriften des europäischen Wettbewerbsrechtes verkannt hätte.
Die falsche oder gar fehlende Anwendung einer zwingenden Norm des europäischen Wettbewerbsrechtes bedeutet nicht automatisch die Aufhebung bzw. die Versagung der Vollstreckbarerklärung eines Schiedsspruchs. Vielmehr muss das Ergebnis der Anerkennung eines solchen Schiedsspruchs den Ordre Public international verletzen. Nach dieser Entscheidung muss diese Verletzung offensichtlich, konkret und effektiv sein.

Diese Entscheidung der *Cour d'appel* wurde jedoch von einigen Autoren insofern kritisiert, dass aus lauter Respekt vor der Schiedsgerichtsbarkeit das europäische Wirtschaftsrecht auf der Strecke bleibe und die fehlende Anwendung des europäischen Wirtschaftsrechts durch die Schiedsrichter keine Rechtsfolge nach sich ziehe. In einem solchen Fall sei im Gegenteil eine vertiefte und nicht eine stark eingeschränkte Kontrolle erforderlich.[1028]

c) Fall Krombach

Im Fall *Krombach*[1029] handelte es sich um ein strafrechtliches Verfahren, deswegen wird der Sachverhalt nicht beschrieben. Hierbei werden diejenigen Aussagen des EuGH erwähnt, die als Beitrag zum europäischen Ordre Public angesehen werden können.

1027 *Cour d'appel* Paris vom 14.6.2001, Rev.arb. 2001, S. 773; vom 20.4.2000, a.a.O., S. 806 mit Anm. Derains; vom 16.3.1995, rev.arb. 1996, S. 146, Anm. Derains.

1028 Barbier de la Serre/Nourissat, Contrôle des sentences arbitrales à l'aune du droit de la concurrence, Revue Lamy de la concurrence, 2005/ 2, S. 68, in: Niggemann, SchiedsVZ, 2005/6, S. 267.

1029 EuGH Urteil vom 28.3.2000, NJW 2000/25, 1853-1855; IPRax 2000/5, S. 406-409; von Bar in JZ 2000, S. 723; Piekenbrock in IPRax, 2000/5, S.364-366; RIW 2000/8, 626; ZZP Int 2000, 219; Geimer in ZIP 2000, 859; Muir Watt in Rev.crit. 2000, 481. Siehe auch dazu Leipold, Dieter, Neuere Erkenntnisse des EuGH und des BGH zum anerkennungsrechtlichen Ordre Public, in FS für Stoll, 2000, S. 628.

Der EuGH zog in Erwägung, dass auch wenn es nicht Sache des EuGH ist, den Inhalt des Ordre Public eines Vertragsstaates zu definieren, er doch über die Grenzen zu wachen hat, innerhalb derer sich das Gericht eines Vertragsstaates auf diesen Begriff stützen darf, um der Entscheidung eines Gerichts eines anderen Vertragsstaates die Anerkennung zu versagen.[1030]
Daher führte er aus, dass die Anwendung der Ordre Public-Klausel des Art. 27 Nr. 1 EuGVÜ nur dann in Betracht kommt, wenn die Anerkennung oder Vollstreckung der in einem anderen Vertragsstaat erlassenen Entscheidung gegen einen wesentlichen Rechtsgrundsatz verstieße und deshalb in einem nicht hinnehmbaren Gegensatz zur Rechtsordnung des Vollstreckungsstaates stünde. Ferner führte er aus, dass damit das Verbot der Nachprüfung der ausländischen Entscheidung auf ihre Gesetzmäßigkeit gewahrt bleibt, muss es sich doch bei diesem Verstoß um eine offensichtliche Verletzung einer in der Rechtsordnung des Vollstreckungsstaates als wesentlich geltenden Rechtsnorm oder eines dort als grundlegend anerkannten Rechts handeln.[1031]
Das Recht auf einen Verteidiger ist ein Grundsatz von grundlegender Bedeutung für die Gewährleistung eines fairen Prozesses[1032], der sich von den gemeinsamen Verfassungstraditionen der Mitgliedstaaten ableiten lässt.[1033] Daher stellt der Ausschluss der Verteidigung durch einen Rechtsanwalt eine offensichtliche Grundrechtsverletzung dar, nämlich das Recht auf einen fairen Prozess wegen Verletzung des Anspruchs auf rechtliches Gehör und bildet somit einen Grund, um die Anerkennung eines Urteils wegen Verstoßes gegen den Ordre Public zu versagen.
Der EuGH stellte auch fest, dass eine *révision au fond* nicht zulässig sei und ferner, dass der Ordre Public-Begriff des Art. 27 Abs. 1 EuGVÜ/Art. 34 Abs. 1 EUGVO auch nicht die jeweiligen nationalen Begriffe des Ordre Public ersetze. Der EuGH hat lediglich eine Abgrenzung der Begriffe im Rahmen des EuGVÜ vorzunehmen.[1034]
Er legte außerdem aus, dass das EuGVÜ zwar die Vereinfachung der Förmlichkeiten für die gegenseitige Anerkennung und Vollstreckung gerichtlicher Entscheidungen sicherstellen solle, jedoch solle dies nicht durch die Beeinträchti-

---

1030 EuGH Urteil vom 28.3.2000, NJW 2000/25, 1854 zu Nr.23 = ZIP 2000, 859 (mit Anmerkung Geimer).

1031 EuGH vom 28.3.2000, NJW 2000/25, S. 1854 zu Nr. 37. Dazu auch Leipold, Dieter, Neuere Erkenntnisse des EuGH und des BGH zum anerkennungsrechtlichen Ordre Public, in FS für Stoll, 2000, S. 628.

1032 EuGH, Slg. 1998, I-8417 = EuZW 1999, 115 = NJW 1999, 3548 Rn. 20f.; So auch EGMR, Serie A, Nr. 277-A – *Poitrimol/Frankreich* (vgl.www.echr.coe.int).

1033 EuGH vom 28.3.2000, Rs. C-7/98 Krombach/Bamberski, Slg. 2000, S. I-01935ff. (Rn. 38); NJW 2000, 1854 zu Nr. 25.

1034 EuGH vom 28.3.2000, Rs. C-7/98 Krombach/Bamberski, Slg. 2000, S. I-01935ff. (Rn. 38); NJW 2000, 1854 zu Nr. 22, 36.

gung des Anspruchs auf rechtliches Gehör erreicht werden.[1035] Die Anwendung der Ordre Public-Klausel ist in den Ausnahmefällen für zulässig zu erachten, in denen die in den Rechtsvorschriften des Ursprungsstaates und EuGVÜ enthaltenen Garantien nicht ausreichend waren, um den Beklagten vor einer offensichtlichen Verletzungen seines in der EMRK anerkannten Rechts, sich vor dem Gericht des Ursprungsstaates zu verteidigen, zu schützen.[1036]
Es wird behauptet, dass im Krombach Urteil der EuGH den Verfahrengarantien des Art. 6 EMRK maßgebliche Bedeutung für die Interpretation der Vorbehaltsklausel des EuGVÜ zugemessen hat und damit den Grundstein für einen gemeineuropäischen Ordre Public im europäischen Anerkennungsrecht gelegt hat.[1037] Im Übrigen wird das zwingende Gemeinschaftsrecht dann als Teil des nationalen Ordre Public angesehen, wenn die vergleichbaren Vorschriften zum Ordre Public des Vollstreckungsstaates gehören.[1038]

d) Fall Renault

Der Rechtsstreit fand zwischen der *Régie nationale des usines Renault SA*, mit Sitz in Frankreich, und der *Maxicar SpA* sowie Herrn *Formento*, mit Sitz in Italien statt.[1039]
Die *Cour d'appel de Dijon* verurteilte am 12.1.1990 *Formento* wegen der Straftat einer Fälschung, weil er für Kraftfahrzeuge der Marke Renault bestimmte Karosserieteile hergestellt und in den Verkehr gebracht habe.
Formento leitete ein Aufhebungsverfahren ein, welches von der *Cour de cassation* zurückgewiesen wurde. Somit wurde das Urteil rechtskräftig.
Renault beantragte die Vollstreckbarerklärung des Urteils in Italien. Die *Corte d'appello Turin* lehnte den Antrag mit der Begründung ab, dass die Frist für einen solchen Antrag im Strafverfahren gem. Art. 741 der italienischen Strafprozessrechtsordnung abgelaufen war.
Renault legte einen Rechtsbehelf nach Art. 40 EuGVÜ vor der *Corte d'appello* ein und brachte vor, dass gem. Art. 40 EuGVÜ das EuGVÜ in Zivil- und Handelssachen unabhängig von der Art des Gerichts gelte. Maxicar und Formento führten gegen die Vollstreckbarerklärung aus, dass dieses Urteil mit einer zwi-

---

1035 EuGH NJW 2000/25, S. 1855 zu Nr. 43.

1036 EuGH NJW 2000/25, S. 1855 zu Nr. 44.

1037 Staudinger/Blumenwitz, Art. 6 EGBGB, Rn. 81; ZIP, 2000, 859; Geimer JZ 2000, 863; IPRax 2001, 301ff.

1038 IPRax 2000/6, S. 456, Nr. 3.

1039 EuGH vom 11.5.2000, Rs. C-38/98, Régie nationale des usines Renault SA/Maxicar Spa und Orazio Formento, Slg, 2000, S. I-2973 ff. Dazu Heß, IPRax 2001/4. S. 301ff; NJW 2000, 2185; IPRax 2001, 328; Gaudemet-Tallon, Rev.crit. DIP, 2000/89, S. 504.

schen denselben Parteien in Italien ergangenen Entscheidung unvereinbar sei und dementsprechend gegen die öffentliche Ordnung gerichtet.[1040]
Aus diesem Grund hat die *Corte d'appello Turin* dem EuGH Fragen vorgelegt, die mit der Auslegung und dem Inhalt des Ordre Public (erstens Art. 27 EuGVÜ Art. 36 Abs. 1 EuGVO; zweitens Art. 30 und 36 EGV/Art. 28 und 30 EG n.F. gem. Art. 177 EGV/Art. 234 EG und drittens Art.86 EGV/Art. 82 EG) im Bereich der Wirtschaft zu tun hatten.
In der ersten ging es um den Inhalt des Ordre Public-Begriffes und die Ordre Public-Qualität.
Bei der Entscheidung des EuGH ging es um die fehlerhafte Anwendung von Gemeinschaftsrecht und um die Abgrenzung des in Art. 29 und Art. 34 Abs. 3 EuGVÜ enthaltenen Verbots der *révision au fond* zum Ordre Public-Vorbehalt.
Die scheinbare Identität der beiden Prozesse wurde von der EuGH abgelehnt.
In seiner Antwort stützte sich der EuGH auf eine ein paar Monate früher ergangene Entscheidung, nämlich das *Krombach*-Urteil.[1041] Bei dieser Entscheidung stellt der EuGH klar, dass ein möglicher Fehler bei der Anwendung von Gemeinschaftsrecht *per se* keine intensivierte Prüfung durch das Exequaturgericht erfordert.[1042] Dabei verwies er auf das Verbot der *révision au fond* hin, das in Artt. 29 und 34 Abs. 3 EuGVÜ festgelegt ist, wonach Fehler bei der Rechtsanwendung oder Unterschiede der Rechtsordnungen untereinander nicht zum Einsatz des Ordre Public-Vorbehalts führen dürfen.[1043]
Da der EuGH keine Verletzung der öffentliche Ordnung feststellen konnte, verneinte er dementsprechend einen Ordre Public-Verstoß. Er hat seine Entscheidung damit begründet, dass Fehler bei der Auslegung sowohl des nationalen als auch des Gemeinschaftsrechts hinnehmbar seien[1044], weil sonst die Zielsetzung des Übereinkommens in Frage gestellt werden würde[1045] und insbesondere deswegen, weil der Schutz ausreiche, der durch die nationalen Rechtsbehelfssysteme in Verbindung mit dem Vorabentscheidungsverfahren gewährt wird, um solchen Fehlern vorzubeugen.[1046]

Mit der zweiten Frage wollte die *Corte d'appello* wissen, inwieweit der Europäische Gerichtshof berechtigt ist, Fragen über den Inhalt des Ordre Public zu beantworten.
In seiner Antwort bekräftigt der EuGH die allgemeinen Aussagen, die der Gerichtshof in der *Krombach*-Entscheidung zur Reichweite seiner Kompetenz in

1040 Siehe NJW 2000/30, S. 2185-2186.
1041 Siehe oben unter 6.2.3.
1042 Urteil Renault, Rn. 33f: Schlussanträge des Generalanwalts, Rn. 62.
1043 Gaudemet-Tallon, Rev.crit. DIP, 2000/89, S. 511.
1044 Gaudemet-Tallon, Rev.crit. DIP 89 (2000), 504ff. (511).
1045 Urteil Renault, Rn. 28; Leipold, FS Stoll, S. 625 ff. (632-633).
1046 Urteil Renault, Rn. 33-34.

Sachen Ordre Public getroffen hatte und wies auf den Ausnahmecharakter des Ordre Public-Vorbehalts hin, über dessen Grenzen aber der EuGH zu wachen hat.[1047] Die nationalen Gerichte dürfen also den Inhalt ihres Ordre Public selbst definieren, der EuGH ist jedoch befugt, diesen Inhalt zu kontrollieren.[1048]
Im Ergebnis beschäftigt sich der EuGH vielmehr mit der falschen Auslegung des Gemeinschaftsrechts durch das französische Gericht, statt auf die Frage des Ordre Public-Inhalts und die Ordre Public-Qualität der zur Vorabentscheidung gelegten Vorschriften zu antworten.[1049] Der EuGH hat insofern vor allem die Aufgabe, die mitgliedstaatlichen Rechtsprechung zu kontrollieren, um gegebenenfalls die Urteilsfreizügigkeit gegenüber einer zu extensiven Interpretation des Art. 27 Nr. 1 EuGVÜ durchzusetzen.[1050] Er stützte diese Kontrollkompetenz lediglich auf die „Schwere des Verstoßes" und grenzt sie damit nicht ab. Nach Ansicht mancher Autoren könnte dies zu Auslegungszweifeln führen.[1051]
Jedenfalls bekräftigte diese Entscheidung die in der *Krombach*-Entscheidung enthaltenen Aussagen.

e) Allgemeine Überlegungen

Manche Gerichtsurteile haben festgelegt, dass das Europarecht im allgemeinen nicht zum Ordre Public eines Mitgliedstaates gehört, sondern vielmehr nur diejenigen Bestimmungen, die für das Funktionieren des gemeinsamen Marktes bestimmt sind, wie die Freizügigkeit von Kapital, Dienstleistungen, Personen und Waren.[1052]
Nach Auffassung mancher Autoren sollte das europäische Kartellrecht nicht als Bestandteil des europäischen bzw. nationalen Ordre Public, sondern kollisionsrechtlich über eine entsprechende Sonderanknüpfung durchzusetzen sein.[1053]
Andere sind hingegen für eine Abschaffung der europäischen Vorbehaltsklausel.[1054] Die Zeit für einen solchen Verzicht ist jedoch noch nicht angekommen.[1055]

1047 Heß, IPRax, 2001/4, S. 302.
1048 Leipold, FS Stoll, S. 625ff.
1049 Heß, IPRax, 2001, S. 305.
1050 Heß, IPRax, 2001/4, S. 302.
1051 Geimer, EWiR 2000, S. 627.
1052 BGH vom 27.2.1969, NJW 2969, 978. In Österreich OGH vom 23.2.1998, IPRax 2000, 314, 317.
1053 v. Bar/Mankowski, Internationales Privatrecht, 2003, S. 722, Rn. 271. Siehe auch dazu Lopez-Tarruella, Europ. Leg. Forum 2000/01, 122ff.
1054 Leipold, FS Stoll, 2001, 644ff; Kropholler, Europäisches Zivilprozeßrecht, 2005, S. 407, Rn. 3; Bellt, 1965, S. 862f, kritisch Pfeiffer, FS Jayme, 2004, S. 675ff; so auch Bruns, JZ 1999, 278 ff.
1055 Kropholler, Europäisches Zivilprozeßrecht, 2005, S. 407, Rn. 3.

Jedenfalls soll, wie im Falle des nationalen Ordre Public (Art. 6 EGBGB), der europäische Ordre Public (Art. 34 EuGVO) nur in Ausnahmefällen zur Anwendung kommen.[1056] Das heißt, dass nicht jede Abweichung vom inländischen Recht zu einer offensichtlichen Verletzung des Ordre Public[1057] führt. Es muss sich um eine „offensichtliche" Verletzung des Ordre Public handeln (Art. 34 Abs. 1 EuGVO). Die Nachprüfung einer ausländischen Entscheidung auf ihre Gesetzmäßigkeit ist gem. Art 36 und 45 II EuGVO untersagt, sog. Verbot der *révision au fond*.

Aufgabe des EuGH ist es nicht, den Inhalt des Ordre Public eines Mitgliedstaates zu bestimmen. Er hat vielmehr über die Grenzen zu wachen, innerhalb derer sich ein staatliches Gericht auf diesen Begriff stützen darf, um der Entscheidung eines Gerichts eines anderen Mitgliedstaats die Anerkennung zu versagen.[1058]

In Deutschland ist auf den deutschen Ordre Public abzustellen.[1059]

In der Schiedsgerichtsbarkeit ist auf die in diesem Bereich ergangene Rechtsprechung und die Literatur zurückzugreifen.[1060]

Die englische Lehre ist der Auffassung, dass so wie der EuGH für die Feststellung des europäischen Ordre Public zuständig ist, der Inhalt des englischen Ordre Public im englischen Gesetz zu finden ist. So folgt sie der Rechtsprechung der EuGH.[1061]

6.3. Der transnationale Ordre Public

Der nationale Richter ist Hüter der grundlegenden Prinzipien seines Landes und nicht derjenigen anderer Länder. Es wird zwar behauptet, dass der Schiedsrichter kein Hüter bzw. Wächter einer nationalen Rechtsordnung ist; jedoch darf er nicht gegen den Ordre Public verstoßen.[1062] Im Bereich der internationalen Schiedsgerichtsbarkeit wird immer wieder darüber diskutiert, ob man hierbei auf den nationalen oder internationalen Ordre Public abstellen soll. Dabei ist aus der

---

1056 EuGH vom 4.2.1988 – 145/86; Krombach zu Nr. 21; Renault zu Nr. 26.

1057 Kropholler, Europäisches Zivilprozeßrecht, 2005, S. 408, Rn. 7.

1058 EuGH vom 28.3.2000 - 7/98, Krombach Nr. 23; EuGH vom 11.5.2000 – 38/98, Renault Nr. 28.

1059 BGHZ 122, 19.

1060 So Leible in: Europäisches Zivilprozeßrecht, 2004.

1061 Dicey & Morris, The conflict of Laws, 2004, S. 190, Rn. S. 14-207: *"The European Court, in interpreting the corresponding provision in Article 27 (1) of the Convention, has provided a definition of when recognition may to be said to be contrary to public policy: whereas the content of English public policy is a matter of English law alone, the role of that public policy within the framework of the Regulation is a matter for the European Court".*

1062 Racine, S. 353, Rn. 628. Siehe auch Heuzé, Rev. Arb. 1993, S. 189.

französischen Lehre ein neuer Begriff ins Leben gerufen worden: der des transnationalen Ordre Public. Bzw. des Ordre Public *réellement* international. Dieser Begriff wurde von der französischen Lehre entwickelt.[1063]

6.3.1. Frankreich

Der transnationale Ordre Public ist nach französischer Auffassung[1064] *réellement* international aufgrund seiner Ursprungsquelle.[1065] Denn er ergibt sich aus fundamentalen Grundsätzen, die sich in der internationalen Gemeinschaft aus internationalen Konventionen[1066], allgemeinen (universellen) Rechtsprinzipien und Handelsbräuchen[1067] entwickelt haben. Eine ähnliche Theorie besagt, dass sich aus dem internationalen Handel ein transnationales Recht ergibt, die sogenannte *lex mercatoria* und dass sich aus diesem transnationalen Recht grundlegende Prinzipien ableiten lassen, die zum transnationalen Ordre Public gehören.[1068] Diese Theorie geht davon aus, dass die *lex mercatoria* eine autonome Rechtsordnung[1069] darstellt. Demzufolge gäbe es keine Rechtsordnung ohne Ordre Public.[1070] Denn aus diesem transnationalen Recht ergäbe sich ein transnationaler Ordre Public, der sich für die internationale Schiedsgerichtsbarkeit eigne, da sie habe keinen Sitz habe beziehungsweise a-national sei. Wenn man aber über einen von der *lex mercatoria* abgeleiteten Ordre Public spricht, dann stellt man die *lex mercatoria* einer autonomen Rechtsordnung gleich. Trotz der Tatsache,

---

1063 Lalive, Transnational (or Truly International) Public Policy and International Arbitration, ICCA Congress Series N° 3, 1987, S. 257-320.

1064 Racine, S. 353, Rn. 629.

1065 Anders Mayer, in Mistelis/Lew, Pervasive Problems in International Arbitration, S. 61 (62) Rn. 2-4. Er behauptet, dass der transnationale und der „réellement“ internationale Ordre Public keine Synonyme sind.

1066 Chapelle, Les fonctions de l'Ordre Public en droit internationale privé, S. 515; Matray, Arbitrage et Ordre Public transnational, S. 246; Racine, S. 369, Rn. 661, Fn. 584; Mayer, L'application par l'arbitre des conventions internationales de droit privé, S. 285.

1067 Bellet, Le rôle des usages en matière d'arbitrage international suivant la jurisprudence francaise, Journées Soc. Lég. Comp- 1985, S. 231; Loquin, La réalité des usages du commerce international, Rev. Int. Dr. Eco., 1989, S. 163, S. 373, Fn. 605.

1068 Racine, a.a.O. S. 365 Rn. 654. So auch Lalive, Ordre Public transnational, S. 365.

1069 So Goldman, La lex mercatoria dans les contrats et l'arbitrage international, JDI 1979, S. 475ff.; Kahn, Droit international économique, dreit du développement, lex mercatoria, concept unique ou pluralisme des ordre juridiques?, S. 97; Loquin, L'application de règles anationales dans l'arbitrage commercial international, in : L'apport de la jurisprudence arbitrale, CCI N° 440/1, 1986, S. 112.

1070 Struyken, La lex mercatoria dans le droit des contrats internationaux, in L'Évolution contemporaine du droit des contrats, Journées R. Savatier, Faculté de droit de Poitiers, 1985, 1987, S. 220.

dass es Autoren[1071] gibt, die diese Meinung vertreten, ist das Bestehen der *lex mercatoria* als autonome Rechtsordnung nicht nachgewiesen worden. Daher ist es empfehlenswert, nicht von einem Ordre Public der *lex mercatoria* zu sprechen, sondern - wenn überhaupt - von einem transnationalen Ordre Public.[1072] Denn der Ordre Public transnational reduziert sich nicht auf die *lex mercatoria.*[1073] Er beinhaltet nicht nur allgemeine Prinzipien[1074], die aus internationalen Konventionen entstammen, sondern auch zwingendes französisches Recht.
Der Ordre Public transnational ist eine hybride Form des Ordre Public interne, im Sinne des zwingenden Rechts und des Ordre Public des internationalen Privatrechts, wiederum im Sinne der Verdrängung des durch das Kollisionsrecht zur Anwendung berufenen Rechts.[1075]
Der Ordre Public transnational ist nicht mit demjenigen des Ordre Public des internationalen Privatrechts identisch. Denn der erste beinhaltet Prinzipien, die internationale oder universale Geltung beanspruchen. Zu diesen Prinzipien kann man u.a. die universale Menschenrechtserklärung [1076] zurechnen. Denn sie enthält Grundsätze, die in vielen Ländern (sog. „Kulturstaaten", „zivilisierte Staaten") als unabdingbare Rechtsnormen aufgefasst werden.
Manche französischen Autoren[1077] vertreten die These, dass es sich bei Art. 1502-5° NCPC um den Ordre Public „*réellement* international" bzw. transnational handelt. Andere Autoren[1078] teilen hingegen dieser Auffassung nicht. Für sie

---

1071 Goldmann, La lex mercatoria dans les contrats et l'arbitrage international, JDI, 1979, S. 475ff; Racine, S. 365, Fn. 559.

1072 Racine, S. 367, Rn. 657; Bucher, Die neue internationale Schiedsgerichtsbarkeit in der Schweiz, 1989, S. 113, Rn. 299ff.

1073 Racine, a.a.O., S. 426, Rn. 769. Vgl. Norsolor, Rev.arb. 1983, S. 379.

1074 Vgl. Art. 38 des Statuts des internationalen Gerichtshofes.

1075 Racine, a.a.O., S. 425, Rn. 767.

1076 Vgl. Lagarde, International Private Law, S. 49.

1077 Lalive, Ordre Public Transnational (ou réellement international) et arbitrage international, Rev.arb. 1986, S. 329; Moitry, Arbitrage international et droit de la concurrence: vers un Ordre Public de la lex mercatoria?, Rev.arb., 1989, S. 3.

1078 Fouchard/Gaillard/Phillip, Traité de l'arbitrage commercial international, 1996, S. 969, Rn. 1648: *«L'enjeu de la vérification (de la conformité de la sentence à l'Ordre Public international) est ici de savoir s'il convient de reconnaître l'efficacité de la sentence dans l'ordre juridique français. Il en résulte tout naturellement que cette efficacité ne peut être appréciée qu'au regard des conceptions fondamentales du droit français. Sans doute, rien n'empêche le droit français de s'inspirer des conceptions généralement admises à l'étranger et surtout des textes adoptés par des organismes internationaux pour définir le contenu de ce qui est, pour l'ordre juridique français, une valeur essentielle, mais cela ne suffit pas à justifier que l'on se réfère, aux fins de l'application des articles 1502-5° et 1504, à un «Ordre Public véritablement international». Fondée devant les arbitres du commerce international, cette terminologie constitue un abus de langage lorsqu'elle est utilisée devant les juridictions françaises.»;* Lalive, Ordre

kann Art. 1502-5° NCPC nur im Rahmen der französischen Grundprinzipien ausgelegt werden. Alles andere sei nur ein *„abus de langage"*.
Darüber hinaus wird die verlangte Universalität der zum Ordre Public transnational gehörenden Prinzipien von einem Teil der französischen Lehre kritisiert.[1079]
Denn so eine Behauptung sei allein wegen des Bestehens unterschiedlicher Kulturen unrealistisch. Nach dieser Auffassung ist es daher zutreffender, über einen regionalen Ordre Public zu sprechen, der dieselben sozialen politischen und wirtschaftlichen Prinzipien beinhaltet. Als Beispiel wird hierfür der europäische Ordre Public genannt, der auf europäischer Grundlage (Europarat, EU) das eigene und fremde Recht nach denselben Maßstäben bewertet.[1080]

6.3.2. Deutschland

Deutschland hat das UNCITRAL-Modellgesetz übernommen und sich damit zum Territorialitätsprinzip bekannt. Dies hat zur Folge, dass die von der französischen Lehre festgelegte Theorie der anationalen (internationalen) Schiedssprüche keine Anwendung im deutschen Recht findet. Die Frage, ob ein ausländischer Schiedsspruch in eine nationale Rechtsordnung eingegliedert und folglich für vollstreckbar erklärt werden kann, ist zwingend anhand eines nationalen und nicht eines supranationalen Prüfungsmaßstabs zu antworten.[1081]
Das Bestehen eines Ordre Public transnational im Sinne der französischen Theorie ist in Deutschland auf Grund des in § 1025 ZPO verankerten Territorialitätsprinzips nicht möglich.

6.3.3. Schweiz

In der schweizerischen Lehre[1082] wird zum Teil das Bestehen eines Ordre Public transnational bejaht. Es wird damit begründet, dass die Anwendung transnationalen Rechts durch das Schiedsgericht auf der Parteiautonomie beruht.

Public transnational (ou réellement international) et arbitrage international, Rev. arb. 1986, S. 329.

1079 Racine, a.a.O. S. 362.

1080 Racine, a.a.O. S. 362. So auch Matray, Arbitrage et Ordre Public transnational, in Liber Amicorum Sanders, S. 244: *"Entre l'Ordre Public commun à tous et l'Ordre Public particulier à chacun des Etats, s'inscrit un Ordre Public en quelque sorte régional ou multinational.»*; so auch Siehr, Das IPR in der Schweiz, S. 2002.

1081 Kornblum, in FS Nagel, S. 140-141; Matray in Liber Amicorum Sanders, S. 243; Lew, Determination of arbitrator's jurisdiction and the public policy limitations on that jurisdiccion, in: Contemporary problems in international arbitration, London, 1986, S. 73-85.

1082 Bucher, Die neue internationale Schiedsgerichtsbarkeit, 1989, S. 113.

Die Wahl eines solchen Rechts enthält indessen einige fundamentale Grundsätze, die in der internationalen Gemeinschaft entwickelt worden sind und deren Anwendung nicht damit zu tun hat, ob der Sachverhalt zu diesem oder jenem Staat eine besondere Beziehung aufweist.[1083] Dieser Theorie folgend wird außerdem behauptet, dass das Schiedsgericht wie die Beschwerdeinstanz den Ordre Public transnational zu beachten hat und der nationale Richter die Ordre Public-Kontrolle im Rahmen des Art. V Abs. 2 lit. b UNÜ auf den Ordre Public transnational abstellen muss. Nach dieser Ansicht umfasst der transnationale Ordre Public alle fundamentale Rechtsgrundsätze, die unabhängig von der Beziehung des Sachverhalts zu einem bestimmten Staat zu beachten sind.[1084]
Zum Ordre Public transnational werden Prinzipien wie Treu und Glauben, *venire contra factum propium*, das Verbot des Rechtsmissbrauchs zugeordnet. Dazu werden im Rahmen der internationalen Schiedsgerichtsbarkeit Grundsätze wie z.B. die Kompetenz-Kompetenz, die Unabhängigkeit des Schiedsrichters, die Gleichbehandlung der Parteien und die Parteiautonomie als Bestandteil des transnationalen Ordre Public betrachtet, denn sie sind weltweit anerkannt.[1085]
Andere Autoren hingegen stehen dem Begriff skeptisch gegenüber und sind der Auffassung, dass es nicht richtig sei, von einem Ordre Public transnational oder *réellement* international zu sprechen.[1086] Sie stellen in Frage, welcher „universale" Richter darüber entscheide, was denn den „in den Kulturstaaten und daher überstaatlich geltenden rechtlichen oder sittlichen Grundauffassungen" widerspreche?[1087] Was ist zu tun, wenn ein vermeintlich diesem sog. „universalen Ordre Public" zugehöriger Vorbehalt von einem staatlichen Rechtsmittel- bzw. Vollstreckungsgericht nicht anerkannt wird? Wie wird dieser „universale Ordre Public" dann durchgesetzt?[1088]
Daher soll bei der Ordre Public-Kontrolle ausländischer Schiedssprüche nicht auf den Ordre Public transnational, sondern auf den Ordre Public des internationalen Privatrechts, im Einklang mit der neuen französischen Lehre[1089] abgestellt werden[1090], d.h. im Rahmen der grundlegenden Prinzipien des Landes, in dem

1083 Bucher, Die neue internationale Schiedsgerichtsbarkeit, 1989, S. 113, Rn. 300.

1084 Bucher, Die neue internationale Schiedsgerichtsbarkeit in der Schweiz, 1989, S. 132, Rn 358. Siehe auch Lalive/Poudret/Reymond, zu Art. 190 N 5e; Poudret, Rev. Arb. 1988, S. 620.

1085 Bucher, Andreas, Die neue internationale Schiedsgerichtsbarkeit, 1989, S. 116-117, Rn. 307-310. Siehe BGE 120, II, 155

1086 Walter/Bosch/Brönnimann, Internationale Schiedsgerichtsbarkeit in der Schweiz, S.226.

1087 Gutzwiller, S. 152 in Walter/Bosch/Brönnimann, Internationale Schiedsgerichtsbarkeit in der Schweiz, S. 226. Siehe auch BGE 120 II 155.

1088 Walter/Bosch/Brönnimann, Internationale Schiedsgerichtsbarkeit in der Schweiz, S.227.

1089 Siehe oben unter 2.3.

1090 Othenin-Girard, La réserve d'Ordre Public en droit international privé suisse, S. 186 : *«Nous pensons que le juge de la reconnaissance doit se fonder sur la notion classique d'Ordre Public du droit international privé en matière de reconnaissance et d'exécution*

seine Anerkennung und Vollstreckbarerklärung betrieben werden[1091], so wie es das New Yorker Abkommen vorsieht.
Die Rechtsprechung des schweizerischen Bundesgerichts ist diesbezüglich nicht einheitlich. Zum einem steht es[1092] derartigen Begriffsbildungen ebenfalls kritisch gegenüber, indem es sich fragt, inwieweit ein Ordre Public international bzw. universal existieren könne, der die Anwendung von ausländischem Recht in weitergehender oder anderer Weise als der schweizerische Ordre Public ausschließt.[1093]
Zum anderen interpretierte das Bundesgericht in der *Westland*-Entscheidung[1094] die Bestimmung des Art. 190 Abs. 2 Buchst. e) IPRG im Sinne eines Ordre Public transnational oder universell.[1095]
In einer anderen Entscheidung[1096] hat das Bundesgericht im Sinne eines Ordre Public transnational oder sogar universal entschieden: „*L'application uniforme de l'art. 190 al. 2 e LDIP commande... de s'appuyer sur une notion universelle de l'Ordre Public, en vertu de laquelle est incompatible avec l'Ordre Public la sentence qui est contraire aux principes juridiques ou moraux fondamentaux reconnus dans touts les Etats civilisés.*"
In früheren Entscheidungen hat das Bundesgericht die Frage offen gelassen, ob für die Beurteilung des Ordre Public bei der Bestimmung des Art. 190 Abs. 2

---

et non sur un Ordre Public transnational.» So auch Van den Berg, The New York Arbitration Convention of 1958, S. 361; Meyer, La sentence contraire à l'Ordre Public au fond, S. 649-50.

1091 Lalive/Poudret/Reymond, Le droit de l'arbitrage interne et international en Suisse, S. 428 : «*l'Ordre Public tire sa force du droit national, soit ici de l'article 190 LDIP, et incorpore les principes fondamentaux de cet ordre juridique même si certains sont communs à la société internationale. Il ne s'agit donc pas à proprement parler d'un Ordre Public transnational ou réellement international, qui aurait directement sa source dans des règles reconnues par la communauté internationale ou la pratique du commerce international.*» So auch Schweizer, in RSDIE 1994, S. 169.

1092 BGE 102 Ia 583 Erw. 9; so auch BG vom 9.1.1995 in RSDIE 1996, S. 554: „*L'Ordre Public (...) s'oppose à l'exécution d'une sentence arbitrale étrangère qui heurte de façon intolérable le sentiment du droit tel qu'il existe en Suisse et viole les règles fondamentales de l'ordre juridique suisse.* »

1093 Anders BGE 112 Ib 222 Erw. 7.

1094 BGE 120 II 155.

1095 «*...Par conséquent, l'application uniforme de l'art. 190 al. 2 let. e LDIP paraît devoir commander une interprétation extensive de la notion d' Ordre Public, soit le choix d' un Ordre Public transnational ou universel incluant les principes fondamentaux du droit qui s'imposent sans égard aux liens du litige avec un pays déterminé.*»

1096 Urteil vom 30.12.1994, Bull. ASA, 1995, S. 217.

buchst. e der schweizerische, ein internationaler oder ein supranationaler Ordre Public maßgebend ist.[1097]

Ferner ist der Inhalt des angeblichen supranationalen Ordre Public ohnehin Teil des nationalen Ordre Public.

Denkbar ist jedoch ein supranationaler Ordre Public dort, wo es eine supranationale Gerichtsbarkeit gibt, wie z.B. in der Europäischen Gemeinschaft. Ein solcher supranationaler Ordre Public enthält gemeinsame Gerechtigkeitsvorstellungen und stellt Gemeinschaftsrecht dar, das Vorrang vor entgegenstehenden bzw. weniger weit gehenden nationalen Ordre Public-Vorbehaltsklauseln beansprucht.

6.3.4. England

Nach angelsächsischer Auffassung ist der transnationale Ordre Public: *„derjenige, der universale Prinzipien in verschiedenen Bereichen des internationalen Rechts und der internationalen Beziehungen festlegt, um den höchsten Interessen der universalen Gesellschaft und der Menschheit über und manchmal gegen die Interessen der einzelnen Länder zu dienen.*[1098]

In England wird diesem Begriff keine Beachtung geschenkt.

Das Bestehen eines Ordre Public transnational ist rein theoretisch und dementsprechend trägt er zur Begriffsbereicherung bei, verfügt aber über keinen praktischen Vorteil.

7. *Ex ante* Kontrolle

Die Vorhersehbarkeit und die Bestimmbarkeit der auf das Schiedsverfahren anwendbaren Regeln sind für die Entwicklung und das Funktionieren des Schiedsverfahren entscheidend. Nur bei Gewissheit über Inhalt und Schranken ihrer vertraglichen Gestaltungsfreiheit können die Parteien vorhersehen und vertraglich bestimmen, welchen Regelungen ihr Vertragsverhältnis unterliegt, und sich dementsprechend im Verfahren verhalten.

1097 BGE 116 637 Erw. 4; BGE 117 II 604, hierbei blieben dann dem Bundesgericht allzu spezifische Überlegungen zur öffentlichen Ordnung wegen der Besonderheiten des Falls erspart.

1098 Dollinger, Word public policy: real international public policy in the conflict of laws, Texas Int.L.J. 1982, S. 172: *"is the one that establishes universal principles, in various fields of international law and relations, to serve the higher interests of the world community, the common interests of mankind, above and sometimes even contrary to the interests of individual nations".*

Im Folgenden wird das analysiert, was die Schiedsrichter - sowie die Parteien - berücksichtigen sollen, bevor sie mit dem Schiedsverfahren an sich anfangen. Demzufolge muss das Schiedsgericht in einer *ex ante* Kontrolle diejenigen Normen beachten, die wegen seiner zwingenden Natur die Parteivereinbarung einschränken. Die Regeln des Art. V UNÜ sind nicht nur im Vollstreckbarerklärungsverfahren vom nationalen Richter zu berücksichtigen, sondern auch von den Schiedsrichtern bereits am Anfang des Schiedsverfahrens. Denn das New Yorker Übereinkommen enthält kollisionsrechtliche Bestimmungen, die für den Schiedsrichter sehr nützlich sein können.

Im Folgenden werden Aspekte wie die Parteiautonomie, die Schiedsvereinbarung und die Schiedsfähigkeit des Streitgegenstandes behandelt:

7.1. Parteiautonomie

Unter dem Begriff „Parteiautonomie" versteht man die Rechtsmacht jedes Einzelnen, selbst bzw. mit seinen Vertragspartnern zu bestimmen, welche Rechtsordnung auf seine rechtlichen Beziehungen anzuwenden ist.[1099]

Die Parteiautonomie ist ein weltweit anerkannter Grundsatz. Sie ermöglicht es den Parteien, die Schiedsgerichtsbarkeit als Streitbeilegungssystem auszuwählen. Als Grundlage der Schiedsgerichtsbarkeit ermöglicht sie es ihnen auch, auf den Ablauf des Schiedsverfahrens Einfluss zu nehmen. Das heißt konkret, dass die Parteien das in der Sache und im Schiedsverfahren anzuwendende Recht vereinbaren oder die Anwendung nationalen Rechts in einem sogenannten *ex bono et aequo* Schiedsverfahren[1100] ausschließen. Sie können auch die Zusammensetzung des Schiedsgerichts, den Schiedsort, die Sprache bestimmen und weitgehend das Schiedsverfahren selbst regeln.

Die Parteien können alles vereinbaren, was innerhalb der Grenzen des dispositiven Rechts steht. Der Staat reserviert sich Rechtsgebiete, wo er das Rechtsmonopol ausübt. Normen, die in dieses Gebiet fallen, sind zwingende Normen, von denen die Schiedsrichter aufgrund von Vertrag bzw. Vereinbarung nicht abweichen können.[1101]

Nach Wortlaut und Systematik des § 1051 Abs. 1, 2 ZPO ist der Vorrang der Parteiautonomie bei der Bestimmung des anwendbaren Rechts umfassend anerkannt. Die Parteiautonomie bezüglich der Rechtswahl in der internationalen

1099 Siehr, IPR, S. 118.

1100 Immer unter Berücksichtigung des Ordre Public. So Schwab/Walter, Schiedsgerichtsbarkeit, 2000, S. 220, Rn. 14.

1101 Martiny, IPRax 1987, S. 277.

Schiedsgerichtsbarkeit kommt in Art. V Abs. 1 lit. d UNÜ[1102] zum Ausdruck. Nach diesem Artikel können die Parteien das Verfahrensrecht vereinbaren. Diese Bestimmung hat lange Zeit zu Missverständnissen geführt, weil sie so verstanden wurde, als ob sie den Parteien die Befugnis einräumen würde, das Schiedsverfahren völlig vom Schiedsverfahrensrecht loszulösen.[1103]

Erst mit dem UNCITRAL-Modellgesetz wurde dieses Missverständnis geklärt. Denn Art. 4 und 19 Abs. 1[1104] UMG schreiben vor, dass die zwingenden Bestimmungen des UMG Vorrang vor den Parteivereinbarungen haben. Das UMG folgt dem Territorialitätsprinzip; damit ist klar, dass die Wahl eines fremden Verfahrensrechts nicht in vollem Umfang möglich ist. In allen Ländern, die dem strikten Territorialitätsprinzip des UMG folgen[1105], steht dementsprechend der Vorrang der zwingenden Bestimmungen des Verfahrensrechts am Ort des Schiedsverfahrens außer Zweifel.[1106]
Auch schreibt Art. 27 EGBGB vor, dass die Parteien das Recht vereinbaren können, das als anwendbares Recht für einen Vertrag gilt. Der Abs. 3 desselben Artikels sieht außerdem vor, dass wenn der Sachverhalt im Zeitpunkt der Rechtswahl nur mit einem Staat verbunden ist, die Wahl des Rechts eines anderen Staates - auch wenn sie durch die Vereinbarung der Zuständigkeit eines Gerichts eines anderen Staates ergänzt ist - die Bestimmungen nicht berühren kann, von denen nach dem Recht jenes Staates durch Vertrag nicht abgewichen werden kann. Hier geht es um die zwingenden Bestimmungen der *lex causae.*
Art. 34 EGBGB seinerseits bringt den Begriff der zwingenden Normen als Bremse der oben genanten Parteiautonomie zum Ausdruck, indem er die unmittelbare Anwendung bestimmter nationaler Bestimmungen voraussetzt. Hierbei wird die Zulässigkeit der Rechtswahl nicht begrenzt, sondern nur ihre Wirkungen.[1107] Hierzu werden die so genannten einseitigen Kollisionsnormen bzw. Sonderanknüpfungen im Sinne dieses Artikels gebildet.[1108]

1102 Art. V Abs. 1 lit d): dass die Bildung des Schiedsgerichtes oder das schiedsrichterliche Verfahren der Vereinbarung der Parteien oder mangels einer solchen Vereinbarung, dem Recht des Landes, in dem das schiedsrichterliche Verfahren stattfand, nicht entsprochen hat;

1103 Lionnet/Lionnet, Handbuch der internationalen und nationalen Schiedsgerichtsbarkeit, 3. Auflage, 2005, S. 55.

1104 Art. 19 Abs. 1. Die Parteien können vorbehaltlich der Bestimmungen dieses Gesetzes die Verfahrensregeln frei vereinbaren, an die sich das Schiedsgericht bei der Durchführung des Verfahrens zu halten hat.

1105 § 1025 Abs. 1 ZPO

1106 Lionnet, Handbuch der internationalen und nationalen Schiedsgerichtsbarkeit, 2001, S. 100.

1107 Staudinger/Magnus, Art. 27 EGBGB, S. 114, Rn 26.

1108 Mankowski, RIW, 1998, S. 290, Fn. 39; Spickhoff, Die allgemeine Dogmatik des Ordre Public, S. 130.

Diese Sonderanknüpfungen beanspruchen Anwendung unabhängig von der Parteivereinbarung, den Bestimmungen der *lex causae* bzw. des an sich anwendbaren Rechts und des allgemeinen Anknüpfungssystems[1109].
Es wurde immer wieder betont, dass beim Anerkennungs- und Vollstreckungsverfahren nach dem New Yorker Abkommen keine *révision au fond* erlaubt ist. Dementsprechend darf die Rechtsanwendung der *lex causae* vom Vollstreckungsgericht nicht berücksichtigt werden, es sei denn, es handelt sich um international zwingenden Normen der *lex causae*, die die Beachtung grundlegender Prinzipien sichern, die zugleich als Bestandteil des Ordre Public am Vollstreckungsort angesehen werden.
Der Ordre Public stellt sich auch als „Notbremse" der Parteiautonomie dar. Denn es geht hierbei nicht um die Durchsetzung internationaler zwingenden Normen, sondern um die Verdrängung der Anwendung fremden Rechts, wenn durch das Ergebnis dieser Anwendung grundlegende Prinzipien des Inlands verletzt werden. Denn die Durchsetzung inländischer zwingender Normen bedeutet einen Verstoß gegen das Prinzip der Parteiautonomie, die heute als „primäres Anknüpfungsmerkmal für die Festlegung des Vertragstatuts"[1110] weltweit anerkannt ist.[1111]
Der Ordre Public ist damit eine Grenze der Parteiautonomie.
Diese Meinung wird auch in der Schweiz vertreten.[1112] Nach dieser Auffassung dürfen die Schiedsrichter sich an die Parteivereinbarung nur nicht halten, wenn sie damit den -internationalen- Ordre Public verletzen würden.[1113]
Ebenso können die Parteien nicht durch Parteivereinbarung eine Norm ausschließen, die in den Bereich des Ordre Public fällt.[1114] Diese Vereinbarung wäre nach Art. 19 ,2 CO (Code des Obligations) des Schuldrechts nichtig.

In England wird der Grundsatz der Parteiautonomie anerkannt. Er widerspiegelt sich im Rahmen der Schiedsgerichtsbarkeit in der Schiedsvereinbarung.[1115]
Im englischen *Arbitration Act* sind der Parteiautonomie nur vereinzelt Grenzen gesetzt. Die zwingenden Vorschriften müssen hierbei nicht aus dem Wortlaut der Norm abgeleitet werden, denn die wenigen zwingenden Vorschriften sind

---

1109 Staudinger/Magnus, Art. 34 EGBGB, Rn. 3; so auch Mankowski, RIW, 1998, S. 290, Fn. 39.

1110 Staudinger/Magnus, Art. 27 EGBGB, S. 113.

1111 Staudinger/Magnus, Art. 27 EGBGB, S. 113; Reithmann/Martiny, Internationales Vertragsrecht, S. 371, Rn. 399.

1112 Siehe Bucher, Die neue internationale Schiedsgerichtsbarkeit, Rn. 251. Vischer in Zürcher Komm. IPRG, zu Art. 17, Rn. 45. So etwa Cordero Moss, International Commercial Arbitration, Norwegen, 1999, S. 53.

1113 Siehe Bucher, Die neue internationale Schiedsgerichtsbarkeit, 1989, Rn. 251.

1114 Bucher/Bonomi, Droit International Privé, 2004, S. 126, Rn. 474.

1115 Redfern/Hunter, Law and Practice in International Commercial Arbitration, 2004, S. 7 Rn. 1-11.

bereits im *Schedule 1* im Anschluss an den 4. Abschnitt des AA abschließend aufgeführt.
Diese Auflistung der zwingenden Normen bezweckt zum einen, den Parteien im Hinblick auf die Vielfalt unterschiedlicher Schiedsverfahren die größtmögliche Flexibilität zu gewähren, und auf der anderen Seite auch für die Fälle, in denen die Parteien keine besonderen Absprachen getroffen haben, einen reibungslosen Ablauf des Verfahrens zu garantieren (s. 4 (2)). Die Schiedsrichter müssen der Parteivereinbarung Rechnung tragen. Schranken für die Parteivereinbarung stellen auch in England die Schiedsunfähigkeit sowie das zwingende Recht dar, das zum Schutz des Gemeinwohls dient.[1116]
Wie bereits dargestellt ist die Parteiautonomie nicht grenzenlos. Vielmehr ist sie dadurch begrenzt, dass sie kein im Schiedsort geltenden zwingendes Recht überschreiten darf, das auch zum Ordre Public gehört. Ferner müssen die Schiedsrichter darauf achten, dass die Streitigkeit schiedsfähig ist und die Schiedsvereinbarung wirksam ist.

7.2. Schiedsvereinbarung (Kompetenz-Kompetenz der Schiedsrichter)

7.2.1. Deutschland

Die Schiedsvereinbarung folgt nicht ipso iure dem Schicksal des Hauptvertrages.[1117] Dies ergibt sich als autonomes deutsches Recht nunmehr aus § 1040 Abs. 1. S. 2 ZPO in Anlehnung an Art. 16 Abs. 1 UMG, wonach eine Schiedsklausel als „eine von den übrigen Vertragsbestimmungen unabhängige Vereinbarung" zu behandeln ist. Das heißt, dass die Aufhebung des Vertrages nicht ohne weiteres die Aufhebung der Schiedsklausel bedeutetet (Art. 16 UMG Abs. 2). Auf Grund der rechtlichen Selbständigkeit der Schiedsvereinbarung bedarf es

---

1116 DAC, General Principles in: Cato, Arbitration Practice and Procedure, S. 1256 : "*.. principle is that of party autonomy...An arbitration under an arbitration agreement is a consensual process. The parties have agreed to resolve their disputes by their own means. Unless the public interest otherwise dictates, this has two main consequences. First, the parties should be held their agreement and secondly, it should in the first instance be for the parties to decide how their arbitration should be conducted. In some cases, of course, the public interest will make inroads on complete party autonomy, in much the same way as there are limitations on freedom of contract. Some matters are simply not susceptible of this form of dispute resolution...while other considerations (such as consumer protection) may require the imposition of different rights and obligations. Again, as appears from the mandatory provisions of the Bill, there are some rules that cannot be overridden by parties who have agreed to use arbitration. In general the mandatory provisions are there in order to support and assist the arbitral process and the stated object of arbitration."*

1117 BGH vom 27.2.1969 KZR 3/68, GRUR 1969, S. 501.

dafür vielmehr einer separaten Aufhebung der Schiedsvereinbarung als solcher.[1118] Dies stützt sich auf die „*doctrine of separability*".[1119]
Die Autonomie der Schiedsvereinbarung hängt mit dem Prinzip der Kompetenz-Kompetenz zusammen. Das heißt, dass das Schiedsgericht das Recht hat, über die eigene Zuständigkeit sowie über die Einreden hinsichtlich des Bestehens und der Gültigkeit der Schiedsvereinbarung zu entscheiden.
Umstritten ist, welche Anforderungen im Rahmen der Vollstreckbarerklärung an die Form der Schiedsvereinbarung zu stellen sind. Das Problem der Feststellung der Formerfordernisse ergibt sich im Rahmen ausländischer Schiedssprüche.[1120]
Bei inländischen Schiedssprüchen steht es hingegen fest, dass wenn der Ort des Schiedsverfahrens in Deutschland liegt, dann § 1031 ZPO gemäß dem Territorialitätsprinzip als zwingende Norm anzusehen ist.[1121]
Aufgrund der im Art. V Abs. 1 lit. a UNÜ enthaltenen Bestimmung, „*...dass die Parteien, die eine Vereinbarung i.S.d. Artikels II geschlossen haben...*", haben die Mehrzahl der Gerichte für die Formvoraussetzungen der Schiedsvereinbarung im Bereich der internationalen Schiedsgerichtsbarkeit auf Art. II Abs. 2 UNÜ abgestellt.[1122] Nach diesem Artikel muss die Schiedsvereinbarung in schriftlicher Form erfolgen.
Zur Einhaltung der Schriftform ist erforderlich, dass die Schiedsklausel in einem von den Parteien unterzeichneten Vertrag oder in einem durch Brief-/ Telegrammwechsel geschlossenen Vertrag getroffen wurde.[1123]
Heutzutage wird zunehmend aufgrund moderner Kommunikations-techniken vom traditionellen Schriftverkehr Abstand genommen.[1124]
Die daraus entstehenden Probleme werden meistens von den Parteien in der Überzeugung übersehen bzw. unterschätzt, dass die Möglichkeit des Ausdruckens von E-mails so gut wie ein richtiges Schriftstück sei.

1118 So OLG Koblenz, v. 28.7.2005 – 2 Sch 4/05, SchiedsVZ 2005, 260. Vgl. auch OLG Köln, v. 5.7.2005 – 9 U 190/04.

1119 Raeschke-Kessler/Berger, Recht und Praxis der Schiedsverfahren, Rn. 379; Neuteufel in: Kronke/Melis/Schnyder, Handbuch Internationales Wirtschaftsrecht, 2005, S. 1873, Rn. 175. So auch Lew, Contemporary Problems in International Arbitration, S. 73, (76).

1120 Siehe zu der neuesten Rechtsprechung Österreichs OGH, 26.1.2005 – 3 Ob 221/04b = IPRax 2006/5, S. 496 = Spickhoff, IPRax 2006/5, S. 522.

1121 Geimer/Zöller ZPO Komm. § 1031 Rn. 1.

1122 Kröll, SchiedsVZ, 2006/4, S. 203 (212). Siehe auch derselbe, ZZP, 2004/4, S. 453 (471).

1123 Empfohlene Standardschiedsklausel: „*Jede Streitigkeit, Meinungsverschiedenheit oder jeder Anspruch, die sich aus diesem Vertrag ergeben oder sich auf diesen Vertrag, seine Verletzung, seine Auflösung oder seine Nichtigkeit beziehen, sind durch ein Schiedsverfahren zu regeln*". Dazu kann man die Anzahl der Schiedsrichter, den Ort des Schiedsverfahrens, das anwendbare Recht und die im Schiedsverfahren zu verwendende Sprache vereinbaren. Siehe dazu Patocchi in: Schütze (Hrsg.), Institutionelle Schiedsgerichtsbarkeit, 2006.

1124 Haas, in Weigand, Practitioner's Handbook on International Arbitration, S. 442 , Rn.35.

Die von Art. IV Abs. 1 lit. b) UNÜ verlangte Vorlage des Originals der Schiedsvereinbarung stellt ein weiteres ungelöstes Problem dar, denn bei lediglich verkörperbaren Vereinbarungen gibt es kein Original.[1125]

Zurück zu den Formerfordernissen: In der Lehre wird auch zum Teil festgehalten, dass für die Formvoraussetzungen der Schiedsvereinbarung nicht auf ein günstigeres nationales Recht zurückgegriffen werden kann, sie muss vielmehr die Formerfordernisse des Art. II Abs. 2 erfüllen.[1126]
Es sei denn, dass das Zurückgreifen auf das günstigere nationale Recht zu einer Vollstreckung nach diesem nationalen Recht führt und nicht zum „Herauspicken" („Rosinentheorie")[1127] der günstigsten Regelungen verschiedener Rechte.[1128]
Ebenso hat das OLG Schleswig festgelegt, dass Art. II UNÜ, soweit es um formelle Voraussetzungen geht, eine Sachnorm darstellt, die jegliches Recht überlagert. Zur Auslegung und Reichweite kann deshalb nicht auf nationales Recht zurückgegriffen werden, sei es auch hinsichtlich der Formvoraussetzungen strenger oder großzügiger.[1129]
Eine Anwendbarkeit der insofern erleichterten Formerfordernisse des § 1031 ZPO über die Meistbegünstigungsklausel wurde teilweise entweder ausdrücklich abgelehnt oder aber zumindest kritisch gesehen.[1130]
Diese Auffassung wird wiederum von einem anderen Teil der Lehre kritisiert. Es wird dagegen eingewandt, dass in Extremfällen die Vollstreckbarkeit von Schiedssprüchen verweigert werden könnte, obwohl die zugrunde liegenden Schiedsvereinbarungen sowohl den deutschen Formvorschriften als auch denen des Schiedsorts genügen, nicht aber denen des New Yorker Übereinkommens (Art. II UNÜ).[1131]

1125 Otto, IPRax 2003/4, S. 335.

1126 Otto, IPRax 2003/4, S. 333-335 (334). So auch Schwab/Walter, Schiedsgerichtsbarkeit, 2005, S. 388, Rn. 7.

1127 Dazu Spickhoff, IPRax 2006/5, S. 522-524 (522).

1128 Otto, IPRax 2003/4, S. 335; Vgl. Haas, in Weigand, Practitioner's Handbook on International Arbitration, S. 440, Rn. 29f.

1129 OLG Schleswig, Beschluss vom 30.3.2000- 16 SchH 5/99 = RIW 2000/9, S. 706 (707). So auch BayObLG, Beschluss vom 12.12.2002 - 4Z Sch 16/02 = RIW 2003/5 S. 383; OLG Rostock, IPRax 2002, S. 401.

1130 Vgl. OLG Celle v. 18.9.2004 - 8 Sch 12/02. So auch Voit, in Musielak, ZPO, 4 Aufl., 2004, § 1031 Rn. 18: "*eine Berufung auf die allein für Schiedsgerichte mit Schiedsort in Deutschland geltende Regelung des § 1031 ausgeschlossen ist.*"; ders. § 1061 Rn. 14. Vgl. Geimer/Zöller ZPO Komm. § 1031 Rn. 4. Kritisch Kröll, Die Schiedsvereinbarung im Verfahren zur Anerkennung und Vollstreckbarerklärung ausländischer Schiedssprüche, ZZP 2004, 454, 470ff.

1131 Kröll, SchiedsVZ 2006/4, S. 203 (213).

Das OLG Brandenburg[1132] hat sich mit diesem Problem bei einem Vollstreckungsverfahren eines ausländischen Schiedsspruchs beschäftigt, nämlich ob und wie zwischen zwei Parteien eine Schiedsvereinbarung formgerecht zustande kommt.
In diesem Fall handelt es sich um ein Speditionsunternehmen (Antragstellerin), das am 1.10.1998 ein Angebot einer Firma (Antragsgegnerin) für den Transport von landwirtschaftlichen Produkten sandte. Dieses Angebot beinhaltete eine Schiedsklausel; nach dieser mussten alle zwischen den Parteien entstehenden Streitigkeiten einem Schiedsgericht unterworfen und nach finnischem Recht entschieden werden.
Am 12.10.1998 kündigte die Antragsstellerin einen möglichen Transport mit dem Hinweis an: „Bedingungen gemäß unserem Angebot vom 1.10.1998" und bat die „*VAT-Nummer von T*" mitzuteilen, welche sie vom Antragsgegnerin per Fax zugeschickt bekam. So führte die Antragstellerin den Transport durch und schickte der Antragsgegnerin die Rechnungen. Die ersten acht Rechnungen wurden von der Firma bezahlt, die weiteren 26 jedoch nicht. Daraufhin stellte das Speditionsunternehmen einen Antrag auf Schiedsverfahren bei der Zentralhandelskammer Finnlands.
Problematisch war hierbei, dass die Antragsgegnerin nie eine schriftliche Erklärung i.S. einer Schiedsvereinbarung gem. Art. II Abs. 2. UNÜ abgegeben hatte. Die Korrespondenz der Antragsstellerin wurde nicht an den Antragsgegner gerichtet, sondern an eine Zwischenperson, so dass der Antragsgegner selbst nie schriftlich auf das Angebot reagiert hatte. Fraglich war, ob die Erfüllung eines Angebots durch die Antragsgegnerin das Zustandekommen eines wirksamen Vertrages und folglich einer Schiedsklausel bewirkt. Nach Ansicht der Antragsstellerin kann der Vertragsschluss mit der Bezahlung der erbrachten Leistungen bestätigt werden.
Das Gericht ging nicht auf die Frage des anwendbaren Rechts für die materielle Wirksamkeit und das Zustandekommen der Schiedsvereinbarung ein, sondern prüfte lediglich alternativ, ob nach deutschem Recht (§ 1031 Abs. 2 ZPO) eine wirksame Schiedsvereinbarung geschlossen wurde.[1133] Demzufolge entschied das OLG, dass der Antrag auf Vollstreckbarerklärung unbegründet war, denn es an einer Schiedsvereinbarung gem. §. 1031 Abs. 2 ZPO fehlte.
Gegen dieses Urteil wurde eingewandt, dass bei der Prüfung der Wirksamkeit der Schiedsvereinbarung nur auf das deutsche Recht abgestellt wurde, während sie alternativ nach einer kollisionsrechtlichen Anknüpfung vielmehr nach dem

---

1132 OLG Brandenburg vom 13.6.2002 – 8 Sch 2/01; IPrax 2003/4, S. 333-335 und S. 349-351. Siehe auch OLG Brandenburg v. 24.5.2005 – 11 SchH 1/05.

1133 OLG Brandenburg vom 13.6.2002 – 8 Sch 2/01 IPrax 2003/4, S. 351.

finnischen zu erfolgen gehabt hätte.[1134] Art. VII UNÜ besagt jedoch, dass man sich für die Anerkennung und Vollstreckung ausländischer Schiedssprüche auf ein günstigeres *nationales* Recht berufen kann.

Was die Formerfordernisse der Schiedsvereinbarung angeht, sind weder die Lehre noch die Rechtsprechung einheitlich. Zur Lösung dieses umstrittenen Themas hat der Bundesgerichtshof[1135] in seiner neuen Rechtsprechung beigetragen.

Hierbei geht es um ein Verfahren auf Vollstreckbarerklärung eines niederländischen Schiedsspruchs. In diesem Fall hatte die Vorinstanz die Vollstreckbarerklärung des Schiedsspruchs abgelehnt, denn die Schiedsvereinbarung erfüllte weder die Formerfordernisse der Art. II Abs. 2 UNÜ, noch diejenigen des § 1031 ZPO.

Er stellte jedoch klar, dass die durch den Meistbegünstigungsgrundsatz des Art. VII Abs. 1 UNÜ gebotene Anwendung schiedsfreundlicheren nationalen Rechts die Bestimmungen zur Anerkennung und Vollstreckung von Schiedssprüchen (§§ 1025 ff ZPO) und die (nationalen) Kollisionsregeln sowie das danach als Statut der Schiedsvereinbarung berufene nationale Recht umfasst. Unterliegt so die Schiedsvereinbarung nach dem – durch den *lex fori*-Grundsatz bestimmten - internationalen Privatrecht des Exequaturstaates einem nationalen Recht, das liberalere Formvorschriften hat als diejenigen des Art. II Abs. 1 und 2 UNÜ, ist dieses anerkennungsfreundlichere nationale Recht gemäß Art. VII Abs. 1 UNÜ maßgeblich.

Mit dieser Entscheidung des Bundesgerichtshofes steht fest, dass für die Formerfordernisse der Schiedsvereinbarung das nationale Gericht nicht nur auf günstigeres nationales Recht zurückgreifen kann, sondern auch auf das durch die deutsche kollisionsrechtliche Anknüpfung anwendbare Recht.

Die Rechtsprechung ist einheitlich, dass eine Partei sich nicht mehr auf das Fehlen einer wirksamen Schiedsvereinbarung gem. Art. II abs. 2 UNÜ berufen kann, wenn sie sich im Schiedsverfahren rügelos zur Hauptsache eingelassen hat.[1136] Dies stützt sich darauf, dass das Verbot widersprüchlichen Verhaltens

---

1134 Otto, IPRax, 2003/4, S. 333-335 (334). Mit der Heranziehung des finnischen Rechts wäre die Entscheidung in diesem Fall nicht anders ausgefallen, denn nach dieser Rechtsordnung hat es auch keine Schiedsvereinbarung gegeben.

1135 BGH v. 21.9.2005 – III ZB 18/05, SchiedsVZ 2005, 306.

1136 OLG Schleswig, Beschluss vom 30.3.2000- 16 SchH 5/99 = RIW 2000/9, S. 706 (707); OLG Hamm, Beschluss vom 27.9.2005, 29 Sch 1/05 = ASA Bull. 2006/1, S. 153 (154-155).

ein (auch) dem UNÜ inhärentes Rechtsprinzip darstellt, das im Rahmen des Art. II UNÜ zu beachten ist.[1137]

Hierbei bietet sich ein Vergleich mit dem englischen Recht an. S. 73 AA sieht den Verlust der Rüge der Parteien auf das Recht der Rüge der Unzuständigkeit des Schiedsgerichts, der Verletzung des Schiedsverfahrensrechts, der Nichtbeachtung der Bestimmungen der Schiedsvereinbarungen oder einer anderen Unregelmäßigkeit hinsichtlich des Schiedsgerichts oder –verfahrens vor, wenn die Partei rügelos am Schiedsverfahren teilgenommen hat oder wenn sie die Rüge beim Schiedsgericht nicht innerhalb der in der Schiedsvereinbarung, im englischen Arbitration Act oder in der vom Schiedsgericht vorgesehenen Frist gemeldet hat. Es sei denn, sie erbringt den Beweis, dass sie zum Zeitpunkt des Schiedsverfahren nicht in Kenntnis eines solchen Rügegrundes war und er auch nicht durch Anwendung der gebotenen Sorgfalt (*reasonable diligence*) zu erkennen war.

7.2.2. Das UNCITRAL-Modellgesetz

Das UNCITRAL-Modellgesetz verlangt nach. Art. 7 Abs. 2 UMG ebenso wie das UNÜ eine schriftliche Abfassung der Schiedsvereinbarung. Dabei bleiben die von den beiden Parteien unterzeichnete Vertragsurkunde und der Austausch von Dokumenten erhalten. Jedoch wird die in Art. II Abs. 2 UNÜ enthaltene Aufzählung von Briefen und Telegrammen nicht um Fernschreiben und andere Formen der Nachrichtenübermittlung ergänzt, die einen Nachweis der Vereinbarung erlauben. Da der Wortlaut der Vorschrift keine schriftliche Fixierung der Vereinbarung verlangt, kann man annehmen, dass auch die elektronische Speicherung, etwa im Rahmen eines Online-Datenaustausches, ausreichend ist.[1138] Schließlich bestimmt die Formvorschrift des Art. 7 Abs. 2 S. 2 UMG, dass die Schriftform auch erfüllt ist, wenn anlässlich des Austausches von Klage und Klagebeantwortung das Bestehen einer Schiedsvereinbarung in der Klage behauptet und in der Klagebeantwortung nicht bestritten wird.[1139]

1137 OLG Schleswig, Beschluss vom 30.3.2000- 16 SchH 5/99 = RIW 2000/9, S. 706 (708); Haas, IPRax 1993, 382, 384. So auch Schwab/Walter, Schiedsgerichtsbarkeit, 1995, Kap. 44, Rn. 10.

1138 Vgl. Stellungnahme der USA, UN-Doc. A/CN.9/263, Art. 7 § 4; Granzow, S. 88f.; Hußlein-Stich, S. 39.

1139 Unklar ist, ob Art. 7 Abs. 2 S. 2 UMG die schriftliche Klageerhebung und –beantwortung voraussetzt. Die Frage stellt sich, weil die Verfahrensvorschriften des Modellgesetzes die schriftliche Klageerhebung und –beantwortung nicht zwingend vorschreiben. UN-Doc. A/40/17, § 197, Holtzmann/Neuhaus, S. 668; Granzow, S. 90.

Manche Autoren sind der Auffassung, dass dieser letzte Satz die Heilung formwidriger Schiedsvereinbarungen darstellt.[1140] Diese Meinung wird durch die Wortlautauslegung anhand der Vorarbeiten (*travaux préparatoires*) bestätigt. Nach diesen wurde der letzte Halbsatz des Art. 7 Abs. 2 S. 2 UMG einbezogen, um die Gerichte der Vertragsstaaten zu einer liberaleren Interpretation des Art. II Abs. 2 UNÜ zu veranlassen.[1141]

7.2.3. Schweiz

Nach Art. 178 Abs. 1 IPRG hat die Schiedsvereinbarung schriftlich, durch Telegramm, Telex, Telefax oder in einer anderen Form der Übermittlung zu erfolgen, die den Nachweis der Vereinbarung durch Text ermöglicht. Mit dieser Formerleichterung der Schiedsvereinbarung lehnt sich das IPRG an Art. 7 Abs. 2 UMG an.[1142] Darüber hinaus ist erforderlich, dass die Schiedsvereinbarung detailliert sein muss. Eine Generalklausel, die alle unter den Parteien entstandenen Streitigkeiten umfasst, ist nicht erlaubt[1143]. Vielmehr wird eine präzise und umfassende Umschreibung des Streitgegenstandes verlangt. Das alles gilt in der nationalen Schiedsgerichtsbarkeit.

Was die internationale Schiedsgerichtsbarkeit angeht, gab es eine Kontroverse um die Anwendung von Art. II Abs. 1, 2 UNÜ[1144] sowie Art. V Abs. 1 lit a) UNÜ und Art. 178 Abs. 1 IPRG. Hierbei entschied sich die Rechtsprechung[1145] sowie teilweise die Lehre[1146] dafür, dass Art. 178 Abs. 1 IPRG eine günstigere nationale Regelung darstellt und dementsprechend für das Zustandekommen der Schiedsvereinbarung maßgeblich ist.

Das schweizerische Bundesgericht hat es im Rahmen eines Konnossements als dem Schriftformerfordernis genügend angesehen, wenn ein Spediteur eine Schiedsgerichtsvereinbarung abschließt und die Ladung zugunsten des Empfängers bestimmt ist. Der Empfänger als Begünstigter sei an diese Schiedsvereinbarung im Konnossement gebunden, weil der Spediteur hier als sein Vertreter handelt.[1147]

1140 Granzow, S. 89; Hußlein-Stich, S. 40, v. Hoffmann, Übernahme des UNCITRAL-Modellgesetzes, S. 72.

1141 UN-Doc. A/CN.9/SR.311, § 9, in Holtzmann/Neuhaus, S. 292; UN-Doc. A/40/17, § 87 in: Holtzmann/Neuhaus, S. 301. Siehe auch Epping, S. 86.

1142 Vgl. Bucher, Rn. 123; BG vom. 16.01.1995, Bull ASA, 1995, S. 503, 509.

1143 Neuteufel in: Kronke/Melis/Schnyder, Handbuch Internationales Wirtschaftsrecht, 2005, S. 1865, Rn. 138. So auch Siehr, Das IPR der Schweiz, 2002, S. 712.

1144 BGE 110 II 54, 57ff; Cour d'appel Genève YBCA XXI 1996, S. 632.

1145 BGE 121 III 44 Erw. 2c.

1146 Volken, Zürcher IPRG-Komm., Art. 178, Rn. 36.

1147 BGE 110 II, 54.

7.2.4. Frankreich

Im französischen Recht der internationalen Schiedsgerichtsbarkeit besteht nach h.M. kein Formerfordernis. Die Schriftform nach Art. 1443 NCPC ist nur für interne Schiedsverfahren zwingend. Art. 1499 NCPC, der für das Exequaturverfahren bei ausländischen und internationalen Schiedssprüchen die Vorlage von Schiedsspruch und Schiedsvereinbarung im Original oder von „Kopien dieser Urkunden" verlangt, wird restriktiv ausgelegt.[1148]
Die Autonomie der Schiedsvereinbarung ist in Art. 1466 NCPC[1149] enthalten. Dieser Artikel ist durch Art. 1458 NCPC[1150] ergänzt.
In der *Dalico*-Entscheidung hat die *Cour de Cassation* festgelegt, dass aufgrund einer Sachnorm des internationalen Schiedsrechts die Schiedsklausel rechtlich unabhängig von dem Hauptvertrag ist, der sie unmittelbar oder durch Bezugnahme enthält. Ihre Existenz und Wirksamkeit beurteilen sich, vorbehaltlich der zwingenden Regeln des französischen Rechts und des „Ordre Public international", allein nach dem gemeinsamen Willen der Parteien, ohne dass es eines Rückgriffs auf staatliches Recht bedürfe.[1151] Damit hat die *Cour de Cassation* die Formfreiheit der Schiedsvereinbarung in der internationalen Schiedsgerichtsbarkeit bestätigt.[1152] In Übereinstimmung damit hat die *Cour d'appel*[1153] entschieden, dass eine Partei, die nicht selbst eine Schiedsvereinbarung unterzeichnet hat, aber in Kenntnis einer Schiedsvereinbarung an der Erfüllung eines Vertrages beteiligt war, nach nationalem Recht zumindest stillschweigend einer Schiedsvereinbarung beigetreten ist.

1148 Mezger, Rev. Arb. 1981, S. 544.

1149 *Art. 1466.- Si, devant l'arbitre, l'une des parties conteste dans son principe ou dans son étendue le pouvoir juridictionnel de l'arbitre, il appartient à celui-ci de statuer sur la validité ou les limites de son investiture.*

1150 *Art. 1458.- Lorsqu'un litige dont un tribunal arbitral est saisi en vertu d'une convention d'arbitrage est porté devant une juridiction de l'état, celle-ci doit se déclarer incompétente.*
Si le Tribunal arbitral n'est pas encore saisi, la juridiction doit également se déclarer incompétente à moins que la convention d'arbitrage ne soit manifestement nulle. Dans les deux cas, la juridiction ne peut relever d'office son incompétence.

1151 *Dalico*-Entscheidung vom 20.12.1993, Rev.arb. 1994, 116: « ...*en vertu d'une règle matérielle du droit international de l'arbitrage, la clause compromissoire est indépendante juridiquement du contrat principal qui la contient directement ou par référence et... son existence et son efficacité s'apprécient, sous réserve des règles impératives du droit français et de l'Ordre Public international, d'après la commune volonté des parties, sans qu'il soit nécessaire de se référer à une loi étatique.*»

1152 Vgl. Gaudemet-Tallon, Rev.arb. 1994, S. 124. Siehe auch dazu Gaillard, J.D.I., 1994, S. 435; Loquin, J.D.I. 1994, S. 700. So auch Fouchard/Gaillard/Goldman, Traité de l'arbitrage commercial international, S. 260, Rn. 452.

1153 Cour d'Appel de Paris, Rev. Arb. 1996, S. 67 mit Anm. Jarrosson, bestätigt durch Cour de Cassation, Rev.arb. 1996, S. 537, mit Anm. Gaillard.

Ebenso wurde die Unabhängigkeit der internationalen Schiedsvereinbarung von jeglicher Rechtsordnung, von der *Cour de Cassation*[1154] bestätigt, z. B. von Art. 2061[1155] Code Civil.

Die französischen Gerichte berücksichtigen hinsichtlich der Feststellung der Wirksamkeit eines Schiedsspruchs in der internationalen Schiedsgerichtsbarkeit das Kollisionsrecht nicht. Hierbei wird seine Wirksamkeit ausschließlich im Rahmen des Ordre Public geprüft.[1156]
Da die Formerfordernisse des Art. II UNÜ strenger als die liberale Position Frankreichs sind, können sie gem. Art VII UNÜ unberücksichtigt bleiben. Hierbei ist dann nach französischem Recht die *lex fori* maßgebend.[1157]

7.2.5. England

Der *Arbitration Act* 1996 fordert in sec. 5 (1), dass die Schiedsvereinbarung schriftlich sein muss.[1158] Sec. 5 Abs. 2 lit. a AA erfordert - in Abweichung von Art. 7 Abs. 2 UMG - nicht, dass die Schiedsvereinbarung unterzeichnet sein muss (whether signed or not)[1159], solange sich der Bindungswille aus den Umständen ableiten lässt.[1160]

1154 Cass. 1re civ., vom 21.5.1997, Rev. Arb. 1997, S. 537, Anm. Gaillard.

1155 *Art. 2061.- La clause compromissoire est nulle s'il n'est disposé autrement par la loi. Sous réserve des dispositions législatives particulières, la clause compromissoire est valable dans les contrats conclus à raison d'une activité professionnelle.* Der Wortlaut dieses Artikels wurde durch das Gesetz vom 15.5.2001 ersetzt: « *sous réserve des dispositions législative particulières, la clause compromissoire est valable dans les contrats conclus à raison d'une activité professionnelle.* »

1156 Racine, L'arbitrage Commercial International et L'Ordre Public, S.24.

1157 de Boissésson, Le droit français de l'arbitrage, Paris, 1990, S. 830. Siehe auch Fouchard Gaillard/Goldman, Traité de l'arbitrage commercial international, S. 388ff. Anders *Société Bomar Oil NV c/ ETAP* in Rev. arb., 1987, p. 482 mit Anm. v. Kessedjian.

1158 **sec. 5 (1)** *The provisions of this Part apply only where the arbitration agreement is in writing, and any other agreement between the parties as to any matter is effective for the purposes of this Part only if in writing.*
sec. 5 (6) *References in this Part to anything being written or in writing include its being recorded by any means.*

1159 Siehe *Zambia Steel & Building Supplies Ltd. v. James Clark & Eaton Ltd, 1986, 2 Lloyd's Rep 225, CA:" In may judgment... I am quite clear that the authorities are examined, if it is established that a document with an arbitration clause in writing forms part of a contract between the parties, the assent by one party orally to the contract is sufficient."*

1160 Merkin, Arbitration Law, S. 75, Rn. 3.8. Siehe *Pacific International Lines Ltd. & Another v. Tsinlien Metals and Minerals Co Ltd.*, (1992) ADRLJ 240; *Oonc Lines Limited v. Sino-American Trade Advancement Co. Ltd.* (1994) ADRLJ 291; *Schiff Food Products Inc. v. Naber Seed & Grain Co Ltd* (1997) 1 WWR 124. Die Unterzeichnung durch einen Vertreter ist unter dem UMG als ausreichend anzusehen, so: *Private*

Allerdings wird von der Lehre empfohlen, die Schiedsvereinbarungen in schriftlicher Form anzufertigen.[1161]
Die Schiedsvereinbarung kann gemäß s. 5 (2) AA ausdrücklich oder dadurch geschlossen werden, dass die Parteien in ihrer Vereinbarung auf eine schriftliche Schiedsklausel oder auf ein Dokument verweisen, das eine Schiedsvereinbarung enthält. Vorausgesetzt ist hierbei, dass die Bezugnahme die Klausel zu einem Bestandteil des Vertrages macht.[1162]

Mit der Vereinfachung durch einen „*exchange of communications in writing*" in sec. 5 (2) (b) AA stellt das englische Recht deutlich geringere Anforderungen an die Form von Schiedsvereinbarungen als Art. II des New Yorker Übereinkommens oder Art. 7 Abs. 2 des UNCITRAL-Modellgesetzes.
Die Schiedsvereinbarung ist nach s. 7 AA als eine selbständige Klausel gegenüber dem Hauptvertrag zu bezeichnen.[1163]

Die Wirksamkeit einer Schiedsvereinbarung wird im Rahmen der internationalen Schiedsgerichtsbarkeit gem. der *lex causae* festgestellt.[1164]

Im Bereich der Schiedsvereinbarung hat ein englisches Gericht über die Drittwirkung einer Schiedsvereinbarung im englischen Wirtschaftsrecht entschieden.[1165] Hierbei geht es um Zeitcharterverträge, die der Schiffsmakler *Cleaves & Company* für eine Reederei namens *Nisshin Shipping Ltd.* ausgehandelt hatte. Die Parteien dieser Verträge waren ausschließlich Nisshin und die einzelnen Charterer, nicht aber *Cleaves.*
Eine Klausel in den Charterverträgen verpflichtete *Nisshin,* an *Cleaves* für die Vertragsvermittlung eine Kommission zu zahlen. Darüber hinaus enthielten die Verträge jeweils eine Schiedsvereinbarung für Streitigkeiten zwischen den Vertragsparteien.
Die Kommission wurde von *Nisshin* nicht bezahlt und *Cleaves* leitete daraufhin ein Schiedsverfahren gegen *Nisshin* ein.

Company "Trople V" Inc Ltd v. Star Co Ltd. and Skyy Jade Enterprises Group Ltd. (1995) 3 HKC 129 (Hong Kong High Court).

1161 Turner, The Journal of the chartered institute of arbitrators, Vol. 66, N°, 1, 2000, S. 230 (231). Siehe auch Dundas in: Arbitration, 2006/2, Vol. 72. S.104 (108).

1162 **s. 6 (2)** *The reference in an agreement to a written form of arbitration clause or to a document containing an arbitration clause constitutes an arbitration agreement if the reference is such as to make that clause part of the agreement.*

1163 Vgl. Lew (Hrsg.), Contemporary Problems in International Arbitration, S. 73-85 (76).

1164 Dicey & Morris, The conflict of Laws, S. 622, Rn. 16-070.

1165 *Nisshin Shipping Co. Ltd. v. Cleaves & Company Ltd.*, EWHC 2602, 2003; RIW 2005, S. 901. Der Volltext der Entscheidung ist über die Internetseiten des Britisch and Irish Legal Information Institute www.bailii.org abrufbar.

Nisshin führte aus, dass das Schiedsgericht unzuständig sei. Dennoch bejahten aufgrund der neuen Vorschriften des *Contracts (Right of Third Parties)* Act (CRTPA)[1166]die Schiedsrichter ihre Zuständigkeit. Hiergegen wandte sich *Nisshin* in dem vom *High Court* entschiedenen Verfahren. Prozessual handelte es sich um einen Antrag nach s. 67 (1) AA. Dieser Rechtsbehelf entspricht dem Antrag nach §1040 Abs. 3 ZPO. Beiden gehen zurück auf Art. 16 Abs. 3 S. 2 des UNCITRAL-Modellgesetzes. Inhaltlich richtet sich der Antrag an das staatliche Gericht auf Überprüfung einer Zuständigkeitsentscheidung des Schiedsgerichts.
Außer Frage stand, dass *Nisshin* und *Cleaves* keine Schiedsvereinbarung miteinander geschlossen hatten. Dennoch lässt s. 8 (1) CRTPA zu, dass sich die rechtliche Wirkung der in den Charterverträgen enthaltenen Schiedsvereinbarung auf *Cleaves* erstreckte, solange *Cleaves* durch die Kommissionsklauseln in den Charterverträgen eigene Rechte im Sinne des neuen Gesetzes erworben hatte.
Daraufhin wurde das Gericht u.a. gefragt, unter welchen Umständen sich ein Dritter auf eine Schiedsvereinbarung berufen darf, die in dem Vertrag enthalten ist, aus dem er sein materielles Recht ableitet?
Das Gericht beantwortete die Frage durch die Auslegung des s. 8 CRTPA anhand seiner *Explanatory Notes*. Es führte aus, dass eine Schiedsklausel in einem Vertrag, der auch drittbegünstigende Wirkung hat, demnach als Eigenschaft des dem Dritten eingeräumten Rechts anzusehen ist und daher diesem gegenüber Wirkung entfaltet.[1167]

7.3. Ordre Public und Schiedsfähigkeit

7.3.1. Deutschland

Die Schiedsfähigkeit des Streitgegenstandes ist eine der Voraussetzungen der Wirksamkeit der Schiedsvereinbarung und demzufolge auch des Schiedsverfahrens. Der Staat behält sich in manchen Rechtsgebieten im Interesse besonders schutzwürdiger Rechtsgüter ein Rechtsprechungsmonopol vor, sodass weder die Parteien durch Vergleich noch das Schiedsgericht durch Schiedsspruch in der Lage sind, darüber zu entscheiden.[1168] Das heißt, dass Schiedsverfahren nur als zulässig angesehen werden, wenn die Parteien über den Gegenstand des Streites

---

1166 *Contracts (Right of Third Parties)* Act vom 1999, abgedruckt in RabelsZ 2003, S. 67 und online unter http://hmso.gov.uk/acts/acts1999/19990031.htm

1167 Explantory Notes, Fn. 33-34, RIW 2005/12, S: 904. Nach deutschem Recht entfaltet auch eine Schiedsklausel gegenüber einem Zessionar Wirkung. Vgl. BGHZ 71, 162, 165 und BGH, NJW 1998, 371.

1168 Lionnet/Lionnet, 2005, S. 64. Voit/Musielak, ZPO Komm., § 1030, Rn. 2. So auch in England: Redfern/Hunter, Law and Practice of International Commercial Arbitration, 2004, S. 81, Rn. 2-11.

frei verfügen können[1169]. § 1030 ZPO bestimmt die objektive Schiedsfähigkeit und damit die Frage, welche Streitigkeiten der Entscheidung durch ein privates Schiedsgericht wirksam unterstellt werden können. Demnach können – nach dem Vorbild des Art. 177 Abs. 1 IPRG - alle vermögensrechtlichen Ansprüche Gegenstand einer Schiedsvereinbarung sein.
Hingegen sind nach § 1030 Abs. 2 ZPO Streitigkeiten, die den Bestand eines Mietverhältnisses über Wohnraum im Inland betreffen, schiedsunfähig.[1170] Nicht schiedsfähig sind insbesondere auch Ehe- und Kindschaftssachen.
Das Konzept der Schiedsfähigkeit ist ebenso wie dasjenige des Ordre Public örtlich und zeitlich variabel.

Hinsichtlich des Rechts, das für die Schiedsfähigkeit zu anwenden ist, wird nach dem in § 1025 verankerten Territorialitätsprinzip nur auf das deutsche Recht abgestellt, wenn das Schiedsverfahren in Deutschland stattfindet.
Daher wird behauptet, dass damit die Anerkennung und Vollstreckbarerklärung eines deutschen Schiedsspruchs im Ausland gefährdet sein könne.[1171] Denn die Kontrolle der Schiedsfähigkeit im Vollstreckbarerklärungsverfahren gem. Art. V Abs. 2 lit. 1 UNÜ auf das Rechts des Vollstreckungstaates abgestellt wird.
Umstritten ist jedoch, nach welcher Rechtsordnung die objektive Schiedsfähigkeit zu beurteilen ist, wenn der Schiedsort im Ausland war.
Nach Art. V Abs. 1 lit. a) UNÜ wird zunächst auf das auf die Schiedsvereinbarung anwendbare Recht abgestellt und hilfsweise auf das Recht des Schiedsortes. Wohingegen Art. V. Abs. 2 lit. a) UNÜ besagt, dass der nationale Richter die Schiedsfähigkeit des Streitgegenstandes im Rahmen seines eigenen Rechts *ex officio* prüfen kann.
Die Vollstreckbarerklärung des Schiedsspruchs könnte daher scheitern, selbst wenn das Schiedsgericht die Schiedsfähigkeit gem. der Bestimmungen des Art. V Abs. 1 lit. a) UNÜ geprüft hätten; und zwar wegen der Schiedsunfähigkeit im Rahmen der Ordre Public-Kontrolle. Ein Beispiel dafür lässt sich in den *punitive damages* finden.
Deswegen wollen manchen Autoren bereits im Einredestadium die Schiedsfähigkeit im Lichte des Rechts des Vollstreckungsstaates prüfen.[1172]
Andere behaupten, dass die Prüfung der objektiven Schiedsfähigkeit des Streitgegenstandes kumulativ nach der *lex fori* des jeweils entscheidenden Gerichts und nach dem Statut der Schiedsvereinbarung gem. Art. V. Abs. 1 lit. a UNÜ erfolgen soll.

1169 Siehe Art. 2059 CC in Frankreich.
1170 Siehe ausführlich dazu: Voit/Musielak, ZPO Komm. § 1030, Rn. 4.
1171 Geimer/Zöller ZPO Komm., § 1030, Rn. 24.
1172 Borges, in Geimer/Zöller ZPO Komm., § 1030, Rn. 24.

Die Prüfung der Schiedsfähigkeit anhand der *lex causae* der Schiedsvereinbarung wird insofern abgelehnt, als man damit den Parteien eine Dispositionsbefugnis einräumen würde, die ihnen nicht zusteht.[1173]
Es gibt also keine einheitliche, kollisionsrechtliche Anknüpfung, die sowohl im Einredestadium als auch im Vollstreckbarerklärungsverfahren anzuwenden ist.
Die unterschiedlichen Auslegungen und Inhaltbestimmungen des Begriffs der Schiedsfähigkeit können jedoch dazu führen, dass das, was am Schiedsverfahrensort und nach der *lex causae* schiedsfähig ist, am Vollstreckungsort des Schiedsspruchs unter dem New Yorker Abkommen schiedsunfähig sein kann. Deswegen kann die Wahl eines Schiedsortes rechtliche Auswirkungen haben, für die Parteien unerwartet sein können.[1174]

Bei der Schiedsfähigkeitskontrolle spielt der Ordre Public eine wichtige Rolle. Der Staat kann eine präventive Kontrolle ausüben, indem er bestimmte Arten von Streitigkeiten ausdrücklich für nicht schiedsfähig erklärt. Der Staat kann jedoch diese Kontrolle auch in der Phase der Vollstreckbarerklärung durchführen. Diese nachträgliche Prüfung der Schiedsfähigkeit des Streitgegenstandes kann aufgrund des Verbots der *révision au fond* –nur- im Rahmen der Prüfung eines Verstoßes gegen den Ordre Public in Betracht kommen.
Heutzutage werden beide Systeme gemischt angewendet; und selbst wenn in § 1030 ZPO die Schiedsfähigkeit geregelt ist, behält sich der Staat in § 1061 ZPO das Recht vor, die Schiedsfähigkeit im Vollstreckbarerklärungsverfahren zu prüfen.
Umstritten ist, ob ein Schiedsspruch mit fehlender Schiedsfähigkeit auch einen Verstoß gegen den Ordre Public darstellt.
Die Schiedsunfähigkeit eines Streitgegenstandes ist ausdrücklich im Art. V Abs. 2 lit. a UNÜ geregelt. Daher ist sie als Versagungsgrund autonom nach diesem Artikel geltend zu machen.
Die nach dem maßgeblichen Recht festgestellte Schiedsunfähigkeit des Streitgegenstandes führt dazu, dass die Schiedsvereinbarung unwirksam ist und der Schiedsspruch folglich nicht vollstreckbar ist. Die Prüfung wird also anhand des maßgeblichen Rechts erfolgen. Dagegen dient der Ordre Public-Vorbehalt dazu, einen im Ergebnis untragbaren Schiedsspruch zu beseitigen oder ihm die Anerkennung zu versagen. Die Prüfung einer Ordre Public-Widrigkeit erfolgt hierbei nicht anhand eines bestimmten Rechtes, sondern anhand des Ergebnisses der Anwendung des maßgeblichen Rechts.

1173 BT-Drucks. 13/5274, 59.
1174 So auch Redfern/Hunter, Law and Practice of International Commercial Arbitration, 2004, S. 82, Rn. 2-11.

7.3.2. Schweiz

Nach Art. 177 IPRG Abs. 1 kann jeder vermögensrechtliche Anspruch Gegenstand eines Schiedsverfahrens sein. Das Konkordat stellt in Art. 5 dagegen für die Schiedsfähigkeit darauf ab, ob der Anspruch der freien Verfügung der Parteien unterliegt. Die beiden Kriterien sind teilweise komplementär, schließen sich allerdings teilweise gegenseitig aus.[1175]

Vermögensrechtlich ist nach der schweizerischen Lehre jeder Anspruch, der sich als geldwerter Aktiv- oder Passivposten im Vermögen des Berechtigten auswirkt.[1176] In der Regel sind vermögensrechtliche Ansprüche disponibel. Doch können auch manche Ansprüche vermögensrechtlicher Natur nicht disponibel sein, wie etwa Ansprüche im Rahmen eines Scheidungsprozesses oder Unterhaltsansprüche des Kindes. Diese Ansprüche sind wegen mangelhafter Disponibilität nicht schiedsfähig.[1177]

Schiedsfähig sind u.a. Ansprüche aus Vertragsrecht, aus außervertraglicher Haftung, aus Gesellschaftsrecht, aus gewerblichem Rechtsschutz und geistigem Eigentum sowie aus einem Arbeitsvertrag[1178].

Unter diese Kategorie fallen auch privatrechtliche Ansprüche aus dem Kartellrecht[1179], vermögensrechtliche Ansprüche aus Familien-, Erb- und Sachenrecht sowie materiellrechtliche Ansprüche im Zusammenhang mit Betreibungs- und Konkursverfahren.[1180]

Hingegen sind u.a. wie im deutschen Recht Ansprüche über die Wohnungsmiete nach Art. 274 c OR nicht schiedsfähig. Darüber hinaus hat das Bundesgericht[1181] die Bestimmung des Art. 140 ZGB über die richterliche Genehmigung von Vereinbarungen über die Nebenfolgen der Scheidung oder Trennung als *„règles d' Ordre Public"* bezeichnet und mangels Genehmigung ein Schiedsurteil für nicht vollstreckbar erklärt. Damit sind diese Angelegenheiten der Schiedsgerichtsbarkeit nicht entzogen, es ist nur mangels der Genehmigung des Entscheides durch den staatlichen Richter die fehlende Vollstreckbarkeit des Schiedsspruchs anzunehmen.[1182]

In der Schweiz wird zum Teil behauptet, dass die Schiedsfähigkeit eines ausländischen Schiedsspruchs nur in den Grenzen des Ordre Public zu überprüfen ist.

1175 Vischer, Zürcher IPRG Komm., Art. 177, Rn. 1.

1176 BGE 118 II 353, 356.

1177 Vischer, Zürcher IPRG Komm., Art. 177, Rn. 3-4.

1178 BGE 115 II 366.

1179 Siehe Kartellrechtsgesetz vom 6. Oktober 1995. BGE 118 II 193. Mehr dazu unten 8.3.3. b).

1180 Vischer, Zürcher IPRG-Komm., Art. 177, Rn. 7ff m.w.N.

1181 BGE 87 I 291.

1182 Vischer, Zürcher IPRG-Komm., Art. 177, Rn. 19.

Im Gegensatz zu einem inländischen Schiedsspruch, dessen Schiedsfähigkeit sich nicht immer mit dem Ordre Public deckt.[1183]
Deswegen wird bekräftigt, dass die Schiedsfähigkeit zum Ordre Public des Anerkennungs- und Vollstreckungsstaates gehört.[1184]
Der Ordre Public, der hier gemeint ist, ist jedoch nicht ein internationaler oder universaler Ordre Public, sondern ein schweizerischer Ordre Public.[1185]
Ein Ausschluss der Schiedsfähigkeit unter dem Ordre Public könnte in Frage kommen, wenn der Anspruch der Durchsetzung einer kriminellen Vereinbarung dient.[1186]
In diesem Sinne ist für manche Autoren die Bestimmung des Art. V. Abs. 2 lit. a UNÜ überflüssig[1187], denn sie habe keine selbständige Bedeutung.[1188]
In der bisherigen Rechtsprechung hat das Bundesgericht dennoch noch nie entschieden, dass die Schiedsfähigkeit gestützt auf den Ordre Public-Vorbehalt zu verneinen sei.[1189]
Die Schweiz verweist im Art. 194 IPRG im Rahmen des Vollstreckbarerklärungsverfahrens auf das New Yorker Übereinkommen.
Nach der schweizerischen Lehre ist daher auf die Frage, ob eine schiedsfähige Streitsache vorliegt, grundsätzlich nach dem schweizerischen Recht (*lex fori*) zu entscheiden.[1190]
In diesem Sinne hat das Bundesgericht[1191] entschieden: Nach ihm hieß es, dass die Schiedsfähigkeit durch die Rechtsordnung des Schiedsortes geregelt sei, un-

---

1183 So Bucher, Die neue internationale Schiedsgerichtsbarkeit in der Schweiz, S. 161, Rn 453; Walter/Bosch/Brönnimann, Internationale Schiedsgerichtsbarkeit in der Schweiz, Bern, 1991, S. 288.

1184 Walter/Bosch/Brönnimann, Internationale Schiedsgerichtsbarkeit in der Schweiz, Bern, 1991, S. 288.

1185 Briner, Basler IPRG-Komm., Art. 177, Rn. 19: *"Zur Beurteilung der Frage der Schiedsfähigkeit einer Streitsache ist somit allein auf die liberal zu interpretierende Definition des Art. 177 Abs. 1 abzustellen. Eingeschränkt oder präzisiert wird diese materielle Regel nur durch den vom BGer entwickelten Begriff oder gem. Art. 190 Abs. 2 lit. e zu berücksichtigende Regeln des Ordre Public. Andere oder weitergehende schweizerische oder ausländische zwingende Rechtssätze oder Regeln des Ordre Public sind nicht zu beachten."*

1186 Vischer, Zürcher IPRG-Komm., Art. 177, Rn. 24.

1187 Gentinetta, Die Lex Fori internationaler Handelsschiedsgerichte, Bern, 1973, S. 306; Garnett/Gabriel/Waincymer/Epstein, A Practical Guide to International Commercial Arbitration, New York, 2000, Abschnitt 8.2.7

1188 Walter/Bosch/Brönnimann, Internationale Schiedsgerichtsbarkeit in der Schweiz, Bern, 1991, S. 288. Vgl. Fouchard, L'arbitrage Commercial International, Vol. II, Paris, 1965, S. 524, Rn. 729.

1189 Briner, Basler IPRG-Komm., Art. 177, Rn. 18.

1190 Vischer, Zürcher IPRG Komm., Art. 177, Rn. 22.

1191 BGE 118 II, 193: *„L'arbitrabilité d'une cause en matière internationale est traitée à l'art. 177 LDIP qui constitue une règle matérielle de droit international privé. Elle est,*

abhängig davon, ob die *lex causae* oder die Rechtsordnung der Parteien günstigere Bestimmungen diesbezüglich enthalten können.
Mit dieser materiellrechtlichen Lösung, die auch im Art. 177 Abs. 1 IPRG enthält ist, müssen die Parteien in Kauf nehmen, dass Schiedssprüche, die in der Schweiz erlassen wurden, im Ausland nicht für vollstreckbar erklärt werden.[1192]
Zur Vermeidung dieser Schwierigkeiten ist den Parteien zu empfehlen, bereits beim Abschluss einer Schiedsvereinbarung die Vorschriften des potentiellen Vollstreckungsstaates zu berücksichtigen.[1193]

7.3.3. Frankreich

Die Schiedsfähigkeit ist in Frankreich durch Artt. 2059 und 2060 NCPC geregelt. Artikel 2059 schreibt vor, dass man eine Schiedsvereinbarung über jedes Recht schließen kann, über das man frei verfügen kann.
In Art. 2060[1194] NCPC sind alle Streitigkeiten aufgeführt, die nicht durch ein Schiedsverfahren gelöst werden können. Dazu zählen Streitigkeiten über den Status der Person, Scheidungssachen, Streitigkeiten, die Personen des öffentlichen Rechts oder öffentliche Einrichtungen betreffen, sowie allgemein „*toutes les matières qui intéressent l'Ordre Public*". Dies heißt, dass die Schiedsfähigkeit am Ordre Public gemessen wird.
In früheren Jahren waren in Frankreich alle Streitigkeiten schiedsunfähig, die mit der Auslegung oder Anwendung einer zum Ordre Public gehörenden Vorschrift zu tun hatten.[1195]

---

en conséquence, régie par la lex arbitrii sans égard aux dispositions peut-être plus stricte de la lex causae ou de la loi nationale des parties, ce qui peut entraîner des conséquences quant à la reconnaissance à l'étranger d'une sentence rendue en Suisse. En rapport avec le grief fondé sur l'arbitrabilité de la question litigieuse, le recours ne discute toutefois pas les conditions posées par la disposition précitée; non seulement, il ne la cite pas - ce qui n'est pas encore décisif - mais encore il n'y fait même pas une lointaine allusion. Sur ce point, le moyen est ainsi irrecevable."

1192 BGE 118 II 353; Gentinetta, Die Lex Fori internationaler Handelsschiedsgerichte, Bern, 1973, S. 306; Bucher, Die neue internationale Schiedsgerichtsbarkeit in der Schweiz, S. 161, Rn. 453; Walter/Bosch/Brönnimann, Internationale Schiedsgerichtsbarkeit in der Schweiz, Bern, 1991, S. 288.

1193 Walter/Bosch/Brönnimann, Internationale Schiedsgerichtsbarkeit in der Schweiz, Bern, 1991, S. 62.

1194 Art. 2060.- *On peut compromettre sur les questions d'état et des capacité des personnes, sur celles relatives au divorce et à la séparation de corps ou sur les contestations intéressant les collectivités publiques et les établissements publics et plus généralement dans toutes les matières qui intéressent l'Ordre Public.*

1195 *Société Jean Tardits v. Korn Og Foderstof Kompagniet*, J.D.I. 1962, 140, 148. Hierbei lehnte das Gericht ab, zwei in England ergangene Schiedssprüche anzuerkennen, in denen ein französisches Unternehmen wegen Nichterfüllung eines Vertrages über die Lieferung von Futterweizen zur Zahlung von Schadenersatz an eine dänische Gesell-

Der Umbruch in der französischen Rechtsprechung kam mit der *Impex*-Entscheidung[1196], in der die *Cour d'appel* von Paris festgelegt hat, dass das Verbot des französischen Rechts, über Vorschriften des Ordre Public im Schiedsverfahren zu entscheiden, nur in internen Streitigkeiten gilt; auf internationalen Angelegenheiten ist es hingegen nicht mehr anzuwenden.
In der Entscheidung *Phocéenne de Dépôt*[1197] legte die *Cour d'appel* erneut fest, dass die Schiedsgerichte Vorschriften des zwingenden Wirtschaftsrechts wegen Artikel 2060 CC nicht anwenden könnten.
Mit der *Ganz*-Entscheidung[1198] hat die *Cour d'appel* einen großen Schritt gemacht, in dem sie festlegte, dass den Schiedsrichtern auch die Aufgabe zukommt, den Respekt des Ordre Public international zu gewährleisten und über Streitigkeiten zu entscheiden, die den Grundsatz von Treu und Glauben - Bona Fides - verletzen.[1199] Offen blieb in dieser Entscheidung, ob die Schiedsrichter auch im Rahmen des Ordre Public international zwingende französische Normen anwenden können. Denn der Begriff des Ordre Public international in Frankreich erfasst auch Eingriffsnormen des französischen Rechts.
Diese Frage wurde mit der *Labinal*-Entscheidung[1200] aufgeklärt: Die *Cour d'appel* entschied in diesem Fall, dass es der Schiedsfähigkeit nicht entgegensteht, dass die Schiedsrichter über eine Verletzung europäischen Wettbewerbsrecht zu befinden haben. Damit wird erlaubt, dass Schiedsrichter Eingriffsgesetze anwenden und zivilrechtliche Sanktionen für Verletzungen des Ordre Public aussprechen.
Die *Labinal*-Entscheidung weist Ähnlichkeiten mit der *Mitsubishi*-Entscheidung auf: beide ermächtigen Schiedsrichter, über wettbewerbsrechtliche Angelegenheiten zu entscheiden. Damit dehnen sie die Schiedsfähigkeit aus.

---

schaft verurteilt wurde. Die Erfüllung war dem französischen Unternehmen unmöglich geworden, da die französische, zuständige Behörde die Ausfuhrgenehmigung versagt hatte. Das Gericht war der Ansicht, die Schiedsrichter hätten zur Entscheidung dieser Streitigkeit die Maßnahme der französischen Behörde auslegen und anwenden müssen. Deshalb sah es die Streitigkeit als schiedsunfähig an. So auch *Cour d'appel* v. 21.2.1964, *Société Meulemans v. Alphonse Robert*, Rev.arb. 1964, 55, 58.

1196 *Cour d'appel* Paris, vom 20.6.1969, *Impex v. Malteria Adriática*, Rev. arb. 1969, 95, 99.

1197 *Cour d'appel* Paris, vom 28.4.1988, *Société Phocéenne de Dépôt v. société Dépôts pétroliers de Fos*, Rev. arb. 1989, 280.

1198 *Cour d'appel*, vom 29.3.1991, *Société Ganz et autres v. société nationale des Chemins de fer tunisiens*, Rev.Arb. 1991 .S. 478.

1199 « *Considérant que...l'arbitre international, dont la mission consiste aussi à assurer le respect de l'Ordre Public international, a le pouvoir de sanctionner les comportements contraires à la bonne foi qui doit présider aux relations entre partenaires du commerce international.* »

1200 *Cour d'appel* Paris, vom 19.5.1993, *Société Labinal v. société Mors et société Westland Aerospace*, J.D.I. 1993, 957.

Die Schiedsfähigkeit ist ein variables Konzept, das sich mit der Zeit entwickelt oder ändert. So können z.B. Rechtsgebiete die früher nicht schiedsfähig waren, heutzutage Gegenstand eines Schiedsverfahrens sein. Hierbei ist das Kartellrecht zu erwähnen. Bereits im Jahre 1985 hatte der amerikanische Bundesgerichtshof in der *Mitsubishi*-Entscheidung die Schiedsfähigkeit von Normen des Ordre Public festgehalten, konkret ging es um *Antitrust-law*.
Ebenso wird die Schiedsfähigkeit des Kartellrechts in Frankreich bejaht.[1201] Die *Cour d'appel* hat im Falle *Labinal*[1202] entschieden, dass das Schiedsgericht nicht nur eine potentielle Vertragswidrigkeit wegen eines Verstoßes gegen kartellrechtliche Normen im Schiedsverfahren berücksichtigen kann, sondern dass er auch diesbezüglich in der Sache entscheiden und die Aufhebung eines solchen Vertrages festlegen kann.[1203]
Die Schiedsfähigkeitskontrolle ist nach der französischen Lehre nicht nur eine Aufgabe des nationalen Gerichts im Vollstreckbarerklärungsverfahren, sondern auch die Schiedsrichter sollen sich mit der Frage der Schiedsfähigkeit *ex officio* auseinandersetzen.[1204] Sollte das Schiedsgericht feststellen, dass die Streitbeilegung auf schiedsrichterlichem Wege gegen den internationalen Ordre Public verstößt, so muss sich das Schiedsgericht für unzuständig erklären.[1205]
Hierbei wird in der französischen Lehre ein Unterschied gemacht zwischen dem Recht, das die Schiedsrichter für die Schiedsfähigkeitskontrolle anwenden müssen und demjenigen, das das nationale Gericht anwenden muss.[1206]

Welches ist nun das Recht, das die Schiedsrichter für die Feststellung der Schiedsfähigkeit anwenden müssen? Hierbei wird es auf die *lex causae*, die *lex fori* (*lex loci arbitrii*) und auf die die Rechtsordnung des potentiellen Vollstreckungsortes ankommen können.
Das New Yorker Übereinkommen in Art. V. Abs. 1 a) UNÜ sowie der Art 36 Abs. 1 a), i) und Art. 34 Abs. 2 b) i) UNCITRAL-Modellgesetz besagen, dass das anwendbare Recht hierbei das dasjenige ist, das den Schiedsvertrag gemäß Parteivereinbarung regelt; oder mangels einer solcher Vereinbarung das Recht des Landes, in dem der Schiedsspruch ergangen ist.
Die Schiedsfähigkeit ist eine Voraussetzung für die Wirksamkeit der Schiedsvereinbarung. Dementsprechend beginnen die Schiedsrichter in der Regel ihre

1201 Chabot, JCP-Ed.Gen. 2005, II 10038, S. 573-574.
1202 *Cour d'appel* Paris, 19.5.1993, Rev. Arb. 1993, S. 645, Anm. Jarroson.
1203 Loquin, Les illusions perdues du contrôle de l'arbitrabilité du litige international, Mélanges J. Normand, 2003, S. 338 (350).
1204 Racine, a.a.O., S. 152, Rn. 256.
1205 Lalive/Poudret/Reymond, Le droit de l'arbitrage interne et international en suisse, 1989, S. 309; Hanotiau, The Law applicable to Arbitrability in:Van den Berg, S. 157.
1206 Racine, a.a.O. S. 151, Rn. 255.

Prüfung anhand desjenigen Rechts, das auch für die Schiedsvereinbarung maßgebend ist. Dies entspricht auch der Parteivereinbarung.
Diese Wahl, die so auch im New Yorker Übereinkommen vorgesehen ist, wird in der französischen Lehre insofern kritisiert, dass man die Schiedsfähigkeit des Streitgegenstandes nicht der „Parteivereinbarung" überlassen könne.[1207]
Es kann vorkommen, dass der Streitgegenstand nach der *lex fori* nicht schiedsfähig ist und dementsprechend aufgehoben werden kann. Da dem Schiedsrichter die Aufgabe zukommt, gültige und vollstreckbare Schiedssprüche zu erlassen, wird behauptet, dass er im Rahmen der Schiedsfähigkeitsprüfung auf das Recht des Schiedsverfahrensortes zurückgreifen soll, um die nachträgliche Aufhebung des Schiedsspruchs zu verhindern.[1208]

Art. V Abs. 2 lit. a) UNÜ besagt, dass das nationale Gericht die Schiedsfähigkeit des Streitgegenstandes im Lichte seines eigenen Rechtes *ex officio* kontrollieren kann.
Aus diesem Grund wird es vertreten, dass die Schiedsrichter zwischen den Bestimmungen des auf die Schiedsvereinbarung anwendbaren Rechts, der *lex fori* und des Rechts des Vollstreckungsortes abwägen müssen, und die Lösung anwenden, die am strengsten ist, damit eine spätere Aufhebung verhindert und die Vollstreckbarerklärung in diesem Sinne gesichert wird.[1209]
Dies kann man nicht einwandfrei bejahen; denn man weiß nicht in allen Fällen im Voraus, welches das Vollstreckungsland sein wird.[1210]
Die objektive Schiedsfähigkeit wird in Frankreich unmittelbar am Ordre Public international und anhand der *lex fori* gemessen, indem zwingendes, die Schiedsgerichtsbarkeit betreffendes Recht dem Ordre Public zugerechnet wird.[1211] Nach Art. 1502,1 NCPC[1212] ist aber das Exequatur zu versagen, wenn der Schiedsver-

---

1207 Idot in Racine, a.a.O. S. 153, Rn. 261: *« une telle solution fait dépendre l'arbitrabilité de la volonté des parties, ce qui est difficilement admissible. »*. So auch Fouchard/ Gaillard/Goldman, Traité de l'arbitrage commercial international, S. 372, Rn. 588. *« Le fait d'abandonner l'arbitrabilité du litige, qui relève des convictions fondamentales des Etats, à l'habileté des parties ou aux hasards de leurs choix est assurément inopportun. »*

1208 Racine, a.a.O., S. 154, Rn. 262. So auch ein Schiedsspruch des CCI N° 6106 von 1988: *« les arbitres doivent aussi étudier l'arbitrabilité à la lumière du droit du lieu de l'arbitrage où pourrait être formé un recours en annulation de la sentence. »*

1209 Racine, a.a.O., S. 158, Rn. 272.

1210 Siehe YBCA XVII, 1992, S. 686.

1211 Barber, Schiedsfähigkeit und Ordre Public in der internationalen Schiedsgerichtsbarkeit, Frankfurt a.M., 1994, S. 25.

1212 Art. 1502, 1. *Si l'arbitre a statué sans convention d'arbitrage ou sur convention nulle ou expirée.*

trag unwirksam ist. Soweit es um einen internationalen Schiedsspruch geht, ist die objektive Schiedsfähigkeit selbständig anzuknüpfen.[1213]

7.3.4. England

Nach sec. 6 (1) AA besteht die Möglichkeit, auch nicht vertragsrechtliche Streitigkeiten einem Schiedsgericht zu unterbreiten. In der Lehre wird behauptet, dass alle Streitigkeiten objektiv schiedsfähig sind, „ *which affect the civil interests of parties.*“[1214]

Die Schiedsfähigkeit wird in der englischen Lehre am - englischen - Ordre Public gemessen.[1215] Ebenso wie der Ordre Public ist dann die Schiedsfähigkeit ein zeitlich und örtlich variables Konzept.

Z.B sind Aspekte über die Gültigkeit von Urheberrecht in England nicht schiedsfähig. Jedoch ist die Streitigkeit schiedsfähig, die aus einem Vertrag über eine Markenzeichenlizenz entstehen kann.[1216] Andererseits können Streitsachen über Insolvenzrecht nicht durch ein Schiedsgericht gelöst werden.[1217]

England hat das New Yorker Übereinkommen ratifiziert; damit ist davon auszugehen, dass die Schiedsfähigkeit im Vollstreckbarerklärungsverfahren im Rahmen der *lex fori* geprüft wird. Da der *Arbitration Act* 1996 der Schiedsfähigkeit keine Grenzen setzt, wird sie im Rahmen des Ordre Public geprüft.

In diesem Sinne hat der *Court of Appeal* in der *Soleimany*-Entscheidung[1218] festgelegt: „*There may be illegal or immoral dealings which are from an English law perspective incapable of being arbitrated, because an agreement to arbitrate would itself be illegal or contrary to public policy under English law.*"

7.3.5. UNCITRAL-Modellgesetz

Das UNCITRAL-Modellgesetz enthält keine sachliche Regelung über die objektive Schiedsfähigkeit.

1213 Haas, Die Anerkennung und Vollstreckung ausländischer und internationaler Schiedssprüche, S. 259.

1214 Steyn, England, in International Handbook on Commercial Arbitration, S. 8.

1215 Redfern/Hunter, Law and Practice of International Commercial Arbitration, 2004, S. 81, Rn. 2-11: *"Every state reserves for itself, as a matter of public policy, what might perhaps be called a "state monopoly" over certain types of dispute."*; ders. S. 139, Rn. 3-14: *"Whether or not a particular type of dispute is "arbitrable" under a given law is in essence a matter of public policy for that law to determine."*

1216 Redfern/Hunter, Law and Practice of International Commercial Arbitration, 2004, S. 139, Rn. 3-15.

1217 Maxwell, in Weigand, Practitioners's Handbook on International Arbitration, S. 600, Rn. 31.

1218 *Soleimany v. Soleimany*, 1998, CA 3 WLR 811 = ASA Bull. 1998, S. 732ff.

Bei den Vorarbeiten zum UNCITRAL-Modellgesetz wurde vorgeschlagen, die Schiedsunfähigkeit des Streitgegenstandes als Versagungsgrund wegzulassen, denn dies sei ein Gebiet, das von dem in der Sache anwendbaren Recht geregelt werden müsse und nicht von einem Modellgesetz. Die *Working Group* lehnte den Vorschlag ab, weil ein Modellgesetz einen globalen Effekt haben müsse und eine solche Bestimmung in einem Modellgesetz unverzichtbar sei.[1219]

8. Die Ordre Public – Kontrolle im Ablauf des Verfahrens

Die Schiedsrichter haben die im Schiedsvertrag getroffenen Vereinbarungen zu befolgen, solange sie dadurch nicht gegen den Ordre Public insbesondere der *lex fori* verstoßen. Das heißt, sie müssen u.a. den Parteien das rechtliche Gehör gewährleisten und sich unparteiisch im Verfahren benehmen (Gleichbehandlung der Parteien).
Beide Verfahrensprinzipien sind gem. § 1042 Abs. 1 ZPO während des gesamten Schiedsverfahrens zwingend zu beachten und ermöglichen dazu, das Schiedsverfahren als eine dem Verfahren vor den staatlichen Gerichten gleichwertige Rechtsschutzmöglichkeit anzusehen.[1220]
Nicht alle Einschränkungen des rechtlichen Gehörs stellen jedoch einen Versagungs- oder Aufhebungsgrund des Schiedsspruchs dar. Hiermit sind z. B. die Präklusionsvorschriften der §§ 1027 und 1040 Abs. 2 ZPO gemeint, die auf dem Prinzip der Verfahrensbeschleunigung basieren.
Die Verletzung des rechtlichen Gehörs ist daher im Einzelfall zu prüfen.

Die französische Lehre hierbei ist zum Teil für die Berücksichtigung des Ordre Public transnational seitens des Schiedsrichters. Dies stützt sich auf die Theorie, dass die Schiedsrichter keine *lex fori* haben und dass die internationale Schiedsgerichtsbarkeit a-national ist.[1221] Der Schiedsrichter sei nicht dazu verpflichtet, auf einen bestimmten Ordre Public interne, sondern auf den Ordre Public transnational bzw. *réellement* international zu achten.[1222] Andere Autoren sind der Meinung, dass die Staaten die Befugnis der Vollstreckbarerklärung bei sich behalten und diese deshalb dem Schiedsspruch wegen Verstoßes gegen den eige-

---

1219 UN-Doc. A/CN.9/246, paras. 136-37.

1220 Berger, Das neue Recht der Schiedsgerichtsbarkeit, 1998, S. 228.

1221 Racine, a.a. O., S. 363, Rn. 651ff.

1222 Lagarde, Traité de droit international privé, Tome I, S. 588: « *La notion (d'Ordre Public véritablement international), bien que passablement floue, reste cependant utile pour les arbitres du commerce international qui n'ayant pas de for et ne tenant leurs pouvoirs que de la volonté des parties, ont besoin d'un ordre juridique de référence anational pour écarter si nécessaire les règles de droit applicables aux litiges dont ils sont saisis.* »

nen Ordre Public verweigern können; und dass deshalb die Schiedsrichter den Ordre Public des Vollstreckungsortes zu beachten haben, wenn er nicht gegen den Ordre Public transnational verstößt. Hierbei ist zu erwähnen, dass nach französischer Auffassung der Ordre Public auch zwingendes Recht beinhaltet und die internationale Schiedsgerichtsbarkeit nicht dafür bestimmt ist, das zwingende Recht eines Landes zu Geltung zu bringen. Beide Arten Ordre Public ergänzen sich.
Manche französischen Autoren sind der Auffassung, dass der Schiedsrichter mit der Beachtung des Ordre Public transnational die „universale" Vollstreckbarkeit des Schiedsspruchs sichert.[1223]

Die *Cour d'appel* zählt es zu den Aufgaben des Schiedsrichters, den Ordre Public international zu beachten: "*Considérant que ... l'arbitre international, dont la mission consiste aussi à assurer le respect de l'Ordre Public international, a le pouvoir de sanctionner les comportements contraires à la bonne foi qui doit présider aux relations entre partenaires du commerce international.»*[1224]

Das UNCITRAL-Modellgesetz sieht auch in Art. 18 vor, dass die Parteien gleich zu behandeln sind und dass jeder Partei Gelegenheit zur umfassenden Darlegung ihres Standpunktes zu geben ist. Diesen Prinzipien folgend dürfen die Parteien nach Art. 19 Abs. 1 UMG die Verfahrensregeln frei vereinbaren.
Dieser Artikel wird als „*Magna Carta*" des Schiedsverfahrens bezeichnet. Denn er legt die Parteiautonomie bei der Schiedsverfahrensvereinbarung fest.[1225]

8.1. Anwendbares Recht (*lex causae*)

Die Schiedsrichter haben das Recht anzuwenden, das von den Parteien vereinbart wurde. Erst wenn keine Parteivereinbarung diesbezüglich vorliegt, dürfen sie das in der Sache anwendbaren Rechts selbst auswählen. Die Maßstäbe, nach denen die Schiedsrichter das Recht bestimmen müssen, sind in der *lex fori* geregelt (§ 1051 Abs. 2 ZPO).

Die Wahl fremden Rechts einschließlich seiner Kollisionsregeln ist zulässig. Bei Schiedsverträgen kann es sich häufig sogar empfehlen, das anzuwendende

1223 Loquin in Racine a.a.O., S. 357, Rn. 638: »Le *respect de l'illicite universel, exprimé par l'Ordre Public véritablement international est l'assurance d'une exécution universelle de la sentence.»*

1224 Paris, 29.3.1991, *Société Ganz et autres vs. Société nationale des Chemins de fer tunisiens*, Rev.Arb. 1991, S. 478, 480.

1225 UN-Comm. A/CN.9/264: „*Article 19 may be regarded as the most important provision of the model law. It goes a long way towards establishing procedural autonomy by recognizing the parties' freedom to lay down the rules of procedure.*

Kollisionsrecht festzulegen, um künftige Schwierigkeiten bei der Suche nach dem anwendbaren Kollisionsrecht zu vermeiden.[1226]
In Deutschland sind Art. 27 EGBGB und § 1051 ZPO für die Wahl des anwendbaren Rechts maßgebend. Was das Kollisionsrecht anbelangt, sind nach der Auffassung des Gesetzgebers Art. 3 ff des EG-Übereinkommens über das auf vertragliche Schuldverhältnisse anzuwendende Recht und die darauf beruhenden Art. 27 ff EGBGB auch für internationale Schiedsgerichte mit Sitz in Deutschland bindend.[1227]

Es wird darüber diskutiert, ob die Anwendung anderer als der von den Parteien gewählten Rechtsregeln oder ihre falsche Anwendung, sowie eine statt nach Recht nach Billigkeit bzw. im Rahmen der *lex mercatoria* gefällte Entscheidung zu einem Verstoß des Ordre Public führen könnte.[1228]
Ein Schiedsspruch, der ohne ausdrückliche Ermächtigung im Rahmen der *lex mercatoria* erlassen wurde, verstößt nach manchen Autoren gegen den Ordre Public[1229] und kann gem. §1059 Abs. 2 Nr. 2 lit. d ZPO aufgehoben werden, oder es kann ihm auch gem. Art. V Abs. 1 lit. d und Abs. 2 lit. b UNÜ die Vollstreckbarkeit verweigert werden.
Ferner wird überwiegend die Meinung vertreten, dass es hierbei auf das Ergebnis der Entscheidung ankommt und nicht auf die Anwendung einer bestimmten Norm als solche. Im schlimmsten Fall wäre noch zu prüfen, ob die Anwendung einer anderen Norm ein erheblich anderes Ergebnis bewirken würde.[1230]
Daher ist es empfehlenswert, dass die Anwendung der *lex mercatoria* nur mit Ermächtigung der Parteien erfolgt und solche Länder als Schiedsorte vermieden werden, deren Rechtsordnungen keine Billigkeitsentscheidung anerkennen bzw. der *lex mercatoria* sehr skeptisch gegenüberstehen, um in der Praxis keine unnötigen Risiken einzugehen.[1231]
In Frankreich werden hingegen Schiedssprüche, die im Rahmen der *lex mercatoria* erlassen wurden, anerkannt und für vollstreckbar erklärt, selbst wenn die Parteien die Anwendung der *lex mercatoria* nicht vereinbart hatten.[1232]

1226 Staudinger/Magnus, Art. 27 EGBGB Rn. 36.
1227 Berger, Das neue Recht der Schiedsgerichtsbarkeit, S. 22.
1228 Habscheid, RIW 1988, S. 771. Nach der Auffassung dieses Autors liegt im Falle eine Billigkeitsentscheidung ohne ausdrückliche Ermächtigung der Parteien eine Verletzung des Ordre Public vor.
1229 v. Bar/Mankowski, Internationales Privatrecht, 2003, S. 87, Rn. 85: Die deutsche öffentliche Ordnung kann es nicht hinnehmen, dass auf ihrem Territorium Privatleute objektives Recht „setzen".
1230 Dasser, S. 282, 284, in Frick, Arbitration and Complex International Contracts, Zürich, 2001, S. 136.
1231 Vgl. Weise, S. 168.
1232 Weise, S. 159.

Wichtig ist in dieser Phase, dass sich die Schiedsrichter an die Bestimmungen des Rechts halten, das von den Parteien vereinbart wurde.
Hierbei stellt sich die Frage, was für eine Rolle die *lex fori* dabei spielt. Auf diese Frage wird in den nächsten Abschnitten näher eingegangen.

8.2. Die lex fori als Ausgangsmaßstab

Nach herrschender Meinung hat das internationale Schiedsgericht im Gegensatz zu den staatlichen Gerichten keine *lex fori.*[1233] Dies hat zur Folge, dass das Schiedsgericht nicht *a priori* einem bestimmen Kollisionsrecht unterworfen ist. Die Schiedsrichter üben ihre Funktion in den Grenzen der Schiedsvereinbarung aus. Es wird zum Teil vertreten, dass sie davon nur insoweit abweichen können, als dies durch das zwingende Recht des Sitzstaates verlangt wird.[1234]
Mit diesen Aussagen wird jedoch eine gewisse, rudimentäre *lex fori* für die Schiedsrichter bejaht. Nach der Sitztheorie, die von Deutschland, der Schweiz und England übernommen wurde, spielt die Rechtsordnung des Landes, in dem das Schiedsverfahren stattfindet (*lex fori* bzw. *lex loci arbitrii*) eine große Rolle. Sie gibt den Schiedsrichtern ein *Framework,* auf das sie sich dort subsidiär stützen können, wo die Parteien keine Vereinbarung getroffen haben.
Die Schiedsrichter sind auch insofern an die *lex fori* gebunden, als sie Eingriffsnormen der *lex fori* oder den Ordre Public nicht verletzen dürfen.
Das Schiedsverfahren ist dann in einer Rechtsordnung verankert.[1235]
Die Notwendigkeit dieser Unterstützung der Schiedsgerichtsbarkeit und Kontrolle seitens der normalen Gerichtsbarkeit ist auch im UNCITRAL-Modellgestz anerkannt (Art. 6 und Art. 35 UMG).
Diese Meinung wird in Frankreich nicht geteilt. Wie bereits erwähnt, geht man dort von der Delokalisierung der internationalen Schiedssprüche aus. Das Schiedsverfahren ist demgemäß nicht an eine bestimmte Rechtsordnung gebunden. Der Schiedsort hat in Frankreich keine rechtliche Relevanz. Die Schiedsrichter sollen vielmehr bei der Durchführung des Verfahrens und der Erarbeitung des Schiedsspruchs den internationalen Ordre Public beachten[1236] Die Lage stellt sich jedoch ganz anders dar, wenn der Schiedsort in Frankreich liegt. In diesem Fall wird die Theorie der anationalen Schiedssprüche ausgesetzt und der Schiedsort wird im Hinblick auf Eingriffsnormen oder *„lois d'Ordre Public"* wichtig.[1237]

1233 Bucher, Die neue internationale Schiedsgerichtsbarkeit, 1989, S. 86, Rn. 226.
1234 Bucher, Die neue internationale Schiedsgerichtsbarkeit, 1989, S. 87, Rn. 230.
1235 *"instead of floating in the transnational firmament, unconnected with any municipal system"*; so Redfern/Hunter, Law and Practice of International Commercial Arbitration, 2004, S. 92 Rn. 2-29.
1236 Lagarde, International Private Law, S. 51.
1237 Mehr dazu unten 8.3. ff.

8.3. Zwingendes Recht und Ordre Public

Es kommt nicht selten vor, dass man den Ordre Public mit Begriffen wie „Sonderanknüpfungen", „versteckte", „einseitige Kollisionsnormen" oder „Eingriffsnormen"[1238], „*lois d'application immédiate*" vermischte.[1239] Jedoch sind diese Begriffe streng voneinander zu trennen, obwohl das zwingende Recht bzw. Eingriffsrecht sich aus dem Gebiet des Ordre Public herausentwickelt hat.[1240] Gerade diese Entwicklung bzw. Trennung zeigt, dass ihre Ziele und ihre Anwendung verschieden sind. Der Ordre Public dient zur Sicherung von wesentlichen Prinzipien einer Rechtsordnung, während die zwingenden Normen staats-, sozial-, und wirtschaftspolitische Ziele verfolgen. Außerdem ist ein Hinweis dafür, dass sie auch unterschiedlich zu handhaben sind, dass sie an verschiedenen Stellen im Gesetz stehen, nämlich in Art. 6 und Art. 34 EGBGB.[1241]

Der Ordre Public (Art. 6 EGBGB) verhindert die Anwendung des untragbaren, fremden Rechts im Inland. Er hat also eine Abwehrfunktion. Er beinhaltet im deutschen Recht im Gegensatz zu den Sonderanknüpfungen keine Sachnormen und deshalb schließt er die Anwendung ausländischer Sachnormen nicht von vornherein aus, sondern verhindert ihre Anwendung nur, wenn sie die Grundrechtsätze bzw. die Grundrechte im Inland verletzen. D.h., dass der Ordre Public nach deutschem Recht bloß Grundprinzipien und Grundrechte beinhaltet. Dementsprechend kommt er als Vorbehaltsklausel nur in Ausnahmefällen zur Anwendung.

Die zwingenden Normen (Art. 34 EGBGB) sind hingegen alle Normen, von denen nicht durch Parteidisposition abgewichen werden kann[1242] und diejenigen, die zum Schutz staats-, wirtschafts-, oder sozialpolitischer Interessen geschaffen worden sind.[1243] Sie ergeben sich aus der ursprünglich positiven Funktion des Ordre Public (der romanischen Lehre) und als solche können sie ihre zwingende Geltung, unabhängig von dem an sich anwendbaren Recht, beanspruchen. Sie benötigen dementsprechend für ihre Anwendung nicht die Rechtfertigung aus

---

1238 Sie sind in Art. 34 EGBGB geregelt.

1239 Siehe dazu Kropholler, Internationales Privatrecht, S. 108, 246.

1240 Spickhoff, Die allgemeine Dogmatik des Ordre Public, S. 130.

1241 So auch Art. 17 und Art. 18 IPRG in der Schweiz.

1242 Staudinger/Magnus, Art. 34 EGBGB, Rn. 49; Martiny/MünchKomm., 3. Aufl. Art. 34 EGBGB, Rn. 6.

1243 Vgl. hierfür grundlegend einerseits die Kritik gegen die positive Funktion des Ordre Public bei Kann, Die Lehre vom Ordre Public, 1898, S. 1, 109: „Eine Vorbehaltsklausel allgemeiner Art zu Gunsten streng zwingender, positiver Gesetze zu Gunsten von *lois d'Ordre Public* gibt es nicht". Siehe auch Kegel/Schurig, IPR, 9. Aufl., S. 516; v. Hoffmann, IPR, Aufl. 7, S. 253, Rn. 14; Roth, Ordre Public, 1967, S. 71. In der Schweiz: Vischer in Zürcher Komm. IPRG zu Art. 17 Rn. 8.

der Ordre Public-Vorbehaltsklausel (Art. 6 EGBGB).[1244] Ferner ist die Anwendung des Ordre Public vom Ergebnis der Anwendung einer ausländischen Norm abhängig; das zwingende Recht hingegen beansprucht Geltung unabhängig davon. Es verweist auf die Norm, die unabhängig vom an sich anwendbaren Recht im konkreten Fall anzuwenden ist. Wegen der besonderen Merkmale des Ordre Public kann man seine Anwendung nicht im Voraus präzisieren, während der zwingende Charakter einer Norm sich in der Regel aus der Norm selbst ableiten lässt. Wenn es jedoch an einer solchen ausdrücklichen Anordnung fehlt, die die Anwendung der Norm zwingend regelt, kann sie durch die Auslegung des Sinnes und Zwecks der Norm unter der Voraussetzung des im Art. 36 EGBGB vorgesehenen Einheitlichkeitsgebots festgelegt werden.[1245]
Es kann vorkommen, dass manche zwingenden Normen des nationalen Rechts auch als Bestandteil des Ordre Public angesehen werden. Hierbei sind gem. des Wortlautes des Art. 6 EGBGB jedoch nicht die einzelnen Normen als solche, die zum Ordre Public gehören, sondern diejenigen Prinzipien herauszugreifen, auf die sich die Norm stützt. Ansonsten wäre der Ordre Public statt als bloße Vorbehaltklausel zum Schutz der grundlegenden Prinzipien und Grundrechte zu Unrecht als Mittel angesehen, um nationales zwingendes Recht durchzusetzen.[1246]
Hervorzuheben ist, dass nicht alle von den zwingenden Normen des nationalen Privatrechts abweichende (Rechtsvorschriften) Prinzipien *per se* Ordre Public-widrig sind.[1247] Sondern vielmehr nur diejenigen, die die Beachtlichkeit einiger Rechtsgrundsätze und Grundrechte sichern.
In einer früheren Entscheidung hat sich der BGH[1248] jedoch anders geäußert, indem er feststellte, dass zum nationalen Ordre Public alle zwingenden nationalen Vorschriften gehören, die nicht der Verfügung der Parteien unterliegen.

In einem Urteil des BGH, in dem es um die Vereinbarung eines ausländischen Schiedsgerichts in Verbindung mit einer Rechtswahlklausel ging, wurde die Schiedsvereinbarung als unverbindlich und deshalb unwirksam angesehen, da gemäß § 61 BörsG a.F. die Unverbindlichkeit der Differenzgeschäfte auch gilt, wenn materiell ausländisches Recht anzuwenden ist. Der BGH hielt fest, dass § 61 BörsG zum Ordre Public gehört.[1249]

1244 Erman/Hohloch, Art. 6 EGBGB, Rn. 4. Staudinger/Blumenwitz, Art. 6 EGBGB Rn. 23, 39; Münch.Komm./Sonnenberger, 3. Aufl., Art. 6, Rn. 24.

1245 Staudinger/Magnus, Art. 34 EGBGB, Rn. 52. So auch v. Hoffmann/Thorn, IPR, 2005, S. 470, Rn. 96.; Martiny/MünchKomm. Art. 34, Rn.13; so auch Reithmann/Martiny, Internationales Vertragsrecht, S. 372, Rn 400. Siehe auch Sonnenberger, IPRax 2003/2, S. 107. Siehe für Beispiele von Eingriffsnormen v. Welser, Neue Eingriffsnormen im Urhebervertragsrecht, IPRax, 2002, S. 364-366.

1246 So auch Mankowski zu Verbraucherschutznormen, RIW, 1998/4, S. 291.

1247 Kilgus, a.a.O., S. 159; Vischer in Zürcher Komm. IPRG zu Art. 17 Rn. 4.

1248 BGH, Urt. v. 18.10.1967, BGHZ 48, 327, 331.

1249 BGH, 04.06.1975, VIII ZR 232/73, WM 1975, 676, 677.

Der Termin- und Differenzeinwand gemäß §§ 52 ff. BörsG a.F. und § 764 BGB a.F. gehörte zwar nach der früheren Rechtsprechung des Bundesgerichtshofes[1250] zum deutschen Ordre Public. Daran ist aber nach der Änderung der §§ 53, 58 und 61 BörsG a.F. durch die Börsengesetznovelle 1989 nicht mehr festzuhalten.[1251]

Jedoch wird behauptet, dass ein ausländischer Schiedsspruch, in dem der Differenzeinwand des deutschen Rechts nicht beachtet ist, nicht anerkannt werden könnte.[1252]

8.3.1. „Intern" und „international" zwingende Normen

Unter den zwingenden Normen sind die bloß „innerstaatlich", „einfachen" oder „intern zwingenden Normen" von den „international zwingenden Bestimmungen" bzw. „Eingriffsnormen"[1253] zu unterscheiden. Die intern zwingenden Normen umfassen das sachrechtliche *ius cogens*. Sie unterliegen dem Vertragsstatut, selbst wenn dieses durch Parteivereinbarung bestimmt wurde, Artt. 27 III, 29 I, 30 I EGBGB.[1254]. Sie können jedoch mit der Rechtsordnung als ganze abgewählt werden. Diesen stehen die international zwingenden Normen gegenüber. Dies sind die Normen des nationalen Rechts, die den Sachverhalt ohne Rücksicht auf das auf den Vertrag anzuwendende Recht und auf seinen Auslandsbezug im Inland zwingend regeln wollen (Art. 34 EGBGB).[1255] Sie setzen sich gegenüber einem durch Regelkollisionsnormen berufenen, fremden Recht durch.[1256] Sie verfügen also über einen besonderen Geltungsanspruch und einen höheren Grad der Verbindlichkeit.[1257]Sie beanspruchen Geltung sowohl für eigene als auch für fremde Staatsangehörige.[1258]

1250 BGH, 04.06.1975, VIII ZR 232/73, WM 1975, 676, 677; BGH, 12.06.1978, II ZR 48/77, WM 1978, 1203-1204 f.; BGH, 25.05.1981, II ZR 172/80, WM 1981, 758 f.; BGH, 15.06.1987, II ZR 124/86, WM 1987, 1153, 1154.

1251 BGH, Urteil vom 26.02.1991, ZIP 1991, S. 717; BGHZ 138, 331, 336 ff. = RIW 1998, S. 626; BGH, XI ZR 377/97 vom 21.04.1998; BGH, 25.01.2005, XI ZR 78/04.

1252 v. Bar/Mankowski, IPR, 2003, S. 86, Rn. 83.

1253 Kritisch dem Begriff gegenüber Kegel/Schurig, IPR, 9. Aufl., S.516.

1254 Freitag in: Leible (Hrsg), Das Grünbuch zum internationalen Vertragsrecht, 2004, S. 173. Kropholler, IPR, 5. Aufl., S. 19.

1255 Reithmann/Martiny, Internationales Vertragsrecht, S. 371, Rn 399.
So auch Staudinger/Magnus, Art. 34 EGBGB, Rn. 46.

1256 Kropholler, IPR, 5. Aufl., S. 19. Siehe auch Keller/Siehr, Allgemeine Lehre des IPR, S. 244 - 245.

1257 Staudinger/Magnus, Art. 34 EGBGB, Rn. 12.

1258 Staudinger/Blumenwitz, Art. 6 EGBGB Rn. 23.

Eine Norm kann nur entweder „intern“ zwingend oder „international“ zwingend sein.[1259] Das Rangverhältnis zwischen beiden (Artt. 29, 30 EGBGB und Art. 34 EGBGB) ist umstritten. Jedoch wird nach überwiegender Auffassung vertreten, dass der Art. 34 einen relativen Vorrang vor Artt. 29, 30 EGBGB hat, dass aber hierbei die beteiligten Regelungsinteressen abgewogen werden müssen.[1260]
Ebenso ist die Abgrenzung zwischen intern und international zwingenden Normen schwierig zu bestimmen, genau wie jene des Ordre Public. Nach herrschender Meinung ist die Grenzlinie zwischen intern und international zwingenden Normen danach festzulegen, ob eine Vorschrift überwiegend oder zumindest stark im öffentlichen Interesse[1261] liegt bzw. den Gemeinwohlinteressen[1262] dient und deswegen unabhängig vom an sich maßgebenden Recht gelten soll. Solche Normen sind als international zwingenden Normen zu qualifizieren.[1263]
Die intern zwingenden Normen sind hingegen durch allseitige Kollisionsnormen für den Schutz besonderer Personengruppen geschaffen.[1264]
Andere Autoren[1265] vertreten dagegen mit Hinweis auf den *Giuliano-Lagarde*-Bericht,[1266] dass Art. 7 des Römer Schuldvertragsübereinkommens (EVÜ) und Art. 34 EGBGB nicht nur Normen betreffen, die Gemeininteressen verfolgen, sondern auch solche, die ausschließlich dem Ausgleich von Privatinteressen dienen, also eine Fortsetzung der Artt. 5 und 6 EVÜ bzw. Art. 29 und 30 EGBGB seien. Früher hatte man auch versucht, die Unterscheidung der privatrechtlichen bzw. gemeinrechtlichen Natur der Normen durch die Abgrenzung zwischen Normen des Privat- oder des Öffentlichen Rechts vorzunehmen.[1267] Diese Unterscheidung erwies sich jedoch insbesondere im internationalen Bereich als nicht tauglich. Denn die Eingriffsproblematik hat notwendigerweise einen internationalen Bezug. Und eine solche Unterscheidung anhand von rein national geprägten Maßstäben sich nicht als angemessen erweist.

1259 Kropholler, IPR, 5. Aufl., S. 493. Siehe auch Mankowski, RIW, 1998/4, S. 289. Hierbei ist die Rede von normalen und Sonderanknüpfungen.

1260 Darüber Staudinger/Magnus, Art. 34 EGBGB, Rn.29ff (34).

1261 Kropholler, IPR, 5. Aufl., S. 491. Staudinger/Magnus, Art. 34 EGBGB, Rn. 57, 68, vgl. mit Rn. 60.

1262 Staudinger/Magnus, Art. 34 EGBGB, Rn. 68. So auch Sonnenberger, IPRax 2003/2, S. 116.

1263 So auch in Frankreich Racine, a.a.O., S. 317, Rn. 558: *« Le but d'une loi de police est de protéger un intérêt soit général. Ainsi, une loi de police revendique sa compétence si son application est nécessaire à la sauvegarde de l'intérêt protégé. »*

1264 Staudinger/Magnus, Art. 34 EGBGB, Rn. 29, 57.

1265 v. Hoffmann, IPR, 7.Aufl., Rn. 93, 96; Roth, RIW, 1994, S. 277.

1266 Vgl. BR-Drucks. 224/83, S. 28, 58f. Sonnenberger, IPRax 2003/2, S. 105 (kritisch gegenüber dem Bericht).

1267 Staudinger/Blumenwitz, Art. 6 EGBGB, Rn. 32ff; v. Bar/Mankowski, IPR I, § 4, Rn. 89; BGHZ 31, S. 367; BGHZ 43, S. 165.

Vereinzelt wird auch vertreten, dass sich keinerlei generelle Kriterien für die Bestimmung des international zwingenden Charakters einer Norm feststellen ließen, vielmehr sei eine Konkretisierung im Einzelfall erforderlich.[1268]
Der EuGH stellte jedoch in der *Arblade*-Entscheidung[1269] klar, dass die international zwingenden Normen solche Normen sind, die Gemeininteressen verfolgen.
Auch wenn die Konkretisierung der international zwingenden Normen sich schwierig darstellt, ist ein Rückgriff auf Art. 6 EGBGB weder notwendig noch möglich,[1270] da die Wertungen des Ordre Public und der zwingenden Normen zwar identisch sein können, aber nicht sein müssen.[1271] Denn weder braucht jede Eingriffsnorm die wesentlichen Grundsätze der deutschen Rechtsordnung zu schützen, noch wird der Schutz wesentlicher bzw. unabdingbarer Prinzipien von Art. 34 EGBGB erfasst.[1272]
Dies ist in Deutschland zu bejahen, denn der Ordre Public wird eng ausgelegt, d.h. im Sinne der Grundprinzipien und Grundrechte des deutschen Rechts. In Ländern wie Frankreich ist hingegen die Lage anders. Denn dort werden die zwingenden Normen des französischen Rechts dem internen Ordre Public (und teilweise vertretener Auffassung sogar dem internationalen Ordre Public) zugerechnet. Darauf wird unten näher eingegangen.
Der Zweck, den eine Norm verfolgt, ist für die Bestimmung ihres international zwingenden Charakters im Inland maßgebend (materiellrechtliche Abgrenzung, Gemeininteresse). Ob jedoch der internationale Anwendungsanspruch einer Norm im Ausland zu beachten ist, wird im Regelfall anhand des Kollisionsrechts der *lex fori* bestimmt.[1273]
Zu bemerken ist, dass zwingende Normen der *lex causae* auch Geltung beanspruchen können. Solche Normen müssen ihrerseits den zwingenden Charakter aufweisen, um im Inland beachtet zu werden.[1274] Hierbei stellt sich die Frage,

---

1268 Palandt/Heldrich, Art. 34 Rn 3; in: Staudinger/Magnus, Art. 34 EGBGB, Rn. 61. Kritisch Freitag in Reithman/Martiny, Internationales Vertragsrecht, 2004, 375, Rn. 402.

1269 EuGH, Urt. v. 23.11.1999, Slg. 1999, I-8453, RIW 2000/2, 137, Nr. 39. Vgl. BGHZ 135, 124 (135 f.).

1270 So Staudinger/Blumenwitz, Art. 6 EGBGB Rn. 27; Mankowski, RIW, 1998/4, S. 291 Siehe auch BGHZ 118, S. 330.

1271 Hußlein-Stich, S. 186; Mankowski, RIW 1996, S. 11; a.A. aber Reich, NJW 1994, S. 2129ff.

1272 Mankowski, RIW 1996, S. 11; a.A. aber Reich, NJW 1994, S. 2129ff.

1273 Junker, IPRax 2000/2, S. 65ff; Mankowski, RIW 1998, 290; v.Bar/Mankowski, IPR I, § 4 Rn. 91ff. Staudinger/Magnus, Art. 34 EGBGB, Rn. 11, 12; Sonnenberger, IPRax, 2003, S. 104 – 116 (107).

1274 Staudinger/Magnus, Art. 34 EGBGB, Rn. 19. Dies gilt insbesondere auch für gemeinschaftsrechtskonforme Eingriffsnormen anderer EU-Mitgliedstaaten. So Kropholler, IPR, 5. Aufl, S. 496.

wer Vorrang hat, wenn eine inländische mit einer ausländischen Eingriffsnorm kollidiert? Bei so einem Konflikt setzt sich die inländische zwingende Norm normalerweise durch.[1275]
Art. 34 EGBGB hat nur eine Hinweisfunktion und keinen Anknüpfungsgehalt, denn er beinhaltet keine Bestimmungen darüber, wann eine solche Sonderanknüpfung stattfindet oder welche Bestimmungen als solche zu definieren sind. Er macht nur den Weg für eine Sonderanknüpfung frei.[1276] Ferner sind Bestimmungen über den Inlandsbezug nicht zu finden bzw. darüber, ob und in welchem Ausmaß ein Inlandsbezug in diesem Sinne (für ihre Anwendung) zu verlangen ist. Dies müsse vielmehr die sonderanzuknüpfende Norm selbst oder mit Hilfe einer eigenen Anwendungsnorm festlegen. Ob Art. 34 EGBGB implizite einen gewissen Inlandsbezug voraussetzt, ist in der Lehre umstritten.[1277]
Um zu verhindern, dass das Kollisionssystem überflüssig wird, soll der Teil des zwingenden Rechts begrenzt sein.[1278]
Was für eine Rolle spielen die international zwingenden Normen in der internationalen Schiedsgerichtsbarkeit? Auf diese Frage wird im nächsten Abschnitt eingegangen.
Art. 18 IPRG behält die Eingriffsnormen des schweizerischen Rechts vor. Dabei handelt es sich zumeist um öffentlichrechtliche Bestimmungen der *lex fori*, die unabhängig von dem durch das IPR-Gesetz berufenen Recht zwingend angewandt sein wollen. Es geht also hierbei nicht um einfache, zwingende Privatrechtsnormen, sondern um qualifizierte Vorschriften, die wegen ihrer ganz besonderen Zielsetzung zur Aufrechterhaltung der öffentlichen Ordnung gebieterisch Geltung verlangen. Dieser Anwendungswille ist durch Auslegung der betreffenden Eingriffsnorm selbst zu ermitteln.[1279]
Art. 19 IPRG besagt seinerseits, dass anstelle des schweizerischen Rechts die Bestimmung eines andern Rechts, die zwingend angewandt sein will, berücksichtigt werden kann, wenn nach schweizerischer Rechtsauffassung schützenswerte und offensichtlich überwiegende Interessen einer Partei dies gebieten und der Sachverhalt mit jenem Recht einen engen Zusammenhang aufweist.
Ob eine solche Bestimmung zu berücksichtigen ist, beurteilt sich nach ihrem Zweck und den sich daraus ergebenden Folgen für eine nach schweizerischer Rechtsauffassung sachgerechte Entscheidung (Art. 19 Abs. 2 IPRG). Aus dem

---

1275 Martiny, IPRax 1987, S. 278.

1276 Mankowski, RIW 1998, S. 290.

1277 Vgl. Staudinger/Magnus, Art. 34 EGBGB Rn. 76. Freitag in Reithman/Martiny, Internationales Vertragsrecht, 2004, 373, Rn. 401. Kritisch Mankowski, RIW 1998, S. 290, Fn. 39. Siehe auch BGH RIW 1997, 875 (878).

1278 Staudinger/Magnus, Art. 34 EGBGB Rn 23, 45. Siehe für die Aufzählung der einzelnen, international zwingenden Normen: derselbe, Rn 85ff.

1279 Schnyder, Das neue IPR-Gesetz, 1990, S. 35.

Wortlaut dieses Artikels kann man schließen, dass vier Voraussetzungen für seine Anwendung erforderlich sind:
1) der Anwendungswille, in dem Sinne, dass die fremde Norm die zwingende Anwendung vorsieht; 2) ein enger Zusammenhang zwischen dem Fall und der fremden Norm; 3) schützenswerte und offensichtlich überwiegende Interessen einer Partei für die Anwendung der fremden Norm; 4) der Normzweck und die Ergebniskontrolle im Sinne der schweizerischen Norm.[1280]
Das schweizerische Bundesgericht führte aus, dass die zwingend anwendbare Bestimmung des schweizerischen Rechts somit einen eigenen, räumlichen Anwendungsbereich habe, der sich gegen die allgemeiner Kollisionsregel durchzusetzen vermag und sie ausschaltet. Für eine solche Bestimmung erfolgt eine kollisionsrechtliche Sonderanknüpfung.[1281] Zum positiven Ordre Public gehören namentlich Normen, welche den wesentlichen Interessen der Gesellschaftsordnung, der politischen oder wirtschaftlichen Ordnung Rechnung tragen.[1282]
Solche Normen beanspruchen dementsprechend Geltung ohne Rücksicht auf das an sich anwendbare Recht. Dies ist ein Merkmal, das zum Ordre Public in seiner positiven Funktion gehört und das heutzutage als zwingendes Recht bekannt ist. Sowohl der positive als auch der negative Ordre Public seien zurückhaltend anzuwenden, wenn die zu beurteilende Sache praktisch keine Beziehung zur Schweiz hat.[1283]

Das Rechtsmissbrauchsverbot (Art. 2 ZGB)[1284] gehört nach dem schweizerischen Bundesgericht zu den zwingend anwendbaren Bestimmungen des schweizerischen Rechts im Sinne von Art. 18 IPRG.[1285] Das schweizerische Bundesgericht hat deshalb in einem früheren Urteil[1286] festgehalten, dass sich die Voraussetzungen des Rechtsmissbrauchsverbots in jedem Fall im Sinne von Art. 18 IPRG nach schweizerischem Recht richten, unabhängig davon, welches Recht in der Sache anwendbar ist.

1280 Blessing, Impact of the Extraterritorial Application of Mandatory Rules of Law on International Contracts, S. 55. Siehe auch dazu Gottschalk, IPRax 2006/5, S. 509-512.

1281 BGE 128 III 201, Erw. 1b. Siehe auch Mächler-Erne, IPR Komm., Art. 18, Rn. 23; Schwander, Einführung in das internationale Privatrecht, 2000, S. 239 und 243f.

1282 BGE 128 III 201, Erw. 1b; BGE 125 III 443 Erw. 3d; Schnyder, das neue IPR-Gesetz, 1990, S. 5.

1283 BGE 128 III 201, Erw. 1b; BGE 125 III 443 Erw. 3d.

1284 *Art. 2 1. Jedermann hat in der Ausübung seiner Rechte und in der Erfüllung seiner Pflichten nach Treu und Glauben zu handeln.*
2. Der offenbare Missbrauch eines Rechtes findet keinen Schutz.

1285 BGE 128 III 201, Erw. 1c; BGE 121 III 60 Erw. 3d; BGE 118 II 225 Erw. 2c/bb.

1286 5c.255/1990 vom 23.4.1992.

8.3.2. Eingriffsnormen in der Schiedsgerichtsbarkeit

Das Thema der Eingriffsnormen ist ein umstrittener Bereich in der internationalen Schiedsgerichtsbarkeit.[1287] Das erste Hindernis ergibt sich daraus, dass das Schiedsgericht keine *lex fori* in eigentlichen Sinn wie ein staatliches Gericht hat. Darüber hinaus ist die *lex fori* nicht die einzig mögliche, kollisionsrechtliche Anknüpfung in der internationalen Schiedsgerichtsbarkeit; das Vertragsstatut sowie der Vollstreckungsort zählen auch noch dazu.[1288]
Als ein interessantes Beispiel hierzu bietet sich die *Mitsubishi*-Entscheidung[1289] an. Das Oberste amerikanische Bundesgericht hatte entschieden, dass eine Schiedsklausel in einem internationalen Handelsvertrag auch dann und insoweit verbindlich sei, als es um kartellrechtliche Aspekte der geltend gemachten zivilrechtlichen Ansprüche gehe. Voraussetzung dafür war jedoch, dass das in diesem Fall zuständige, japanische Schiedsgericht die außerhalb des von den Parteien vereinbarten Schweizer Vertragsstatuts liegenden Eingriffsnormen des amerikanischen *Antitrust*-Rechts anzuwenden hatte. So führte diese Entscheidung zu einer neuen Wertung des Kartellrechts in der Schiedsgerichtsbarkeit. Denn sie erweiterte die Schiedsfähigkeit auf Fälle des Kartellrechts.
Ist aber ein Schiedsgericht verpflichtet, Eingriffsnormen sei es des Vertragstatuts oder einer anderen kollisionsrechtlichen Anknüpfung anzuwenden?
In diesem Fall wendete das Schiedsgericht in der Sache US-Kartellrecht an, obwohl schweizerisches Recht als *lex causae* vereinbart worden war.

Die Wahl eines Vertragsstatuts schließt in der normalen Gerichtsbarkeit auch seine zwingenden, vertragsrechtlichen Normen ein. In der Schiedsgerichtsbar-

---

1287 Siehe von Hoffmann, Internationally Mandatory Rules of Law before Arbitral Tribunals, in: Acts of state and Arbitration, DIS, Vol, 12, 1997, Rn. 12.

1288 Vgl. *Mitsubishi Motors Corporation v. Soler Chrysler-Plymouth, Inc.*, 473 US 614 (1985) YBCA XI (1986), S. 564. Vgl. auch Art. VII des europäischen Übereinkommens von 1961: *"Den Parteien steht es frei, das Recht zu vereinbaren, welches das Schiedsgericht in der Hauptsache anzuwenden hat. Haben die Parteien das anzuwendende Recht nicht vereinbart, so hat das Schiedsgericht das Recht anzuwenden, auf das die Kollisionsnormen hinweisen, von denen auszugehen das Schiedsgericht jeweils für richtig erachtet..."*

1289 *Mitsubishi Motors Corporation v. Soler Chrysler-Plymouth, Inc.*, 473 US 614 (1985) YBCA XI (1986), S. 564= Drobnig, FS. Kegel, S. 95-118 (95-98). Hierbei handelt es sich um die Streitigkeit zwischen einem amerikanischen Autohändler und der amerikanischen Vertriebsgesellschaft der japanischen Firma Mitsubishi. Die amerikanische Vertriebsgesellschaft von Mitsubishi erhob Schiedsklage vor dem vereinbarten Schiedsgericht mit Sitz in Japan wegen der zwischen den beiden Parteien entstandenen Streitigkeiten, und da sich der Beklagte auf das Schiedsverfahren in Japan nicht einließ, auch Klage vor einem amerikanischen Bundesgericht, um den Händler zur Teilnahme an dem Schiedsverfahren zu zwingen. Der Händler erhob Widerklage und machte u.a. Verstöße von Mitsubishi gegen das amerikanische Kartellrecht geltend.

keit ist die Wahl einer bestimmten Rechtsordnung hingegen nach § 1051 ZPO eine Verweisung auf die Sachvorschriften des entsprechenden Staates und nicht auf sein Kollisionsrecht, es sei denn, die Parteien haben ausdrücklich was anderes vereinbart.[1290]
Diese gesetzliche Vorschrift bezog sich auf die in Art. 28 Abs. 1 UMG enthaltene Bestimmung, aber auch auf die von *Sandrock* erarbeitete Analyse zu diesem Thema.[1291] Demzufolge sei ein Schiedsgericht nicht an die Regeln des Kollisionsrechts des Schiedsverfahrensortes gebunden. Ein entgegengesetzter Schluss ist auch nicht aus den Artt. 27-37 EGBG zu erlangen, denn sie präjudizierten die kollisionsrechtliche Entscheidung des Schiedsgerichts nicht.[1292]

Ferner wird vertreten, dass das Schiedsgericht grundsätzlich nach den in der Schiedsvereinbarung vorgegebenen Maßstäben sowie den international üblichen Bräuchen entscheidet und dementsprechend nicht an Wertungen einer bestimmten *lex fori* im Hinblick auf die Anwendung international zwingender Bestimmungen gebunden sei.[1293] Das Gegenteil zu behaupten wäre, nach manchen Autoren[1294], die Schiedsgerichtsbarkeit zu einer bloßen Vorinstanz der Gerichtsbarkeit zu degradieren. Dieser Auffassung nach sollte der Staat auch Schiedssprüche hinnehmen, die zwingendes Recht verletzt haben. Denn er (der Staat) anerkennt die Schiedsgerichtsbarkeit als eine der staatlichen Gerichtsbarkeit äquivalente Rechtsschutzmöglichkeit.[1295]
In einer älteren Lehrmeinung[1296] wird die Beachtlichkeit von Eingriffsnormen der *lex causae* durch Schiedsgerichte bejaht. Nach derselben Meinung sollen Schiedsrichter auch die zwingenden Normen des Vollstreckungsstaates anwenden, wenn sie die Vollstreckbarkeit des Schiedsspruchs sichern wollen.

1290 Der Fall *Mitsubishi Motors Corporation vs. Soler Chrysler-Plymouth, Inc.* 473 US 614 (1985) bietet ein gutes Beispiel für die Anwendung eines Kollisionsrechts durch Parteivereinbarung an. Der Entscheidung des amerikanischen Obersten Bundesgerichts beruht auf der Annahme, das vereinbarte Schiedsgericht in Japan werde bei seiner Entscheidung - trotz der Wahl des Schweizer Vertragsstatuts - die einschlägigen Regeln des amerikanischen Kartellrechts anwenden, weil dies dem Willen der Parteien entspreche.

1291 Sandrock, RIW 1992, 785-795. Vergleiche den Gesetzentwurf der Bundesregierung – Entwurf eines Gesetzes zur Neuregelung des Schiedsverfahrensrechts, BT-Drucks. 13/5274, S. 52. Auch wenn sie die Begründung dieser Ansicht auf „gewichtige Gründe" abstellt.

1292 Junker, FS Sandrock, S. 443.

1293 Reithman/Martiny, Internationales Vertragsrecht, 6. Auf., S.469, Rn 500.

1294 Geimer, Zöller ZPO Komm. § 1059 Rn. 75. Vgl. EuGH, Urt. vom 11.5.2000 – Rs. C-38/98, *Régie nationale des usines Renault SA/Maxicar SpA und Orazio Formento* = NJW 2000/30, 2185 : « Kein Verstoß gegen den Ordre Public durch Schutz geistigen Eigentums ».

1295 Regierungsentwurf, BT-Drucks. 13/5274, S. 36.

1296 Drobnig, FS für Kegel, 1987, S. 116.

Dieser Auffassung geht davon aus, dass zwingende Normen des Vollstreckungsstaates Bestandteil des anerkennungsrechtlichen Ordre Public sind. Oben wurde bereits dargestellt, dass der Inhalt des Ordre Public des Art. 6 EGBGB nur aus den grundlegenden Prinzipien nationalen und internationalen Ursprungs und aus den Grundrechten zusammengesetzt wird. Denn die Ordre Public-Vorbehaltsklausel ist nicht ein Mittel zur Durchsetzung eigener zwingender Normen.

Allerdings sind im neuen Schrifttum[1297] noch auf der alten Rechtsprechung[1298] basierende Meinungen zu finden, die behaupten, dass ein Verstoß gegen den deutschen Ordre Public immer vorliege, wenn auf den Fall eine zwingende, wirtschaftsrechtliche Vorschrift des deutschen Rechts hätte angewendet werden müssen, welche die Schiedsrichter in klarer Verkennung der Rechtslage nicht oder anders angewandt haben, und wenn der Schiedsspruch bei zutreffender Rechtsanwendung anders ausgefallen wäre. Dies gelte ohne Rücksicht darauf, welchem Recht der beurteilte Streitgegenstand sonst unterliegt. Das heißt, dass auch die Nichteinhaltung von zwingenden Vorschriften fremden Länder, die Deutschland aufgrund unterzeichneter Verträge zu respektieren hat, den deutschen Ordre Public verletzen können.[1299]
Dementsprechend werden nach dieser Auffassung zwingende Vorschriften des deutschen Rechts, wie z.B. Vorschriften über Exporte und Importe, dem Ordre Public im Sinne des Art. V Abs. 2 lit.b UNÜ zugerechnet.[1300]
Dies zu bejahen, hieße die Vorbehaltsklausel-Natur des Ordre Public, d.h. seine Anwendung in Ausnahmefällen zu verkennen sowie gegen den Grundsatz des Verbots der *révision au fond* zu verstoßen. Denn der nationale Richter darf im Vollstreckungsverfahren nicht den Schiedsspruch auf die Richtigkeit der Rechtsanwendung prüfen. Die Ordre Public-Widrigkeit wird lediglich am Ergebnis der Rechtsanwendung kontrolliert, was auch immer das angewendete Recht war.

Die verfahrensrechtlichen Eingriffsnormen sind in der Regel nicht aufgelistet zu finden.[1301] Der zwingende Charakter einer Verfahrensregelung lässt sich in der

---

1297 Schlosser, Stein/Jonas ZPO Komm., 2002, Anhang § 1061, S. 706, Rn. 145.
1298 OLG Hamburg AWD 1958, 79; OLG Köln NJW 1952, 1420. Anders siehe auch BGHZ 118, S. 330.
1299 BGHZ 59, 82.
1300 Schlosser, Stein/Jonas ZPO Komm., 2002, Anhang § 1061, S. 707, Rn. 147; OLG Hamburg AWD 1958, 79; OLG Köln NJW 1952, 1420. So auch Berger, International Economic Arbitration in Germany: A new Era, Arb. Int. 1992, S. (101) 105.
1301 Ausnahmen im schweizer Konkordat über die Schiedsgerichtsbarkeit, Art. 1 Abs. 3 und sec. 4 AA 1996.

Regel aus der Norm selbst ableiten. Üblicherweise[1302] ist alles, was nicht zur Disposition der Parteien steht, somit zwingendes Recht.[1303]
Der Blick in das zehnte Buch der deutschen Zivilprozessordnung (ZPO) über das schiedsrichterliche Verfahren zeigt, dass es sowohl dispositive als auch zwingende Normen enthält. Diese zwingenden Normen sind wegen des in § 1025 ZPO verankerten Territorialitätsprinzips international zwingenden Normen bzw. Eingriffsnormen, denn sie beanspruchen Anwendung unabhängig vom an sich maßgebenden Recht. Die international zwingenden Normen können wie der Ordre Public in verfahrensrechtliche zwingende und materiellrechtliche zwingende Normen aufgeteilt werden.

a) Verfahrensrechtliche Eingriffsnormen

aa) Deutschland

Es besteht Einigkeit darüber, dass die Parteien die Verfahrensregeln vereinbaren können. Diese Regeln sind jedoch nicht die einzigen Vorschriften, die im Schiedsverfahren beachten werden müssen. Hierbei kommen auch die Verfahrensregeln des Schiedsorts ins Spiel. So besagt § 1042 Abs. 3 ZPO in Anlehnung an Art. 19 UMG, dass die Parteien vorbehaltlich der zwingenden Vorschriften dieses Buches das Verfahren selbst oder durch Bezugnahme auf eine schiedsrichterliche Verfahrensordnung regeln können. Dies bedeutet, dass wenn die Parteien Deutschland als Schiedsort vereinbart haben (Art. 1043 Abs. 1 ZPO), dann Schiedsrichter und Parteien nicht nur auf die durch Parteivereinbarung gewählten Verfahrensregeln achten müssen, sondern aufgrund des aus dem UNCITRAL-Modellgesetz entstammenden und im § 1025 Abs. 1 ZPO verankerten Territorialitätsprinzips auch auf das deutsche Schiedsverfahrensrecht, und zwar im Sinne ihrer verfahrensrechtlichen Eingriffsnormen und ihrer subsidiären Funktion.

Dies entspricht auch dem New Yorker Übereinkommen.[1304] Art. V Abs. 1 lit. d) UNÜ schreibt u.a. vor, dass sich das Schiedsgericht, mangels einer Parteivereın-

1302 Doch gibt es auch Vorschriften, die nicht ausdrücklich unter dem Vorbehalt anderweitiger Parteivereinbarungen stehen, aber dennoch kein zwingendes Recht darstellen. So z.B. § 1038 Abs. 2 ZPO. Hierauf weist die Begründung zum Regierungsentwurf hin, BT-Drucksache 13/5274 vom 12.7.1996, S. 28. Es wird dort gesagt, dass im Zweifelsfall diese Frage aus dem jeweiligen Normzweck heraus entschieden werden muss.

1303 Lionnet/Lionnet, Handbuch der internationalen und nationalen Schiedsgerichtsbarkeit, 2005, S. 125.

1304 Vgl. das Genfer Protokol von 1923, Art. 2. *The arbitral procedure, including the constitution of the arbitral tribunal, shall be governed by the will of the parties and the law of the country in whose territory the arbitration takes place.*

barung, an das Recht des Schiedsortes für das schiedsrichterliche Verfahren halten muss. Er stellt für das schiedsrichterliche Verfahren auf die Parteivereinbarung und subsidiär auf das Recht des Landes ab, in dem das schiedsrichterliche Verfahren stattfand. Ebenso stellen Art. V Abs. 1 lit. a) und e) UNÜ für die materielle Wirksamkeit der Schiedsvereinbarung und für die Feststellung der Verbindlichkeit des Schiedsspruchs subsidiär auf das Recht ab, in dem der Schiedsspruch ergangen ist, also auf das Recht des Schiedsortes. Dieser Regelung wurde auch vom UNCITRAL-Modellgesetz gefolgt. Das Territorialitätsprinzip ist im Art. 1 Abs. 2 UMG vorgesehen.
Dies heißt, dass sich die Parteien durch die Vereinbarung einer Schiedsordnung nicht völlig vom Schiedsverfahrensrecht der *lex fori* loslösen können.
Sie müssen vielmehr den zwingenden Regelungen des Verfahrens am Schiedsort Rechnung tragen.[1305]

Eine Nichtbeachtung dieser Eingriffsnormen würde also einen Versagungsgrund auf Rüge der Partei im Sinne des New Yorker Übereinkommen darstellen.[1306]
Dem Schiedsspruch könnte auch die Vollstreckbarkeit von Amts wegen verweigert werden; basierend auf denselben Tatsachen, aber diesmal im Sinne des Art. V Abs. 2 lit. b UNÜ (Ordre Public).
Dies lässt sich besser durch das folgende Beispiel erklären: In § 1042 Abs. 1 ZPO findet man eine verfahrensrechtliche Eingriffsnorm, die besagt, dass die Parteien gleich zu behandeln sind und jeder Partei rechtliches Gehör zu gewähren ist. Neben ihrem international zwingenden Charakter stellt diese Vorschrift ein normiertes Prinzip des verfahrensrechtlichen Ordre Public dar. Das heißt, dass sie zugleich eine verfahrensrechtliche Eingriffsnorm und ein wesentlicher Grundsatz des verfahrensrechtlichen Ordre Public ist.
Denn die verfahrensrechtlichen Eingriffsnormen umfassen in der Regel, wie im Falle des § 1042 Abs. 1 ZPO, grundlegende Prinzipien, die mehr oder weniger weltweit anerkannt sind und die auch zum verfahrensrechtlichen Ordre Public gehören. Es ergibt sich also als Konsequenz der Nichtbeachtung der verfahrensrechtlichen Eingriffsnormen im Aufhebungs- und Vollstreckungsverfahren eine Verpflichtung der Schiedsrichter dahingehend, die verfahrensrechtlichen Eingriffsnormen des Schiedsortes[1307] (um eine Aufhebung zu verhindern) und des

1305 Lionnet/Lionnet, Handbuch der internationalen und nationalen Schiedsgerichtsbarkeit, 2005, S. 122.

1306 Vgl. Art. 15 der Schiedsordnung der IHK: 1. Auf das Verfahren vor dem Schiedsgericht ist diese Schiedsordnung anzuwenden und, soweit diese keine Regeln enthält, diejenigen Regeln, die von den Parteien oder, falls diese es unterlassen, vom Schiedsgericht festgelegt werden, unabhängig davon, ob dabei auf eine auf das Schiedsverfahren anzuwendende nationale Prozessordnung Bezug genommen wird.

1307 BGH vom 15.5.1986 – III ZR 192/84 (Hamburg), NJW 1986/48, S. 3027. Hierbei stellte der Bundesgerichtshof fest, dass da die Parteien, da sie sich für ein Schiedsverfahren in

Vollstreckungsstaates (um eine Ablehnung der Vollstreckbarerklärung zu vermeiden) zu beachten.

Es stimmt allerdings, dass es sich für die Schiedsrichter schwierig darstellt, den Vollstreckungsort so im Voraus zu präzisieren, dass sie auch auf die entsprechenden Eingriffsnormen achten können.[1308] Die Verfechter der Theorie des Vollstreckungsorts als kollisionsrechtliche Anknüpfung[1309] sind der Meinung, dass der Schiedsrichter bereits bei der Suche des Kollisionsrechts wissen müsse, welche Partei unterliegen wird, um überhaupt bestimmen zu können, wo sie Vermögen besitzt und dementsprechend, wo der Schiedsspruch vollstreckt werden kann.

bb) Schweiz

Wie stellt sich die Lage in der Schweiz dar? Gemäß Art. 182 Abs. 1 IPRG können die Parteien das Schiedsverfahren selbst regeln oder es auch einem Verfahrensrecht ihrer Wahl unterstellen. Diese Bestimmung weicht von derjenigen des § 1042 Abs. 3 ZPO in dem Sinne ab, dass sie den Satz „vorbehaltlich der zwingenden Vorschriften dieses Buches" nicht aufweist.
Dies findet seine Begründung darin, dass die einzige verfahrensrechtliche Eingriffsnorm des einschlägigen Teils des IPRG in Art. 182 Abs. 3 enthalten ist. Demzufolge muss das Schiedsgericht, unabhängig vom gewählten Verfahren, in allen Fällen die Gleichbehandlung der Parteien sowie ihren Anspruch auf rechtliches Gehör gewährleisten.
Manche Schweizer Autoren[1310] sind der Auffassung, dass die Nichtbeachtung zwingender Verfahrensnormen des Schiedsortes keinen Versagungsgrund für die Vollstreckung im Ausland darstellt, sofern die Schiedsrichter sich auf die Befolgung des Schiedsvertrags beschränken.

cc) Frankreich

Das Recht der Parteien auf die Wahl des Verfahrensrechts wird in Art. 1494 NCPC[1311] vorgesehen. Dieser Artikel besagt, dass die Schiedsvereinbarung un-

---

London entschieden hatten, auch den Verfahrensregeln des Schiedsortes Rechnung tragen mussten.

1308 Hanatiau, J.D.I. 1994, S. 899, 917.

1309 Vgl. Derains, Anmerkung zum Schiedsspruch im IHK-Fall Nr. 4604, 1984, J.D.I. 1985, S. 980, 981.

1310 Bucher, Die neue internationale Schiedsgerichtsbarkeit, 1989, S. 89, Rn. 234; jedoch wird die Beachtung zwingendes Rechtes am Vollstreckungsort von Schiedsinstitutionen wie die ICC empfohlen. Siehe Art, 6 von Anhang II zur ICC Schiedsgerichtsordnung.

1311 *Art. 1494.- La convention d'arbitrage peut, directement ou par référence à un règlement d'arbitrage régler la procédure à suivre dans l'instance arbitrale; elle peut aussi* mittelbar oder durch Bezugnahme auf eine Schiedsverfahrensordnung das in dem anhängigen Schiedsverfahren zu befolgende Verfahren festlegen kann. Sie kann es auch dem Verfahrensrecht unterwerfen, das sie bestimmt.

Wie bereits erwähnt, weißt der Schiedsort in Frankreich keine rechtliche Relevanz auf. Die französische Lehre geht im Allgemeinen von der Delokalisierung der Schiedssprüche aus. Nach dieser Theorie sind die Schiedssprüche nicht an eine bestimmte Rechtsordnung gebunden und dementsprechend müssen die Schiedsrichter die verfahrensrechtlichen Eingriffsnormen nicht beachten. Die Schiedsvereinbarung als Konkretisierung der Parteiautonomie ist das „Gesetz" zwischen den Parteien und dies bedeutete nach französischer Auffassung das Aussetzen vom normalen Kollisionsrecht.[1312]

Die Lage stellt sich ganz anders dar, wenn das Schiedsverfahren in Frankreich stattfindet oder französisches Recht als *lex causae* vereinbart wurde. In diesem Fall sind die Eingriffsnormen des französischen Rechts zu beachten (Art. 1459 NCPC).

Außerdem ist das Verfahrensrecht des Schiedsortes als subsidiäres Recht anzusehen.[1313] So z.B. besagt Art. 1493 Abs. 2 NCPC[1314], dass wenn für ein in Frankreich stattfindendes Schiedsverfahren oder für solche, derentwegen die Parteien die Anwendung des französischen Verfahrensrechtes vorgesehen haben, die Bestellung des Schiedsgerichtes auf eine Schwierigkeit stößt, die betreibende Partei, vorbehaltlich entgegenstehender Vereinbarungen, den Präsidenten des Großen Instanzgerichtes (*Tribunal de Grande Instance*) von Paris anrufen kann, entsprechend der Regelung des Artikels 1457. Außerdem sieht Art. 1495 NCPC[1315] seinerseits vor, dass wenn das internationale Schiedsverfahren dem französischen Recht unterworfen ist, die Bestimmungen der I, II, und II Titel

---

soumettre celle-ci à la loi de procédure qu'elle détermine. Dans le silence de la convention, l'arbitre règle la procédure, autant qu'il est besoin, soit directement, soit par référence à un loi ou à un règlement d'arbitrage.

1312 Racine, a.a.O., S. 183, Rn. 320: *"La Convention d'arbitrage est également autonome par rapport à toute loi étatique. C'est dans ce sens qu'il convient d'entendre le principe d'autonomie. Ce principe porte en lui l'abandon de la méthode des conflits de lois dans le domaine de la convention d'arbitrage.»*

1313 Fouchard/Gaillard/Goldman, Traité de l'arbitrage commercial international, S. 490, Rn. 804.

1314 *Art. 1493.- Abs. 2 Si pour les arbitrages se déroulant en France ou pour ceux à l'égard desquels les parties ont prévu l'application de la loi de procédure française, la constitution du tribunal arbitral se heurte à une difficulté, la partie la plus diligente peut, sauf clause contraire, saisir le président du tribunal de grande instance de Paris selon les modalités de l'article 1457.*

1315 *Art. 1495.- Lorsque l'arbitrage international est soumis à la loi française, les dispositions des titre Ier, II et III du présent livre ne s'appliquent qu'à défaut de convention particulière et sous réserve des articles 1493 et 1494.*

dieses Buches nur bei Fehlen einer besonderen Vereinbarung und unter dem Vorbehalt der Art. 1493 oder 1494 zur Anwendung kommen.
Darüber hinaus legt Art. 1459 NCPC[1316] fest, dass alle diesem Gesetz widersprechenden Vereinbarungen als nicht geschrieben gelten.
Die Parteiautonomie wird also in der französischen Zivilprozessordnung im Einklang mit dem New Yorker Übereinkommen als erster Anknüpfungspunkt angesehen. Wenn es jedoch an einer Parteivereinbarung hinsichtlich des anwendbaren Verfahrensrechts fehlt, dann kann das Schiedsgericht gem. Art. 1496 NCPC die Rechtsvorschriften auswählen, die es für angemessen erachtet.
Dabei muss es berücksichtigen, dass Art. V Abs. 1 lit. b UNÜ beim Fehlen einer Parteivereinbarung auf das Schiedsrecht des Erlassortes des Schiedsspruchs (*lex arbitri*) abstellt.

Im UNCITRAL-Modellgesetz folgt Art. 1 Abs. 2 dem Territorialitätsprinzip. Somit sind folgende Artikel als zwingend anzusehen: Art. 18; 23 Abs.1; 24 Abs. 2 und 3; 30 Abs. 2; 31 Abs. 1, 3 und 4; 32; 33 Abs. 1 (außer lit. b), 2, 4, und 5.[1317]

dd) England

England folgt in Anlehnung an das UNCITRAL-Modellgesetz in sec. 2 AA dem Territorialitätsprinzip. Das hat zur Folge, dass der Schiedsort nicht nur ein geographischer Punkt ist, sondern eine Anknüpfung zwischen dem Schiedsverfahren selbst und dem Recht am Schiedsort.[1318]
Es ist anerkannt, dass die Parteien eines Schiedsverfahrens mit Sitz in England sich durch die Wahl eines fremden Verfahrensrechtes nicht über den englischen Ordre Public hinwegsetzen können.[1319]

1316 *Art. 1459.- Toute disposition ou convention contraire aux règles édictées par le présent chapitre est réputée non écrite.*

1317 Siehe Analytical Commentary on Draft Text, U.N. Dok. A/CN.9/264 (25.3.1985), Rn. 3, abgedruckt bei Holtzmann /Neuhaus, S. 583, Rn. 54.

1318 Reymond in Redfern/Hunter, a.a.O. S. 85, Rn. 2-15: "*When one says that London, Paris or Geneva ist the place of arbitration, one does not refer solely to a geographical location. One means that the arbitration is conducted within the framework of the law of arbitration of England, France or Switzerland or, to use an English expression, under the curial law of the relevant country, the geographical place of arbitration is the factual connecting factor between that arbitration law and the arbitration proper, considered as a nexus of contractual and procedural rights and obligations between the parties and the arbitrators.*"

1319 Mustill/Boyd, Commercial Arbitration, 2. Auflage, 1989, S. 65, Rn 283; Lew, S. 88; Dicey & Morris, The Conflict of Laws, S. 602, Rn. 16-024.

Schiedsgerichte mit Sitz in England können nicht verfahrensrechtliche Eingriffsnormen des englischen schiedsrichterlichen Verfahrens ignorieren, nur weil die Parteien ein anderes Verfahrensrecht vereinbart haben.[1320]
Der *Arbitration Act* limitiert die Fälle, in denen das englische Verfahrensrecht trotz einer entgegenstehenden Vereinbarung anzuwenden ist.
Der *Arbitration Act* weist gegenüber den anderen Schiedsgesetzen hierbei ein interessantes Merkmal auf. Denn er schreibt ausdrücklich und abschließend die zwingenden Vorschriften im *Schedule* 1 im Anschluss an den 4. Abschnitt des AA vor. Die sind u.a. Bestimmung des Sitzes (s. 3), Autonomie der Schiedsklausel (s. 7), die Kompetenz-Kompetenz des Schiedsgerichts (s.30), die Befugnisse des Schiedsgerichts (s. 34-41) und die Kompetenzen des staatlichen Gerichts (s. 42-45) oder das Verfahren nach Erlass des Schiedsspruchs.
Zusammenfassend ist nach der englischen Lehre das schiedsrichterliche Verfahren nicht nur durch die Verfahrensregeln geregelt, die die Parteien vereinbart haben, sondern auch durch die *lex fori* (Verfahrensregeln des Schiedsortes) als subsidiäres Recht und auch im Sinne seiner zwingenden Normen.[1321]
Die *lex loci arbitri* bzw. *lex fori* enthält jedoch nicht nur verfahrensrechtliche Aspekte, s. soeben, obwohl die Schiedsgerichtsbarkeit in Deutschland und in Frankreich Bestandteil der Zivilprozessordnung sind, sondern auch materiellrechtliche Aspekte (z.B. Schiedsfähigkeit), auf die im Folgenden eingegangen wird.

b) Materiellrechtliche Eingriffsnormen

aa) Deutschland

Das Spannungsverhältnis zwischen den Eingriffsnormen der *lex loci arbitri bzw. lex fori* und dem in der Sache anwendbaren Recht *lex causae* im Schiedsverfahren muss aus dem Gesamtkontext der internationalen Schiedsgerichtsbarkeit behandelt werden. Während die Wahl eines Vertragsstatus in der normalen Gerichtsbarkeit auch seine zwingenden, vertragsrechtlichen Normen einschließt, ist diese Wahl einer bestimmten Rechtsordnung in der internationalen Schiedsgerichtsbarkeit gem. § 1051 ZPO in Anlehnung an Art. 28 Abs. 1 UMG eine Verweisung auf die Sachvorschriften des entsprechenden Staates und nicht auf sein Kollisionsrecht, es sei denn, es liegt diesbezüglich eine Parteivereinbarung vor. Fraglich ist, ob die Anerkennung und Vollstreckung von Schiedssprüchen deswegen verweigert werden kann, weil das Schiedsgericht in seiner Entscheidung Eingriffsnormen nicht beachtet hat.

1320 *Union of India v. McDonnell Douglas Corporation* (1993) 2 Lloyd's Rep. 48.
1321 Redfern/Hunter, Law and Practice of International Commercial Arbitration, 2004, S. 83, Rn. 2-13.

Es wird die Ansicht vertreten, dass Art. 34 EGBGB in Verbindung mit Art. 7 Abs. 2 EVÜ dazu führe, dass Schiedsgerichte sowohl Eingriffsnormen der *lex fori* als auch anderer Staaten, wie z.B. diejenigen des Vollstreckungsstaates beachten müssen.[1322]

Als Argument dafür wird angeführt, dass die Schiedsgerichtsbarkeit eine gleichwertige Alternative bzw. Rechtsschutzmöglichkeit[1323] zur staatlichen Gerichtsbarkeit sei. Um diesem Status gerecht zu werden, muss die Rechtsanwendung seitens des Schiedsgerichts genau so wie bei einem staatlichen Gericht erfolgen. Hierzu zählen auch die international zwingenden Normen der *lex fori*.[1324]

Hinsichtlich Art. 34 EGBGB wird zum Teil behauptet, dass seine Bestimmung eine Rechtswahleinschränkung darstelle.[1325] Dies wäre zu bejahen, wenn die Beachtung zwingender Vorschriften als eine Rechtswahleinschränkung anzusehen wäre bzw. wenn die Parteien dieses oder dasjenige Recht, wegen seiner zwingenden Normen nicht vereinbaren würden. Ansonsten bedeutet die Bestimmung des Art. 34 EGBGB bloß die Durchsetzung von zwingenden Vorschriften.

Zu bejahen ist allerdings, dass die Parteiautonomie sich nicht grenzenlos durchsetzen kann.

Die Schiedsgerichtsbarkeit wurde zwar als Mittel zur Regelung internationaler Handelsstreitigkeiten bestimmt, dies soll den Blick nicht verleiten, dass die Staaten damit auf ihr Interesse an der Beachtung der für die wirtschaftliche und soziale Organisation des Landes grundlegenden Rechtsnormen verzichten würden.[1326]

Gemäß § 1051 Abs. 3 ZPO können die Parteien die Schiedsrichter von der Geltung jeglichen Rechts befreien und sie zu einer Billigkeitsentscheidung ermächtigen. Dies soll jedoch nicht so verstanden werden, dass die Schiedsrichter deswegen auch von zwingendem Recht von der objektiv einschlägigen Rechtsordnung (Schiedsverfahrensort) gänzlich entbunden sind. Selbst wenn die Parteien die *lex mercatoria* als anwendbares „Recht" vereinbaren haben oder sich für ein *ex aequo et bono*-Verfahren entschieden haben, bleiben die international zwin-

1322 Kronke, RIW 1998, S. 263.

1323 Vgl. BT-Drucks. 13/5274, S. 34, 35.

1324 Wagner, FS Schumann, S. 535 ff. 552. Schütze in Schütze/Tscherning/Wais, Rn. 585. So auch der Schiedsspruch im IHK - Fall Nr. 1803, Yearbook Comm. Arb., 1980/5, S. 177, 180. Hierbei hat sich der englische Schiedsrichter als schweizer Richter dargestellt: *„I would accept that theses if I were an arbitrator sitting in London; but as an arbitrator sitting in Geneva, I cannot do that. I am persuaded that in all matters arising in this arbitration which involve a conflict of laws it is Swiss private international law that I have to apply; and by that law I am referred to the lex fori on all questions concerned with the basis and scope of any jurisdiction."*

1325 Geimer/Zöller ZPO Komm. § 1051, Rn. 3. BT-Drucksache 13/5274, S. 52.

1326 Siehe im Einzelnen bei Staudinger/Magnus, Art. 34, Rn. 85ff. Siehe auch dazu Civ. I vom 08.03.1988, Thinet, Rev. Arb. 1989, S. 473; vom 05.02.1991, Almira, Rev. Arb. 1991, S. 625.

genden Normen unberührt, denn diese Normen stehen keineswegs zur Disposition der Parteien.[1327]
Hierbei ist auch wie bei den verfahrensrechtlichen Eingriffsnormen auf die Konsequenzen einer Nichtbeachtung solcher Normen zurückzuführen.
Die Konsequenzen zeigen sich in der Aufhebung des Schiedsspruchs bzw. Verweigerung der Vollstreckbarerklärung.
Manche Autoren[1328] hingegen versuchen das Spannungsverhältnis zwischen der Schiedsgerichtsbarkeit und den zwingenden Normen der *lex fori* zum Teil dadurch zu lösen, indem sie auf die Schiedsunfähigkeit zurückgehen, wenn die Kombination von Schiedsklausel und Rechtswahlvereinbarung zur Außerachtlassung deutschen Eingriffsrechts führte.
Es ist zu bejahen, dass die Schiedsfähigkeit eines Streitgegenstandes oft im Zusammenhang mit Eingriffsnormen steht.[1329] Die Schiedsfähigkeit eines Streitgegenstandes ermöglicht es bzw. ermächtigt ein Schiedsgericht, ein Schiedsverfahren darüber durchzuführen. Wegen der Ausweitung der internationalen Schiedsgerichtsbarkeit in Bereichen, in denen die staatliche Rechtspolitik besonders deutlich zum Ausdruck kommt (Wettbewerb, Ein- und Ausfuhr von Gütern und Devisen, etc.), ist der Bedeutung international zwingender Normen in der internationalen Schiedsgerichtsbarkeit zunehmend Beachtung geschenkt worden.[1330]
Was die Regelung der ZPO diesbezüglich angeht, sind die Bestimmungen des §1030 ZPO zwingend[1331], solange Deutschland der Schiedsort ist bzw. die Parteien das Schiedsverfahren dem deutschen Recht unterstellt haben. Dies stimmt mit der kollisionsrechtlichen Anknüpfung des Art. V Abs. 1 lit. a) UNÜ überein, aufgrund dessen die §§ 1025 Abs. 1 und 1043 ZPO in Deutschland erlassen wurden.

In einem früheren Urteil erklärte das OLG Düsseldorf die Schiedsklausel eines Schiedsspruchs für unwirksam, weil die Parteien im Bereich von Börsentermingeschäften ein anderes Recht als das deutsche vereinbart hatten.[1332] Das OLG führte aus, dass: „§61 Börsengesetz in der Fassung der Börsenrechtsnovelle vom 11. Juli 1989 nach wie vor als Kollisionsnorm des deutschen internationalen Privatrechts anzusehen sei, welche die Anwendung entgegenstehenden ausländi-

1327 Weise, Lex Mercatoria, S. 135f. Sandrock, FS Stoll, S. 677. Bucher, Die neue internationale Schiedsgerichtsbarkeit in der Schweiz, Rn. 281; Hubleich-Stich, Das UNCITRAL-Modellgesetz, S. 149.

1328 v. Bar/Mankowski, Internationales Privatrecht, 2003, S. 87, Rn. 83. BGH 15.6.1987, NJW 1987, 3193, 3194; Schnyder, RabelsZ 59, 1995, 296 f.; Reithman/Martiny, Internationales Vertragsrecht, 6. Auf., S.470, Rn 500.

1329 *Mitsubishi Motors Corporation vs. Soler Chrysler-Plymouth, Inc.*, 473 US 614 (1985) YBCA XI (1986), S. 564.

1330 Bucher, Die neue internationale Schiedsgerichtsbarkeit, 1989, S. 96, Rn. 253.

1331 Vgl. BGH, Urteil vom 15.6.1987, IPRax 1989, S. 163.

1332 OLG Düsseldorf, Urteil vom 8.3.1996-17 U 179/95=IPRax 1997/2, S. 118.

schen Rechts ebenso wie die Vereinbarung eines das ausländische Recht anwendenden Schiedsgerichts ausschließe"[1333]
Damit wollte das Oberlandesgericht vermeiden, dass die Schiedsrichter durch die Anwendung eines fremden Rechts die deutschen Schutzvorschriften über Börsentermingeschäfte (Eingriffsnormen) nicht beachten würden.[1334]
In diesem Urteil ist die Entscheidung des Oberlandesgerichts aus heutiger Sicht überspitzt. Denn sie schränkt die Rechtswahl der Parteien ein und schließt auch zugleich die Möglichkeit aus, die Streitigkeit einem Schiedsgericht zu unterwerfen, aus Angst, dass die zwingenden Normen des deutschen Rechts unbeachtet bleiben würden. Was man jedoch aus dieser Entscheidung hervorheben kann, ist, dass Schiedsgerichte Eingriffsnormen des Schiedsortes nicht umgehen können, selbst wenn die Parteien ein anderes als das am Schiedsort geltende Recht vereinbart haben.
Ebenso hat der BGH[1335] entschieden, dass die Vereinbarung eines ausländischen Schiedsgerichts in einem Vertrag über Termingeschäfte an ausländischen Börsen, die zugleich Differenzgeschäfte sind, sei nicht anzuerkennen, wenn sie in Verbindung mit einer Rechtswahlklausel zur Folge hätte, dass das Schiedsgericht den Termin- und Differenzeinwand nicht beachtet.
Die Schiedsfähigkeit steht im Zusammenhang mit wichtigen Interessen des Forumstaats. Normen über die Schiedsunfähigkeit sind daher Eingriffsnormen und somit durch die Schiedsrichter unabhängig von der Rechtswahl der Parteien zu beachten.
Wenn ein Staat die Schiedsfähigkeit ausschließt, akzeptiert er nicht, dass eine bestimmte Streitigkeit seinen Gerichten entzogen und auf ein privates Gericht übertragen wird. Ausschlagend dafür sind öffentliche Interessen, die der Staat nicht der Entscheidung durch Schiedsrichter anvertrauen will. Die Prüfung der Schiedsfähigkeit soll daher anhand seines eigenen Rechts erfolgen.
Eingriffsnormen der *lex fori* sind demnach von den Schiedsrichtern zu beachten.

bb) Schweiz

Gemäß Art. 187 Abs. 1 IPRG können die Parteien das in der Sache anwendbare Recht auswählen. Dieser Artikel schweigt jedoch darüber, ob diese Rechtswahl auch das Kollisionsrecht des vereinbarten Rechts einschließt oder nicht.
Manche Autoren behaupten, dass die Schiedsgerichte u.a. die Eingriffsnormen des vereinbarten Rechts zu beachten haben.[1336]

1333 IPRax, 1997/2, S. 121.

1334 Vgl. IPRax 1997, S. 118, 120. Vgl. *Mitsubishi Motors Corporation vs. Soler Chrysler-Plymouth, Inc.*, 473 US 614 (1985) YBCA XI (1986), S. 564.

1335 BGH, Urteil vom 15.6.1987 – II ZR 124/86=IPRax 1989/3, S. 163.

1336 Siehr, Das IPR der Schweiz, S. 722.

Es wird in der schweizerischen Lehre zum einen behauptet, dass der internationale Schiedsrichter nicht der Hüter der staatlichen Interessen ist. Zum anderen wird bekräftigt, dass er auch nicht bloß ein gehorsamer Diener der Parteien ist, sondern dass er beide Aspekte berücksichtigen muss. Das heißt, er muss die Parteivereinbarung beachten und ihr Rechnung tragen, solange er damit nicht gegen den *transnationalen* Ordre Public verstößt.[1337] Er kann also Parteivereinbarungen außer Acht lassen, wenn es um die Einhaltung des transnationalen Ordre Public geht.

Demzufolge ist es nach manchen Autoren die Aufgabe des Schiedsgerichts, im Einzelfall zu entscheiden, ob und in welcher Weise international zwingende Normen eines andern Staates als desjenigen der *lex causae* anzuwenden sind, oder ob gewisse Wirkungen solcher Normen zumindest im Rahmen der Anwendung dieses Rechts zu berücksichtigen sind. Denn die internationale Schiedsgerichtsbarkeit unterliege in einer modifizierten Weise auch der Theorie der Sonderanknüpfung der international zwingenden Normen, und deshalb sei das Schiedsgericht an zwingende Normen gebunden.[1338] Hingegen sind andere Autoren der Auffassung, dass man die Arbeit der Schiedsrichter nicht schweren sollte, indem man die Eingriffsnormen in die Ordre Public-Kontrolle einschließt, allerdings abgesehen von denjenigen, die grundlegende Prinzipien schützen.[1339]

Der Blick in die Rechtsprechung zeigt, dass obwohl in der Schweiz der Ordre Public als eine Vorbehaltsklausel behandelt wird,[1340] dennoch in der früheren Rechtsprechung gewisse unverzichtbare Rechtsnormen[1341] des schweizerischen materiellen Rechts abstrakt zum nationalen, schiedsrechtlichen Ordre Public gezählt wurden.[1342] In diesem Sinn hat das schweizerische Bundesgericht entschieden: „*Dieser Vorbehalt (Ordre Public) greift erst ein, wenn das Ergebnis der Beurteilung das einheimische Rechtsgefühl in unerträglicher Weise verletzt bzw. auf stoßende Weise Sinn und Geist der eigenen Rechtsordnung widerspricht. Von der Ermittlung und der hypothetischen Anwendung des an sich anwendbaren ausländischen Rechts ist indessen von vornherein abzusehen, wenn schweizerische Rechtsvorschriften gemäß Art. 18 IPRG unmittelbar, das heißt unabhängig von dem durch das Gesetz bezeichneten Recht, zwingend anzuwenden sind. Diese sog. lois d'application immédiate umfassen den positiven Ordre Public.*“[1343]

1337 Blessing, Impact of the Extraterritorial Application of Mandatory Rules of Law on International Contracts, 1999, S. 69.

1338 Bucher, Die neue internationale Schiedsgerichtsbarkeit, S. 97, Rn. 256. Berti/Schnyder, IPR-Kommentar, Art. 190, Rn. 42, Rn. 78, Rn. 80; Lando, FS Zweigert, 1981, S. 157, 164-168.

1339 Lalive/Gaillard, Le nouveau droit de l'arbitrage international en Suisse, S. 954.

1340 Keller/Siehr, Die allgemeine Lehre des IPR, S. 536.

1341 Wie etwa Art. 27, 158 Ziff. 5 ZBG, Art. 19/29 OR sowie Art. 513 OR.

1342 BGE 78 II 291.

1343 BGE 128 III 201, Erw. 1b. Siehe BGE 125 III 443, Erw. 3d; BGE 117 II 494 Erw.7.

Die Anwendung des Ordre Public-Vorbehalts setzt nach der schweizerischen Rechtsprechung voraus, dass ein konkreter Schiedsspruch in unerträglicher Weise gegen das einheimische Rechtsempfinden verstößt[1344], weil er grundlegende Vorschriften missachtet[1345], nämlich solche, die gerade wegen des Ordre Public oder wegen der Sittlichkeit aufgestellt wurden[1346].
Darüber hinaus wird auch behauptet[1347], dass international zwingende Normen der *lex fori* mit Hilfe des Ordre Public zur Anwendung kommen können. Diese Möglichkeit ergebe sich aus dem Wortlaut des Art. 17 IPRG: „*Vorbehalten bleiben Bestimmungen des schweizerischen Rechts, die im Hinblick auf ihren besonderen Zweck, unabhängig von dem durch dieses Gesetz bezeichneten Recht zwingend anzuwenden sind.*"
Diese Bestimmung soll demnach die Anwendung der international zwingenden Normen bezwecken, unabhängig von dem ansonsten anwendbaren Recht, und zwar durch das Eingreifen des Ordre Public in seiner positiven Funktion.[1348]

Was die Beachtung und Anwendung ausländischer Eingriffsrechte durch Schiedsgerichte mit Sitz in der Schweiz angeht, hat das Schweizerische Bundesgericht ein Urteil[1349] gefällt, das als Ausgangspunkt für die Diskussion dieses Themas angesehen werden kann.
Hierbei hatte sich das Schiedsgericht für nicht zuständig erklärt, die Vereinbarkeit des Vertrages mit dem EG-Wettbewerbsrecht zu prüfen und hatten daher die Rechtsmäßigkeit gem. EG-Vertrag vermutet.
Der in Art. 190 Abs. 2 lit. b IPRG vorgesehene Anfechtungsgrund besagt, dass eine schiedsgerichtliche Entscheidung angefochten werden kann, wenn sich das Schiedsgericht zu Unrecht für zuständig oder für unzuständig erklärt hat.
Hierbei stellte sich die Frage, ob und inwieweit in- und ausländischem Eingriffsrecht im Rahmen der anwendbaren Rechtsordnung Rechnung zu tragen ist.
Darüber musste das Bundesgericht indessen vorliegend nicht befinden, hatte es doch das Schiedsgericht von vornherein abgelehnt, die Überprüfung nach EG-Recht näher vorzunehmen.
Das Gericht führte aus, dass sobald sich ein Schiedsgericht in der Sache mit der Frage der Eingriffsgesetze beschäftige, die Grundlage für eine zuständigkeitsrechtliche Beschwerde entfalle.

1344 BGE 111 Ia 14 Erw. 2a; BGE 107 Ia 199;103 Ia 531 Erw. 3a.

1345 BGE 111 Ia 14 Erw. 3a.

1346 BGE 103 Ib 73 Erw. 3b.

1347 Keller/Siehr, Die allgemeine Lehre des IPR, S. 537.

1348 Keller/Siehr, Die allgemeine Lehre des IPR, S. 537. Diese Autoren bejahen das Bestehen eines positiven Ordre Public im schweizerischen Recht; stehen im aber eher skeptisch gegenüber.

1349 BG vom 28.4.1992 – BGE 118 II 193; IPRax 1994, S. 459.

Vielmehr würde sich in diesem Fall eine Beschwerde gegen den anwendungsrechtlichen Befund der Entscheidung richten, gegen welchen gem. Art. 190 Abs. 2 lit. e IPR nur dann eine Beschwerde gegeben sei, „wenn die Entscheidung mit dem Ordre Public unvereinbar ist“. Lediglich unter Ordre Public-Gesichtspunkten könnte daher gegen eine behauptete, unrichtige Entscheidung in Bezug auf Eingriffsnormen vorgegangen werden.[1350]
Zusammenfassend müssen - nach schweizer Ansicht - Schiedsrichter die Eingriffsnormen der *lex causae* sowie diejenigen der *lex fori* berücksichtigen. Diese Eingriffnormen müssen zum Ordre Public der entsprechenden Länder gehören, und zwar zum internationalen Ordre Public.[1351]
Nach herrschender Meinung hat das Schiedsgericht keine *lex fori*. Jedoch ist es wichtig, sie zu bedenken, um eine Aufhebung des Schiedsspruchs zu vermeiden. Hinzu kommen auch die Eingriffsnormen.[1352] Schiedsrichter müssen also so eine Art kumulative Prüfung zwischen Eingriffsnormen der *lex causae* und *lex fori* machen. Zweifellos bereitet es einem Schiedsgericht erheblich größere Mühe, die Eingriffsnormen zu berücksichtigen, welche nicht Teil der *lex causae* sind, als einem staatlichen Richter.[1353] Jedoch soll es ihnen bewusst sein, dass die Nichtbeachtung einer Eingriffsnorm zur Verweigerung der Vollstreckung im betreffenden Staat führen kann. Auf diesem Gedanken basierend empfiehlt Art. 26 der Verfahrensordnung des Schiedsgerichtshofes der ICC, „mit allen Mitteln“ darauf hinzuwirken, dass die Vollstreckbarkeit des Schiedsspruches gesichert ist.
Nach manchen Autoren wäre dies nicht nur zum Nutzen der Schiedsgerichtsbarkeit, sondern es würde davon die ganze Gerichtsbarkeit profitieren. Den auf diese Weise wäre der Verdacht fundamentlos, dass die Parteien die Schiedsgerichtsbarkeit als Mittel zur Rechtsumgehung benutzen.[1354]

cc) Frankreich

Die von Goldmann[1355] in Frankreich begründete und verbreitete Auffassung von einer anationalen, an keine staatliche Rechtsordnung gebundenen, internationalen Schiedsgerichtsbarkeit sollte dazu führen, dass ein Schiedsgericht an kei-

1350 Schnyder, IPRax 1994/6, S. 465 (467).

1351 Bucher, Die neue internationale Schiedsgerichtsbarkeit in der Schweiz, 1989, S. 132, Rn 355.

1352 Bucher, Die neue internationale Schiedsgerichtsbarkeit in der Schweiz, 1989, S. 132, Rn 356. Bucher, in FS Moser, 1987, S. 216/217. Berger, Internationale Wirtschaftsschiedsgerichtsbarkeit, 1992, S. 487, Rn. 191; Heini in Zürcher Komm. zu Art. 190 Rn. 52.

1353 Heini, Der materiellrechtliche Ordre Public im neuen schweizerischen Recht der internationalen Schiedsgerichtsbarkeit, in FS Habscheid, Bielefeld 1989, S. 156.

1354 Lando, FS: Zweigert, S.172.

1355 Goldman, RCADI 1968, S. 351, 432f.

nerlei staatliche zwingende Normen gebunden ist. Dementsprechend hat das Schiedsgericht keine *lex fori.*[1356] Die einzige Grenze des Parteiwillens sei ein Ordre Public *réellement international* bzw. *transnational.*

In der neuen französischen Lehre wird die Theorie der anationalen Schiedsgerichte weiterhin vertreten. Das Spannungsverhältnis zwischen den Eingriffsnormen der *lex fori* und der Schiedsgerichtsbarkeit ist in der Lehre umstritten.[1357] Gegen die Anwendung der zwingenden Normen durch die Schiedsgerichte wird eingewandt, dass die Schiedsrichter damit beauftragt wurden, die Interessen der Parteien und nicht das Gemeininteresse zu schützen. Man stützt sich dabei auf die Unabhängigkeit der Schiedsgerichtsbarkeit.[1358] Ferner wird vertreten[1359], dass die Theorie der Anwendung der Eingriffsnormen auf die internationale Schiedsgerichtsbarkeit die Ablehnung ihrer transnationalen Natur bedeuten würde.[1360]

Es wird auf der anderen Seite zum Teil bejaht, dass die Schiedsgerichte die zwingenden Normen des Vertragsstatutes zu beachten haben, solange sie nicht gegen den in dem Fall anwendbaren Ordre Public *véritablement* international verstoßen.[1361]

Ferner sind auch im Schrifttum Auffassungen dahingehend zu finden, dass der Schiedsrichter einen vollstreckbaren Schiedsspruch erlassen muss.[1362]

1356 Hanotiau, The Law applicable to Arbitrability in: Van den Berg, S. 158.

1357 Gaillard in Racine, L'arbitrage Commercial International et l'Ordre Public, S. 298, Rn. 514: *«Par définition, la théorie des lois de police est particulariste et amorale. Une loi de police traduit simplement une politique particulièrement affirmée d'un Etat et ne prétend nullement correspondre à des valeurs universelles.»*

1358 Mayer, in Racine, L'arbitrage Commercial International et l'Ordre Public, S. 298, Rn. 514, 515. Siehe dazu den Schiedsspruch IHK N° 6379 von 1990, YBCA, 1992, S. 212: *« In international Arbitration, an Arbitral Tribunal is not an institution under the legal system of a state.»*

1359 Goldman, Nouvelles réflexions sur la Lex Mercatoria, Études de droit international en l'honneur de P. Lalive, 1993, S. 241.

1360 Racine, a.a.O., S. 273, Rn. 467 : *« Toutefois, il n'est pas possible d'ériger l'obligation de respecter l'Ordre Public du siège de l'arbitrage en règle absolue. En vertu du principe d'autonomie de l'arbitrage, un tribunal arbitral n'est pas considéré comme une juridiction de l'état sur le territoire duquel la sentence est rendue. De plus, certains Etats, comme la France, sont particulièrement libéraux et postulent que l'arbitrage n'est pas soumis à l'ordre juridique du siège. Obliger l'arbitre à respecter l'Ordre Public du lieu où il statue reviendrait donc à rattacher juridiquement l'arbitrage à son siège. »*

1361 Fouchard/Gaillard/Goldman, Traité de l'arbitrage commercial international, 1996, S. 861, Rn. 1517. So auch Derains, Les normes d'application immédiate dans la jurisprudence arbitrale internationale, Études Goldman, S. 29. Mayer, La sentence contraire à l'Ordre Public au fond, Rev. Arb. 1994, S. 615.

1362 Goldman in Racine, a.a.O., S. 274, Rn. 468.

Die *Cour d'appel*[1363] hat in diesem Sinne in einer Entscheidung festgelegt, dass Schiedsrichter versuchen müssen, einen Schiedsspruch zu erlassen, der mit dem Ordre Public des Vollstreckungsortes vereinbar ist.
In der neuen Lehre wird die Meinung vertreten, dass sich die Kontrolle des Schiedsspruches hinsichtlich der Anwendung oder nicht-Anwendung der Eingriffsnormen in zwei Theorien aufteilen lässt. Zum einen die Theorie „*maximaliste*“ und zum anderen die „*minimaliste*“.[1364]
Die Theorie „*maximaliste*“[1365] schlägt eine intensive Kontrolle der Anwendung und richtigen Anwendung von Eingriffsnormen (*lois de police*) im Schiedsverfahren seitens des nationalen Richters vor, um einen besseren Schutz der zwingenden Normen gewährleisten zu können. Sie stützt sich auf das Rechtsprechungsmonopol des Staates (*est une prérogative étatique*).[1366] Diese Theorie steht der Schiedsfähigkeit zwingender Normen, wie derer des Kartellrechts, und der Konzeption der Schiedsgerichtsbarkeit als eine alternative, wahre Gerichtsbarkeit entgegen. Sie betrachtet die Schiedsgerichtsbarkeit schlicht als eine Vorinstanz der normalen Gerichtsbarkeit.
Dieser Theorie gegenüber ist die französische Rechtsprechung zurückhaltend geblieben.[1367]
Eine solche Kontrolle des Schiedsspruchs würde das Verbot der *révision au fond* verletzen.
Zum anderen die Theorie „*minimaliste*“: sie vertritt die Auffassung, dass die Kontrolle des Schiedsspruchs durch das nationale Gericht hinsichtlich der Eingriffsnomen zurückhaltend (minimal) erfolgen soll. Das Verbot der *révision au*

1363 *Cour d'appel*, vom 12.1.1993, *République de Côte-d'Ivoire et autre C. Norbert Beyrard*, Rev. Arb. 1994, S. 685.

1364 Radicati di Brozolo, Rev. Arb. 2005, S. 531.

1365 Siehe dazu Radicati di Brozolo, Rev. Arb. 2005, S. 531, 537-544.

1366 Siehe dazu Mayer, La sentence contraire à l'Ordre Public ou fond, Rev.arb., 1994, S. 615; Racine a.a.O. S. 437ff; Seraglini, Lois de police et justice arbitrale internationale, Paris, 2001, S. 127 = Rev.arb. 2001, S. 772; Radicati di Brozolo, Rev. Arb. 2005, S. 531.

1367 Paris, vom 30.9.1993, Rev.arb. 1994, S. 359; Paris, 10.9.1998, Rev.arb., 2001, S. 559. Vgl. die *Westman*-Entscheidung, Cour d'appel Paris vom 30.9.1993, Rev.arb. 1994, S. 359: « *le pouvoir reconnu, en matière d'arbitrage, à l'arbitre d'apprécier la licéité d'un contrat au regard des règles relevant de l'Ordre Public international et d'en sanctionner l'illicéité en prononcent en particulier sa nullité, implique, dans le cadre d'un recours en annulation fondé sur la contrariété de la reconnaissance ou de l'exécution de la sentence arbitrale à l'Ordre Public international, un contrôle de la sentence, par le juge de l'annulation, portant en droit et en fait sur tous les éléments permettant notamment de justifier l'application ou non de la règle d'Ordre Public international et dans l'affirmative, d'apprécier, au regard de celle-ci, la licéité du contrat.* » So auch die *Courrèges*-Entscheidung, Cour d'appel vom 5.4.1990, Rev. arb. 1990, S. 110. Anm. Synvet.

fond müsse respektiert werden, es sei denn, der nationale Richter stünde vor einem offensichtlichen Verstoß gegen den Ordre Public.[1368]
Die *Cour d'appel* hat sich in ihrer neuen Rechtsprechung *Thàles/Euromissile*[1369] auf die minimalistische Theorie sowie auf die *Eco Swiss*-Entscheidung des EuGH gestützt und dementsprechend entschieden, dass die Schiedsgerichte das europäische Kartellrecht zu berücksichtigen und anzuwenden haben.[1370] Denn Art. 81 EGV gehöre zum Ordre Public der Mitgliedstaaten. Das Gericht stellt jedoch fest, dass allein die Behauptung einer Verletzung einer zwingenden Norm keine *révision au fond* rechtfertigt und keine Aufhebung des Schiedsspruch mit sich bringt[1371]; vielmehr müsse dieser Verstoß im Rahmen des Art. 1502,5 NCPC geprüft werden, nämlich im Rahmen der Prüfung des Verstoßes gegen den Ordre Public international. Ein solcher Verstoß muss offensichtlich, effektiv und konkret sein[1372]. Außerdem muss sich das Schiedsgericht von Amts wegen oder auf Rüge der Parteien im Schiedsverfahren mit dem Art. 81 EGV beschäftigt haben. Denn das nationale Gericht kann nicht über eine Sache entscheiden, die vom Schiedsgericht nicht behandelt worden ist.[1373]

1368 Dazu Derains, Chronique de jurisprudence française, Rev.arb. 2001. S. 805 (818). So Cour de cassation: «*le contrôle de la Cour d'appel, saisie d'un recours en annulation d'une sentence arbitrale fondée sur l'article 1484-6°* ...*doit porter non sur la qualification que les arbitres ont donnée de la convention liant les parties, même s'il est prétendu que celle-ci est régie par des dispositions d'Ordre Public.*», zitiert in Rev. Arb. 2001, S. 816. So auch Cour d'appel vom 2.2.1995, Rev.arb. 1996, S. 128; vom 3.6.1998, Rev. arb. 1999, S. 71, Anm. Loquin.

1369 Thàles/Euromissile, Cour d'appel Paris vom 18.11.2004 = Chabot, JCP-Ed.Gen. 2005, II 10038, S. 570. Mehr dazu siehe unten 8.3.3.

1370 So Cour d'appel Paris v. 16.4.1996 und Cour de Cass., vom 5.1.1999, beide über SA Gallay c/ société Fabricated Metals Inc., beide in Rev. Arb. 2001, S. 814.

1371 So auch Radicati di Brozolo, Rev.arb., 2005, S.527 (544): « *La thèse qui préconise un contrôle approfondi des sentences arbitrales par le juge de l'annulation ou de l'exequatur pour vérifier al « bonne » application des lois de police ne paraît donc pas acceptable aujourd' hui.* » Dagegen ein Urteil der Cour d'appel vom 4.11.1982, wo sie einen Schiedsspruch wegen Verletzung einer zwingenden Norm aufgehoben hat. Siehe Rev.arb. 1994, S. 619, Nr. 7.

1372 So auch Cour de cass. 21.3.2000, Rev.arb. 2001, S.817.

1373 *Thàles/Euromissile*, Cour d'appel Paris vom 18.11.2004, = Chabot, JCP-Ed.Gen. 2005, II 10038, S. 573 : « *Considérant que la violation de l'Ordre Public international au sens de l'article 1502-5° du NCPC doit être flagrante, effective et concrète, que le juge de l'annulation peut certes, dans le cadre de ses pouvoirs de nature disciplinaire, porter une appréciation en droit et en fait sur les éléments qui sont dans la sentence déférée à son contrôle, mais pas statuer au fond sur un litige complexe qui n'a jamais encore été ni plaidé, ni jugé devant un arbitre concernant la simple éventualité de l'illicite de certaines stipulations contractuelles* ». Siehe auch Paris, 1 ere Ch. C, vom 14.10.1993, Rev. Arb., 1994, S. 164, Anm. Jarrosson; Cass. Civ. 2e, 5.4.1994, Rev.arb. 1995, S. 85, Anm. Jarrosson; Paris, 1re Ch. C., vom 30.3.1995, Rev.arb. 1996, S. 131; Paris 1re Ch.

Da diese Voraussetzungen in diesem Fall nicht gegeben waren, weigerte sich die *Cour d'appel*, eine *révision au fond* des Schiedsspruchs durchzuführen und wies den Aufhebungsantrag zurück.[1374]
Ebenso rechtfertigt auch die Nicht-Berücksichtigung einer zwingenden Norm keine *révision au fond*. Das nationale Gericht kann den Schiedsspruch aufheben oder für nicht vollstreckbar erklären, wenn durch seine Anerkennung Grundsätze verletztet würden, auf die sich die nicht berücksichtigte, zwingende Norm stützt. Das Gericht muss neben diesen Prinzipien auch andere berücksichtigen, wie z.B. *venire contra factum proprium, bonna fide*, etc.[1375]
Der Verstoß gegen den Ordre Public international in Sinne der *lois de police* wird also nach dieser Theorie, auf das Ergebnis des Schiedsspruchs bzw. seiner Anerkennung im Inland und nicht auf die adäquate Anwendung oder Missachtung einer zwingenden Norm des europäischen Wettbewerbsrechts abgestellt.[1376]
Nach manchen Autoren zeigt sich damit, dass die Theorie „*maximaliste*" im Sinne einer intensiven Kontrolle der Schiedssprüche im Aufhebungs- bzw. Vollstreckbarerklärungsverfahren unter dem Deckmantel der Prüfung einer guten Anwendung zwingender Normen heutzutage immer wenige Anwendung findet.[1377]
Die herrschende Meinung in der Lehre ist hingegen einer anderen Ansicht: nach ihr muss der nationale Richter im Rahmen der Schiedsspruchskontrolle eine Prüfung der richtigen Anwendung einer Ordre Public-Vorschrift durchführen. Das heißt, dass er die Fakten- sowie die Rechtslage berücksichtigen muss.[1378]

C, 16.4.196, Rev.arb. 2001, S. 805; Paris 1re Ch. C, vom 14.12.2000, Rev.arb. 2001, S. 806; Paris, 1re Ch. C, 14.6.2001, Rev.arb. 2001, S. 773.

1374 Anders *Cour d'appel* Paris v. 16.4.1996: « *a procédé –dans les limites de ses pouvoirs, c'est-à-dire sans révision au fond de la décision arbitrale- au contrôle de la sentence au regard de l'application des règles communautaires de la concurrence, qu'il appartenait à l'arbitre de mettre en œuvre* ». Cour de cass, v. 5.1.1999, Rev. Arb. 2001, S. 814.

1375 Radicati di Brozolo, Rev.arb. 2005, S. 558-559.

1376 Anders Loquin, Rev.arb. 1999, S. 71: « *Le contrôle du respect par l'arbitre de l'Ordre Public implique un examen de tous les éléments de fait et de droit dont dépendent l'application ou la non application de la règle d'Ordre Public pertinente, ce qui impose un contrôle de l'interprétation comme de la qualification de la convention litigieuse* ».

1377 Radicati di Brozolo, Rev. Arb. 2005, S. 544. Anders Derains, Rev. arb. 2001, S. 805 (818, B.).

1378 Racine, a.a.O. S. 548, Rn. 981; 551, Rn. 987: « *Toutefois, pour que le contrôle soit effective, le juge étatique doit se substituer en entier à l'arbitre dans l'appréciation tant du droit que du fait.* » So auch Loquin, Cass. civ, 1re, v. 3.6.1999, Rev.arb. 1999, S. 71: « *Le contrôle du respect par l'arbitre de l'Ordre Public implique un examen de tous les éléments de fait et de droit dont dépendent l'application ou la non application de la règle d'Ordre Public pertinente, ce qui impose un contrôle de l'interprétation comme de la qualification de la convention litigieuse* ». So auch Seraglini, Lois de police et justice arbitrale internationale, S. 2002, Rn. 987ff.

Die Rechtsprechung der *Cour d'appel* ist auch nicht einheitlich. In einem Urteil vom 14 Juni 2001 hat sie entschieden, dass der nationale Richter die Vollstreckbarerklärung eines Schiedsspruchs verweigern kann, wenn seine Vollstreckung die französische Konzeption des Ordre Public international verletzt, selbst wenn der Ordre Public - Einwand nicht vom Schiedsgericht erörtert worden ist.[1379]
Nach der *Eco Swiss*-Entscheidung müssen die Schiedsrichter auch von Amts wegen zwingende Normen des Gemeinschaftsrechts berücksichtigen. Hierbei war jedoch fraglich, ob die Nichtberücksichtigung der zwingenden Vorschriften des Ordre Public international von Amts wegen die Aufhebung bzw. die Verweigerung der Vollstreckbarerklärung mit sich bringen würde. Französische Autoren sind hierbei der Auffassung, dass der Schutz der französischen Ordre Public-Konzeption nicht von dem guten Willen der Parteien bzw. von der Initiative der Schiedsrichter abhängen kann.[1380]
In einer früheren Entscheidung stellte die *Cour d'appel*[1381] die Verpflichtung eines Schiedsrichters fest, in einem *ex aequo et bono* Verfahren zwingende Normen anzuwenden. Andere Autoren versuchen, die Verpflichtung der Schiedsrichter zur Berücksichtigung zwingender Vorschriften des europäischen Wettbewerbsrechts abzumildern, indem sie die Verpflichtung nur als eine Befugnis ansehen, die die Schiedsrichter ausüben können oder nicht, um die Vollstreckbarkeit des Schiedsspruchs zu garantieren.[1382]

Zusammenfassend kann man sagen, dass die Schiedsrichter den Ordre Public im Laufe des Schiedsverfahren berücksichtigen sollen.[1383]
Nach der neuesten Rechtsprechung führt jedoch die falsche oder gar nicht stattfindende Anwendung einer zwingenden Norm des Ordre Public international nicht zu einer Aufhebung oder Verweigerung der Vollstreckbarerklärung. Dies ergibt sich vielmehr aus dem Verstoß gegen den Ordre Public, der der

---

1379 *SA Compagnie commerciale André c/ SA Tradigrain France*, Cour d'appel Paris vom 14.6.2001, Rev. Arb. 2001, S.773, 779 Anm. Seraglini: « *la défense de la conception française de l'Ordre Public international implique que le juge étatique chargé du contrôle puisse annuler la sentence dont l'exécution heurte cette conception alors même que le moyen tiré de l'Ordre Public n'avait pas été invoqué devant les arbitres et que ceux-ci ne l'avaient pas mis dans le débat»*.

1380 Mayer, Rev.arb., 1994, S. 615 (626): « *indépendamment de toute idée de censure à l'égard de l'attitude de l'arbitre, la défense de l'Ordre Public passe avant toute outre considération et doit conduire à l'annulation de la sentence»*; Seraglini, Rev. Arb. 2001, S. 781 (785).

1381 Cour d'appel Paris vom 16.3.1995, Rev.arb. 1996, S. 146, Anm. Derains.

1382 Schwartz in Seraglini, Rev.arb. 2001, S. 773 (788ff).

1383 Fadlallah, L'Ordre Public dans les sentences arbitrales, RCADI 1994, S. 418: *«en tout cas, il est de sens commun que les arbitres se préoccupent du sort de leurs sentences, l'exigence de conformité à l'Ordre Public ne peut –ni ne doit- les laisser indifférents.»*

Anerkennung der Entscheidung des Schiedsgerichts entgegenstehen kann.[1384] Jedoch ist zu bejahen, dass dies nicht als allgemeine Regel bezeichnet werden kann, denn die französische Rechtsprechung ist diesbezüglich nicht einheitlich. Demzufolge wird den Parteien empfohlen, sich die Rechtswahl sorgfältig zu überlegen. Denn die Vereinbarung eines Rechtes schließt auch seine zwingenden Normen ein.[1385]

Im Bereich der nationalen Schiedsgerichtsbarkeit stellen die Bestimmungen der Artt. 1451-1459 NCPC zwingendes Recht dar. Denn alle Vereinbarungen, die diesen Bestimmungen widersprechen, werden nach Art. 1459 NCPC[1386] als inexistent angesehen.

Die *Cour d'appel*[1387] hat in einem Aufhebungsverfahren eines ausländischen Schiedsspruchs (erlassen in einem internationalen Schiedsverfahren zwischen einer französischen und einer algerischen Gesellschaft) entschieden: „*si l'article 700 du Code de Commerce algérien, abrogé en 1993, a pu être d'Ordre Public interne algérien, ce texte n'est pas d'Ordre Public international; qu'en effet, il n'est pas contraire à la conception française de l'Ordre Public international de faire produire effet à une convention de cession d'actions même non réitérée par acte authentique.*" Damit hat die *Cour de Paris* festgelegt, dass alle Verletzungen des ausländischen Ordre Public national nicht zwangsläufig eine Verletzung des Ordre Public international darstellen.

Zusammenfassend kann man sagen, dass es nach der französischen Auffassung zwei Fälle gibt, in denen die Eingriffsnormen eines anderen Landes bei der Ordre Public-Kontrolle im Inland berücksichtigt werden dürfen: Erstens, wenn der Verstoß gegen eine ausländische Normen zugleich einen Verstoß gegen den Ordre Public national darstellt. Zweitens, wenn der Richter unter Berücksichtigung des Sinns und Zwecks eines ausländischen Gesetzes und des in ihm geschützten Interesses entscheidet, es bei der Ordre Public-Kontrolle zu berücksichtigen, ohne dass jenes Gesetz einen Verstoß gegen den Ordre Public seines Landes darstellt.[1388]

1384 Seraglini, Rev.arb. 2001, S. 789: *«Il reste qu'objectivement, al sentence qui n'a pas pris em compte une loi de police que le juge estime applicable au litige, ne peut être reconnue, dès lors qu'elle adopte une solution contraire à cette loi. »*

1385 Fadlallah, RCADI 1994, S. 418.

1386 Art. 1459.- *Toute disposition ou convention contraire aux règles édictées par la présent chapitre et réputée non écrite.*

1387 *Cour d'appel* vom 20.6.1996, Rev. Arb. 1996, S. 657.

1388 Racine, L'arbitrage International Commercial et l'Ordre Public, S. 451, Rn. 811.

dd) England

Die Ermächtigungen der Schiedsrichter haben zwei Quellen: zum einen die Parteiautonomie als erstes Anknüpfungsmerkmal und zum anderen die Rechtsordnung der zuständigen Jurisdiktion (z. B. *lex fori* bzw. *lex loci arbitri*).[1389] Findet das Schiedsverfahren in England statt, so sind die zwingenden Vorschriften (*mandatory provisions*)[1390] des Arbitration Act zu berücksichtigen und gegebenenfalls anzuwenden, auch wenn die Parteien ein anderes Recht als *lex causae* vereinbart haben.[1391] Die nicht zwingenden Vorschriften können auch subsidiär angewendet werden, wenn keine Vereinbarung diesbezüglich vorliegt bzw. die Parteien nicht ausdrücklich auf sie verzichtet haben.[1392]

Nach der englischen Lehre[1393] lässt sich das Verhältnis zwischen dem Ort des Schiedsverfahrens und seiner *lex causae* wie folgt zusammenfassen:
a) Wenn das Schiedsverfahren in England stattfindet und die *lex causae* englisches Recht ist, dann ist das englische Recht als Ganzes anzuwenden.
b) Wenn der Sitz in England ist, sind die in *Schedule* 1 vorgesehenen zwingenden Vorschriften des Arbitration Act unabhängig davon anzuwenden, welche Rechtsordnung als *lex causae* vereinbart wurde. Im Falle der nicht zwingenden Vorschriften werden sie angewendet, wenn die Parteien nicht auf sie verzichtet haben oder wenn ihr Anwendungsbereich nicht in der von den Parteien vereinbarten *lex causae* geregelt ist (wenn die *lex causae* lückenhaft ist).[1394]
c) Wenn der Sitz des Schiedsverfahrens nicht in England ist und die *lex causae* nicht englisches Recht ist, dann bestehen keine Anhaltspunkte, um englisches Recht zur Anwendung zu bringen. Englisches Recht könnte als Hilfsrecht angewendet werden, wenn um die Anerkennung und Vollstreckung des Schiedsspruchs in England nachgesucht wird.
Daraus kann man schließen, dass der *lex fori* bzw. *lex loci arbitri* im Schiedsverfahren eine wichtige Rolle zukommt.
In England ist gem. der alten Lehre und Rechtsprechung das Kollisionsrecht des Schiedsortes verbindlich.[1395]
Ein Schiedsverfahren kann nur durchgeführt werden, wenn es eine wirksame Vereinbarung vorliegt, deren formelle und materielle Erfordernisse gesetzlich

1389 Lew (Hrsg.), Contemporary Problems in International Arbitration, S. 73-85 (73).
1390 Aufgelistet in Schedule 1. Siehe sec. 4 AA.
1391 Merkin, Arbitration Law, S. 225, Rn. 7.61.
1392 Siehe *XL Insurance Ltd V. Owens Corning* (2000) 2 Lloyd's Rep 500.
1393 Merkin, Arbitration Law, S. 226, Rn. 7.62.
1394 *Dubai Islamic Bank PJSC v. Pay Mentech Merchant Services Inc.*, (2001) 1 Lloyd's Rep 65.
1395 Collins, Arbitration and the law governing Contractual Relations, 1983, S. 55, 70-71, 73.

geregelt sind. Hierbei muss z. B. der dem Schiedsverfahren zugrunde liegende Sachverhalt schiedsfähig sein. Ist der Sachverhalt nicht schiedsfähig, so kann das Schiedsverfahren nicht stattfinden gem. der *lex fori* (*lex loci arbitri*) oder gegebenenfalls wird der Schiedsspruch aufgehoben (*lex fori*) bzw. seine Vollstreckbarerklärung verweigert (Vollstreckungsort bzw. *lex causae*). Daher ist zu bejahen, dass die Effektivität der Schiedsvereinbarung bzw. des Schiedsspruchs im Allgemeinen durch die nationale Rechtsordnung un- und mittelbar beeinflusst wird.[1396]

Dies hat zur Folge, dass die Schiedsrichter sowohl auf die Parteivereinbarung, als auch auf die zwingenden Normen und den Ordre Public achten müssen.

In England wird auch die Theorie vertreten, dass das Schiedsgericht zwingenden Vorschriften der *lex fori* berücksichtigen muss, damit es einen vollstreckbaren Schiedsspruch erlassen kann.[1397] Da nicht alle Schiedsorte „günstig" sind, wird ein gewisses „*forum-shopping*" toleriert.[1398]

In diesem Sinne hat ein englisches Gericht entschieden, dass ein Schiedsspruch für vollstreckbar erklärt wird, es sei denn, er ist nicht mit dem Ordre Public oder den Eingriffsnormen der *lex fori* vereinbar.[1399]

Hierbei ist hervorzuheben, dass das englische Recht gegenüber dem UNCITRAL-Modellgesetz einen Schritt weiter diesbezüglich geht und die Möglichkeit des Verlusts des Rügerechts unter besonderen Umständen[1400] nach Ablauf der von ihm vorgesehenen Frist vorsieht. Es sei denn, die Partei erbringt den Beweis, dass solche Umstände ihr während des Verfahrensverlaufs unbekannt waren. Diese zwingende Bestimmung bezweckt etwa, die erwähnten Umstände rechtzeitig zu merken und zu korrigieren, um die nachträglichen Aufhebung des Schiedsspruchs zu verhindern.[1401]

1396 Lew, a.a.O., S. 74, 78.

1397 Redfern/Hunter, a.a.O., 2004, S. 92, Rn. 2-29.

1398 Redfern/Hunter, a.a.O., 2004, S. 92, Rn. 2-29: "*... it means that not every country is a suitable situ for international commercial arbitration; a certain amount of „forum-shopping is advisable.*"

1399 *Naviera Amazónica Peruana SA v. Compania International de Seguros del Perú* (1988) 1 Lloyd's Rep 116, S. 120: *"The relevant rules of such bodies are incorporated by reference into the contract between the parties, and their binding contractual effect will be respected and enforced by the courts of the forum except in so far as they may conflict with the public policy or any mandatory provisions of the lex fori."*

1400 *S. 73 (1) ...a) dass dem Schiedsgericht die Zuständigkeit fehlt, b) dass das Verfahren nicht ordnungsgemäß durchgeführt wurde, c) dass die Nichtbeachtung des Schiedsvertrages oder einer Vorschrift dieses Teils vorliegt, oder d) dass eine andere Unregelmäßigkeit vorliegt, welche das Schiedsgericht oder das Verfahren betrifft.*

1401 Hunter/Landau, The English Arbitration Act 1996, Text and Notes, Fn. 121 zu s. 73 AA.

8.3.3. Eingriffsnormen und Gemeinschaftsrecht

a) Deutschland

Was die Anwendung zwingender Bestimmungen angeht, so ergeben sich also verschiedene Regeln und Anwendungsmethoden, je nachdem, ob es sich um einen reinen Binnenmarktfall oder um einen Drittstaatensachverhalt handelt. Im Falle eines reinen Binnenmarktfalles kann man für die Anwendung zwingender Bestimmungen auf eine EuGH-Entscheidung zurückgreifen, nämlich die *Arblade*-Entscheidung.[1402]

Danach sind international zwingende Vorschriften solche nationalen Vorschriften, deren Einhaltung als so entscheidend für die Wahrung der politischen, sozialen oder wirtschaftlichen Organisation des betreffenden Mitgliedstaates angesehen wird, dass ihre Beachtung für alle Personen, die sich im nationalen Hoheitsgebiet dieses Mitgliedstaates befinden, und für jedes dort lokalisierte Rechtsverhältnis vorgeschrieben ist.[1403] Damit legt der EuGH fest, dass die Anwendung der international zwingenden Normen der *lex fori* im europäischen Binnenmarkt Schranken unterworfen ist, wenn beide Länder EG-Mitgliedstaaten sind.[1404] Ferner ist daraus zu schließen, dass es sich bei den international zwingenden Normen um Normen handelt, die Gemeininteressen verfolgen.[1405]

Die Anwendung der zwingenden Bestimmungen der *lex fori* unterliegt also im Binnenmarkt Einschränkungen. Diese Einschränkungen resultieren aus den Grundfreiheiten des EG-Vertrages. Denn im Rahmen von EuGVO/EuGVÜ verzichten die Mitgliedstaaten zugunsten der Zuständigkeit der anderen Mitgliedstaaten auf die Geltendmachung ihrer internationalen Zuständigkeit nach ihrem jeweiligen autonomen Recht. Damit dürfen sie zugleich nicht ihre eigenen, international zwingenden Vorschriften als *lex fori* über Art. 7 Abs. 2 EVÜ durchsetzen.

Eine Sonderanknüpfung zwingender Bestimmungen wird jedoch zum Nachteil einer Grundfreiheit dann erlaubt, wenn die beschränkende Maßnahme seitens des Mitgliedstaates zur Wahrung wichtiger Interessen des Allgemeinwohls zwingend erforderlich ist, und solange von ihm nachgewiesen wird, dass der von der Gemeinschaft gesetzte Mindeststandard unzureichend ist und im Interesse des Verbraucherschutzes zwingend die weitergehenden, nationalen Schutzstandards einzuhalten und international durchzusetzen sind.[1406]

Zugleich verzichten sie jedenfalls im Anwendungsbereich der EuGVO weitgehend auch darauf, die Nichtbeachtung ihrer zwingenden Bestimmungen durch

1402 EuGH vom 23.11.1999 – C-369/96 und C-376/96,Slg. 1999, I-8453, RIW 2000/2, 137.

1403 EuGH, Slg. 1999, I-8453, Nr. 30.

1404 Jayme/Kohler, IPRax 2000/6, S. 455.

1405 So auch Sonnenberger, IPRax, 2003/2, S. 106.

1406 Reithmann/Martiny, Internationales Privatrecht, 6. Aufl., S. 386, Rn 415.

ausländische Gerichte als Verstoß gegen den Ordre Public i.S.d. Art. 34 Nr. 1 EuGVO geltend zu machen, da die Anerkennungshindernisse nur auf Rüge und im Rechtsbehelfsverfahren zu prüfen sind.[1407] Dieser Verzicht wird dadurch kompensiert, dass die nach EuGVO/EuGVÜ zuständigen Gerichte der Mitgliedstaaten auch die Eingriffsnormen der jeweils anderen Mitgliedstaaten beachten.[1408]
Ist das Vertragsstatut das Recht eines Drittstaates, so besagt Art. 7 Abs. 1 S. 1 EVÜ, dass *die Mitgliedstaaten den zwingenden Bestimmungen des Rechts eines anderen Staates, mit dem der Sachverhalt eine enge Verbindung aufweist, Wirkung verleihen können, „soweit diese Bestimmungen nach dem Recht des letztgenannten Staates ohne Rücksicht darauf anzuwenden sind, welchem Recht der Vertrag unterliegt"*.
Ferner führt Abs. I S. 2 dieses Artikels weiter aus, dass „bei der Entscheidung, ob diesen zwingenden Bestimmungen Wirkung zu verleihen ist, ihre Natur und ihr Gegenstand sowie die Folgen zu berücksichtigen sind, die sich aus ihrer Anwendung oder Nichtanwendung ergeben würden". Daraus ist zu schließen, dass eine Verpflichtung zur Anwendung fremden Eingriffsrechts nicht besteht.
Jedoch mangelt es den Bestimmungen dieses Artikels an Präzision.[1409]
Das im Inland geltende Gemeinschaftsrecht hat Vorrang vor den Eingriffsnormen der *lex fori* oder *lex causae*. Für seine Durchsetzung ist die Heranziehung des Art. 34 EGBGB nicht nötig.[1410] Im Falle der Richtlinien ist dieser Vorrang von der Umsetzung in das nationale Recht abhängig.
Man behauptet, dass die international zwingenden Vorschriften der Mitgliedstaaten einen noch weiter gehenden Einfluss auf das Vertragsstatut haben als der Ordre Public.
Die zwingenden Normen können vom Europarecht dadurch beeinflusst werden, dass das primäre und sekundäre Europarecht zum einen den zwingenden Normen als Rechtsgrund dienen könne, und zum anderen als Begrenzung der Anwendung des zwingenden Rechts der Mitgliedstaaten.[1411]

Im Rahmen der internationalen Schiedsgerichtsbarkeit müssen die Schiedsrichter aufgrund des von den Parteien vereinbarten oder des von ihnen als anwendbar erachteten, materiellen Rechts entscheiden. Ist das Recht eines EU-Mitgliedstaates als *lex causae* vereinbart worden, so hat das Schiedsgericht die zwingenden Normen des europäischen Gemeinschaftsrechts zu berücksichtigen

1407 Vgl. Art. 41 S. 1 EuGVO.
1408 Freitag, in: Leible (Hrsg.), Das Grünbuch zum internationalen Vertragsrecht, 2004, S. 185.
1409 Hierzu Junker, IPRax 2000, S. 65ff. Er empfiehlt, diesen Artikel zu präzisieren und gibt einen Reformvorschlag (S. 73).
1410 Staudinger/Magnus, Art. 34 EGBGB, Rn. 40.
1411 Reithmann/Martiny, Internationales Privatrecht, 6. Auf., S. 381, Rn. 409.

und gegebenenfalls anzuwenden. Denn das Gemeinschaftsrecht ist Bestandteil der Rechtsordnungen der Mitgliedstaaten.
Der EuGH hat in seiner *Eco Swiss*-Entscheidung in diesem Sinn festgelegt, dass die Bestimmungen des Art. 81 EGV zum Ordre Public *international* der Mitgliedsstaaten im Sinne des Art. V Abs. 1 lit. b. UNÜ gehören, und (implizit) dass die Schiedsrichter gegebenenfalls europäische Wettbewerbsvorschriften beachten und im Schiedsverfahren anwenden müssen. Der EuGH führte jedoch aus, dass der nationale Richter dem Schiedsspruch die Vollstreckbarerklärung verweigern oder ihn aufheben kann, wenn der Schiedsspruch Art. 81 EGV widerspreche, sofern er nach seinem nationalen Verfahrensrecht im Fall der Verletzung nationaler Rechtsvorschriften, die der öffentlichen Ordnung zuzurechnen seien, einer Aufhebungsklage stattzugeben hätte.[1412]
Nach deutscher Auffassung[1413] begründet sich die Anwendbarkeit der Art. 81 und 82 EGV dann, wenn das auf den Vertrag anwendbare Recht das Recht eines Mitgliedstaates ist, da die europäischen Kartellvorschriften Bestandteil der nationalen Rechtsordnungen der EU-Mitgliedstaaten sind und gegebenenfalls auch vorrangig zur Anwendung kommen können.
Dies gilt auch für die Schiedsrichter. Sie müssen auf Art. 81 EGV achten, wenn die Vereinbarung der Parteien eine Beeinträchtigung des Handels zwischen zwei Mitgliedstaaten hervorrufen kann. Der Schiedsort spielt dabei keine Rolle. Die Anwendbarkeit von Art. 81 und 82 EGV ist auch eröffnet, wenn das Schiedsgericht den Vertrag zwar nach dem Recht eines Drittstaates beurteilt, dieser Vertrag aber bedeutsame Berührungspunkte mit dem Gebiet eines oder mehrerer Mitgliedstaaten aufweist.

Die europäische Kommission hatte die Verordnung Nr. 17/62 (EWG) erlassen. Mit dieser Verordnung wurde ein zentralisiertes Kontrollsystem eingerichtet, nach dem Kartelle, die den Handel zwischen den Mitgliedstaaten einschränken und beeinträchtigen können, bei der Kommission angemeldet werden müssen, um eine Freistellung erhalten zu können. Diese Verordnung wurde durch die Verordnung (VO) Nr. 1/2003[1414] ersetzt. Diese neue Verordnung enthält in Art. 4 bis 6 Bestimmungen, die die Aufteilung bzw. Erstreckung einer zuvor ausschließlich der Kommission zugewiesenen Zuständigkeit, nämlich die Erteilung von Freistellungen (Art. 81 Abs.3 EGV) umfasst. Da in diesen Artikel die Schiedsgerichte nicht erwähnt worden waren, stellte sich die Frage nach der Schiedsfähigkeit von Art. 81 Abs. 3 EGV. Jedoch erzielte diese Verordnung

1412 EuGH, Urt. v. 1.6.1999-Rs.C-126/97, *Eco Swiss China Time Ltd/Benetton International NV* = Spiegel, EuZW, 1999/18, S. 567, Rn. 41. Siehe auch *Denuit*, Rs C-125/04, Urt. v. 27.1.2005, Rn. 13.

1413 Eilmansberger, Die Bedeutung der Art. 81 und 82 EG für Schiedsverfahren, SchiedsVZ 2006, S. 9.

1414 Siehe http://europa.eu.int/scadplus/leg/de/lvb/l26092.htm

nicht nur die oben genannte Aufteilung von Zuständigkeiten, sondern vielmehr die Umwandlung von Art. 81 Abs. 3 in eine Legalausnahme, deren Eingreifen solche Freistellungserklärung seitens der Kommission nicht mehr bedarf.[1415]
Die Zuständigkeit eines Schiedsgerichts diesbezüglich basiert dementsprechend auf Art. 1 Abs. 2 VO 1/2003. Demnach sind Verträge, die die Voraussetzungen des Art. 81 Abs. 3 EGV erfüllen, nicht verboten, ohne dass dies eine vorherige Entscheidung erfordert.
Wenden Schiedsgerichte Art. 81 EGV an, dann sind sie mithin nicht nur berechtigt, sondern sogar verpflichtet, die Vorgabe in Art. 1 Abs. 2 VO 1/2003 zu beachten und zu prüfen, ob eine an sich tatbestandsmäßige Vereinbarung die in Art. 81 Abs. 3 EGV genannten Freistellungsvoraussetzungen erfüllt.[1416] Es steht also außer Frage, dass Schiedsgerichte Art. 81 und 82 EGV anwenden können. Aber besteht auch die Verpflichtung, sie anzuwenden?
Nach deutscher Auffassung sind die Schiedsrichter auf Rüge der Parteien zur Anwendung von Art. 81 und 82 EGV und zum Vollzug der darin ausgesprochenen Verbote verpflichtet.
Was passiert jedoch, wenn keine der Parteien sich darauf beruft oder sie sich sogar gemeinsam gegen die Anwendung dieser Vorschriften aussprechen?
Diese Frage wurde im Fall *Eco Swiss* vor den EuGH gebracht. Er hat sie leider nicht direkt beantwortet. Aber aus dieser Entscheidung ergibt sich eine implizite Verpflichtung der Schiedsrichter dazu, europäisches Kartellrecht auch von Amts wegen anzuwenden. Denn der EuGH hat festgelegt, dass Art. 81 und 82 EGV Bestandteil des Ordre Public international der Mitgliedstaaten im Sinne des Art. V Abs. 2 lit. b UNÜ ist. Der Verstoß gegen Art. 81 EGV kann gem. dem EuGH nur zur Aufhebung des Schiedsspruchs führen, wenn die Verletzung von zwingenden Vorschriften im nationalen Verfahrensrecht im Sinne des Ordre Public die Aufhebung des Schiedsspruchs vorsieht. In Anbetracht dessen, dass in manchen Mitgliedstaaten die wesentlichen zwingenden Normen zum Ordre Public international zugerechnet werden und dass der Ordre Public einen Aufhebungs- oder Versagungsgrund der Vollstreckbarerklärung in allen Mitgliedstaaten und vielen anderen Staaten darstellt, dann ist zu folgern, dass die Schiedsrichter de facto verpflichtet sind, die europäischen kartellrechtlichen Bestimmungen anzuwenden, wenn sie damit rechnen, dass der Schiedsspruch in einem Mitgliedstaat zu vollstrecken ist. Diese Verpflichtung ist jedoch nicht grenzenlos. Sie besteht insofern nur, als eine Missachtung der Art. 81 und 82 EGV dazu führen würde, dass der Schiedsspruch selbst gegen diese Vorschriften verstößt. Also kommt es auf das Ergebnis der Missachtung und nicht allein auf die Nicht-Anwendung dieser Artikel an.

1415 Eilmansberger, SchiedsVZ 2006/1, S. 8.
1416 Eilmansberger, SchiedsVZ 2006/1, S. 8. Siehe auch Van Houtte, ASA-Bulletin, 2005, S. 431, 436.

Ebenso ist ein Schiedsgericht weder verpflichtet noch ermächtigt, solche Verstöße der Parteien gegen das Kartellrecht zu ermitteln und festzustellen, die in keinem Zusammenhang mit dem Streitgegenstand stehen.[1417] Ebensowenig sind die Schiedsrichter verpflichtet, aktiv nach Anhaltspunkten zu suchen, die auf eine Tatbestandsmäßigkeit der Vereinbarung nach den Art. 81 oder 82 EGV hinweisen können. Das heißt, dass es eine Offenkundigkeit der Faktenlage geben muss, um diese Artikel zur Anwendung zu bringen.
Ein Schiedsgericht müsste die Möglichkeit eines Verstoßes gegen diese beiden Vorschriften also dann nicht prüfen, wenn die Feststellung der Tatbestandsmäßigkeit der schiedsgegenständlichen Vereinbarung eine gründliche rechtliche und u.U. auch ökonomische Analyse erfordert. Dies ergebe sich aus der Qualifikation dieser Artikel als zwingende Eingriffsnormen gemeinschaftsrechtlichen Ursprungs.[1418]
Der EuGH hat sich nicht dazu geäußert, ob die Anwendung des europäischen Kartellrechts im Schiedsspruch eine *révision au fond* durch das nationale Gericht ermöglicht. Es wird die Meinung vertreten, dass es aufgrund der Bedeutung des europäischen Kartellrechts als zwingende Normen gemeinschaftsrechtlich geboten ist, die Anwendung der Art. 81 und 82 EGV durch Schiedsgerichte einer nachprüfenden Kontrolle durch nationale Gerichte zu unterwerfen.[1419]

Es wird die Meinung vertreten, dass Schiedssprüche den Vorgaben der europäischen Kartellvorschriften zur Gänze und vollinhaltlich entsprechen müssen. Schiedsgerichte seien mithin nicht bloß verpflichtet, grobe Verstöße zu unterlassen, sondern hätten jeden Verstoß gegen diese Vorschriften zu vermeiden. Daher hätten die nationalen Gerichte im Aufhebungs- oder Vollstreckbarkeitsverfahren die Aufgabe, die Rechtsausführungen im Schiedsspruch zu Art. 81 und 82 EGV genau zu prüfen. Diese Prüfung soll sich auf den vom Schiedsgericht festgelegten und vom Schiedsspruch dargelegten Sachverhalt beschränken.[1420]
Besteht hierbei nicht ein Widerspruch? Der Autor hat klargemacht, dass die Entscheidung des Schiedsrichters das europäische Kartellrecht verletzen müsste, um als Ordre Public-widrig angesehen zu werden. Es kommt deswegen nicht allein auf die Anwendung oder Missachtung dieser Vorschriften an. Außerdem hat der EuGH in der *Eco Swiss*-Entscheidung klargestellt, dass die Erfordernisse der Effizienz des Schiedsverfahrens es erlaube, Schiedssprüche nur in beschränktem Umfang zu überprüfen. Die Aufhebung eines Schiedsspruchs sowie die Versagung seiner Vollstreckbarerklärung seien daher nur in außergewöhnlichen Fällen vorzusehen.[1421] Ferner müsse ein nationales Gericht, das mit einer Klage auf

1417 Eilmansberger, SchiedsVZ 2006/1, S. 11.
1418 Eilmansberger, SchiedsVZ 2006/1, S. 11.
1419 Eilmansberger, SchiedsVZ 2006/1, S. 14.
1420 Eilmansberger, SchiedsVZ 2006/1, S. 16.
1421 Spiegel, EuZW, 1999/18, S. 567, Rn. 35.

Aufhebung eines Schiedsspruchs befasst sei, dieser Klage stattgeben, wenn es der Auffassung ist, dass der Schiedsspruch Art. 81 EGV widerspreche, sofern es nach seinem nationalen Verfahrensrecht im Fall der Verletzung nationaler Rechtsvorschriften, die der öffentlichen Ordnung zuzurechnen seien, einer Aufhebungsklage stattzugeben hätte.[1422]
Es wäre folglich übertrieben, eine *révision au fond* durchzuführen, nur weil im Schiedsspruch Art. 81 oder 82 EGV angewendet wurden.

b) Schweiz

Nach der Ausweitung der Schiedsfähigkeit auf wettbewerbsrechtliche Angelegenheiten in der Schweiz[1423] blieb bis zu Anfang der 90er Jahre das europäische Wettbewerbsrecht unberücksichtigt.[1424] Ein Blick auf die Rechtsprechung zeigt, dass sich das Bundesgericht erst ab 1992 in manchen Entscheidungen[1425] mit der Frage beschäftigt hat, ob schweizerische Schiedsgerichte europäisches Wettbewerbsrecht auch von Amts wegen zu berücksichtigen und anzuwenden haben.
In der Entscheidung vom 28. April 1992 handelte sich um ein belgisches und ein italienisches Unternehmen, die ein Schiedsgericht mit Sitz in der Schweiz angerufen hatten. Belgisches Recht war als das in der Sache anwendbare Recht vereinbart worden. Eine Partei hatte das Schiedsgericht mit der Überprüfung der Vereinbarkeit des Vertrags mit dem europäischen Wettbewerbsrecht beauftragt. Das Schiedsgericht erklärte sich für unzuständig, auf eine solche Prüfung näher einzugehen und lehnte den Antrag ab. Im Aufhebungsverfahren wurde der Schiedsspruch wegen eines unrichtigen Zuständigkeitsentscheids angefochten. Das Bundesgericht begründete seine Entscheidung damit, dass ein Schiedsgericht, das über eine Streitsache betreffend Erfüllung oder Nichterfüllung eines Vertrages zu entscheiden hat, zur Prüfung zuständig sei, ob diese Vereinbarung unter dem Gesichtspunkt von Art. 85 EGV[1426] gültig ist, obschon Schiedsgerichten nicht die Eigenschaft von Behörden der Mitgliedstaaten der Gemeinschaft zukommt. Dies gelte auch für Art. 85 EGV a.F. Es führte weiter aus, dass die Schweizer Schiedsgerichte befugt sind, die Anwendbarkeit von Eingriffsnor-

---

1422 EuGH, Urt. v. 1.6.1999-Rs.C-126/97 (*Eco Swiss China Time Ltd/Benetton International NV* = Spiegel, EuZW, 1999, S. 567, Rn. 41.

1423 Kantonsgericht Waadt v. 28.10. 1975, *Ampaglas vs. Sofia*, JdT 1981 III 71.

1424 Meinhardt/Ahrens, SchiedsVZ 2006, S. 182 (184). Vgl. *Ampaglas v. Sofia* vom 28.10.1975, Journal des tribunaux, 1981-III-1981. In diesem Fall, hatte ein ICC-Schiedsgericht festgestellt, dass der Vertrag von Rom von allen Gerichten und Schiedsgerichten zu respektieren sei. Siehe Blessing, Impact of the Extraterritorial Application of Mandatory Rules of Law on International Contracts, S. 34.

1425 BGE 118 II 193; BGE 120 II 155 = ASA Bull. 1994, S. 424; = Schnyder, IPRax 1994, S. 465-468.

1426 Vertrag zur Gründung der Europäischen Wirtschaftsgemeinschaft vom 25. März 1957 (Vertrag von Rom).

men, insbesondere des EG-Wettbewerbsrechts zu prüfen. Jedoch ließ das Bundesgericht offen, welches die Modalitäten dieser Prüfung sein sollen und inwieweit sich das BGer im Beschwerdeverfahren auch damit auseinandersetzen wird.[1427]

In der Entscheidung vom 30.12.1994[1428] hat das Bundesgericht entschieden, dass nach Art. 19 IPRG ein internationales Schiedsgericht – insbesondere im Falle einer Rechtswahl - nicht verpflichtet ist, ein anderes als das Vertragsstatut auf den Vertrag anzuwenden. Seine Nicht-Anwendung stelle keine Verletzung des Ordre Public im Sinne des Art. 190 Abs. 2 lit.e IPRG dar.[1429]

In der *Westland*-Entscheidung[1430] legte das Bundesgericht hingegen fest, dass Schweizer Schiedsgerichte dazu verpflichtet seien, europäisches Wettbewerbsrecht auch von Amts wegen anzuwenden. Eine Missachtung dieser Pflicht würde jedoch nur dann einen Aufhebungsgrund darstellen, wenn die Schiedsrichter einen diesbezüglichen Parteiantrag nicht berücksichtigt hätten.

In einem weiteren Urteil[1431] verneinte das Bundesgericht jedoch, dass Schiedsgerichte europäisches Wettbewerbsrecht auch von Amts wegen anzuwenden haben. Es sei den Schiedsrichtern nicht zuzumuten, ausländisches Eingriffsrecht zu ermitteln und anzuwenden, wenn sich die Parteien darüber nicht geäußert haben.[1432] Außerdem war nach dem Bundesgericht fraglich, ob das nationale oder europäische Wettbewerbsrecht zum Ordre Public zuzurechnen und daher von Amts wegen zur Anwendung zu bringen sei.

In diesen Urteilen gab das Bundesgericht keine abschließende Beurteilung.[1433]

In seiner neuesten Rechtsprechung[1434] nahm das schweizerische Bundesgericht erstmals eindeutig zur Zugehörigkeit wettbewerbsrechtlicher Vorschriften zum Ordre Public im Sinne des Art. 190 Abs. 2 lit. e IPRG Stellung. Das Urteil äußert sich nicht nur zum Spannungsverhältnis zwischen dem europäischen Wettbewerbsrecht und der Schiedsgerichtsbarkeit, sondern greift auch eine nicht-mitgliedstaatliche Dimension auf. In diesem Fall geht das Bundesgericht nicht auf die Frage der *ex officio* Anwendung von wettbewerbsrechtlichen Vorschriften ein. Nach Ansicht des Bundesgerichts ist das Wettbewerbsrecht generell nicht Bestandteil des Ordre Public. Dieser umfasse im Gegenteil nur

1427 Kritisch dem Urteil gegenüber Schnyder, IPRax 1994, S. 465 (468).

1428 ASA Bull 1995, S. 224.

1429 « *tout au moins ...la non-observation du droit n'est pas en tant que telle contraire à l'Ordre Public au sens de l'art. 190 al. 2 let. e LDIP...*», zitiert in Heini, FS für Zäch, 1999, S. 317-323 (319)

1430 BGE 120 II 155, Erw. 6a, ASA Bull. 1994, S. 424.

1431 BGE v. 13.11.1998, Erw. 1b/bb, ASA Bull. 1999, S. 529 = SZIER 2000, S. 566.

1432 So auch BGE 128 III 234 Erw. 4c.

1433 BGE 128 III 234 Erw. 4c.; BGE v. 13.11.1998, Erw. 1b/bb.

1434 BG 4P.278/2005 v. 8.3.2006 = BGE 132 III 389 = Meinhardt/Ahrens, Wettbewerbsrecht und Schiedsgerichtsbarkeit in der Schweiz, SchiedsVZ, 2006/4, S. 182f.

grundlegende Werte mit allgemeiner, über die Schweiz hinausreichender Geltungskraft, die aus Schweizer Sicht Bestandteil einer jeden Rechtsordnung sein müssten. Dies ist eine Voraussetzung, die weder das schweizerische noch das europäische Recht erfüllt.

Dieser Entscheidung lag folgenden Sachverhalt zugrunde: zwei italienische Unternehmen hatten vereinbart, gemeinsam Angebote für den Bau von Brücken für die neue Hochgeschwindigkeitsbahnlinie Mailand-Neapel abzugeben. Eine der Partei brach die Vereinbarung (Antragstellerin), unterbreite eigene Angebote und erhielt dementsprechend allein den Zuschlag. Ein Schiedsgericht wurde angerufen und die Antragsgegnerin klagte auf Schadensersatz, während die Antragstellerin die Nichtigkeit des Vertrags nach italienischem und EU-Wettbewerbsrecht beantragte. Das Schiedsgericht legte in seinem Schiedsspruch vom 12. September 2005 fest, dass der Vertrag wettbewerbsrechtlich wirksam war und von der Antragstellerin bewusst verletzt gewesen sei. Daraufhin gab das Schiedsgericht der Klage der Antragsgegnerin statt.

Die Antragstellerin beantragte die Aufhebung des Schiedsspruchs bei dem Bundesgerichtshof und machte geltend, dass das Schiedsgericht grundlegende Prinzipien des europäischen und italienischen Wettbewerbsrechts missachtet und damit einen Schiedsspruch erlassen habe, der mit dem Ordre Public unvereinbar sei.

Die Kernfrage dieser Entscheidung war, ob italienisches und europäisches Wettbewerbsrecht zu den Grundsätzen gehören, deren Verletzung einen Verstoß gegen den Ordre Public im Sinne von Art. 190 Abs. 2 lit e. IPRG darstellt.

Nach einer Berücksichtigung der bisherigen schweizerischen Rechtsprechung und der Lehre zum Wesen und Inhalt des Ordre Public gelangt das Bundesgericht zu dem Schluss, dass sie nicht einheitlich sind und nur *„eine valse des définitions"* darstellen. Dies zeige den Schwierigkeitsgrad, den eine Begriffs- bzw. Inhaltsbestimmung des Ordre Public aufweist, und seine *„insaisissabilité"*. Jedoch gibt das Bundesgericht eine Definition des Ordre Public im Sinne des Art. 190 Abs. 2. lit. e IPRG: Demnach sei ein Schiedsspruch mit dem Ordre Public unvereinbar, wenn er diejenigen grundlegenden und allgemein anerkannten Werte missachte, die nach der vorherrschenden schweizerischen Auffassung die Grundlagen einer jeden Rechtsordnung bilden sollten.[1435]

Dementsprechend sei der Ordre Public des Art. 190 Abs. 2 lit. e IPRG aus Sicht des Schweizer Richters zu bestimmen, jedoch müsse seiner internationalen Funktion Rechnung getragen werden.[1436]

1435 « *une sentence est incompatible avec l'Ordre Public si elle méconnaît les valeurs essentielles et largement reconnues qui, selon les conceptions prévalant en suisse, devraient constituer le fondement de tout ordre juridique.* »

1436 Meinhardt/Ahrens, SchiedsVZ, 2006/4, S. 182 (183).

Das Bundesgericht führte weiter aus, dass der EuGH in seiner *Eco-Swiss*-Entscheidung Art. 81 EGV zum Ordre Public der Mitgliedstaaten mit der Begründung zugerechnet hatte, dass Art. 81 EGV für die Erfüllung der Aufgaben der Gemeinschaft und insbesondere für das Funktionieren des europäischen Binnenmarktes von grundlegender Bedeutung sei. Somit habe der EuGH selbst den Anwendungsbereich dieser Bestimmungen einschränkt[1437] und die Schweiz davon ausgeschlossen.[1438] Ferner sei auch in den einzelnen Mitgliedstaaten die Beachtung der zwingenden wettbewerbsrechtlichen Bestimmungen des Ordre Public von der Ausgestaltung des eigenen nationalen Verfahrensrechts abhängig und die Kontrollbefugnis der nationalen Gerichte in einigen Mitgliedstaaten eng begrenzt.[1439]

Folglich bilden nach dem Bundesgericht europäische wettbewerbsrechtliche Bestimmung keine grundlegenden und allgemein anerkannten Werte, die aus Schweizer Sicht Grundlage jeder Rechtsordnung sein müssen. Daher ihre Verletzung nicht einen Verstoß gegen den Ordre Public im Sinne des Art. 190 Abs. 2, lit.e IPRG darstellen.[1440] Dies gilt auch für schweizerisches Wettbewerbsrecht.

Allerdings hebt das Bundesgericht hervor, dass der Ordre Public gem. Art. 190 Abs. 2 lit. e IPRG von demjenigen des Schiedsgerichts zu unterscheiden sei.[1441] Schweizerische Gerichte bleiben daher sicherlich dann verpflichtet, zwingende ausländische Vorschriften anzuwenden, wenn eine Partei sich darauf beruft. Hierzu zählen auch das italienische und EU-Wettbewerbsrecht. Geht das Schiedsgericht dieser Pflicht nicht nach, so ist der Schiedsspruch (entsprechend der bisherigen Praxis als unrichtiger Zuständigkeitsentscheid) nach Art. 190 Abs. 2 lit b. IPRG anfechtbar.[1442]

Die Auffassung des schweizerischen Bundesgerichts im Sinne, dass die Vorschriften des Gemeinschaftsrechts keine grundlegenden und allgemein aner-

---

1437 BGE 132 III 389, Erw. 3.1.

1438 Meinhardt/Ahrens, SchiedsVZ, 2006, S. 182 (183).

1439 Dabei nennt das Bundesgericht die neueste Entscheidung diesbezüglich der *Cour d'appel, Thàles/Euromissile*. Darüber siehe unten 8.3.3. c).

1440 « ...*les dispositions du droit de la concurrence, quel qu'il soit, ne font pas partie des valeurs essentielles et largement reconnues qui, selon les conceptions prévalant en Suisse, devraient constituer le fondement de tout ordre juridique. Par conséquent, la violation d'une disposition de se genre ne tombe pas sous le coup de l'art. 190 al. 2 let. e LDIP.* »; BGE 132 III 389, Erw. 3.2.

1441 BGE 132 III 389, Erw. 3.3. Basierend auf der *Westland*-Entscheidung, BGE 120 II 155 Erw. 6a = ASA Bull. 1994, S. 424.

1442 BGE 132 III 389, Erw. 3.3.: »*Par ailleurs, l'efficacité du contrôle de l'application du droit communautaire par le Tribunal fédéral se verrait, de toute façon, limitée en raison du pouvoir d'examen des plus restreints dont il jouit à l'égard des constatations de fait du tribunal arbitral.* «

kannten Werte enthalten, wurde zum Teil kritisiert,[1443] und steht diesbezüglich nicht im Einklang mit der schweizerischen Lehre.[1444] Die Aussage stehe den internationalen Vereinheitlichungstendenzen im Bereich des Kartellrechts entgegen.[1445] Außerdem sei aus schiedsrichterlicher Sicht das Festhalten an einem solchen Ordre Public-Inhalt unbefriedigend, der auf universelle Grundwerte abzustellen sucht, die aus Schweizer Sicht Grundlage jeder Rechtsordnung bilden müssen.[1446]

Bislang war die Rede vom Ordre Public des Art. 190 Abs. 2 lit. e IPRG, also im Rahmen des Aufhebungsverfahrens. Ist aber der Ordre Public im Aufhebungsverfahren identisch mit demjenigen des Art. V Abs. 2 lit. b UNÜ? Üblicherweise wird festgestellt, dass der Ordre Public im Rahmen des Vollstreckungsverfahrens weniger streng als derjenige der Aufhebungsklage sei. Wie ist dies im Rahmen der schweizerischen Rechtsordnung zu interpretieren? Nach der Lehre und Rechtsprechung ist der Ordre Public des Art. 190 Abs. 2 lit. e IPRG ein internationaler bzw. universeller Ordre Public, während das New Yorker Abkommen auf den schweizerischen Ordre Public abstellt.[1447]
Das schweizerische Bundesgericht hat bislang nicht die Gelegenheit gehabt, sich mit der Vollstreckung eines angeblich wettbewerbswidrigen, ausländischen Schiedsspruchs auseinanderzusetzen.[1448]

Was das ausländische Wettbewerbsrecht angeht, stellt sich die Frage, ob Schiedsgerichte wettbewerbsrechtliche Bestimmungen anderer Rechtsordnungen als diejenigen der *lex causae* anwenden sollen. Diese Frage zu verneinen, hieße anzunehmen, dass die Schiedsgerichtsbarkeit vom staatlichen Recht (*lex fori*) völlig unabhängig sei. Das aber trifft nicht zu, denn die Schiedsgerichtsbarkeit ist in manchen Bereichen auf staatliche Hilfe angewiesen.

1443 Meinhardt/Ahrens, SchiedsVZ, 2006/4, S. 187.

1444 Blessing, Impact of the Extraterritorial Application of Mandatory Rules of Law on International Contracts, S. 39: "..*we may conclude that Community competition rules will be applied by arbitral tribunals sitting in Switzerland quite in the same way as they would be applied if the tribunal sat in Germany or in France.*"; Heini, FS für Zäch, S. 321.

1445 Bericht der WTO, Overview of Member's National Competition Legislation, Note by the Secretariat, WT/WGTCP/W/128/Rev.3, 27. November 2003.

1446 Poudret/Besson, Droit comparé de l'arbitrage international, Zürich 2003, S. 809ff, Rn. 824ff.

1447 Poudret/Besson, Droit comparé de l'arbitrage international, Zürich 2003, S. 908, Rn. 934.

1448 Meinhardt/Ahrens, SchiedsVZ, 2006/4, S. 187.

c) Frankreich

Nach der *Eco Swiss* - Entscheidung[1449] sind zwingende Bestimmungen des europäischen Wettwebersrechts wie Art. 81 und 82 EGV Bestandteil des Ordre Public der Mitgliedstaaten. Die Schiedsrichter können diese Vorschriften unter Beachtung des rechtlichen Gehörs von Amts wegen anwenden.[1450] Nach der neuen Rechtsprechung der *Cour d'appel*, *Thàles/Euromissile*[1451], wurde festgelegt, dass die Kontrolle des Art. 81 EGV im Rahmen des Ordre Public durch das nationale Gericht aufgrund des Verbotes der *„révision au fond"* (im Aufhebungsverfahren) nicht stattfindet, wenn der Verstoß nicht offensichtlich, konkret und effektiv sei.[1452] Ferner rechtfertigt die Tatsache, dass die Schiedsrichter die kartellrechtliche Normen von Amts wegen im Schiedsverfahren nicht berücksichtigt haben, die Aufhebung des Schiedsspruchs nicht.[1453] Das Verbot der *révision ou fond* wird in dem Fall aufgehoben, in dem ein Betrug bzw. ein offensichtlicher Verstoß vorliegt.

Die *Cour d'appel* betonte, dass die Kontrolle der Schiedssprüche aus Respekt vor den wesentlichen Bestimmungen der Schiedsgerichtsbarkeit und des zwingenden Rechts (nationalen Ursprungs) zurückhaltend erfolgen muss.[1454]
Die Begründung der *Cour d'appel* ist für manche Autoren nicht überzeugend. Denn in dieser ist von zwingenden Bestimmungen des europäischen Kartellrechts die Rede, die unter den Begriff des Ordre Public fallen.[1455]
Jedoch kann der Ordre Public nicht als ein Mittel zur Durchsetzung des zwingenden Rechts angewendet werden. Die Nicht-Berücksichtigung einer solchen Norm kann keinen Verstoß gegen den Ordre Public im Sinne des 1502,5 NCPC darstellen.

1449 EuGH, Urt. v. 1.6.1999-Rs.C-126/97 (*Eco Swiss China Time Ltd/Benetton International NV*).

1450 Cour d'appel Paris, 16.3.1995, Rev.arb. 1996, S. 146, Anm. Derains ; Cour d'appel Paris, 14.6.1002, (nur implizit), Rev. arb. 2001, S. 773, Anm. Seraglini ; Cour d'appel Paris vom 14.101993, Rev.arb. 1994, S. 164, Anm. Jarrosson.

1451 *Thalès/Euromissile*, Cour d'appel Paris, 18.11.2004, JCP – Ed.Gen. 2005, II 10038 S. 570-575.

1452 Kritisch in Deutschland Eilmansberger, SchiedsVZ, 2006/1, S. 16.

1453 *Thalès/Euromissile*, Cour d'appel Paris, 18.11.2004, JCP – Ed.Gen. 2005, II 10038 S. 573: »*...aucune annulation n'étant d'ailleurs encourue simplement parce que les arbitres ainsi, que le soutient la société Thalès n'ont pas soulevé d'office les questions du droit communautaire de la concurrence.* «

1454 *Thalès/Euromissile*, Cour d'appel Paris, 18.11.2004, JCP – Ed.Gen. 2005, II 10038 S. 573.

1455 Chabot, JCP – Ed.Gen. 2005, II 10038 S. 574.

Denn der Verstoß wird am Ergebnis der Anwendung bzw. der Entscheidung des Schiedsrichters und ihrer Wirkungen im Inland und nicht an der Anwendung oder Nicht-Anwendung zwingender Normen als solche gemessen.[1456]
Hierbei bleibt immer noch fraglich, ob die Schiedsrichter verpflichtet sind, zwingende Normen des europäischen Wettbewerbsrechts anzuwenden.
Gegebenenfalls sollen die Schiedsrichter diese zwingenden Vorschriften beachten, wenn sie vermuten, dass die Vollstreckbarerklärung des Schiedsspruchs in einem EU-Mitgliegstaat beantragt werden wird und sie den Parteien einen vollstreckbaren Schiedsspruch sichern wollen.
Denn anhand der uneinheitlichen Rechtsprechung der *Cour d'appel* kann man nicht im Voraus wissen, ob das Gericht eine weite oder enge Auslegung der *Eco-Swiss*-Entscheidung vornehmen wird.

d) England

In früheren Jahren wurde in der Lehre behauptet, dass das Schiedsgericht das europäische Wettbewerbsrecht beachten muss, wenn eine der Parteien insofern seine Kompetenz in Frage gestellt hat, als der dem Schiedsverfahren zugrunde liegende Vertrag nach Art. 85 (1) EGV a.F. nicht wirksam sein soll.[1457]
Nach der neuen englischen Lehre sollen die Schiedsrichter auch ohne Ermächtigung der Parteien, d. h. *ex officio,* Art. 81 EGV anwenden, um eine Aufhebung des Schiedsspruchs im Rahmen des Ordre Public[1458] bzw. die Verweigerung Erklärung der Vollstreckbarkeit[1459] zu verhindern.[1460]
In der *Ingmar*-Entscheidung[1461] handelte es sich um einen Rechtsstreit zwischen der Ingmar GB Ltd. (im Folgenden Klägerin), einer Gesellschaft mit Sitz im Vereinigten Königreich, und der *Eaton Leonard Technologies* Inc. (Beklagte) mit Sitz in Kalifornien. Die Parteien hatten 1989 einen Vertrag geschlossen, durch den die Klägerin zur Handelsvertreterin der Beklagten bestellt wurde. Eine Vertragsklausel sah vor, dass der Vertrag kalifornischem Recht unterliegen solle. Der Vertrag wurde 1996 beendet. Die Klägerin erhob daraufhin Klage vor dem *High Court of Justice* auf Zahlung einer Provision und gem. Regulation 17 auf eine Entschädigung für die Beendigung ihres Vertragsverhältnisses mit der Beklagten. In England wurde die Handelsvertreter – Richtlinie, s. sogleich,

1456 Chabot, JCP – Ed.Gen. 2005, II 10038 S. 574.
1457 Lew, Contemporary problems in international arbitration, S. 80.
1458 Redfern/Hunter, a.a.O., 2004, S. 141-142, Rn. 3-18.
1459 Merkin, Arbitration Law, S. 843, Rn. 19.80
1460 *Bulk Oil (Zug) AG / Sun International Ltd. and Sun Oil Traiding Co.*, Lloyd's Rep. (1983), 655 ff.; EuGH Urt. v. 18.2.1986, Rs. 174/84, Slg. 1986, S. 559ff. Vgl. die Entscheidung des EuGH in: *Eco Swiss China Time Ltd. v. Benetton International NV,* [1999] 2 AllER (Comm) 44.
1461 *Ingmar GB Ltd. / Eaton Leonard Technologies Inc.*, EuGH Urteil vom 9.11.2000, Rs. C-381/98 = RIW 2001, S. 133 = IPRax 2001, S. 225 = NJW 2001, S. 2007.

durch die *Commercial Agents (Council Directive) Regulations* 1993 umgesetzt.[1462] Der High Court entschied, dass die Regulation nicht anzuwenden seien, da der Vertrag kalifornischem Recht unterliege.
Die Klägerin legte gegen diese Entscheidung Berufung bei dem *Court of Appeal* ein. Der *Court of Appeal* hat dem EuGH eine Vorabentscheidung vorgelegt. Das Gericht wollte wissen, ob die Art. 17 und 18 der Richtlinie 86/653/EWG des Rates[1463], die dem Handelsvertreter nach Vertragsbeendigung gewisse Ansprüche gewähren, auch dann anzuwenden sind, wenn der Handelsvertreter seine Tätigkeit in einem Mitgliedstaat ausgeübt hat, der Unternehmer seinen Sitz aber in einem Drittland hat und der Vertrag vereinbarungsgemäß dem Recht dieses Landes unterliegt.
Nach englischem Recht wird dem von den Parteien gewählten, anzuwendenden Recht Wirksamkeit zuerkannt, sofern nicht Gründe des Ordre Public wie z.B. eine zwingende Bestimmung entgegensteht. Sind unter diesen Umständen die Bestimmungen der Richtlinie 86/653/EWG des Rates in der in das Recht der Mitgliedstaaten umgesetzten Form anzuwenden, d.h. insbesondere die Bestimmungen über die Entschädigungszahlung für die Handelsvertreter bei Ablauf ihrer Vereinbarungen mit den Unternehmern.[1464]
Das Gericht führte aus, dass das Recht der Vertragsparteien, die Rechtsordnung zu wählen, der sie ihre vertraglichen Beziehungen unterwerfen wollen, ein Grundsatz des internationalen Privatrechts ist und dass die einzige Grenze hierbei Vorschriften des zwingenden Rechts seien. Dennoch sei es umstritten, was als zwingende Vorschrift im Sinne des internationalen Privatrechts angesehen werden kann.[1465]
Das Gericht legte fest, dass die Artt. 17 und 19 der Richtlinie den Schutz des Handelsvertreters nach Vertragsbeendigung bezwecken und dementsprechend zwingendes Recht darstellen. Die Richtlinie diene auch der Vereinheitlichung der Wettbewerbsbedingungen innerhalb der Gemeinschaft und der Stärkung der Sicherheit im Handelsverkehr.[1466] Diese Richtlinie bezwecke somit, für die Gruppe der Handelsvertreter die Niederlassungsfreiheit und einen unverfälschten Wettbewerb im Binnenmarkt zu schützen. Daher erscheine die Einhaltung dieser Bestimmungen im Gemeinschaftsgebiet für die Verwirklichung dieser Ziele des EG-Vertrags unerlässlich.
Aus diesen Gründen hat der EuGH auf die Vorlagefrage geantwortet, dass die Artt. 17 und 18 der Richtlinie, die dem Handelsvertreter nach Vertragsbeendigung gewisse Ansprüche gewähren, auch dann anzuwenden sind, wenn der

---

1462 Sie sind am 1.1.1994 in Kraft getreten.
1463 RL 86/653/EWG zur Koordinierung der Rechtsvorschriften der Mitgliedstaaten betreffend die selbständigen Handelsvertreter vom 18.12.1986 (AB1. EG Nr. L 382/17).
1464 IPRax, 2001/3, S. 226, Rn. 13.
1465 IPRax, 2001/3, S. 226, Rn. 16.
1466 IPRax, 2001/3, S. 227, Rn. 23.

Handelsvertreter seine Tätigkeit in einem Mitgliedstaat ausgeübt hat, der Unternehmer seinen Sitz aber in einem Drittland hat und der Vertrag vereinbarungsgemäß dem Recht dieses Landes unterliegt.[1467]

e) UNCITRAL-Modellgesetz

Das UNCITRAL-Modellgesetz bringt in Art. 34 Abs. 2, a), iv) zum Ausdruck, dass die Parteien von den zwingenden Vorschriften des Gesetzes nicht durch die Ausübung der Parteiautonomie abweichen können.
Die UNCITRAL-Arbeitsgruppe hatte während der Verhandlungen zum Modellgesetz zunächst eine Liste mit den zwingenden Vorschriften in den Entwurf eingefügt, die aber später zugunsten ausdrücklicher Vorbehalte bei den einzelnen Vorschriften aufgegeben wurden. Zugleich wurde jedoch deutlich gemacht, dass diese Entscheidung nicht in dem Sinn zu verstehen sei, dass alle diejenigen Vorschriften, die keinen ausdrücklichen Hinweis auf ihren dispositiven Charakter enthalten, zwangsläufig von zwingender Natur sein sollten.[1468]
Die UNCITRAL-Arbeitsgruppe war aber der Meinung, dass es nicht den Schiedsrichtern oder staatlichen Richtern überlassen bleiben sollte, den zwingenden oder dispositiven Charakter der betreffenden Normen des Modellgesetzes zu bestimmen. Dieser solle sich vielmehr unmittelbar aus allen Vorschriften des endgültigen Textes ergeben.[1469]

9. *Ex post* Kontrolle des Ordre Public

Die *ex post* Kontrolle findet statt, wenn das Schiedsgericht einen Schiedsspruch erlassen hat und eine der Parteien ihm nicht freiwillig nachkommen will. Die andere Partei ist hierbei auf die staatliche Hilfe im Rahmen des Anerkennung- und des Vollstreckbarerklärungsverfahrens angewiesen; ebenso im Fall einer Zwangsvollstreckung.
Dies heißt, dass die *ex post* Kontrolle eine ausschließlich richterliche Überprüfung des Schiedsspruchs bedeutet. Die Befugnisse und Ermächtigung des Schiedsgerichts sind mit dem Erlass eines endgültigen Schiedsspruchs (§ 1056 Abs. 1 ZPO) beendet.

9.1. Umfang der Nachprüfung

Das Eingreifen des Art. 6 EGBGB setzt voraus, dass die Anwendung einer ausländischen Rechtsnorm zu einem Ergebnis führt, das mit wesentlichen Grund-

---

1467 IPRax, 2001/3, S. 227, Rn. 26.
1468 UN-Doc. A/CN.9/246, para. 177.
1469 UN-Doc. A/CN.9/246, para. 177.

sätzen des deutschen Rechts offensichtlich unvereinbar ist. Es ist wichtig, erneut zu betonen, dass bei einer Ordre Public-Kontrolle nicht das ausländische Recht an sich gegen den deutschen Ordre Public verstoßen muss, sondern das Ergebnis seiner Anwendung. Es wird deshalb nicht isoliert auf den Inhalt, sondern auf das konkrete Ergebnis einer Normanwendung abgestellt.[1470]

Die Nachprüfung seitens des nationalen Richters muss zurückhaltend erfolgen. Es geht also nicht darum, dass er eine neue Entscheidung in der Sache fällt, sondern er muss die zur Vollstreckbarerklärung vorgelegte Entscheidung prüfen und feststellen, ob seine Vollstreckbarerklärung nicht gegen den Ordre Public verstößt.

Der BGH hat dazu geäußert, dass ein Verstoß dann vorliegt, „wenn das Ergebnis der Anwendung eines ausländischen Rechts zu den Grundgedanken der deutschen Regelungen und der ihnen zugrunde liegenden Gerechtigkeitsvorstellungen in einem so starken Widerspruch steht, dass es von uns für untragbar gehalten wird“[1471]

Hierbei muss man betonen, dass das Ergebnis der Rechtsanwendung der Prüfungsgegenstand des Ordre Public ist. Nach herrschender Meinung ist damit das konkrete (materielle) Rechtsanwendungsergebnis im jeweiligen Einzelfall gemeint.

Das Bundesgericht[1472] in der Schweiz hat auch festgelegt, *„ob ausländisches Recht mit dem schweizerischen Ordre Public vereinbar sei, beurteilt sich nämlich nicht abstrakt, sondern auf Grund der Auswirkung im Einzelfall.“*

Weicht das Ergebnis der ausländischen Rechtsanwendung vom Inhalt der inländischen Norm ab, ist der Ordre Public nicht bereits verletzt. Hierbei muss man vielmehr nach dem Schutz des betreffenden Interesses suchen, das in der inländischen Norm erfasst, und prüfen, ob dieses Interesse einen Rechtsgrundsatz darstellt, der unter die vom Ordre Public geschützten Prinzipien fällt. Stellt sich bei der Prüfung heraus, dass ein Verstoß gegen ein Prinzip des Ordre Public vorliegt, muss dieser Verstoß offensichtlich und krass sein.[1473]

Bevor der nationale Richter einem Schiedsspruch aus diesem Grund die Vollstreckbarkeit verweigert, muss er andere zum Ordre Public gehörende Grundsätze, wie Treu und Glauben, *venire contra factum propium*, etc. heranziehen, und abwägen, ob nach dieser Prüfung der Ordre Public-Verstoß immer noch so offensichtlich und krass ist. Denn der Ordre Public-Verstoß muss auch im Widerspruch zu den Gerechtigkeitsvorstellungen stehen.

1470 Staudinger/Blumenwitz, Art. 6 EGBGB, Rn. 105.

1471 BGH NJW-RR 2000, 1372, 1373 = IPRax 2001, 586, 587.

1472 BGE 80 II 53, Erw. 64-65; BGE 103 Ib 69, Erw. 73.

1473 Staudinger/Blumenwitz, Art. 6 EGBGB, Rn. 150.

9.2. Verbot der *révision au fond*

Die Befugnisse des nationalen Richters sind zum Zeitpunkt der Kontrolle des ausländischen Schiedsspruchs begrenzt. In der internationalen Schiedsgerichtsbarkeit herrscht das Verbot der „*révision au fond*", aufgrund dessen der nationale Richter die im Schiedsspruch gefällte Entscheidung nicht nachprüfen darf, und zwar weder in Bezug auf die Rechtsanwendung noch hinsichtlich der Beweiswürdigung oder der Richtigkeit.[1474] Der Schiedsspruch kann also nicht geändert werden. In diesem Sinne hat sich das OLG Düsseldorf[1475] geäußert, die Kompetenz des Anerkennungs- bzw. Vollstreckungsstaates gemäß Art. 34 Abs. 3 EuGVÜ umfasse grundsätzlich nicht die Prüfung, ob Fehler im erstinstanzlichen Verfahren unterlaufen seien, insbesondere nicht, ob die Tatsachen richtig festgestellt und gewürdigt, sowie das internationale Privatrecht und das materielle Recht zutreffend angewendet worden seien.[1476]

Nach der Begründung des Regierungsentwurfs zu § 1059 ZPO ist „eine Inhaltskontrolle des Schiedsspruchs ebenso wie nach geltendem Recht ausgeschlossen".[1477] Dies deutet darauf hin, dass die Schiedsgerichtsbarkeit ihre Legitimität aus einer parteiautonomen Entscheidung bezieht, echte Rechtsprechungsgewalt[1478] ausübt und der staatlichen Gerichtsbarkeit nicht untergeordnet ist.
Hierbei ist hervorzuheben, dass unter dem Deckmantel des Ordre Public nicht die Richtigkeit der Rechtsanwendung und deren Ergebnis durch den Vollstreckungsrichter überprüft werden soll, sondern nur die Vereinbarkeit des Ergebnisses mit den Grundnormen und den grundlegenden Gerechtigkeitsvorstellungen des Vollstreckungslandes.
Der Kontrollmaßstab wird gem. Art. 6 EGBGB durch die wesentlichen Grundsätze und Grundrechte des deutschen Rechts gebildet.[1479] Nur ausnahmsweise darf der Grundsatz des Verbots der „*révision au fond*" durchbrochen werden,

1474 Spickhoff, ZZP 108 (1995), S. 475, 476; Geimer, Zöller ZPO Komm., § 1059 Rn.74; BTDrs. 13/5274, 58, 59; BGH, MDR 99, 1281 = ZIP 99, 1575; BGHZ 151, 79 = NJW 2002, 3031 = JR 2003, S. 243 = SchiedsVZ 2003, S. 39.

1475 Beschluss vom 13.11.1996 , W 347/96 = EuZW 1997, 284ff. = NJW-RR 1997, 572 = EWS 1997, 108 = RIW 1997, 329 f.

1476 Vgl. weitere Entscheidungen zur Auslegung des EuGVÜ-Urteils des BGH vom 28.2.1996 - XII ZR 181/93 = IPRax 1997, 187, sowie die Besprechung von Mankowski, IPRax 1997, 173 ff. und das Urteil des OLG München vom 24.7.1996 - 7 U 2651/96 = NJW-RR 1997, 571 f.

1477 BT-Drs. 13/5274, zu § 1059.

1478 Geimer, Zöller ZPO Komm., § 1059 Rn. 75.

1479 Kropholler, IPR, 5. Aufl. 2004, S. 243. Staudinger/Blumenwitz, Art. 6 EGBGB, Rn. 14

nämlich dann, wenn das Ergebnis des schiedsgerichtlichen Verfahrens mit wesentlichen Grundsätzen des deutschen Rechts offensichtlich unvereinbart ist.[1480] Nach der neueren Rechtsprechung des OLG Köln[1481] hat das Gericht festgelegt, dass die inhaltliche Richtigkeit des Schiedsspruchs nicht im Vollstreckbarerklärungsverfahren zu prüfen sei. Die vom Schiedsgericht vorgenommenen Tatsachenfeststellungen seien solange unangreifbar, als nicht ein Verfahrensmangel vorliegt.

Das Verbot der *révision au fond* basiert darauf, dass der nationale Richter bloß darauf achten muss, dass die in Art. V UNÜ enthaltenen Mindestanforderungen für die Anerkennung und Vollstreckung gegeben sind. Das heißt, dass die Richtigkeit der Entscheidung nicht in Frage gestellt werden darf. Weder das Verfahren, auf welchem das Urteil beruht, noch die tatsächlichen und rechtlichen Feststellungen im Urteil selbst dürfen nachgeprüft werden.[1482] Dieses Verbot ist der Ausdruck des Respekts vor der Parteiautonomie, in deren Ausübung sich die Parteien für ein anderes Streitbeilegungsinstrument entschieden haben als dasjenige der Gerichtsbarkeit. Außerdem ist es ein Zeichen des Vertrauens auf die Schiedsgerichtsbarkeit.[1483]

Der Ordre Public-Einwand darf nicht für eine verkappte *révision au fond* missbraucht werden.[1484] Rechtliche Fehler in einem Schiedsspruch müssen ebenso hingenommen werden wie bei einem rechtskräftigen Urteil.[1485]

Schließlich ist der Ordre Public kein Weg, um gegebenenfalls enttäuschten Erwartungen der Parteien Ausdruck zu verleihen und durch die Hintertür zum Erfolg zu verhelfen.[1486]

9.2.1. Frankreich

Das Verbot der *révision au fond* stammt aus dem französischen Recht. Er gilt im Bereich der Nichtigkeitsbeschwerde[1487] sowie des Aufhebungs- und Vollstreckbarerklärungsverfahrens.

1480 Oberlandesgericht des Landes Sachsen-Anhalt, 10.Zivilsenat, Beschluß vom 26. März 2002. Siehe auch MBI ST 2003, 4-7; IBR 2002, 702; OLGR Naumburg 2003, 25, JurBüro 2003, 389-390; ProzRB 2003, 15.

1481 OLG Köln, Beschluss vom 23.4.2004 – 9 Sch 01/03 = SchiedsVZ 2005/3, S. 165.

1482 Geimer, Europäisches Zivilverfahrensrecht, 2004, S. 541, Rn. 9. Vgl. auch OLG Brandenburg OLG-NL 2000, 192 = IPRspr. 1998 Nr. 190; OLG Frankfurt/M., RIW 1999, 460 = IPRspr. 1998 Nr. 193.

1483 So etwa Broggini in Liber Amicorum Kurt Siehr, 2000, S. 99.

1484 So auch Devolvé/Rouche/Pointon, French Arbitration Law and Practice, 2003, S. 258, Rn. 455.

1485 BayObLG, Beschl. v. 25.8.2004 – 4 Z Sch 13/04.

1486 v. Bar/Mankowski, Internationales Privatrecht, 2003, S. 715, Rn. 259.

1487 Cass. Civ. 1ère vom 5.1.1999; Cour d'appel Paris vom 15.2.1996 und vom 14.12.2000, beide in Rev.arb. 2001, S. 805, Anm. Derains. Weitere Urteile in Racine, a.a.O. S. 535.

Nach der neuesten Rechtsprechung der *Cour d'appel*[1488] ermöglicht allein die Behauptung, es gäbe einen Verstoß gegen den Ordre Public international bzw. explizit gegen eine zwingende Norm des Ordre Public, es dem nationalen Richter nicht, eine *révision au fond* des Schiedsspruchs vorzunehmen. Dem nationalen Richter ist es verwehrt, eine Entscheidung in der Sache zu fällen. Seine Prüfung darf nur im Rahmen der tatsächlichen und rechtlichen Feststellungen sowie der Ausführungen des Schiedsgerichts erfolgen. Darüber hinaus wird die Ordre Public-Kontrolle auf das Ergebnis der Anerkennung eines solchen Schiedsspruchs im Inland abgestellt. Das heißt, dass allein eine falsche oder gar keine Anwendung einer zwingenden Norm nicht zwangsläufig zu einer Verweigerung der Vollstreckbarerklärung führen muss.
Dieser Verstoß muss vielmehr offensichtlich, konkret und effektiv sein oder es muss ein Betrug („*fraude*") vorliegen, damit dieses Verbot der *révision au fond* durchbrochen werden darf.
Die Ordre Public-Kontrolle muss sich auf das Ergebnis der durch das Schiedsgericht gefällten Entscheidung im Inland begrenzen. Mit anderen Worten muss der nationale Richter darauf achten, dass die Anerkennung dieses Schiedsspruchs keinen Verstoß gegen den Ordre Public international nach französischer Auffassung darstellt. Mit Worten der *Cour d'appel*: *„le contrôle de la Cour d'appel en ce qui concerne la violation de l'Ordre Public doit porter sur la solution donnée au litige, l'annulation n'étant encourue que dans la mesure où cette solution heurte l'Ordre Public. »*[1489]

9.2.2. Schweiz

Das Bundesgericht überprüft internationale Schiedssprüche in den Grenzen des im Art. 190 Abs. 2 lit.b IPRG enthaltenen Ordre Public und zwar sowohl in materiell- als auch verfahrensrechtlicher Hinsicht.[1490]
Es gilt das Verbot der *révision au fond*. Das heißt, es werden keine Inhalts- oder Rechtsanwendungskontrolle vom nationalen Gericht vorgenommen. Selbst klare Rechtsverletzungen und offensichtlich falsche Tatsachenfeststellungen stellen nach Ansicht des Bundesgerichts für sich allein keinen Beschwerdegrund im Sinne des Art. 190 Abs. 2 lit. e IPRG dar.[1491]

1488 Cour d'appel Paris vom 18.11.2004, JCP -Éd. G. 2005 II10038, S. 570. Racine, a.a.O., S. 535. Derains, Rev.arb. 2001, S. 781 (799). Vgl. Fouchard/Gaillard/Goldmann, Traité de l'arbitrage commercial international, S. 939, Rn. 1605.

1489 Cour d'appel Paris vom 23.2.1996, Rev.arb. 2000, S. 471, Anm. Racine; Paris vom 27.10.1994, Rev.arb. 1994, S. 709; Paris vom 14.10 1993, Rev.arb. 1994, S. 164, Anm. Jarrosson.

1490 BGE v. 17.8.1994, ASA bull. 1995, S. 201, Erw. 2; BGE 116 II 634, Erw. 4a.

1491 BGE 116 II 634, Erw. 4a.

9.2.3. England

Anders ist es jedoch in England. Nach sec. 69 Abs. 1 AA[1492] darf eine Partei des Schiedsverfahrens (wenn nicht etwas anderes von den Parteien vereinbart wurde) das Gericht wegen einer Rechtsfrage, die aus einem Schiedsspruch folgt, zum Zwecke des Rechtsbehelfs *„appeal on a point of law"* anrufen. Der *„appeal on a question (point) of law"* kann nach sec. 82(1) AA[1493] nur hinsichtlich solcher Fragen geführt werden, die sich aus der Anwendung des Rechts von England, Wales oder Nordirland ergeben. Fragen, die sich in Bezug auf andere (staatliche) Rechtsordnungen stellen, sind Tatsachen- und keine Rechtsfragen.[1494] So z.B., wenn der Vertrag zwischen den Parteien dem schweizerischen Recht unterworfen worden ist; dann kann man nicht auf sec. 69 AA zurückgreifen.[1495]

Ansonsten muss die Anerkennung und Vollstreckung von ausländischen Schiedssprüchen zurückhaltend erfolgen.

1492 S. 69. - (1) *Unless otherwise agreed by the parties, a party to arbitral proceedings may (upon notice to the other parties and to the tribunal) appeal to the court on a question of law arising out of an award made in the proceedings.*

1493 S. 82.- (1)... *„question of law" means: (a) for a court in England and Wales, a question of the law and Wales, and (b) for a court in Northern Ireland, a question of the law of Northern Ireland.*

1494 Harris/Planterose/Tecks, The Arbitration Act 1996 – A Commentary, 1996, Rn. 69B.

1495 *Egmatra A.G. v. Marco Trading Corporation*, 1999, 1 Lloyd's Rep. Siehe auch *Sanghi Polyesters Ltd. (India) v. The international Investor (KCFC)*, 2000, 1 Lloyd's Rep. 480. In diesem Fall wurde das Schiedsverfahren englischem Recht unterworfen, es sei denn es verstößt gegen die islamischen Shari'a, die Vorrang hat. Siehe auch *Reliance Industries Ltd. v. Enron Oil and Gas India Ltd*, 1002 1 Lloyd's Rep., S. 645, in dem der Vertrag indischem Recht untersteht, das jedoch in den relevanten Punkten dieselben Bestimmungen wie das englische Recht hat.

Kapitel IV - Die Interpretation des Ordre Public in der Rechtsprechung

1. Der Ordre Public-Vorbehalt in Deutschland

Anhand der neueren Rechtsprechung der deutschen Gerichte wird analysiert, wie der Ordre Public-Vorbehalt in der Praxis verstanden und behandelt wird:

a) BGH, Urteil vom 1.2.2001 – III ZR 332/99 (Stuttgart)

In diesem Urteil[1496] handelte es sich um die Revision eines Schiedsspruchs, dessen Vollstreckbarerklärung sowohl vom Landgericht Ravensburg als auch vom Oberlandesgericht Stuttgart abgelehnt wurde.
Zunächst erklärte der Bundesgerichtshof, das Berufungsgericht habe für die Vollstreckbarerklärung § 1061 Abs. 2 ZPO (statt § 1044 Abs. 1 ZPO a.F.) herangezogen, der jedoch nach Auffassung des Bundesgerichtshofs hier noch nicht anwendbar war. Denn der Antrag auf Vollstreckbarerklärung ist am 15. Dezember 1997 vorgelegt worden, also vor dem Inkrafttreten des Gesetzes vom 22. Dezember 1997.
Im Ergebnis änderte dies nichts. Denn der Schiedsspruch war auch unter § 1044 ZPO a.F. aufgrund des in der Sache anwendbaren, englischen Rechts als ausländisch zu qualifizieren.
Ferner hatte das Berufungsgericht den Ordre Public-Verstoß darin gesehen, dass die Unparteilichkeit des Schiedsrichters nicht hinreichend gegeben gewesen sei. Die Antragstellerin habe argwöhnen dürfen, Schiedsrichter H. sei befangen, weil er als Interessenvertreter der Antragstellerin mit dem Sachverhalt vorbefasst gewesen sei.
Entgegen der Auffassung des Berufungsgerichts stellte der Bundesgerichtshof fest, dass die Anerkennung und Vollstreckung des Schiedsspruchs nicht der deutschen öffentlichen Ordnung widerspreche. Die Befangenheit eines Schiedsrichters könne sich im Verfahren über die Anerkennung und Vollstreckung ausländischer Schiedssprüche nur auswirken, wenn entweder die benachteiligte Partei nach dem maßgebenden ausländischen Recht deswegen die Aufhebung des Schiedsspruchs noch verlangen könne[1497] oder die Anerkennung des Schiedsspruchs deswegen zu einem Ergebnis führen würde, das mit wesentlichen Grundsätzen des deutschen Rechts offensichtlich unvereinbar ist.[1498]

1496 BGH, Urteil vom 1.2.2001= NJW-RR 2001, S. 1059.
1497 BGHZ 52,184, 189.
1498 BGH, Urteil v. 1.2.2001, NJW-RR 2001, S. 1059, Erw. 4. aa).

Letzteres sei zu verneinen, wenn die Befangenheit im Ursprungsland des Schiedsspruchs vor einem staatlichen Gericht hätte geltend gemacht werden können, das im wesentlichen nach den gleichen Gründsätzen entscheidet, die nach deutschem Recht für die Berücksichtigung der Befangenheit gelten.[1499] Nur wenn dies nicht möglich war oder ohne Erfolg versucht worden ist, kann geprüft werden, ob die Anerkennung des Schiedsspruchs aus diesem Grund zu einem Ergebnis führen würde, das mit wesentlichen Grundsätzen des deutschen Rechts offensichtlich unvereinbar ist. Außerdem müsse sich der in der Mitwirkung eines befangenen Schiedsrichters liegende Verstoß gegen das Gebot der überparteilichen Rechtspflege im schiedsrichterlichen Verfahren konkret ausgewirkt haben. Es müsse also nachgewiesen werden, dass der befangene Schiedsrichter gegenüber einer Partei voreingenommen war und sich bei seiner Entscheidung hiervon hat leiten lassen.[1500]

Zusammenfassend führte der Bundesgerichtshof aus, dass im Verfahren der Anerkennung und Vollstreckung ausländischer Schiedssprüche unter dem Gesichtspunkt des Ordre Public - vor oder während des Schiedsverfahrens bekannt gewordene - Gründe für die Befangenheit eines Schiedsrichters nur dann geltend gemacht werden können, wenn es der betroffenen Partei nicht möglich oder nicht zumutbar gewesen ist, die im Schiedsverfahren selbst oder vor den Gerichten des Erlassstaates bestehenden Rechtsschutzmöglichkeiten zu nutzen. Im vorliegenden Fall habe die Antragsgegnerin gegen den von Schiedsrichter erlassenen Schiedsspruch keine Schritte in dem dortigen Verfahren und nach dortigem Verfahrensrecht unternommen. Sie hätte die Möglichkeit gehabt, den Schiedsspruch in einem zweitinstanzlichen Verfahren zur Überprüfung zu stellen. Jedoch hatte sie diese Rechtsbehelfe unstreitig nicht genutzt, obwohl sie seit Beginn des Schiedsverfahrens Kenntnis von der Vorbefassung des Schiedsrichters gehabt habe.

Außerdem kann bei einem ausländischen Schiedsspruch, der dem weniger strengen Regime des Ordre Public international unterliegt, umso weniger angenommen werden, dass solche Ablehnungsgründe stets zur Versagung der Anerkennung und Vollstreckung führen.[1501]

Aus diesen Gründen hat der Bundesgerichtshof dem Antrag auf Vollstreckbarerklärung stattgegeben.

1499 Senatsbeschluß vom 12.7. 1990 – III ZR 218/89.

1500 Senatsurteil BGHZ 98, 70, 75.

1501 BGH, Urteil v. 1.2.2001, a.a.O., Erw. 4. bb).

b) BayObLG München, 4. Zivilsenat, Beschluß vom 20. November 2003

Das BayObLG[1502] hat die Vollstreckbarerklärung eines in Russland ergangenen Schiedsspruchs wegen eines Verstoßes gegen den Ordre Public abgelehnt. Nach Auffassung des Gerichts, widerspricht es dem Ordre Public international, wenn eine Partei im Schiedsverfahren einen Schiedsspruch fällen lässt, obwohl zuvor beide Schiedsparteien außerhalb des Schiedsverfahrens einen Streit beendenden Vergleich geschlossen haben.
Aufgrund einer im Vertrag enthaltenen Schiedsklausel hatten die Parteien die zwischen ihnen bestehende Streitigkeit einem Schiedsgericht bei der Industrie- und Handelskammer Russlands unterworfen.
Das Schiedsgericht erließ am 5.9.2002 ein Schiedsurteil aufgrund einer mündlichen Verhandlung, zu der die Antragsgegnerin nicht erschienen war. In seinem Schiedsspruch verurteilte das Schiedsgericht die Antragsgegnerin zur Zahlung von 14.522 USD als Hauptschuldsumme, 950 USD als Konventionalstrafe sowie zu einer Kostenerstattung für die von der Antragsstellerin im Voraus gezahlten Schiedsgerichtsgebühren in Höhe von 1.706 USD.
Die Antragsstellerin beantragte beim BayObLG die Vollstreckbarerklärung dieses Schiedsspruchs. Die Antragsgegnerin, die ihren Sitz in Bayern hat, hat sich gegen seine Vollstreckbarerklärung ausgesprochen. Sie hat als Begründung vorgetragen, dass zwischen den Parteien zur Abgeltung der Schiedsklage ein außergerichtlicher Vergleich über 3.528 USD zustande gekommen sei, den sie durch eine Überweisung vom 4.6.2002 erfüllt habe. Die Antragsstellerin habe ihrerseits zugesagt, die Tatsache des Vergleichsabschlusses dem Schiedsgericht mitzuteilen. Eine Vollstreckbarerklärung würde nach ihrer Auffassung aus diesem Grund den Ordre Public verletzen. Bei einer mündlichen Verhandlung und aufgrund der Aussage von zwei Zeugen und nach Vorlage des Überweisungsbelegs ist der Senat zu dem Schluss gekommen, dass der Vergleich wirksam abgeschlossen war.
Aufgrund dessen entschloss das BayOLG, dass der Schiedsspruch im Inland nicht anzuerkennen war und lehnte dementsprechend seine Vollstreckbarerklärung ab.
Zu den Gründen, auf denen sein Urteil basiert war, führte das BayOLG aus, dass der Maßstab für den Ordre Public primär der *lex fori* zu entnehmen sei, wobei der Verstoß sowohl materiell- als auch verfahrensrechtlicher Natur sein könne. Ein Schiedsspruch verstieße gegen den Ordre Public, wenn er eine Norm verletzt, die die Grundlagen des deutschen staatlichen und wirtschaftlichen Lebens

1502 BayObLG München 4. Zivilsenat, Beschluß vom 20. November 2003. BayObLGR 2004, 161= NJOZ 2004, 997= IHR 2004, 81.

in zwingender, dem Parteibelieben entzogener Weise regelt und nicht nur auf bloßen Zweckmäßigkeitserwägungen beruht.[1503]
Ferner legte es fest, dass zwar bei Vorliegen eines solchen Schiedsspruchs unter hinsichtlich des Begriffs des internationalen Ordre Public ein höheres Maß an Abweichungen von denjenigen Normen und rechtspolitischen Prinzipien toleriert werden könne, die der Rechtsordnung Deutschlands zugrunde liegen.
Dennoch müsse die Vollstreckbarerklärung im vorliegenden Fall abgelehnt werden. Denn die Vollstreckbarerklärung würde in diesem Fall den Grundsatz der Vertragstreue in einem mit der Rechtsordnung nicht zu vereinbarenden Maß verletzten.[1504] Außerdem verstoße ein Lieferant, der das Vertrauen seines Geschäftspartners in so einer Art und Weise missbraucht, gegen die Grundprinzipien der Fairness und der vertrauensvollen Zusammenarbeit, die für einen effizienten internationalen Handel unerlässlich sind. Ein solches Verhalten verletze den Ordre Public international.[1505]

c) OLG Celle, 8. Zivilsenat, Beschluß vom 4.September 2003

In einem anderen Urteil hat der OLG Celle[1506]die Anerkennung und Vollstreckbarerklärung eines ausländischen Schiedsspruchs wegen einer unwirksamen Schiedsklausel verweigert.
Dem Schiedsverfahren lag ein Vertrag vom 29. April 2000 zugrunde, durch den sich die Antragsgegnerin (mit Sitz in Deutschland) verpflichtet haben soll, an die Antragstellerin (mit Sitz in China) 16.000 t Bitumen für den Straßenbau zum Preis von 2,224 Mio. US zu liefern.
Die Lieferung des Bitumens erfolgte nicht und die Antragstellerin unterwarf gem. der im Vertrag enthaltenen Schiedsklausel die Streitigkeit einem Schiedsgericht der *China International and Trade Arbitration Commission (CITAC)*.
Nachdem die Antragsgegnerin mit Schreiben vom 30. November 2001 der CITAC die Anforderung der Antragstellerin mitgeteilt hatte, antwortete die Antragsgegnerin mit einem Fax vom 10. Dezember 2001, dass der Vertrag vom 25. April 2000 gefälscht und von einer nicht bevollmächtigten Person unterschrieben sei. Die Antragsgegnerin nahm deswegen am Schiedsverfahren nicht Teil. Am 28. März 2002 verurteilte das Schiedsgericht die Antragsgegnerin zur Zahlung von 2.631.300,70 RMB nebst Anwaltskosten von 210.000 RMB und Kosten des Schiedsverfahrens von 101.033 RMB.
Daraufhin hat die Antragstellerin die Anerkennung und Vollstreckbarerklärung des Schiedsspruchs vor dem OLG Celle in Deutschland gesucht. Sie führte aus,

---

1503 BayObLGR 2004, 161, zu Nr. 20; im Internet unter www.jurisweb.de/jurisweb/cgi-bin/j2000cgi.sh. abrufbar.
1504 BayObLGR 2004, 161, zu Nr. 21.
1505 BayObLGR 2004, 161, zu Nr. 22.
1506 OLG Celle 8. Zivilsenat, Beschluß vom 4.September 2003, Baur 2004, 559.

dass keine Versagungsgründe gem. Art. V UNÜ vorlägen. Denn die Antragsgegnerin habe nicht den Beweis geführt, dass der Herr X nach chinesischem Recht nicht zum Abschluss des Vertrages bevollmächtigt gewesen sei. Dies sei durch das Schiedsgericht im Rahmen seiner Kompetenz-Kompetenz erörtert worden und dieses Vorliegen sei deswegen durch das staatliche Gericht nicht mehr zu berücksichtigen.

Die Antragsgegnerin ihrerseits führte aus, dass keine wirksame Schiedsgerichtsvereinbarung vorliege. Der Vertrag vom 29. April 2000 sei von Herrn X ohne Vollmacht abgeschlossen worden. Diese Person sei nur zum Abschluss des Vertrags vom 25.April 2000 mit dieser Firma bevollmächtigt gewesen. Der am 25. April.2000 unterzeichnete Vertrag sehe allerdings den Gerichtsstand Genf und die Anwendung schweizerischen Rechts vor. Schließlich sei der Schiedsspruch aus den oben genannten Gründen wegen Verletzung des Ordre Public gem. Art. V Abs. 2 lit. b UNÜ für unvollstreckbar zu erklären.

Das OLG Celle stellte fest, dass es bereits an der gem. Art. V Abs. 1 lit. a) in Verbindung mit Art. II Abs. 1 des UNÜ erforderlichen, wirksamen Schiedsgerichtsklausel fehlte. Demzufolge richte sich die Frage der Vollmachtserteilung nach dem Recht der Volksrepublik China. Nach diesem Recht sei jedoch das für die Vollmacht maßgebende Statut gesetzlich nicht geregelt, vgl. Art. 37 S. 1 Ziff. 3 EGBGB. Angeknüpft werde deshalb gewohnheitsrechtlich an das Recht des Wirkungslandes, also an das Recht des Landes, in dem das Geschäft vorgenommen werden soll. Sollte hier tatsächlich eine Vollmacht erteilt worden sein, so wäre auf chinesisches Recht abzustellen. Gem. Art. 48 des Vertragsgesetzes der Volksrepublik China ist ein Vertrag im Verhältnis zum Geschäftsherren nicht wirksam und der vollmachtlose Vertreter haftet, wenn eine Person ohne Vertretungsmacht oder in Überschreitung ihrer Vertretungsmacht einen Vertrag im Namen des betroffenen Geschäftsherrn schließt, und dann der Vertrag nicht anschließend vom Geschäftsherrn bestätigt wird. Der Vertragspartner kann ferner verlangen, dass der Geschäftsherr den Vertrag innerhalb eines Monats nachträglich bestätigt. Wenn sich der Geschäftsherr nicht äußert, gilt die nachträgliche Bestätigung als verweigert.[1507] Die Antragstellerin habe somit nicht bewiesen, dass eine Vollmacht vorliege.[1508]

Das OLG führte weiter aus, dass Schiedssprüche nur anerkannt werden, wenn ihnen ein wirksamer Schiedsvertrag zugrunde liegt und sich die Schiedsrichter in den durch den Vertrag gezogenen Grenzen gehalten haben.[1509] Ferner dürfe niemand durch Schiedsgericht verurteilt werden, dessen Spruch er sich nicht freiwillig unterworfen habe. Die Antragsgegnerin habe sich außerdem auf das Verfahren vor der CITAC nicht etwa rügelos eingelassen, sondern ausdrücklich

---

1507 Hierbei liegen keine wesentlichen Unterschiede zu den Regelungen der §§ 177- 179 BGB vor.

1508 Nach chinesischem Recht trägt die Antragstellerin die Beweislast.

1509 BGHZ 71, 131, 135.

geltend gemacht, der Vertrag vom 29. April 2000 sei von einem nicht bevollmächtigten Vertreter geschlossen worden.
Ob sich das Schiedsgericht bereits zu der ordnungsgemäßen Vertretung der Antragsgegnerin geäußert hat, spiele hierbei keine Rolle. Denn das deutsche staatliche Gericht sei weder an die rechtliche Beurteilung noch an die tatsächlichen Feststellungen des Schiedsgerichts gebunden.[1510] Aufgabe des Vollstreckungsgericht sei die Feststellung, ob die im Art. II UNÜ enthaltenen Voraussetzungen vorliegen. Dies sei nicht der Fall.
Das Gericht lehnte dementsprechend die Anerkennung und Vollstreckbarerklärung des Schiedsspruchs ab.

Das **OLG Rostock**[1511] hat auch die Vollstreckbarerklärung eines englischen Schiedsspruches wegen eines Mangels an der Schiedsvereinbarung verweigert.
Das Gericht führte in seiner Entscheidung aus, dass die Anerkennung eines ausländischen Schiedsspruchs gegen den – diesmal - deutschen Ordre Public gem. Art. V Abs. 2 lit. b UNÜ verstößt, wenn dieser ergangen ist, obgleich keine Schiedsvereinbarung getroffen wurde und das ausländische Schiedsgericht seine Zuständigkeit damit willkürlich bejaht habe.[1512]

d) OLG Hamm, Beschluss vom 27. September 2005, 29 Sch 1/05

In einem weiteren Urteil lag dem Oberlandesgericht Hamm[1513] in einem Vollstreckungsverfahren folgender Sachverhalt vor: Ein Schiedsgericht aus Genf hatte die Antragsgegnerin zur Zahlung an den Antragssteller verurteilt. Gegen den Vollstreckbarerklärungsantrag der Antragstellerin wendet die Antragsgegnerin ein, dass es an einer wirksamen Schiedsklausel fehle, ferner, dass der Schiedsspruch wegen Verstoßes gegen den Anspruch auf rechtliches Gehör sowie einer mit der *„consulting fee"* beabsichtigten Bestechung der iranischen Behörden der öffentlichen Ordnung widerspreche.
Das Oberlandesgericht führte zunächst aus, dass der Einwand der fehlenden Schiedsklausel ausgeschlossen sei, da sich die Antragsgegnerin an dem Zwischenverfahren beteiligt und anschließend zur Hauptsache verhandelt habe.[1514]

1510 Vgl. BGHZ 27, 249, 254; MDR 1964, 590.

1511 OLG Rostock, Beschluß vom 22. November 2001=IPRax 2002, 401 (dazu Kröll, S. 384).

1512 IPRax 2002, 401 - 405 (401); Kröll, Stefan in IPRax 2002 384-388.

1513 OLG Hamm, Beschluss vom 27.September 2005, 29 Sch 1/05. A. GmbH (Deutschland) gegen B. (iranischer Staatsangehöriger) = ASA Bull. 2006, S. 153 = SchiedsVZ 2006, S. 106.

1514 OLG Schleswig, Beschluss vom 30.3.2000 – 16 SchH 5/99 = RIW 2000/9, S. 706 (707).

Auf den Einwand, dass die Vollstreckung des Schiedsspruchs der deutschen öffentlichen Ordnung widersprechen würde, weil er zum einen unter Verletzung des rechtlichen Gehörs der Antragsgegnerin zustande gekommen sei, indem das Schiedsgericht den Zeugen Dr. K. zur Frage der wirksamen Schiedsklausel nicht gehört habe, und weil zum andern die Vereinbarung vom 26.4.1985 wegen der alleinigen Zweckbestimmungen der Finanzierung von Bestechungen sittenwidrig sei, antworte das Oberlandesgericht folgendermaßen:
Die Vollstreckbarerklärung des Schiedsspruchs widerspricht nicht der deutschen öffentlichen Ordnung im Sinne von Art. V Abs. 2 lit. b UNÜ. Erstens, weil der Zeuge nach dem in der mündlichen Verhandlung von der Antragstellerin bestätigten Vortrag der Gegenseite zu dieser Frage im ganzen Schiedsverfahren gar nicht benannt worden ist. Soweit er – zu anderen Fragen - benannt worden ist, hat die Antragstellerin ihn förmlich gegen Dr. S ausgewechselt, ohne sich die zusätzliche Vernehmung des ersten Zeugen in irgendeiner Form vorzubehalten. Die Antragsgegnerin hatte danach keine Veranlassung zu erwarten, dass das Schiedsgericht doch noch die Vernehmung des zum Erscheinen in Genf nicht bereiten Zeugen im Wege der Rechtshilfe einleiten würde. Wenn außerdem die Antragsgegnerin ungeachtet ihres laut Schriftsatz vom 29.1.2001 zur Verfahrensförderung erklärten Verzichts doch noch auf den Zeugen zurückkommen wollte, hätte sie das nach Art. 184 II IPRG mit Zustimmung des Schiedsgerichts selbst in die Wege leiten können.

Ebensowenig steht der Bestechungseinwand einer Vollstreckbarerklärung entgegen. Denn die Antragsgegnerin basiert ihre Begründung nur auf Indizien und reine Spekulationen. Das Schiedsgericht hatte sich mit dem Korruptionseinwand bereits beschäftigt und ihn nicht bejaht. Der vom Schiedsgericht zugrunde gelegte Prüfungsmaßstab unterscheidet sich nicht von dem für die Prüfung der Ordre Public-Widrigkeit durch den Senat anzulegenden Maßstab. Dementsprechend ist das Oberlandesgericht zum selben Ergebnis wie das Schiedsgericht gekommen. Denn bei einem Korruptionseinwand lässt sich häufig nicht mit hinreichender Sicherheit klären, ob es sich um die Erstattung planmäßig verausgabter oder zu verausgabender Bestechungsgelder oder um eine Vermittlungsprovision handelt. Deshalb ist im Zweifel von einer erlaubten Vermittlungsprovision auszugehen.

Darüber hinaus stehen der Vollstreckbarerklärung keine Versagungsgründe nach Maßgabe des Art. V UNÜ entgegen. Das Schiedsgericht war aufgrund einer wirksamen Schiedsvereinbarung zur Entscheidung berufen. Deren Vollstreckbarerklärung widerspricht nicht der deutschen öffentlichen Ordnung im Sinne von Art. V Abs. 2 Lit. b UNÜ. Der Einwand der Verletzung des rechtlichen Gehörs der Antragsgegnerin durch Nichtausschöpfung von Beweismöglichkeiten ist ebenso wenig begründet.

e) OLG Schleswig, Beschluss vom 30.3.2000-16 SchH 5/99

Das OLG Schleswig[1515] erklärte einen Schiedsspruch für vollstreckbar, gegen dessen Vollstreckbarkeit die Antragsgegnerin ausgeführt hatte, dass es an einer wirksamen schriftlichen Schiedsvereinbarung im Sinne des Art. II UNÜ fehle, das schiedsrichterliche Verfahren dem ungarischen Recht nicht entsprochen habe (Art. V Abs. 1 lit. d UNÜ) und schließlich, dass dem Schiedsspruch wegen Verstoßes gegen den Ordre Public die Anerkennung und Vollstreckbarkeit gem. Art. V Abs. 2 lit. b UNÜ zu versagen sei.
Das Oberlandesgericht führte aus, dass sich die Antragsgegnerin im Schiedsverfahren rügelos eingelassen habe und ihr damit die Berufung auf den Formmangel verwehrt sei. Die Voraussetzungen für die formelle Wirksamkeit einer Schiedsvereinbarung ergäben sich ausschließlich aus dem Art. II UNÜ.
Auf den zweiten Einwand der Antragsgegnerin, das Schiedsgericht hätte Ungarisch als Verfahrenssprache gewählt, hat das Oberlandesgericht festgestellt, dass sie dadurch nicht benachteiligt worden sei, weil sie durch einen ungarischen Prozessbevollmächtigten vertreten war. Schließlich stellte das Oberlandesgericht hinsichtlich des vermeintlichen Ordre Public-Verstoßes klar, dass ein Verstoß gegen den Ordre Public nach deutschem Recht nur vorliege, wenn der Schiedsspruch eine Norm verletze, die die Grundlagen des staatlichen oder wirtschaftlichen Zusammenlebens regelt, oder wenn er zu den deutschen Gerechtigkeitsvorstellungen in einem untragbaren Widerspruch stehe. Ferner führte es aus, dass die Anerkennung ausländischer Schiedssprüche auch im Hinblick auf den Ordre Public regelmäßig einem weniger strengen Regime zu unterwerfen sei als die inländischen Schiedsgerichtsentscheidungen, weil zwischen dem Ordre Public interne und dem Ordre Public international zu unterscheiden sei.[1516] Deswegen sei generell einem (ausländischen) Schiedsspruch nur bei solchen offensichtlichen und schwerwiegenden Mängeln die Anerkennung zu versagen, die fundamentalen Rechtswerte berühren und die das Entscheidungsergebnis als nicht mehr trag- und hinnehmbar erscheinen lassen.
Aufgrund dieser anerkennungsfreundlichen Rechtsprechung sollte eine Schiedsbeklagte stets dahingehend beraten werden, ihre rechtlichen Interessen im Rahmen des Schiedsverfahrens zu verfolgen und dort die Rechtsmittel auszuschöpfen. Keinesfalls sollte eine Schiedsbeklagte in Zukunft allein darauf vertrauen, sich im Rahmen des Anerkennungs- und Vollstreckungsverfahren mit Erfolg verteidigen zu können.[1517]

1515 OLG Schleswig, Beschluss vom 30.3.2000, 16 SchH 5/99, RIW 2000, S. 706.
1516 So auch BGH, NJW 1990, 2199, (2200).
1517 Von Werder, RIW-Kommentar, RIW 2000, S. 709-710.

f) OLG Dresden, Beschluss vom 20.4.2005 – 11 Sch 01/05

Das OLG Dresden[1518] hat sich in einem Vollstreckbarerklärungsverfahren mit einem angeblichen Ordre Public Verstoß auseinandergesetzt. Hierbei war die Schiedsklägerin aus einem Strukturkrisenkartell ausgeschieden und war auf die Widerklage des beklagten Kartells zu dem vertraglich versprochenen Abbau einer Transportbetonanlage sowie zur Zahlung einer Vertragsstrafe verurteilt worden. In dem daraufhin von der Schiedsbeklagten eingeleiteten Vollstreckbarerklärungsverfahren berief sich die Schiedsklägerin auf eine angebliche Unvereinbarkeit des Schiedsspruchs mit dem Ordre Public. Sie führte aus, dass der Schiedsspruch gegen die Vorschriften des Gesetzes gegen Wettbewerbsbeschränkungen (GWB)[1519] verstoße. Das OLG Dresden verneinte einen Verstoß gegen den Ordre Public. Das Gericht stellte klar, dass der Ordre Public Begriff des § 1059 Abs. 2 lit. b) ZPO identisch mit dem von Art. 6 EGBGB und § 328 Abs. 1 Nr. 4 ZPO sei. Entsprechend umfasse er - zu Unrecht- *„alle diejenigen Vorschriften des zwingenden Rechts, welche der Gesetzgeber in einer, die Grundlagen des staatlichen oder wirtschaftlichen Lebens berührenden Frage, auf Grund bestimmter staatspolitischer oder wirtschaftlicher Anschauungen, nicht nur aus bloßen Zweckmäßigkeitserwägungen gegeben hat"*. Dazu zählte das OLG Dresden grundsätzlich auch die Vorschriften des GWB, insbesondere das Kartellverbot in § 1 GWB[1520] und das Verbot sonstigen wettbewerbsbeschränkenden Verhaltens,[1521] welche im vorliegenden Fall jedoch nicht verletzt worden waren.

Das Gericht führte weiter aus, dass es ebenso an der notwendigen eklatanten Unverhältnismäßigkeit mangelte, die für einen Ordre Public widrigen Verstoß gegen den Verhältnismäßigkeitsgrundsatz erforderlich sei. Schließlich stellte es fest, dass eine Vollstreckbarerklärung wegen eines Rechtsverstoßes nur verweigert werden könne, wenn dieser so eklatant ist, dass er geeignet ist, das Vertrauen weiter Kreise in die allgemeine Rechtssicherheit und die Zuverlässigkeit des schiedsgerichtlichen Verfahrens zu erschüttern.[1522]
Denn die Schiedsverfahren seien grundsätzlich ein dem Gerichtsverfahren gleichwertiger Streiterledigungsmechanismus.

1518 OLG Dresden v. 20.4.2005 – 11 Sch 01/05, in Kröll, SchiedsVZ, 2006, S. 2003 (211).

1519 GWB, Bekanntmachung vom 26. August 1998, BGB1. I S. 2546.

1520 § 1 Kartellverbot. *Vereinbarungen zwischen miteinander im Wettbewerb stehenden Unternehmen, Beschlüsse von Unternehmensvereinigungen und aufeinander abgestimmte Verhaltensweisen, die eine Verhinderung, Einschränkung oder Verfälschung des Wettbewerbs bezwecken oder bewirken, sind verboten.*

1521 So auch OLG Düsseldorf v. 21.7.2004 – VI-Sch (Kart) 11/02, allerdings mit Beschränkung auf die materiellen Verbotsnormen.

1522 OLG Dresden v. 20.4.2005 – 11 Sch 01/05 in Kröll, SchiedsVZ, 2006/4, S. 2003 (211).

g) BayObLG, Beschl. v. 20.3.2003 – 4 Z Sch 6/02

Das BayObLG[1523] hat im Vergleich zu dem oben geschilderten Fall zu Recht darauf hingewiesen, dass auch die Anwendung so bedeutender Normen wie der §§ 138, 826 BGB nicht vollumfänglich überprüfbar sind. Vielmehr ist auch in diesen Fällen das Gericht grundsätzlich auf die Überprüfung beschränkt, ob das Schiedsgericht auf der Basis einer umfassenden Sachverhaltsaufklärung zu einem rechtlich nachvollziehbaren Ergebnis gekommen ist. Ist dies der Fall, so besteht es kein Verstoß gegen den Ordre Public. Nicht zulässig ist z. B., dass das staatliche Gericht die Beweiswürdigung des Schiedsgerichts durch eine eigene ersetzt.[1524]

Der Antragsgegner kann sich gegen einen Schiedsspruch wehren, indem er sich z. B. auf den Ordre Public-Verstoß beruft. Dieser Versagungsgrund ist zwar von Amts wegen zu prüfen, dennoch ist der Antragsgegner auf Grund des Verfügungs- und Beibringungsgrundsatzes verpflichtet, die Tatsachen, aus denen sich der Ordre Public-Verstoß ergibt, schlüssig vorzutragen.
Der Vortrag reiner Rechtsansichten reicht also nicht aus.[1525]

Zum Thema zwingendes Recht hat das **OLG Hamburg**[1526] festgelegt, dass ein Schiedsspruch, der die Zahlung von Zinseszinsen anordnet, zumeist nicht Ordre Public-widrig ist, selbst wenn gemäß des nationalen Rechts die Zahlung von Zinseszinsen untersagt ist.
Dies entspricht der Rechtsprechung des BGH. Denn er hat in einem früheren Urteil[1527]entschieden, dass ein inflationsbedingter Zinssatz von mehr als 30% im Jahr nicht als der deutschen öffentlichen Ordnung widersprechend angesehen werden könne. Ebensowenig verstößt die Gewährung von Zinseszinsen nach ausländischem Recht generell gegen den deutschen Ordre Public.[1528]
Ratenkreditzinsen in Höhe von 15,84% wurden erst recht nicht als Ordre Public-widrig angesehen.[1529] Im Kontext der Vollstreckbarerklärung eines englischen Schiedsspruchs hat das OLG Hamburg[1530] 15%ige Verzugszinsen nach englischem Recht (incl. Zinsenzinsen) nicht als Ordre Public-widrig angesehen.[1531]

1523 BayObLG, Beschl. v. 20.3.2003 – 4 Z Sch 6/02 (unveröff.).
1524 Kröll, NJW 2005, S. 198.
1525 OLG Celle, Beschl. v. 20.11.2003 – 8 Sch 2/03.
1526 OLG Hamburg vom 26.1.1989, RIW 1991, 152, 154; siehe auch in der Schweiz: BGer. vom 9.1.1995, 1997 XXII YBCA, 789, 797.
1527 NJW 1993, 1801.
1528 OLG Hamburg, RIW 1992, 393 f.
1529 OLG Celle, RIW 1993, 587f.
1530 OLG Hamburg, RIW 1991, 152, 154.
1531 Alles in Spickhoff, IPRax 2006/5, S. 522-524 (524).

h) OLG Bremen, Beschluss vom 10.11.2005 – 2 Sch 2/05

Auch das OLG Bremen[1532] hat sich mit einem Ordre Public-Verstoß befasst. In diesem Fall hatte der Antragsgegner seinen Einwand darauf gestützt, dass das Schiedsgericht ohne sein Wissen hergestelltes Videomaterial zugelassen und verwertet habe. Dadurch habe das Gericht sein allgemeines Persönlichkeitsrecht verletzt. Die Parteien hatten einen Vertrag zur Schuttaufbereitung geschlossen. Wegen des Verdachts von Unregelmäßigkeiten hatte die im Schiedsverfahren obsiegende Antragstellerin die Mitarbeiter der Antragsgegner einen Monat lang ohne deren Wissen per Videokamera überwachen lassen. Das OLG bezweifelte bereits, dass die beiden Antragsgegner - die Gesellschaft und ihr Geschäftsführer - überhaupt in ihrem allgemeinen Persönlichkeitsrecht verletzt worden seien, da sie selber von der Überwachungsmaßnahme nicht betroffen waren. Unabhängig davon ging das OLG in Übereinstimmung mit der Rechtsprechung des BVerfG[1533] davon aus, dass selbst bei einer Verletzung des Persönlichkeitsrechts kein absolutes Beweisverwertungsverbot vorliege. Vielmehr habe eine Interessenabwägung stattzufinden. Diese falle im konkreten Fall zu Gunsten der Antragstellerin aus. Das Schiedsgericht hatte sich für seine Meinungsbildung primär auf entsprechende Zeugenaussagen gestützt, während die beanstandeten Videoaufnahmen nur eine untergeordnete Rolle gespielt hatten.
Bei der Feststellung eines Ordre Public Verstoßes ist das staatliche Gericht weder an die rechtlichen noch die tatsächlichen Feststellungen des Schiedsgerichts gebunden. Dementsprechend kann es auch zu umfänglichen Beweisaufnahmen kommen.
Aus diesen Gründe verneinte das OLG Bremen einen Verstoß gegen den Ordre Public.

i) BGH, Beschluss vom 23. Februar 2006 – III ZB 50/05 (OLG Karlsruhe, Beschluß vom 3.März 2005 – 9 Sch 1/01)

Das Oberlandesgericht Karlsruhe hatte die Vollstreckbarerklärung eines weißrussischen Schiedsspruchs verweigert, weil im Schiedsverfahren der Grundsatz des fairen Verfahrens zu Lasten der Antragsgegnerin verletzt worden sei. Dieser Ordre Public-Verstoß hindere die Vollstreckbarerklärung sowohl nach nationalem wie nach internationalem Recht.
Der Antragsgegner hatte sich im Vollstreckbarerklärungsverfahren auf die Unzuständigkeit des Schiedsgerichts berufen. Denn gem. Art. 22 des weißrussischen Schiedsgesetzes habe die Feststellung der Kompetenz des Schiedsgerichts in einer Zwischenentscheidung zu erfolgen. Das Schiedsgericht habe jedoch im vorliegenden Fall seine Kompetenz festgestellt und in demselben Schiedsspruch

1532 OLG Bremen v. 10.11.2005 – 2 Sch 2/05, Kröll, SchiedsVZ, 2006/4, S. 203 (211).
1533 BVerfG, v. 7.1.2003 – 2 BvR 710/02, NJW 2003, S. 1727ff.

in der Sache entschieden. Der Antragsgegner habe also keine Möglichkeit gehabt, einen Rechtsbehelf gegen den Zwischenschiedsspruch einzureichen.
Der Bundesgerichtshof führte aus, dass das New Yorker Übereinkommen gem. Art. VII die Gültigkeit anderer, anerkennungsfreundlicherer mehr- oder zweiseitiger Verträge unberührt lässt[1534]. Deswegen sei das deutsche Gericht befugt, auch ohne dass sich die Parteien darauf berufen, auf anerkennungsfreundlichere Überein- oder Abkommen (oder nationales Recht) in toto zurückzugreifen; denn es habe das Recht völkerrechtliche Verträge ebenso wie (originär-) nationales Recht von Amts wegen zu beachten.[1535]
Demzufolge sei hierbei das ursprünglich zwischen der Bundesrepublik Deutschland und der Union der Sozialistischen Sowjetrepubliken geschlossene Abkommen[1536] weiter anzuwenden.
Der Bundesgerichtshof legte entgegen der Auffassung des Oberlandesgerichts fest, dass ein Ordre Public-Verstoß gem. Art. 8 Abs. 3 Satz 1 lit b dieses Abkommens nicht vorliege. Vielmehr habe das Schiedsgericht der Antragsgegnerin vor Erlass des Schiedsspruchs umfassend rechtliches Gehör gewährt.
Der Bundesgerichtshof führte weiter aus, dass die Antragstellerin in der mündlichen Verhandlung vor dem Oberlandesgericht säumig war. Denn sie war nicht durch einen bevollmächtigten Rechtsanwalt vertreten. Jedoch sei der von diesem Rechtsanwalt vorgebrachte Antrag auf Vollstreckbarerklärung nicht wegen fehlender Prozesshandlungsvoraussetzungen als unzulässig abzuweisen. Denn der Antrag auf Vollstreckbarerklärung ist von einem anderen Rechtsanwalt, der früher Verfahrensbevollmächtigter der Antragstellerin war und dessen Vollmacht nie in Frage stand, eingereicht worden.
Außerdem stellte er fest, dass der weißrussische Schiedsspruch dem weniger strengen Regime des Ordre Public international unterlag. Seine Vollstreckbarerklärung scheide also nur aus, wenn das schiedsgerichtliche Verfahren an einem schwerwiegenden Mangel litte, der die Grundlagen des staatlichen und wirtschaftlichen Lebens berühren würde.[1537]
Zum Ordre Public international gehört es nicht, ob das Schiedsgericht über die Einrede der Unzuständigkeit als Vorfrage entscheiden kann und damit die Möglichkeit eines Zwischenverfahrens vor dem staatlichen Gericht eröffnet oder aber erst in dem abschließenden Schiedsspruch zur Sache entscheidet. Der dem Art. 16 des UNCITRAL-Modellgesetzes im wesentlichen nachgebildete § 1040 Abs. 3 Satz 1 ZPO bestimmt, dass das Schiedsgericht über die Rüge der Unzuständigkeit in der Regel durch gerichtlich anfechtbaren Zwischenentscheid zu befinden hat; in Ausnahmefällen, insbesondere wenn es den Eindruck hat, die

1534 Senatsurteil v. 9.3.1978 – III ZR 78/76 – NJW 1978. 1744.
1535 Senatsbeschluss v. 25.9.2003 – III ZB 68/02 – NJW-RR 2004, S. 1504.
1536 Bekanntmachung vom 5.9.1994, BGB1. II, 2533.
1537 BGHZ 98, 70, 73; BGHZ 110, 104, 106f und vom 1.2.2001, III ZR 332/99, NJW-RR 2001, 1059, 1060f.

Rüge solle bloß das Verfahren verschleppen, kann das Schiedsgericht erst im Schiedsspruch zur Sache positiv über seine Kompetenz entscheiden. Ein in dem Schiedsverfahren selbst zu erhebender Rechtsbehelf gegen die Zuständigkeitsentscheidung des Schiedsgerichts, etwa ein Rechtsmittel an eine höhere Schiedsinstanz, ist weder im UMG noch in § 1040 ZPO vorgesehen.
Diese Regelung findet ihre Begründung darin, dass die Kompetenzentscheidung des Schiedsgerichts nur eine vorläufige ist, denn das letzte Wort hat stets das staatliche Gericht.
Demgemäß kann ein Verstoß gegen den Ordre Public international nicht angenommen werden (Art. 8 Abs. 3 Satz 1 lit b des Abkommens) und das Exequatur nicht aus diesem Grund versagt werden.
Schließlich stellte der Bundesgerichtshof fest, dass nach dem Abkommen die Vollstreckbarerklärung nur dann zu verweigern wäre, wenn der Schiedsspruch nicht aufgrund einer gültigen Schiedsvereinbarung ergangen wäre. Dazu habe sich das Oberlandesgericht nicht geäußert.

j) Ergebnis

Zusammenfassend ist festzustellen, dass nach ständiger Rechtsprechung liegt ein Verstoß gegen den Ordre Public vor, wenn das Ergebnis des Schiedsspruchs der das zugrundeliegende Schiedsverfahren mit den wesentlichen Grundgedanken und Grundrechten der deutschen Wertordnung und den ihr zugrundeliegenden Gerechtigkeitsvorstellungen in so starkem Widerspruch stehen, dass eine Vollstreckung des Schiedsspruchs nach deutschen Vorstellungen untragbar erscheint. Der Schiedsspruch verletzt also elementare Gerechtigkeitsvorstellungen (Fairness) oder missachtet grundlegende Verfahrensmaximen, wie das rechtliche Gehör oder die Unparteilichkeit des Schiedsgerichts und kann deshalb nicht anerkannt werden.[1538]
Das Fehlen einer Begründung hindert dagegen die Vollstreckbarerklärung nicht, sofern die Parteien auf sie verzichten oder sie nach dem Schiedsverfahrensrecht entbehrlich war.[1539]
Zum verfahrensrechtlichen Ordre Public international wird auch die ordnungsgemäße Vertretung im Schiedsverfahren gezählt. Bei der Beurteilung eines Verstoßes gegen den Ordre Public in diesem Sinne sind das deutsche Recht und das deutsche Kollisionsrecht maßgebend. Ein Verstoß kann dagegen unabhängig davon, ob die Vertretung dem angewendeten Verfahrensrecht entspricht, in gravierenden Fällen vorliegen, in denen die Mindestanforderungen an ein rechtsstaatliches Verfahren unterschritten werden.[1540]

1538 BayObLG, NJOZ 2004, 997 = IHR 2004, 81; vgl. auch OLG Stuttgart, Beschl. v. 3.6. 2003 – 1 Sch 2/03 (unveröff.).
1539 Voit, Musielak, ZPO Komm.§ 1061 Rn. 24.
1540 Voit, Musielak, ZPO Komm.§ 1061 Rn. 25.

Gegen den materiellrechtlichen Ordre Public verstößt ein Schiedsspruch nach Teilen der Rechtsprechung - zu Unrecht - wenn er sich über die nach deutschem Recht zu bestimmende Sittenwidrigkeit des Vertrages oder über zwingendes deutsches Wirtschaftsrecht oder zwingende Normen des Europäischen Gemeinschaftsrechts hinwegsetzt; dies zu Unrecht, weil das zwingende Recht als solches nicht Bestandteil des Ordre Public ist.
Ein Schiedsspruch stellt sich auch als Ordre Public-widrig dar, wenn er zu Strafschadenersatz verpflichtet oder durch eine vorsätzliche sittenwidrige Handlung (Bestechung, Betrug, etc.) herbeigeführt wurde.[1541]

2. Der Ordre Public-Vorbehalt in der Schweiz

a) Bundesgericht, Urteil vom 31.10.2005, 4P.198/2005

In der jüngsten Rechtsprechung des schweizerischen Bundesgerichts[1542] ist ein Urteil zu finden, in dem über einen angeblichen Verstoß gegen den Ordre Public entschieden wurde.
Am 24.4.1998 schlossen die Parteien (eine türkische und eine US-amerikanische Firma) zwei Verträge, zum einen über eine Lizenz-Finanzierung („*License Financing and Security Agreement*, „LFA") und zum anderen eine Anlage-Finanzierung („*Equipment Financing and Security Agreement*, „EFA"). Beide Verträge enthielten übereinstimmende Schiedsklauseln, in denen die Schweiz als Schiedsort und das schweizerische Recht als *lex causae* (ohne Berücksichtigung des Kollisionsrechts) vereinbart wurden. Darüber hinaus wurde vereinbart, die Streitigkeit einem Dreier-Schiedsgericht gemäß der internationalen Schiedsgerichtsordnung der Zürcher Handelskammer zu unterwerfen. Die Entscheidung des Gerichts ist endgültig und die Parteien verzichten auf jegliche Anfechtung des Urteils nach Art. 192 IPRG. Der Schiedsspruch soll von allen anwendbaren Rechtsordnungen in Übereinstimmung mit den Regeln des New Yorker Übereinkommens anerkannt und vollstreckt werden.
Am 19.8.1998 gewährte die US-amerikanische Firma einer Gesellschaft mit beschränkter Haftung nach dem Recht der Republik von Kasachstan ein Darlehen. Gleichzeitig garantierte die türkische Firma der US-amerikanischen Firma jederzeit bedingungslos die vollständige und sofortige Bezahlung der danach geschuldeten Beträge in einem „*Guaranty Agreement* GA".
Am 5. Februar 2002 versuchte die türkische Firma, ein Schiedsgericht bei der Züricher Handelskammer einzusetzen. Sie beantragte im Wesentlichen festzustellen, dass sie sich nicht mit den Zahlungen aus LFA, EFA sowie dem GA verzögert hat. Außerdem sollte das Schiedsgericht entscheiden, dass die Zins-

1541 Voit, Musielak, ZPO Komm.§ 1061 Rn. 27.
1542 Bundesgericht, Urteil vom 31.10.2005, 4P.198/2005 = ASA Bull. 2006/2, S. 339-347.

und Abzahlungsbestimmungen nach diesen Verträgen keine Anwendung fänden, sondern dass vielmehr bestimmte andere Rückzahlungs- und Zinszahlungsbedingungen unter Berücksichtigung der die Schiedsklägerin treffende Härte nach Ermessen angepasst und abgeändert würden. Darüber hinaus führte sie aus, dass die sie betreffenden, rufschädigenden Erklärungen der Beschwerdegegnerin rechtswidrig seien und diese deshalb zur Bezahlung einer Genugtuung zu verurteilen sei.[1543]
Die Beschwerdegegnerin beantragte ihrerseits die Abweisung der Klage und stellte widerklageweise das Begehren, die Beschwerdeführerin zur sofortigen Bezahlung der geschuldeten Beträge nebst Zinsen in vertraglich vereinbarter Höhe zu verpflichten.

Am 13.6.2005 hat das Schiedsgericht die Klage der Beschwerdeführerin abgewiesen. Hingegen hat es der Beschwerdegegnerin die Zahlungen nebst Zinsen gemäß den im Vertrag diesbezüglich vereinbarten Bestimmungen zugesprochen. Das Schiedsgericht hielt die von der Beschwerdeführerin für eine Abänderung der Verträge angeführten Gründe nicht für rechtserheblich. Es verurteilte daher die Beschwerdeführerin zur Rückzahlung der vertraglich geschuldeten Kapitalbeträge.
Daraufhin erhob die Beschwerdeführerin eine Aufhebungsklage. Zunächst führt sie aus, dass der in den LFA und EFA Verträgen vorgesehene Rechtsmittelverzicht ungültig sei und dass er den Ordre Public und die türkische Verfassung verletze. Außerdem enthalte das GA weder eine Schiedsklausel noch einen Rechtsmittelverzicht, so dass jedenfalls die Forderungen aus der Garantie nicht betroffen seien. Sie berief sich auf die Verletzung des Art. 190 Abs. 2 lit.c, d und e (Ordre Public) IPRG.
Zum Thema der Ungültigkeit des Rechtsmittelverzichts zog das schweizerische Bundesgericht in Erwägung, dass die Parteien mit dem ausdrücklichen Hinweis auf Art. 192 IPRG das Rechtsmittel gemäß Art. 190 Abs. 2 IPRG in den Schiedsklauseln vollständig ausgeschlossen hatten. Hinsichtlich des Fehlens einer Schiedsklausel sowie eines Rechtsmittelverzichts im *„Guaranty Agreement“* führte das Bundesgericht aus, dass die Beschwerdeführerin sich bei der Erhebung ihrer Klage vor der Zürcher Handelskammer nicht nur auf das LFA und das EFA gestützt hatte, sondern auch auf das GA. Es hat unter anderem dargelegt, dass der Streit sich zum Teil auch auf diese Garantie beziehe und dass diese Garantie zwar selbst keine Schiedsklausel enthalte; jedoch sei zweifellos beabsichtigt gewesen, sie eng mit den Finanzierungsabkommen zu verbinden. Daher sei sie von der Schiedsklausel in diesen Abkommen erfasst. Denn nach dem Wortlaut der Schiedsklausel in diesen Verträgen sollten nicht nur Streitigkeiten aus dem Finanzierungsvertrag selbst, sondern auch solche aus einem

1543 ASA Bull., 2006/2, S. 341-342.

jeglichen, damit in Zusammenhang stehenden Vertrag oder Dokument von der Schiedsvereinbarung erfasst werden.
Die Garantie „*Guaranty Agreement*" ist als solches Dokument zu qualifizieren und untersteht somit nach dem übereinstimmenden Willen der Parteien der Schiedsklausel und dem dort ausdrücklich erklärten Rechtsmittelverzicht.

Der Rechtmittelverzicht stellte nach Auffassung der Beschwerdeführerin einen Verstoß gegen den Ordre Public dar und verletzte insbesondere die türkische Verfassung. Dabei berief sie sich auf Art. 19 IPRG[1544]. Danach kann anstelle des Rechts, das durch dieses Gesetz bezeichnet wird, die Bestimmung eines andern Rechts, die zwingend angewandt sein will, berücksichtigt werden, wenn nach schweizerischer Rechtsauffassung schützenswerte und offensichtlich überwiegenden Interessen einer Partei es gebieten und der Sachverhalt mit jenem Recht einen engen Zusammenhang aufweist.
Inwiefern Art. 19 IPRG auf die nach Art. 192 IPRG zulässigen Rechtsmittel ausländischer Parteien anwendbar sein sollte, ist nach dem Bundesgericht nicht erkennbar.
Dazu führte das Bundesgericht aus, dass für eine Berücksichtigung drittstaatlicher Eingriffsnormen im Rahmen des Art. 192 IPRG kein Raum bleibe, da Art.19 IPRG hier keine Anwendung findet. Denn Art. 192 IPRG ermöglicht, dass die Parteien mit Sitz im Ausland unter bestimmten Voraussetzungen auf die nach schweizerischem Recht vorgesehenen Rechtsmittel verzichten. Dieser Artikel bezeichnet keineswegs die anwendbare Rechtsordnung.[1545]
Art. 192 IPRG bezweckt nach Ansicht des Bundesgerichts, einen möglichst hohen Grad an Effizienz zu sichern und die schweizerischen Gerichte vor dilatorischen Beschwerden in Streitigkeiten zu bewahren.[1546]
Die Beschwerdeführerin geht von einer Verletzung des Ordre Public aus. Dabei verkennt sie, dass der Rechtsmittelverzicht eine Überprüfung auch dieser Rüge im Verfahren der staatsrechtlichen Beschwerde gegen den Schiedsentscheid gerade ausschließt.
Das Bundesgericht stellte klar, dass die Vereinbarung den im Art. 192 IPRG enthaltenen Rechtsmittelverzicht[1547] zur Folge hat, so dass das schweizerische Bundesgericht als staatliches Organ den Schiedsspruch nicht überprüfen kann; und zwar auch nicht auf die Einhaltung fundamentaler rechtsstaatlicher Grundsätze, welche mit den Rügen gemäß Art. 190 Abs. 2 IPRG regelmäßig gewährleistet werden sollen.[1548] Die Überprüfung von Schiedssprüchen mit Recht-

1544 Siehe BGE 130 III 620 zu Abs. 2.

1545 ASA Bull., 2006/2, S. 345-346. Siehe dazu Siehr, Zürcher Komm. IPRG zu Art. 192 Rn. 3; Patocchi/Jermini, Basler Komm. zu Art. 192 Rn. 4ff.

1546 So auch Poudret/Besson, Droit comparé de l'arbitrage international, 2002, S. 828.

1547 Kritisch dem Rechtsmittelverzicht als solchem gegenüber Heini, 156, Habscheid, 586.

1548 ASA Bull. 2006/2, S. 346.

mittelverzicht bleibt dem Vollstreckbarerklärungsverfahren gem. Art. V des New Yorker Abkommens vorbehalten (Art. 192 Abs. 2 IPRG).[1549]
Schließlich hat die Antragstellerin ebenso wie die Gegenpartei in der Schiedsklausel ausdrücklich auf die im 12. Kapitel des IPRG vorgesehenen Rechtsmittel verzichtet. Dieser Rechtsmittel ist als gültig anzusehen und dementsprechend ist auf die staatsrechtliche Beschwerde nicht eingehen.[1550]

Zum Thema Rechtsmittelverzicht hat das **Baseler Appellationsgericht**[1551] ebenso festgelegt, dass ein Rechtsmittelverzicht in einem Schiedsverfahren nicht Ordre Public-widrig sei. Wenn ein Schiedsspruch nach dem von den Parteien gewählten Verfahrensrecht keinem Rechtsmittel unterworfen ist, besteht unter dem Gesichtspunkt des schweizerischen Ordre Public kein Grund, die Vollstreckung im Inland zu verweigern. Das Gericht ist hierbei der Auffassung, dass das New Yorker Übereinkommen nicht voraussetzt, dass ein Schiedsspruch die Kontrolle durch ein staatliches Gericht unterworfen sein muss.

b) Bger, 4P.207/2002, Urteil vom 10. Dezember 2002

Die Antragstellerin rügte in diesem Fall die Verletzung des Grundsatzes der Gleichbehandlung der Parteien, die Verletzung des rechtlichen Gehörs sowie die Verletzung des Ordre Public.
Das Bundesgericht hat hierbei festgelegt, dass die materiellrechtliche Überprüfung eines internationalen Schiedsspruchs durch das Bundesgericht auf die Frage beschränkt ist, ob der Schiedsspruch mit dem Ordre Public im Sinne des Art. 190 Abs. 2 lit e IPRG vereinbar ist. Das Bundesgericht führte dazu aus, dass ein Verstoß gegen den Ordre Public nicht schon dann vorliege, wenn Beweise willkürlich gewürdigt, ein Sachverhalt krass falsch festgestellt oder Rechtsnormen klar verletzt worden sind[1552]. Gegen den Ordre Public verstößt die materielle Beurteilung eines streitigen Anspruchs nur, wenn sie fundamentale Rechtsgrundsätze verletzt[1553] und daher mit der Rechts- und Wertordnung schlechthin unvereinbar ist, wobei das Bundesgericht offen gelassen hat, ob die für die Schweiz geltende Wertordnung oder die in den „Kulturstaaten" und daher überstaatlich geltenden Grundauffassungen maßgeblich sind.[1554]

1549 Siehe dazu Lalive/Poudret/Reymond, Le droit de l'arbitrage, 1989, zu Art. 192 Rn. 1.
1550 ASA Bull. 2006/2, S. 347.
1551 Apellationsgericht, Urteil vom 5.11.2003, veröffentlicht in der SJZ 2005, S. 177. So auch BGE 110 Ia 131 Erw. 2a.
1552 BGE 121 III 331 Erw. 3a.
1553 BGE 128 III 191 Erw. 6b.
1554 BGE 120 II 155 Erw. 6a S., 167 f.; vgl auch BGE 126 III 534 Erw. 2c; BGE 125 III 443 Erw. 3d.

Nach dem Bundesgericht gehören zu den fundamentalen Grundsätzen das Prinzip *pacta sunt servanda*, das Rechtsmissbrauchsverbot, der Grundsatz von Treu und Glauben, das Verbot der entschädigungslosen Enteignung, das Diskriminierungsverbot und der Schutz von Handlungsunfähigen.
Im vorliegenden Fall hatte die Antragstellerin ihre Beschwerde damit begründet, dass das Schiedsgericht durch die Nichtbeachtung der in Russland geltenden Regeln über Geschäfte unter nahestehenden Personen den Ordre Public verletzt habe. Daraufhin stellte das Bundesgericht klar, dass die Nichtbeachtung einfacher Gesetzesregeln -soweit diese vorliegend überhaupt anwendbar warennicht von vornherein gegen den materiellen Ordre Public verstößt.
Das Bundesgericht führte weiter aus, dass der verfahrensrechtliche Ordre Public verletzt sei, wenn fundamentale und allgemein anerkannte Verfahrensgrundsätze verletzt werden, deren Nichtbeachtung zum Rechtsempfinden in einem unerträglichen Widerspruch steht, so dass die Entscheidung als mit der in den Kulturstaaten geltenden Rechts- und Wertordnung schlechterdings unvereinbar erscheint.[1555] Dabei handelte es sich um Verfahrensgarantien, welche ebenso wie die in Art. 190 Abs. 2 lit. a-d IPRG ausdrücklich aufgeführten, unabdingbaren formellen Garantien den Parteien eine unabhängige Beurteilung der dem Gericht prozesskonform unterbreiteten Begehren und Sachbehauptungen gewährleisten sollen.[1556]
Die Antragstellerin hatte sich auf die Verletzung des verfahrensrechtlichen Ordre Public berufen. Jedoch erwähnte sie nicht, welche Verfahrensgarantien bestehen und verletzt sein könnten, die der Beschwerdeführerin weitergehende Ansprüche verschaffen würden als die ausdrücklich in Art. 190 Abs. 2 lit. d IPRG gewährleisteten Verfahrensrechte.
Auf den Einwand, das Schiedsgericht habe das rechtliche Gehör verletzt, stellte das Bundesgericht fest, dass dieser Grundsatz gem. Art. 190 Abs. 2 lit. d IPRG eine verfahrensrechtliche Gleichbehandlung der Parteien in vergleichbarer Situation verlange. Er decke sich weitgehend mit dem Anspruch auf rechtliches Gehör[1557]. Im vorliegenden Fall hatte das Schiedsgericht im einen Fall über die Herausgabe der verlangten Akten sofort entscheiden und dem Antrag stattgegeben, während es über das Begehren der andern Partei den Entscheid aufgeschoben und den Antrag schließlich erst mit Schluss des Beweisverfahrens sinngemäß abgelehnt hat. Dies sei nach Auffassung des Bundesgerichts nicht als Verstoß gegen das Gleichbehandlungsgebot zu werten.
Der Anspruch auf rechtliches Gehör umfasst im internationalen Schiedsverfahren das Recht der Parteien auf Teilname am Verfahren und auf Einflussnahme auf den Prozess der Entscheidungsfindung[1558]. Dies heißt, sich über alle für das

1555 BGE 128 III 191 Erw. 4a S. 194; BGE 126 III 249 Erw. 3b.
1556 BGE 126 III 249 Erw. 3b; BGE 121 III 331 Erw. 3c.
1557 BGE 116 II 639 Erw. 4c.
1558 BGE 127 III 576 Erw. 2c.

Urteil wesentlichen Tatsachen zu äußern, den eigenen Rechtsstandpunkt zu vertreten, erhebliche Beweisanträge zu stellen, an den Verhandlungen teilzunehmen, sowie das Recht, in die Akten Einsicht zu nehmen[1559]. Eine formelle Rechtsverweigerung im Sinne der Verweigerung des rechtlichen Gehörs liegt darin, dass eine Partei ihren Standpunkt nicht in das Verfahren einbringen konnte und das Gericht die entsprechenden Vorbringen bei der Entscheidungsfindung nicht beachtete, so dass die Partei im Verfahren benachteiligt wurde[1560]. Die Begründung der Entscheidung ist hingegen nicht Bestandteil des rechtlichen Gehörs.[1561] Steht aber fest, dass es die Verfahrensbedingungen der Partei erlaubten, ihre Argumente vorzubringen und das Gericht die Parteivorbringen zur Kenntnis nahm, ist der Anspruch auf rechtliches Gehör nicht getroffen.
Nach Auffassung des Bundesgerichts ist das rechtliche Gehör der Antragstellerin nicht verletzt worden. Aus der Begründung des Urteils ergibt sich, dass die Standpunkte beider Parteien vom Schiedsgericht zur Kenntnis genommen und in die Beurteilung einbezogen wurden. Damit sind die unabdingbaren Mindestanforderungen erfüllt, welche Art. 190 Abs. 2 lit. d IPRG an die kontradiktorische Gewährleitung des rechtlichen Gehörs stellt.
Aus diesen Gründen wies das Bundesgericht den Aufhebungsantrag ab.

c) Bundesgericht, I. Zivilabteilung, 4P.146/2004, Urteil vom 28.9.2004

Das Bundesgericht hat sich in einem Urteil[1562] über den Ordre Public-Verstoß geäußert. Nach ihm verstößt die materielle Beurteilung eines streitigen Anspruchs gegen den Ordre Public, wenn sie fundamentale Rechtsgrundsätze verletzt[1563] und daher mit der Rechts- und Wertordnung schlechthin unvereinbar ist, wobei das Bundesgericht offen gelassen hat, ob die für die Schweiz geltenden Wertordnung oder die in den Kulturstaaten und daher überstaatlich geltenden Grundauffassungen maßgeblich sind.[1564]

1559 BGE 127 III 576 Erw. 2c.

1560 BGE 127 III 576 Erw. 2e.

1561 Voit, Musielak ZPO Komm, § 1061 Rn. 24: „Das Fehlen einer Begründung hindert die Vollstreckbarerklärung nicht, sofern die Parteien auf sie verzichten oder sie nach dem Schiedsverfahrensrecht entbehrlich war.“; dagegen Berti/Schnyder, Basler Kommentar IPRG, Art. 190, Rn. 65.

1562 Bundesgericht, I. Zivilabteilung, 4P.146/2004, Urteil vom 28.9.2004 = ASA Bull 2006/2, S. 324-329.

1563 BGE 128 III 191 Erw. 6b mit Hinweisen.

1564 BGE 120 II 155 Erw. 6a; Vgl. auch BGE 126 III 534 Erw. 2c; BGE 125 III 443 Erw. 3d.

d) Bger, Urteil der I. Zivilabteilung vom 14. November 1990 (BGE 116 II 634 (637))

Auf Beschwerden wegen einer Verletzung des Ordre Public geht das Bundesgericht nur insoweit ein, als in der Beschwerdeschrift konkret geltend gemacht wird, gegen welchen fundamentalen Rechtsgrundsatz das angefochtene Schiedsurteil im Ergebnis verstößt. Selbst klare Rechtsverletzungen und offensichtliche falsche Tatsachenfeststellungen genügen für sich allein nicht, um einen Schiedsspruch wegen Verletzung des Ordre Public aufzuheben.[1565] Die materiellrechtliche Überprüfung durch das Bundesgericht ist auf die Frage begrenzt, ob der Schiedsspruch vor dem Ordre Public standhält.
Unzulässig ist auch der Einwand, das Schiedsgericht habe nur zum Schein das vereinbarte schweizerische Recht angewendet und sich in Wirklichkeit von Billigkeitserwägungen leiten lassen. Ein aufgrund von Billigkeitserwägungen statt anhand des vereinbarten Rechts gefällter Entscheid verstößt jedenfalls dann nicht gegen den Ordre Public, wenn das Ergebnis nicht grundlegend vom Ergebnis abweicht, zu dem das vereinbarte Recht geführt hätte, sich die Abweichung also mit dem Ordre Public vereinbaren lässt.[1566]
Der Ordre Public (international bzw. transnational) wird im Vollstreckbarerklärungsverfahren eng ausgelegt. Es müssen also fundamentale Grundsätze des inländischen und *„transnationalen Rechts"* verletzt worden sein, damit ein ausländischer Schiedsspruch am Ordre Public scheitert.[1567]
Die inländische Rechsprechung im Bereich der internationalen Schiedsgerichtsbarkeit kann dazu beitragen, die Maßstäbe für das Werturteil eines Verstoßes gegen den Ordre Public abzugeben. Zum Beispiel verstößt ein ausländischer Schiedsspruch dann nicht gegen den Ordre Public in der Schweiz, wenn er von einem staatlichen Gericht des Ursprungslandes nicht aufgehoben werden kann.[1568] Auch verstößt es nicht gegen die Vorbehaltsklausel, dass die tätig gewordenen Schiedsrichter nach der maßgebenden Schiedsordnung nur aus einer Liste ausgewählt werden, die von einer staatlichen Organisation (Kammer für Außenhandel der ehemaligen DDR) aufgestellt wird[1569], oder dass die Schiedsrichter nur einer Branche angehören, zu welcher der Streitgegenstand nicht gehört.[1570]

1565 Siehe auch BGE 115 II 105 Erw. 3a, 291 f., Erw. 2b und 3a.
1566 Dazu siehe Bundesgericht, Urteil vom 27.März 2006, 4P.23/2006/ruo.
1567 BGE 84 I 122; 101 Ia 521.
1568 BGE 101 I a 158.
1569 BGE 93 I 265.
1570 AppGer Basel 3.6.1971, BJM 1971, 193.

3. Der Ordre Public-Vorbehalt in Frankreich

a) SA Agromed c/ SA Seaster Shipping Consulting Cour d'appel, Urteil vom 8.9.2005 [1571]

Das *Tribunal de grande instance* von Paris hatte am 12. Januar 2004 einen englischen Schiedsspruch zu Gunsten der Firma Seaster (aus Panama) für vollstreckbar erklärt.

Die Firma Agromed (aus Frankreich) beantragte daraufhin vor der *Cour d'appel* die Aufhebung der Vollstreckbarerklärung dieses Schiedsspruches wegen vorschriftswidriger Ernennung des einzigen Schiedsrichters (Art. 1502,2 NCPC) und dementsprechend wegen einer Verletzung des Ordre Public international (Art. 1502,5 NCPC). Die Firma Seaster beantragte die Bestätigung der Vollstreckbarerklärungsentscheidung.

Die Parteien hatten einen Chartervertrag unterzeichnet, aus dem Streitigkeiten entstanden sind. Die Schiedsklausel sah ein *ad hoc* Schiedsverfahren mit Sitz in London und nach englischem Recht vor. Im Schiedsverfahren hatte Agromed seinen Schiedsrichter in der vorgesehen Zeit nicht benannt. Aufgrund von Art. 17 *Arbitration Act*[1572] wurde der von Seaster benannte Richter zum Einzelrichter. Dieser Einzelrichter erließ am 12. August 2003 einen Schiedsspruch zu Gunsten der Firma Seaster und sie beantragte die Vollstreckbarerklärung vor dem *Tribunal de grande instance.* Am 12. Januar 2004 gab das Gericht dem Vollstreckbarerklärungsantrag statt. Daraufhin wendete sich Agromed an die *Cour d'appel* und beantragte die Aufhebung der Vollstreckbarerklärung.

Die *Cour d'appel* führte aus, dass sich die Antragstellerin auf den in Art. 1502, 2 NCPC enthaltenen Aufhebungsgrund nicht mehr berufen konnte, da sie die Rüge vor dem Schiedsgericht hätte vorlegen müssen.[1573]

Ebensowenig könne die *Cour d'appel* dem Aufhebungsantrag wegen Verletzung des Ordre Public international stattgeben, denn die Antragstellerin habe nicht den Beweis erbracht, dass die Vollstreckbarerklärung einen Verstoß gegen den

---

1571 Rev.arb. 2005, S. 1022-1036 mit Anm. Franc-Menget.

1572 Art. 17. (1) AA *Unless the parties otherwise agree, where each of two parties to an arbitration agreement is to appoint an arbitrator and one party (‚the party in default') refuses to do so, or fails to do so within the time specified, the other party, having duly appointed his arbitrator, may give notice in writing to the party in default that he proposes to appoint his arbitrator to act as sole arbitrator.*

1573 *«Considérant que pour être recevable devant le juge de l'exequatur, le grief invoqué à l'encontre de la sentence doit avoir été soulevé, chaque fois que cela était possible, devant le tribunal arbitral lui-même, que la société Agromed qui s'est soigneusement abstenue de remettre en cause la régularité de la désignation de l'arbitre unique avant de reconnaître la teneur de la sentence, ne peut plus s'opposer à l'exécution de celle-ci en France pour ce motif.»*, Rev.arb. 2005, S. 1025.

Ordre Public international darstellt.[1574] Aus diesen Gründen bestätigte die *Cour d'appel* die Vollstreckbarerklärung des Schiedsspruchs.[1575]
Die vorliegende Entscheidung der *Cour d'appel* weicht von der übrigen französischen Rechtsprechung diesbezüglich ab.[1576]

In einem anderen Fall hat die *Cour d'appel*[1577] de Paris festgestellt, dass die Missachtung einer einfachen Vorschrift des nationalen französischen Verfahrensrechts keinen Verstoß gegen den internationalen Ordre Public darstelle, den sie zuvor folgendermaßen definiert hatte: *« que la sentence est contraire à un ensemble de principes fondamentaux de droit ce que rendrait impossible eu égard à la conception française de l'Ordre Public international la reconnaissance ou l'exécution de la sentence en France. »*[1578]
Weiterhin liegt nach der Rechtsprechung der französischen Gerichte keine Verletzung des internationalen Ordre Public und somit kein Aufhebungsgrund gemäß Art. 1502 Nr. 5 NCPC vor, wenn die Schiedsrichter bei ihrer Entscheidung zwingende Vorschriften einer ausländischen Rechtsordnung nicht beachtet haben.

b) Paris 21.3.1986, *Société CTIP c/ Société Ferich international*

Die *Cour d'appel* de Paris hatte sich mit einer Aufhebungsklage zu befassen, zu deren Begründung die Klägerin unter anderem vortrug, der Schiedsspruch verstoße gegen den Ordre Public international, da das Schiedsgerichts der

---

1574 «*Considérant que la société Agromed ne démontrant pas en quoi la solution adoptée par l'arbitre heurte l'Ordre Public international, son deuxième moyen est rejeté et qu'en conséquence l'ordonnance d'exequatur est confirmée.*», Rev.arb. 2005, S. 1025.

1575 Vgl. *Sté Sonapra, c/ sté Adeossi* vom 8.6.1999, Rev.arb. 2000, S. 116. Fouchard/Gaillard/Goldman, a.a.O., Rn. 792 ; «Aucune violation de ce principe n'apparaît caractérisée…dès lors que la clause d'arbitrage litigieuse n'abandonne pas la désignation de l'arbitre à la désignation unilatérale de l'une des parties, mais au choix de la partie demanderesse en arbitrage, qui pouvait être l'une ou l'autre société, compte tenu des griefs réciproques formulés, sur une liste de trois noms, dressée de concert», Rev.arb. 2000 S. 296. Siehe auch Tribunal de grande instance, Paris vom 7.12.1994, *Sté démolitions Delair c/ sté Bouygues*, Rev.arb. 2000, S. 116.

1576 Vgl. *Sté Russanglia c/ sté Delom*, Cour d'appel vom 7.10.1999: « *La désignation d'un arbitre unique a violé le principe d'égalité des parties en la privant de la possibilité de nommer un arbitre par suite de l'opposition d'intérêts dans laquelle elle se trouve avec l'autre défenderesse.* »

1577 Paris, 12.3.1987, *Société Z.P.O. et U.A.K.M. vs. Société Food Technical Processing, F.T.P.*, D.S. 1987.IR:105 ; 21.3.1986, *Société CTIP c/ Societé Ferich international*, Rev.arb. 1991, 350.

1578 „die Gesamtheit der grundlegenden Rechtsgrundsätze, deren Verletzung die Anerkennung oder Vollstreckung des Schiedsspruchs in Frankreich aufgrund des französischen Verständnisses des internationalen Ordre Public unmöglich macht".

Beklagten den Status einer Handelsvertreterin zuerkannt habe, obwohl das maßgebliche italienische Recht die Eintragung in ein besonderes Register voraussetze. Dieses gesetzliche Erfordernis hätten die Schiedsrichter bei ihrer Entscheidung gänzlich außer Acht gelassen.
Ohne zu prüfen, ob tatsächlich eine Verletzung der italienischen Vorschrift durch den Schiedsspruch vorlag, verneinte der Gerichtshof die Verletzung des internationalen Ordre Public. Er führte dazu aus, dass die Prüfung, ob ein Exequatur in Italien zulässig sei, nicht zu seiner Aufgabe gehöre, er habe lediglich zu untersuchen, ob der französische Ordre Public international verletzt sei. Da dies nicht der Fall war, lehnte er die Klage ab.[1579]

In Frankreich sind die Grundsätze des internationalen Ordre Public diejenigen, die auch Prinzipien des nationalen Ordre Public sind.[1580]
Nach Bestimmungen aus einigen französischen Urteilen sind folgende Prinzipien - nicht abschließend - als Prinzipien sowohl des nationalen als auch des internationalen Ordre Public anerkannt:
- Die Verträge müssen anhand des Prinzips von Treu und Glauben durchgeführt werden.[1581]
- „*fraus omnia corrumpit.*“[1582]
- Vertragsrechtliche Verpflichtungen dürfen nicht zeitlich unbegrenzt sein.[1583]
- Verträge, die Korruption beabsichtigen, sind nichtig.[1584]

Die Anerkennung eines aufgehobenen ausländischen Schiedsspruchs verstößt nicht gegen den französischen Ordre Public.[1585]
Vielmehr sind Ordre Public-Angelegenheiten: das Wettbewerbsrecht, die ausländischen Investitionen und der Bankrott.[1586]
In Frankreich gilt auch das verbot der *révision au fond.* [1587]

1579 Paris 21.3.1986, *Société CTIP c/ Societé Ferich international*, Rev.arb. 1991, 350: « En tout état de cause, la Cour d' appel saisie d'un recours peut être rejeté dès lors qu'il ne comporte aucune disposition contraire à la Ordre Public international française. »

1580 Siehe Fouchard/Gaillard/Goldman, Rn. 1647 - 1648: « L'Ordre Public international étant le Coeur de l'Ordre Public interne, une règle qui n'est pas même d'Ordre Public interne ne saurait, a forteriori, être considérée comme d'Ordre Public international».

1581 Paris, 12.01.1993, Rev. Arb. 1994, S. 685.

1582 Paris, 06.01.1984, Rev. Arb. 1985, S, 279.

1583 Paris, 24.11.1981. Rev. Arb. 1982, S. 224.

1584 Paris, 30. 09.1993, Rev. Arb. 1994, S. 359.

1585 *Cour de Cassation*, Rev.Arb. 1994, 327.

1586 *Cass. Civ.*, 1ère, 8 mars 1988, Rev. Arb., 1989, S. 473; Rev. Arb. 1992, S. 663.

1587 Paris, 23.02.1996, Leroy, Rev. Arb. 2000, S. 471; auch Paris, 20.04.2000; vgl. mit Paris 30.09.1993, *European Gas Turbine vs. Westman*, Rev. Arb. 1994, S. 359.

Die Ausnahme sind jedoch Ordre Public-Angelegenheiten wie Betrug.[1588] Ein Verstoß gegen den Ordre Public muss krass sein und eine materielle Wirkung haben. Ein bloß formaler Verstoß reicht nicht, um einem Schiedsspruch die Vollstreckbarerklärung verweigern zu können.[1589]

4. Der Ordre Public-Vorbehalt in England

Nach der englischen Rechtsprechung geht mit der Unterwerfung des Schiedsverfahrens unter ein ausländisches Recht kein Ausschluss der Aufhebungszuständigkeit englischer Gerichte einher, da in England die Aufhebungskompetenz staatlicher Gerichte vertraglich nicht abbedungen werden kann.[1590] Ungeklärt ist aber, ob Aufhebungsmaßstab für englische Gerichte neben dem englischen Recht auch das von den Parteien gewählte ausländische Verfahrensrecht ist.[1591]

a) Soleimany v. Soleimany, 1998

Im Fall *Soleimany vs. Soleimany*[1592] wird die Vollstreckung eines Schiedsspruchs zum ersten Mal von englischen Gerichten auf Grund des Ordre Public abgelehnt. Vater und Sohn (beide iranische Juden) hatten einen Vertrag unterzeichnet, um Teppiche aus dem Iran zu exportieren. Der Export verstieß gegen Ausfuhrregelungen in Iran. Also handelte es sich um illegale Exporte und Bestechung. Dies war jedoch nicht der Streitgegenstand des Schiedsverfahrens. Die Teppiche waren in England vom Vater verkauft worden und der Sohn wollte Teil am Gewinn haben. Das Schiedsgericht wendete jüdisches Recht an und entschied sich zu Gunsten des Sohnes. Der Vertrag war nach jüdischem Recht gültig. Als der Vater sich weigerte dem Schiedsspruch freiwillig nachzukommen, beantragte der Sohn die (Zwangs)Vollstreckung des Schiedsspruchs. Im Vollstreckungsverfahren argumentierte der Vater seinerseits dagegen, dass der

---

1588 Paris, 10.09.1998, *Thomson CSF vs. Brunner Sociedad Civil de Administración Limitada und Frontier AG Bern,* Rev. Arb. 2001, S. 583. Siehe auch Fouchard, in: Internationale Schiedsgerichtsbarkeit, Schlosser (Hrsg.), S. 399.

1589 Civ. I vom 21.03.2000, Rev. Arb. 2001, S. 805.

1590 *Union of India v. McDonnell Douglas,* (1993) Lloyd's Rep. 51. Siehe auch Collins, S. 133; s. Rensmann Fn. 75.

1591 Mustill/Boyd, Commercial Arbitration, 1989, S. S. 90. Siehe auch *Union of India v. McDonnell Douglas*, (1993) 2 Lloyd's Rep. 51: "*the choice of a procedural law different from the law of the place of the arbitration will, al least where that place is the country , necessarily mean that the parties have actually chosen to have their arbitral proceedings at least potentially governed both by their express choice and by the laws of this country*".

1592 *Soleimany v. Soleimany*, 1998, CA 3 WLR 811 = Cato, Arbitration, Practice and Procedure, 2002, S. 304, Abschnitt 4.3.4.

Schiedsspruch wegen der Illegalität der Exporte gegen die englische *public policy* verstieße. Dementsprechend sei er in England nicht vollstreckbar.
Der *Court of Appeal*[1593] und der *High Court* von England lehnten die Vollstreckung des Schiedsspruchs aufgrund einer unwirksamen – da *illegalen* - Schiedsvereinbarung ab. Die Vollstreckung eines Schiedsspruchs, der auf einer solchen Schiedsvereinbarung basiert, sei einen Verstoß gegen den Ordre Public,[1594] selbst wenn die Handlung als solche keine illegale Aktivität für das anwendbare (jüdische) Recht darstellt.

Dieser Fall ist zwar der internationalen Schiedsgerichtsbarkeit in England nicht zuzurechnen, da das Schiedsverfahren in England stattgefunden hat (Territorialitätsprinzip), jedoch ist es erläuternd für diejenigen Fälle, in denen legale Handlungen wie Schmuggel oder Bestechung vorkommen.[1595]

b) Westacre Investiments Inc v. Yugoimport-SDPR Holding Co Ltd

Im Fall *Westacre Investments v. Jugoimport-SDPR Holding Co. Ltd.*[1596] waren die Erwägungen der englischen Gerichte im Rahmen des Ordre Public von denen im oben beschriebenen Fall verschieden.
Hierbei handelte es sich um einen Beratungsvertrag über den Verkauf von Rüstungsgütern nach Kuwait. In diesem Vertrag war angeblich Bestechung an kuwaitische Entscheidungsträger vorgesehen, um Verträge zu bekommen. Der Vertrag unterlag schweizerischem Recht und enthielt eine Schiedsklausel, nach der das Schiedsverfahren in der Schweiz durchgeführt werden sollte. Als die Klägerin das Entgelt für die erbrachten Dienstleistungen forderte, hielten die

1593 *"The Court is in our view concerned to preserve the integrity of its process, and to see that it is not abused. The parties cannot override that concern by private agreement. They cannot by procuring an arbitration conceal that they, or rather one of them, is seeking to enforce an illegal contract. Public policy will not allow it."; Soleimany v.Soleimany* (1999) Q.B. S. 785 (800).

1594 *"...where public policy is involved, the interposition of an arbitration award does not isolate the successful party's claim from the illegality which gave rise to i.t"*, in Lew/Mistelis/Kröll, Comparative International Commercial Arbitration, 2003, S. 724.

1595 Cato, Arbitration, Practice and Procedure, 2002, S. 305, Abschnitt 4.3.4. So auch Redfern/Hunter, a.a.O. 2004, S. 419, Rn. 9-32. Siehe auch *Deutsche Schachtbau- und Tiefbohrgesellschaft mbH v. Ras al-Khaimah National Oil Co* (1987) 2 Lloyd's Rep. 246, 254.: *„(regardless to public policy) it has to be shown that there is some element of illegality or that recognition or enforcement of the ward would be clearly injurious to the public good, or, possibly, that recognition or enforcement would be wholly offensive to the ordinary, reasonable and fully informed member of the public on whose behalf the powers of the state are exercised."*

1596 *Westacre Investiments Inc v. Yugoimport-SDPR Holding Co Ltd,* (1998) 2 Lloyd's Rep 111 = YBCA 1998, S. 836. Siehe auch Cato, Arbitration, Practice and Procedure, 2002, S. 305, Abschnitt 4.3.4; Merkin, Arbitration Law, S. 836, Rn. 19.73.

Beklagte sowie die Bürgin des Vergütungsanspruchs der Klägerin entgegen, der Hauptvertrag sei wegen Gesetzesverstoßes unwirksam, denn die Klägerin habe kuwaitische Entscheidungsträger bestochen, um den Vertrag zu erfüllen. Das daraufhin angerufene ICC-Schiedsgericht mit Sitz in Genf erließ einen klagestattgebenden Schiedsspruch und die Schweizer Bundesgerichte wiesen das Rechtsmittel der Beklagten gegen den Schiedsspruch zurück. Die Kläger beantragten die Vollstreckung in England.
Die Antragsgegnerin wandte gegen die Vollstreckung des Schiedsspruchs ein, dass ausweislich des Schiedsspruchs der zugrunde liegende Vertrag auf die Verschaffung persönlicher Einflussnahme gerichtet sei und deshalb stünde der englische Ordre Public der Vollstreckung entgegen.[1597]

Der *Court of Appeals*[1598] entschied in diesem Fall, dass der Schiedsspruch zwar dann nicht vollstreckbar wäre, wenn der Vertrag in England durchgeführt worden wäre, dass es hier aber entscheidend darauf ankomme, dass die Durchführung des Vertrages, der ja schweizerischem Recht unterlag, nicht gegen den schweizerischen Ordre Public verstoße und auch nicht gegen den kuwaitschen Ordre Public.
Das Gericht führte weiter aus, dass der englische Ordre Public dementsprechend nicht verletzt sei, wenn ein Schiedsgericht seine Entscheidung im Rahmen eines Vertrages treffe, der weder nach dem Ort der Vertragsdurchführung noch nach dem Vertragsstatut einen Verstoß gegen den Ordre Public darstelle, selbst wenn die Entscheidung anhand des englischen Ordre Public anders gefallen wäre.[1599]

1597 Alternativ trugen die Beklagten vor, die Klägerin habe den Schiedsspruch infolge eines Meineids erreicht; denn der Vertrag sei in Wahrheit auf die Zahlung von Bestechungsgeldern gerichtet gewesen. Nach englischem Recht dürfen nämlich ausländische Gerichtsurteile in England nicht vollstreckt werden, wenn sie durch unlautere Beweismittel („*perjured evidence*") erreicht worden sind (Abouloff v. Oppenheimer (1882) 10 QBD 295). Diesen Einwand wies der Court of Appeal jedoch mit der Begründung zurück, dieser erstrecke sich nicht auf ausländische Schiedssprüche, es sei denn, die den Meineid beweisenden Tatsachen wären der Partei im Schiedsverfahren nicht zugänglich gewesen.

1598 „ *The award expressly stated that performance would not be illegal by the laws of Kuwait and there was nothing in the reasons to suggest that public policy in Kuwait would be offended by performance of the same...so far as Swiss law was concerned the agreement was not either illegal by the law or considered contrary to Swiss public policy.*" in Cato, Arbitration Practice and Procedure, S. 306. s. 33 (1) (a) AA). Vgl. *Israel Discount Bank of New York v. Hadjipateras*, (1984) 1 WLR 137, 143 CA. Hierbei hat das Gericht entschieden, dass eine Entscheidung, die sich auf einen durch die Ausübung von ungebührlicher Beeinflussung (undue influence) abgeschlossen Vertrag stützt, gegen den Ordre Public-Vorbehalt verstößt.

1599 Siehe *Westacre Investiments Inc. vs. Jugoimport-SDPR Holding Co Ltd and Others*, (1998) 2 Lloyds Rep 111 = Cato, Arbitration, Practice and Procedure, 2002, S. 306, Abschnitt 4.3.4.: "*the English court took cognisance of the fact that the underlying*

Aus den beiden letzten beschriebenen Fällen ist der Schluss zu ziehen, dass Schiedssprüche, die als Streitgegenstand Verträge haben, die auf verbotenen Handlungen bzw. illegalen Aktivitäten („*universally repugnant act*") abzielen, in England wegen Verstoßes gegen den Ordre Public dann nicht für vollstreckbar erklärt werden, wenn das Schiedsverfahren in England stattfindet oder dem Schiedsspruch englisches Recht zugrunde liegt[1600]; also im Fall eines nationalen Schiedsspruches oder eines internationalen mit englischem Recht als Vertragsstatut. Hingegen werden im selben Fall ausländische Schiedssprüche für vollstreckbar erklärt, wenn sie den Ordre Public der *lex causae* bzw. der *lex loci arbitrii* nicht verletzten. Beim Vollstreckungsverfahren ist nach der englischen Rechtsprechung im Rahmen des Versagungsgrundes des Art. V Abs. 2 lit. b UNÜ eine Abwägung zwischen dem Ordre Public des Vollstreckungsrechts, der *lex causae* und der *lex loci arbitrii* vorzunehmen. Diese Auffassung ist vom Wortlaut des UNÜ verschieden, denn das UNÜ stellt die Ordre Public-Kontrolle im Vollstreckungsverfahren auf den Ordre Public des Vollstreckungsstaates ab.

5. Der Ordre Public und „*punitive Damages*"

Ein Verstoß gegen die in Art. 6 EGBGB enthaltenen, fundamentalen Rechtsgrundsätze stellt auch die Zusprechung solcher „*punitive damages*" dar.[1601] Dies kommt z. B. in Art. 40 Abs. 3 EGBGB zum Ausdruck[1602]:

---

contract, on the facts as they appeared from the award and its reasons, did not infringe one of those rules of public policy where the English court would not enforce it whatever its proper law or place of performance; it was legitimate to conclude that there was nothing which offended English public policy if an arbitral tribunal enforced a contract which did not offend the domestic public policy under either its proper law or its curial law even if English public policy might have taken a different view."
Der Beklagte hätte das Schiedsgericht auf die Illegalität des Vertrages rechtzeitig aufmerksam machen können. Auf die Unzuständigkeit des Schiedsgerichts kann sich der Antragsgegner im Vollstreckbarerklärungsverfahren nur berufen, wenn er sich auf das Schiedsverfahren (überhaupt) nicht eingelassen hat (s. 72) oder vor seiner Einlassung den Einwand bereits förmlich erhoben hatte. Auch im Fall einer Vorabentscheidung des Gerichts über die erhobene Rüge der Unzuständigkeit nach s. 32 kann die Rüge in diesem Verfahrensabschnitt nicht erneut erhoben werden. Die Beweislast für die Unzuständigkeit des Schiedsgerichts und dafür, dass das Rügerecht (noch) nicht verwirkt wurde, trägt der Antragsgegner.

1600 *Lemenda Trading Co. Ltd. v. African Middle East Petroleum Co. Ltd., 1988 1 QB 448.* So auch Tweeddale, ICLR 2000, 159 (173).

1601 Heini, Zürcher IPRG-Komm., Art. 190 Rn. 46. Abweichend Berti in FS für Heini, S. 10.

1602 Art. 40 Unerlaubter Handlung (1) *Ansprüche aus unerlaubter Handlung unterliegen dem Recht des Staates, in dem der Ersatzpflichtige gehandelt hat. Der Verletzte kann verlangen, dass anstelle dieses Rechts das Recht des Staates angewandt wird, in dem*

Ansprüche, die dem Recht eines anderen Staates unterliegen, können nicht geltend gemacht werden, soweit sie
1. wesentlich weiter gehen, als zur angemessenen Entschädigung des Verletzen erforderlich,
2. offensichtlich anderen Zwecken als einer angemessenen Entschädigung des Verletzten dienen.
Der Bundesgerichtshof verweigerte die Vollstreckbarerklärung eines kalifornischen Schadensersatzurteils in Deutschland[1603] und führte zur Begründung der Anwendung des Versagungsgrundes des § 328 Abs. 1 Nr. 4 ZPO aus, dass nach dem Recht der meisten Einzelstaaten der USA *punitive* oder *exemplary damages* als weiterer Geldbetrag zum ausgleichenden Schadenersatz zuerkannt würden, wenn dem Täter als erschwerender Umstand zu einem allgemeinen Haftungstatbestand ein absichtliches, bösartiges oder rücksichtloses Fehlverhalten zur Last falle.
Punitive Damages stellten grundsätzlich eine besondere Art des Schadensersatzes als Bestrafung zwischen Privatpersonen dar.[1604] Sie seien somit nach US-amerikanischem Recht dem Zivilprozessrecht zuzuordnen.[1605] Der zivilrechtliche Schadensersatz im deutschen Recht habe allerdings allein die Funktion, dem Verletzten die durch die Verletzung erlittenen materiellen Nachteile sowie gewisse immaterielle Schäden zu ersetzen. Die Bestrafung des deliktisch handelnden Schädigers obliege demgegenüber wegen des Strafmonopols des Staates nicht den Zivil-, sondern den Strafgerichten. Soweit die im Urteil zugesprochen Summe über die Kompensation des Opfers hinaus der Bestrafung des Schädigers diene, sei daher eine Anerkennung des kalifornischen Urteils nicht möglich.[1606]
Die Verurteilung zu *punitive damages* verstößt also gegen den Ordre Public.[1607] Dies gilt auch im Rahmen der Schiedsgerichtsbarkeit.

Hierbei könnte man bereits an der Schiedsfähigkeit zweifeln, weil dem Anspruch bis zu einem bestimmten Maß Strafcharakter zu Eigen ist man den schiedsrichterlichen Charakter der Entscheidung überschreiten und damit auch gegen den Ordre Public verstoßen würde.[1608]

---

der Erfolg eingetreten ist. Vgl. auch Art. 135 Abs. 2 und 137 Abs. 2 IPRG. Siehe auch Schwab/Walter, Schiedsgerichtsbarkeit, 2005, Kap. 30, S. 265, Rn. 22.

1603 BGHZ 118, 312.

1604 Jowitt's Dictionary in English Law, S. 1467: *"Punitive damages, damages given, on the principle of punishing the defendant, over and above compensation to the plaintiff."* Siehe auch Black's Law Dictionary, S. 418.

1605 Hay, US-Amerikanisches Recht, S. 49, Rn. 153.

1606 BGHZ 118, 312.

1607 Vgl. BGHZ 118, 312.

1608 Walter/Bosch/Brönnimann, Internationale Schiedsgerichtsbarkeit in der Schweiz, Bern, 1991, S. 288. Siehe dagegen United States Supreme Court, YCA XIII (1988), 165, 173,

Entscheidungen, die punitive damages verurteilen sind, in Deutschland nicht als Urteile in Zivilsachen zu qualifizieren, was als Merkmal jedoch von § 328 Abs. 1 ZPO vorausgesetzt wird. Sie sind vielmehr als Strafurteile zu qualifizieren.[1609]

Manche Schweizer Autoren definieren ihrerseits die *punitive damages* als die Zusprechung maßlos überhöhter, automatisch pauschalierter Schadensersatzbeiträge mit Straffunktion.[1610] Darunter sei Schadenersatz in vielfacher Höhe des eigentlich entstandenen Schadens zu verstehen. Eine derartige Entscheidung verstößt gegen den haftpflichtrechtlichen Grundsatz, dass der Schadenersatz einen Ausgleich für eine wirtschaftlich erfassbare Vermögensverminderung darstellt.[1611]
Dieser Auffassung folgend hat ein schweizerisches Gericht die Vollstreckung eines texanischen Urteils abgelehnt, das einem Geschädigten den dreifachen Schadensbetrag zugesprochen hatte, weil es gegen den materiellen schweizerischen Ordre Public verstoße.[1612] Eine teilweise Vollstreckbarerklärung des ausländischen Urteils wäre allerdings möglich, soweit der eigentliche Schadensersatz bzw. eine allfällige Genugtuung betragsmäßig von der Strafgeldsumme unterschieden werden könnte.[1613]

In einer Entscheidung vom 04.06.1992 stellte der BGH fest, dass ein US-amerikanisches Urteil, das zur Zahlung von *punitive damages* („Strafschadenersatz") in nicht unerheblicher Höhe verurteilte, insoweit gegen den Ordre Public verstoße, als es über die Zuerkennung eines Ausgleichs von materiellen und immateriellen Schäden hinaus pauschal auf die Leistung von *punitive damages* erkenne.[1614]
Dasselbe gilt für den Art. 1 Abs. 1 UMG, nach dem nur die Handelssachen in den Anwendungsbereich des Modellgesetzes fallen und schiedsfähig sind.

In Frankreich werden Schiedssprüche, die zur Zahlung von *punitive damages* verurteilen, nicht für vollstreckbar erklären. Denn die *punitive damages* stellen eine Bestrafung dar, die zum Strafrecht gehört und dementsprechend nicht

---

in dem ein Schiedsspruch trotz seiner Nähe zum Strafrecht für schiedsfähig erachtet wurde.

1609 Fritz, Punitive exemplary damages in den USA und ihre Qualifikation als Zivilsachen, 2003; siehe Siehr, Zur Anerkennung und Vollstreckung ausländische Verurteilungen zu punitive damages, RIW 1991, 705; Koch, Ausländischer Schadenersatz vor deutschen Gerichten, NJW 1992, 3073.

1610 Walter/Bosch/Brönnimann, Internationale Schiedsgerichtsbarkeit in der Schweiz, S.235.

1611 Walter/Bosch/Brönnimann, Internationale Schiedsgerichtsbarkeit in der Schweiz, S.235.

1612 ASA Bull. 1987, S. 263.

1613 Siehe BGE 116 II 376. Dazu Siehr, RIW, 1991, 705ff.

1614 Vgl. Schütze, Die Anerkennung und Vollstreckung US-amerikanischer Schadensersatzurteile in der BRD, FS Nagel, 1987, S. 392.

schiedsfähig ist.[1615] Außerdem würde ein solcher Schiedsspruch gegen den Ordre Public verstoßen.[1616]
Wenn eine Partei bei einem Schiedsgericht auf Schadensersatz und einschließlich *punitive damages* klagt, muss sich der Schiedsrichter für nicht zuständig erklären; allerdings nur, soweit es die *punitive damages* angeht.[1617]

1615 Racine, L'arbitrage commercial international et l'Ordre Public, S. 92, Rn. 155: « ...*un arbitre n'a pas le pouvoir de prononcer une sanction pénale.* »

1616 Racine, a.a.O., S. 93, Rn. 156: « *Certes, les dommages punitifs ont aussi une fonction de réparation du préjudice subi. Mais, par leur aspect punitif, ceux-ci sont « étrangers au droit civil » et présentent un caractère quasi-pénal. C'est pourquoi, pour des raisons tirées de l'Ordre Public, l'arbitre a longtemps été privé du pouvoir d'allouer des dommages punitifs.* »

1617 Racine, a.a.O. S. 92, Rn. 155: « *Si à l'occasion d'un litige commercial, une question de droit pénal se pose, l'arbitre doit se déclarer compétent por résoudre le litige commercial et rejeter sa compétence pour statuer sur l'infraction.* »

Kapitel V - Schlussfolgerungen

1. Der Ordre Public im internationalen Privatrecht und in der Schiedsgerichtsbarkeit

1.1. Deutschland

In Deutschland ist der Ordre Public des Art. 6 EGBGB als Vorbehaltsklausel zu verstehen, die lediglich eingreift, wenn das Ergebnis der Anwendung einer ausländischen Norm offensichtlich den wesentlichen Grundsätzen und Grundrechten des innerstaatlichen Rechts widerspricht.[1618] Diese Grundsätze und Grundrechte können sowohl einen internen als auch internationalen, sowie einen europäischen Ursprung haben.
Es ist sehr schwierig und oder gar unmöglich zu versuchen, den Inhalt des Ordre Public *a priori*, endgültig und mit allgemeiner Geltung festzulegen. Denn die Rechtsauffassung davon, was rechtlich unter allen Umständen durchgesetzt werden muss, bzw. davon, was umgekehrt gänzlich untragbar ist, ändert sich in der Zeit und im Raum. Die Variabilität des Ordre Public wird auch in der Schweiz, Frankreich und England bejaht.
Das heißt, dass die Prüfung der Ordre Public - Widrigkeit nur im Einzelfall erfolgt. Dafür ist eine gewisse Inlandsbeziehung erforderlich, die sich im Fall der Schiedsgerichtsbarkeit aus der Vollstreckung in Deutschland ergibt.
Man kann jedoch bejahen, dass der Ordre Public sowohl materielle als auch die unterschiedlichsten verfahrensrechtlichen Fragen betrifft. Ferner gibt es für einen positiven Ordre Public in Deutschland keinen Raum. Die Durchsetzung des eigenen Rechts, unabhängig von Bestimmungen des normalen Kollisionsrechts, wird in Art. 34 EGBGB geregelt. Zwingendes Recht ist dementsprechend nicht als solches dem Ordre Public zuzurechnen. Es kann sein, dass die in Frage kommende zwingende Norm auf einem Prinzip basiert, das auch zum Ordre Public gehört. Dieses ist dann unter dem Deckmantel des Ordre Public geschützt, aber auch zusätzlich als zwingendes Recht normiert. In diesem Fall wird bei der Ordre Public - Kontrolle allein auf das abstrakte Prinzip abgestellt und nicht auf die Art und Weise, wie es normiert ist.
In der internationalen Schiedsgerichtsbarkeit erscheint es überflüssig auf den internationalen Ordre Public abzustellen, solange der Ordre Public - Vorbehalt im Sinn des Schutzes wesentlicher Rechtsgrundsätze eines Landes verstanden, d.h. eng ausgelegt wird. Denn die Existenz eines solchen *Ordre Public international* ist besonders in Deutschland, wo sich die Rechtsprechung bei der Differenzierung des Ordre Public in einen nationalen und einen internationalen

1618 Siehe OLG Hamm, IPRspr. 2000, Nr. 81, S. 167.

seit 1967 [1619] auf eine falsche Auslegung des deutschen Ordre Public stützt, nicht begründet. Außerdem wird in Deutschland zwischen dem Ordre Public und den Eingriffsnormen eindeutig unterschieden, Art. 6 und 34 EGBGB.
Im übrigen macht es in der Sache kaum einen Unterschied, ob im Vollstreckbarerklärungsverfahren die Krontrolle im Rahmen des Ordre Public international bzw. national erfolgt, da ja jedenfalls nur die „wesentlichen" Grundsätze durchgreifen sollen und im Einzelfall Wertungen entscheiden müssen, was dazu zählt und was nicht.

Was den europäischen Ordre Public angeht, hat der EuGH in seiner Rechtsprechung immer wieder betont, dass er selbst nicht die Aufgabe hat, den Ordre Public eines Mitgliedstaates zu bestimmen, sondern nur über seine Grenzen zu wachen, innerhalb derer sich ein staatliches Gericht auf diesen Begriff stützen darf, um der Entscheidung eines Gerichts eines anderen Mitgliedstaats die Anerkennung zu versagen.[1620] Allerdings rechnete der EuGH in der *Eco Swiss* - Entscheidung Art. 81 und 82 EGV dem *Ordre Public international* der einzelnen Mitgliedstaaten zu und bestimmte damit doch dessen Inhalt. Dabei verkennt der EuGH, dass nicht alle Mitgliedstaaten der Europäischen Union dieselbe Konzeption des Ordre Public haben und teilweise auch zwingendes Recht zu seinem Inhalt zählen.
Das Bestehen eines Ordre Public transnational im Sinne der französischen Theorie ist in Deutschland auf Grund des in § 1025 ZPO verankerten Territorialitätsprinzips nicht möglich.

Die Inhaltsbestimmung des Ordre Public ist dementsprechend eine Aufgabe des nationalen Richters, der im Einzelfall anhand der aktuellen Gerechtigkeitsvorstellungen prüfen muss, ob das Ergebnis der Anerkennung und Vollstreckbarerklärung eine Verletzung des Ordre Public darstellen würde. Seine Rechtsprechung dient dazu, diesen Inhalt zumindest vorübergehend zu präzisieren bzw. zu limitieren, bis er andere Konturen annimmt. Der Ordre Public ist also ein Mittel in der Hand des Richters, um zu verhindern, dass durch die Anwendung fremden Rechts unabdingbare Grundsätze und Grundrechte des Inlands verletzt werden.

Im Bereich der Anerkennung und Vollstreckung der Schiedssprüche gilt z.B. das Verbot der *révision au fond*, d.h. dass die Anerkennung einer Entscheidung nicht schon deshalb verweigert werden kann, weil sie möglicherweise in der Sache falsch ist.
Eine nochmalige, vollumfängliche materielle Überprüfung des Schiedsspruchs hat zu unterbleiben.

1619 BGHZ 48, 327, 331.

1620 EuGH vom 28.3.2000 - 7/98, *Krombach* Nr. 23; EuGH vom 11.5.2000 – 38/98, *Renault* Nr. 28.

1.2. Schweiz

Im Gegensatz zu Art. 6 EGBGB werden die wesentlichen Grundsätze und die Grundrechte in Art. 17 IPRG nicht erwähnt, sondern es wird abstrakt auf den „schweizerischen" Ordre Public „des internationalen Privatrechts" abgestellt, ohne zu präzisieren, was man darunter verstehen soll. Nach der Rechsprechung kommt der Ordre Public des Art. 17 IPRG zur Anwendung, wenn ein unerträglicher Widerspruch zur einheimischen Rechts- und Sittenauffassung vorliegt. Ausgangspunkt bildet somit die einheimische Rechtsordnung einschließlich der darin verkörperten, grundlegenden Werte. Obwohl im Art. 18 IPRG das Institut der Eingriffsnormen vorgesehen ist, werden jedoch gewisse unverzichtbare Rechtsnormen des schweizerischen materiellen Rechts zum Ordre Public gezählt. Es besteht somit keine saubere Trennung zwischen dem Ordre Public - Vorbehalt und den Eingriffsnomen. Eine gewisse Inlandsbeziehung für die Anwendung des Ordre Public wird auch in der Schweiz gefordert.
Im Rahmen der Schiedsgerichtsbarkeit stellt sich der Ordre Public anders dar. Im Gegensatz zu Art. 17 IPRG wird in Art. 190 Abs. 2 lit. e IPRG das Adjektiv „schweizerisch" nicht mehr vorgesehen. Daher ist es seit BGE 120 II[1621] ständige Praxis, dass für die Schiedsgerichtsbarkeit ein *Ordre Public international* bzw. *transnational* oder sogar *universal* gilt. Der Inhalt des sog. internationalen Ordre Public wurde nach und nach von der Rechtsprechung des Bundesgerichts entwickelt und wird in jedem Urteil, das mit dem Thema zu tun hat, als Grundformel des Ordre Public international wiederholt. Diese Prinzipien sind als Grundsätze der Rechtsgemeinschaft bezeichnet worden. Das Kuriose in der Schweiz ist, dass bereits im Aufhebungsverfahren des Art. 190 IPRG, d.h. bei einem nationalen Schiedsspruch, auf den Ordre Public international abgestellt wird. Es wird jedoch behauptet, dass der Ordre Public bei der Vollstreckbarerklärung ausländischer Schiedssprüche enger auszulegen ist. Was für ein Ordre Public ist dann hierbei der Maßstab für die Ordre Public - Kontrolle?
Der Ordre Public transnational stellt sich als ein Begriff ohne eindeutige Konturen bzw. unpräzise dar. Zu ihm werden Prinzipien der „Kulturstaaten" zugerechnet. Wie aber werden diese sog. Kulturstaaten zunächst als solche definiert? Außerdem ist im Ergebnis der Unterschied zwischen dem Ordre Public international und transnational ist nicht klar.

1.3. Frankreich

Der Ordre Public des Art. 6 des *Code Civil* wird in Frankreich als positiver Ordnungsbegriff für die Gesamtheit der nationalen Rechtsnormen definiert, die absolute Geltung im französischen Gebiet beanspruchen. Somit wurde er als Mittel

1621 BGE 120 II 166 ff.

zur Durchsetzung des französischen zwingenden Rechts eingesetzt und mit den Eingriffsnormen verwechselt.

Es gibt jedoch Zeichen einer neuen Tendenz in Frankreich, die diese protektionistische Funktion des zwingenden Rechts unter dem Deckmantel des Ordre Public zu verlassen versucht, indem sie den Ordre Public als Vorbehalt bezeichnet und nicht mehr als Mittel zur Durchsetzung der *lois de police*. Demgemäß werden dem Ordre Public wesentliche Prinzipien zugerechnet. Dies lässt sich auch anhand der neueren Rechtsprechung erkennen.[1622]

Da eine so weit gefasste Vorbehaltsklausel wie im Art. 6 *Code Civil* nicht im internationalen Schiedsgerichtsverfahren verwendet werden kann, ist es gerechtfertigt, dass nach Art. 1502, 5 NCPC auf den Ordre Public international abgestellt wird. Mit *Ordre Public international* wird zum einen ein Ordre Public international bzw. *réellement* international erfasst. Ein Verstoß gegen diesen Ordre Public liegt dann vor, wenn eine zwingende Norm oder ein grundlegendes Prinzip verletzt werden. Dem Ordre Public wird in Frankreich noch ein Adjektiv beigefügt, nämlich *transnational*. Dieser Begriff des *Ordre Public international* ist ein konfuser Begriff, dessen Existenz aufgrund der Unbestimmtheit seiner Quellen - wie die *lex mercatoria* oder universale Prinzipien - nicht einmal in Frankreich nachgewiesen wurde. Diese Begriffsbildung des Ordre Public transnational darf jedoch nicht zur irrigen Annahme führen, es gäbe ein System von Rechtsgrundsätzen aller *„zivilisierten"* Länder, auf die jederzeit zurückgegriffen werden kann.

Das französische Recht bietet eine umfangreiche Begriffsbildung im Rahmen des Ordre Public, die nicht zwangsläufig zu einem besseren Verständnis desselben führt.

Im Bereich des Gemeinschaftsrechts bedeutet nach der neueren französischen Rechtsprechung die falsche oder gar fehlende Anwendung einer zwingenden Norm des europäischen Wettbewerbsrechtes nicht automatisch die Aufhebung bzw. die Versagung der Vollstreckbarerklärung eines Schiedsspruchs. Vielmehr muss das Ergebnis der Anerkennung eines solchen Schiedsspruchs den Ordre Public international verletzen. Nach dieser Entscheidung muss diese Verletzung offensichtlich, konkret und effektiv sein.[1623]

1622 *Thalès/Euromissile*, Cour d'appel de Paris, 18.11.2004, JCP – Ed.Gen. 2005, II 10038 S. 570-575.

1623 *Thalès/Euromissile*, Cour d'appel de Paris, 18.11.2004, JCP – Ed.Gen. 2005, II 10038 S. 570-575 = JCP Ed. E. 2005, N°18, S. 759-760 = Chabot in -575 = Nieggemann, SchiedsVZ 2005/6. S. 265-273 = Barbier de la Serre/Nourissat, Revue Lamy de la Concurrence 2005, S.68 = Radicati di Brozolo, Rev. arb. 2005, 529.

1.4. England

In England muss das Gericht bei der Ordre Public - Kontrolle, um die Vollstreckung eines ausländischen Urteils abzulehnen, zu dem Schluss kommen, dass die Vollstreckung jenes Urteils in einer inakzeptablen Weise wesentliche Regelungen der Rechtsordnung des Vollstreckungsstaates verletzt, indem sie gegen ein grundlegendes Prinzip verstößt.
Der entscheidende Maßstab bei der Ordre Public - Kontrolle ist die englische Gerechtigkeitsvorstellung. Dabei werden Aspekte wie die fundamentale *conception of english justice* oder *natural justice* in Erwägung gezogen, also Konzepte, die nicht unbedingt zum besseren Verständnis des Ordre Public beitragen. Es ist daher sich nicht verwunderlich, dass der Ordre Public in England als *very unruly horse* bezeichnet wird.
In England wird der Ordre Public als Bestandteil des ungeschriebenen Kollisionsrechts als Vorbehaltsklausel angesehen.
In der internationalen Schiedsgerichtsbarkeit wird in England nach der Rechtsprechung auf den englischen Ordre Public abgestellt, der zudem eng ausgelegt wird.
Im englischen Recht soll die Versagung der Vollstreckbarerklärung in Betracht kommen, wenn der Schiedsspruch so schwerwiegende Mängel an Form oder Inhalt aufweist, dass eine Vollstreckung unmöglich ist, oder die Vollstreckung gegen den Ordre Public (*public policy*) verstößt. Allein eine falsche oder gar nicht stattfindende Anwendung des englischen Rechts führt nicht zu einer Versagung der Vollstreckbarerklärung des Schiedsspruchs.
Darüber hinaus kennt der *Arbitration Act* zwei getrennte Gründe, die aus kontinentaleuropäischer Sicht ebenfalls von der Ordre Public - Klausel erfasst werden könnten, nämlich *fraud* und Verletzung der *natural justice*, die zur einer Versagung der Anerkennung und Vollstreckung eines ausländischen Schiedsspruchs führen können.
Die Ordre Public - Prüfung erfolgt im Rahmen des englischen Ordre Public.
In der Rechtsprechung haben der Ordre Public international oder transnational keine Rolle gespielt.
Das Bemerkenswerte am englischen Recht ist, dass es die Aufhebung des Schiedsspruchs nicht ausschließlich als eine staatliche Kompetenz ansieht, sondern auch erlaubt, dass die Parteien eine weitere, schiedsgerichtliche Instanz vereinbaren, die den Schiedsspruch prüfen und ggf. aufheben kann. Damit ist die Parteiautonomie besonders stark ausgeprägt.

2. Die Ordre Public - Kontrolle

Die Ordre Public - Kontrolle ist eine Aufgabe des nationalen Richters, die u.a. im Verfahren der Anerkennung und Vollstreckbarerklärung erfolgt. In der vorliegende Arbeit wird jedoch vorgeschlagen, dass diese Kontrolle bereits in einem frühen Stadium anfängt und vom Richter und möglicherweise von den Parteien vorab inzident durchgeführt wird, um sich Probleme im Endstadium zu ersparen, wie z. B. die Verweigerung der Vollstreckbarerklärung.

2.1. *Ex ante* Kontrolle des Ordre Public

Der Schiedsrichter soll von vornherein alle Aspekte prüfen, die in den Bereich des Ordre Public fallen und dementsprechend später zur Verweigerung der Vollstreckbarkeit führen können.

Diese Kontrolle fängt an mit der Überprüfung der eigenen Zuständigkeit sowie möglicher Einreden hinsichtlich des Bestehens und der Gültigkeit der Schiedsvereinbarung.

Was die Formerfordernisse der Schiedsvereinbarung angeht, steht nach der neuesten Rechtsprechung des Bundesgerichtshofs[1624] fest, dass das nationale Gericht dabei nicht nur auf günstigeres nationales Recht zurückgreifen kann, sondern auch auf das durch die deutsche kollisionsrechtliche Anknüpfung anwendbare Recht. Auf das günstigere nationale Recht wird hierbei auch in der Schweiz[1625] und in Frankreich abgestellt. Der NCPC sieht in Frankreich kein Formerfordernis für die Schiedsvereinbarungen vor. Somit hat sie eine liberalere Position gegenüber den anderen Ländern. Für England ist hingegen die *lex causae* maßgeblich.

Das Rügerecht der Parteien ist diesbezüglich präkludiert, wenn sie sich rügelos zur Hauptsache eingelassen haben.

Im Rahmen dieser *ex ante* Kontrolle sollen die Schiedsrichter auch prüfen, ob der Streitgegenstand schiedsfähig ist. Die Parteiautonomie ist das prägende Merkmal in der Schiedsgerichtsbarkeit. Die Parteien können einem Schiedsgericht alles unterbreiten, was zum dispositiven Recht gehört. Alles andere ist schiedsunfähig.

Findet das Schiedsverfahren in Deutschland statt, so hat diese Prüfung aufgrund des im § 1025 ZPO verankerten Territorialitätsprinzips anhand der *lex fori* (§ 1030 ZPO) zu erfolgen.

Weiss der Schiedsrichter, in welchem Land die Vollstreckung des Schiedsspruchs potentiell nachgesucht werden könnte, sollte er die Bestimmungen über die Schiedsfähigkeit in diesem Land berücksichtigen. Die Schiedsunfähigkeit in Deutschland stellt einen autonomen Versagungsgrund dar. Um sich darauf zu

1624 BGH v. 21.9.2005 – III ZB 18/05, SchiedsVZ 2005, 306.

1625 BGE 121 III 44 Erw. 2c.

berufen, ist ein Rückgriff auf den Ordre Public nicht erforderlich. Die Schweiz folgt auch dem Territorialitätsprinzip, demgemäß ist Art. 177 IPRG für die Feststellung der Schiedsfähigkeit maßgebend. Die Schweiz unterscheidet sich von Deutschland jedoch darin, dass die Schiedsfähigkeit eines ausländischen Schiedsspruchs nur in den Grenzen des Ordre Public übergeprüft wird. In Frankreich wird die Schiedsfähigkeit ebenso am Ordre Public international gemessen. Hierbei kann für diese Prüfung die *lex fori* herangezogen werden, die in ihrem zwingenden Teil ohnehin Bestandteil des Ordre Public ist. Das französische Recht weist im Rahmen der Schiedsfähigkeit einen Unterschied gegenüber den anderen Rechtsordnungen auf: Die Grenzen der Schiedsfähigkeit in der nationalen Schiedsgerichtsbarkeit sind nicht dieselben wie auf der internationalen Ebene. In der internationalen Schiedsgerichtsbarkeit wird die Schiedsfähigkeit so ausgedehnt, dass es den Schiedsrichtern sogar erlaubt wird, über Materien zu entscheiden, die zum zwingenden Recht und dementsprechend zum Ordre Public international gehören.[1626]

Ebenfalls in England wird die Schiedsfähigkeit am Maßstab des englischen Ordre Public geprüft.[1627]

Die Schiedsrichter sollen daher in dieser *ex ante* Kontrolle die Wirksamkeit der Schiedsvereinbarung und die Schiedsfähigkeit anhand der oben genannte Kriterien prüfen, um zu verhindern, dass die Vollstreckbarerklärung am Ordre Public scheitert.

2.2. Kontrolle des Ordre Public im Ablauf des Verfahrens

2.2.1. Anwendbares Recht

Es ist zu bejahen, dass das Schiedsgericht das Schiedsverfahren gemäß der Parteivereinbarung durchzuführen hat. Die Parteien können selbst das in der Sache anwendbare Recht vereinbaren, oder diese Auswahl dem Schiedsgericht überlassen.

Die Wahl der *lex mercatoria* ist in Deutschland, der Schweiz und Frankreich erlaubt. In England ist es umstritten, ob sie als anwendbares „Recht" vereinbart werden kann. Jedenfalls wäre den Parteien und dem Schiedsgericht von der Wahl der *lex mercatoria* in einem Schiedsverfahren mit Bezug auf England abzuraten, denn die Lehre und Rechtsprechung stehen ihr sehr skeptisch gegenüber.

1626 *Cour d'appel* de Paris, vom 19.5.1993, *Société Labinal v. société Mors et société Westland Aerospace*, J.D.I. 1993, 957 = Rev. Arb. 1993, S. 645, Anm. Jarroson. *Cour d'appel*, vom 29.3.1991, *Société Ganz et autres v. société nationale des Chemins de fer tunisiens*, Rev.Arb. 1991, S. 478.

1627 *Soleimany v. Soleimany*, 1998, CA 3 WLR 811.

Zu berücksichtigen ist hierbei, dass falls die Parteien die *lex mercatoria* nicht als das anwendbare Recht vereinbart haben, die Schiedsrichter in Deutschland und der Schweiz sie als anwendbares Recht ohne ausdrückliche Ermächtigung der Parteien nicht anwenden dürfen. Sollten sie das dennoch tun, würden sie damit nur die Vollstreckbarerklärung des Schiedsspruchs riskieren. Denn selbst in Deutschland, wo der Ordre Public als Vorbehaltsklausel angesehen wird, wird vertreten, dass ein ohne die erforderliche Ermächtigung auf der *lex mercatoria* basierender Schiedsspruch gegen den Ordre Public verstoße.
In Frankreich wird hingegen eine ausdrückliche Ermächtigung des Schiedsgerichts nicht verlangt, um nach der *lex mercatoria* zu entscheiden. Denn der lex mercatoria wird in Frankreich die Qualität eines autonomen Rechts zuerkannt.[1628]

2.2.2. Lex Fori

Die *lex fori* spielt eine wichtige Rolle im Schiedsverfahren. Denn die französische These der Delokalisierung oder der anationalen Schiedssprüche wird in Deutschland und in England aufgrund des Territorialitätsprinzips nicht vertreten. Die Rolle der *lex fori* in der Schiedsgerichtsbarkeit lässt sie daran erkennen, dass sie zum einen hilfsweise als subsidiäres Recht vom Schiedsgericht angewendet werden kann, zum anderen jedoch, was ihre international zwingenden Bestimmungen bzw. Eingriffsnormen betrifft, vom Schiedsgericht nicht ignoriert werden darf. Hier kann man z.B. die Bestimmungen über die Schiedsfähigkeit erwähnen.
Die deutschen Eingriffsnormen fallen nicht in den Bereich des Ordre Public, da zu diesem nur wesentliche Grundsätze und Grundrechte zuzurechnen sind.
Deswegen kann die Nicht-Beachtung von Eingriffsnormen seitens des Schiedsgerichts keinen Verstoß gegen den Ordre Public darstellen. Ein solcher Verstoß wäre erst zu bejahen, wenn das Schiedsgericht einen Schiedsspruch erlässt, der gegen wesentliche in Deutschland anerkannte Prinzipien verstößt, die Bestandteil des Ordre Public sind. Diese Prinzipien können auch zugleich durch eine Eingriffsnorm mitgeschützt sein. Dies beeinflusst jedoch nicht, ob der Verstoß gegen den Ordre Public vorliegt oder nicht.
England vertritt eine ähnliche Position. Dabei kommt es auf das Ergebnis der Nicht-Anwendung der Eingriffsnorm an, das gegen Prinzipien des Ordre Public verstoßen muss.
Die Lage stellt sich jedoch anders in der Schweiz und besonders in Frankreich dar. In der Schweiz sind manche Eingriffsnormen zum Ordre Public - Inhalt hinzugerechnet. Aus diesem Grund könnte die Nichtanwendung einer Eingriffs-

1628 *Cour de Cass.*, 22.10.1991, *Société Compañia Valenciana de Cementos Portland c/ Société Primary Coal Inc*, Rev.arb. 1992, 457, Anm. Lagarde. Ausführlich dazu Lörcher, Das internationale Handelsschiedsverfahren in Frankreich, 1997, S.18, 75.

norm als Ordre Public widrig angesehen werden. Allerdings wird in der Schweiz in der neueren Rechtsprechung auch vertreten, das diese Ordre Public Kontrolle bei einer Vollstreckbarerklärung im Rahmen der Wertvorstellungen und der allgemein anerkannten Grundsätze erfolgt. Die Rechtsprechung ist jedoch diesbezüglich noch uneinheitlich.
Frankreich mit seiner Theorie der Delokalisierung des Schiedsspruchs in der internationalen Schiedsgerichtsbarkeit verneint, dass internationale Schiedsgerichte eine *lex fori* haben. Sie seien vielmehr anationale Schiedssprüche. Daher haben Schiedsgerichte nicht die Verpflichtung, auf die Eingriffsnormen der *lex fori* zu achten. Das Kuriose in Frankreich ist, dass der Schiedsort keine rechtliche Relevanz aufweist, solange es sich um einen „internationalen Schiedsspruch" handelt. Sobald jedoch das Schiedsverfahren in Frankreich stattfindet, werden die ganzen Theorien der Delokalisierung und der anationalen Schiedssprüche auf die Seite geschoben, und das protektionistische Frankreich verlangt, dass die Schiedsrichter französische Eingriffsnormen beachten, da dann ihre Nichtanwendung einen Verstoß des Ordre Public international darstellen können soll.
Unter den verfahrensrechtlichen Eingriffsnormen findet man einheitlich zwei Prinzipien, die von den Schiedsrichtern nicht unbeachtet bleiben können, nämlich das rechtliche Gehör und die Gleichbehandlung der Parteien. Beide Verfahrensprinzipien sind während des gesamten Schiedsverfahrens zwingend zu beachten und ermöglichen insofern, das Schiedsverfahren als eine dem Verfahren vor den staatlichen Gerichten gleichwertige Rechtsschutzmöglichkeit anzusehen.

Im Bereich des Gemeinschaftsrechts muss das Schiedsgericht die Bestimmungen des Art. 81 und 82 EGV berücksichtigen, wenn die Faktenlage offensichtlich auf einen Verstoß gegen diese Bestimmungen hinweist. Denn ein Schiedsgericht ist weder verpflichtet noch ermächtigt, selbst solche Verstöße der Parteien gegen das Kartellrecht zu ermitteln und festzustellen, die in keinem Zusammenhang mit dem Streitgegenstand stehen.

In der Schweiz werden hingegen nach der neuesten Rechtsprechung[1629] das gemeinschaftsrechtliche und das generelle Wettbewerbsrecht nicht zum Ordre Public zugerechnet. Denn Art. 81 und 82 EGV umfassen keine grundlegenden und allgemein anerkannten Werte, die aus Schweizer Sicht Grundlage jeder Rechtsordnung sein müssen.
Daher stellt ihre Verletzung keinen Verstoß gegen den Ordre Public im Sinne des Art. 190 Abs. 2, lit. e IPRG dar. Dies gilt auch für schweizerisches Wettbewerbsrecht.

1629 BG 4P.278/2005 v. 8.3.2006 = BGE 132 III 389.

Allerdings hebt das Bundesgericht hervor, dass der Ordre Public gem. Art. 190 Abs. 2 lit. e IPRG von demjenigen des Schiedsgerichts zu unterscheiden sei.[1630] Schweizerische Gerichte bleiben daher sicherlich dann verpflichtet, zwingende ausländische Vorschriften anzuwenden, wenn eine Partei sich darauf beruft.

In England wird erwartet, dass die Schiedsrichter auch ohne Ermächtigung der Parteien, d. h. *ex officio*, Art. 81 EGV anwenden, um eine Aufhebung des Schiedsspruchs im Rahmen des Ordre Public bzw. die Verweigerung der Erklärung der Vollstreckbarkeit zu vermeiden.

In Frankreich wird gemäß der neuen Rechtsprechung[1631] Art. 81 EGV nur beim Vorliegen eines offensichtlichen, konkreten und effektiven Verstoßes als Durchbrechung des Verbots der *révision au fond* geprüft. Ferner rechtfertigt die Tatsache, dass die Schiedsrichter die kartellrechtlichen Normen von Amts wegen im Schiedsverfahren nicht berücksichtigt haben, die Aufhebung des Schiedsspruchs nicht.

Die Verpflichtung seitens der Schiedsrichter, Eingriffsnormen auch im Rahmen des Gemeinschaftsrechts zu beachten, ergibt sich nicht aus einer Norm, sondern vielmehr aus den Konsequenzen ihrer Nichtanwendung, die in einer Aufhebung oder einer Verweigerung der Vollstreckbarerklärung enden kann.
Es ist jedoch so, dass sich die neue Tendenz sowohl in der Schweiz als auch jetzt mit dieser Entscheidung in Frankreich dahin wendet, den Inhalt des Schiedsspruchs entweder zu reduzieren (Schweiz) oder ihn enger auszulegen und zurückhaltend zur Anwendung zu bringen.

2.3. *Ex post* Kontrolle des Ordre Public

Die *ex post* Kontrolle des Ordre Public wird vom nationalen Vollstreckungsrichter durchgeführt. Da die Schiedsgerichtsbarkeit keine Vorinstanz der ordentlichen Gerichtsbarkeit darstellt, hat die Ordre Public - Kontrolle sehr zurückhaltend zu erfolgen. Sie reduziert sich auf die Prüfung des Ergebnisses der Rechtsanwendung im Einzelfall mit seiner Vereinbarkeit mit demjenigen Ordre Public, der je nach Land für die Vollstreckbarerklärung in Erwägung gezogen wird. Richtigkeit, Beweiswürdigung oder die bloße Rechtsanwendung oder Nichtanwendung bilden keinen Maßstab dieser Prüfung. Die *révision au fond* kann nur bei Vorliegen eines offensichtlichen und krassen Verstoßes gegen den Ordre Public ausnahmsweise erfolgen.

1630 BGE 132 III 389, Erw. 3.3. Basierend auf der *Westland*-Entscheidung, BGE 120 II 155 Erw. 6a = ASA Bull. 1994, S. 424.

1631 *Thalès/Euromissile*, Cour d'appel de Paris, 18.11.2004, JCP – Ed.Gen. 2005, II 10038 S. 570-575.

Der Ordre Public ist nicht der Feind der Schiedsgerichtsbarkeit. Ebensowenig sollten sich staatlichen Gerichte und Schiedsgerichte als Rivalen oder Gegner ansehen, sondern als beiderseits legitime Teile eines gegliederten Systems des internationalen Rechtsschutzes. Denn bei aller in der Schiedsgerichtsbarkeit nötigen Freiheit müssen stets minimale Verfahrensgarantien sowie wesentliche Grundsätze gewahrt bleiben, die für das ordnungsgemäße Funktionieren eines Rechtsstaates erforderlich sind.
Der Ordre Public hat damit den Auftrag, die Einhaltung dieser Mindeststandards zu sichern.

Literaturverzeichnis

Adams, Charles / Liborio, Vanessa, L'exequatur des sentences arbitrales étrangères aux Etats-Unis, in Journal du Droit International, 2004, S. 1165-1177.

Aden, Menno, Internationale Handelsschiedsgerichtsbarkeit, München, 2003.

Alvarez, Henri / Kaplan, Neil / Rivkin, David, Model Law Decisions, Cases Applying the UNCITRAL Model Law on International Commercial Arbitration, The Hague/ London/New York, 2003.

Ansay, Tugrul, The Content of Applicable Law in Arbitration Cases, in Festschrift für Andreas Heldrich zum 70. Geburtstag, München, 2005, S. 487-494.

Arfazadeh, Homayoon, L'Ordre Public du fond et l'annulation des sentences arbitrales internationales en Suisse, Revue Suisse de Droit International et de Droit Européen Bd. 3, 1995, 223.

Audit, Bernard, Droit International Privé, 2. éd., Paris 1997.

Barber, Horst, Objektive Schiedsfähigkeit und Ordre Public in der internationalen Schiedsgerichtsbarkeit, Frankfurt a.M., 1994.

Barbier de la Serre / Nourissat, Contrôle des sentences arbitrales à l'aune du droit de la concurrence, Revue Lamy de la concurrence, 2005, N° 2, S. 68.

Bartos, Harald, Internationale Handelsschiedsgerichtsbarkeit: Verfahrensprinzipien, Frankfurt, 1984.

Basedow, Jürgen, Die Verselbständigung des europäischen Ordre Public, in Festschrift für Hans Jürgen Sonnenberger, München, 2004, S. 291-319.

Batiffol, Henri / Lagarde, Paul, Traité de Droit International Privé, Paris, 1993.

Baum, Axel H., Reconciling Anglo-Saxon and Civil Law Procedure: The Path to a Procedural *Lex Arbitrationis,* in Law of International Business and Dispute Settlement in the 21st Century. Recht der Internationalen Wirtschaft und Streiterledigung im 21. Jahrhundert, Karl-Heinz Böckstiegel (Hrsg.), Köln, 2001.

Baumert, Andres J., Europäischer Ordre Public und Sonderanknüpfung zur Durchsetzung von EG-Recht, F.a.M./Berlin/Bern/NY/ Paris, 1994.

Béguin, Jacques / Ortscheidt, Jérôme / Seraglini, Christophe, Droit de l'arbitrage, JPC/la semaine Juridique-èdition Générale, n° 17, 27 Avril 2005, I 134, S. 778-784.

Bellet, Pierre / Mezger, Ernst, L'arbitrage international dans le nouveau code de procédure civile, in Revue critique de Droit international privé, N° 70, 1981, S. 611-656.

Bellet, Pierre, Le rôle des usages en matière d'arbitrage international suivant la jurisprudence française, Journées Soc. Lég. Comp- 1985, S. 231.

Berger, Klaus Peter, Lex mercatoria in der internationalen Wirtschaftsschiedsgerichtsbarkeit: Der Fall „Compania Valenciana", IPRax 1993, Heft 5, S. 281-288.

Berger, Klaus Peter, International Economic Arbitration in Germany: A new Era, Arbitration International 1992, S. 101ff.

Berger, Klaus Peter, International Economic Arbitration, Vol. 9, Deventer / Boston, 1993.

Berger, Klaus Peter, Internationale Wirtschaftsschiedsgerichtsbarkeit, Verfahrens- und materiellrechtliche Grundprobleme im Spiegel moderner Schiedsgesetze und Schiedspraxis, Berlin, New York 1992.

Berger, Klaus Peter, The German Arbitration Law of 1998, First Experiences in Law of International Business and Dispute Settlement in the 21st Century. Recht der Internationalen Wirtschaft und Streiterledigung im 21. Jahrhundert, hrsg. von Karl-Heinz Böckstiegel, Köln, 2001.

Berger, Klaus Peter, Das neue Recht der Schiedsgerichtsbarkeit, Köln, 1998.

Berstein, Ronald / Tackabery, John / Marriott, Arthur L. / Wood, Derek, Handbook of Arbitration Practice, Großbritanien, 1998.

Berti, Stephen / Schnyder, Anton, Basler Kommentar IPRG Art. 190.

Berti, Stephen, International Arbitration in Switzerland, The Hague, 2000.

Berti, Stephen, Zur Anfechtung eines Schiedsentscheides wegen Unvereinbarkeit mit dem Ordre Public nach Art. 190 Abs.2 lit. e IPRG, in Festschrift für Anton Heini.

Binder, Peter, International Commercial Arbitration in UNCITRAL Model Law Jurisdictions, London, 2000.

Black's Law Dictionary, Garner, Bryan (Hrsg.), Eighth Edition, London, 2004.

Blessing, Mark, Impact of the Extraterritorial Application of Mandatory Rules of Law on International Contracts, Basel, 1999.

Blessing, Mark, Regulations in Arbitration Rules on Choice of Law, in Van den Berg, Planning efficient arbitration proceedings, 1996, S. 391.

Blessing, Mark, The New International Arbitration Law in Switzerland, Journal of International Arbitration, Bd. 5, 1988, Nr. 5, S. 12.

Blumenwitz, Dieter, Staudinger Kommentar zum Bürgerlichen Gesetzbuch, EGBGB/IPR, zu Art. 6 EGBGB, Berlin, 2003.

Böckstiegel, Karl-Heinz (Hrsg.) Law of International Business and Dispute Settlement in the 21st Century. Recht der Internationalen Wirtschaft und Streiterledigung im 21. Jahrhundert, Köln, 2001.

Böckstiegel, Karl-Heinz, (Hrsg.), Schiedsgerichtsbarkeit in Frankreich, mit Beiträgen von D. v. Breitenstein, R. Funck-Bretano, J. Mauro, E.H. Mezger, R. Neuer, A. Schill, Köln/Berlin/Bonn/München, 1983.

Böckstiegel, Karl-Heinz, Das UNCITRAL-Modellgesetz für die internationale Wirtschaftsschiedsgerichtsbarkeit, RIW 1984, S. 670ff. (Zitiert Böckstiegel, RIW 1984).

Borges, Georg, Das Doppelexequatur von Schiedssprüchen, Walter de Gruyter/ Berlin/New York, 1997.

Borges, Georg, Die Anerkennung und Vollstreckung von Schiedssprüchen nach dem neuen Schiedsverfahrensrecht, ZZP 111, 1998, S. 487.

Born, Gary B., International Commercial Arbitration, 2nd Edition, Deventer/Boston, 1994.

Born, Gary B., International Commercial Arbitration, New York, 2001.

Breitenstein, Detlev von, Rechtsordnung und "lex mercatoria": Zur vergeblichen Suche nach einem "anationalen Recht" für die internationale Arbitrage, FS für Otto Sandrock zum 70. Geburtstag, Heidelberg, 2000.

Briner, Robert, Basler IPRG-Kommentar, zu Art. 177.

Briner, Robert; in **Böckstiegel,** K.H.: Die internationale Schiedsgerichtsbarkeit in der Schweiz (II), Köln, 1989.

Brödermann, Eckart, Die erweiterten UNIDROIT Principles 2004, RIW 2004, Heft 10, S. 721-735.

Broggini, Gerardo, Le contrôle des sentences arbitrales internationales par le juge du siège et par le juge de l'exécution, Liber Amicorum Kurt Siehr, Privatrecht in der internationalen Arena, The Hague, 2000, S. 95-111.

Brulard, Yves / Quintin, Yves / Bucher, Andreas, Die neue internationale Schiedsgerichtsbarkeit in der Schweiz, Basel/Frankfurt am Main, 1989.

Brulard, Yves / Quintin, Yves, European Community Law and Arbitration, National Versus Community Public Policy, in Journal of International Arbitration, 2001, Heft 18(5) S. 533-547.

Brüning, Sybille, Die Beachtlichkeit des fremden Ordre Public, Berlin, 1997.

Bucher, Andreas / Bonomi, Andrea, Droit international privé, 2. Auflage, Basel / Genf / München, 2004.

Bucher, Andreas, Die neue internationale Schiedsgerichtsbarkeit in der Schweiz, Basel, 1989.

Bucher, Andres, Zur Lokalisierung internationaler Schiedsgerichte in der Schweiz, in Festschrift für Max Keller zum 65. Geburtstag, Zürich, 1989, S. 569.

Calavros, Costantin, Das UNCITRAL-Modellgesetz über die internationale Handelsschiedsgerichtsbarkeit, Bielefeld, 1998.

Cato, Mark, Arbitration Practice and Procedure, Interlocutory and Hearing Problems, Third Edition, London/Hong Kong, 2002.

Chabot, Gérard, Articulation entre droit communautaire de la concurrence et arbitrage, JPC/la semaine Juridique-èdition Générale, 2005, II 10038, S. 572-575.

Chedly, Lotfi, Arbitrage Commercial International & Ordre Public International, Tunisie, 2002.

Cheshire, Geoffrey/North P.M., Private International Law, London/ Edinburgh/Dublin, 1999.

Chong, Adeline, The Public Policy and Mandatory Rules of Third Countries in International Contracts, Journal of Private International Law, 2006, Heft 2, S.27.

Collins, Lawrence, The Law governing the agreement and procedure in international arbitration in England, in: Lew, Julian (Hrsg.) Contemporary Problems in International Arbitration, London 1986, S. 126-138.

Cordero, Moss Giuditta, International Commercial Arbitration, party Autonomy and Mandatory Rules, Oslo, 1999.

Coulon, Jean-Marie, Le nouvel Ordre Public, in Liber Amicorum en l'honneur de Raymond Martin, Paris, 2004, S. 15-23.

Dasser, Felix, Internationale Schiedsgerichte und lex mercatoria, Zürich, 1989.

de Boisséson, Mathieu, Le droit français de l'arbitrage interne et international, Paris, 1990.

de Boissèson, Matthieu, Enforcement in Action: Harmonization Versus Unification, in **Van den Berg** (Hrsg.), 40 Years of application of the New York Convention, Permanent court of Arbitration, The Hague, ICCA, Congress series N° 9, Paris, 1998.

De Ly, Filip J.M., Lex Mercatoria (New Law Merchant): Globalization and International Self-Regulation, Diritto del Commercio Internazionale 2000, S. 555.

Déby-Gérard, Le rôle de la règle de conflit dans le règlement des rapports internationaux, Dalloz, Paris, 1973.

Derains, Yves, Anmerkung zum Schiedsspruch im IHK-Fall Nr. 4604, 1984, J.D.I. 1985, S. 980.

Derains, Yves, Chronique de jurisprudence française, Rev.arb. 2001, N° 4, S. 806- 820.

Derains, Yves, La révision des sentences dans l'arbitrage international, in Law of International Business and Dispute Settlement in the 21st Century, hrsg. von Karl-Heinz Böckstiegel, Köln, 2001.

Derains, Yves, Les normes d'application immédiate dans la jurisprudence arbitrale internationale, Études offertes à Berthold Goldman, Paris, 1982, S. 29.

Deutsche Institution für Schiedsgerichtsbarkeit, Dis-Materialien, Neues Deutsches Schiedsverfahrensrecht, DIS-MAT IV (1998).

Devolvé, Jean- Louis / Rouche, Jean / Pointon, Gerald H., French Arbitration Law and Practice, Großbritanien, Paris, Kluwer Law International, 2003.

Dollinger, Word public policy: real international public policy in the conflict of laws, Texas Int.L.J. 1982, S. 172.

Domke, Martin, Towards an international public policy in commercial arbitration, in Festschrift für Arthur Bülow, 1980.

Dore, Isaak, Theory and practice of multiparty commercial arbitration, London, 1990.

Drobnig, Ulrich, Internationale Schiedsgerichtsbarkeit und wirtschaftliche Eingriffsnormen, in: Musielak (Hrsg.), Festschrift für Gerhard Kegel, 1987, S. 95-118.

Droste, Thomas, Der Begriff der „zwingenden Bestimmung“ in den Art. 27 ff. EGBGB, Freiburg, 1991.

Dubler, César, Les Clauses d'exception en Droit International Privé, Genève, 1983.

Dundas, Hew, Arbitration and the English Courts: Progress and Regress, in Arbitration, The Journal of the Chartered Institute of Arbitrators, Vol. 72, N° 2, 2006, S. 104-118.

Dycey, Albert Venn / Morris, John Humphrey Carlile, The Conflict of Laws, London, 2000.

Dycey, Albert Venn / Morris, John Humphrey Carlile, The Conflict of Laws, London, 2004.

Eilmansberger, Thomas, Die Bedeutung der Art. 81 und 82 EG für Schiedsverfahren, SchiedsVZ 2006, Heft 1, S. 5-17.

Ekelmans, Marc, L'Ordre Public International et ses Effets Atténués, Collection de la Faculté de Droit, Université Libre de Bruxelles, « L'Ordre Public concept et Applications », Vol. III, S. 285-303.

Epe, Axel, Die Funktion des Ordre Public im deutschen internationalen Privatrecht, Tübingen, 1983.

Epping, Manja, Die Schiedsvereinbarung im internationalen privaten Rechtsverkehr nach der Reform des deutschen Schiedsverfahrens, München, 1999.

Fadlallah, Ibrahim, L'Ordre Public dans les sentences arbitrales, RCADI, 1994, S. 386-430.

Fasching, Hans W., Schiedsgericht und Schiedsverfahren im österreichischen und internationalen Recht, Wien, 1973.

Ferid, Murad / Sonnenberger, Hans Jürgen, Das französische Zivilrecht, Band 1/1, Heidelberg, 1994.

Fischer, Gerfried, Abschied vom Ordre Public bei Börsentermingeschäften im Ausland, IPRax 1999, Heft 6, S. 450-454.

Fouchard, Philippe / Gailard, Emmanuel / Goldman, Berthold, Traité de l'arbitrage commercial international, Paris, 1996.

Fouchard, Philippe, International Arbitration in France, in Gottwald, Peter (Hrsg.), Internationale Schiedsgerichtsbarkeit, Bielefeld, 1997, S. 3-143.

Fouchard, Philippe, Suggestions pour accroître l'efficacité internationale des sentences arbitrales, Rev. arb. 1998, S. 653.

Fouchard, Philippe, Suggestions to Improve the International Efficacy of Arbitral Awards in **Van den Berg** (Hrsg.), 40 Years of application of the New York Convention, Permanent court of Arbitration, The Hague, ICCA, Congress series N° 9, Paris, 1998.

Fouchard, Philippe, L'arbitrage commercial international, Paris, 1965.

Francescakis, Philippe, Quelques précisions sur les lois d'application immédiate et leurs rapports avec les règles de conflit de lois, Rev. crit. DIP 1966, S. 55.

Freitag, Robert, Einfach und international zwingende Normen, in: Leible, Stefan (Hrsg.), Das Grünbuch zum internationalen Vertragsrecht, München, 2004, S. 167-191.

Frick, Joachim, Arbitration and Complex International Contracts, Zürich, 2001.

Fritz, Torsten, Punitive exemplary damages in den USA und ihre Qualifikation als Zivilsachen, Diss. Münster, 2003.

Frölingsdorf, Josef, Spaniens Reform der Schiedsgerichtsbarkeit, RIW 2004, S. 352-360.

Gailard, Emmanuel, Enforcement of Awards Set Aside in the Country of Origin: The French Experience in **Van den Berg** (Hrsg.), 40 Years of application of the New York Convention, Permanent court of Arbitration, The Hague,. ICCA, Congress series N° 9, Paris, 1998.

Gaillard, Emmanuel / Edelstein, Jenny, France, in: Weigand, Frank-Bernd (Hrsg.), Practitioner's Handbook on International Arbitration, München, 2002, S. 643-683.

Gaillard, Emmanuel, L'interdiction de se contredire au détriment d'autri, comme principe général du droit du commerce international, Revue de l'arbitrage 1985, S. 241-258.

Gaillard, Emmanuel, Trente ans de lex mercatoria. Pour une application sélective de la méthode des principes généraux du droit, JDI 1995, S. 5.

Gamauf, Christian: Aktuelle Probleme des Ordre Public im Schiedsverfahren, insbesondere im Hinblick auf Eingriffsnormen, Zeitschrift für Rechtsvergleichung (ZfRV) 2000, S. 41-52.

Garnett, Richard / Gabriel, Henry / Waincymer, Jeff / Epstein, Judd, A Practical Guide to International Commercial Arbitration, NY, 2000.

Gärtner, Joachim, Probleme der Auslandsvollstreckung von Nichtgeldleistungsentscheidungen im Bereich der Europäischen Gemeinschaft, München, 1991.

Gaudemet-Tallon, Hélène, Cour de justice des Communautés européennes (5e Ch.) du 11 mai 2000, Rev.crit. DIP 2000, Heft 89, S. 504.

Gebauer, Martin, Gesamtverweisung und Ordre Public, in Festschrift für Erik Jayme, Band I, München, 2004.

Geimer, Reinhold, Anerkennung ausländischer Entscheidungen in Deutschland, München, 1995.

Geimer, Reinhold, Freizügigkeit vollstreckbarer Urkunden im Europäischen Wirtschaftsraum, 17.06.1999, Rs.C-260/97, IPrax 2000, S. 366.

Geimer, Reinhold, in Zöller ZPO Kommentar, 25. Auflage, Köln 2005, §1058-1063.

Geimer, Reinhold, Internationales Zivilprozessrecht, 5. Auflage, Köln, 2005.

Geimer, Reinhold, Kurzkommentar zu: EuGH, Urt. v. 11.5.2000 — Rs C-38/98 (Corte d'Appelo di Torino), *Renault/Maxicar SpA & Orazio Formento*, EWiR 2000, S.627.

Gentinetta, Jörg, Die lex fori internationaler Handelsschiedsgerichte, Bern, 1973.

Gessner, Judith, Anerkennung und Vollstreckung von Schiedssprüchen in den USA und in Deutschland, Hamburg, 2000.

Gharavi, Hamid, The International Effectiveness of the Annulment of an Arbitral Award, The Netherlands, 2002.

Girsberger, Daniel / Mráz, Michael, Sittenwidrigkeit der Finanzierung von internationalen Waffengeschäften, IPRax 2003, Heft 6, S. 545-550.

Glossner, Otto-Arndt, Die Schiedsgerichtsbarkeit in der Praxis, Heidelberg, 1990.

Goldman, Berthold, Frontières du droit et lex mercatoria, Archives de philosophie du droit, 1964, S. 177.

Goldman, Berthold, La lex mercatoria dans les contrats et l'arbitrage international, JDI 1979, S.475ff.

Goldman, Berthold, Les conflits de lois dans l'arbitrage international de droit privé, RCADI 1968, II, S.347.

Goldman, Berthold, Nouvelles réflexions sur la Lex Mercatoria, Études de droit international en l'honneur de Pierre Lalive, 1993, S. 241.

Goldstein, Gérald, De l'exception d'Ordre Public aux règles d'application nécessaire: étude du rattachement substantiel impératif en droit international privé canadien, Québec, 1996.

Gonzalo Quiroga, Marta, Orden Público y arbitraje internacional en el marco de la globalización comercial, Madrid, 2003.

Gottschalk, Eckart, Europäisches Wettbewerbsrecht vor Schweizer Gerichten - Zur Berücksichtigung von ausländischen Eingriffsnormen, IPRax 2006, Heft 5, S. 509-512.

Gottwald, Peter (Hrsg.), Festschrift für Karl Heinz Schwab zum 70. Geburtstag, München, 1990.

Gottwald, Peter, (Hrsg.) Internationale Schiedsgerichtsbarkeit, Bielefeld, 1997.

Granzow, Joachim, Das UNCITRAL-Modellgesetz über die internationale Handelsschiedsgerichtsbarkeit von 1985, München, 1988.

Gusy, Martin Frederik, The Validity of an Arbitration Agreement Under the New York Convention in Journal of International arbitration; 2002, S. 363-377.

Gutzwiller, Max, International-Privatrecht, Berlin, 1930.

Haas, Ulrich, Convention on the Recognition and Enforcement of foreign arbitral awards, New York, June 10, 1958, in Weigand, Frank-Bernd (Hrsg.), Practitioner's Handbook on International Arbitration, München, 2002, S. 399-540.

Haas, Ulrich, Die Anerkennung und Vollstreckung ausländischer und internationaler Schiedssprüche, Berlin, 1991.

Habscheid, Walter, Das schweizerische Konkordat, der Entwurf zu einem Bundesgesetz über das internationale Privatrecht und die internationale Schiedsgerichtsbarkeit, in: Habscheid (Hrsg.), Festschrift für Heinrich Nagel zum 75. Geburtstag, Münster 1987, S. 70ff.

Habscheid, Walter, Die Schiedsgerichtsbarkeit und der Ordre Public, in Festschrift für Max Keller zum 65. Geburtstag, Zürich, 1989.

Habscheid, Walther J., Festschrift zum 65. Geburtstag, Lindacher, Walter / Pfaff, Dieter, Bielefeld, 1989.

Hanotiau, Bernard, L'arbitrabilité et la favor arbitrandum: un réexamen, J.D.I. 1994, S. 899.

Hanotiau, Bernard, The Law applicable to Arbitrability in Van den Berg (Hrsg.), 40 Years of application of the New York Convention, Permanent court of Arbitration, The Hague, ICCA, Congress series N° 9, Paris, 1998.

Harris, Bruce / Planterose, Rowan / Tecks, Jonathan, The Arbitration Act 1996 - A Commentary, Oxford/London, 1996.

Hauser, Robert, Zur Vollstreckbarerklärung ausländischer Leistungsurteile in der Schweiz, in Festschrift für Max Keller zum 65. Geburtstag, Zürich, 1989.

Hausmann, Rainer, Die Aufhebung von Schiedssprüchen nach neuem deutschen Schiedsverfahrensrecht, in Festschrift für Hans Stoll zum 75. Geburtstag, hrsg. von Gerhard Hohloch, Rainer Frank, Peter Schlechtriem, Tübingen, 2001, S. 593-617.

Hay, Peter, Internationales Privatrecht, 2. Auflage, München, 2002.

Hay, Peter, US-Amerikanisches Recht, 3. Auflage, München/Basel/Wien, 2005.

Heini, Anton in Zürcher IPRG Kommentar, Art. 190 IPRG, Zürich, 2004.

Heini, Anton, Der materiellrechtliche Ordre Public im neuen schweizerischen Recht der internationalen Schiedsgerichtsbarkeit, in FS Habscheid, Walter, Bielefeld 1989, S. 156.

Heini, Anton, Randfragen der Rechtsanwendung durch internationale Schiedsgerichte, in FS für Hans Stoll zum 75. Geburtstag, hrsg. von Gerhard Hohloch, Rainer Frank, Peter Schlechtriem, Tübingen, 2001, S. 619.

Heini, Anton, Wettbewerbsbeschränkungen auf dem EU-Markt vor schweizerischen Schiedsgerichten – zu einem Aufsatz von Roger Zäch, in Festschrift für Roger Zäch, 1999, Zürich, S. 317-323.

Heldrich, Andreas, in Palandt, Otto, Kommentar zum Bürgerlichen Gesetzbuch, EGBGB, zu Art. 6 EGBGB, 65. Auflage, München, 2006.

Heller, Kurt, Der verfassungsrechtliche Rahmen der privaten internationalen Schiedsgerichtsbarkeit, Wien, 1996.

Henn, Günter, Schiedsverfahrensrecht, Heidelberg, 2000.

Hermanns, Ferdinand, Zur Frage der Verletzung des rechtlichen Gehörs im schiedsgerichtlichen Verfahren, IPRax 1987, Heft 6, S. 353-355.

Herrmann, David, Die Anerkennung US-amerikanischer Urteile in Deutschland unter Berücksichtigung des Ordre Public, Frankfurt am Main, 2000.

Heß, Burkhard, Urteilsfreizügigkeit und Ordre Public-Vorbehalt bei Verstößen gegen Verfahrensgrundrechte und Marktfreiheiten, IPRax 2001, Heft 4, S. 301-306.

Hohloch, Gerhard, Erman Kommentar zum Bürgerlichen Gesetzbuch, Art. 6 EGBGB, 11. Auflage, Köln, 2004.

Holtzmann, Howard / Neuhaus, Joseph, A Guide to the UNCITRAL Model Law on Inter-national Commercial Arbitration, Legislative History and Commentary, Deventer / Boston, 1989.

Honsell, Heinrich / Vogt, Nedim Peter / Schnyder, Anton (Hrsg.), Kommentar zum Schweizerischen Privatrecht, Internationales Privatrecht, Basel/ Frankfurt a.M. 1996. (zitiert **Basler IPRG-Komm**.).

Horvath, Günther, The Duty of the Tribunal to Render an Enforceable Award, in Journal of International Arbitration, 2001, S. 135-158.

Hunter, Martin / Landau, Toby, The English Arbitration Act 1996: Text and Notes, The Hague/London/Boston, 1998.

Hußlein-Stich, Das UNCITRAL-Modellgesetz über die internationale Handelsschiedsgerichtsbarkeit, Köln/Berlin/Bonn/München, 1990.

Jacquet, Jean Michel, Principe d'autonomie et contrats internationaux, Paris, 1983.

Jaeger, Jana Dominique, Die Umsetzung des UNCITRAL-Modellgesetzes über die internationale Handelsschiedsgerichtsbarkeit im Zuge der nationalen Reformen, Frankfurt a.M., 2001.

Jaeger, Laurent, Note – Cour d'appel de Paris, Revue de l'arbitrage 2004, N° 4, S. 876-886.

Jarvin, Sigvard / Dereins, Yves / Arnaldez (Hrsg.), Collection of ICC Arbitral Awards 1986-1990, 1994.

Jarvin, Sigvard, To what extent are Procedural Decisions of Arbitrators Subject to Court Review?, in: **Van den Berg** (Hrsg.), 40 Years of application of the New York Convention, Permanent court of Arbitration, The Hague, ICCA, Congress series N° 9, Paris, 1998.

Jayme, Erik / Kohler, Christian, Europäisches Kollisionsrecht 2000: Interlokales Privatrecht oder universelles Gemeinschaftsrecht?, IPRax 2000, Heft 6, S. 454-465.

Jayme, Erik, Methoden der Konkretisierung des Ordre Public im Internationalen Privatrecht, Heidelberg, 1998.

Jayme, Erik, Nationaler Ordre Public und europäische Integration – Betrachtungen zum Krombach-Urteil des EuGH, Ludwig Boltzmann Institut für Europarecht, Heft 6, Wien. 2000.

Jermini, Cesare, Die Anfechtung der Schiedssprüche im internationalen Privatrecht, Zürich, 1997.

Jowitt's Dictionary of English Law, Burke, John (Hrsg.), London 1977.

Junker, Abbo, Empfiehlt es sich, Art. 7 EVÜ zu revidieren oder aufgrund der bisherigen Erfahrungen zu präzisieren?, IPRax 2000, Heft 2, S. 65-73.

Junker, Abbo, Internationales Privatrecht, München, 1998.

Kahn, Franz, Abhandlungen zum internationalen Privatrecht, Band I, München/Leipzig, 1928.

Kahn, Franz, Droit international économique, droit du développement, lex mercatoria, concept unique ou pluralisme des ordre juridiques?, in: Goldman (Hrsg.), Le Droit des relations économiques internationales, Mélanges, S. 97.

Karrer, Pierre / Straub, Peter, Switzerland. In Weigand, Frank-Bernd, Practitioner's Handbook on International Arbitration, München, 2002, S. 1047-1086.

Kaufmann-Kohler, Gabrielle / Stucki, Blaise (Hrsg), International Arbitration in Switzerland, Netherlands, 2004.

Kaufmann-Kohler, Gabrielle, Identifying and Applying the Law Governing the Arbitration Procedure- in **Van den Berg** (Hrsg.), 40 Years of application of the New York Convention, Permanent court of Arbitration. The Hague, ICCA, Congress series N° 9, Paris, 1998.

Kegel, Gerhard / Schurig, Klaus, Internationales Privatrecht, München, 9. Aufl. 2004.

Keller, Max / Siehr, Kurt Die allgemeine Lehre des Internationalen Privatrechts, Zürich, 1986.

Kessedjian, Catherine, Principe de la Contradiction et Arbitrage, Rev. arb. 1995, S. 381-410.

Kessler, Guillaume, Arbitrage, JPC/la semaine Juridique-èdition Générale, N° 29, 20 juillet 2005, II 10101, S. 1408-1410.

Kilgus, Stefan, Zur Anerkennung und Vollstreckung englischer Schiedssprüche in Deutsch-land, Berlin, 1995.

Knoepfler, Francois / Schweizer, Philippe, Arbitrage International, Zürich/ Basel/Genf, 2004.

Knoepfler, Francois / Schweizer, Philippe, Précis de droit international privé suisse, Berne, 1990.

Koch, Harald, Ausländischer Schadenersatz vor deutschen Gerichten, NJW 1992, Heft 48, S. 3073-3075.

Koch, Harald / Magnus, Ulrich / Winkler von Mohrenfelds, IPR und Rechtsvergleichung, 3. Auflage, München, 2004.

Kornblum, Udo, „Ordre Public transnational", „Ordre Public international" und „Ordre Public interne", in: Festschrift für Heinrich Nagel, Münster, 1987, S. 140-156.

Kosk, Richard / Nelson, Ryan, The Effects of Confirming and Vacating an International Arbitration Award on Enforcement in Foreign Jurisdictions, Journal of International Arbitration 2001, S. 463-474.

Kröll, Stefan, Die Entwicklung des Rechts der Schiedsgerichtsbarkeit in den Jahren 2003 und 2004, NJW 2005, Heft 4, S. 194-199.

Kröll, Stefan, Antragsvoraussetzungen und Präklusion im Verfahren zur Vollstreckbarerklärung ausländischer Schiedssprüche, IPRax 2002, Heft 5, S. 384-388.

Kröll, Stefan, Die schiedsrechtliche Rechtsprechung 2005, SchiedsVZ 2006, Heft 4, S. 203-214.

Kröll, Stefan, Die Schiedsvereinbarung im Verfahren zur Anerkennung und Vollstreckbarerklärung ausländischer Schiedssprüche, ZZP 2004, 117 Band, Heft 4, S. 453-486.

Kronenburg, Michael, Vollstreckung ausländischer Schiedssprüche in den USA, Frankfurt am Main, 2001.

Kronke, Herbert / Melis, Werner / Schnyder, Anton, Handbuch Internationales Wirtschaftsrecht, Köln, 2005.

Kronke, Herbert, Internationale Schiedsverfahren nach der Reform, RIW 1998, Heft 4, S. 257-265.

Kropholler, Jan, Europäisches Zivilprozessrecht, Kommentar, 8. Auflage, F. a.M., 2005.

Kropholler, Jan, Internationales Privatrecht, 5. Auflage, Hamburg, 2004.

Kühn, Wolfgang, RICO-Ansprüche im internationalen Schiedsverfahren und deren Anerkennung in Deutschland, in: Festschrift für Glossner, Otto-Arndt, Heidelberg, 1994, S. 193-208.

Lachmann, Jens-Peter, Handbuch der Schiedsgerichtsbarkeit, Köln, 1998.

Lagarde, Paul, Public Policy, International Encyclopedia of Comparative Law, Vol. III Private International Law, París, 1994.

Lagarde, Paul, Traité de droit international privé, Paris, 8e. 1993.

Lalive, Pierre / Poudret, Jean-Francois / Reymond, Claude, Le droit de l'arbitrage interne et international en Suisse, Lausanne, 1989. (zitiert: Lalive/Poudret/Reymond).

Lando, Ole, Conflict of Law - Rules for Arbitrators, in Berstein (Hrsg.), Festschrift für Konrad Zweigert, Tübingen, 1981, S. 157-178.

Lando, Ole, The Principles of European Contract Law and the lex mercatoria, in Liber amicorum für Kurt Siehr, The Hague, 2000, S. 391-404.

Lastenhouse, Pierre, Why setting aside an arbitral award is not enough to remove it from the international scene, Journal of International Arbitration, Vol. 16, 1999, 25-48.

Leible, Stefan (Hrsg.), Das Grünbuch zum internationalen Vertragsrecht, München, 2004.

Leipold, Dieter, Neuere Erkenntnisse des EuGH und des BGH zum anerkennungsrechtlichen Ordre Public in Festschrift für Hans Stoll zum 75. Geburtstag, herausgegeben von Gerhard Hohloch, Rainer Frank, Peter Schlechtriem, Tübingen, 2001, S. 625-646.

Lepschy, Markus, § 1051 ZPO - Das anwendbare materielle Recht in internationalen Schiedsverfahren, Frankfurt a.M., 2003.

Lew, Julian / Mistelis, Loukas A. / Kröll, Stefan M, Comparative International Commercial Arbitration, The Hague, 2003. (zitiert: Lew/Mistelis/ Kröll).

Lew, Julian, Applicable Procedural Law in the English Common Law, in: Storme, M. / Ly, Filip de, The Place of Arbitration, Genf, 1992.

Lew, Julian, Contemporary Problems in International Arbitration, London, 1986.

Libchaber, Rèmy, L'Ordre Public à la fin du XXe siècle, Paris, 1996.

Lionnet, Klaus/Lionnet, Annette, Handbuch der internationalen und nationalen Schiedsgerichtsbarkeit, 3. Auflage, 2005.

Lionnet, Klaus, Handbuch der internationalen und nationalen Schiedsgerichtsbarkeit, 2001.

Loquin, Eric, L'application de règles anationales dans l'arbitrage commercial international, in: L'apport de la jurisprudence arbitrale, CCI N° 440/1, 1986, S. 67.

Loquin, Eric, Les illusions perdues du contrôle de l'arbitrabilité du litige international, Mélanges J. Normand, 2003, S. 338.

Lörcher, Gino / Lörcher, Heike / Lörcher, Torsten; Das Schiedsverfahren – national / international - nach deutschem Recht, 2. Auflage, Heidelberg, 2001.

Lörcher, Heike, Das internationale Handelsschiedsverfahren in Frankreich, Köln/Berlin/ Bonn/München, 1996.

Lorenz, Stephan, „RGZ 106, 82 revisited“: Zur Lückenfüllungsproblematik beim Ordre Public in „Ja/Nein-Konflikten“, IPRax 1999, S.429-432.

Lorenz, Stephan, Renvoi und ausländischer Ordre Public, in: Festschrift für Reinhold Geimer, herausgegeben von Rolf A. Schütze, München, 2002, S. 555-567.

Loussarn, Yvon / Bourel, Pierre / de Vareillers-Sommières, Pascal, Droit International Privé, 8. édition, Paris, 2004.

Lüke, Stephan, Punitive Damages in der Schiedsgerichtsbarkeit, Tübingen, 2003.

Mächler-Erne, Monica, in Basler IPR Komm, Art. 17 IPRG, Basel 1996.

Magnus, Ulrich, Staudinger Kommentar zum Bürgerlichen Gesetzbuch, EGBGB/IPR, Einleitung zu Art. 27-37 EGBGB, Artt. 27,28,29, 30 EGBGB, Berlin, 2002.

Mankowski, Peter, Rechtswahl für Verträge des internationalen Wirtschaftsverkehrs, RIW 2003, Heft 1, S. 2-15.

Mankowski, Peter, Strukturfragen des Internationalen Verbrauchervertragsrechts, RIW 1998, Heft 4, S. 287-291.

Martiny, Dieter, Der deutsche Vorbehalt gegen Art. 7 Abs. 1 des EG-Schuldvertragsübereinkommens vom 19.6. 1980 – seine Folgen für die Anwendung ausländischen zwingenden Rechts, IPRax 1987, S. 277-280.

Martiny, Dieter, in Münchener Kommentar zum BGB, EGBGB, IPR, zu Art. 34 EGBGB, München, 2006.

Martiny, Dieter, Anerkennung ausländischer Entscheidungen nach autonomen Recht, in: Handbuch des Internationales Zivilverfahrensrechts (Hrsg. Max Planck Institut, Hamburg), BD. III/1, Tübingen, 1984.

Marx, Ludger, Der verfahrensrechtliche Ordre Public bei der Anerkennung und Vollstreckung ausländischer Schiedssprüche in Deutschland, Frankfurt a.M. 1994.

Matray, Lambert, Arbitrage et Ordre Public transnational, Liber Amicorum Sanders, 1982, S. 241.

Maury, Jacques, L'éviction de la loi normalement compétente: l'Ordre Public international et la fraude à la loi, Valladolid, 1952.

Maxwell, Karen, England, in Weigand, Frank-Bernd (Hrsg.), Practitioner's Handbook on International Arbitration, München, 2002, S. 593-642.

Maxwell, Karen, International Arbitration in England, in Gottwald, Peter, (Hrsg.), Bielefeld 1997, S. 3-143.

Mayer, Pierre, Effect of International Public Policy in International Arbitration?, in: Mistelis, Loukas / Lew, Julian, Pervasive Problems in International Arbitration, 2006, S. 61-69.

Mayer, Pierre, La sentence contraire à l'Ordre Public au fond, Rev.arb. 1994, S. 615.

Mayer, Pierre / Heuzé, Vincent, Droit International Privé, 8e. éd., Paris, 2000.

Meinertzhagen-Limpens, Anne, Ordre Public et Droit comparé, Collection de la Faculté de Droit, Université Libre de Bruxelles, « L'Ordre Public concept et Applications », vol. III.

Meinhardt, Marcel / Ahrens, Jan-Michel, Wettbewerbsrecht und Schiedsgerichtsbarkeit in der Schweiz - Eine Würdigung des Entscheids des Bundesgerichts vom 8. März 2006, SchiedsVZ 2006, Heft 4, S. 182-188.

Merkin, Robert, Arbitration Act 1996, 3. Edition, London/Singapore, 2005.

Merkin, Robert, Arbitration Law, London/Singapore, 2004.

Mezger, Ernst, Verstoß gegen die öffentliche Ordnung bei der Beurteilung ausländischer Schiedssprüche, NJW 1970, Heft. 9, S. 368-371.

Mezger, Ernst, Anerkennung und Vollstreckung von Schiedssprüchen, die im Ausland oder in internationalen Sachen ergangen sind, in: Schiedsgerichtsbarkeit in Frankreich, Köln/Berlin/Bonn/München, 1983.

Michael, Kerr, The English Arbitration Act 1996 and the Model Law, in Law of International Business and Dispute Settlement in the 21st Century. Recht der Internationalen Wirtschaft und Streiterledigung im 21. Jahrhundert, Karl-Heinz Böckstiegel (Hrsg.), Köln, 2001.

Mistelis, Loukas / Lew, Julian (Hrsg.), Pervasive Problems in International Arbitration, The Netherlands/USA/United Kingdom, 2006.

Moitry, Jean-Hubert, Arbitrage international et le droit de la concurrence: vers un Ordre Public de la lex mercatoria, Rev.arb. 1989, S. 241-258.

Mosk, Richard / Nelson, Ryan, The Effects of Confirming and Vacating an International Arbitration Award on Enforcement in Foreign Jurisdictions, Journal of International Arbitration 2001, Vol. 18 (4), S. 463-474.

Muir Watt, Horatia, L'affaire Lloyd's: globalisation des marchés et contentieux contractuel, Revue critique de droit international privé, 91, 2002, S. 509-530.

Müller, Christoph, International Arbitration, Zürich/Basel/Genf, 2004.

Müller, Martin, Die Zuständigkeit des Gerichts, Bern/Stuttgart/Wien, 1997.

Münch, Joachim, in Münchener Kommentar zur Zivilprozessordnung, vor §1025, §1061 und UNÜ, München, 2006.

Mustill, Michael / Boyd, Stewart, Commercial Arbitration, Second Edition, London/ Edinburgh, 1989.

Mustill, Michael, A New Arbitration Act for the United Kingdom, Arbitration International 1990, S. 3ff.

Mustill, Michael, The new lex mercatoria: The first twenty-five Years, Études Wilberforce, Oxford, 1987.

Neumayer, Karl, in Festschrift für Dölle II, Baden-Baden, 1986, S. 179.

Nieggemann, Friedrich, Europäisches Wettbewerbsrecht und Schiedsgerichtsbarkeit: Eco-Swiss und europäischer Ordre Public in der praktischen Anwendung in Frankreich, SchiedsVZ 2005/6, S. 265-273.

Nienaber, Volker, Die Anerkennung und Vollstreckung im Sitzstaat aufgehobener Schiedssprüche, Frankfurt am Main, 2002.

Nolting, Ekkehard, Mangelnde Feststellung des für Formwirksamkeit der Schiedsklausel und Schiedsfähigkeit maßgeblichen Recht, IPRax 1987, Heft 6, S. 349-353.

Othenin-Girard, Simon, La réserve d'Ordre Public en droit international privé suisse, Zürich, 1999.

Palandt / Otto, Kommentar zum Bürgerlichen Gesetzbuch, EGBGB, zu Art. 6 EGBGB, 65. Auflage, München, 2006.

Paulsson, Jan, The Arbitral Awards, International Handbook on Commercial Arbitration,_Vol. II, Hague/London/New York, 1997.

Paulsson, Jan, Enforcing Arbitral awards notwithstanding a local standard annulment (LSA), ICC International Court of Arbitration, Vol. 9 N° 1, May, 1998, S. 14-31.

Petrochilos, Georgios, Procedural law in International Arbitration, Großbritannien, 2004.

Piekenbrock, Andreas, Kann der Ausschluss des Ordre Public in Art. 28 Abs. 3 EuGVÜ ausnahmslos gelten?, IPRax 2000, Heft 5, S.364-366.

Pillet, Antoine / Niboyet, Jean-Paulin, Manuel de droit international privé, Paris, 1928.

Pillet, Antoine, Principes de Droit International privé, Paris, 1903.

Poudret, Jean-Francois / Besson, Sébastien, Droit comparé de l'arbitrage international, Zürich, 2002.

Poudret, Jean-Francois, Quelle solution pour en finir avec l'affaire Hilmarton?, Rev.arb. 1998, S. 7-24.

Raape, Leo / Sturm, Fritz, Internationales Privatrecht, Allgemeine Lehren, München, Band I, 1977.

Racine, Jean-Baptiste, L'arbitrage commercial et l'Ordre Public, Paris, 1997.

Radicati di Brozolo, Luca G., "L'illicéité "qui crève les Yeux": Critère de Contrôle des Sentences au Regard de L'Ordre Public International (À Propos de l'Arrêt Thalès de la Cour d'appel de Paris), Rev.arb. 2005, S. 529-560.

Radicati di Brozolo, Luca G., Mondialisation, juridiction, arbitrage: vers des règles d'application semi nécessaire, Rev. crit. DIP, 2003, S. 1-36.

Raeschke-Kessler, Hilmar, Recht und Praxis des Schiedsverfahrens, 3. Auflage, Köln, 1999.

Redfern, Alan / Hunter, Martin, Law and Practice of International Commercial Arbitration, Third Edition, London, 1999.

Redfern, Alan / Hunter, Martin, Law and Practice of International Commercial Arbitration, Fourth Edition, London, 2004.

Redor, Marie-Joelle (Hrsg.), L'Ordre Public: Ordre Public ou ordres publics, Ordre Public et droits fondamentaux, Brüssel, Belgien, 2001.

Reich, Norbert, Grundgesetz und internationales Vertragsrecht, NJW 1994, S. 2128.

Reithmann, Christoph / Martiny, Dieter, Internationales Vertragsrecht, Köln, 2004.

Renfert, Markus, Über die Europäisierung der Ordre Public Klausel, Frankfurt a.M., 2003.

Rensmann, Thilo, Anationale Schiedssprüche, Berlin, 1997.

Rigozzi, Antonio / Schöll, Michael, Die Revision von Schiedssprüchen nach dem 12. Kapitel des IPRG, Basel, 2002.

Robert, Jean / Carbonneau, Thomas, The French Law of Arbitration, New York, 1983.

Robert, Jean / Moreau, Bertrand, L'arbitrage. Droit interne, droit international privé, 5. éd., Paris, 1983.

Romain, Jean-François, L'Ordre Public, notion générale et les droits de l'homme, Collection de la Faculté de Droit, Université Libre de Bruxelles, « L'Ordre Public concept et Applications », vol. III.

Rosell, José / Prager, Harvey, International Arbitration and Bankruptcy: in Journal of International Arbitration, 2001, S. 417-433.

Rosenberg, Leo / Schwab, Karl Heinz / Gottwald, Peter, Zivilprozessrecht, München, 2004.

Roth, Günther, Der Vorbehalt des Ordre Public gegenüber fremden gerichtlichen Entscheidungen, Bielefeld, 1967.

Roth, Marianne, The UNCITRAL Model Law on International Commercial Arbitration, in Weigand, Frank-Bernd (Hrsg.), Practitioner's Handbook on International Arbitration, München, 2002, S. 1153-1294.

Rubino-Sammartano, Mauro, International Arbitration Law and Practice, 2nd. Edition, The Hague, 2001.

Rubino-Sammartano, Mauro, International arbitration law, Niederlande, 1990.

Rüede, Thomas / Hadenfeldt, Reimer, Schweizerisches Schiedsgerichtsrecht, 2. Auflage, Zürich, 1993.

Sanders, Pieter, The work of UNCITRAL on Arbitration and Conciliation, The Hague/London/New York, 2004.

Sandrock, Otto, Neue Lehre zur internationalen Schiedsgerichtsbarkeit und das klassische Internationale Privat- und Prozessrecht, in FS für Hans Stoll zum 75. Geburtstag, Tübingen, 2001, S. 661-689.

Sandrock, Otto, Welche Verfahrensregeln hat ein internationales Schiedsgericht zu befolgen?, in Festschrift Glossner, Heidelberg, 1994, S. 28ff.

Sandrock, Otto, Welches Kollisionsrecht hat ein internationales Schiedsgericht anzuwenden?, in: RIW 1992, S. 785-795.

Sandrock, Otto; „Scharfer" Ordre Public interne und „laxer" Ordre Public international?, in FS für Hans Jürgen Sonnenberger, München, 2004.

Sandrock, Otto; Die objektive Anknüpfung von Verträgen nach § 1051 Abs. 2 ZPO, RIW 2000, Heft 5, S. 321-337.

Sangiovanni, Valerio, Anerkennung und Vollstreckung ausländischer Schiedssprüche in Italien, in ZZP Int., 8. Band, 2003, S. 287-308.

Satmer, Franz, Verweigerung der Anerkennung ausländischer Schiedssprüche wegen Verfahrensmängeln, 1994, Zürich.

Schack, Haimo, Höchstrichterliche Rechtsprechung zum internationalen Privat- und Verfahrensrecht, München, 2000.

Schäfer, Erik / Verbist, Herman / Imhoos, Christophe, ICC Arbitration in Practice, The Netherlands, 2005.

Schemmer, Franz, Der Ordre Public-Vorbehalt unter der Geltung des Grundgesetzes, Frankfurt am Main, 1995.

Schlosser, Peter, Ausländische Schiedssprüche und Ordre Public „international", IPRax 1991, Heft 4, S. 219.

Schlosser, Peter, Das Recht der internationalen privaten Schiedsgerichtsbarkeit, 2. Auflage, Tübingen, 1989.

Schnyder, Anton K. / Dreifuss, Eric L., Überprüfung von Schiedsentscheiden im internationalen Verhältnis – ist das Schweizer Bundesgericht für eine Inhaltskontrolle „schlechthin" unzuständig?, in FS für Reinhold Geimer, hrsg. von Rolf A. Schütze, München, 2002, S. 965-980.

Schnyder, Anton, Das neue IPR-Gesetz, 2. Aufl., Zürich 1990.

Schnyder, Anton, Die Pflicht schweizerischer Schiedsgerichte zur Prüfung der Anwendbarkeit von Eingriffsnormen, insbesondere des EG-Wettbewerbsrechts, IPRax 1994, Heft 6, S. 465-467.

Schurig, Klaus, Kollisionsnorm und Sachrecht, 1981, Berlin.

Schütze, Rolf A. (Hrsg.), Institutionelle Schiedsgerichtsbarkeit, Kommentar, Köln/Berlin/München, 2006.

Schütze, Rolf A., Überlegungen zur Anerkennung und Vollstreckbarerklärung US-amerikanischer Zivilurteile in Deutschland – Zur Kumulierung von Ordre Public-Verstößen, in Festschrift für Reinhold Geimer, München. 2002, S. 1023-1040.

Schütze, Rolf A., Ausgewählte Probleme des deutschen und internationalen Schiedsverfahrensrechts, Köln/Berlin/München, 2006.

Schütze, Rolf A., Der Schiedsspruch mit vereinbartem Wortlaut, in Festschrift für Werner Lorenz zum 80. Geburtstag, herausgegeben von Thomas Rauscher, Heinz-Peter Mansel, München, 2001, S.275-285.

Schütze, Rolf A., Schiedsgericht und Schiedsverfahren, 2. Aufl., München, 1998.

Schwab, Karl Heinz / Walter, Gerhard, Schiedsgerichtsbarkeit, München, 7. Auflage, 2005.

Schwander, Ivo, Wie kann nationales IPR zu vermehrt internationaler Optik gelangen?, in Festschrift für Kurt Siehr, The Hague, 2000.

Scoles, Eugene / Hay, Peter / Borchers, Patrick / Symeonides, Symeon, Conflict of laws, third Edition, Minn. USA, 2000.

Semler, Franz-Jörg, German Arbitration Law, in Journal of International Arbitration, 2001, S. 579-586.

Seraglini, Christophe, Compagnie commerciale André c/ Tradigrain France, Cour d'appel de Paris, 14, Juin, 2001 Rev.arb. 2001, 773(781).

Siehr, Kurt, Das Internationale Privatrecht in der Schweiz, Zürich/Basel/Genf, 2002.

Siehr, Kurt, False Conflicts, loi d'application immédiate und andere Neuentdeckungen im IPR (Zu gewissen Eigengesetzlichkeiten kollisionsrechtlicher Systeme), Festschrift für Drobnig, Ulrich, 1998, S. 443.

Siehr, Kurt, Internationales Privatrecht, Deutsches und europäisches Kollisionsrecht für Studium und Praxis, Heidelberg 2001.

Siehr, Kurt, Zur Anerkennung und Vollstreckung ausländische Verurteilungen zu punitive damages, RIW 1991, S. 705.

Sonnenberger, Hans-Jürgen, Eingriffsrecht – Das trojanische Pferd im IPR oder notwendige Ergänzung? IPRax 2003, Heft 2, S. 104 -116.

Sonnenberger, Hans-Jürgen, Internationales Privatrecht, Einleitung zum IPR und Art. 6 EGBGB Münchener Kommentar, Bürgerliches Gesetzbuch, Internationales Privatrecht, Band 10, München, 2006.

Spickhoff, Andreas, Zu den Voraussetzungen für die Anerkennung und Vollstreckung ausländischer Schiedssprüche: fehlende Schiedsvereinbarung und rügelose Einlassung, behauptete Faschaussage und überhöhte Verzugszinsen, IPRax 2006, Heft 5, S. 522-524.

Spickhoff, Andreas, Der Ordre Public im internationalen Privatrecht, Frankfurt/Göttingen, 1989.

Spickhoff, Andreas, Möglichkeiten und Grenzen neuer Tatsachenfeststellungen bei der Anerkennung ausländischer Entscheidungen, ZZP 108, 1995, S. 475.

Spiegel, Nico, EuGH: Schiedssprüche und EG-Kartellrecht, EuZW 1999, S. 565-569.

Steinert, Maia, Das Recht im internationalen Wirtschaftsverkehr, Wiesbaden, 1993.

Steyn / Veeder, Arbitration in England, in International Handbook on Commercial Arbitration, "Arbitration International", Volume 11 (1), London, S.40.

Struyken, La lex mercatoria dans le droit des contrats internationaux, Journées R. Savatier, Faculté de droit de Poitiers, 1985, 1987, S. 207.

Trapp, Cindy, Punitive damages in den USA zwischen Mythos und Rückgang in Liber Amicorum für Thomas Rauscher zum 50. Geburtstag, Leipzig-Weißenfelds, 2005, S.157-168.

Triebel, Volker / Plaßmeier, Heiko, Das neue englische Schiedsgerichtsgesetz, BB 1997 Beilage 13, 2ff.

Turner, W. R, Arbitration Agreements, The Journal of the chartered institute of arbitrators, Vol. 66, N° 3, 2000.

Tweeddale, Andrew / Tweeddale, Keren, A practical Approach to Arbitration Law, 1999, London.

Van den Berg, Albert Jan (Herausgeber), Case Law under the New York Convention, 40 Years of application of the New York Convention, Permanent court of Arbitration, The Hague, ICCA, Congress series N° 9, Paris, 1998.

Van den Berg, Albert Jan, The New York Convention: Summary of Court Decisions, in The New York Convention of 1958, ASA Special Series n° 9, 1996, S. 91.

Van den Berg, Albert Jan; Enforcement of annulled Awards?, ICC International Court of Arbitration, Vol. 9, N° 2, Nov. 1998, S. 15-21.

Van den Berg, Albert Jan; Refusals of Enforcement under the New York Convention of 1958, ICC special Bulletin, Arbitration in the next Decade, 2002.

Van Gysel, Alain-Charles, Conclusions Générales, Collection de la Faculté de Droit, Université Libre de Bruxelles, « L'Ordre Public concept et Applications », vol. III, S. 307-327.

Vidal, Dominique, Droit de l'arbitrage commercial international, Paris, 2004.

Vischer, Frank in Zürcher Komm. IPRG zu Art. 17-19 IPRG.

Voit, Wolfgang, Musielak Zivilprozessordnung Kommentar, 3. Auflage, München, 2002, §§ 1025-1066.

Völker, Christian, Zur Dogmatik des Ordre Public, Methoden der Konkretisierung, Berlin, 1998.

von Bar / Mankowski, Internationales Privatrecht, Band I, Allgemeine Lehren, 2. Auflage, München, 2003.

von Breitenstein, Detlev, Die internationale Arbitrage im französischen Recht, in: DIS-Schriftenreihe, Band 3, 1983, S. 40. (zit. Schiedsgerichtsbarkeit in Frankreich).

von Breitenstein, Detlev, Internationale Arbitrage im deutsch-französischen Wirtschaftsverkehr, Vorträge, Reden und Berichte aus dem Europa-Institut / Nr. 87, Saarbrücken, 8. Mai 1987.

von Hoffman, Bernd, Anwendung der lex mercatoria durch internationale Gerichte, Festschrift für Gerhard Kegel, 1987, 215 - 223.

von Hoffman, Bernd, „Lex mercatoria“ vor internationalen Schiedsgerichten, IPRax 1984, Heft 2, S. 106-108.

von Hoffman, Bernd, Internationally Mandatory Rules of Law before Arbitral Tribunals, in: Acts of state and Arbitration, DIS, Vol. 12, 1997.

von Hoffman, Bernd / Thorn, Karsten, Internationales Privatrecht, 8. Auflage, München, 2005.

Von Saucken, Alexander, Die Reform des österreichischen Schiedsverfahrensrechts auf der Basis des UNCITRAL-Modellgesetzes über die internationale Handelsschiedsgerichtsbarkeit, Frankfurt a.M., 2004.

von Savigny, Friedrich Karl, System des heutigen Römischen Rechts, Bd. 8, Berlin,1849.

Von Werder, Jobst, RIW-Kommentar zu OLG Schleswig, Beschluss vom 30.3.2000-16 SchH 5/99 RIW 2000, Heft 9, S. 709-710.

Wackenhuth, Michael, Nochmals:Verletzung des Rechtlichen Gehörs im schiedsgerichtlichen Verfahren, IPRax 1987, Heft 6, S. 355-356.

Wagner, Gerhard, Germany, in Weigand, Frank-Bernd (Hrsg.), Practitioner's Handbook on International Arbitration, München, 2002, S. 685-829.

Walter, Gerhard, Internationales Zivilprozessrecht der Schweiz, Bern/ Stuttgart/Wien, 3. Auflage, 2002.

Walter, Gerhard/ Bosch,Wolfgang/ Brönnimann, Jürgen; Internationale Schiedsgerichtsbarkeit in der Schweiz, Bern, 1991.

Weber, Dolf, Für und wider eine Berufungsinstanz im Schiedsverfahren, in FS für Reinhold Geimer zum 65. Geburstag, hrsg. von Rolf A. Schütze, München, 2002, S. 1445-1464.

Weigand, Frank-Bernd (Hrsg.); Practitioner's Handbook on International Arbitration, München, 2002.

Weihnacht, Felix, Enforcement of Annulled Foreign Arbitral Awards in Germany, in Journal of International Arbitration 2002, S. 313-336.

Weise, Paul-Frank, Lex mercatoria, Materielles Recht vor der internationalen Handelsschiedsgerichtsbarkeit, Studien zum vergleichenden und internationalen Recht –Bd.8, Frankfurt/Bern/New York/Paris, 1990.

Whincop, Michael / Keyes, Mary, Policy and Pragmatism in the conflict laws, England, 2001.

Wiethölter, Rudolf, Zur Frage des internationalen Ordre Public, Berichte der Deutschen Gesellschaft für Völkerrecht, Heft 7, 1967.

Wilske, Stephan, „Internationalization of law“ in Arbitration, in: Nedim Peter Vogt, Reflections on the International Practice of Law, Liber Amicorum for the 35th Anniversary of Bär & Karrer, Basel/Genf/München, 2004, S. 257-264.

Zerbe, Götz, Die Reform des deutschen Schiedsverfahrensrechts auf der Grundlage des UNCITRAL-Modellgesetzes über die internationale Handelsschiedsgerichtsbarkeit, Baden-Baden, 1995.

Zitelmann, Ernst, Internationales Privatrecht, München/Leipzig, 1897-1912.

Zöller, Richard (Hrsg.), Zivilprozessordnung, 25. Auflage, Köln, 2005.

Zürcher Kommentar zum IPRG, Girsberger/ Heini/ Keller/ Kren/ Kostkiewicz/ Siehr/ Vischer/ Volkern (Hrsg.), Zürich, 2004.

GESETZE

1. Nouveau Code de Procedure Civile (NCPC). Dekret N° 81-500 vom 12. Mai 1981
2. Arbitration Act 1996, England
3. Bundesgesetz über das internationale Privatrecht vom 18.12.1987
4. New Yorker Übereinkommen über die Anerkennung und Vollstreckung ausländischer Schiedssprüche vom 10.6.1958
5. UNCITRAL-Modellgesetz vom 11.12.1985
6. Zöller Zivilprozessordnung Kommentar, 25. Auflage, Köln, 2005
7. Münchener Kommentar zur Zivilprozessordnung, 2. Auflage, 2001
8. Wieczorek/Schütze Zivilprozessordnung Kommentar, 3. Auflage, 1995
9. Stein/Jonas Zivilprozessordnung Kommentar, 22.Auflage, 2002
10. Zürcher Kommentar zum IPRG, 2. Auflage, Zürich, 2004
11. Thomas/Putzo, Zivilprozessordnung, 21. Auflage, München, 1998
12. Münchener Kommentar, Bürgerliches Gesetzbuch, Internationales Privatrecht, München, 2006
13. Erman, Bürgerliches Gesetzbuch, 11. Aufl., 2004

INTERNATIONALRECHTLICHE STUDIEN
Beiträge zum Internationalen Privatrecht,
zum Einheitsrecht und zur Rechtsvergleichung

Herausgegeben von Ulrich Magnus und Peter Mankowski

Band 1 Birgit Reimers-Zocher: Beweislastfragen im Haager und Wiener Kaufrecht. 1995.

Band 2 Lenja Vespermann: Schadensersatz bei Beeinträchtigung rechts- oder sittenwidriger Interessen im deutschen und französischen Recht. 1996.

Band 3 Peter Cypra: Die Rechtsbehelfe im Verfahren der Vollstreckbarerklärung nach dem EuGVÜ unter besonderer Berücksichtigung der Ausgestaltung in Deutschland und Frankreich. 1996.

Band 4 Brigitta Lurger: Regulierung und Deregulierung im europäischen Privatrecht. 1997.

Band 5 Uta Gutknecht: Das Nacherfüllungsrecht des Verkäufers bei Kauf- und Werklieferungsverträgen. Rechtsvergleichende Untersuchung zum CISG, zum US-amerikanischen Uniform Commercial Code, zum deutschen Recht und zu dem Vorschlag der Kommission zur Überarbeitung des deutschen Schuldrechts. 1996.

Band 6 Stefan Abel: Die Qualifikation der Schenkung. Zur Methode der Qualifikation im Internationalen Schuldvertragsrecht. 1997.

Band 7 Daniel Kötz: Verkäuferpflichten und Rechtsbehelfe des Käufers im neuen norwegischen Kaufrecht vom 13. Mai 1988 Nr. 27 im Vergleich zum UN-Kaufrecht vom 11. April 1980 (CISG). 1997.

Band 8 Olaf Beier: Grundsätze eines europäischen transportmittelübergreifenden Schadensrechts für den Gütertransport. Eine rechtsvergleichende Untersuchung unter besonderer Berücksichtigung der CMR, der ER/CIM 1990, des WA/HP und der HVR. 1999.

Band 9 Ulrich Krüger: Modifizierte Erfolgshaftung im UN-Kaufrecht. Die Haftungsbefreiung bei Lieferung vertragswidriger Ware gemäß Art. 79 CISG. 1999.

Band 10 Wolf-Henning Hammer: Das Zurückhaltungsrecht gemäß Art. 71 CISG im Vergleich zu den Kaufgesetzen der nordischen Staaten unter Einbeziehung transportrechtlicher Aspekte. Eine rechtsvergleichende Studie. 1999.

Band 11 Ulrich Quay: Der Consulting-Vertrag im Internationalen Privatrecht. 2000.

Band 12 Axel Halfmeier: Die Veröffentlichung privater Tatsachen als unerlaubte Handlung. Eine rechtsvergleichende Untersuchung. 2000.

Band 13 Stephanie Scholz: Lohngleichheit durch Verfahren. Eine Studie zur Förderung der Lohngleichheit durch verfahrensrechtliche Ansätze. 2000.

Band 14 Tank Cebecioglu: Stellung des Ausländers im Zivilprozeß. Eine rechtsvergleichende Untersuchung des türkischen und deutschen Rechts. 2000.

Band 15 Gunnar Straube: Sozialrechtliche Eingriffsnormen im Internationalen Privatrecht. 2001.

Band 16 Daniela de Lukowicz: Divergenzen in der Rechtsprechung zum CISG. Auf dem Weg zu einer einheitlichen Auslegung und Anwendung? 2001.

Band 17 Mohamed Hassan Fadlalla Ali: Das islamische Ehe- und Kindschaftsrecht im Sudan. Mit Hinweisen zu den Lehren der Islamischen Rechtsschule, der anwendbaren Familienrechtsvorschriften für Nichtmuslime im Sudan und im deutschen Familienrecht. 2001.

Band 18 Ole Lando / Ulrich Magnus / Monika Novak-Stief (Hrsg./eds.): Angleichung des materiellen und des internationalen Privatrechts in der EU. Harmonisation of Substantive and International Private Law. 2003.

Band 19 Florian Schulz: Der Ersatzlieferungs- und Nachbesserungsanspruch des Käufers im internen deutschen Recht, im UCC und im CISG. Eine rechtsvergleichende Untersuchung unter Berücksichtigung der Schuldrechtskommission, der EG-Richtlinie 1999/44/EG und des Diskussionsentwurfs eines Schuldrechtsmodernisierungsgesetzes. 2002.

Band 20 Ingo Janert: Die Aufrechnung im internationalen Vertragsrecht. 2002.

Band 21 Armin Jentsch: Die Erhaltungspflichten des Verkäufers und des Käufers im UN-Kaufrecht im Vergleich zum US-amerikanischen Uniform Commercial Code und zum deutschen Recht. 2002.

Band 22 Martin Taschner: Arbeitsvertragsstatut und zwingende Bestimmungen nach dem Europäischen Schuldvertragsübereinkommen. Einheitliche Auslegung. 2003.

Band 23 Klaus Bitterich: Die Neuregelung des Internationalen Verbrauchervertragsrechts in Art. 29a EGBGB. 2003.

Band 24 Sascha J. Morgenroth: Umsetzung der Verbrauchsgüterkaufrichtlinie in Spanien und Deutschland. Umsetzung der Richtlinie 1999/44/EG des Europäischen Parlaments und des Rates vom 25. Mai 1999 zu bestimmten Aspekten des Verbrauchsgüterkaufs und der Garantien für Verbrauchsgüter in Spanien und Deutschland. 2003.

Band 25 Markus Renfert: Über die Europäisierung der ordre public Klausel. 2003.

Band 26 Henning Mordhorst: Die Behandlung vertraglicher Mobiliarsicherheiten im US-amerikanischen und deutschen Insolvenzrecht. 2003.

Band 27 Hans Markus Wulf: UN-Kaufrecht und eCommerce. Problembereiche bei der Anwendung des Wiener Übereinkommens auf Internet-Verträge. 2003.

Band 28 Julia Kaiser: Freiheit oder Schutz? Die Scheidungsfolgenvereinbarung im deutschen und im englischen Recht. 2003.

Band 29 Astrid Hillebrenner: Die private Zustimmung zu Rechtsgeschäften Dritter im englischen, dänischen und deutschen Recht. 2004.

Band 30 Irene von der Heyde: Das deutsche und italienische internationale Kindschaftsrecht im Rechtsvergleich. Favor filii oder favor filiationis? 2004.

Band 31 Sven-Michael Werner: Recht im Systemwandel. *Ein Land, zwei Systeme* und das Kontinuitätsproblem in Hongkong. 2004.

Band 32 Holger Ellenberger: Wirtschaftsrelevante Kollisionsnormen im japanischen internationalen Privatrecht. 2004.

Band 33 Sebastian Kaufmann: Parol Evidence Rule und Merger Clauses im internationalen Einheitsrecht. 2004.

Band 34 Britta Christina Weber: Eigentumsübertragung und gutgläubiger Erwerb beim Kauf von beweglichen Sachen im vietnamesischen Zivilgesetzbuch von 1995. Eine rechtsvergleichende Analyse unter Berücksichtigung des Eigentumsbegriffs im vietnamesischen Recht. 2004.

Band 35 Alexander von Saucken: Die Reform des österreichischen Schiedsverfahrensrechts auf der Basis des UNCITRAL-Modellgesetzes über die internationale Handelsschiedsgerichtsbarkeit. Ein Diskussionsbeitrag. 2004.

Band 36 Jasnica Garašić: Anerkennung ausländischer Insolvenzverfahren. Teil 1 und Teil 2. Ein Vergleich des kroatischen, des deutschen und des schweizerischen Rechts sowie der Europäischen Verordnung über Insolvenzverfahren, des Istanbuler Übereinkommens und des UNCITRAL-Modellgesetzes. 2005.

Band 37 Eugenia Kurzynsky-Singer: Anknüpfung und Reichweite des Vollmachtsstatuts. 2005.

Band 38 Timo Utermark: Rechtsgeschichte und Rechtsvergleichung bei Ernst Rabel. 2005.

Band 39 Mohamed Lakmes: Die IPR-Anknüpfung der Schuldverträge. Ein Vergleich zwischen dem deutschen und dem syrischen Recht. 2005.

Band 40 Christian Haas: Vertragsstrukturen privatfinanzierter Infrastrukturprojekte. Nationale und internationale Perspektiven. 2005.

Band 41 Tanja Herzog-Engels: Gesellschaftsrechtliche Formvorschriften und Internationales Privatrecht. 2005.

Band 42 Hassan Siahpoosh: Das Familien- und Erbrecht im Iran. 2006.

Band 43 Carola Reifenrath: Das Vertragsrecht Hongkongs und dessen zukünftige Entwicklung. Unter besonderer Berücksichtigung des englischen Common Law. 2006.

Band 44 Arkadiusz Wudarski: Der Pfandbrief und sein Treuhänder. Eine rechtsvergleichende Untersuchung zum polnischen und deutschen Recht. 2006.

Band 45 Ulla Liukkunen: Cross-Border Services and Choice of Law. A Comparative Study of the European Approach. 2006.

Band 46 Claire Anna Reifner: Die Umsetzung der Verbrauchsgüterkaufrichtlinie in Italien und Deutschland. 2007.

Band 47 Shahriar Rabbanifar: Vergleich des Rechts der öffentlichen Unternehmen in Deutschland, Iran und Polen. 2007.

Band 48 Judith Farokhmanesh: Der Schutz des Urhebers im internationalen Vertragsrecht. Funktion, Reichweite und Effektivität zwingender Bestimmungen im deutschen, französischen und englischen Recht. 2007.

Band 49 Christoph Hellriegel: Schuldnerschutz in Polen. Rechtsvergleichende Untersuchung eines universalen Regelungsproblems. 2007.

Band 50 Ingemar Carl: Einstweiliger Rechtsschutz bei *Torpedoklagen*. 2007.

Band 51 Gabriele Wunsch: Möglichkeiten und Grenzen eines europäischen Hypothekarkredits. Problemanalyse und Lösungwege für die Schaffung eines Binnenmarktes für Grundpfandrechte unter Berücksichtigung des deutschen, englischen, schwedischen und spanischen Rechts. 2009.

Band 52 Sven Kuchmann: Die Haftung des Geschäftsführers einer deutschen GmbH und des Gerente einer argentinischen SRL im Rechtsvergleich. 2008.

Band 53 María Elena Alvarez de Pfeifle: Der Ordre Public-Vorbehalt als Versagungsgrund der Anerkennung und Vollstreckbarerklärung internationaler Schiedssprüche. Unter Berücksichtigung des deutschen, schweizerischen, französischen und englischen Rechts sowie des UNCITRAL-Modellgesetzes. 2009.

www.peterlang.de

FSC
www.fsc.org
MIX
Papier | Fördert gute Waldnutzung
FSC® C083411

Kolibri 360 GmbH
Ferdinand-Jühlke-Straße 7
99095 Erfurt, Deutschland
produktsicherheit@kolibri360.de

Druck:
CPI Druckdienstleistungen GmbH
im Auftrag der
Kolibri 360 GmbH
Ferdinand-Jühlke-Str. 7
99095 Erfurt